REVISTA TRIMESTRAL DE DIREITO PÚBLICO

ISSN 2237-1796

60

MALHEIROS EDITORES

IDAP

Revista Trimestral de Direito Público
ISSN 2237-1796
Órgão do
IDAP

Publicação trimestral de
MALHEIROS EDITORES LTDA.
Rua Paes de Araújo, 29, cj. 171
CEP 04531-940 – São Paulo, SP – Brasil
Tel.: (11) 3078-7205 – Fax.: (11) 3168-5495
Diretor responsável: Álvaro Malheiros
Diretora: Suzana Fleury Malheiros

Assinaturas e comercialização:
CATAVENTO DISTRIBUIDORA DE LIVROS S.A.
Rua Conselheiro Ramalho, 928
CEP 01325-000 – São Paulo, SP – Brasil
Tel.: (11) 3289-0811 – Fax.: (11) 3251-3756
Supervisão Gráfica: Vânia Lúcia Amato
Editoração Eletrônica: Cicacor Editorial

SUMÁRIO

DOUTRINA

LÍMITES A LA CONCESIÓN DE ACTIVIDADES PÚBLICAS 5
– Augusto Durán Martínez

FÓRMULAS DE COLABORACIÓN PÚBLICO-PRIVADA CONTRACTUAL Y CRISIS FINANCIERA DEL SECTOR PÚBLICO 32
– Luis Miguez macho

COMPETÊNCIAS PÚBLICO-ADMINISTRATIVAS: CONCEITO, CONTEÚDO (DIREITOS, PODERES ADMINISTRATIVOS, DEVERES E SUJEIÇÕES) E CARACTERÍSTICAS 60
– André Luiz Freire

DISCRICIONARIEDADE ADMINISTRATIVA 104
– Celso Antônio Bandeira de Mello

A COMPETÊNCIA SANCIONADORA DAS AGÊNCIAS REGULADORAS NO DIREITO BRASILEIRO: BREVES COMENTÁRIOS 115
– Heraldo Garcia Vitta

A DITADURA DE 1964 – BREVE CONTRIBUIÇÃO À SUA HISTÓRIA CONSTITUCIONAL 134
– Sérgio Sérvulo da Cunha

O CONTROLE DE CONVENCIONALIDADE COMO PARTE DE UM CONSTITUCIONALISMO TRANSNACIONAL FUNDADO NA PESSOA HUMANA 145
– Luiz Guilherme Arcaro Conci

PARECERES

ATOS ADMINISTRATIVOS INCONSTITUCIONAIS – CADUCABILIDADE DE A ADMINISTRAÇÃO E O PODER JUDICIÁRIO DECLARAREM SUA INVALIDADE – HIPÓTESES – NOTÁRIOS E REGISTRADORES INVESTIDOS, SEM CONCURSO, NA TITULARIDADE DE SERVENTIAS EXTRAJUDICIAIS – INEXISTÊNCIA DE MÁ-FÉ PRESUMIDA 171
– Almiro do Couto e Silva

OMISSÃO NA PRESTAÇÃO DE CONTAS POR ENTIDADE DA SOCIEDADE CIVIL ORGANIZADA E PROCEDIMENTOS PARA A CONTRATAÇÃO DE TERCEIROS 202
– Giovani da Silva Corralo

ESTUDOS E COMENTÁRIOS

A LICITAÇÃO E A PRESENÇA DE APENAS UM LICITANTE 209
– ANIELLO DOS REIS PARZIALE

A PARTICIPAÇÃO DO ADMINISTRADO COMO LIMITE À DISCRICIONARIEDADE DAS AGÊNCIAS REGULADORAS 226
– MARINA CENTURION DARDANI

MEMÓRIA RTDP

PRINCÍPIOS CONSTITUCIONAIS BRASILEIROS (*PUBLICADO NA REVISTA TRIMESTRAL DE DIREITO PÚBLICO*, VOL. 1) 263
– LUÍS ROBERTO BARROSO

CONCEITO DE URGÊNCIA NO DIREITO PÚBLICO BRASILEIRO (*PUBLICADO NA REVISTA TRIMESTRAL DE DIREITO PÚBLICO*, VOL. 1) 283
– CÁRMEN LÚCIA ANTUNES ROCHA

QUESTÕES FUNDAMENTAIS DE TÉCNICA LEGISLATIVA (*PUBLICADO NA REVISTA TRIMESTRAL DE DIREITO PÚBLICO*, VOL. 1) 307
– GILMAR FERREIRA MENDES

LÍMITES A LA CONCESIÓN DE ACTIVIDADES PÚBLICAS

Augusto Durán Martínez

Catedrático de Derecho Administrativo en la Facultad de Derecho de la Universidad de la República y en la Facultad de Derecho de la Universidad Católica del Uruguay – Catedrático de Derecho Público en el Instituto Universitario Politécnico del Uruguay – Catedrático de Procesos Constitucionales en la Facultad de Derecho del Instituto Universitario CLAEH – Director del Departamento de Derecho Administrativo y Decano Emérito de la Facultad de Derecho de la Universidad Católica del Uruguay – Miembro del Instituto de Derecho Administrativo de la Facultad de Derecho de la Universidad de la República – Miembro de la Asociación Argentina de Derecho Administrativo, de la Asociación de Derecho Público del MERCOSUR y del Foro Iberoamericano de Derecho Administrativo – Profesor Visitante de la Facultad de Derecho de la Universidad Nacional de Córdoba – Director de Estudios de Derecho Administrativo de La Ley/Uruguay

1. Precisiones preliminares. 2. Límites según la forma de las concesiones. 3. Límites según se trate de una concesión o un permiso. 4. Límites según el ámbito territorial de la concesión. 5. Límites según el objeto de la concesión. 6. Apreciaciones finales.

1. *Precisiones preliminares*

1.1 Corresponde comenzar con una serie de precisiones preliminares.

1.2 La primera radica en que efectuaré este estudio desde la perspectiva del derecho positivo uruguayo y lo haré teniendo en cuenta el marco jurídico general, sin analizar la regulación específica de cada concesión en particular, sin perjuicio de efectuar alguna referencia a alguna de ellas cuando las circunstancias lo requieran a fin de aclarar algún concepto.

1.3 La segunda precisión es que adoptaré la definición de concesión de Sayagués Laso.

Tomo esta definición porque es pacíficamente aceptada en nuestro medio.

Sayagués Laso definía la concesión "como el acto de derecho público que confiere a una persona (física o jurídica, privada o pública) un derecho o un poder que antes no tenía, mediante la trasmisión de un derecho o del ejercicio de un poder propio de la Administración".[1]

Aclaro que si bien es frecuente en doctrina en algunos Países como en Brasil[2] y Argentina[3] que con relación a la concesión se hable de una delegación, en Uruguay no empleamos ese término. No lo hacemos porque entre nosotros, cuando existe delegación, el acto del delegatario se imputa al delegante,[4] cosa que no ocurre en la concesión. En nuestro País, pues, usamos el término "delegación" en un distinto sentido del que se usa en esa doctrina brasileña y argentina aludida.

1.4 Como el objeto de este estudio es el límite a las concesiones de actividades públicas, no referiré a las concesiones de uso de bienes, y debo precisar a qué actividades públicas comprenderé.

Los términos "público" y "estatal" ya no se confunden en nuestro Derecho. La nota de *público* se opone a la de *privado* y la de *estatal* a la de *no estatal*. En orden lógico, se pueden dar las siguientes categorías de personas en base a la combinación de estos cuatro conceptos: (a) personas públicas estatales; (b) personas públicas no estatales; (c) personas privadas no estatales; (d) personas privadas estatales.[5]

Solo referiré a actividades de personas públicas estatales. Quedan entonces fuera del objeto de este estudio las actividades de las personas públicas no estatales, de las personas privadas estatales y, obviamente, de las personas privadas no estatales.

1.5 La última precisión que deseo hacer es que, sin entrar a considerar cada una de las concesiones que puedan existir, es preciso tener en cuenta una clasificación básica de ellas, pues los límites varían según esos tipos.

Las concesiones pueden clasificarse en función de: (a) su forma; (b) la estabilidad de los derechos concedidos; (c) su ámbito territorial; (d) su objeto.[6]

Veremos, pues, los límites a las concesiones según sus distintos tipos.

1. E. Sayagués Laso, *Tratado de Derecho Administrativo*, t. I, Montevideo, 1953, p. 421.

2. Maria Sylvia Zanella Di Pietro, *Parcerias na Administração Pública*, 7ª ed., *São Paulo, Atlas,* 2009, p. 75.

3. I. Vélez Funes, "Potestades conferidas por la concesión y sus límites", en *Suplemento de Derecho Administrativo y Constitucional* 2/67, Año I, Córdoba, Foro de Córdoba, 2000; J. L. Salomoni, *Teoría General de los Servicios Públicos*, Buenos Aires, AD-Hoc, 1999, pp. 347 y ss.; R. C. Barra, *Contrato de Obra Pública*, t. 1, Buenos Aires, Editorial Ábaco de Rodolfo Depalma, 1984, pp. 308 y ss.

4. A. Méndez, *Sistemas Orgánicos*, Montevideo, Ediciones Jurídicas Amalio M. Fernández, 1973, p. 123; J. P. Cajarville Peluffo, "Delegación de atribuciones", en J. P. Cajarville Peluffo, *Dos Estudios de Derecho Administrativo*, Montevideo, 1988, pp. 39 y ss.

5. A. Durán Martínez, "Naturaleza jurídica de CONAPROLE", en A. Durán Martínez, *Casos de Derecho Administrativo*, vol. III, Montevideo, 2003, pp. 246 y ss.; C. E. Delpiazzo, *Derecho Administrativo Uruguayo*, México/Universidad Autónoma de México, Editorial Porrúa, 2005, p. 124; A. Durán Martínez, "Las empresas públicas y las empresas mixtas con capital público ¿pueden someterse a la regulación para la competencia del mismo modo que los operadores privados?", en A. Durán Martínez, *Estudios de Derecho Público*, vol. II, Montevideo, Universidad Católica del Uruguay/Ingranusi Ltda., 2008, p. 212.

6. En consecuencia, consideraré los límites de las concesiones a partir de sus distintos tipos.

2. *Límites según la forma de las concesiones*

2.1 Como se ha visto, la concesión es un acto jurídico, más precisamente un acto de derecho público, como decía Sayagués Laso. Obviamente, refiero la concesión pública, ya que la concesión privada no es objeto de este estudio.

2.2 Según su forma, la concesión puede ser bilateral o unilateral.

2.3 Si es bilateral, es un contrato, más precisamente un contrato administrativo, puesto que por lo menos una de sus partes es la Administración, o, mejor dicho, una persona jurídica pública estatal actuando en ejercicio de función administrativa.[7]

Rigen entonces los límites procedimentales que existen para todo contrato administrativo.

El primer inciso del art. 33 del Texto Ordenado de Contabilidad y Administración Financiera vigente/TOCAF-2012 establece: "Las contrataciones se realizarán mediante licitación pública u otro procedimiento competitivo expresamente previsto, de acuerdo a lo que mejor se adecue a su objeto, a los principios generales de la contratación administrativa y de acuerdo a lo previsto en la normativa vigente".

La norma fija así el procedimiento de principio, o mejor dicho los procedimientos, puesto que refiere a más de uno.

Uno de ellos es nombrado específicamente: la *licitación pública*. Los otros no están determinados; el texto dice "otro procedimiento competitivo".

De manera que, además de la licitación pública, se puede elegir otro procedimiento con tal de que sea competitivo.

Pero, en estos casos, no basta que sea competitivo. Es preciso, además, que ese procedimiento esté *expresamente previsto* en el ordenamiento jurídico y que se adecue mejor al objeto del futuro contrato que la licitación pública.[8] Dicho de otro modo: la Administración puede elegir ese procedimiento si se dan esas condicionantes; de lo contrario corresponde la licitación pública. Y esa elección se debe efectuar conforme a los principios generales de la contratación administrativa y a lo previsto en la normativa vigente. De manera que la licitación pública pasa a ser ahora el procedimiento de contratación de principio.[9]

El propio art. 33 establece una serie de excepciones a este principio que no son del caso ahora considerar. Lo importante, a los efectos de nuestro tema, es tener en cuenta que la Administración encuentra aquí un límite para la determinación del procedimiento a seguir para el otorgamiento de una concesión: en principio corresponde una licitación pública.

2.4 Entre las concesiones contractuales hay una categoría que tiene un régimen jurídico especial: las que configuran contratos de participación público-privada/PPP.

Como se sabe, a partir de la década del 90 del siglo pasado en el mundo an-

7. A. Durán Martínez, "Efectos y cumplimiento de los contratos administrativos", en A. Durán Martínez, *Neoconstitucionalismo y Derecho Administrativo*, Buenos Aires, La Ley, 2012, p. 458; "Principios de la contratación administrativa", *Derecho Administrativo – Revista de Doctrina, Jurisprudencia, Legislación y Práctica* 85/133, Buenos Aires, Abeledo-Perrot, febrero/2013.

8. P. Leiza Zunino, *Contratos de la Administración* Pública, Montevideo, FCU, 2012, pp. 212 y ss.

9. A. Durán Martínez, *Licitación Pública*, en prensa.

glosajón se puso especial atención en lo que se llamó *Public Private Partnerships*, de ahí la sigla PPP, que se ha procurado mantener en los distintos idiomas. Por eso en Francés se habla de *partenariat public-privé*; en Italiano, *partenariato pubblico-privato*; en Portugués, *parceria público-privada*; y en Español, *participación público-privada*.

Los contratos de PPP aparecieron para satisfacer las necesidades de las grandes obras de infraestructura, tanto en lo que refiere a su construcción, operación, diseño en función del cumplimiento de los objetivos debidos, así como su financiación. Y lo más importante, creo yo, es que este acuerdo se produce procurando aprovechar la fortaleza de ambos sectores, la del sector público y la del sector privado, que no son, por cierto, las mismas. Digo es lo más importante porque sin este espíritu los contratos de PPP son inviables.

En Brasil, la Ley 11.079, de 30.12.2004, recogió las llamadas *parcerias público-privadas*/PPPs. Prevé al respecto dos modalidades de PPP: la concesión patrocinada y la concesión administrativa (art. 2º). De manera que en Brasil, aparte de la concesión común, que, según el numeral 3 del art. 2º, comprende la concesión de servicio público y de obra pública tradicionales, aparecen estas dos figuras como contratos de PPP.

La ley brasileña no define los contratos de PPP, se limita a mencionar sus dos modalidades. Define sí la concesión patrocinada y la concesión administrativa.

En tal sentido el numeral 1 expresa: "Concessão patrocinada é a concessão de serviços públicos ou de obras públicas de que trata a Lei n. 8.987, de 13 de fevereiro de 1995, quando envolver, adicionalmente à tarifa cobrada dos usuários, contraprestação pecuniária do parceiro público ao parceiro privado".

Conforme a este texto, la concesión patrocinada es una especie de concesión de servicio público o de obra pública que se caracteriza porque el concesionario obtiene su remuneración, además de una tarifa percibida de los usuarios, de una contraprestación pecuniaria abonada por el *parceiro público*.[10] La tarifa es lo básico, la contraprestación del *parceiro público* es un *plus*.

En la concesión de servicio público común no existe esa contraprestación pecuniaria del *parceiro público*. La remuneración del *parceiro privado* proviene de la tarifa o de otro ingreso derivado de la explotación del servicio. En tal sentido, Maria Sylvia Zanella Di Pietro definió la concesión de servicio público como "o contrato administrativo pelo qual a Administração Pública delega a outrem a execução de um serviço público, para que o execute em seu própio nome, por sua conta e risco, mediante tarifa paga pelo usuário ou outra forma de remuneração decorrente de exploração do serviço".[11] En la concesión patrocinada el *parceiro privado* obtiene su remuneración por dos vías: (a) de la explotación del servicio y (b) del *parceiro público* a modo de complemento.

Según el numeral 2 del art. 2º de la Ley 11.079 referida: "Concessão administrativa é o contrato de prestação de serviços de que a Administração Pública seja a usuária direta ou indireta, ainda que envolva execução de obra ou fornecimento e instalação de bens".

Este texto ha provocado opiniones diferentes.

Según Maria Sylvia Zanella Di Pietro, la concesión administrativa refiere a

10. Maria Sylvia Zanella Di Pietro, *Parcerias na Administração Pública*, cit., 7ª ed., pp. 146 y ss.

11. Idem, p. 75.

actividades que no constituyen servicio público y se caracteriza porque la contraprestación del *parceiro público* es la forma básica de remuneración del *parceiro privado*.[12] L. T. Teixeira Ferreira, en cambio, estimó que este contrato puede tener por objeto la prestación de servicios en general que pueden incluir servicios públicos.[13] Bandeira de Mello considera que este tipo de contratos sólo puede tener por objeto la prestación de un servicio público.[14] Maurício Portugal Ribeiro y Lucas Navarro Prado sostuvieron que el legislador brasileño, con relación a la concesión administrativa, no ha tomado el término "concesión" en el sentido tradicional.[15] Y, en posición más radical, Antônio Carlos Cintra do Amaral, pese a la terminología empleada en la ley, ha negado que la concesión administrativa sea una especie de concesión. En tal sentido, gráficamente expresó que la *concesión administrativa* de concesión no tiene nada. Para él es un caso de tercerización.[16]

Nuestro País, con la Ley 18.786, de 19.7.2011, sigue una tendencia mundial y fija el marco regulatorio de los contratos de participación público-privada. No se trata de un contrato específico, sino un tipo de contrato, que admite diversas modalidades, siempre dentro de los contratos administrativos.

Nuestros contratos de PPP no coinciden exactamente con los contratos de PPP brasileños. Según el art. 2 de nuestra ley: "Son contratos de participación público-privada aquellos en que una Administración Pública encarga a una persona de derecho privado, por un período determinado, el diseño, la construcción y la operación de infraestructura o alguna de dichas prestaciones, además de la financiación". De manera que según nuestra legislación los contratos de PPP pueden configurar una concesión, pero no todos lo son.

Los contratos de PPP pueden iniciarse de oficio[17] o mediante iniciativa privada[18] (art. 15), pero en uno u otro caso el procedimiento a seguir para la selección del cocontratante será un procedimiento competitivo. En tal sentido el inciso 2º del art. 19 establece: "La Administración Pública podrá emplear cualquier método competitivo, incluyendo la licitación, subasta, o cualquier otro que no fuere contrario a los principios generales admitidos en la normativa vigente".

Como se percibe, también aquí hay un límite a la discrecionalidad de la Administración, pero no es exactamente el mismo que el que existe para las concesiones comunes. En las concesiones comunes, según se ha visto, el procedimiento de principio es la licitación pública; se puede optar por otro procedimiento competitivo justificando que en ese caso ese procedimiento se ajusta mejor al tipo de contrato que la licitación pública; en las concesio-

12. Idem, pp. 151 y ss.

13. L. T. Teixeira Ferreira, *Parcerias Público-Privadas. Aspectos Constitucionais*, Belo Horizonte, Fórum, 2006, p. 68.

14. Cit. por L. T. Teixeira Ferreira, *Parcerias Público-Privadas. Aspectos Constitucionais*, cit., p. 68.

15. Maurício Portugal Ribeiro y Lucas Navarro Prado, *Comentários à Lei de PPP – Parceria Público-Privada*, 1ª ed., 2ª tir., São Paulo, SBDP/Malheiros Editores, 2010, p. 69.

16. Antônio Carlos Cintra do Amaral, *Concessão de Serviços Públicos. Novas Tendências*, São Paulo, Quartier Latin, 2012, pp. 40 y ss.

17. Cf. G. Ruocco, "Procedimiento de contratación de participación público-privada iniciado de oficio", *Estudios de Derecho Administrativo* 6/145 y ss., Buenos Aires, La Ley, 2012.

18. Cf. R. Ferrés Rubio, "El procedimiento de contratación por iniciativa privada en los contratos de participación público-privada", *Estudios de Derecho Administrativo* 6/175 y ss., Buenos Aires, La Ley, 2012.

nes que configuran PPP la Administración puede optar de principio por cualquier procedimiento competitivo, con tal que no sea contrario a derecho.

Las concesiones que configuran contratos de PPP tienen también otro límite muy importante por su sola condición de ser contratos de PPP. En efecto, el art. 2 de nuestra ley expresa: "Solo podrán celebrarse contratos de participación público-privada cuando previamente se resuelva, en la forma prevista en la presente Ley, que otras modalidades alternativas de contratación no permiten la mejor forma de satisfacción de las finalidades públicas". De manera que los contratos de PPP, entre los que se cuentan las concesiones comprendidas en dicha ley, son modalidades contractuales subsidiarias; no se puede acudir a ellas si se puede obtener el mismo resultado con los contratos tradicionales.

Por eso se ha dicho que estos contratos exigen una resolución previa fundada en que no puede lograrse una solución mejor a través de las modalidades contractuales tradicionales.[19]

Pero, con acierto, también se ha señalado que, dado el carácter servicial de la Administración, esta aplicación residual de los contratos de PPP se torna preceptiva cuando las modalidades de contratación no tradicionales no permiten una forma de satisfacer mejor las finalidades públicas.[20]

2.5 Si la concesión se otorga por un acto unilateral, lo es por un acto administrativo. Conforme a la definición dada por el art. 120 del Decreto 500/991, de 27.9.1991, ese acto constituye una resolución. En efecto, el inciso 3º de dicho art. 120 dice: "Llámase resolución a las normas particulares y concretas creadas por acto administrativo". En consecuencia, no se aplica el art. 33 del TOCAF-2012 previsto para los contratos administrativos pero no para los actos unilaterales. Rigen, sí, todos los límites generales existentes para el dictado de los actos administrativos. Su perfeccionamiento dependerá de la existencia de sus elementos constitutivos y su validez dependerá de la existencia de sus presupuestos y de la legitimidad de sus presupuestos y elementos.[21]

De manera que se puede decir que para las concesiones otorgadas por acto administrativo no hay en principio previsto un procedimiento especial. Pero a veces, según la materia, se imponen procedimientos específicos; así, por ejemplo, en las concesiones portuarias, el art. 44 del Decreto 412/992 de 1.9.1992, para todas ellas, sin distinguir si son contractuales o unilaterales, impone la aplicación del TOCAF.[22] Es cierto que se refería al TOCAF vigente en la época, pero ese fue sustituido por el TOCAF-2012, por lo que para estas concesiones se aplica *in totum* el actual art. 33, ya aludido – lo que nos lleva en este caso a la licitación pública como principio.

19. C. Vázquez, *El Régimen de Participación Público-Privado*, Montevideo, Amalio M. Fernández, 2011, p. 37.

20. M. M. Aramendía Fallo, "Alcance", en C. E. Delpiazzo (coord.), *Comentarios a la Ley de Participación Público-Privada*, Montevideo, Universidad de Montevideo/Facultad de Derecho, 2012, p. 81; F. Rotondo Tornaría, "Concepto, objeto, principios y contenido de los contratos de participación público-privada (PPP)", *Estudios de Derecho Administrativo* 6/65, Buenos Aires, La Ley, 2012.

21. A. Durán Martínez, "Elementos del acto administrativo", *Revista de Derecho Público* 41/31 y ss., Montevideo, FCU, 2012.

22. A. Durán Martínez, "Prestación de servicios portuarios", en A. Durán Martínez, *Estudios de Derecho Administrativo. Parte Especial*, Montevideo, 1999, pp. 183 y ss.; "La concesión. Concepto, tipos y perspectivas", en A. Durán Martínez, *Estudios de Derecho Público*, vol. I, Montevideo, Universidad Católica del Uruguay/ Ingranusi Ltda., 2004, p. 9.

3. *Límites según se trate de una concesión o un permiso*

3.1 Según la estabilidad de los derechos conferidos, las concesiones se clasifican en concesiones *stricto sensu* o en permisos.

El permiso es también llamado, por cierto sector de la doctrina, *autorización*.[23]

El derecho positivo ha tomado ambas terminologías; en unos casos utiliza la expresión "permiso" y en otros "autorización" para referirse al mismo instituto.

Prefiero el empleo del término "permiso", ya que el término "autorización" es también empleado en un sentido muy distinto. En efecto, Sayagués Laso ha definido la *autorización* "como el acto de la Administración que habilita a una persona física o jurídica, privada o pública, para ejercer un poder jurídico o un derecho preexistente".[24] Y también el derecho positivo ha tomado el término "autorización" en el sentido de Sayagués Laso.[25]

Las concesiones *stricto sensu* confieren un derecho subjetivo perfecto, los permisos, un derecho debilitado o *diritto affievolito*, como dicen los italianos.

Las concesiones *stricto sensu* son siempre por un plazo determinado. Por conferir un derecho subjetivo perfecto, mientras esté vigente su plazo no pueden ser revocadas de oficio.

En cambio, los permisos son precarios y revocables en cualquier momento. Por supuesto que esa revocación debe ser ajustada a derecho; debe respetar lo que el derecho positivo establece, efectuarse por motivos ciertos, probados, legítimos, debidamente explicitados, ajustarse a las exigencias de razonabilidad y fin debido y sin incurrir en desviación de poder.[26] En general los permisos son por plazo indeterminado. No obstante, en algunos casos excepcionales se otorgan por un plazo determinado, sin perjuicio de su posibilidad de revocación (art. 50 del Decreto 412/992, de 1.9.1992, relativo a la materia portuaria).[27]

3.2 El primer límite a tener en cuenta en función de esta categoría es que rige el principio de temporalidad. El art. 51 de la Constitución de la República, por su inciso 2º, prohíbe el otorgamiento de concesiones de servicios públicos a perpetuidad.

Eso hace que las concesiones *stricto sensu* sean siempre por un plazo determinado. Eso no es necesario en los permisos, ya que son precarios y revocables en cualquier momento, lo que asegura el respeto del principio de temporalidad.

En las concesiones que configuran contratos de PPP el plazo máximo está fijado expresamente por la ley. En efecto, el art. 4 de la Ley 18.786, de 19.7.2011, al recoger por su literal "G)" el principio de temporalidad, expresó: "Todos los contratos que se celebren deberán establecer un plazo máximo de duración. El plazo máximo de duración del contrato y de sus prórrogas no podrá exceder de 35 años".

La ley establece un plazo máximo, con lo qué en cada contrato en particular

23. A. Méndez, "La descentralización. Concepto y caracteres", en VV.AA., *Estudios de Derecho Administrativo*, t. I, Montevideo, Universidad de la República, 1979, pp. 273 y ss.

24. E. Sayagués Laso, *Tratado de Derecho Administrativo*, cit., t. I, pp. 414 y ss.

25. Cf. A. Durán Martínez, *Casos de Derecho Administrativo*, vol. VI, Montevideo, 2010, pp. 48 y ss.

26. A. Durán Martínez, *Contencioso Administrativo*, Montevideo, FCU, 2007, p. 114.

27. A. Durán Martínez, "La concesión. Concepto, tipos y perspectivas", cit., en A. Durán Martínez, *Estudios de Derecho Público*, vol. I, pp. 10 y ss.

puede fijarse uno menor. Sin perjuicio de lo expuesto, existe al respecto un límite racional para el plazo contractual. Ese plazo debe guardar relación con el tiempo necesario para la amortización de las inversiones. En tal sentido, Antônio Carlos Cintra do Amaral señalaba que el plazo de la concesión no puede ser libremente impuesto por la Administración concedente. Debe resultar de sólidos estudios de viabilidad económico-financiera; no debe ser superior ni inferior al necesario para la amortización de las inversiones previstas, considerada la ecuación económico-financiera del contrato en su totalidad.[28]

3.3 La distinción entre concesión *stricto sensu* y permiso incide también en el tema de la fijación de las tarifas. En efecto, el art. 51 de la Constitución en su primer inciso establece: "El Estado o los Gobiernos Departamentales, en su caso, condicionarán a su homologación el establecimiento y la vigencia de las tarifas de servicios públicos a cargo de empresas concesionarias".

Vale decir: los concesionarios no pueden libremente fijar los precios de sus tarifas; ellas en definitiva son fijadas administrativamente por la Administración Central o, en su caso, por el respectivo Gobierno Departamental.

Este límite rige únicamente para las concesiones *stricto sensu*, no para los permisos nacionales, ya que no están comprendidas en el art. 51 citado. Esta diferenciación no es incoherente, pues, como ha observado Cassinelli Muñoz, al tener los permisarios derechos debilitados, posee la Administración potestades de control más intensas que la habilitan, en principio, a la revocación del permiso. Claro está que nada impide que la ley o al otorgarse el permiso se imponga la homologación administrativa de las tarifas.[29]

La fijación de los precios de los permisos departamentales también está limitada, pese a no estar comprendidas en el art. 51, porque el numeral 4 del art. 275 de la Constitución establece la homologación por parte del Intendente de las tarifas de los servicios públicos a cambio de los concesionarios o permisarios.

4. Límites según el ámbito territorial de la concesión

4.1 Según su ámbito territorial, las concesiones pueden ser nacionales, departamentales o locales.

4.2 Las concesiones de servicios públicos departamentales o locales no pueden ser otorgadas por la sola voluntad del Intendente o del Municipio respectivo. Conforme al art. 273, numeral 8, de la Constitución, su otorgamiento es de competencia de la Junta Departamental. Por tanto, es preciso al respecto un decreto de la Junta Departamental, a propuesta del Intendente, que las otorgue.

La Constitución aquí limita las potestades de la Administración Departamental o Municipal al exigir intervención del órgano legislativo departamental.

4.3 Este límite no es requerido para los permisos, ya que ellos no están mencionados en el numeral 8 del citado art. 273. Por tanto, el otorgamiento de los permisos departamentales o locales entra en la competencia genérica del Intendente

28. Antônio Carlos Cintra do Amaral, *Concessão de Serviços Públicos. Novas Tendências*, cit., pp. 23 y ss.

29. H. Cassinelli Muñoz, *Derecho Público*, Montevideo, FCU, 1999, pp. 341 y ss.; A. Durán Martínez, "La concesión. Concepto, tipos y perspectivas", cit., en A. Durán Martínez, *Estudios de Derecho Público*, vol. I, p. 13.

atribuida por el art. 274 de la Constitución.[30] La autoridad administrativa competente podrá otorgar estos permisos sin intervención legislativa.

4.4 Tampoco la Constitución exige intervención legislativa para el otorgamiento de concesiones o permisos nacionales. No existe, pues, este límite impuesto por la Constitución, pero nada impide que pueda ser impuesto por ley.

5. Límites según el objeto de la concesión

5.1 Como se ha dicho, la concesión según su objeto puede ser de uso de un bien, de actividades o incluso mixta, comprendiendo el uso de un bien y el ejercicio de una actividad. Las concesiones de obras públicas pueden ser ejemplo de concesiones mixtas, ya que pueden conceder el uso de un bien así como la explotación de ese bien, lo que puede implicar la prestación de un servicio.[31] También como se ha dicho, referiré únicamente a la concesión de actividades, lo que puede incluir las mixtas en lo que refiere a la actividad, pero omitiré toda consideración a lo relativo al uso de bienes.

5.2 Existen límites impuestos por el derecho positivo y otros que derivan de la naturaleza de la actividad, sin que exista una referencia explícita del derecho positivo.

Referiré en primer término a los límites impuestos por el derecho positivo y luego a los que derivan de la naturaleza de la actividad.

5.3 El primer límite de derecho positivo que deseo comentar es el impuesto por el art. 47 de la Constitución, en la redacción dada por la Reforma Constitucional de 2004.

La parte agregada en esta enmienda configura una de las peores de nuestra Constitución. Está mal redactada desde el punto de vista gramatical y desde el punto de vista técnico-jurídico, lo que provoca serias dificultades interpretativas. Contiene además soluciones muy negativas; tan negativas que no se ha consumado el perjuicio en toda su magnitud porque nadie, hasta ahora, se ha animado a aplicar este artículo hasta sus últimas consecuencias.

Los aspectos positivos del nuevo texto son irrelevantes puesto que, ni aun en ese momento, se dudaba que el derecho al acceso al agua potable, al saneamiento y al desarrollo sostenible en materia de agua fuesen derechos humanos. No se necesita que lo diga la Constitución, pues sin agua no hay vida, por lo que el derecho al acceso al agua potable forma parte del derecho a la vida. No se necesita que lo diga una Constitución para considerar al derecho al saneamiento como un derecho humano, porque el derecho al saneamiento forma parte del derecho a vivir, que integra el derecho a la vida. No se necesita que lo diga la Constitución para considerar el derecho al desarrollo sostenible en materia hídrica, y no solo en materia hídrica, sino en toda materia, que es un derecho humano, porque la actual generación tiene el derecho y el deber de conservar y crear las condiciones para que las generaciones futuras se desarrollen adecuadamente.

Esos aspectos positivos, aunque innecesarios, se incorporaron para suavizar el verdadero objetivo de la reforma: impedir las concesiones en los servicios

30. H. Cassinelli Muñoz, *Derecho Público*, cit., p. 342; A. Durán Martínez, "La concesión. Concepto, tipos y perspectivas", cit., en A. Durán Martínez, *Estudios de Derecho Público*, vol. I, p. 12.

31. A. Durán Martínez, *Casos de Derecho Administrativo,* vol. I, Montevideo, 1999, pp. 18 y ss.

públicos de suministro de agua potable y saneamiento.

Con relación a nuestro tema, de la Reforma Constitucional de 2004 interesan el numeral 3 agregado al art. 47 y el inciso final agregado al art. 188.

Luego de considerar por el numeral 2, todas las aguas superficiales, así como las subterráneas, con excepción de las pluviales, integradas en el ciclo hidrológico, como parte del dominio público estatal,[32] por el numeral 3, sin mencionarlos, trata el tema de las concesiones.

Este numeral 3 establece: "El servicio público de saneamiento y el servicio público de abastecimiento de agua para consumo humano serán prestados exclusiva y directamente por personas jurídicas estatales".

La Constitución no define el servicio público de saneamiento. No obstante, se ha entendido que refiere al efectuado a través de la red cloacal pública. Tampoco define al servicio público de abastecimiento de agua para consumo humano. Se ha entendido que refiere al abastecimiento de agua potable por redes, sin comprender la venta de agua embotellada.

El giro empleado por la Carta, en cuanto a que estos servicios públicos son prestados en forma exclusiva por personas jurídicas estatales, veda toda posibilidad de que se efectúe una concesión a favor de personas públicas no estatales y en personas privadas no estatales; pero no impide que se efectúe una concesión a favor de personas privadas estatales. Pero la inclusión del término "directamente" veda todo tipo de concesión, ya que la concesión implica una prestación indirecta del servicio por parte de su titular. De manera que nuestra Constitución ahora impide todo tipo de concesión respecto a los servicios públicos de saneamiento y abastecimiento de agua para consumo humano. Ni siquiera es posible a favor de otra persona pública estatal, con lo qué se desperdicia una de las posibilidades más interesantes previstas en el inciso 5º del art. 262 en la redacción dada por la Reforma Constitucional de 1997.[33]

Esto se refuerza con el inciso agregado al art. 188.

El art. 188 de la Constitución refiere a las sociedades de economía mixta. Sus dos primeros incisos regulan las sociedades de economía mixta de derecho público, son personas jurídicas públicas estatales que reciben capital privado. Los incisos 3º y 4º refieren a las sociedades de economía mixta de derecho privado. Regulan la hipótesis inversa, es decir, sociedades privadas, no estatales, que reciben capital estatal.

El inciso final añadido en la Enmienda de 2004 dice así: "Las disposiciones de este artículo no serán aplicables a los servicios públicos de agua potable y saneamiento".

De manera que ni siquiera una persona pública estatal que reciba aporte de capitales privados puede prestar esos servicios públicos.

Queda claro que esta Enmienda solo sirve para satisfacer los intereses corpo-

32. Con acierto E. Guerra Daneri observó que la defensa del agua "es la cantidad y calidad y por tanto refiere a su uso y manejo y no a su dominio" (*Los Derechos al Agua en la Actividad Agraria*, Montevideo, FCU, 2004, p. 258).

33. El inciso 5º del art. 262 de la Constitución, en redacción dada por la Enmienda de 1997, establece: "Los Gobiernos Departamentales podrán acordar, entre sí y con el Poder Ejecutivo, así como con los Entes Autónomos y los Servicios Descentralizados, la organización y la prestación de servicios y actividades propias o comunes, tanto en sus respectivos territorios como en forma regional o interdepartamental".

rativos de sus impulsadores en desmedro del interés general. Fue una Reforma impulsada por el sindicato de funcionarios de OSE y hecha a su medida.

Esta Reforma sirvió para que no se otorguen nuevas concesiones, para facilitar la rescisión de una concesión existente en el Departamento de Maldonado, que era lo que quería el concesionario, y para extinguir un emprendimiento privado de abastecimiento de agua potable en una localidad del Departamento de Canelones, que, con éxito, se venía efectuando desde hacía varios años, sin que el Estado lo haya sustituido con la misma eficacia. En este último caso, la Reforma solo sirvió para perjudicar, no solo al emprendimiento indicado, sino a los usuarios del servicio.

Las consecuencias de esta Enmienda nefasta ya la estamos viviendo. Algunos de nuestros balnearios de renombre internacional han visto sus playas convertidas en una verdadera cloaca y Montevideo está teniendo problemas con la calidad del agua potable que circula por la red pública, cosa que no ocurría antes.

Por cierto que estos problemas no son ocasionados por la Enmienda Constitucional, pero ella dificulta sensiblemente su solución al impedir el empleo de un instrumento jurídico tradicional que, bien utilizado, sería muy útil.

Si estos problemas no se pueden solucionar a través de la prestación directa del Estado, como impone la Constitución, teniendo en cuenta que en tiempos del neoconstitucionalismo, como en el que vivimos, en que todo el Derecho se concibe en clave de derechos humanos, es decir, desde la perspectiva del bloque de derechos humanos, se debe cuestionar la legitimidad de este aspecto de la Enmienda Constitucional de 2004. Es que esos problemas afectan el derecho al desarrollo sostenible, por lo que, desde esa perspectiva, esta Enmienda no resistiría el llamado control de convencionalidad.

5.4 Otro límite de derecho positivo en función del objeto de la concesión que deseo mencionar es el que resulta de la ley regulatoria de los contratos de PPP.

Como se ha dicho, no todos los contratos de PPP son concesiones, pero algunos pueden serlo. De manera que las concesiones que configuran contratos de PPP encuentran los límites previstos en cuanto a su objeto, para todos los contratos de PPP.

Los arts. 2 y 3 de la Ley 18.786, de 19.7.2011, determinan el objeto de esos contratos.

Como se ha visto, el art. 2 limita necesariamente el objeto de estos contratos a infraestructuras y, además, necesariamente, el cocontratante privado debe tomar a su cargo la financiación.[34] Y el art. 3 determina los sectores de infraestructura que pueden ser considerados.

Como bien ha señalado Rotondo Tornaría, el objeto de los contratos de PPP solo puede comprender a los sectores taxativamente enumerados en la ley y no a otros.[35]

Esos sectores son: (a) obras viales, ferroviarias, portuarias y aeroportuarias; (b) obras de infraestructura energética; (c) obras de disposición y tratamiento de residuos; (d) obras de infraestructura social, incluyendo cárceles, centros de salud, centros de educación, viviendas

34. J. P. Cajarville Peluffo, "La 'función' administrativa y sus 'cometidos' en el Derecho Uruguayo, a principios del siglo XXI", en J. P. Cajarville Peluffo, *Sobre Derecho Administrativo*, 3ª ed., t. I, Montevideo, FCU, 2012, p. 300.

35. F. Rotondo Tornaría, "Concepto, objeto, principios y contenido de los contratos de participación público-privada (PPP)", cit., *Estudios de Derecho Administrativo* 6/68.

de interés social, complejos deportivos y obras de mejoramiento, equipamiento y desarrollo urbano; (e) colonización de tierras que, por su ubicación, superficie y características agrológicas, resulten económicamente apropiadas para la formación de colonias, pudiendo incluir servicios de interés colectivo como escuelas, cooperativas, plantas industriales, local para espectáculos públicos y reuniones, plazas de deportes, instalación de molino, queserías, entre otros.

Como han advertido Vázquez y Rotondo Tornaría, la amplitud del concepto de infraestructura social suaviza en algo la taxatividad del art. 3.[36]

Sin perjuicio de la taxatividad indicada.

El mismo art. 3 efectúa una restricción más: en ningún caso los contratos de PPP podrán incluir: (a) servicios educativos cuando se trate de centros educativos; (b) servicios sanitarios cuando se trate de centros de salud; (c) servicios de seguridad, sanitarios y de reeducación de reclusos cuando se trate de cárceles.

Esto configura otro límite importante en razón del objeto en las licitaciones que configuran contratos de PPP.

Finalmente, para concluir con este art. 3 conviene mencionar su inciso siguiente: "Se exceptúan de este régimen de contratación la operación de cometidos cuya prestación corresponde al Estado en forma exclusiva, así como la explotación de los monopolios establecidos por ley a favor de este".

Esta retrógrada solución se explica únicamente a los efectos de contemplar exigencias de sectores políticos profundamente estatistas que se negaban a acompañar el proyecto de ley.

De todas maneras es bastante inocua. En efecto, hoy es inaplicable, pues luego de la Ley 17.243, de 29.6.2000, primero, y de la Ley 18.159, de 20.7.2007, después, que imponen de manera general el derecho de competencia, han quedado tácitamente derogados todos los actos legislativos que han impuesto exclusividades o monopolios.[37] En realidad las exclusividades quedaron suprimidas por la segunda ley, ya que durante la primera estimo que eran admisibles.

El texto por mi parte ahora criticado sirve para el futuro, para el caso de que se efectúen excepciones al derecho de la competencia y se prevean exclusividades o monopolios por nuevas leyes. Pero, aún así, esas leyes pueden admitir concesiones en régimen de contratos de PPP, con lo qué, en ese caso, el referido inciso 5º del art. 3 de la Ley 18.786, de 19.7.2011, se torna inaplicable. Son varios los ejemplos en nuestro Derecho en que se admitió la concesión existiendo exclusividad (industria eléctrica) o monopolio (correos, servicios postales, por ejemplo), por lo que no puede extrañar a nadie que se admita una concesión en casos de exclusividad o monopolio, en el marco de los contratos de PPP.

5.5 En razón de su objeto, estimo conveniente recordar los límites impuestos por el Decreto-ley 15.637, de 29.9.1984.

36. C. Vázquez, *El Régimen de Participación Público-Privado*, cit., p. 45; F. Rotondo Tornaría, "Concepto, objeto, principios y contenido de los contratos de participación público-privada (PPP)", cit., *Estudios de Derecho Administrativo* 6/69.

37. A. Durán Martínez, "Nuevas formas de relacionamiento público-privado en el cumplimiento de los cometidos del Estado", en A. Durán Martínez, *Neoconstitucionalismo y Derecho Administrativo*, Buenos Aires, La Ley, 2012, pp. 722 y ss.

Este decreto-ley fija de una manera general el marco regulatorio de los contratos de concesión de obras públicas otorgados por el Poder Ejecutivo (art. 1), así como por los Gobiernos Departamentales (art. 7).

Conforme al art. 1, refiere a concesiones para la construcción, conservación y explotación de obras públicas.

El art. 3 establece algunos límites a las concesiones, entre las que destaco los referidos en el literal "A)" y en el literal "C)".

El literal "A)" establece que "se acordará por un plazo determinado".

Se ajusta así al principio de temporalidad de las concesiones y, además, impide los permisos, es decir, las concesiones otorgadas por actos precarios y revocables, ya que estos son otorgados en principio por plazo indeterminado. Esto es obvio, puesto que una concesión de obra pública resulta absolutamente inviable si solo confiere un derecho debilitado.

El literal "C)" mencionado expresa: "La fijación de las tarifas quedará reservada exclusivamente a la Autoridad Concedente, que podrá hacerlo por iniciativa propia o a propuesta del concesionario si esta se considerar fundada".

Ya vimos que la Constitución exigía la homologación administrativa de las tarifas de las concesiones de servicios públicos nacionales y de las tarifas de los servicios públicos departamentales a cargo de concesionarios o permisarios. Pero esa limitación no comprende a las concesiones de obras públicas, salvo cuando ellas impliquen la prestación de un servicio público, y en ese caso solo en lo relativo a las tarifas de ese servicio público.

La ley ahora indicada exige la fijación administrativa de las tarifas, sin necesidad de que el servicio en cuestión sea un servicio público. De manera que, a mi juicio, la ley introduce aquí un límite que no figuraba en la Constitución,[38] cosa que perfectamente puede hacer.

5.6 Consideraré ahora los límites a las concesiones en virtud de la naturaleza de la actividad.

Partiré al efecto de la clasificación de los cometidos del Estado de Sayagués Laso.

Es cierto que se han efectuado sólidas críticas a esta clasificación[39-40] e incluso se han propuesto criterios distintos. En tal

38. Advierto, por otro lado, que el numeral "E)" de este art. 3 prevé la posibilidad de que en la concesión se incluyan expresamente servicios anexos o complementarios. Pienso que, en este caso, los precios de estos servicios pueden no requerir la fijación administrativa exigida en el literal "C)", aunque sí puede ser exigida por el contrato.

39. En tal sentido, Silva Cencio, aludiendo a la clasificación de cometidos estatales de Sayagués Laso, expresó: "En lo personal, desde hace algunos años abrigamos dudas con respecto al rigor científico de la referida clasificación, en cuanto la misma no se ajusta a un criterio rector único, sino que adopta diversas pautas de diferenciación. Si para caracterizar a algunos cometidos se toma en cuenta un elemento material vinculado con la naturaleza intrínseca de la actividad, en tanto que para diferencias a otras se consideran los aspectos teleológicos de aquella" (J. Silva Cencio, *Servicios Públicos y Concesión de Servicios*, Montevideo, Amalio M. Fernández, 1980, p. 11).

40. Por su parte, Cajarville Peluffo también con relación a la referida clasificación de Sayagués Laso escribió: "Pese a su unánime aceptación doctrinal, explicable por el enorme y justificado prestigio del maestro y la consecuente influencia que ejerció en nuestro País a nivel jurisprudencial y académico, su tipificación de cometidos y la propia definición de 'servicios públicos' no están libres de dificultades conceptuales y como interpretación del derecho positivo" (J. P. Cajarville Peluffo, "Apuntes sobre la noción de 'servicio público' en la Constitución uruguaya", en J. P. Cajarville Peluffo, *Sobre Derecho Administrativo*, 3ª ed., t. I, Montevideo, FCU, 2012, p. 211).

sentido otros distinguen servicios esenciales, servicios públicos y servicios de libre prestación.[41] No obstante, parto de esa clasificación, al menos en lo que refiere a los cometidos prestacionales, por la importante receptividad que tuvo y tiene en nuestro medio, lo que le ha permitido hasta ahora vencer el transcurso del tiempo, porque creo que no es incompatible con la noción de servicios de interés económico general que tiende a sustituir a la clásica expresión "servicio público" y porque estimo que conserva utilidad.

Para Sayagués Laso los cometidos prestacionales del Estado son los cometidos esenciales,[42] que en su 1ª edición llamó "funciones esenciales" y luego en las siguientes "cometidos esenciales", los servicios públicos,[43] los servicios sociales[44] y la actividad estatal en el campo de la actividad privada.[45]

Las prestaciones en los cometidos esenciales son *uti universi*, en los demás son *uti singuli*.

Los cometidos esenciales, según Sayagués Laso, "son aquellos cometidos del Estado inherentes a su calidad de tal, que no se conciben sino ejercidos directamente por el mismo". Entre ellos menciona las relaciones exteriores, la defensa nacional, la seguridad en lo interior y la actividad financiera.[46]

Por consiguiente, si estas actividades no se conciben prestadas por particulares, no es posible la concesión. Tenemos aquí un límite infranqueable, en razón de la naturaleza de la actividad, para la concesión.

El concepto de servicio público es un concepto muy polémico. Como se sabe, su origen se encuentra en Francia y en un principio prácticamente abarcó toda la actividad estatal. Posteriormente, también en Francia, se procuró acotar su alcance y se le asignó un sentido algo más restringido a los efectos de comprender únicamente a la actividad prestacional caracterizada por prestaciones *uti singuli*.[47] Bénoît, haciendo un paralelo con la actividad de policía, decía que policía es actividad de prohibición y servicio público actividad de prestación.[48] En Italia se procuró un concepto aún más restringido de servicio público, que fue el que, en definitiva, inspiró a Sayagués Laso.

Sayagués Laso definió los servicios públicos "como el conjunto de actividades desarrolladas por entidades estatales, o por su mandato expreso, para satisfacer necesidades colectivas impostergables mediante prestaciones suministradas directa e inmediatamente a los individuos, bajo un régimen de derecho público".[49]

Esta definición tuvo gran receptividad en nuestra doctrina, pero eso no significa que necesariamente ese concepto sea el recibido por nuestra Constitución.

41. C. E. Delpiazzo, *Derecho Administrativo General*, vol. 1, Montevideo, Amalio M. Fernández, 2011, p. 283.

42. E. Sayagués Laso, *Tratado de Derecho Administrativo*, cit., t. I, pp. 55 y ss.

43. Idem, pp. 57 y ss.

44. Idem, pp. 77 y ss.

45. Idem, pp. 80 y ss.

46. Idem, p. 56.

47. F.-P. Bénoit, *Le Droit Administratif Français*, Paris, Dalloz, 1968, pp. 770 y ss.; A. Durán Martínez, "Las empresas públicas y las empresas mixtas con capital público ¿pueden someterse a la regulación para la competencia del mismo modo que los operadores privados?", cit., en A. Durán Martínez, *Estudios de Derecho Público*, vol. II, p. 218.

48. Bénoit, *Le Droit Administratif Français*, cit., p. 737.

49. E. Sayagués Laso, *Tratado de Derecho Administrativo*, cit., t. I, p. 65.

Cajarville Peluffo efectuó un detallado estudio sobre el tema.[50] Hizo notar allí que ni la Constitución de 1830 ni la de 1918 contienen la expresión "servicio público".[51]

Recién aparece esta expresión en la Constitución de 1934, se reitera en las posteriores[52] y aparecen nuevas referencias al servicio público en la Constitución de 1952,[53] Constitución de 1967[54] y en la Enmienda Constitucional de 2004.[55]

Cajarville Peluffo parte del criterio de interpretación constitucional de que se debe asignar a la expresión utilizada en la Carta el mismo significado en todas las veces, y en tal sentido estima que el término "servicio público" en nuestra Constitución debe tomarse en un sentido muy próximo al de la tradicional doctrina francesa, comprendiendo a toda la actividad del Estado excluyendo la legislativa.[56]

No participo de esa opinión. Nuestra Constitución está muy mal redactada, por lo que estimo que no podemos imponerle una coherencia en lo terminológico, que no tiene. Sobre todo tenemos que tener en cuenta que las diversas alusiones al servicio público se incorporaron en momentos diferentes, por lo que no necesariamente deben tener el mismo significado.

No podemos por otro lado ignorar el fenómeno de la sobreinterpretación de la Constitución,[57] que hace que el sentido de un término constitucional pueda variar con el tiempo. En consecuencia, pienso que el término "servicio público" está tomado en nuestra Constitución en diversos sentidos. Así por ejemplo, estimo que en el art. 86 la expresión "servicios públicos" está tomada en un sentido orgánico, y en los arts. 6, 24, 47, 51, 249, 273, numeral 8, y 275, numeral 4, en un sentido material. E, incluso, estimo que en el art. 24 y en el art. 249 la expresión está tomada en un sentido amplio que se acerca al tradicional francés, y en los demás artículos en un sentido restrictivo que bien puede ser el de Sayagués Laso.

Por tanto, considero que la definición de Sayagués Laso conserva utilidad.

Como ejemplos de servicios públicos en el sentido de Sayagués Laso, a los ya mencionados servicios de saneamiento y de abastecimiento de agua para consumo humano, a vía de ejemplo indicamos el servicio de transporte colectivo de pasajeros por líneas regulares por caminos y la distribución de energía eléctrica a terceros, en forma regular y permanente.

Sayagués Laso no define los servicios sociales. Se limita a enunciar sus características fundamentales y dar algunos ejemplos.[58]

Precisamente Cajarville Peluffo es especialmente crítico de Sayagués al respecto. En tal sentido, dice que "la categoría de los 'servicios sociales' es seguramente la más vaga y la más difusa – por no decir la más confusa – de las elaboradas por Sayagués Laso".[59]

50. J. P. Cajarville Peluffo, "Apuntes sobre la noción de 'servicio público' en la Constitución uruguaya", cit., en J. P. Cajarville Peluffo, *Sobre Derecho Administrativo*, 3ª ed., t. I, pp. 155 y ss.

51. Idem, pp. 163 y ss.

52. Idem, pp. 190 y ss.

53. Idem, pp. 196 y ss.

54. Idem, pp. 200 y ss.

55. Idem, pp. 211 y ss.

56. Idem, pp. 216 y ss.

57. A. Durán Martínez, "En torno al neoconstitucionalismo", en A. Durán Martínez, *Neoconstitucionalismo y Derecho Administrativo*, Buenos Aires, La Ley, 2012, pp. 17 y ss.

58. E. Sayagués Laso, *Tratado de Derecho Administrativo*, cit., t. I, pp. 77 y ss.

59. J. P. Cajarville Peluffo, "Apuntes sobre la noción de 'servicio público' en la Constitución

Las críticas de Cajarville Peluffo son compartibles. Incluso, pueden no compartirse todos los caracteres fundamentales que asigna Sayagués Laso a los servicios sociales. Pero me parece que eso no hace perder relevancia a esa categoría y pienso que los ejemplos dados por Sayagués Laso, como educación, enseñanza, asistencia médica, seguridad social, actividades culturales en general, tienen una característica propia diferente de los otros cometidos del Estado que bien podemos reunir bajo el rubro de servicios sociales.

Tampoco Sayagués Laso da una definición de lo que es actividad estatal en el campo de la actividad privada. Se limita a señalar ciertas características y a dar algunos ejemplos.[60] Entran en esta categoría la elaboración de alcohol, la comercialización de combustibles, actividades bancarias, seguros, servicios portuarios, tanto al buque, como a la mercadería así como a los pasajeros, telecomunicaciones, servicios postales, hotelería, casinos, entre otros.

Algunas de estas actividades perfectamente podrían ser servicios públicos en el sentido de Sayagués Laso, pues reúnen todas notas características por él indicadas. Por ejemplo, no tendría ningún reparo en que se considere servicio público la telefonía fija. En efecto, puede admitirse que se trata de una actividad destinada a satisfacer necesidades colectivas impostergables. A tal punto que en algún momento la llamada telefonía básica nacional lo fue (art. 613 de la Ley 17.296, de 21.2.2001, expresamente derogada por la Ley 17.524, de 5.8.2002).[61]

Esa telefonía básica, que puede ser por naturaleza servicio público y, como se ha dicho, en algún momento lo fue, no lo es, porque la ley derogó la ley que la declaraba servicio público. Tanto su declaración como servicio público, como su derogación, fue una opción legítima del legislador.

En virtud de esa derogación, volvió a ser una actividad de naturaleza privada a cargo del Estado, pero ya no en régimen de monopolio como en su momento lo fue (art. 6 del Decreto-ley 14.235, de 25.7.1974).[62]

En cambio, distinta es la situación, por ejemplo, del casino. Puedo entender que en algún momento se pueda razonablemente invocar razones de interés general para que el Estado decida, por ley, prestar dicha actividad. También puedo entender que en algún momento se pueda razonablemente invocar razones de interés general para hacerlo en régimen de monopolio. Soy conciente, por otro lado, que existen ludópatas que sienten un impulso irresistible por concurrir a la ruleta, pero no me parece razonable que se pueda decir que el casino sea una actividad destinada a satisfacer necesidades colectivas impostergables y, por ello, deba declararse servicio público.

De manera que, si bien algunas de las actividades que se han mencionado como ejemplos de actividades del Estado en el ámbito de la actividad privada por su naturaleza pueden ser declaradas por ley servicio público, otras no pueden serlo. Razones de interés general pueden justificar que el Estado asuma esa actividad, pero no en régimen de servicio público.

uruguaya", cit., en J. P. Cajarville Peluffo, *Sobre Derecho Administrativo*, 3ª ed., t. I, p. 212.

60. E. Sayagués Laso, *Tratado de Derecho Administrativo*, cit., t. I, pp. 80 y ss.

61. A. Durán Martínez, "Competencia de ANTEL", en A. Durán Martínez, *Estudios de Derecho Público*, vol. I, Montevideo, Universidad Católica del Uruguay/Ingranusi Ltda., 2004, pp. 224 y ss.

62. Idem, pp. 214 y 234 y ss.

5.7 A esta altura es preciso efectuar un paréntesis y aclarar qué entiendo por *interés general*.

Es un lugar-común, desde Aristóteles[63] a nuestros días, afirmar que el hombre es un animal político. Pero el hombre no se agota en lo político. El hombre tiene una dimensión individual, una dimensión social, que conlleva la política pero no se confunde con ella, y una dimensión trascendente. Y todas esas dimensiones se funden en una unidad, son inescindibles porque la persona humana es una sola.

Precisamente el principio de subsidiariedad,[64] al hacer el deslinde de competencias entre el individuo, las comunidades intermedias y la comunidad política mayor, presupone esa cuádruple dimensión humana y procura salvaguardarla.

El *interés privado* se relaciona con esa dimensión individual de todo ser humano que lo hace ser único y diferente de sus semejantes y por eso es valioso y digno de tutela. Y también se relaciona con esa dimensión social que nos hace integrar una comunidad natural, como lo es la familia, base de la sociedad y de esas otras comunidades intermedias que trascienden la familia pero que son de alguna manera de nuestro dominio particular, no necesariamente en exclusividad pero sin llegar a ser público.

El *interés público* se relaciona con nuestra dimensión social en el aspecto que conlleva lo político pero también, aun sin conllevar lo político, trasciende de lo meramente privado al ocupar un espacio que necesariamente es genéricamente compartido por requerirlo el adecuado desarrollo de la personalidad.

La relación con la Divinidad pertenece al plano íntimo de cada uno, por lo que es de *interés privado*. Pero la exteriorización de determinados aspectos del culto exige un espacio público, por lo que ello es de *interés público*.

Interés privado e *interés público* operan en espacios distintos y, aunque por momentos tengan contornos difusos, no se confunden pero tampoco se contradicen, pues se relacionan con las diversas dimensiones de la naturaleza humana, que, como se ha visto, son inescindibles.

Precisamente, esa unidad de la naturaleza humana se contempla con el *interés general* que incluye al *interés privado* y al *interés público*.

Es de *interés general* la adecuada satisfacción del *interés privado* y del *interés público*, lo que se logra con la creación de la situación de hecho necesaria para el desarrollo de la persona humana. Dicho en otras palabras: es de *interés general* la configuración del *bien común*. Esos intereses privados y públicos, dignos de tutela, deben armonizarse con el interés general.

5.8 También a esta altura es preciso hacer un paréntesis dentro de este paréntesis, en razón de los magníficos estudios realizados sobre el interés público por Alessi,[65] en Italia, y por Bandeira de Mello,[66] en Brasil.

El interés público primario es el interés de la colectividad como un todo; en otros términos, el conjunto de intereses

63. Aristóteles, *La Política*, Buenos Aires, Editorial TOR SRL, 1965, pp. 5 y ss.

64. Pontificio Consejo "Justicia y Paz", *Compendio de la Doctrina Social de la Iglesia*, Montevideo, Librería Editorial Arquidiocesana, 2005, pp. 88 y ss.

65. R. Alessi, *Instituciones de Derecho Administrativo*, t. I, Barcelona, Bosch, 1970, pp. 184 y ss.

66. C. A. Bandeira de Mello, *Curso de Direito Administrativo*, 31ª ed., São Paulo, Malheiros Editores, 2014, 15ª edição. Malheiros Editores. São Paulo, 2003, pp. 73 y ss.

individuales en tanto integrantes de una colectividad. El interés público secundario es el que posee el Estado-aparato, independiente de su condición de servidor de los intereses de la colectividad. Por mi parte, considero que son también intereses públicos secundarios los de los sindicatos, de las asociaciones profesionales o cámaras empresariales, entre otros.[67]

Lo que llamo *interés general* coincide bastante con lo que Alessi y Bandeira de Mello llaman "interés público primario", y lo que llamo *interés público* coincide bastante con lo que los referidos maestros llamaron "interés público secundario".

Si he adoptado esta terminología es porque nuestra Constitución adopta la de "interés general", a los efectos de habilitar a la ley para limitar derechos fundamentales (arts. 7 y 36, entre otros).

Además, al tomar la expresión de nuestra Constitución, no tengo necesidad de distinguir entre interés público primario e interés público secundario; reservo el término "interés público" para lo que Alessi y Bandeira de Mello llaman "interés público secundario".

Cierro este segundo paréntesis y vuelvo al primero.

5.9 El *interés general* es un freno al legislador en lo que refiere a la limitación o hasta privación del goce del ejercicio de derechos humanos. El art. 7 de nuestra Constitución es muy claro al respecto.

En efecto, al ser el *interés general* un concepto jurídico indeterminado, veda toda discrecionalidad en su determinación. Su concreción se verifica por una operación intelectiva y no volitiva; por tanto, si en la especie la ley dispone una limitación o privación de un derecho humano sin que realmente exista interés general, la misma resulta inconstitucional por error en la determinación del concepto, y así debe ser declarada por la Suprema Corte de Justicia.[68] Por eso es que con acierto Guariglia estimó que las leyes limitativas de derechos humanos se presumen inconstitucionales.[69] En efecto, su legitimidad depende de la existencia o no de las razones de *interés general*, y eso lo determina la Suprema Corte de Justicia con independencia de la voluntad del legislador. Es más, hasta resulta irrelevante una declaración de *interés general* efectuada por el legislador,[70] ya que ella no impide el control jurisdiccional

Pero como bien lo admitió también Guariglia, el *interés general* no solamente tiene una función de limitación o restricción.[71] También desempeña una función activa o positiva.

En efecto, la fuerza expansiva de los derechos humanos hace que el *interés*

67. A. Durán Martínez, *Improbidad del Funcionario Público*, en prensa.

68. E. G. Esteva Gallicchio, "Control de la regularidad constitucional de las leyes que limitan o restringen derechos humanos en el Derecho Uruguayo", *Revista de Derecho de la Universidad Católica del Uruguay* III/55, Montevideo, Universidad Católica del Uruguay/Konrad Adenauer Stiftung/Amalio M. Fernández, 2002; A. Durán Martínez, "El derecho administrativo entre legalidad y derechos fundamentales", en A. Durán Martínez, *Estudios de Derecho Público*, vol. II, Montevideo, Universidad Católica del Uruguay/Ingranusi Ltda., 2008, pp. 264 y ss.; C. E. Guariglia, *Presunción de Constitucionalidad de las Leyes*, Buenos Aires, La Ley, 2009, pp. 207 y ss.

69. C. E. Guariglia, *Presunción de Constitucionalidad de las Leyes*, cit., pp. 200 y ss.

70. A. Rey Jiménez de Aréchaga, "Inconstitucionalidad de las restricciones a la propiedad de inmuebles rurales. Ley n. 18.092 y modificativas", *La Justicia Uruguaya*, Año 2009, p. D. 95.

71. C. E. Guariglia, *El Conflicto entre los Derechos Fundamentales. Bases para una Interpretación*, Montevideo, Amalio M. Fernández, 2007, pp. 216 y ss.

particular y el *interés público*, ambos integrantes del *interés general*, requieran ser satisfechos por acciones positivas y no solamente por acciones negativas.

El Estado, principal responsable – aunque no único– del logro del bien común, se ocupa de los derechos prestacionales precisamente porque son derechos fundamentales que deben ser respetados para posibilitar que todos y cada uno de los seres humanos puedan vivir su vida en plenitud. "De esta manera" – en términos de Carbonell –, "la legitimidad de los Poderes Públicos no depende ya solamente de que no *entorpezcan* o *limiten* el disfrute de los derechos, sino también de que los *promuevan* eficazmente."[72] El Estado, pues, se ocupa de los derechos prestacionales no solo por razones de *interés público*.[73]

Cierro ahora este paréntesis que he abierto pues me parece que tiene gran incidencia con la concesión y sus límites y retomo nuestro tema.

5.10 Como se ha dicho, se percibe en el mundo una tendencia a sustituir la expresión "servicio público" por la de "servicios de interés económico general".[74]

Esta nueva terminología se ha adoptado en el marco de un proceso caracterizado por un tránsito de un concepto subjetivo de servicio público a uno objetivo. De servicios prestados por el Estado en régimen de exclusividad o, en otra terminología, en régimen de monopolio se ha pasado a un régimen prestacional por parte de personas estatales o no estatales, privadas o no, en concurrencia. De la *publicatio* característica de la época del servicio público clásico se ha pasado a una *despublicatio*. Más que hablarse de servicio público, se tiende a hablar de servicio al público.[75]

Bajo esa denominación, servicios de interés económico general o servicios económicos de interés general, se reúnen servicios de los más diversos.

En tal sentido Díez-Picazo decía: "Son servicios de interés económico general no sólo aquellas actividades que conforman la infraestructura del sistema económico (energía, telecomunicaciones, correos, transportes etc.), sino que pueden serlo también actividades cuya finalidad primaria no es empresarial (cultura, sanidad, asistencia social etc.) siempre que se produzcan dentro del sistema económico. Lo decisivo no es, así, la presencia o ausencia de ánimo de lucro. Más bien, el rasgo distintivo de los servicios de interés económico general es que haya una obli-

72. M. Carbonell, "La garantía de los derechos sociales en la teoría de Luigi Ferrajoli", en VV.AA., *Garantismo. Estudios sobre el Pensamiento Jurídico de Luigi Ferrajoli*, Madrid, ed. de Miguel Carbonell y Pedro Salazar, Editorial Trotta/Instituto de Investigaciones Jurídicas-UNAM, 2009, p. 179.

73. A. Durán Martínez, "Derechos prestacionales e interés público", en A. Durán Martínez, *Neoconstitucionalismo y Derecho Administrativo*, Buenos Aires, La Ley, 2012, pp. 213 y ss.

74. G. Ariño Ortiz, *Principios de Derecho Público Económico*, 3ª ed., Granada, Fundación de Estudios de Regulación/Comares Editorial, 2004, p. 638; L. M. Díez-Picazo, "La idea de servicios de interés económico general", en L. Cosculluela Montaner (coord.), *Estudios de Derecho Público Económico. Libro Homenaje al Profesor Dr. D. Sebastián Martín-Retortillo*, Madrid, Eudesa/Ibercaja/Civitas, 2003, pp. 677 y ss.; A. Durán Martínez, "Nuevas formas de relacionamiento público-privado en el cumplimiento de los cometidos del Estado", cit., en A. Durán Martínez, *Neoconstitucionalismo y Derecho Administrativo*, p. 717.

75. A. Durán Martínez, "Nuevas formas de relacionamiento público-privado en el cumplimiento de los cometidos del Estado", cit., en A. Durán Martínez, *Neoconstitucionalismo y Derecho Administrativo*, pp. 716 y ss.

gación legal de llevar a cabo una actividad de prestación".[76]

Pero eso no significa que haya desaparecido el servicio público ni que vaya a desaparecer, ni que se haya superado la clasificación de Sayagués Laso al reunir ahora, según los ejemplos dados por Díez-Picazo, bajo la categoría de servicios de interés económico general actividades que según Sayagués Laso son servicios públicos, otros, servicios sociales y otros, actividades del Estado en el ámbito de la actividad privada.

Por el contrario, estimo que, más allá de que todas esas actividades puedan regirse por el derecho de la competencia, la clasificación de Sayagués Laso continúa siendo útil porque hay diferencias entre esas categorías que permanecen inalteradas.

En efecto, el servicio público es una actividad por su origen privada, que la ley, por razones de interés general, tornó pública y asignó al Estado su prestación, con exclusividad o no, según los casos. La actividad del Estado en el ámbito de la actividad privada es una actividad, por su origen y naturaleza, privada que la ley, por razones de interés general, asignó competencia al Estado para su prestación, en forma monopólica o no, según los casos, sin alterar la naturaleza de la actividad. Los servicios sociales son actividad privada, por su origen y naturaleza, que la ley puede asignar competencia al Estado para su prestación, en ayuda a la sociedad, pero nunca en sustitución de los particulares. El Estado, en el caso de estos últimos servicios, puede colaborar pero no desplazar a los particulares.

76. L. M. Díez-Picazo, "La idea de servicios de interés económico general", cit., en L. Cosculluela Montaner (coord.), *Estudios de Derecho Público Económico. Libro Homenaje al Profesor Dr. D. Sebastián Martín-Retortillo*, p. 679.

Solo esto basta para justificar la clasificación de Sayagués Laso. Por otro lado, la diferente naturaleza de esas actividades puede justificar distintos límites previstos por el Poder Ejecutivo en cada regulación específica, porque, si bien no todas esas actividades constituyen servicio público, aunque no lo sean, por algo el Estado asumió su prestación; por tanto, mientras tenga esa competencia es responsable por ello, lo que implica la existencia de límites. Además, esa clasificación tiene incidencia en determinados aspectos, como por ejemplo en materia de homologación administrativa de las tarifas. Como se ha visto, ella es impuesta por la Constitución en el caso de concesiones de servicios públicos, tomada la expresión "servicio público" en el sentido de Sayagués Laso, pero no en concesiones de otras actividades.

En todos estos casos en que el Estado adquiere competencia para prestar esas actividades es posible la concesión.

En caso de los servicios públicos, para que un particular pueda prestar la actividad se requiere la concesión, porque precisamente la ley con la declaración de servicio público sustrajo la actividad del ámbito de la libertad. Nadie tiene derecho, así, a prestar un servicio público. Para hacerlo, es preciso que el titular de la actividad, que es el Estado, otorgue ese derecho, lo que se efectúa mediante la concesión. Por eso es que es natural que cuando se hable de concesión en general se piense en la concesión de servicio público.

En el caso de actividad del Estado en el ámbito de la actividad privada, cuando existe monopolio, también para que un particular pueda prestar la actividad requiere concesión, porque precisamente el monopolio significa excluir esa actividad del ámbito de la libertad. Para que un particular pueda ejercer una actividad monopolizada es preciso una concesión por parte del monopolista, por las mismas razones dichas con relación al servicio público.

Pero también es posible la concesión cuando no hay monopolio. No es necesaria la concesión para ejercer una actividad de ese tipo porque ella es libre, pero sí es necesario para prestar concretamente la actividad de la cual el Estado tiene competencia y hacerlo a cuenta del Estado a modo de prestación indirecta. Por ejemplo, no es necesaria la concesión para prestar el servicio de televisión, pero sí para prestar el servicio de la televisión oficial, porque una ley le asignó competencia al Estado.

Lo mismo que ocurre con la actividad del Estado en el ámbito de la actividad privada no monopolizada ocurre en el ámbito de los servicios sociales. No es necesaria la concesión para prestar ese tipo de actividades porque se trata de actividades privadas y libres, pero sí es preciso una concesión para prestar aquellos servicios sociales en concreto que la ley asignó competencia al Estado para su prestación. Cualquiera puede establecer un hospital y prestar servicios de asistencia médica, porque ello es actividad privada y libre, pero para que un particular preste servicios de asistencia médica que corresponden a un hospital estatal requiere concesión, porque la ley asignó competencia al Estado para prestar esa actividad.

Estos últimos dos tipos de concesiones no son usuales, pero son posibles.

Cuando vimos las concesiones en el marco de la Ley de PPP, dijimos que ellas no eran posibles en caso de: (a) servicios educativos, cuando el contrato tenía por objeto centros educativos; (b) servicios sanitarios, cuando el contrato tenía por objeto centros de salud; (c) servicios de seguridad, sanitarios y reeducación de reclusos, cuando se trate de cárceles.

Los servicios de seguridad son cometidos esenciales, por lo que a mi juicio hay aquí un límite a la concesión en razón de la naturaleza de la actividad. En tal caso, la ley sería superabundante.

En los demás casos el límite es impuesto por la ley. Esos casos indicados son servicios sociales, la ley veda la concesión en el ámbito de los contratos de PPP, pero no impide concesiones fuera de ese marco. De manera que ese límite impuesto en el art. 3 de la Ley 18.786, citada, no rige para las concesiones de servicios sociales no comprendidos en dicha ley.

Ahora bien, ¿qué límites en razón de la naturaleza de la actividad que tienen estas concesiones?

Silva Cencio analizó el tema con relación a la concesión de servicio público. Pienso que refirió exclusivamente a esa concesión porque era la habitual en la época en que escribió. En épocas del Estado de Bienestar, aunque posible, el Estado no concedía actividades que configuraban servicios sociales o actividad del Estado en el ámbito de la actividad privada, sino que prestaba los servicios directamente. En los casos de actividades monopolizadas, aun cuando la ley facultaba la concesión, había gran reticencia para otorgarlas. El ejemplo del casino es muy claro al respecto; la concesión de casinos fue prevista en el Decreto-ley 14.335, de 23.4.1974 (art. 20) y solo se otorgó una en la década del 90 del siglo pasado. Y las concesiones de obras públicas, si bien conocidas en la época que escribió Silva Cencio, no eran frecuentes, su empleo se incrementa después, luego del Decreto-ley 15.637, de 28.9.1984.

Al respecto Silva Cencio escribió:

"A diferencia de lo que señalan muchos autores, quienes consideran que en la concesión el particular adquiere derecho a la organización y funcionamiento del servicio, creemos que los aspectos relativos a la organización y funcionamiento del servicio no pueden ser objeto de un contrato de concesión. Si estamos frente a una actividad que debe ser asegurada por la Administración, es de principio que las reglas de su organización y funcionamiento sólo pueden ser fijadas por esta.

"El objeto del contrato no es la organización y funcionamiento de un servicio público sino la prestación del servicio por parte del particular. La organización y funcionamiento del servicio es siempre de exclusiva competencia de la entidad pública, sea que lo preste por sí o por medio de concesionarios. La entidad pública no puede desprenderse de su competencia en este aspecto. Por ello, nunca puede existir concesión del servicio en su integridad, sino que lo que se transfiere es solamente la ejecución del servicio, dentro de las normas de organización y funcionamiento que fija la Administración."[77]

Es obvio que por la fecha del trabajo, 1980, Silva Cencio no pudo tener en cuenta en ese momento el citado decreto-ley de 1984.

El art. 5 del citado decreto-ley establece: "El concesionario deberá cumplir y hacer cumplir las normas y reglamentaciones sobre conservación, uso y policía de las obras concedidas, en la forma que establezcan las disposiciones aplicables".

Esa referencia que efectúa el citado decreto legislativo a *cumplir* y, sobre todo, a *hacer cumplir* permite inferir que el concesionario posee los poderes jurídicos necesarios para el cumplimiento del cometido concedido, lo que puede incluir una potestad normativa[78] que puede comprender tanto el dictado de normas generales, relacionadas con la organización y funcionamiento del servicio, o el dictado de actos punitivos, según los casos, y con los límites que luego se verá.

Esta ley, así, confiere una suficiente cobertura legal para el otorgamiento en forma expresa o implícita de los poderes jurídicos necesarios para el adecuado funcionamiento del servicio, al menos para los contratos de concesión de obra pública. Me parece razonable, por otra parte, que ello sea así, porque el concesionario no solo adquiere el derecho sino también el deber de prestar el servicio, y debe hacerlo bien.

También debemos tener en cuenta, al apreciar la opinión de Silva Cencio, que él escribió con anterioridad al tránsito de la noción de servicio público a la de servicios de interés económico general, ya mencionada, con una intensa implantación del derecho de la competencia, que se produjo en Europa y que, al menos en el plano estrictamente jurídico, se adoptó en Uruguay.

Importa poco en este esquema la titularidad de la actividad o quien la presta; lo que más importa es que todos los operadores actúen conforme a las reglas de la competencia y que los servicios se presten bien.

Pero para que el sistema funcione bien es preciso dos cosas: (a) lo que se ha llamado el corte vertical de actividades y (b) la adopción de lo que se ha llamado el servicio universal.[79]

77. J. A. Silva Cencio, *Servicios Públicos y Concesión de Servicios*, cit., p. 33.

78. A. Durán Martínez, *Casos de Derecho Administrativo*, cit., vol. I, p. 21; "La participación privada en la gestión pública y su capacidad normativa", en A. Durán Martínez, *Estudios de Derecho Público*, vol. I, Montevideo, Universidad Católica del Uruguay/Ingranusi Ltda., 2004, p. 392.

79. A. Durán Martínez, "Nuevas formas de relacionamiento público-privado en el cumplimiento de los cometidos del Estado", cit., en A. Durán Martínez, *Neoconstitucionalismo y Derecho Administrativo*, pp. 719 y ss.

El corte vertical de actividades se efectúa en función de si esas actividades pueden ser o no competitivas. Una cosa son las actividades relacionadas con las infraestructuras y otra la actividad propiamente dicha. Por ejemplo, una cosa son las actividades relacionadas con un aeropuerto, estación de ferrocarril, terminal de ómnibus o la red telefónica y otra cosa los servicios de transporte aéreo, de transporte ferroviario, de transporte por autobús o de telefonía. Las actividades relacionadas con las infraestructuras no son aptas para la competencia, las otras sí. Estas últimas son las que están sujetas a un régimen jurídico basado en la libertad de entrada, la libertad de acceso al mercado, la libertad de contratación y la libertad de inversión.[80]

Ese corte vertical de actividades y el régimen jurídico de ellas teniendo en cuenta si las actividades son o no aptas para la competencia procura satisfacer la eficacia, lo que redunda en un beneficio para los operadores y, por sobre todo, para los usuarios.

El servicio universal es lo que podemos llamar la pata social del sistema, fundada en la solidaridad, que hinca sus raíces en la sociabilidad natural humana. No es un tipo especial del servicio sino la obligación de prestar un servicio con un determinado contenido con determinada calidad, al alcance de todos en todo el territorio nacional y a precios asequibles.[81] Se trata de un concepto evolutivo en función de las coordenadas espacio y tiempo.

Los aspectos indicados deben tenerse presentes a la hora de pensar en los límites de las concesiones.

En este aspecto tenemos que comenzar por distinguir si el concesionario es el prestador de las actividades de las infraestructuras o el operador de los servicios para los que se construyen esas infraestructuras.

Si el concesionario es el administrador de las infraestructuras, el primer límite natural que se impone es el de la imposibilidad de concederle, además, la prestación de servicios que utilizan esa infraestructura. Si eso ocurre, ese concesionario adquiere una posición dominante abusiva, que distorsiona totalmente la actividad del sector. El administrador de la infraestructura no puede ser prestador de los servicios que la requieren.

Y si bien, conforme a lo expresado, se puede conceder al administrador de las infraestructuras potestad de organización y financiamiento, e incluso potestad sancionatoria, cuando ello sea indispensable para el adecuado funcionamiento del servicio, también ello con límites.

La concesión de esos poderes, como todo el derecho, debe adecuarse a criterios de razonabilidad, proporcionalidad y ajuste al fin debido.[82] Y, en materia represiva, las sanciones si bien podían llegar a ser de tipo patrimonial, como las multas, no podrían suspender o clausurar la actividad del operador del servicio pues eso podría implicar la distorsión de una concesión o, incluso, su extinción, lo que, si se trata de una concesión de servicio público, sería particularmente grave.

En la mayoría de los casos los operadores de los servicios se vinculan con el administrador de las infraestructuras mediante contratos. En esos contratos se prevé el régimen punitivo, por lo que existe allí una base consensual.

80. Idem, p. 720.

81. Idem, p. 719.

82. A. Durán Martínez, "La participación privada en la gestión pública y su capacidad normativa", cit., en A. Durán Martínez, *Estudios de Derecho Público*, vol. I, p. 394.

Pero hay casos en que los usuarios de las infraestructuras son forzosos. En ese caso, a mi juicio, la posibilidad de aplicar sanciones cuenta con suficiente cobertura legal en el art. 5 del Decreto-ley 15.637, ya citado,[83] sujeto, naturalmente, a los límites indicados.

En caso de que el concesionario sea un operador de los servicios que usa las infraestructuras, el límite está dado en que no se debe otorgar poderes de manera que lo coloquen en situación de posición dominante sobre los demás. Se quebraría así la igualdad, base para una competencia transparente. Y, por supuesto, los poderes otorgados no pueden significar un desconocimiento de lo que se ha llamado el servicio universal.

Por supuesto que en todas las actividades el Estado no puede renunciar al control último de la actividad, por lo que vemos aquí un límite fundamental a las concesiones estudiadas.

6. Apreciaciones finales

6.1 Como se advertirá, estos aspectos relacionados con los límites de las concesiones, sobre todo en razón de la naturaleza de la actividad, nos ponen ante uno de los aspectos más importantes del derecho público: el del ejercicio del poder estatal.

6.2 El poder político es inherente a la persona humana, en virtud de que el hombre es un animal racional, lo que supone su condición de social, lo que implica la dimensión política.[84] La comunidad política es pues de raíz natural. Por eso el poder político está para ser ejercido y, por ende, es irrenunciable.

6.3 Ese poder es ejercido jurídicamente en el marco del principio de subsidiaridad, que, en función de circunstancias de tiempo y lugar, acentuará su faz activa o pasiva, teniendo especialmente en cuenta el principio de solidaridad, como lo remarcó con especial énfasis Benedicto XVI. En efecto, en la Encíclica *Caritas in Veritate*, el Sumo Pontífice escribió: "El principio de subsidiaridad debe mantenerse íntimamente unido al principio de la solidaridad y viceversa, porque, así como la subsidiaridad sin la solidaridad desemboca en el particularismo social, también es cierto que la solidaridad sin la subsidiaridad acabaría en el asistencialismo que humilla al necesitado".[85]

Ese poder político ejercido jurídicamente está finalizado al logro del bien común y encuentra en el interés general, a la vez, su motor y su límite.

En definitiva, pues, aquí radica el principal límite natural de las concesiones de actividades públicas.

Bibliografía

ALESSI, R. *Instituciones de Derecho Administrativo*. t. I. Barcelona, Bosch, 1970.

AMARAL, Antônio Carlos Cintra do. *Concessão de Serviços Públicos. Novas Tendências*. São Paulo, Quartier Latin, 2012.

ARAMENDÍA FALLO, M. M. "Alcance". En: DELPIAZZO, C. E. (coord.). *Comentarios a la Ley de Participación Público-Privada*. Montevideo, Universidad de Montevideo/ Facultad de Derecho, 2012.

83. Idem, p. 395.

84. Aristóteles, *La Política*, cit., p. 7; Santo Tomás de Aquino, "Opúsculo sobre el gobierno de los Príncipes", en Santo Tomás De Aquino, *Tratado de la Ley. Tratado de la Justicia. Opúsculo sobre el Gobierno de los Príncipes*, México, Editorial Porrúa, 1975, pp. 257 y ss.

85. Benedicto XVI, *Carta Encíclica* ***Caritas in Veritate***, DECOS, Diócesis de San José de Mayo, 2009, p. 75.

ARIÑO ORTIZ, G. *Principios de Derecho Público Económico*. 3ª ed. Granada, Fundación de Estudios de Regulación/ Comares Editorial, 2004.

ARISTÓTELES. *La Política*. Buenos Aires, Editorial TOR SRL, 1965.

BANDEIRA DE MELLO, C. A. *Curso de Direito Administrativo*. 31ª ed. São Paulo, Malheiros Editores, 2014.

BARRA, R. C. *Contrato de Obra Pública*. t. 1. Buenos Aires, Editorial Ábaco de Rodolfo Depalma, 1984.

BENEDICTO XVI. *Carta Encíclica* ***Caritas in Veritate***. DECOS, Diócesis de San José de Mayo, 2009.

BÉNOÎT, F.-P. *Le Droit Administratif Français*. Paris, Dalloz, 1968.

CAJARVILLE PELUFFO, J. P. "Apuntes sobre la noción de 'servicio público' en la Constitución uruguaya". En: CAJARVILLE PELUFFO, J. P. *Sobre Derecho Administrativo*. 3ª ed., t. I. Montevideo, FCU, 2012.

————. "Delegación de atribuciones". En: CAJARVILLE PELUFFO, J. P. *Dos Estudios de Derecho Administrativo*. Montevideo, 1988.

————. *Dos Estudios de Derecho Administrativo*. Montevideo, 1988.

————. "La 'función' administrativa y sus 'cometidos' en el Derecho Uruguayo, a principios del siglo XXI". En: CAJARVILLE PELUFFO, J. P. *Sobre Derecho Administrativo*. 3ª ed., t. I. Montevideo, FCU, 2012.

————. *Sobre Derecho Administrativo*. 3ª ed., t. I. Montevideo, FCU, 2012.

CARBONELL, M. "La garantía de los derechos sociales en la teoría de Luigi Ferrajoli". En: VV.AA. *Garantismo. Estudios sobre el Pensamiento Jurídico de Luigi Ferrajoli*. Madrid, ed. de Miguel Carbonell y Pedro Salazar, Editorial Trotta/Instituto de Investigaciones Jurídicas-UNAM, 2009.

CASSINELLI MUÑOZ, H. *Derecho Público*. Montevideo, FCU, 1999.

COSCULLUELA MONTANER, L. (coord.). *Estudios de Derecho Público Económico. Libro Homenaje al Profesor Dr. D. Sebastián Martín-Retortillo*. Madrid, Eudesa/ Ibercaja/Civitas, 2003.

DELPIAZZO, C. E. *Derecho Administrativo General*. vol. 1. Montevideo, Amalio M. Fernández, 2011.

————. *Derecho Administrativo Uruguayo*. México/Universidad Autónoma de México, Editorial Porrúa, 2005.

———— (coord.). *Comentarios a la Ley de Participación Público-Privada*. Montevideo, Universidad de Montevideo/Facultad de Derecho, 2012.

DI PIETRO, Maria Sylvia Zanella. *Parcerias na Administração Pública*. 7ª ed. *São Paulo, Atlas,* 2009.

DÍEZ-PICAZO, L. M. "La idea de servicios de interés económico general". En: COSCULLUELA MONTANER, L. (coord.). *Estudios de Derecho Público Económico. Libro Homenaje al Profesor Dr. D. Sebastián Martín-Retortillo*. Madrid, Eudesa/ Ibercaja/Civitas, 2003.

DURÁN MARTÍNEZ, A. *Casos de Derecho Administrativo*. vol. I. Montevideo, Universidad Católica del Uruguay/Ingranusi Ltda., 1999; vol. III. Montevideo, 2003; vol. VI. Montevideo, 2010.

————. "Competencia de ANTEL". En: DURÁN MARTÍNEZ, A. *Estudios de Derecho Público*. vol. I. Montevideo, Universidad Católica del Uruguay/Ingranusi Ltda., 2004.

————. *Contencioso Administrativo*. Montevideo, FCU, 2007.

————. "Derechos prestacionales e interés público". En: DURÁN MARTÍNEZ, A. *Neoconstitucionalismo y Derecho Administrativo*. Buenos Aires, La Ley, 2012.

————. "Efectos y cumplimiento de los contratos administrativos". En: DURÁN MARTÍNEZ, A. *Neoconstitucionalismo y Derecho Administrativo*. Buenos Aires, La Ley, 2012.

————. "El derecho administrativo entre legalidad y derechos fundamentales". En:

DURÁN MARTÍNEZ, A. *Estudios de Derecho Público*. vol. II. Montevideo, Universidad Católica del Uruguay/Ingranusi Ltda., 2008.

————. "Elementos del acto administrativo". *Revista de Derecho Público* 41. Montevideo, FCU, 2012.

————. "En torno al neoconstitucionalismo". En: DURÁN MARTÍNEZ, A. *Neoconstitucionalismo y Derecho Administrativo*. Buenos Aires, La Ley, 2012.

————. *Estudios de Derecho Público*. vol. I. Montevideo, Universidad Católica del Uruguay/Ingranusi Ltda., 2004; vol. II. Montevideo, Universidad Católica del Uruguay/Ingranusi Ltda., 2008.

————. *Improbidad del Funcionario Público* (en prensa).

————. "La concesión. Concepto, tipos y perspectivas". En: DURÁN MARTÍNEZ, A. *Estudios de Derecho Público*. vol. I. Montevideo, Universidad Católica del Uruguay/Ingranusi Ltda., 2004.

————. "La participación privada en la gestión pública y su capacidad normativa". En: DURÁN MARTÍNEZ, A. *Estudios de Derecho Público*. vol. I. Montevideo, Universidad Católica del Uruguay/Ingranusi Ltda., 2004.

————. "Las empresas públicas y las empresas mixtas con capital público ¿pueden someterse a la regulación para la competencia del mismo modo que los operadores privados?". En: DURÁN MARTÍNEZ, A. *Estudios de Derecho Público*. vol. II. Montevideo, Universidad Católica del Uruguay/Ingranusi Ltda., 2008.

————. *Licitación Pública* (en prensa).

————. "Naturaleza jurídica de CONAPROLE". En: DURÁN MARTÍNEZ, A. *Casos de Derecho Administrativo*. vol. III. Montevideo, 2003.

————. *Neoconstitucionalismo y Derecho Administrativo*. Buenos Aires/Uruguay, La Ley, 2012.

————. "Nuevas formas de relacionamiento público-privado en el cumplimiento de los cometidos del Estado". En: DURÁN MARTÍNEZ, A. *Neoconstitucionalismo y Derecho Administrativo*. Buenos Aires, La Ley, 2012.

————. "Prestación de servicios portuarios". En: DURÁN MARTÍNEZ, A. *Estudios de Derecho Administrativo. Parte Especial*. Montevideo, 1999.

————. "Principios de la contratación administrativa". *Derecho Administrativo – Revista de Doctrina, Jurisprudencia, Legislación y Práctica* 85. Buenos Aires, Abeledo-Perrot, febrero/2013.

ESTEVA GALLICCHIO, E. G. "Control de la regularidad constitucional de las leyes que limitan o restringen derechos humanos en el Derecho Uruguayo". *Revista de Derecho de la Universidad Católica del Uruguay* III. Montevideo, Universidad Católica del Uruguay/Konrad Adenauer Stiftung/Amalio M. Fernández, 2002.

FERREIRA, L. T. Teixeira. *Parcerias Público-Privadas. Aspectos Constitucionais*. Belo Horizonte, Fórum, 2006.

FERRÉS RUBIO, R. "El procedimiento de contratación por iniciativa privada en los contratos de participación público-privada". *Estudios de Derecho Administrativo* 6. Buenos Aires, La Ley, 2012.

GUARIGLIA, C. E. *El Conflicto entre los Derechos Fundamentales. Bases para una Interpretación*. Montevideo, Amalio M. Fernández, 2007.

————. *Presunción de Constitucionalidad de las Leyes*. Buenos Aires, La Ley, 2009.

GUERRA DANERI, E. *Los Derechos al Agua en la Actividad Agraria*. Montevideo, FCU, 2004.

LEIZA ZUNINO, P. *Contratos de la Administración Pública*. Montevideo, FCU, 2012.

MÉNDEZ, A. "La descentralización. Concepto y caracteres", En: VV.AA. *Estudios de Derecho Administrativo*. t. I. Montevideo, Universidad de la República, 1979.

————. *Sistemas Orgánicos*. Montevideo, Ediciones Jurídicas Amalio M. Fernández, 1973.

PONTIFICIO CONSEJO "JUSTICIA Y PAZ". *Compendio de la Doctrina Social de la*

Iglesia. Montevideo, Librería Editorial Arquidiocesana, 2005.

PRADO, Lucas Navarro, e RIBEIRO, Maurício Portugal. *Comentários à Lei de PPP – Parceria Público-Privada*. 1ª ed., 2ª tir. São Paulo, SBDP/ Malheiros Editores, 2010.

REY JIMÉNEZ DE ARÉCHAGA, A. "Inconstitucionalidad de las restricciones a la propiedad de inmuebles rurales. Ley n. 18.092 y modificativas". *La Justicia Uruguaya*. Año 2009.

RIBEIRO, Maurício Portugal, e PRADO, Lucas Navarro. *Comentários à Lei de PPP – Parceria Público-Privada*. 1ª ed., 2ª tir. São Paulo, SBDP/ Malheiros Editores, 2010.

ROTONDO TORNARÍA, F. "Concepto, objeto, principios y contenido de los contratos de participación público-privada (PPP)". *Estudios de Derecho Administrativo* 6. Buenos Aires, La Ley, 2012.

RUOCCO, G. "Procedimiento de contratación de participación público-privada iniciado de oficio". *Estudios de Derecho Administrativo* 6. Buenos Aires, La Ley, 2012.

SALOMONI, J. L. *Teoría General de los Servicios Públicos*. Buenos Aires, AD-Hoc, 1999.

SANTO TOMÁS DE AQUINO. "Opúsculo sobre el gobierno de los Príncipes". En: SANTO TOMÁS DE AQUINO. *Tratado de la Ley. Tratado de la Justicia. Opúsculo sobre el Gobierno de los Príncipes*. México, Editorial Porrúa, 1975.

————. *Tratado de la Ley. Tratado de la Justicia. Opúsculo sobre el Gobierno de los Príncipes*. México, Editorial Porrúa, 1975.

SAYAGUÉS LASO, E. *Tratado de Derecho Administrativo*. t. I. Montevideo, 1953.

SILVA CENCIO, J. *Servicios Públicos y Concesión de Servicios*. Montevideo, Amalio M. Fernández, 1980.

VÁZQUEZ, C. *El Régimen de Participación Público-Privado*. Montevideo, Amalio M. Fernández, 2011.

VÉLEZ FUNES, I. "Potestades conferidas por la concesión y sus límites". En: *Suplemento de Derecho Administrativo y Constitucional* 2. Año I. Córdoba, Foro de Córdoba, 2000.

VV.AA. *Garantismo. Estudios sobre el Pensamiento Jurídico de Luigi Ferrajoli*. Madrid, ed. de Miguel Carbonell y Pedro Salazar, Editorial Trotta/Instituto de Investigaciones Jurídicas-UNAM, 2009.

FÓRMULAS DE COLABORACIÓN PÚBLICO-PRIVADA CONTRACTUAL Y CRISIS FINANCIERA DEL SECTOR PÚBLICO[1]

LUIS MIGUEZ MACHO

Profesor Titular de Derecho Administrativo/Universidad de Santiago de Compostela

1. Introducción. 2. El concepto de colaboración público-privada: 2.1 Colaboración público-privada y externalización de tareas públicas en el sector privado – 2.2 Definición en el Derecho de la Unión Europea – 2.3 Tipos de colaboración público-privada. 3. Diferencias de las nuevas fórmulas de colaboración público-privada contractual con las fórmulas contractuales tradicionales: 3.1 La concesión de obras públicas como prototipo de la colaboración público-privada contractual – 3.2 La aplicación del modelo a infraestructuras no susceptibles de explotación económica. 4. Crisis económica y colaboración público-privada contractual: 4.1 El cuestionamiento de la configuración contable de la colaboración público-privada – 4.2 El problema de la transferencia del riesgo al colaborador privado – 4.3 Los sobrecostes de los contratos de colaboración público-privada. 5. Conclusiones.

1. Introducción

La expresión "colaboración público-privada", que hace tan sólo un lustro era novedosa en nuestro País, ha pasado en la actualidad con normalidad al lenguaje administrativo y hasta al debate social y político. En la situación de grave crisis económica y de financiación del sector público que vivimos, las viejas polémicas sobre la privatización de los años 80 y 90

1. Este trabajo se ha elaborado en el marco de una ayuda para grupos de investigación de potencial crecimiento concedida por la Consellería de Cultura, Educación y Ordenación Universitaria de la Xunta de Galicia, recibida por el grupo de investigación DAESP de la Universidad de Santiago de Compostela (CN 2012/038).

del siglo pasado parecen haberse visto sustituidas por la discusión que suscita el recurso a las fórmulas de colaboración pública-privada para la construcción y gestión de infraestructuras destinadas al uso general o a la prestación de servicios públicos y la realización de otras actividades y funciones públicas.

Sin embargo, la difusión de estas fórmulas no es un producto de la presente crisis, sino del periodo de crecimiento económico inmediatamente anterior, en el que se impusieron por la Unión Europea las limitaciones al déficit y al volumen de deuda pública que hoy en España se recogen en el art. 135 de la Constitución. En efecto, el principal interés de la colaboración público-privada radica en que sirve para canalizar la aportación de financiación privada para la construcción de infraestructuras de uso o servicio público particularmente costosas, a la que cada vez resulta más difícil hacer frente recurriendo a los mecanismos tradicionales de financiación del sector público, y en esa medida su utilización ha sido incentivada por la propia Unión Europea.[2]

Estas fórmulas plantean distintas dificultades de relieve jurídico que merecen un estudio detallado. En primer lugar, la propia precisión del concepto de "colaboración público-privada", pues se detecta una cierta vulgarización del mismo que lo acaba identificando con cualquier forma de externalización de tareas públicas en el sector privado. En este terreno sigue siendo fundamental el *Libro Verde* de la Comisión *acerca de la Colaboración Público-Privada y el Derecho Comunitario en Materia de Contratación Pública y Concesiones*, de 30.4.2004,[3] y la caracterización que contiene de los distintos tipos de colaboración público-privada.

En segundo lugar, otra cuestión que da lugar a no poca confusión es la distinción entre viejas y nuevas fórmulas de colaboración público-privada. El concepto que la Unión Europea maneja de colaboración público-privada contractual engloba instituciones jurídicas de larga tradición en nuestro ordenamiento jurídico, como las concesiones de obras y servicios públicos; si el recurso a estas fórmulas da lugar a polémica en la actualidad es por su aplicación en ámbitos donde nunca se habían empleado, fundamentalmente por tratarse de la construcción y gestión de infraestructuras destinadas al uso o al servicio público cuyos usuarios no pagan directamente el coste de su utilización y que, por lo tanto, no se consideraban susceptibles de explotación económica. De ahí que resulte

2. Sobre el contexto en el que aparecen las modernas fórmulas de colaboración público-privada, v. María Hernando Rydings, *La Colaboración Público-Privada. Fórmulas Contractuales*, Cizur Menor, Civitas-Thomson Reuters, 2012, pp. 93 y ss., así como Patricia Valcárcel Fernández, "Colaboración público-privada, estabilidad presupuestaria y principio de eficiencia de los fondos públicos", *Observatorio de Contratos Públicos 2011*, Civitas-Thomson Reuters, Cizur Menor, 2012, pp. 435 y ss.

3. COM(2004) 327 final. Sobre los precedentes del *Libro Verde*, y en especial la Comunicación de la Comisión "Desarrollo de la Red Transeuropea de Transporte: Financiaciones Innovadoras – Interoperabilidad del Telepeaje", de 23.4.2003 (COM(2003) 132 final), v. Pedro María García Capdepón, "Los contratos de colaboración público-privada", *Revista Española de la Función Consultiva* 3/106 y ss., 2005, y Ruggiero Dipace, *Partenariato Pubblico-Privato e Contratti Atipici*, Milano, Giuffrè, 2006, pp. 8 y ss. Hay que mencionar también el Dictamen del Comité Económico y Social sobre el tema "El Refuerzo del Derecho de Concesiones y de Contratos de Asociación entre los Sectores Público y Privado (APP)", de 19.10.2000, publicado en el *Diario Oficial de las Comunidades Europeas* 2001/C 14, de 16.1.2001.

esencial analizar la concesión de obras públicas como prototipo de las fórmulas de colaboración público-privada contractual y las particularidades que derivan de la traslación de este modelo a ámbitos que en el pasado estaban excluidos del mismo.

Finalmente, se abordarán las críticas que se plantean en la actual situación de crisis financiera del sector público frente al recurso a las fórmulas de colaboración público-privada contractual y que se pueden resumir en tres: el cuestionamiento de la configuración contable que reciben en la actualidad por parte de la Unión Europea y que ha sido uno de los factores clave de su difusión, las grandes dificultades que supone diseñar correctamente la transferencia de los riesgos de la operación al colaborador privado y las críticas que se formulan a los sobrecostes para las finanzas públicas que conllevan estas operaciones.

2. El concepto de colaboración público-privada

2.1 Colaboración público-privada y externalización de tareas públicas en el sector privado

No toda externalización de tareas públicas en el sector privado es colaboración público-privada en el sentido técnico de la expresión. A la tradicional confusión que produce el término "privatización" se le une ahora la que deriva de la popularización de esta nueva terminología, por lo que conviene tratar de precisar el concepto que nos ocupa. La externalización de tareas públicas en el sector privado presenta múltiples modalidades. En un sentido muy amplio, siempre que la Administración recurre a la empresa privada para proveerse de bienes o servicios que necesita para el desarrollo de su actividad se puede considerar que hay externalización, como también cuando el legislador o la propia Administración confían el ejercicio de funciones materialmente públicas a particulares, con independencia del cauce jurídico a través del cual se canalice la operación.

Sin embargo, normalmente esa externalización no convierte al colaborador privado en socio de la Administración, sino que ambas partes mantienen sus propios círculos de intereses bien diferenciados. En un contrato administrativo clásico la Administración define unilateralmente el objeto del contrato de acuerdo con el interés público a través de los pliegos de cláusulas administrativas y de prescripciones técnicas, y el contratista se limita a ejecutar ese objeto contractual de acuerdo con los presupuestos económicos que dieron lugar a la adjudicación a su favor y que determinan el equilibrio financiero de las prestaciones a las que las partes se han obligado. En otras modalidades de externalización de tareas públicas en particulares es directamente la ley o, en todo caso, condiciones establecidas de manera unilateral por la Administración las que delimitan las tareas materialmente públicas que se externalizan, y el colaborador privado, de nuevo, se limita a ejecutar esas tareas de acuerdo con unos presupuestos económicos-financieros que le vienen dados.

Por el contrario, en la colaboración público-privada ambas partes son socias del proyecto que se va a llevar a cabo; por eso, en Inglés y en otros idiomas se habla de *public private partnerships*, partenariados público-privados, ya que hay una asociación, no necesariamente en el sentido institucional del término, pero sí en el de hacerse socios dos o más sujetos, de los cuales al menos uno representa el interés público y otro persigue intereses puramente privados. Este hacerse socios implica que el colaborador privado no va a ser un mero ejecutor de una tarea delimitada por la Administración a cambio de un precio, sino que va a intervenir en la definición del proyecto y en su financiación, asumiendo una parte relevante del riesgo económico de la operación.[4]

El origen de estas fórmulas es anglosajón y en Europa se puede situar en la *private finance initiative* británica de los primeros años 90 del siglo pasado, que tenía como objetivo obtener financiación privada para la construcción de infraestructuras de uso o servicio público.[5] Para conseguir esa implicación del sector privado en la financiación de infraestructuras públicas se hizo imprescindible constituir los *public private partnerships* de los que se ha hablado, y la difusión de estas fórmulas acabó despertando el interés de la Comisión Europea, que elaboró el *Libro Verde acerca de la Colaboración Público-Privada y el Derecho Comunitario en Materia de Contratación Pública y Concesiones* citado en la "Introducción" al presente trabajo.

Este documento atribuye el desarrollo de la colaboración público-privada a tres factores fundamentales: la necesidad que tiene el sector público de acudir a la financiación privada para eludir las restricciones presupuestarias derivadas del principio de estabilidad presupuestaria, el deseo de aprovechar los conocimientos

4. Mario P. Chiti define la colaboración público-privada como "una forma di cooperazione a lungo termine tra il settore pubblico e quello privato per l'espletamento di compiti pubblici, nel cui contesto le risorse necessarie sono poste in gestione congiunta ed i rischi legati ai progetti sono suddivisi in modo proporzionato, sulla base delle competenze di gestione del rischio del *partner* del progetto" ("I partenariati pubblico-privati e la fine del dualismo tra diritto pubblico e diritto comune", *Il Partenariato Pubblico-Privato*, a cura di Mario P. Chiti, Napoli, Editoriale Scientifica, 2009, p. 1). Añade Sandro Amorosino que "caratteristica comune a tutte le fattispecie in esame è la collocazione all'esterno dell'amministrazione di tutta una serie di compiti che in teoria – trattandosi di infrastrutture pubbliche o di organizzazione del territorio – dovrebbero spettare a pubblici poteri: la progettazione – in senso lato e non meramente ingegneristico – dell'operazione; la sua 'messa a punto', contemporaneamente, sul versante dei rapporti interprivati e su quello dei rapporti con la Pubblica Amministrazione, cui spetta la decisione formale; la sovrintendenza sulla realizzazione materiale degli interventi (al fine di assicurarne la piena rispondenza a quanto pattuito con l'Amministrazione affidante) e in molti casi sulla gestione imprenditoriale della messa sul mercato (nei casi di vendita) o di messa a reddito (nei casi di gestione) dei complessi di beni realizzati" ("Profili sistematici del partenariato pubblico-privato per le infrastrutture e le trasformazioni urbanistiche", *Rivista Trimestrale degli Appalti* 2/388, 2011).

5. Sobre la *private finance initiative* británica como origen de estas técnicas, v.: Eva Nieto Garrido, "La financiación privada de obras y servicios públicos en el Reino Unido (de *private finance initiative* a *public private partnerships*)", *Revista de Administración Pública* 164/389-406, 2004; García Capdepón, "Los contratos de colaboración público-privada", cit., *Revista Española de la Función Consultiva* 3/101 y ss.; Julio V. González García, "Contrato de colaboración público-privada", *Revista de Administración Pública* 170/7 y ss., 2006; y Hernando Rydings, *La Colaboración Público-Privada. Fórmulas Contractuales*, cit., pp. 49 y ss. Para un panorama actual de la técnica en el Reino Unido, puede acudirse a la última de las obras citadas, pp. 209 y ss.

En la doctrina italiana se habla de *project financing* o *finanza di progetto* para referirse a estas técnicas, sobre las que existe una amplia bibliografía tanto jurídica como económica y técnica; entre las más recientes contribuciones, v. los estudios recogidos en *La Finanza di Progetto. Profili Economico-Finanziari e Problematiche Giuridiche* (a cura di Tommaso Vito Russo), Napoli, Edizioni Scientifiche Italiane, 2009, y *Finanza di Progetto. Temi e Prospettive. Approfondimenti Sistematici ed Interdisciplinari* (a cura di Gian Franco Cartei e Massimo Ricchi), Napoli, Editoriale Scientifica, 2010.

y métodos de funcionamiento del sector privado en la vida pública y la evolución que ha experimentado el papel del Estado en las últimas décadas, "al pasar de operador director a organizador, regulador y controlador" (Apartado 3 del *Libro Verde*).

De esos tres factores, indudablemente el más importante es el primero. El interés de la Comisión por la colaboración público-privada se despertó, como se reconoce en este punto del *Libro Verde*, a raíz de la búsqueda por los Estados de fórmulas más o menos ingeniosas que les permitiesen ejecutar ciertas infraestructuras muy costosas eludiendo los límites impuestos al déficit público por la propia Unión Europea.[6] Es imprescindible mencionar a este respecto la Decisión de la Oficina Estadística de las Comunidades Europeas (Eurostat) 18/2004, de 11.2.2004, por la cual se recomienda que los activos vinculados a una operación de colaboración público-privada se consideren activos no públicos y, por consiguiente, no se registren en el balance de las Administraciones Públicas cuando se cumplan dos condiciones: que el socio privado asuma el riesgo de construcción y que aquél soporte al menos uno de estos otros dos riesgos, el de disponibilidad o el vinculado a la demanda (Nota 3 del *Libro Verde*).[7]

2.2 Definición en el Derecho de la Unión Europea

A la hora de definir la colaboración público-privada, el *Libro Verde de la Comisión acerca de la Colaboración Público-Privada y el Derecho Comunitario en Materia de Contratación Pública y Concesiones* comienza señalando que "la expresión 'colaboración público-privada' (...) se refiere a las diferentes formas de cooperación entre las autoridades públicas y el mundo empresarial, cuyo objetivo es garantizar la financiación, construcción, renovación, gestión o el mantenimiento de una infraestructura o la prestación de un servicio" (Apartado 1). Semejante definición inicial, como es patente, resulta muy inconcreta, pues se podría aplicar, por ejemplo, a la mayor parte de los contratos públicos.[8] Por ello, la Comisión añade que

6. En la actualidad, art. 126 del Tratado de Funcionamiento de la Unión Europea y Protocolo 12 al Tratado sobre el Procedimiento Aplicable en Caso de Déficit Excesivo prevén excepciones. Cf. Chiti, "I partenariati pubblico-privati e la fine del dualismo tra diritto pubblico e diritto comune", cit., *Il Partenariato Pubblico-Privato*, p. 3.

7. Hay ordenamientos jurídicos, como el italiano, que han convertido en jurídicamente vinculantes en el Derecho interno los criterios de Eurostat en esta materia; así, el art. 3 del Código de Contratos Públicos italiano, aprobado por el Decreto Legislativo de 12.4.2006, n. 163, contiene un apartado 15º-ter, añadido por el Decreto Legislativo de 11.9.2008, n. 152, relativo a las operaciones de colaboración público-privada, que establece en su último inciso que "alle operazioni di partenariato pubblico privato si applicano i contenuti delle decisioni Eurostat". Sobre la relación entre estabilidad presupuestaria y colaboración público-privada, v.: González García, "Contrato de colaboración público-privada", cit., *Revista de Administración Pública* 170/17 y ss.; Alberto Ruiz Ojeda, *La Concesión de Obra Pública*, Cizur Menor, Thomson-Civitas, 2006, pp. 538 y ss.; Francisco José Villar Rojas, "La concesión como modalidad de colaboración privada en los servicios sanitarios y sociales", *Revista de Administración Pública* 172/164 y ss., 2007; y Hernando Rydings, *La Colaboración Público-Privada. Fórmulas Contractuales*, cit., pp. 101 y ss.

8. Así lo pone de manifiesto también González García en "Contrato de colaboración público-privada", cit., *Revista de Administración Pública* 170/11-12. Para una crítica de estos criterios en la doctrina italiana, v. Chiti, "I partenariati pubblico-privati e la fine del dualismo tra diritto pubblico e diritto comune", cit., *Il Partenariato Pubblico-Privato*, pp. 4 y ss.

estas operaciones se suelen caracterizar por cuatro elementos.

El primero es la "duración relativamente larga de la relación" (Apartado 2), lo que alude al establecimiento de una relación jurídica prolongada en el tiempo, institucionalizada o no, entre la Administración y el colaborador o colaboradores privados, frente a la vigencia más limitada que suelen tener los contratos públicos ordinarios.

El segundo elemento consiste en que el modo de financiación del proyecto esté garantizado en parte por el sector privado. Sin embargo, este criterio no queda muy claro en el *Libro Verde*, porque se termina afirmando que "la financiación privada puede completarse con la financiación pública, *que puede llegar a ser muy elevada*" (Apartado 2). En definitiva, parece excluirse que haya colaboración público-privada en el sentido del que aquí se habla cuando la financiación del proyecto sea íntegramente pública, pero tampoco se concreta si el que la financiación pública llegue a ser "muy elevada" se plantea en términos absolutos o relativos.

El tercer elemento es la participación del colaborador privado "en diferentes etapas del proyecto (diseño, realización, ejecución y financiación" – Apartado 2). La participación de un operador económico privado en la realización y en la ejecución de la operación tiene poco interés como criterio diferenciador, porque es lo normal en cualquier contrato público. Por su parte, la participación en la financiación remite al elemento definitorio antes expuesto. Sólo la participación en el diseño del proyecto, aunque no sea desconocida en contratos administrativos como los de obra y en las concesiones, tiene más relevancia, si se considera un rasgo general de todas las formas de colaboración público-privada a las que alude la Comisión. Correlativamente, ésta señala que el socio público "se concentra esencialmente en definir los objetivos que han de alcanzarse en materia de interés público, calidad de los servicios propuestos y política de precios", así como en controlar el cumplimiento de dichos objetivos (Apartado 2).

Finalmente, un cuarto elemento fundamental es el reparto de los riesgos entre la Administración y el colaborador privado, "al que se le transfieren riesgos que habitualmente soporta el sector público" (Apartado 2). Esto se tiene que poner en relación con lo ya dicho sobre la consideración a efectos de contabilidad pública de estas operaciones, aunque, al igual que pasaba con la financiación del proyecto por el colaborador privado, también en este punto se matiza que las operaciones de colaboración público-privada "no implican necesariamente que el socio privado asuma todos los riesgos derivados de la operación, *ni siquiera la mayor parte de ellos*" (Apartado 2). Por consiguiente, se observa un grado de inconcreción similar al que aparecía cuando se admitía que la financiación pública del proyecto pueda llegar a ser "muy elevada", y lo único que queda más o menos claro es que, para que haya colaboración público-privada en el sentido del *Libro Verde*, una parte del riesgo de la operación tiene que ser asumida por el colaborador privado.

2.3 Tipos de colaboración público-privada

El *Libro Verde de la Comisión acerca de la Colaboración Público-Privada y el Derecho Comunitario en Materia de Contratación Pública y Concesiones* establece una distinción básica entre las operaciones de colaboración público-privada de tipo "puramente contractual" y aquellas otras de tipo institucionalizado

(Apartado 20).[9] La colaboración público-privada de tipo puramente contractual, como su nombre indica, "se refiere a una colaboración basada únicamente en vínculos contractuales entre las diferentes partes" (Apartado 21). Dentro de ella, a su vez, el *Libro Verde* distingue según el acto de adjudicación se califique como contrato público o como concesión, debido a condicionamientos tanto del Derecho de la Unión como de los ordenamientos jurídicos de algunos Estados-miembros.[10]

La Comisión caracteriza la concesión, sea de obras o de servicios públicos, por dos rasgos definitorios: el vínculo directo existente entre el empresario privado y el usuario final y el modo de remuneración del contratista, que consiste en las tarifas ("cánones" las llama el *Libro Verde* en la versión española) abonadas por los usuarios del servicio, complementadas, en su caso, por subvenciones de los Poderes Públicos (Apartado 22). En cambio, los demás contratos que se consideran operaciones de colaboración público-privada tienen por objeto "realizar y gestionar una infraestructura para la Administración Pública (por ejemplo, un colegio, un hospital, un centro penitenciario o una infraestructura de transporte)" (Apartado 23) a cambio de pagos periódicos realizados por la Administración Pública; el *Libro Verde* aclara que estos pagos pueden ser fijos o variables en función de criterios como la disponibilidad de la obra o los servicios correspondientes, o incluso del número de usuarios de los mismos. Hay que añadir que estos contratos se distinguen de los de obra y de servicios ordinarios justamente por los criterios que, según el *Libro Verde*, definen con carácter general a las operaciones de colaboración público-privada, enmarcándose aquí, por consiguiente, las nuevas formas de colaboración público-privada a las que pretende dar respuesta el contrato administrativo de colaboración entre el sector público y el sector privado que hoy aparece recogido en el texto refundido de la Ley de Contratos del Sector

9. Esta clasificación, en principio, "no tiene en cuenta las calificaciones jurídicas del Derecho nacional" (Nota 23), puesto que, como suele ocurrir en el ámbito de la Unión Europea, es preciso trascenderlas para no encallar en las diferencias existentes entre los ordenamientos jurídicos de los Estados-miembros. Asimismo, al ser el *Libro Verde* un documento de trabajo y no un texto normativo, la distinción que nos ocupa "en ningún caso preestablece la calificación en Derecho Comunitario de estos tipos de fórmulas o contratos" (Nota 23); no obstante, se funda precisamente en que cada una de las dos grandes categorías de colaboración público-privada que identifica "plantea cuestiones particulares en cuanto a la aplicación del Derecho Comunitario en materia de contratación pública y concesiones" (Apartado 20), por lo que su finalidad es "contribuir, más adelante, a determinar las normas de Derecho Comunitario en materia de contratación pública y concesiones que conviene aplicar" (Nota 23). En consecuencia, nos hallamos ante una clasificación autónoma con respecto a los ordenamientos nacionales, pensada esencialmente para facilitar la consideración de las operaciones de colaboración público-privada desde el punto de vista del Derecho de la Unión, aunque tampoco tenga fuerza normativa para éste por la propia naturaleza del *Libro Verde*.

10. En efecto, la normativa comunitaria de contratación pública o se aplica sólo parcialmente o no se aplica en absoluto a las concesiones; asimismo, hay ordenamientos jurídicos en los que no se reconoce la naturaleza puramente contractual de las concesiones de obras públicas y de servicios públicos. En cambio, en nuestro ordenamiento jurídico está clara, por disposición expresa de las normas positivas, la naturaleza contractual de esos tipos de concesiones, lo que dificulta en alguna medida la aplicación de las reflexiones del *Libro Verde* (v. al respecto el análisis realizado en Luis Miguez Macho, "Las formas de colaboración público-privada en el Derecho Español", *Revista de Administración Pública* 175/173 y ss., 2008).

Público, aprobado por el Real Decreto Legislativo 3/2011, de 14 de noviembre.[11]

Por su parte, la colaboración público-privada institucionalizada implica "la creación de una entidad en la que participan, de manera conjunta, el socio público y el privado" cuya misión es "garantizar la entrega de una obra o la prestación de un servicio de beneficio público" (Apartado 53). Así pues, en el *Libro Verde* no es el mero dato de la existencia de una entidad donde participan el sector público y el sector privado lo que identifica esta modalidad de colaboración público-privada, sino el criterio de la especialidad, es decir, la constitución de aquélla para una determinada finalidad de interés público que coincide con la de las operaciones de colaboración público-privada de carácter puramente contractual. Por lo demás, el *Libro Verde* incluye en esta clasificación, aparte de los supuestos de creación propiamente dicha de entidades mixtas nuevas, los de "toma de control de una empresa pública existente por parte del sector privado" (Apartado 55).

Los principales problemas que la creación de entidades mixtas plantea desde el punto de vista del Derecho de la Unión derivan de la confusión (no infrecuente en los ordenamientos de los Estados-miembros, según apunta el *Libro Verde*) entre la fase de constitución de la entidad y la de atribución de la tarea o misión de interés público que ésta va a realizar. Al tratarse de un sujeto con personalidad jurídica separada y con participación del sector privado, no cabe considerar sin más que nos hallemos ante una operación *in house* excluida de la aplicación de la normativa comunitaria de contratación pública, pero ésta tampoco contempla expresamente la creación de tales entidades mixtas. En definitiva, para el Derecho de la Unión sólo habría dos opciones admisibles: o someter a estas entidades a las mismas reglas que a los operadores privados, de manera que la realización de operaciones de colaboración público-privada con ellas exigiría respetar los principios de selección del contratista o concesionario en los contratos públicos y las concesiones, con lo que volveríamos a la colaboración público-privada puramente contractual y pocas ventajas tendría el crear una entidad mixta (ya que se la expondría al riesgo de la competencia con los operadores privados), o desplazar la aplicación de esos principios al momento de la selección del socio o socios privados con los que se va a constituir la entidad, con las consiguientes incertidumbres por el silencio de la normativa comunitaria de contratación pública sobre la cuestión.

En cuanto a la privatización de entidades públicas, da lugar a operaciones de colaboración público-privada en el sentido del *Libro Verde* en aquellos casos en que el ente total o parcialmente privatizado sigue encargado de "prestaciones económicas que, normalmente, son responsabilidad del Estado", es decir, cuando hay privatización pero no devolución al mercado de la actividad, lo cual suscita dificultades similares a las que derivan de la creación de entidades mixtas *ex novo*.

En nuestro ordenamiento jurídico el ejemplo clásico de colaboración público-privada institucionalizada es la sociedad

11. Sobre la distinción conceptual entre todas estas modalidades en nuestro Derecho, v., además de Miguez Macho, "Las formas de colaboración público-privada en el Derecho Español", cit., *Revista de Administración Pública* 175, el estudio de José María Gimeno Feliu, "Delimitación conceptual entre el contrato de gestión de servicios públicos, contratos de servicios y el CPP", *Revista Española de Derecho Administrativo* 156/17-58, 2012.

de economía mixta,[12] configurada como una de las modalidades del contrato de gestión de servicios públicos a partir del texto articulado de la Ley de Contratos del Estado, aprobado por el Decreto 923/1965, de 8 de abril, lo que genera diversas dificultades que responden a la observación realizada por la Comisión en el Apartado 60 del *Libro Verde* acerca de que, "en otros Estados-miembros, se ha desarrollado una práctica en la que se tiende a confundir la fase de constitución de la entidad y la fase de adjudicación de las tareas". En España la confusión de la que habla el *Libro Verde* no sólo es producto de la práctica, sino también de la propia legislación de contratación pública, que regula de manera conjunta e indiferenciada lo que es colaboración público-privada institucionalizada con formas de colaboración público-privada puramente contractual, como son las demás modalidades del contrato de gestión de servicios públicos.

Cabe preguntarse si la sociedad de economía mixta podría utilizarse para la ejecución de tareas que son objeto de otros tipos de contratos del sector público y que generan una vinculación prolongada en el tiempo entre Administración y contratista y reúnen las demás características de la colaboración público-privada tal como la entiende la Comisión Europea; en particular, la concesión de obras públicas y los contratos de colaboración entre el sector público y el sector privado. Tradicionalmente, la legislación de contratos públicos no tenía en cuenta tal posibilidad, por lo que la forma de llevarla a la práctica era crear primero una sociedad de capital íntegramente público y encomendarle de forma directa la tarea, dando entrada con posterioridad al socio o socios privados mediante un procedimiento de concurrencia competitiva que respetase los principios y reglas comunitarios sobre selección de contratistas y concesionarios del sector público, tal como preveía de manera expresa el art. 207 del antiguo Reglamento General de Contratación del Estado, aprobado por el Decreto 3.410/1975, de 25 de noviembre, para la transformación de sociedades de derecho privado de capital íntegramente público que gestionasen servicios públicos en sociedades de economía mixta. De esta manera, nos situaríamos en el segundo supuesto de colaboración público-privada institucionalizada que contempla el *Libro Verde*, el de privatización de entidades públicas que llevan a cabo actividades de competencia de las Administraciones Públicas.

Sin embargo, la Ley 2/2011, de 4 de marzo, de economía sostenible, introdujo una Disposición Adicional 35ª en la Ley 30/2007, de 30 de octubre, de contratos del sector público, que hoy ha pasado a ser el primer Apartado de la Disposición Adicional 29ª del vigente texto refundido de la Ley de Contratos del Sector Público, rotulada "Fórmulas institucionales de colaboración entre el sector público y el sector privado", la cual señala que "los contratos públicos y concesiones podrán adjudicarse directamente a una sociedad de economía mixta en la que concurra capital público y privado, siempre que la elección del socio privado se haya efectuado de conformidad con las normas establecidas en esta Ley para la adjudicación del contrato cuya ejecución constituya su objeto, y en su caso, las relativas al contrato de colaboración

12. Para un estudio doctrinal detallado de la sociedad de economía mixta en el actual marco normativo, tanto interno como del Derecho de la Unión Europea, puede acudirse a Diana Santiago Iglesias, *Las Sociedades de Economía Mixta como Forma de Gestión de los Servicios Públicos Locales*, Madrid, Iustel, 2010; para su consideración desde el punto de vista de la colaboración público-privada, v. Hernando Rydings, *La Colaboración Público-Privada. Fórmulas Contractuales*, cit., pp. 269 y ss.

entre el sector público y el sector privado, y siempre que no se introduzcan modificaciones en el objeto y las condiciones del contrato que se tuvieron en cuenta en la selección del socio privado". Por tanto, el modelo de la sociedad de economía mixta se ha extendido a la ejecución de cualquier tipo de contrato público, lo que relativiza todavía más en nuestro ordenamiento jurídico la distinción entre los dos tipos de colaboración público-privada.[13]

El Apartado 2 de la disposición se ocupa expresamente de la financiación de estas sociedades, indicando que, sin perjuicio de la posibilidad de utilizar medios de financiación tales como emisión de obligaciones, empréstitos o créditos participativos, las sociedades de economía mixta constituidas para la ejecución de un contrato público pueden acudir a ampliaciones de capital, siempre que la nueva estructura del mismo no modifique las condiciones esenciales de la adjudicación (salvo que hubiera estado prevista en el contrato), y titulizar los derechos de cobro que ostenten frente a la entidad adjudicadora del contrato cuya ejecución se le encomiende, previa autorización del órgano de contratación, cumpliendo los requisitos previstos en la normativa sobre mercado de valores.

3. Diferencias de las nuevas fórmulas de colaboración público-privada contractual con las fórmulas contractuales tradicionales

3.1 La concesión de obras públicas como prototipo de la colaboración público-privada contractual

Los prototipos de lo que la Comisión considera como colaboración público-privada contractual son dos instituciones de larga tradición en nuestro ordenamiento jurídico y en los demás con regímenes de derecho administrativo de inspiración francesa, las concesiones de obras públicas y de servicios públicos.[14] Hablar de concesiones de obras públicas y de servicios públicos nos retrotrae al momento del nacimiento del derecho administrativo en el seno del Estado Liberal de Derecho decimonónico.[15] Los dogmas abstencionistas que entonces impulsaban al Estado a buscar la colaboración del sector privado para emprender actividades de relevancia económico-empresarial, pero de interés público innegable, fueron abandonados con la transición al Estado Social e intervencionista, lo que hizo que en un orde-

13. Para una conclusión similar en el ordenamiento jurídico italiano, v. Amorosino, "Profili sistematici del partenariato pubblico-privato per le infrastrutture e le trasformazioni urbanistiche", cit., *Rivista Trimestrale degli Appalti* 2/389.

14. Como pone de relieve García Capdepón, "los contratos de colaboración público-privada (también denominados CPP) son bien conocidos entre nosotros. Su epítome, la concesión administrativa de obras, que se remonta en el Derecho Francés al siglo XVI, fue usada para financiar y ejecutar la desecación de pantanos. Con esto no pretendo insinuar que estemos ahora ante un fenómeno que se limita a un simple cambio de nombres; antes bien, estos negocios jurídicos tradicionales han sido modificados recientemente para cobijar un nuevo entramado de relaciones bastante más sutiles y complejas entre los sujetos contratantes" ("Los contratos de colaboración público-privada", cit., *Revista Española de la Función Consultiva* 3/89).

15. Es obligado en este punto remitirse a trabajos ya clásicos en nuestra doctrina administrativista, como el de José Luis Villar Palasí, "La concesión", *Nueva Enciclopedia Jurídica*, t. IV, Barcelona, F. Seix, 1952, pp. 684-770; el de J. A. García-Trevijano Fos, "Aspectos de la Administración económica", *Revista de Administración Pública* 12/11-76, 1953; o el de Eduardo García de Enterría, "La actividad industrial y mercantil de los Municipios", *Revista de Administración Pública* 17/87-138, 1955.

namiento como el nuestro la concesión de obras públicas perdiese progresivamente importancia frente al contrato administrativo de obra. La concesión de servicios públicos, en cambio, nunca se abandonó, pero también retrocedió en su aplicación práctica frente a la gestión directa de los servicios.

Hoy nos movemos en un contexto liberalizado en el que, como señala el *Libro Verde* de la Comisión *acerca de la Colaboración Público-Privada y el Derecho Comunitario en Materia de Contratación Pública y Concesiones*, el Estado ha cambiado su papel con respecto a la anterior etapa intervencionista para volver en algunos aspectos al que ejercía en la época del Liberalismo clásico; asimismo, la sobrevaloración de lo privado sobre lo público lleva a intentar importar las técnicas de la empresa privada al ámbito administrativo.[16] Es difícil afirmar, no obstante, que estos factores provoquen una mayor utilización de las formas tradicionales de colaboración público-privada presentes en ordenamientos jurídicos como el nuestro. En realidad, la concesión de servicios públicos está en claro retroceso por el sencillo motivo de que la técnica del servicio público se ha abandonado, en la mayoría de los casos por imperativo de la propia Unión Europea, en muchos de los sectores de relevancia económico-empresarial donde se hallaba presente. Quizá sea en el ámbito de los servicios públicos locales, mencionado expresamente por el *Libro Verde* como uno de los escenarios en los que "las autoridades públicas también recurren a operaciones de colaboración con el sector privado" (Apartado 7), donde aquélla siga teniendo una mayor vigencia en la actualidad, al verse menos afectado por las liberalizaciones. Por su parte, el renacimiento que la concesión de obras públicas ha experimentado en nuestro Derecho no tiene tanto que ver con el cambio de papel del Estado en la economía o con el deseo de aprovechar las técnicas y la experiencia del sector privado como con la ya mencionada necesidad de no incurrir formalmente en déficit a la hora de ejecutar y gestionar infraestructuras costosas. Por eso presenta un especial interés como prototipo de las nuevas fórmulas de colaboración público-privada contractual.

La concesión de obras públicas tiene sus antecedentes inmediatos en España en la construcción de obras por empresa que preveía, en los mismos albores de nuestro derecho administrativo, la instrucción para promover y ejecutar las obras públicas, aprobada por Real Decreto de 10.10.1845. La concesión fue utilizada durante el siglo XIX para la realización de obras costosas y susceptibles de explotación económica, como el tendido de las líneas ferroviarias o algunas obras hidráulicas, y se reguló expresamente en la Ley General de Obras Públicas de 13.4.1877. Sin embargo, sus perfiles se acabaron difuminando con la aparición de la concesión de servicios públicos como institución autónoma y la asunción con normalidad por parte del

16. Una brillante exposición de lo que está sucediendo en los servicios públicos sanitarios y sociales, donde de la gestión directa indiscutible, con la única brecha de los conciertos (relegados, por lo demás, a una posición subsidiaria), se ha pasado a la utilización de todo tipo de fórmulas pseudo-concesionales más o menos ingeniosas, puede encontrarse en Villar Rojas, "La concesión como modalidad de colaboración privada en los servicios sanitarios y sociales", cit., *Revista de Administración Pública* 172/150 y ss., así como, del mismo autor, "La privatización de la gestión de los servicios sanitarios públicos. Las experiencias de Valencia y Madrid", *Derecho y Salud* 17/1-22, 2009, e "Iniciativa privada y prestación de servicios sociales. Las redes o sistemas públicos de servicios sociales", in Antonio Ezquerra Huerva (coord.), *El Marco Jurídico de los Servicios Sociales en España: Realidad Actual y Perspectivas de Futuro*, Barcelona, Atelier, 2012, pp. 87-120.

Estado y las corporaciones locales de la realización de las obras públicas mediante el contrato administrativo de obra. Así, en la Ley de Contratos del Estado de 1965 la concesión de obras públicas ya no se recogió, aunque perviviesen reminiscencias de su regulación en el contrato de gestión de servicios públicos, en los casos en que el mismo comprende también la ejecución de las obras precisas para la explotación del servicio. Esto mismo se observa en el Reglamento de Servicios de las Corporaciones Locales, aprobado por el Decreto de 17.6.1955, cuyo art. 114, Apartado 2, establece que "la concesión podrá comprender: a) la construcción de una obra o instalación y la subsiguiente gestión del servicio a que estuvieren afectas; o b) el mero ejercicio del servicio público cuando no requiera obras o instalaciones permanentes o estuvieren ya establecidas".

La concesión de obras públicas se recuperó parcialmente a través de la legislación sectorial, primero por la Ley 8/1972, de 10 de mayo, de construcción, conservación y explotación de autopistas en régimen de concesión, y tiempo después por la Ley 13/1996, de 30 de diciembre, de medidas fiscales, administrativas y del orden social, cuyo art. 173 reguló una modalidad de contrato de concesión de obras hidráulicas que luego se incorporó a los arts. 133 al 135 del texto refundido de la Ley de Aguas, aprobado por el Real Decreto legislativo 1/2001, de 20 de julio. Desde una perspectiva más general, el Derecho de la Unión Europea, a través de las Directivas 89/440/CEE y 93/37/CEE, había tomado en consideración el contrato de concesión de obras públicas, que seguía siendo utilizado en otros ordenamientos jurídicos y en particular en el francés; la normativa comunitaria actual está contenida en los arts. 56 al 65 de la Directiva 2004/18/CE, hoy aplicable a los contratos que superan la cuantía de 5.000.000 Euros. Esto hizo que el legislador español volviese a dotar a la figura de una regulación general, si bien claramente insuficiente, en los arts. 130 al 134 de la primera versión del texto refundido de la Ley de Contratos de las Administraciones Públicas. Con la Ley 13/2003, de 23 de mayo, se llevó a cabo una regulación completa de esta modalidad contractual, que se insertó en el texto refundido de la Ley de Contratos de las Administraciones Públicas mediante la adición a su Libro II de un nuevo Título V y luego pasó con modificaciones a la Ley de Contratos del Sector Público y, finalmente, al vigente texto refundido de la misma. La finalidad fundamental de esta recuperación de la concesión de obras públicas es buscar nuevas formas de financiación de las obras públicas, con participación del capital privado, para reducir la carga financiera que aquéllas suponen para los presupuestos públicos en el contexto de las actuales políticas de estabilidad presupuestaria y de privatización.[17]

En su reacción actual, el art. 7, Apartado 1, del texto refundido de la Ley de Contratos del Sector Público define el contrato de concesión de obras públicas

17. Para un estudio de la nueva regulación del contrato de concesión de obras públicas, cabe remitirse, entre otros, a: Antonio Embid Irujo y Eloy Colom Piazuelo, *Comentarios a la Ley Reguladora del Contrato de Concesión de Obras Públicas*, Cizur Menor, Aranzadi, 2003; Ernesto García-Trevijano Garnica, "El contrato de concesión de obras públicas en la nueva Ley de Contratos del Sector Público", *Documentación Administrativa* núm. 274-275/201-244, 2006; Francisco Eusebio Puerta Seguido (coord.), *El Contrato de Concesión de Obras Públicas en la Ley de Contratos del Sector Público*, La Ley, Madrid, 2009, e Adolfo Menéndez Menéndez (dir.), *Instrumentos Españoles de Colaboración Público-Privada: el Contrato de Concesión de Obras Públicas*, Cizur Menor, Civitas-Thomson Reuters, 2010.

como aquel contrato que tiene por objeto la realización por el concesionario de algunas de las prestaciones que son objeto del contrato de obras, incluidas las de restauración y reparación de construcciones existentes, así como la conservación y mantenimiento de los elementos construidos, y en el que la contraprestación a favor de aquél consiste o bien únicamente en el derecho a explotar la obra, o bien en dicho derecho acompañado del de percibir un precio.

Siguiendo la "Exposición de Motivos" de la Ley 13/2003, que, como se ha dicho, es el origen de la vigente regulación de este contrato en nuestro ordenamiento jurídico, la concesión de obras públicas se caracteriza por cuatro notas fundamentales. La primera es la obra pública como principal factor para definir su objeto; por obra pública se entiende un bien inmueble de interés público creado por la actividad del concesionario que realiza el proyecto aprobado por la Administración. El interés público radica en que el inmueble debe ser susceptible de constituirse en soporte instrumental para la ejecución de actividades y servicios varios de interés público, incluido el que pueda desprenderse de su propia naturaleza cuando se destine al uso o aprovechamiento general, pero, además, el mismo ha de admitir la posibilidad de explotación económica.

La segunda nota caracterizadora del contrato consiste en el riesgo concesional, que implica que el concesionario ha de asumir el riesgo de la construcción, conservación y explotación de la obra, de acuerdo con el tradicional principio de que la ejecución de los contratos administrativos se hace a riesgo y ventura del contratista. Así, el art. 253, Apartado 1, del texto refundido de la Ley de Contratos del Sector Público señala que las obras públicas objeto de concesión serán financiadas, total o parcialmente, por el concesionario, que, en todo caso, asumirá el riesgo en función de la inversión realizada, y, en contrapartida, el art. 255, Apartado 1, le reconoce el derecho a percibir de los usuarios o de la Administración una retribución por la utilización de la obra en la forma prevista en el pliego de cláusulas administrativas particulares. Asimismo, se retribuirá con los ingresos procedentes de la explotación de la zona comercial vinculada a la concesión, en el caso de existir ésta.

Cuando la retribución por la utilización de la obra la abonen los usuarios, existirán unas tarifas fijadas por el órgano de contratación en el acuerdo de adjudicación, las cuales, a diferencia de la regulación tradicional de los contratos de gestión de servicios públicos, sólo tendrán el carácter de máximas, por lo cual los concesionarios podrán aplicar tarifas inferiores cuando así lo estimen conveniente. Asimismo, serán objeto de revisión de acuerdo con el procedimiento que determine el pliego de cláusulas administrativas particulares. A estos efectos, el plan económico-financiero de la concesión establecerá la incidencia en las tarifas de los rendimientos de la demanda de utilización de la obra y, cuando exista, de los beneficios derivados de la explotación de la zona comercial, cuando no alcancen o cuando superen, respectivamente, los niveles mínimo y máximo que se consideren en la oferta.

En cambio, cuando la retribución la abone la Administración, lo único que se prevé es que la misma se fijará teniendo en cuenta la utilización de la obra y en la forma prevista en el pliego de cláusulas administrativas particulares (art. 255, Apartado 4, del texto refundido de la Ley de Contratos del Sector Público).

Sin embargo, nuestra regulación de la concesión de obras públicas parte de que la asunción del riesgo por el concesionario no puede ser total: como razona la "Exposición de Motivos" de la Ley 13/2003, en un contrato de larga duración por naturaleza la asunción del riesgo, ante la imposibilidad de predecir con un margen razonable de error el futuro, no puede transformar el contrato en un negocio aleatorio, por lo que se impone moderar adecuadamente los límites del riesgo, si se quieren atraer la participación del capital y la iniciativa privadas en inversiones cuyo volumen exige el esfuerzo compartido de los sectores público y privado.[18] Por consiguiente, lo que se pide es sólo la asunción de riesgo en "proporción sustancial" por el concesionario. En este sentido, se contempla la posibilidad de que haya aportaciones públicas tanto para la financiación de la construcción de la obra (arts. 240, 253 y 254 del texto refundido de la Ley de Contratos del Sector Público) como para garantizar la viabilidad económica de la explotación de aquélla (subvenciones, anticipos reintegrables y préstamos participativos, subordinados o de otra naturaleza, así como ayudas en los casos excepcionales en que, por razones de interés público, resulte aconsejable la promoción de la utilización de la obra pública antes de que su explotación alcance el umbral mínimo de rentabilidad, de acuerdo con el art. 256 del texto refundido).

18. Como señala Scilla Castenasi, "questa operazione di distribuzione dei rischi è fondamentale e certamente delicata, perché soltanto un allocazione equilibrata ed efficiente evita di far gravare sulla collettività, sotto forma di aumento delle tariffe, il costo di una impropria o sbagliata ripartizione dei rischi del progetto. In quest'ottica si può ritenere inefficiente sia l'assunzione di tutti i rischi da parte della Pubblica Amministrazione sia il loro totale trasferimento sul privato" ("Profili civilistici del *project financing*", *Il Partenariato Pubblico-Privato* (a cura di Mario P. Chiti), Napoli, Editoriale Scientifica, 2009, p. 87).

En la misma línea, surge una tercera nota, que es el restablecimiento del equilibrio económico de la concesión cuando se altera por las causas tasadas que la ley establece. La regulación de concesión de obras públicas llevada a cabo por la Ley 13/2003 introdujo en este punto una importante novedad con respecto a la aplicación que venía haciéndose de ese principio en nuestra contratación administrativa tradicional, al prever que el equilibrio deberá restablecerse tanto si se ha roto en perjuicio del concesionario como si se ha roto a su favor.

Esto significa que un incremento de la demanda de la utilización de la obra de carácter extraordinario, que vaya más allá de las previsiones del plan económico-financiero concesional, debe fundamentar los oportunos ajustes para evitar que el sujeto al que corresponda el pago de la explotación de la obra, sean los propios usuarios directamente o la Administración, soporte un peaje o un canon desproporcionado, "con quebranto manifiesto de la equidad" – como dice la "Exposición de Motivos" de la Ley 13/2003. Para ello se prevé que el concesionario quede contractualmente comprometido, con arreglo a su propia oferta, a un nivel mínimo y otro máximo de rendimientos totales para cada concesión, de suerte que, si no se alcanza el primero o se sobrepasa el segundo durante el periodo que en cada caso se determine, procederá la revisión del contrato en los términos previstos por el mismo.

Por último, las características configuradoras de la concesión de obras públicas se completan con la diversificación de las fuentes de financiación, a fin de hacerla más atractiva para el capital privado. La concesión se integra plenamente en el tráfico mercantil desde el momento de la perfección del contrato, pudiendo ser objeto de cesión e hipoteca. Igualmente, se facilita la apertura de la sociedad concesionaria al mercado de capitales, mediante los medios convencionales, esto es, la financiación por entidades de crédito o la emisión de obligaciones, bonos u otros títulos semejantes (incluso con la posibilidad de contar con el aval público si los intereses generales así lo aconsejaran), y también a través de la titulización de los derechos de crédito vinculados a la explotación de la obra y de créditos participativos. La presencia del capital privado se trata de asegurar mediante la previsión de garantías específicas para los posibles acreedores hipotecarios y poseedores de títulos.

3.2 La aplicación del modelo a infraestructuras no susceptibles de explotación económica

Las nuevas fórmulas de colaboración público-privada contractual que parten del modelo de la concesión de obra pública clásica se caracterizan por trasladar este modelo a la construcción de infraestructuras que en el pasado no se consideraban susceptibles de explotación económica y, por lo tanto, no podían ser objeto de aquélla. Aquí entrarían desde las infraestructuras de transporte no sujetas a pago de peaje por parte de los usuarios o que son explotadas por la propia Administración o por terceros en un régimen liberalizado, como pasa con las líneas ferroviarias, hasta los edificios destinados a servicios públicos de carácter social o asistencial prestados directamente por la Administración y en los que los usuarios por lo general tampoco pagan directamente el coste de las prestaciones que reciben, pasando por las infraestructuras destinadas a la realización de funciones públicas de soberanía sin contenido económico (defensa, seguridad pública, administración de justicia etc.).[19]

En estos casos, la retribución del colaborador privado será abonada necesariamente por la Administración, sin perjuicio de que se pueda ver completada, en su caso, con los ingresos procedentes de la prestación de servicios complementarios relacionados con el uso de la infraestructura y de la explotación de la zona comercial vinculada a la concesión.[20] Como ya se ha visto, el art. 255, Apartado 4, del texto re-

19. La doctrina italiana distingue a estos efectos entre *opere calde* y *opere fredde*. Señala Gian Franco Cartei al respecto que "se, in linea de principio, la disciplina della finanza di progetto sembra doversi applicare limitatamente alle c.d. 'opere calde' (parcheggi, metropolitane, autostrade etc.), siccome caratteristiche di settori a domanda rigida e con tariffe tali da generare autonomi ricavi di gestione, sovente accade, invece, che siano ammesse alla disciplina anche le c.d. 'opere fredde' (scuole, uffici pubblici, ospedali etc.), ovvero quelle infrastrutture in cui mancano i proventi dei cittadini/utenti ed il cliente è costituito, in tutto o in larga misura, dalla stessa Pubblica Amministrazione" ("Interesse pubblico e rischio: il principio di equilibrio economico-finanziario nella finanza di progetto", *Finanza di Progetto. Temi e Prospettive. Approfondimenti Sistematici ed Interdisciplinari* (a cura di Gian Franco Cartei e Massimo Ricchi), Napoli, Editoriale Scientifica, 2010, p. 4). Las *opere fredde* son definidas por Maria Grazia Vivarelli como "quelle opere destinate ad assolvere funzioni sociali e non produttive di un reddito adeguato per ripagare il concessionario dei costi affrontati per la realizzazione dell'opera, e perciò stesso funzionali ad un utilizzo en via esclusiva o prevalente da enti pubblici" ("L'attività negoziale della Pubblica Amministrazione: contratti ed accordi con i privati. Le nuove forme di partenariato tra il *project financing* e il *leasing* finanziario", *Rivista Trimestrale degli Appalti* 2/427, 2010).

20. Señala Vivarelli que "i costi di gestione saranno in questi casi a carico prevalente o esclusivo di tali enti, ma il flusso di cassa rimarrà, in buona sostanza, invariato e potrà essere oggetto di attendibile calcolo economico per il concessionario di costruzione e gestione e per i soggetti finanziatori" ("L'attività negoziale della Pubblica Amministrazione: contratti ed accordi con i privati. Le nuove forme di partenariato tra

fundido de la Ley de Contratos del Sector Público contempla la posibilidad de que la retribución del concesionario derivada de la utilización de la obra sea abonada por la Administración, pero sobre la manera de fijar dicha retribución lo único que se dice es que se tendrá en cuenta la utilización de la obra en la forma prevista en el pliego de cláusulas administrativas particulares. En cambio, el art. 225 del derogado texto refundido de la Ley de Contratos de las Administraciones Públicas, introducido por la Ley 13/2003, al menos matizaba que en la determinación de la retribución del contratista debería "respetarse el principio de asunción de riesgo por el concesionario".

Hay claros condicionamientos derivados del Derecho de la Unión Europea acerca de los criterios que se deben seguir a la hora de determinar la retribución por la utilización de la obra cuando es abonada por la Administración, porque de ello depende el que se pueda considerar que el riesgo se traslada de una forma sustancial al colaborador privado. En este ámbito resulta fundamental la ya citada decisión de la Oficina Estadística de las Comunidades Europeas (Eurostat) 18/2004, de 11.2.2004, que distingue tres categorías principales de riesgos "genéricos" en estas operaciones y señala que "soportar un riesgo" por las partes contractuales significa que esa parte asume la mayoría del riesgo.[21]

Una primera categoría, que no afecta a la utilización de la infraestructura, sino a su construcción, es el "riesgo de construcción", que abarcaría eventualidades como la demora en la entrega de la obra, la infracción de las especificaciones técnicas, los sobre costes, las deficiencias técnicas y las externalidades negativas. Por consiguiente, la obligación de la Administración de comenzar a efectuar pagos regulares al contratista sin tener en cuenta el estado efectivo de las obras sería la prueba de que aquélla soporta la mayoría de los riesgos de construcción, y no el contratista.

Una segunda categoría es el "riesgo de disponibilidad", que se refiere a los casos en que el colaborador privado no es capaz de suministrar la cantidad contractualmente convenida de un bien o de responder en los términos establecidos en el contrato a las normas de seguridad o de certificación públicas vinculadas a la prestación del servicio a los usuarios finales. Se aplica igualmente cuando el colaborador privado no responde a las normas de calidad relativas a la prestación del servicio recogidas en el contrato, a causa de una falta evidente de capacidad del mismo. Eurostat considera que la Administración no soporta este tipo de riesgo si puede reducir de forma significativa (a título de penalidad) sus abonos periódicos al colaborador privado, como todo "cliente normal" podría hacer en un contrato privado. En consecuencia, los pagos públicos han de depender del grado efectivo de disponibilidad demostrado por el colaborador privado durante un cierto

il *project financing* e il *leasing* finanziario", cit., *Rivista Trimestrale degli Appalti* 2/427).

21. Un estudio detallado de los riesgos presentes en una operación de colaboración público-privada y su posible transferencia al colaborador privado puede encontrarse en Hernando Rydings, *La Colaboración Público-Privada. Fórmulas Contractuales*, cit., pp. 81 y ss. Para un comentario de los criterios de esta decisión, v. Valcárcel Fernández, "Colaboración público-privada, estabilidad presupuestaria y principio de eficiencia de los fondos públicos", cit., *Observatorio de Contratos Públicos 2011*, pp. 448 y ss.

periodo de tiempo. Sin embargo, la aplicación de penalidades cuando el colaborador infrinja sus obligaciones de servicio debe ser automática y debe igualmente tener un efecto relevante sobre los ingresos o los beneficios del colaborador, y no puramente "cosmético" o simbólico.

Finalmente, la tercera categoría de riesgo es el "riesgo vinculado a la demanda", que cubre la variabilidad de esta última (más elevada o más débil de lo previsto cuando se diseñó el contrato) siempre que no sea imputable al comportamiento (gestión) del colaborador privado. En efecto, este riesgo sólo debe cubrir la modificación de la demanda que no derive de una calidad inadecuada o baja del servicio prestado por el colaborador privado o de una decisión que modifique la cantidad o la calidad de las prestaciones erogadas. Tiene que derivar de otros factores, tales como el ciclo económico, nuevas tendencias del mercado, la competencia directa o la obsolescencia tecnológica. Eurostat considera que es la Administración y no el colaborador privado la que asume este riesgo cuando se obliga a garantizar un nivel dado de ingresos a este último con independencia del nivel efectivo de demanda de los usuarios finales, neutralizando así el efecto de las fluctuaciones de la demanda sobre la rentabilidad del negocio. En todo caso, esto no se aplica si la evolución de la demanda deriva de una actuación clara de la Administración, como serían decisiones adoptadas por todas las unidades administrativas (y no sólo por las directamente implicadas en el contrato) que representen un cambio significativo de política o el desarrollo de nuevas infraestructuras públicas que entren directamente en competencia con la que es objeto del contrato.

Todo esto da idea de la suma complejidad que conlleva el diseño de una operación de colaboración público-privada.[22] El art. 128 del texto refundido de la Ley de Contratos del Sector Público establece que, con carácter previo a la adopción de la decisión de construir y explotar en régimen de concesión una obra pública, el órgano administrativo competente ha de cumplimentar una actuación preparatoria necesaria, la realización de un estudio de viabilidad, salvo que se acuerde motivadamente la sustitución del mismo por un estudio de viabilidad económico-financiera cuando por la naturaleza y finalidad de la obra o por la cuantía de la inversión requerida se considere que éste es suficiente.[23]

El estudio de viabilidad debe referirse, al menos, a los siguientes extremos: finalidad y justificación de la obra, así como definición de sus características esenciales; previsiones sobre la demanda de uso e incidencia económica y social de la obra en su área de influencia y sobre la rentabilidad de la concesión; valoración de los datos e informes existentes que hagan referencia al planeamiento sectorial, territorial o urbanístico; estudio de impacto

22. En palabras de Amorosino, para llevar a cabo una operación de colaboración público-privada "deve essere predisposta, in tutte le sue parti, una *machina machinarum* efficiente e completa sotto tutti i profili, che deve essere sottoposta al vaglio dell'Amministrazione e costituisce essa stessa oggetto della negoziazione con il Pubblico Potere, accanto al contenuto del progetto di infrastruttura o di intervento urbanistico" ("Profili sistematici del partenariato pubblico-privato per le infrastrutture e le trasformazioni urbanistiche", cit., *Rivista Trimestrale degli Appalti* 2/385).

23. Sobre estas actuaciones preparatorias del contrato de concesión de obras públicas, v. Patricia Valcárcel Fernández, "Actuaciones previas y adjudicación del contrato de concesión de obras públicas", en Rafael Gómez-Ferrer Morant (dir.), *Comentario a la Ley de Contratos de las Administraciones Públicas*, Madrid, Civitas, 2004, pp. 1.123-1.204.

ambiental cuando éste sea preceptivo de acuerdo con la legislación vigente o, en los restantes casos, un análisis ambiental de las alternativas y las correspondientes medidas correctoras y protectoras necesarias; justificación de la solución elegida, indicando, entre las alternativas consideradas, si se tratara de infraestructuras viarias o lineales, las características de su trazado; riesgos operativos y tecnológicos en la construcción y explotación de la obra; coste de la inversión a realizar, así como el sistema de financiación propuesto para la construcción de la obra con la justificación, asimismo, de la procedencia de ésta; y estudio de seguridad y salud o, en su caso, estudio básico de seguridad y salud, en los términos previstos en las disposiciones mínimas de seguridad y salud en obras de construcción.

Por tanto, es en este estudio donde hay que justificar tanto el interés público de la obra como que será susceptible de una explotación económica rentable, de suerte que el colaborador privado pueda recuperar la inversión realizada para la construcción de la misma y obtener un beneficio aspectos que, como ya se ha dicho, son esenciales para que este tipo de operaciones sea factible. El estudio de viabilidad será sometido a información pública por el plazo de un mes, prorrogable por idéntico plazo en razón de la complejidad del mismo. Este trámite servirá también para cumplimentar el concerniente al estudio de impacto ambiental, en los casos en que la declaración de impacto ambiental resulte preceptiva. Asimismo, se dará traslado del mismo para informe a los órganos de la Administración general del Estado, las comunidades autónomas y las corporaciones locales afectados cuando la obra no figure en el correspondiente planeamiento urbanístico – informe que deberá ser emitido en el plazo de un mes.

Otra peculiaridad es que el art. 128, Apartado 5, del texto refundido de la Ley de Contratos del Sector Público, con independencia de la iniciativa de la Administración competente para licitar posibles concesiones, permite que el procedimiento se inicie a instancia de personas naturales o jurídicas o de otras Administraciones que se propongan construir y explotar una obra de las que pueden ser objeto del contrato, siempre que el solicitante acompañe su solicitud del mencionado estudio de viabilidad. Presentado el estudio, será elevado al órgano competente para que en el plazo de tres meses comunique al particular la decisión de tramitar o no tramitar el mismo o fije un plazo mayor para su estudio, sin superar en ningún caso los seis meses. El silencio equivaldrá a la no aceptación del estudio. Así se traslada a este ámbito una posibilidad tradicional en las concesiones de dominio público, pero que en nuestro País se había arrumbado por completo cuando se trata de la planificación y ejecución de obras públicas.[24]

Para los nuevos contratos de colaboración público-privada que también regula el texto refundido de la Ley de contratos del sector público, el artículo 134 de éste exige, en vez del estudio de viabilidad, una evaluación previa.[25] La misma consiste

24. Sobre esta posibilidad, v. Ana Belén Casares Marcos, "La selección y la adjudicación del contrato de concesión de obras públicas a iniciativa particular", *Revista Digital Facultad de Derecho* 1, 2009 (disponible en *http://portal.uned.es/pls/portal/docs/PAGE/UNED_MAIN/LAUNIVERSIDAD/UBICACIONES/06/PUBLICACIONES/REVISTA%20DIGITAL%20FACULTAD%20DE%20DERECHO/NUMEROS%20PUBLICADOS/MONOGRAFICO%20PREMIOS%20GARCIA%20GOYENA%206/4_SEGUNDO%20ACCESIT.PDF*).

25. Para un estudio detallado de las actuaciones preparatorias del nuevo contrato de

en que, con carácter previo a la iniciación del expediente de contratación, la Administración o entidad contratante deberá elaborar un documento de evaluación en el que se ponga de manifiesto que, habida cuenta de la complejidad del contrato, no se encuentra en condiciones de definir, con carácter previo a la licitación, los medios técnicos necesarios para alcanzar los objetivos proyectados o de establecer los mecanismos jurídicos y financieros para llevar a cabo el contrato, y se efectúe un análisis comparativo con formas alternativas de contratación que justifique, en términos de obtención de mayor valor por precio, de coste global, de eficacia o de imputación de riesgos, los motivos de carácter jurídico, económico, administrativo y financiero que recomienden la adopción de esta fórmula de contratación. La evaluación será realizada por un órgano colegiado donde se integren expertos con cualificación suficiente en la materia sobre la que verse el contrato.

La necesidad de llevar a cabo esta evaluación tiene dos excepciones: podrá realizarse de forma sucinta si concurren razones de urgencia no imputables a la Administración o entidad contratante que aconsejen utilizar el contrato de colaboración entre el sector público y el sector privado para atender las necesidades públicas, y no será necesario realizarla cuando un órgano integrado en la misma Administración o entidad, o en la Administración de la que dependa éste o a la que se encuentre vinculado, la hubiese efectuado previamente para un supuesto análogo, siempre que esta evaluación previa no se hubiese realizado de forma sucinta por razones de urgencia.

El art. 135 del texto refundido añade que, a la vista de los resultados de la evaluación previa, el órgano de contratación elaborará un programa funcional que contendrá los elementos básicos que informarán el diálogo con los contratistas y que se incluirá en el documento descriptivo del contrato. Particularmente, se identificarán en el programa funcional la naturaleza y dimensión de las necesidades a satisfacer, los elementos jurídicos, técnicos o económicos mínimos que deben incluir necesariamente las ofertas para ser admitidas al diálogo competitivo, y los criterios de adjudicación del contrato.

Esto nos lleva a otra gran peculiaridad de los nuevos contratos de colaboración entre el sector público y el sector privado, que es su adjudicación, como regla general,[26] a través del procedimiento del diálogo competitivo, en el que se manifiesta el intenso protagonismo del contratista en el diseño de la operación. Lo sustancial del procedimiento aparece regulado en los arts. 182 y 183 del texto refundido de la Ley de Contratos del Sector Público: el

colaboración entre el sector público y el sector privado, v. Hernando Rydings, *La Colaboración Público-Privada. Fórmulas Contractuales*, cit., pp. 445 y ss.

26. El art. 180, Apartado 3, del texto refundido de la Ley de Contratos del Sector Público exceptúa únicamente los supuestos en que pueda seguirse el procedimiento negociado con publicidad por concurrir las circunstancias previstas en el art. 170, letra "a)" (que las proposiciones u ofertas económicas en un anterior procedimiento de adjudicación sean irregulares o inaceptables por haberse presentado por empresarios carentes de aptitud, por incumplimiento en las ofertas de las obligaciones legales relativas a la fiscalidad, protección del medio ambiente y condiciones de trabajo a que se refiere el art. 119, por infringir las condiciones para la presentación de variantes o mejoras, o por incluir valores anormales o desproporcionados, siempre que no se modifiquen sustancialmente las condiciones originales del contrato).

órgano de contratación desarrolla con los candidatos, seleccionados conforme a las reglas del procedimiento restringido, un diálogo cuyo fin es determinar y definir los medios adecuados para satisfacer sus necesidades. En el transcurso de este diálogo, cabe debatir todos los aspectos del contrato con los candidatos seleccionados. El procedimiento puede articularse en fases sucesivas, a fin de reducir progresivamente el número de soluciones a examinar durante la fase de diálogo mediante la aplicación de los criterios indicados en el anuncio de licitación o en el documento descriptivo, indicándose en éstos si se va a hacer uso de esta posibilidad. Sin embargo, el número de soluciones que se examinen en la fase final deberá ser lo suficientemente amplio como para garantizar una competencia efectiva entre ellas, siempre que se hayan presentado un número suficiente de soluciones o de candidatos adecuados.

El órgano de contratación proseguirá el diálogo hasta que se encuentre en condiciones de determinar, después de compararlas, si es preciso, las soluciones que puedan responder a sus necesidades. Finalmente, tras declarar cerrado el diálogo e informar de ello a todos los participantes, el órgano de contratación les invitará a que presenten su oferta final, basada en la solución o soluciones presentadas y especificadas durante la fase de diálogo. Las ofertas presentadas serán evaluadas en función de los criterios de adjudicación establecidos en el anuncio de licitación o en el documento descriptivo y se seleccionará la oferta económicamente más ventajosa. Para esta valoración habrán de tomarse en consideración, necesariamente, varios criterios, sin que sea posible adjudicar el contrato únicamente basándose en el precio ofertado.

4. Crisis económica y colaboración público-privada contractual

4.1 El cuestionamiento de la configuración contable de la colaboración público-privada

En la presente situación de crisis financiera del sector público, un primer motivo de cuestionamiento de las nuevas fórmulas de colaboración público-privada de las que se ocupa este estudio deriva precisamente de su configuración contable. Hay que recordar que la Decisión de Eurostat 18/2004 recomienda que los activos vinculados a las operaciones de colaboración público-privada sean clasificados como activos no públicos y, por consiguiente, no sean registrados en el balance de las Administraciones Públicas si se cumplen las dos condiciones de que el colaborador privado soporte el riesgo de construcción y, además, o el riesgo de disponibilidad o el vinculado a la demanda, de los que ya se ha hablado.

Si no se cumpliesen estas condiciones, las consecuencias para las finanzas públicas serían de gran relevancia, tanto desde el punto de vista del déficit como del de la deuda. Los gastos iniciales en capital, relativos a los activos, serían contabilizados como formación de capital fijo de las Administraciones Públicas, con un impacto negativo sobre el déficit público. Como contrapartida a este gasto de la Administración, la deuda pública aumentaría bajo la forma de un "préstamo imputado" del colaborador privado, que forma parte del concepto de la "deuda de Maastricht". Los pagos regulares de la Administración al colaborador privado tendrían un impacto sobre el déficit público únicamente en la parte relativa a las adquisiciones de servicios y al "interés imputado".

Como reconoce la mencionada decisión de Eurostat, la cuestión clave es la de la clasificación inicial de los activos implicados en el contrato de colaboración público-privada, activos que pueden ser registrados bien como activos públicos, bien en el balance del colaborador privado. La decisión reitera que en la contabilidad nacional este tipo de activos pueden ser considerados como activos no públicos únicamente si existe una fuerte evidencia de que el colaborador privado soporta la mayor parte del riesgo vinculado al contrato en cuestión. Por consiguiente, este análisis de los riesgos soportados por cada una de las partes contratantes constituye el elemento clave de la evaluación de un proyecto de colaboración público-privada en lo que respecta a la clasificación de los activos implicada en el contrato, a fin de asegurar la contabilización correcta del impacto sobre el déficit público de las operaciones de colaboración público-privada.

Ahora bien, es muy dudoso que en las nuevas fórmulas de colaboración público-privada contractual a las que se hace referencia en este trabajo (en concreto, las que se aplican en sectores donde no se puede hablar en rigor de una explotación económica de la infraestructura u obra pública construida por el colaborador privado, porque es la Administración y no directamente los usuarios finales quien paga el coste de utilización de aquélla) sea factible cumplir de manera real los condicionamientos que impone la Decisión 18/2004.[27] Esto lleva a que las operaciones que nos ocupan acaben equivaliendo a un préstamo a largo plazo que el colaborador privado hace a la Administración: adelanta la financiación de la infraestructura, y la Administración se la devuelve durante el periodo de explotación de la misma mediante pagos periódicos parcial o totalmente incondicionados, garantizándole un beneficio que encubre un interés. Que estos pagos regulares al colaborador privado no se contabilicen como deuda de las Administraciones Públicas, sino como gasto corriente que no computa a efectos de déficit, no deja de ser una operación de "ingeniería contable"[28] ante

27. Como explica Ramón Falcón y Tella, "esto ha dado lugar a una utilización en ocasiones abusiva del contrato de concesión de obra pública para construir autopistas, hospitales, ciudades de la justicia etc., cuyo coste se difiere en el tiempo a través de los llamados 'peajes en la sombra', pero no se computa a efectos de déficit, porque se trata como un gasto corriente. Es decir, el ente público sólo considera gastos los pagos realizados dentro de cada ejercicio, y no los que tendrá que seguir haciendo en el futuro, porque en teoría podrían no realizarse (si nadie utiliza la carretera construida, el peaje en la sombra sería cero). En principio nada hay que oponer a este tipo de contratos si realmente el riesgo se desplaza al contratista, pero ocurre que en ocasiones una parte importante de los pagos que recibe dicho contratista consiste, por ejemplo, en una cantidad fija por metro cuadrado, o bien se garantizan unos importes mínimos, por lo que en realidad estamos ante un pago aplazado de la construcción" ("La reforma del art. 135 de la Constitución", *Revista General de Derecho Europeo* 25/6, 2011 – disponible en *www.iustel.com*).

28. Concluye Falcón y Tella que "parece obvio que en estos supuestos, cuando el concesionario debe contabilizar un derecho al cobro de dinero, el ente público debería computar el mismo importe como endeudamiento. Y no se está haciendo así, al menos en el caso español, lo que nos lleva al milagro contable de que una infraestructura que para el concesionario ha dado lugar a un activo financiero (un derecho de crédito incondicionado) sin embargo no es un pasivo financiero (una deuda) para el ente público que la ha encargado y que está 'incondicionalmente' obligado a pagarla, y por tanto no computa a efectos de déficit" (("La reforma del art. 135 de la Constitución", cit., *Revista General de Derecho Europeo* 25/6). También en la doctrina italiana Chiti ha puesto de manifiesto que "la decisione di Eurostat è di dubbia fondatezza, perché contrasta con i criteri generali desumibili dal sistema europeo dei conti nazionali (SEC95 e Regola-

la que todo el mundo parece interesado en cerrar los ojos: los Estados porque les permite seguir atendiendo a la necesidad de construir infraestructuras públicas costosas sin incrementar formalmente el déficit público, la Unión Europea porque da una vía de salida a los Estados para que no se vean completamente asfixiados por las exigencias de estabilidad presupuestaria, y las empresas privadas porque se les abren nuevas posibilidades de negocio de rentabilidad asegurada (asegurada por la Administración Pública, claro).

4.2 El problema de la transferencia del riesgo al colaborador privado

Esta reflexión conduce directamente al problema central que plantean las nuevas fórmulas de colaboración público-privada, que es el de la transferencia del riesgo al colaborador privado. Como ya se ha visto, aparte del riesgo de construcción, el otro riesgo que tendría que asumir este último sería el de disponibilidad o el vinculado a la demanda, en los términos enunciados por la Decisión de Eurostat 18/2004.

Valorar el llamado "riesgo de disponibilidad" en el ámbito administrativo plantea no pocas dificultades. Aun en el caso de que el colaborador privado prestase el servicio público para el que sirve de base la correspondiente obra o infraestructura, hay que tener en cuenta que estamos muy lejos de haber conseguido una estandarización de los niveles de calidad exigibles en la prestación de los servicios públicos. Los factores que lo impiden son fáciles de entender: en la provisión de servicios públicos predomina la finalidad de garantía prestacional, entendida como la garantía por la Administración de que determinadas prestaciones que se consideran esenciales se eroguen de manera universal, continua y regular a la población, sobre las consideraciones de calidad tal como se entienden en el sector privado.[29] Con la actual crisis de financiación del sector público, que obliga a restringir las prestaciones con garantía pública, esto se acentúa todavía más.

En las nuevas fórmulas de colaboración público-privada que se utilizan para la construcción de infraestructuras que sirven de base para la prestación de servicios o la realización de actividades y funciones públicas que la Administración gestiona directamente, el colaborador privado se limita, una vez rematada la obra, a asumir el mantenimiento de ésta y, en su caso, a prestar servicios complementarios. En estos supuestos ni siquiera es fácil concebir cómo se puede trasladar ningún "riesgo de disponibilidad" al colaborador privado, como no sea el vinculado a vicios ocultos de la construcción y a eventuales deficiencias en el mantenimiento de la

mento CE-2.223/1996) ed anche perché non tiene conto degli oneri pubblici che sono inerenti ad ogni iniziativa di partenariato" ("I partenariati pubblico-privati e la fine del dualismo tra diritto pubblico e diritto comune", cit., *Il Partenariato Pubblico-Privato* (a cura di Mario P. Chiti), p. 3). Sobre las orientaciones que sigue el Tribunal de Cuentas italiano en relación con la contabilización de algunas de las operaciones de colaboración público-privada, v. Elena Brandolini, "Opere pubbliche. Problema economico. La *partnership* pubblico-privato", *I Contratti dello Stato e degli Enti Pubblici* 1/52 y ss., 2001.

29. En general, sobre los problemas que plantea la traslación de los criterios de calidad del mundo empresarial privado a la Administración Pública, v. Luis Miguez Macho y Sonia Rodríguez-Campos González, "La calidad administrativa", *Anuario de la Facultad de Derecho de Orense* 2002, pp. 365-390.

infraestructura y en la prestación de los eventuales servicios complementarios.[30]

En cuanto al riesgo vinculado a la demanda o frecuentación de la infraestructura, su traslación al colaborador privado resulta no menos problemático. Ya lo advertía la "Exposición de Motivos" de la Ley 13/2003: "Evidentemente, en un contrato de larga duración por naturaleza, la asunción del riesgo, ante la imposibilidad de predecir con un margen razonable de error el futuro, no puede transformar el contrato en un negocio aleatorio, por lo que en coherencia se impone moderar adecuadamente los límites del riesgo, si se quieren atraer la participación del capital y la iniciativa privada en inversiones cuyo volumen exige el esfuerzo compartido de los sectores público y privado". De ahí que la regulación española del contrato de concesión de obras públicas permita con gran amplitud las aportaciones públicas tanto para la financiación de la construcción de la obra como para garantizar la viabilidad económica de la explotación, y prevea las medidas de restablecimiento del equilibrio económico de la concesión ya mencionadas en este estudio, a las que se añaden otras medidas extraordinarias como el secuestro de la concesión previsto en el art. 251 del texto refundido de la Ley de Contratos del Sector Público o el rescate discrecional del art. 269, letra "g").

En realidad, en este terreno pesan más los tradicionales principios de continuidad y regularidad en la prestación de los servicios públicos que las consideraciones económico-empresariales de transferencia del riesgo al colaborador privado. Si una perturbación en la frecuentación de la infraestructura, por exceso o por defecto, desborda los umbrales tenidos en cuenta a la hora de calcular el equilibrio económico del contrato, poniendo en peligro la prestación del servicio, por más que formalmente le corresponda al colaborador privado asumir el riesgo derivado de esta eventualidad, la Administración tendrá que intervenir financieramente para garantizar la continuidad de aquél.

En definitiva, es muy difícil que en estas fórmulas de colaboración público-privada haya auténtica asunción del riesgo de disponibilidad o del vinculado a la demanda por parte del colaborador privado. Así emerge con claridad que la contabilización del activo como no público deviene una pura ficción contable.[31]

30. De hecho, para dar cobertura a estos supuestos, en el Código de los Contratos Públicos italiano se acaba de introducir una nueva figura contractual, el llamado *contrato de disponibilidad*, que se define como "il contratto mediante il quale sono affidate, a rischio e a spesa dell'affidatario, la costruzione e la messa a disposizione a favore dell'Amministrazione aggiudicatrice di un'opera di proprietà privata destinata all'esercizio di un pubblico servizio, a fronte di un corrispettivo. Si intende per messa a disposizione l'onere assunto a proprio rischio dall'affidatario di assicurare all'Amministrazione aggiudicatrice la costante fruibilità dell'opera, nel rispetto dei parametri di funzionalità previsti dal contratto, garantendo allo scopo la perfetta manutenzione e la risoluzione di tutti gli eventuali vizi, anche sopravvenuti" (art. 3, Apartado 15º-*bis*, n. 1, introducido por el Decreto-ley 1/2012, convalidado por la Ley de 24.3.2012, n. 27). Hay que hacer notar que esta figura aparece tratada de forma separada con respecto a los contratos de colaboración público-privada.

31. Como resume Villar Rojas, "el precio del contrato lo paga la Administración con recursos públicos presupuestarios, si bien diferido en el tiempo. La inversión se encuentra garantizada, por mucho que se encuentre escondida en el precio total. No existe mercado de usuarios pues la población a atender se encuentra asegurada. La responsable única ante el usuario es la Administración. La obra revierte, incorporándose al patrimonio público – si no lo estaba ya. Es cierto que el concesionario asume algunos riesgos en

4.3 Los sobrecostes de los contratos de colaboración público-privada

Aparte de la ventaja contable, que se mantendrá mientras no cambien los criterios de Eurostat, se suele aducir que las nuevas fórmulas de colaboración público-privada suponen un ahorro para las finanzas públicas en la medida en que la construcción y gestión integral por un colaborador privado de una infraestructura que sirve de base para la prestación de servicios públicos o la realización de otras actividades y funciones públicas serían más económicas que el método tradicional, consistente en la tramitación de un contrato de obra pública para la construcción (precedido, en su caso, de la licitación del proyecto de la obra), seguido de la suscripción de los correspondientes contratos de servicios para el mantenimiento de la infraestructura y la prestación de servicios complementarios, o la realización de estas tareas por la Administración con su propio personal.

Sin embargo, hay que tener en cuenta que las operaciones de colaboración público-privada llevan aparejados unos costes específicos de preparación que pueden anular en parte esas ventajas. Ya se ha visto en la exposición de la regulación positiva tanto del contrato de concesión de obras públicas como del nuevo contrato de colaboración entre el sector público y el sector privado la compleja fase preparatoria que ambos conllevan y que va mucho más allá de la tradicional redacción de unos pliegos de cláusulas administrativas y de prescripciones técnicas por parte de los servicios técnicos de la Administración contratante (normalmente sobre la base de modelos preestablecidos) y de la tramitación de un expediente de contratación. Esta complejidad repercute también sobre el licitador, al que, a diferencia de los contratos administrativos tradicionales, no le basta con preparar una oferta sobre la base de los pliegos elaborados por la Administración y acompañarla de la correspondiente documentación, sino que se le exige participar activamente en el diseño de la operación, con la consiguiente necesidad de asesoramiento especializado tanto técnico como jurídico.[32]

Es evidente que estos factores encarecen la fase precontractual y repercuten sobre el precio del contrato. Además, no se puede olvidar que toda operación de colaboración público-privada implica un adelantamiento de financiación al sector público por parte del sector privado que puede provocar un coste financiero adicional. Teóricamente, ese coste se neutralizaría por la asunción de una parte relevante del riesgo económico de la operación por parte del colaborador privado, pero, si al final esa transferencia del riesgo no es real, el resultado es que se obtendrá una infraestructura de uso o servicio público

cuanto al mantenimiento de las instalaciones y a la calidad de los servicios que presta, pero esto no es más que un contrato de servicios con una modalidad de pago vinculada con el cumplimiento de unos estándares. Poco o ningún riesgo concurre en estas concesiones, ninguno a los efectos de poder desplazar la inversión hacia la contabilidad del empresario. Lo que se describe se corresponde con un arrendamiento financiero, un préstamo del concesionario a la Administración; y, en tanto no recibe este tratamiento contable, se trata de deuda pública disfrazada" ("La concesión como modalidad de colaboración privada en los servicios sanitarios y sociales", *Revista de Administración Pública* 172/172).

32. V. Valcárcel Fernández, "Colaboración público-privada, estabilidad presupuestaria y principio de eficiencia de los fondos públicos", cit., *Observatorio de Contratos Públicos 2011*, pp. 450 y ss.

a un precio más elevado que el que habría resultado de pagarla durante su construcción mediante un contrato administrativo de obra tradicional; la ventaja para el sector público quedaría reducida a tener la infraestructura ya, sin necesidad de consignación presupuestaria, y pagarla a plazos durante largos periodos de tiempo, haciendo recaer la deuda generada (que no se contabiliza como tal) en las generaciones futuras.[33] Por eso en las nuevas fórmulas de colaboración público-privada es esencial una correcta evaluación previa de las ventajas y desventajas que presentan con respecto a las fórmulas de contratación tradicionales, tanto desde el punto de vista de la satisfacción de los intereses públicos cuya tutela tienen encomendada las Administraciones Públicas, como desde el punto de vista puramente económico.

5. Conclusiones

Ya el *Libro Verde de la Comisión acerca de la Colaboración Público-Privada y el Derecho Comunitario en Materia de Contratación Pública y Concesiones* advertía, hace casi 10 años, de que, "si bien es cierto que la cooperación entre los sectores público y privado puede ofrecer ventajas microeconómicas, al permitir realizar un proyecto con la mejor calidad/precio y preservar al mismo tiempo los objetivos de interés público, no es posible, sin embargo, presentar dicha cooperación como una solución milagrosa para el sector público, que tiene que hacer frente a restricciones presupuestarias" (Apartado 5). En la situación de crisis de financiación del sector público que vivimos esta advertencia cobra todavía mayor importancia, porque puede existir la tentación para los gestores públicos de acudir de manera no lo suficientemente meditada a estas fórmulas, atraídos por las ventajas contables que presentan al no incrementar en el plano formal la deuda pública, trasladando así a las generaciones venideras la pesada carga de pagar infraestructuras muy onerosas con sobrecostes añadidos.

Ni se puede pretender cerrar el debate sobre las nuevas fórmulas de colaboración público-privada descalificándolas como una forma más o menos encubierta de privatización que llega a los sectores que no se vieron afectados por los procesos de los años 80 y 90 del siglo pasado,[34] ni tampoco, como se acaba de decir, estaría justificada una aplicación indiscriminada de las mismas a modo de panacea universal de los problemas de financiación que hoy sufre el sector público. Como en otros casos de aparición de técnicas novedosas, será el paso del tiempo el que permita

33. En la doctrina italiana se ha llegado a defender "la convenienza di tale strumento, anche se più oneroso, rispetto ad altri astrattamente disponibili, quando, a fronte della necessità di dotarsi immediatamente di un determinato bene molto costoso, difetti l'immediata disponibilità delle indispensabili risorse finanziarie" (Vivarelli, "L'attività negoziale della Pubblica Amministrazione: contratti ed accordi con i privati. Le nuove forme di partenariato tra il *project financing* e il *leasing* finanziario", cit., *Rivista Trimestrale degli Appalti* 2/452).

34. Bien al contrario, Chiti pone de manifiesto que "il PPP è quanto di più lontano possibile dalle politiche di privatizzazione; e per questo apprezzato da più parti. Infatti, presuppone necessariamente un rapporto giuridico – contrattuale o istituzionalizzato, come si è detto – tra soggetti pubblici e privati, che è estraneo, allo stesso tempo, alla riduzione della sfera pubblica e alla pubblicizzazione delle attività private" ("I partenariati pubblico-privati e la fine del dualismo tra diritto pubblico e diritto comune", cit., *Il Partenariato Pubblico-Privato* (a cura di Mario P. Chiti), p. 6).

evaluar con mayor seguridad sus efectos reales, y, mientras tanto, lo que debería imponerse es la prudencia.

Probablemente haya que concluir que las nuevas fórmulas de colaboración público-privada son interesantes en aquellos casos en que se pueda demostrar con un grado razonable de certeza que la construcción y gestión integral por el sector privado de una infraestructura destinada al uso general o a la prestación de servicios públicos o la realización de otras actividades o funciones públicas son más ventajosas económicamente, y no repercuten en una degradación de las prestaciones que recibe el usuario final, que el método tradicional de tramitación de un contrato de obra pública para la construcción, seguido de la suscripción de los correspondientes contratos de servicios para el mantenimiento de la infraestructura y la prestación de servicios complementarios, o la realización de estas tareas por la Administración con su propio personal.[35]

35. Sobre el llamado *value for money* como criterio de eficiencia de las operaciones de colaboración público-privada y el *public sector comparator*, v. Valcárcel Fernández, "Colaboración público-privada, estabilidad presupuestaria y principio de eficiencia de los fondos públicos", cit., *Observatorio de Contratos Públicos 2011*, pp. 458 y ss.

En la doctrina italiana, Brandolini ha puesto de manifiesto acertadamente que "qualsiasi progetto, al fine della sua corretta realizzazione, deve soddisfare quattro esigenze fondamentali poiché esso deve essere (1) in armonia con la legislazione vigente, (2) tecnicamente fattibile, (3) economicamente e finanziariamente sostenibile ed, infine, (4) desiderabile socialmente" ("Opere pubbliche. Problema economico. La *partnership* pubblico-privato", cit., *I Contratti dello Stato e degli Enti Pubblici* 1/40).

Bibliografía

AMOROSINO, Sandro. "Profili sistematici del partenariato pubblico-privato per le infrastrutture e le trasformazioni urbanistiche". *Rivista Trimestrale degli Appalti* 2. 2011.

BRANDOLINI, Elena. "Opere pubbliche. Problema economico. La *partnership* pubblico-privato". *I Contratti dello Stato e degli Enti Pubblici* 1/52 y ss. 2001.

CARTEI, Gian Franco. "Interesse pubblico e rischio: il principio di equilibrio economico-finanziario nella finanza di progetto". *Finanza di Progetto. Temi e Prospettive. Approfondimenti Sistematici ed Interdisciplinari* (a cura di Gian Franco Cartei e Massimo Ricchi). Napoli, Editoriale Scientifica, 2010.

———, e RICCHI, Massimo. *Finanza di Progetto. Temi e Prospettive. Approfondimenti Sistematici ed Interdisciplinari*. Napoli, Editoriale Scientifica, 2010.

CASARES MARCOS, Ana Belén. "La selección y la adjudicación del contrato de concesión de obras públicas a iniciativa particular". *Revista Digital Facultad de Derecho* 1. 2009 (disponible en *http://portal.uned.es/pls/portal/docs/PAGE/UNED_MAIN/LAUNIVERSIDAD/UBICACIONES/06/PUBLICACIONES/REVISTA%20DIGITAL%20FACULTAD%20DE%20DERECHO/NUMEROS%20PUBLICADOS/MONOGRAFICO%20PREMIOS%20GARCIA%20GOYENA%206/4_SEGUNDO%20ACCESIT.PDF*).

CASTENASI, Scilla. "Profili civilistici del *project financing*". *Il Partenariato Pubblico-Privato* (a cura di Mario P. Chiti). Napoli, Editoriale Scientifica, 2009.

CHITI, Mario P. "I partenariati pubblico-privati e la fine del dualismo tra diritto pubblico e diritto comune". *Il Partenariato Pubblico-Privato* (a cura di Mario P. Chiti). Napoli, Editoriale Scientifica, 2009.

COLOM PIAZUELO, Eloy, y EMBID IRUJO, Antonio. *Comentarios a la Ley Reguladora del Contrato de Concesión de Obras Públicas*. Cizur Menor, Aranzadi, 2003.

DIPACE, Ruggiero. *Partenariato Pubblico-Privato e Contratti Atipici*. Milano, Giuffrè, 2006.

EMBID IRUJO, Antonio, y COLOM PIAZUELO, Eloy. *Comentarios a la Ley Reguladora del Contrato de Concesión de Obras Públicas*. Cizur Menor, Aranzadi, 2003.

EZQUERRA HUERVA, Antonio (coord.). *El Marco Jurídico de los Servicios Sociales en España: Realidad Actual y Perspectivas de Futuro*. Barcelona, Atelier, 2012 (pp. 87-120).

FALCÓN Y TELLA, Ramón. "La reforma del art. 135 de la Constitución". *Revista General de Derecho Europeo* 25. 2011 (disponible en *www.iustel.com*).

GARCÍA CAPDEPÓN, Pedro María. "Los contratos de colaboración público-privada". *Revista Española de la Función Consultiva* 3/106 y ss. 2005.

GARCÍA DE ENTERRÍA, Eduardo. "La actividad industrial y mercantil de los Municipios". *Revista de Administración Pública* 17/87-138. 1955.

GARCÍA-TREVIJANO FOS, J. A. "Aspectos de la Administración económica". *Revista de Administración Pública* 12/11-76. 1953.

GARCÍA-TREVIJANO GARNICA, Ernesto. "El contrato de concesión de obras públicas en la nueva Ley de Contratos del Sector Público". *Documentación Administrativa* 274-275/201-244. 2006.

GIMENO FELIU, José María. "Delimitación conceptual entre el contrato de gestión de servicios públicos, contratos de servicios y el CPP". *Revista Española de Derecho Administrativo* 156/17-58. 2012.

GONZÁLEZ GARCÍA, Julio V. "Contrato de colaboración público-privada". *Revista de Administración Pública* 170. 2006.

HERNANDO RYDINGS, María. *La Colaboración Público-Privada. Fórmulas Contractuales*. Cizur Menor, Civitas-Thomson Reuters, 2012.

MENÉNDEZ MENÉNDEZ, Adolfo (dir.). *Instrumentos Españoles de Colaboración Público-Privada: el Contrato de Concesión de Obras Públicas*. Cizur Menor, Civitas-Thomson Reuters, 2010.

MIGUEZ MACHO, Luis. "Las formas de colaboración público-privada en el Derecho Español". *Revista de Administración Pública* 175. 2008.

——————, y RODRÍGUEZ-CAMPOS GONZÁLEZ, Sonia. "La calidad administrativa". *Anuario de la Facultad de Derecho de Orense* 2002 (pp. 365-390).

NIETO GARRIDO, Eva. "La financiación privada de obras y servicios públicos en el Reino Unido (de *private finance initiative* a *public private partnerships*)". *Revista de Administración Pública* 164/389-406. 2004.

PUERTA SEGUIDO, Francisco Eusebio (coord.). *El Contrato de Concesión de Obras Públicas en la Ley de Contratos del Sector Público*. Madrid, La Ley, 2009.

RICCHI, Massimo, e CARTEI, Gian Franco. *Finanza di Progetto. Temi e Prospettive. Approfondimenti Sistematici ed Interdisciplinari*. Napoli, Editoriale Scientifica, 2010.

RODRÍGUEZ-CAMPOS GONZÁLEZ, Sonia, y MIGUEZ MACHO, Luis. "La calidad administrativa". *Anuario de la Facultad de Derecho de Orense* 2002 (pp. 365-390).

RUIZ OJEDA, Alberto. *La Concesión de Obra Pública*. Cizur Menor, Thomson-Civitas, 2006.

RUSSO, Tommaso Vito. *La Finanza di Progetto. Profili Economico-Finanziari e Problematiche Giuridiche*. Napoli, Edizioni Scientifiche Italiane, 2009.

SANTIAGO IGLESIAS, Diana. *Las Sociedades de Economía Mixta como Forma de Gestión de los Servicios Públicos Locales*. Madrid, Iustel, 2010.

VALCÁRCEL FERNÁNDEZ, Patricia. "Actuaciones previas y adjudicación del contrato de concesión de obras públicas". En: GÓMEZ-FERRER MORANT, Rafael (dir.). *Comentario a la Ley de Contratos de las Administraciones Públicas*. Madrid, Civitas, 2004 (pp. 1.123-1.204).

——————. "Colaboración público-privada, estabilidad presupuestaria y principio de eficiencia de los fondos públicos". *Obser-*

vatorio de Contratos Públicos 2011. Cizur Menor, Civitas-Thomson Reuters, 2012.

VILLAR PALASÍ, José Luis. "La concesión". *Nueva Enciclopedia Jurídica*. t. IV. Barcelona, F. Seix, 1952.

VILLAR ROJAS, Francisco José. "Iniciativa privada y prestación de servicios sociales. Las redes o sistemas públicos de servicios sociales". In: EZQUERRA HUERVA, Antonio (coord.). *El Marco Jurídico de los Servicios Sociales en España: Realidad Actual y Perspectivas de Futuro*. Barcelona, Atelier, 2012 (pp. 87-120).

————. "La concesión como modalidad de colaboración privada en los servicios sanitarios y sociales". *Revista de Administración Pública* 172. 2007.

————. "La privatización de la gestión de los servicios sanitarios públicos. Las experiencias de Valencia y Madrid". *Derecho y Salud* 17/1-22. 2009.

VIVARELLI, Maria Grazia. "L'attività negoziale della Pubblica Amministrazione: contratti ed accordi con i privati. Le nuove forme di partenariato tra il *project financing* e il *leasing* finanziario". *Rivista Trimestrale degli Appalti* 2. 2010.

COMPETÊNCIAS PÚBLICO-ADMINISTRATIVAS: CONCEITO, CONTEÚDO (DIREITOS, PODERES ADMINISTRATIVOS, DEVERES E SUJEIÇÕES) E CARACTERÍSTICAS

André Luiz Freire

Doutor em Direito pela PUC/SP – Mestre em Direito do Estado pela PUC/SP – Advogado em São Paulo

1. Considerações iniciais. 2. Competências público-administrativas: conceito: 2.1 Conceitos apresentados pela doutrina. Atribuições e competências – 2.2 Definição de "competência pública" – 2.3 Finalidade da categoria jurídica "competência pública" – 2.4 Definição de "competência administrativa". 3. Conteúdo das competências público-administrativas: as situações jurídicas: 3.1 A complexidade do tema – 3.2 A concepção dogmático-analítica de Robert Alexy sobre os direitos subjetivos: direitos a algo, liberdades jurídicas e competências – 3.3 Comentários ao modelo de Robert Alexy sobre os direitos subjetivos: 3.3.1 Comentários à categoria "direitos a algo". A pretensão – 3.3.2 Comentários à categoria "liberdade" – 3.3.3 Comentários à categoria "competência" – 3.4 As modalidades de situações jurídicas ativas e passivas – 3.5 Competências administrativas: direitos a algo e deveres – 3.6 Competências administrativas: poderes e sujeições: 3.6.1 Poderes administrativos: modalidades apontadas pela doutrina brasileira – 3.6.2 A proposta de Santi Romano – 3.6.3 Os poderes públicos de autoridade, segundo Pedro Gonçalves – 3.6.4 Os poderes administrativos: posição adotada – 3.6.5 A sujeição. 4. Características das competências administrativas.

1. Considerações iniciais

O conceito[1] de *competência pública* é fundamental para a dogmática do direito público. Trata-se de categoria jurídica presente no âmbito de todas as funções

1. Neste trabalho, os vocábulos "definição" e "conceito" serão usados de maneira distinta. Por "definição" entende-se, aqui, a indicação do *significado* de uma palavra ou expressão. "Significado" é a relação entre um símbolo e o fenômeno cuja representação vem à mente. "Significado" é,

estatais. Há a competência legislativa, a competência jurisdicional, a competência administrativa e a competência política (ou de governo).

Assim, para o estudioso do direito público, ter claro um conceito de competência pública é o mesmo que saber o resultado de 2 + 2: é uma questão de base para o raciocínio. Tanto é verdade que por vezes são encontrados posicionamentos totalmente afastados do conceito geral de competência pública. O tema da transformação de atividades públicas por determinação constitucional (exemplo: serviços públicos) em atividades privadas por meio de lei é um bom exemplo.

Por ser algo fundamental no direito público, não chega a causar muito espanto encontrar na doutrina conceitos diversos. Afinal, dificilmente se encontra um conceito básico de Direito que não é alvo de polêmicas. Os conceitos de *norma jurídica* e *direito subjetivo* são bons exemplos. Com o conceito de *competência pública* – e, por sua vez, o de *competência público-administrativa* – ocorre o mesmo. Basta passar os olhos nos livros de direito constitucional, direito processual, direito administrativo e direito tributário para perceber isso.

O que causa estranheza é o fato de que muitos autores não procuram traçar um conceito de competência pública como gênero, como categoria de direito público, para depois indicar um conceito de competência administrativa, competência jurisdicional etc. Talvez isso derive de um problema maior: *a falta de uniformidade de conceitos no âmbito da teoria geral do direito público*.

Evidentemente, este estudo não pretende atacar esse problema maior – o que exigiria um trabalho de maior fôlego. ***O objetivo**, aqui, consiste tão somente em indicar o **conceito**, o **conteúdo** e as **características** da **competência público-administrativa**.*

Para tanto, algumas perguntas precisam ser feitas e devidamente respondidas no item 2, abaixo: *Qual a diferença entre "competência" e "atribuição"? A competência é uma medida da capacidade da pessoa? Se sim, em que sentido, já que se fala da competência constitucional dos entes políticos e da competência das pessoas administrativas? O que é uma competência pública? Qual é a sua finalidade? Afinal, o que é uma competência público-administrativa?*

Como será visto, o conceito de competência pública a ser proposto neste estudo (que não será coincidente com os expostos na doutrina) relaciona-se com o de situação jurídica, que é conceito pertencente à teoria geral do Direito. Isso traz algumas dificuldades, já que o conceito de situação jurídica não é unívoco na doutrina. Por isso, neste ponto (item 3) serão apresentadas respostas para as seguintes questões: *O que são situações jurídicas? O que são direitos, poderes, deveres e sujeições? O que são pretensões, ações, exceções, encargos e ônus? Qual é o conteúdo das competências administrativas? Quais são as modalidades de poderes administrativos?*

pois, o que se entende aqui por *conceito*. Assim, o sujeito do conhecimento, ao definir, estipula qual o conceito do termo *definiendum*. Ressalte-se, ainda, que, aqui, "conceito" e "noção" terão o mesmo significado, isto é, serão utilizados de igual modo, como sinônimos. Sobre o tema, cf.: Ricardo Guibourg, Alejandro M. Ghigliani e Ricardo V. Guarinoni, *Introdución al Conocimiento Científico*, 3ª ed., 4ª reimpr., Buenos Aires, Eudeba, 2004, pp. 19-54; e Riccardo Guastini, *La Sintassi del Diritto*, Turim, G. Giappichelli, 2011, pp. 3-4.

Portanto, não se adota a distinção entre "conceito" e "noção" proposta por Eros Roberto Grau (*O Direito Posto e o Direito Pressuposto*, 8ª ed., São Paulo, Malheiros Editores, 2011, pp. 202-203).

Ao final deste estudo (item 4) serão apresentadas as características das competências administrativas, que, a rigor, são as mesmas características das competências públicas.

2. Competências público-administrativas: conceito

2.1 Conceitos apresentados pela doutrina. Atribuições e competências

De acordo com Juan Alfonso Santamaría Pastor, embora o conceito de competência seja um dos mais básicos da teoria da organização, sua noção é extremamente confusa.

O jurista espanhol acrescenta, ainda, que é comum a doutrina utilizar esse termo de *forma objetiva*, isto é, enquanto conjunto de interesses (fins e matérias) e de potestades conferidas a cada entidade e órgãos que a integram. Porém, ele entende que, em termos corretos, a competência não é um objeto ou coisa, mas uma *qualidade estritamente subjetiva*, qual seja, a titularidade de uma série de poderes públicos exercitáveis a respeito de umas matérias, serviços ou fins públicos determinados. Por isso, afirma que não se "tem" competência; se "é" competente.[2]

Santamaría Pastor está certo ao dizer que a noção de "competência" é confusa. Sem dúvida, o termo é usado de formas distintas pelos autores. Um breve apanhado de algumas lições doutrinárias, nacionais e estrangeiras, demonstrará isso.

De início, é comum haver a distinção entre "competência" e "atribuição".

Francis-Paul Bénoît entende que a *competência* de um agente administrativo é a capacidade para realizar certos atos jurídicos em nome de uma coletividade administrativa e sobre um território determinado. Já, a *atribuição* consiste no conjunto das tarefas materiais que foram a ele conferidas. Enquanto a competência é uma capacidade para a prática de atos jurídicos, as atribuições levam à realização de operações materiais.[3]

Giannini traz um sentido diverso para as duas palavras. Para ele, a *atribuição* é um centro de referência de interesses. Trata-se de noção de conteúdo amplo, que delimita o âmbito dos interesses públicos atribuídos a figuras subjetivas maiores. Como exemplo indica a atribuição do Ministério das Relações Exteriores de se relacionar com outros Estados e com entes internacionais. Já, a *competência* é a "medida do poder"; porém, como nem toda autoridade pública possui um poder (ou potestade), Giannini afirma ser melhor dizer que se trata da "medida do exercício da atribuição". Assim, os grandes ramos do Estado possuem atribuições, sendo que cada órgão que o compõe possui sua própria competência. A repartição de competências nada mais é do que uma distribuição de atribuições.[4]

Diogo Freitas do Amaral segue linha semelhante à de Giannini. Na sua concepção, *atribuições* são os fins ou interesses que a lei incumbe às pessoas jurídicas

2. Juan Alfonso Santamaría Pastor, *Principios de Derecho Administrativo General*, 2ª ed., vol. I, Madri, Iustel, 2009, p. 352.

3. Francis-Paul Bénoît, *Le Droit Administratif Français*, Paris, Dalloz, 1968, pp. 470 e 474. Embora não faça a distinção entre *atribuição* e *competência*, Marçal Justen Filho (*Curso de Direito Administrativo*, Belo Horizonte, Fórum, 2012, p. 358) segue linha semelhante à de Bénoît ao definir a competência como sendo "a atribuição normativa da legitimação para a prática de um ato administrativo".

4. Massimo Severo Giannini, *Diritto Amministrativo*, vol. I. Milão, Giuffrè, 1970, pp. 220-221.

públicas. Para perseguirem esses fins e interesses, são conferidos às pessoas coletivas (jurídicas) determinados "poderes funcionais". A esse conjunto de poderes dá-se o nome de *competência*. Tanto as atribuições como as competências são previstas em lei, sendo que elas se limitam reciprocamente, já que um órgão não pode perseguir as atribuições da pessoa pública por meio de competências que não lhe pertencem, e vice-versa.[5]

Marcello Caetano também diferencia *atribuições* e *competências* desse modo, e conclui que a soma de ambos define a capacidade da pessoa coletiva.[6]

Aliás, vale destacar que a identificação do conceito de competência com o conjunto de poderes não é incomum. Pietro Virga, por exemplo, anota que a competência é a esfera de poderes administrativos (*potestà*) atribuída a cada órgão de um mesmo ente.[7] Carlos Santiago Nino também adota essa postura.[8] No Brasil, Ruy Cirne Lima a define como "a medida do poder que a ordem jurídica assina a uma pessoa determinada";[9] e Hely Lopes Meirelles aduz que a competência administrativa é o "poder atribuído ao agente da Administração para o desempenho específico de suas funções".[10] Também seguem essa linha Celso Ribeiro Bastos e Diogo de Figueiredo Moreira Neto.[11]

Ainda sobre a distinção entre *atribuição* e *competência*, Bartolomé Fiorini afirma que a atividade de um órgão é a realização de um encargo, que é o objeto de uma *atribuição*. Esta provém de uma norma, que obriga os órgãos a executá-la na forma por ela prescrita. A *competência*, por seu turno, é a delimitação especial de atribuições. A competência traça um limite entre as atribuições de um órgão frente a outro. Conforme o autor, o poder é uma competência que alguns órgãos possuem para criar relações jurídicas que se impõem perante terceiros.[12] Para Fiorini, portanto, a competência não é uma

5. Diogo Freitas do Amaral, *Curso de Direito Administrativo*, 3ª ed., 6ª reimpr., vol. I (com a colaboração de Luís Fábrica, Carla Amado Gomes e J. Pereira da Silva), Coimbra, Livraria Almedina, 2006, pp. 776-777.

6. Marcello Caetano, *Manual de Direito Administrativo*, 10ª ed., 10ª reimpr., revista e atualizada por Diogo Freitas do Amaral, vol. I, Coimbra, Livraria Almedina, 2010, pp. 211-213.

7. Pietro Virga, *Il Provvedimento Amministrativo*, 4ª ed. Milão, Giuffrè, 1972, p. 200.

8. Conforme Carlos Santiago Nino (*Introducción al Análisis del Derecho*, 2ª ed., Buenos Aires, Astrea, 2012, p. 222), tanto a *capacidade* como a *competência* são autorizações para ditar certas normas. Entretanto, enquanto se é capaz para modificar a própria situação jurídica, o sujeito é competente para modificar a situação de outras pessoas (potestade jurídica). Por isso, define a *competência* como a capacidade para obrigar juridicamente outras pessoas, para ditar normas heterônomas.

9. Ruy Cirne Lima, *Princípios de Direito Administrativo*, 5ª ed., São Paulo, Ed. RT, 1982, p. 139.

10. Hely Lopes Meirelles, *Direito Administrativo Brasileiro*, 40ª ed., São Paulo, Malheiros Editores, 2014, p. 167.

11. Celso Ribeiro Bastos (*Curso de Direito Administrativo*, São Paulo, Celso Bastos Editora, 2002, p. 145) apresenta conceito praticamente idêntico ao de Hely Lopes Meirelles. Por seu turno, Diogo de Figueiredo Moreira Neto (*Curso de Direito Administrativo*, 15ª ed. Rio de Janeiro, Forense, 2009, p. 185) entende que a *competência* é a "*expressão funcional qualitativa e quantitativa do poder estatal que a legislação atribui às entidades da Administração Pública*, necessária para vinculá-las contratualmente".

12. "La potestad en este caso es la competencia que tiene un órgano para crear relaciones jurídicas dirigidas a terceros sobre su libertad, sus derechos o sus atribuciones. El poder se presupuesta en la organización administrativa por los siguientes datos jurídicos: primero, por la exis-

medida de poderes, mas, sim, uma medida de atribuições.[13]

Juan Carlos Cassagne critica os autores que definem a competência como medida do poder de um órgão, segundo um critério similar ao da doutrina processual que caracteriza a competência como medida da jurisdição (o que, aliás, igualmente ocorre na doutrina processualista brasileira).[14] Para o autor, a competência é o conjunto ou círculo de atribuições que corresponde aos órgãos e sujeitos públicos estatais, ou, "con un alcance jurídico más preciso, como la aptitud de obrar o legal de un órgano o ente del Estado".[15]

Seabra Fagundes, ao tratar dos elementos do ato administrativo, expõe que seu impulso gerador ocorre por meio da manifestação de vontade dos órgãos, "que são pessoas postas ao serviço do Estado para o exercício de atribuições determinadas. Estas atribuições, em seu conjunto, constituem o que se denomina competência".[16] Portanto, o jurista brasileiro também diferencia as atribuições das competências, embora não defina o termo "atribuição".

Ressalte-se que essa postura – de definir a competência como um conjunto de atribuições (sem definir este último vocábulo) – não é incomum na doutrina brasileira. Tal orientação consta na obra de outros importantes autores brasileiros, como, por exemplo, José Cretella Jr., Lúcia Valle Figueiredo, Maria Sylvia Zanella Di Pietro, Odete Medauar e Romeu Felipe Bacellar Filho.[17]

tencia de un órgano; segundo, por la atribución reconocida al órgano, no al sujeto físico; tercero, por la delimitación normativa de una competencia; cuarto, porque esa competencia atribuye al órgano una potestad, es decir, la posibilidad de crear relaciones jurídicas que se imponen en forma unilateral e imperativa sobre personas, cosas y organizaciones" (Bartolomé A. Fiorini, *Manual de Derecho Administrativo*, Primeira Parte, Buenos Aires, La Ley, 1968, pp. 125-126).

13. Bartolomé A. Fiorini, *Manual de Derecho Administrativo*, pp. 124-127.

14. Na doutrina processualista brasileira também é comum encontrar a definição de *competência* como sendo a "medida", "quantidade", "parcela" ou "delimitação" da jurisdição atribuída a cada órgão do Poder Judiciário. Nesse sentido: Antônio Carlos de Araújo Cintra, Ada Pellegrini Grinover e Cândido Rangel Dinamarco, *Teoria Geral do Processo*, 30ª ed., São Paulo, Malheiros Editores, 2014, p. 250; Luiz Fux, *Curso de Direito Processual Civil*, Rio de Janeiro, Forense, 2001, p. 78; Luiz Guilherme Marinoni e Sérgio Cruz Arenhart, *Processo de Conhecimento*, 10ª ed., São Paulo, Ed. RT, 2011, p. 35; José Frederico Marques, *Manual de Direito Processual Civil*, 2ª ed., vol. I, Campinas, Millenium, 1988, p. 330; Guilherme de Souza Nucci, *Manual de Processo Penal e de Execução Penal*, 4ª ed., São Paulo, Ed. RT, 2008, pp. 236-237; Sílvio Luís Ferreira da Rocha, *Introdução ao Processo Civil: Processo de Conhecimento*, Belo Horizonte, Fórum, 2011, p. 89; Humberto Theodoro Jr., *Curso de Direito Processual Civil*, 49ª ed., 2ª tir., vol. I, Rio de Janeiro, Forense, 2008, p. 161.

15. Juan Carlos Cassagne, *Derecho Administrativo*, 9ª ed., t. I, Buenos Aires, Abeledo-Perrot, 2008, pp. 251-252. Em sentido semelhante é o conceito de Gordillo (*Tratado de Derecho Administrativo*, 7ª ed., t. I, Belo Horizonte, Del Rey/Fundación de Derecho Administrativo, 2003, p. XII-5), para quem a competência é o conjunto de funções que um agente pode legitimamente exercer, isto é, é a medida das atividades que, de acordo com a ordem jurídica, corresponde a cada órgão, sendo sua a aptidão legal de as levar a cabo.

16. Miguel Seabra Fagundes, *O Controle dos Atos Administrativos pelo Poder Judiciário*, 7ª ed., atualizada por Gustavo Binenbojm, Rio de Janeiro, Forense, 2006, p. 31.

17. Para José Cretella Jr. (*Tratado de Direito Administrativo*, 2ª ed., vol. II, Rio de Janeiro, Forense, 2002, p. 144), competência é um complexo de atribuições e de faculdades. Já, Lúcia Valle Figueiredo (*Curso de Direito Administrativo*, 9ª ed., São Paulo, Malheiros Editores, 2008, p. 200) define a competência como "o plexo de atribui-

Por outro lado, há quem caracterize a *competência* como sendo uma *medida da capacidade da pessoa pública*. Oswaldo Aranha Bandeira de Mello, por exemplo, leciona que as atribuições do Estado encerram as competências dos agentes, enquanto quantidade de direitos e obrigações que lhes cabem ao atuarem em nome e por conta do Estado. A competência "consiste, pois, na medida da capacidade da pessoa jurídica com relação a dado órgão".[18] Manoel de Oliveira Franco Sobrinho e Edmir Netto de Araújo adotam a mesma posição.[19-20]

Celso Antônio Bandeira de Mello, por seu turno, ensina que o círculo de atribuições do Estado (que são sintetizados por unidades abstratas – os órgãos públicos), a serem manifestadas pelos seus agentes, é constituído de um plexo de *competências* públicas. Depois de criticar a assimilação da competência

ções outorgadas pela lei ao agente administrativo para consecução do interesse público postulado pela norma". Por sua vez, Maria Sylvia Zanella Di Pietro (*Direito Administrativo*, 25ª ed., São Paulo, Atlas, 2012, p. 210) assevera que a competência é "o *conjunto de atribuições das pessoas jurídicas, órgãos e agentes, fixadas pelo direito positivo*". Odete Medauar (*Direito Administrativo Moderno*, 16ª ed., São Paulo, Ed. RT, 2012, p. 61), depois de asseverar que cada órgão é dotado de atribuições específicas, isto é, de competências, aponta que esta significa "a aptidão legal conferida a um órgão ou autoridade públicos para realizar determinadas atividades". E Romeu Felipe Bacellar Filho (*Direito Administrativo*, 3ª ed., São Paulo, Saraiva, 2007, p. 66) indica que a competência "deve ser entendida como parcela de atribuições conferidas pela lei ao agente público para a prática do ato".

18. Oswaldo Aranha Bandeira de Mello, *Princípios Gerais de Direito Administrativo*, vol. II, Rio de Janeiro, Forense, 1969, pp. 77-78 e 88.

19. Manoel de Oliveira Franco Sobrinho (*Da Competência Constitucional Administrativa*, Curitiba, Gênese, 1995, p. 26 – disponível em *http:// www.institutooliveirafranco.org.br/pdfs/ DaCompetencia.PDF*) escreve que é "pela competência que se dá a *medida* exata da capacidade jurídica. Embora variáveis os *graus*, limitada a expressão de vontade, a competência, na atividade administrativa, aparece de plano da organização do Estado e particularmente específica nas atribuições cometidas".

Já, conforme a lição de Edmir Netto de Araújo (*Curso de Direito Administrativo*, 5ª ed., São Paulo, Saraiva, 2010, p. 473), a competência "é a medida da capacidade do Estado, seus órgãos e agentes, cujo conceito não substitui mas a ele se superpõe, pois, como vimos há pouco, além da capacidade geral do Estado, os órgãos possuem a respectiva competência para certas atividades, e só através deles podem ser exercidas pelo Estado". E, na sequência, define a *competência* como "o complexo de atribuições do Estado que dizem respeito a cada cargo, portanto atribuídas aos agentes para o desempenho específico de suas funções, consistindo na quantidade ou qualidade do poder funcional que a lei atribui às entidades, órgãos e agentes públicos para executar a vontade do Estado".

20. De acordo com Caio Tácito (*Direito Administrativo*, São Paulo, Saraiva, 1975, p. 58), a "capacidade do agente assume, no direito público, um sentido específico que se exprime na regra da *competência*, ou seja, o poder legal de realizar determinada parcela da função administrativa. A competência se regula por um sistema jurídico especial que, embora admitindo as condições gerais de capacidade do direito privado, especializa o conceito por meio de aspectos peculiares". Frise-se que o jurista entende que a competência é a capacidade de direito privado quando aplicada no âmbito do direito público, já que possui características específicas. Por tal razão, não se pode dizer que ele entende que a competência é uma "medida da capacidade". Por outro lado, também não se pode afirmar que Caio Tácito assimila a competência ao conjunto de poderes, pois ele escreve se tratar do poder jurídico *de exercer parcela da função administrativa*, isto é, ele utiliza a expressão "poder jurídico" no sentido de "autorização jurídica". Ao que parece, ele se alinha mais à corrente que define a competência como conjunto de atribuições, porquanto anota que a competência é a aptidão para levar a cabo "parcela" da função administrativa.

com a demarcação de poderes públicos, aponta que, em verdade, o que existem são deveres-poderes. E, em vista disso, define a competência "como o *círculo compreensivo de um plexo de deveres públicos a serem satisfeitos mediante o exercício de correlatos e demarcados poderes instrumentais, legalmente conferidos para a satisfação de interesses públicos*".[21] O conceito de competência como círculo de deveres-poderes (ou, como preferem alguns, "poderes-deveres") também é seguido por outros autores, como Régis Fernandes de Oliveira, Floriano de Azevedo Marques Neto, Sérgio Ferraz e Adilson Abreu Dallari.[22]

A menção aos autores acima mostra que, *embora **semelhantes**, os conceitos doutrinários **não são uniformes** e ora focam nas **atribuições** do Estado, ora no **conjunto de deveres e de poderes**.* Convém, agora, indicar o conceito de *competência pública* a ser aqui adotado.

2.2 Definição de "competência pública"

O primeiro passo para se conceituar a competência pública consiste em dizer o que se entende por "atribuição".

Para tanto, é preciso destacar que a Constituição conferiu ao Estado uma série de atividades: edição de atos introdutores de normas que inovam em caráter originário a ordem jurídica (legislação); produção de atos com caráter de definitividade (jurisdição); controle sobre os atos da Administração; limitação à autonomia privada, mediante atos gerais e abstratos ou individuais e concretos; oferecimento de utilidades aos administrados. Essas e outras tarefas foram conferidas pela ordem jurídica ao Estado. São, pois, suas *atribuições*.

Desse modo, *as **atribuições** nada mais são do que as **tarefas públicas***. São as ***atividades estatais** previstas na Constituição e nas leis*. Tais atividades foram distribuídas pelo ordenamento jurídico para os diversos órgãos que compõem as pessoas políticas, bem como às demais pessoas jurídicas por essas criadas.

Para o cumprimento desses deveres, a ordem jurídica confere a tais entes *situações jurídicas ativas*.[23] Dentre essas,

21. Celso Antônio Bandeira de Mello, *Curso de Direito Administrativo*, 31ª ed., São Paulo, Malheiros Editores, 2014, p. 148.

22. Régis Fernandes de Oliveira (*Delegação e Avocação Administrativas*, 2ª ed., São Paulo, Ed. RT, 2004, pp. 42-44) entende que a competência consiste na soma de poderes e deveres jurídicos previstos na Constituição e na lei, conferidos para que sejam buscados os fins públicos previstos na ordem jurídica. Embora a expressão "deveres-poderes" não conste expressamente no seu conceito, tal ideia está clara quando afirma que os poderes serão os necessários ao desenvolvimento dos deveres impostos à Administração Pública.

Floriano de Azevedo Marques Neto ("Poderes da Administração Pública", in Marcelo Figueiredo (coord.), *Novos Rumos para o Direito Público: Reflexões em Homenagem à Professora Lúcia Valle Figueiredo*, Belo Horizonte, Fórum, 2012, p. 224), por seu turno, escreve que a competência "nada mais é do que a atribuição, pela norma jurídica, de uma parcela do poder extroverso estatal para um órgão, ente ou agente da Administração, de modo e com vistas a que ele busque uma determinada finalidade". Segundo o autor, é inerente ao poder extroverso a ideia de função, de poder-dever.

Já, de acordo com a lição de Sérgio Ferraz e Adilson Abreu Dallari (*Processo Administrativo*, 3ª ed., São Paulo, Malheiros Editores, 2012, p. 171), "denomina-se *competência* a atribuição, por lei, em senso estrito, do poder-dever de decidir o processo administrativo ou de praticar certos atos para os quais a lei (ainda em senso estrito) consigne disciplina apartada".

23. Sobre o conceito de *situações ativas*, v. item 3, abaixo.

ganham importância, no direito público, os *poderes* (também denominados de *potestades*, *direitos formativos* e *direitos potestativos*), isto é, a possibilidade de um sujeito alterar a situação jurídica de outro sujeito. Os poderes – embora não sejam as únicas situações ativas de direito público – são extremamente relevantes, pois é por meio deles que se ordena a vida social. Enfim, independentemente disso, *todas* as situações jurídicas ativas de direito público deverão ser manejadas de forma adequada, necessária e proporcional ao fim buscado pelo Poder Público e previsto na ordem jurídica. Mas, além das situações ativas, os sujeitos competentes possuem situações jurídicas passivas (deveres e sujeições).

As atribuições (as tarefas estatais, as atividades públicas) são – para usar uma expressão kelseniana – a *esfera* ***material*** *de validade* das normas jurídicas que conferem às pessoas públicas tais situações ativas e passivas.[24] Esse ***conjunto de situações ativas e passivas*** *conferidas pela ordem jurídica às pessoas e órgãos públicos (e manifestadas por agentes públicos), relacionado a determinadas* ***atribuições estatais****, consiste na* ***competência pública***.

Assim, Santamaría Pastor tem razão quando afirmou que não se "tem" competência, se "é" competente (v. item 2.1, acima). A competência pública é, por conseguinte, uma *qualificação subjetiva* do ente ou órgão público, a ser exercida pelos agentes públicos.

Note-se que, ao se definir a competência pública a partir das situações jurídicas, não se está, aqui, asseverando que o conteúdo da competência reside apenas na edição de atos jurídicos. Muito pelo contrário: haverá também o *dever* de executar operações materiais, como, por exemplo, a obrigação da entidade ou órgão público (exemplo: um hospital público) de prestar o serviço público de saúde pública a quem assim solicitar. Tal dever jurídico nada mais é que uma situação jurídica passiva relativa a tal atribuição pública (a saúde).

A questão que pode ser colocada agora é a seguinte: a competência pública é uma "medida da capacidade da pessoa pública"?

A rigor, isso é correto. A capacidade da pessoa pública – que é a aptidão *genérica* para ser um centro de imputação jurídica – difere da competência pública pelo fato de essa última ser *mais específica*, por ser uma *parcela das situações ativas e passivas que formam a capacidade da pessoa pública*.

Porém, é preciso comentar que a expressão "competência pública" pode ser usada na teoria da organização estatal em *dois planos distintos*.

No primeiro plano, *do Estado Brasileiro enquanto pessoa jurídica de direito público externo* (ou seja, ente dotado de capacidade jurídica na ordem internacional), suas posições ativas e passivas são distribuídas – no âmbito interno e pela *Constituição* – entre as diferentes pessoas políticas. Diz-se, aqui, que há uma "repartição constitucional de competências públicas". Assim, a Constituição atribuiu à União, aos Estados, ao Distrito Federal e

24. Segundo ensina Hans Kelsen (*Teoria Geral do Direito e do Estado*, 3ª ed., 2ª tir., trad. de Luís Carlos Borges, São Paulo, Martins Fontes, 2000, p. 59), as normas possuem esferas espacial, temporal, material e pessoal. As normas vigoram num determinado espaço (Brasil, China, França etc.) e por certo tempo. São, respectivamente, as esferas espacial e temporal de validade das normas. Além disso, elas prescrevem quando e de que modo os homens devem se comportar, quais atos devem praticar ou se abster de praticar (esfera material). E, por fim, a conduta humana que forma o conteúdo das normas é praticada por indivíduos, sendo essa a esfera pessoal de validade da norma.

aos Municípios situações ativas e passivas em relação a matérias determinadas, tendo o constituinte se guiado pelo *princípio da predominância do interesse*.[25]

Logo, a União é competente, por exemplo, para "manter o serviço postal e o Correio Aéreo Nacional" (art. 21, X, da CF); os Estados são competentes para explorar (diretamente ou mediante concessão) os serviços locais de gás canalizado (art. 25, § 2º, da CF); os Municípios, para "organizar e prestar, diretamente ou sob regime de concessão ou permissão, os serviços públicos de interesse local" (art. 30, V, da CF). Há ainda competências comuns previstas no texto constitucional. Ademais, todos receberam competência legislativa para tratar dos assuntos de seu interesse, observadas, ainda, as normas de competência constitucional concorrente.

Em outro plano de análise, as pessoas políticas – justamente por serem *pessoas em sentido jurídico* – são *genericamente* capazes para serem titulares de situações ativas e passivas. E essas situações dizem respeito às atribuições que lhes foram conferidas pela Constituição, tal como destacado acima. No entanto, elas distribuem *internamente* suas situações jurídicas ativas e passivas entre seus diversos órgãos e conferem a titularidade e/ou o exercício a *outras pessoas*, sempre nos termos estabelecidos pela ordem jurídica.

Como se pode perceber, no primeiro plano (do Estado Federal) a expressão "competência pública" é usada para designar as situações jurídicas da União, dos Estados, do Distrito Federal e dos Municípios em relação às atividades da República Federativa do Brasil, e que a Constituição atribuiu àqueles entes políticos para exercê-las com autonomia política. No segundo plano, para fazer referência ao plexo de situações ativas e passivas a serem exercidas pelos órgãos das pessoas políticas e das pessoas a quem tais situações jurídicas foram transferidas por meio de um processo de descentralização. No primeiro caso a competência pública é *medida da capacidade jurídica da República Federativa do Brasil*; no segundo, da *capacidade jurídica de cada uma das entidades federativas*.

Em suma, ***competência pública*** – *medida da capacidade da pessoa de direito público – consiste no* ***conjunto de situações ativas e passivas*** *da pessoa ou órgão público relativamente a determinadas* ***atribuições públicas****, nos termos fixados pela* ***ordem jurídica****.*

2.3 Finalidade da categoria jurídica "competência pública"

Antes de definir a competência público-administrativa, mostra-se relevante tecer considerações sobre a finalidade da categoria jurídica "competência pública".

O instituto da competência pública foi elaborado pelos juristas para atender a uma razão específica: ao fixar competências aos entes e órgãos públicos, *o ordenamento jurídico delimita o espaço de atuação do Poder Público, obrigando-o a atingir fins públicos e, ao mesmo tempo, protegendo o campo de ação dos sujeitos privados*.

25. "O princípio geral que norteia a repartição de competência entre as entidades componentes do Estado Federal é o da *predominância do interesse*, segundo o qual à União caberão aquelas matérias e questões de *predominante interesse geral, nacional*, ao passo que aos Estados tocarão as matérias e assuntos de *predominante interesse regional*, e aos Municípios concernem os *assuntos de interesse local*, tendo a Constituição vigente desprezado o velho conceito do peculiar interesse local, que não lograra conceituação satisfatória em um século de vigência" (José Afonso da Silva, *Curso de Direito Constitucional Positivo*, 37ª ed., São Paulo, Malheiros Editores, 2014, p. 482).

Essa questão relaciona-se diretamente com a crítica feita por alguns juristas à distinção entre atividades públicas e privadas. Não é o caso, aqui, de aprofundar esse tema – o que foi feito em outra oportunidade.[26] Basta apenas salientar que é comum encontrar na doutrina a afirmação de que a distinção acima ("atividades públicas" e "atividades privadas") corresponde a uma rígida separação entre Estado e sociedade, típica do período liberal.[27] Essa separação entre esfera estatal e esfera privada não corresponderia, no contexto atual, à realidade. Haveria, agora, uma "arena pública".[28] Como consequência, a distinção entre atividades públicas e atividades privadas careceria de nitidez e, portanto, de utilidade.

Essa concepção, contudo, não é procedente sob o ponto de vista dogmático. Nesse sentido, importa trazer as lições de Pedro Gonçalves nessa matéria. Conforme esse jurista português, apesar de certa interpenetração entre Estado e sociedade, associada ao princípio democrático e às formas de participação dos sujeitos privados no Estado e na Administração Pública, "não há dúvidas de que os dois termos continuam a identificar esferas ou territórios qualitativamente diferentes e separados".[29]

Pedro Gonçalves destaca que a própria existência da Constituição é o melhor indício do que se afirma. Isso porque o catálogo dos direitos fundamentais consagrado pela Constituição delineia uma opção essencial pelo reconhecimento de um ***espaço de livre autorregulação*** *social e de* ***autonomia dos indivíduos*** *perante o Estado*.[30] E – vale acrescentar – nesse campo vige o *princípio da liberdade*: *os sujeitos privados poderão fazer tudo o que a ordem jurídica não lhes vedar*.

Em acréscimo à lição do autor, pode-se dizer que a Constituição de 1988 atribui a *titularidade* de determinadas tarefas ao Estado. Vige, aqui, um *princípio de competência*: *toda atividade pública deverá estar pautada numa previsão constitucional ou legal*.[31] Não se pode esquecer que, ao conferir ao Estado a titularidade de uma atividade, há um *efeito*

26. André Luiz Freire, *O Regime de Direito Público na Prestação de Serviços Públicos por Pessoas Privadas*, tese de Doutorado, São Paulo, PUC/SP, 2013, Capítulo I (disponível em *http://www.sapientia.pucsp.br*).

27. "O paradigma clássico da separação Estado/sociedade supunha o monopólio estadual do Poder Público e da Administração Pública e a exclusão das forças sociais e das tarefas administrativas. O Estado era o espaço da autoridade, da unidade, do império, do interesse geral; a sociedade era o espaço da liberdade, da diversidade, da luta pelos interesses particulares. Entre estes dois mundos não poderia haver mistura.

"Na representação liberal o Estado detinha o monopólio do público e a Administração Pública era a Administração Estadual. Estabelecer a fronteira entre o Estado e a sociedade era o mesmo que estabelecer a divisória entre a Administração Pública e os particulares. A Administração Pública relevava do Estado. Os particulares eram *administrados*, não podiam ser Administração nem compartilhar com dela. A relação entre as esferas do Estado e da sociedade, do público e do privado, da Administração e dos particulares, era claramente representada mediante uma 'metáfora espacial' [Birkinshaw, Harden & Lewis, 1990:281], representando duas áreas separadas por uma fronteira" (Vital Moreira, *Administração Autónoma e Associações Públicas*, Coimbra, Coimbra Editora, 2003, p. 24).

28. Sabino Cassese, *La Crisis del Estado*, trad. de Pascual Caiella e Juan González Moras, Buenos Aires, Abeledo-Perrot, 2003, pp. 158-160.

29. Pedro Gonçalves, *Entidades Privadas com Poderes Públicos: o Exercício de Poderes Públicos de Autoridade por Entidades Privadas com Funções Administrativas*, Coimbra, Livraria Almedina, 2005, p. 231.

30. Idem, pp. 231-232.

31. Idem, p. 233.

jurídico importante: com isso, surge seu ***dever jurídico de executá-la nos termos fixados pela ordem jurídica****, sob pena de responsabilidade, tanto do Estado como dos agentes que atuam em seu nome*. Afirmar a existência do princípio da competência em matéria de atividades estatais implica assumir a existência de um "efeito vinculativo" – para usar uma expressão de Hartmut Maurer.[32]

Ademais, como bem anota Pedro Gonçalves, a dicotomia *atividades públicas/atividades privadas* é importante, porque dela resulta uma "exigência da salvaguarda e do respeito de uma *esfera de privatividade* (dos direitos e das liberdades dos indivíduos)".[33] E essa exigência implica um *dever estatal de* ***intervenção legítima*** *no campo privado*, seja para transformar uma atividade privada em pública, seja para intervir na ordem econômica.[34] Ou seja: essa atuação no campo privado somente poderá ocorrer se compatível com os fins públicos, respeitados os princípios constitucionais – em especial o princípio da proporcionalidade.

Concorda-se com Pedro Gonçalves no sentido de que não existem "zonas mistas", "setores públicos não estatais". Há – isto, sim – *dois campos bem definidos pela ordem jurídica*: *o de titularidade pública e o de titularidade privada*. Ou seja: as atividades públicas (ou estatais) e as atividades privadas.

Enfim, a razão para afastar as críticas apresentadas ao fim da dicotomia entre tarefas públicas e privadas *reside na necessidade de se preservar um espaço privado, livre de interferências ilegítimas do Estado*. E, de outro lado, a fixação de um campo próprio de tarefas estatais *leva ao dever jurídico do Estado de buscar a sua realização*. E a relação conversa desse dever reside no direito dos indivíduos de exigir do Poder Público o seu cumprimento.

Note-se que, especificamente em relação às competências públicas, Juan Carlos Cassagne é claro nesse sentido. Segundo o autor argentino, o fundamento da competência é o de preservar e proteger – de uma maneira objetiva e, por vezes, genérica – o cumprimento das finalidades públicas, ou o bem comum a que a Administração persegue. Por isso, a competência é um princípio jurídico fundamental de toda organização do Estado.[35]

32. No item denominado "O efeito vinculativo da competência" o autor alemão escreve que "a autoridade está obrigada juridicamente a cumprir as tarefas que lhe são destinadas, mas também, simultaneamente, a observar os limites de seu âmbito de competência. A competência forma, portanto, fundamento e limite de sua atuação" (Hartmut Maurer, *Direito Administrativo Geral*, trad. de Luís Afonso Heck, Barueri/SP, Manole, 2006, p. 602).

De acordo com os ensinamentos de Ernst Forthoff (*Tratado de Derecho Administrativo*, trad. de Luis Legaz y Lacambra, Fernando Garrido Falla e Gómez de Ortega y Junge, Madri, Instituto de Estudios Jurídicos, 1958, p. 573), toda atribuição de competência representa, ao mesmo tempo, uma autorização e uma limitação: "La autorización para el cumplimiento de la función asignada; y la limitación, precisamente a esta función".

33. Pedro Gonçalves, *Entidades Privadas com Poderes Públicos: o Exercício de Poderes Públicos de Autoridade por Entidades Privadas com Funções Administrativas*, cit., p. 238. Ao tratar das características das competências administrativas, Francis-Paul Bénoît (*Le Droit Administratif Français*, cit., p. 471) escreve que estas devem ter sempre uma base constitucional, sendo esse princípio uma garantia essencial às liberdades públicas.

34. Pedro Gonçalves, *Entidades Privadas com Poderes Públicos: o Exercício de Poderes Públicos de Autoridade por Entidades Privadas com Funções Administrativas*, cit., p. 240.

35. Juan Carlos Cassagne, *Derecho Administrativo*, cit., 9ª ed., t. I, p. 250. De igual modo,

Como consequência, *a **primeira e principal finalidade** das competências públicas reside na **necessidade de preservar esse espaço privado contra interferências estatais ilegítimas** e de **obrigar o Estado a realizar as tarefas** que a **ordem jurídica** lhe conferiu.*

Porém, além dessa finalidade principal, o instituto da competência pública também se destina – conforme observa José dos Santos Carvalho Filho – a promover uma *divisão do trabalho*, isto é, a repartir a vasta gama de tarefas de cada uma das funções básicas (legislativa, administrativa ou jurisdicional) entre os vários "agentes do Estado".[36] Sem dúvida, essa finalidade tem como matriz o princípio da eficiência.

Portanto, *o instituto da competência pública tem como **finalidades**: (a) **delimitar o campo de atuação do Estado**, deixando **as demais atividades livres aos sujeitos privados**; e (b) servir como um **processo técnico de promoção da eficiência**, ao dividir as múltiplas tarefas estatais entre os diversos entes e órgãos públicos.*

2.4 Definição de "competência administrativa"

Uma vez definida a competência pública e indicadas as suas finalidades, convém, agora, conceituar a competência público-*administrativa.*

Uma maneira simples de chegar a esse conceito reside em definir a competência administrativa tomando como base as *atribuições administrativas*, isto é, as *atividades administrativas*. Nesse sentido, a competência administrativa *consiste no **conjunto de situações ativas** e **passivas** da pessoa ou órgão público (ainda que exercida por pessoas de direito privado) relativamente a determinadas atribuições **administrativas**, nos termos fixados pela **ordem jurídica**.*

A diferença, aqui, consiste no destaque dado à expressão "ainda que exercida por pessoas de direito privado", a fim de fazer referência às pessoas privadas (naturais ou jurídicas) que exercem, por um processo de descentralização, competências administrativas.

Porém, também se pode partir de outra perspectiva. Quando se fala em competência "administrativa" se pretende separá-la da competência legislativa, da competência jurisdicional e – para quem defende a existência de uma quarta função – da competência política (ou governamental). Como se pode perceber, o critério de classificação é claro: a *espécie de função estatal* exercida.

Assim, *para saber quando se está diante de uma competência legislativa, jurisdicional, administrativa e de governo basta saber a qual função estatal tal competência se refere*. Por exemplo: tratando-se de competência voltada para a edição de atos jurídicos (os atos legislativos) editados apenas pelo Estado (isto é, pelas pessoas políticas), diretamente fundados na Constituição, aptos a inovar em caráter originário a ordem jurídica e sujeitos a controle de constitucionalidade pelo Poder Judiciário, estar-se-á diante da uma *competência público-**legislativa***.[37] A

Bénoît (*Le Droit Administratif Français*, cit., p. 470) assevera que a outorga de competências aos agentes públicos tem relação direta com os interesses e liberdades dos particulares. É justamente por isso que uma das principais lições do direito administrativo consiste no princípio segundo o qual uma competência não pode ser conferida a um agente a não ser por um texto estabelecido conforme a Constituição.

36. José dos Santos Carvalho Filho, *Manual de Direito Administrativo*, 25ª ed., São Paulo, Atlas, 2012, pp. 104-105.

37. Em outro trabalho (André Luiz Freire, "Apontamentos sobre as funções estatais no

maior expressão da competência legislativa reside na edição de leis veiculadoras de normas gerais e abstratas, mas não se restringe a ela. Vale destacar que essa competência é atribuída *apenas às pessoas políticas*, que não poderão descentralizá-la, nem mesmo a uma pessoa jurídica de direito público. O Poder Legislativo de cada ente federativo é o órgão que possui a competência legislativa, embora determinados procedimentos legislativos exijam a participação de outros órgãos (o melhor exemplo é a sanção e o veto do chefe do Poder Executivo em relação às leis ordinárias e complementares). O mesmo raciocínio vale para a competência jurisdicional e de governo (ou política).[38]

De igual modo, para se identificar a competência administrativa é preciso saber se se está diante da ***função administrativa***. *Isto é: quando o conjunto de situações jurídicas for manejado pelo Estado (ou por quem lhe faça as vezes), no seio de uma estrutura e regime hierárquicos, com base em atos legislativos (e, excepcionalmente e em caráter vinculado, com fundamento direto na Constituição) e com submissão ao controle de juridicidade pelo Poder Judiciário, então, tal conjunto de situações jurídicas será uma* ***competência administrativa***.

Há um aspecto das competências administrativas que merece ser destacado. A fonte para o exercício das situações ativas e passivas em relação a uma atividade administrativa é, como regra, o *ato legislativo*, é a *lei*. Contudo, o ato legislativo deverá estar pautado, sob os aspectos formal e material, na Constituição.

A Lei Maior disciplina a competência administrativa de dois modos. Em primeiro lugar, *ela prevê as atividades*

Direito Brasileiro", *RDA* 248/36, São Paulo, Atlas/FGV, maio-agosto/2008) definimos a função legislativa como sendo a atividade por meio da qual o Estado (e somente ele) edita atos jurídicos, diretamente fundados na Constituição, aptos a inovar originariamente a ordem jurídica e sujeitos a controle de constitucionalidade pelo Poder Judiciário.

Nesse sentido, podem inovar na ordem jurídica em caráter originário todas as espécies normativas previstas no art. 59 do texto constitucional. Ressalvada a emenda constitucional (que, uma vez promulgada, passa a integrar a própria Constituição), todas serão consideradas como "leis", ou, melhor, como *atos jurídico-legislativos*, como produto do exercício da função legislativa. Seguimos, nesse ponto, as lições de Clèmerson Merlin Clève (*Atividade Legislativa do Poder Executivo*, 2ª ed., São Paulo, Ed. RT, 2000, p. 68), para quem, "no campo do Direito interno, excetuados o Direito Internacional incorporado e os atos normativos anteriores recepcionados pela nova ordem constitucional (decreto-lei não revogado, por exemplo), apenas as emanações normativas em *forma* de lei complementar, lei ordinária, lei delegada, medida provisória, decreto legislativo e resolução (de uma das Casas ou do próprio Congresso) podem, originariamente, inovar a ordem jurídica". Conforme o autor, todas possuem força de lei.

De igual modo, Marçal Justen Filho (*Curso de Direito Administrativo*, cit., 8ª ed., p. 189) confere à expressão "lei" o sentido acima mencionado. Entretanto, ao contrário de Clève, o autor inclui também a Constituição e as emendas constitucionais em tal categoria. Já, Maurício Zockun (*Responsabilidade Patrimonial do Estado: Matriz Constitucional, a Responsabilidade por Atos Legislativos, a Obrigatoriedade da Prévia Indenização e a Responsabilidade Pessoal do Parlamentar*, São Paulo, Malheiros Editores, 2010, pp. 67-74) reputa que os atos legislativos são aqueles decorrentes do processo legislativo, tal como previsto no art. 59 da CF. No entanto, o jurista paulista entende que as medidas provisórias são frutos de atividade política, não sendo, pois, atos legislativos (isto é, derivados do processo legislativo).

38. Sobre a definição dessas funções, v. André Luiz Freire, "Apontamentos sobre as funções estatais no Direito Brasileiro", cit., *RDA* 248/40-50.

administrativas. E em segundo lugar ela estabelece principalmente os *deveres da Administração* concernentes às atribuições administrativas. Trata-se da estipulação do regime jurídico de direito administrativo, *não cabendo ao legislador reduzir esse grupo de deveres públicos ou afastá-los, pois não possui sobre eles qualquer disponibilidade*. Admitir essa discricionariedade legislativa representaria reconhecer a possibilidade de um ato de hierarquia inferior poder excluir competências públicas.

Dessa forma, caberá ao Poder Legislativo – no exercício de sua competência legislativa – prever as situações jurídicas ativas da Administração (principalmente os poderes unilaterais) e disciplinar aquelas já estabelecidas no texto constitucional. Ademais, a lei também deverá especificar as situações passivas contidas na Constituição e criar outras obrigações que se mostrem adequadas.

Ainda, vale destacar que atos administrativos normativos – isto é, aqueles que introduzem normas administrativas gerais e abstratas – também podem prever competências públicas. Ressalte-se, todavia, que isso ocorrerá de modo subordinado à lei. Esta irá prever o campo de atuação do ente ou órgão público, e o regulamento poderá *especificar* essas competências (já existentes na lei), atribuindo-as a outros órgãos (já admitidos em abstrato pela lei) integrantes da pessoa ou do órgão superior.[39]

Em suma: a competência administrativa *consiste no* ***conjunto de situações ativas*** *e* ***passivas*** *da pessoa ou órgão público (ainda que exercida por pessoas de direito privado) relativamente a determinadas atribuições* ***administrativas****, nos termos fixados pela* ***ordem jurídica***. De igual modo, é possível definir a competência administrativa como sendo o *conjunto de situações jurídicas manejadas no exercício de* ***função administrativa****, ou seja, o conjunto de situações jurídicas exercidas pelo Estado (ou por quem lhe faça as vezes), no seio de uma estrutura e regime hierárquicos, com base em atos legislativos (e, excepcionalmente e em caráter vinculado, com fundamento direto na Constituição) e com submissão ao controle de juridicidade pelo Poder Judiciário; então, tal conjunto de situações jurídicas será uma* ***competência administrativa***.

3. Conteúdo das competências público-administrativas: as situações jurídicas

3.1 A complexidade do tema

No item 2.4, *supra*, a competência administrativa foi definida como um conjunto de situações ativas e passivas concernentes a determinadas atribuições administrativas, nos termos estabelecidos pela ordem jurídica.

A questão que se coloca agora é a seguinte: *quais são as modalidades de situações jurídicas* ***ativas*** *e* ***passivas*** *que*

39. Convém exemplificar. A Lei 10.683/2003 dispõe sobre a organização do Poder Executivo Federal (Presidência e Ministérios). Em relação ao Ministério dos Transportes, o art. 27, XXII e § 8º, arrolou suas atribuições. Além disso, o art. 29, XXII, estabeleceu que poderiam ser formadas até três Secretarias. As competências do Ministério dos Transportes fixadas pela Lei 10.683/2003 foram *especificadas* pelo Decreto federal 7.717/2012, o qual denominou as três Secretarias (Secretaria de Política Nacional de Transportes, Secretaria de Gestão dos Programas de Transportes e Secretaria de Fomento para Ações de Transportes) e distribuiu a elas as competências criadas pela Lei 10.683/2003. Ademais, o decreto citado dividiu cada Secretaria em Departamentos.

compõem as competências administrativas?

O tema está longe de ser simples. Sua dificuldade inicia na própria definição de *situação jurídica*, expressão que é usada pela doutrina ora de forma ampla, ora de forma restrita.[40]

Para os fins deste estudo, ***situação jurídica*** *é o conjunto das* ***posições ativas e passivas*** *de um* ***sujeito*** *no âmbito de uma* ***relação jurídica*** *(em sentido amplo).*[41]

O conceito acima traz duas complexidades.

A *primeira* reside na utilização do conceito de *relação jurídica* como um dos elementos caracterizadores da situação jurídica. Ressalte-se que se referiu à relação jurídica em seu *sentido amplo*. Assim, não apenas as relações jurídicas individualizadas, em que há direitos e obrigações recíprocas (relação jurídica em sentido estrito),[42] mas ***qualquer estrutura relacio-***

40. Sobre o tema, cf.: Roger Bonnard, *Précis* Élémentaire *de Droit Administratif*, Paris, Sirey, 1926, p. 36; António Menezes Cordeiro, *Tratado de Direito Civil Português*, 2ª ed., vol. I, t. I, Coimbra, Livraria Almedina, 2000, pp. 139 e ss.; Luis Legaz y Lacambra, *Introducción a la Ciencia del Derecho*, Barcelona, Bosch, 1943, pp. 541-545; Giuseppe Lumia, *Elementos de Teoria e Ideologia do Direito*, trad. de Denise Agostinetti, São Paulo, Martins Fontes, 2003, pp. 104-105; Marcos Bernardes de Mello, *Teoria do Fato Jurídico: Plano da Eficácia (1ª Parte)*, 2ª ed., São Paulo, Saraiva, 2004, pp. 78-82; Andrea Torrente e Piero Schlesinger, *Manuale di Diritto Privato*, 15ª ed., Milão, Giuffrè, 1997, pp. 62 e ss.

41. Riccardo Guastini tem razão ao asseverar que a situação jurídica nada mais é que a dimensão subjetiva de uma norma. Quando uma norma prescreve que é obrigatório o comportamento de um sujeito, a este é imposto um dever. A dimensão objetiva da norma tem como foco o *comportamento obrigatório* do sujeito; já, na dimensão subjetiva o *sujeito* que possui o *dever* de adotar a conduta. "Ebbene, si dice 'situazione giuridica soggettiva' la dimensione soggettiva di una norma, cioè l'attributo ascritto da una norma ad un soggetto. I termini (innumerevoli) che denotano situazioni giuridiche soggettive – autorità, capacità, competenza, diritto (soggettivo), divieto, dovere, facoltà, immunità, incapacità, interesse legittimo, libertà, obbligazione, obbligo, onere, permesso, potere, potestà, prelazione, pretesa, privilegio, e così via enumerando – sono strumenti atti sia a formulare, sia a rappresentare il contenuto di norme giuridiche, riguardate appunto nella loro dimensione soggetiva" (Riccardo Guastini, *La Sintassi del Diritto*, cit., p. 83).

42. Neste trabalho, quando se faz menção a "relação jurídica em sentido estrito" se pretende, com isso, fazer menção à teoria de Santi Romano. Essa estipulação do conceito é necessária, já que há doutrina abalizada em que a noção estrita de relação jurídica engloba posições absolutas, razão pela qual não se consegue saber ao certo o que seria o "sentido amplo" de relação jurídica (cf., por todos, Manuel Domingues de Andrade, *Teoria Geral da Relação Jurídica*, vol. I, Coimbra, Livraria Almedina, 1997, p. 2).

Convém apresentar, de forma sumária, a posição de Santi Romano. Ao tratar do conceito de "poder", Santi Romano defende que essa expressão, em sentido amplo, engloba tanto os poderes (em sentido estrito) como os direitos subjetivos. Em sentido estrito os poderes *são manifestações da capacidade que se voltam para uma direção genérica*, não se destinando a objetos singulares, determinados, *não sendo correlativos a obrigações*. O autor, aliás, critica duramente a teoria dos direitos potestativos, ao afirmar que estes não são direitos, mas, sim, poderes. Por sua vez, o direito subjetivo se desenvolveria sempre numa concreta e particular relação jurídica, havendo sempre uma obrigação correlata. Como se pode perceber, Santi Romano entende que a relação jurídica será sempre concreta e individual, havendo sempre a correlação entre direitos subjetivos e obrigações (cf. Santi Romano, *Fragmentos de um Diccionario Jurídico*, trad. de Santiago Sentís Melendo e Marino Ayerra Redín, Granada, Comares, 2002, pp. 222 e ss.).

Essa concepção de Santi Romano tem bastante prestígio na Itália, havendo diversos autores que a acompanham, ainda que com algumas variações (cf.: Guido Landi, Giuseppe Potenza e

nal[43] *no Direito, em que seus termos são* ***sujeitos de direito****, será aqui considerada* *como* ***relação jurídica***. Esse é o sentido amplo de *relação jurídica* utilizado por Lourival Vilanova e aqui adotado.[44]

Vittorio Italia, *Manuale di Diritto Amministrativo*, 11ª ed., Milão, Giuffrè, 1999, pp. 149-150; Giovanni Miele, *Principi di Diritto Amministrativo*, t. I, Pádua, CEDAM, 1960, pp. 45-50). Mas, além da Itália, o modelo de Santi Romano também influenciou autores de outros Países. Na Espanha, v.: Eduardo García de Enterría e Tomás-Ramón Fernández, *Curso de Derecho Administrativo*, t. I, Buenos Aires, La Ley, 2006, pp. 449 e ss.

No Brasil, Celso Antônio Bandeira de Mello (*Eficácia das Normas Constitucionais e Direitos Sociais*, 1ª ed., 3ª tir., São Paulo, Malheiros Editores, 2011, pp. 22-23) adota tal concepção – o que fica claro quando ele classifica as normas constitucionais a partir da geração de posições ativas para os administrados. Dentre as espécies de normas constitucionais, faz referência àquelas que outorgam às pessoas um *poder jurídico* (no sentido estrito de Santi Romano), tais como o "direito de ir e vir", o "direito de inviolabilidade do domicílio" e o "direito à vida". Nesses casos, afirma Bandeira de Mello que não é estabelecida uma relação jurídica, porque se usufrui desses "direitos" independentemente de qualquer contrapartida. No Direito Brasileiro, dentre os que seguem a teoria de Santi Romano, pode-se fazer menção a Maurício Zockun (*Regime Jurídico da Obrigação Tributária Acessória*, São Paulo, Malheiros Editores, 2005, pp. 73-75).

Vale destacar que Santi Romano, dentro da sua teoria dos poderes e direitos, utiliza os conceitos de forma consistente. Assim, quando discorre sobre o "direito absoluto" (tal como o direito de propriedade) ele deixa claro que este não é um verdadeiro direito subjetivo, mas, sim, um poder, não havendo, pois, uma relação jurídica (*Fragmentos de un Diccionario Jurídico*, cit., p. 95).

Neste trabalho o não acolhimento da teoria de Santi Romano deriva de uma concepção diversa de relação jurídica, como se pode verificar no texto e nas notas de rodapé seguintes.

43. Num nível abstrato (formal, lógico), "relação" consiste no modo de ser ou se comportar dos objetos entre si (Nicola Abbagnano, *Dicionário de Filosofia*, 4ª ed., São Paulo, Martins Fontes, 2000, p. 841). Susan Stebbing (*Introducción Moderna a la* Lógica, trad. de Robert S. Hartman e José Luis González, Cidade do México, UNAM, 1965, p. 197) escreve que "relação" consiste numa característica que pertence a *A* considerada com referência a algum objeto *B*. Para a autora, embora este enunciado não possa ser considerado como uma definição de "relação" (pois a frase "considerada com referência a" repete o conceito de relação), ele é útil para mostrar que *A* não pode ter relação a não ser que haja algum outro objeto. Na lição de Lourival Vilanova (*Causalidade e Relação no Direito*, 4ª ed., São Paulo, Ed. RT, 2000, p. 117), enquanto *estrutura formal*, uma relação – seja ela sociológica, biológica, jurídica ou qualquer outra – possui sempre um *termo antecedente (referente)*, um *termo consequente (relato)* e um *operador relacionante*. Em linguagem simbólica: *xRy*.

44. As normas jurídicas visam a disciplinar as condutas intersubjetivas. E essa disciplina ocorre em tríplice modalidade: obrigando, proibindo ou permitindo. Como anota Lourival Vilanova (*Causalidade e Relação no Direito*, cit., 4ª ed., pp. 114-116), ao incidirem sobre os suportes fáticos, as normas jurídicas estabelecem relações normativas entre os portadores da conduta (os sujeitos de direito). As condutas vedadas, exigidas ou permitidas são, portanto, *estruturas relacionais*. Isso significa que as normas jurídicas, ao incidirem sobre os fatos condicionantes das condutas, estabelecem um sistema de relações entre essas condutas. Essas relações, justamente por serem criadas, modificadas ou extintas pelo sistema de normas, são relações jurídicas.

A concepção acima é *ampla*: *relação jurídica é, portanto, toda estrutura relacional entre os sujeitos de direito que seja criada, modificada ou extinta pela ordem jurídica*. Assim, mesmo as situações jurídicas absolutas, como a "qualificação de pessoas", por exemplo, indicam a posição desses sujeitos em relações jurídicas. O nascimento de um indivíduo com vida é o suporte fático que corresponde à hipótese contida na norma veiculada pelo art. 2º do CC, cujo efeito é a atribuição de personalidade jurídica. Nessa hipótese, já surge para esse indivíduo o direito de personalidade, havendo o dever geral das demais pessoas de respeitar esse direito. Na situação jurídica de proprietário, este se encontra em relação com as

Ademais, seguindo a linha desse autor, toda relação jurídica será sempre *concreta*. Para Vilanova não existem relações e situações jurídicas abstratas. Sem a interposição de um fato natural ou de conduta, a norma geral ou individual permanece em seu *status* proposicional, lógico, sintático, sem seus correspondentes semânticos ou fáticos: "O Direito-norma não se realiza, não é *realidade sociocultural*".[45] Por isso, relações abstratas não são ainda relações jurídicas, mas meros modelos de relações.

A *segunda* complexidade do conceito de situação jurídica diz respeito à expressão "posições ativas e passivas". Usa-se "posição" para indicar o *termo* da relação jurídica *simples* (v. item 3.3, *infra*), seja esse termo *referente* (ou antecedente) ou *relato* (ou consequente). E, quando se faz referência a "posição *ativa* e *passiva*", remete-se ao complicado tema dos direitos subjetivos e poderes (posições ativas), de um lado, e dos deveres e sujeições (posições passivas), de outro. Há diversos modelos teóricos e – na precisa observação de Santi Romano – há uma "Torre de Babel" no que tange às divergências terminológicas.[46]

Robert Alexy – ao tratar dos direitos fundamentais como direitos subjetivos – tem razão quando assevera ser *mais importante conhecer a* ***estrutura*** *das diferentes posições jurídicas* do que discutir sobre a terminologia. A diversidade daquilo que é designado como "direito subjetivo" dá ensejo à suposição de que as posições apresentadas pela doutrina sobre esse conceito "poderiam ser mais complexas do que as respectivas classificações, diferenciações e definições permitem reconhecer; isso poderia explicar as dificuldades que o conceito de direito subjetivo sempre suscitou e ainda suscita para sua análise".[47]

Diante disso, mostra-se útil expor, ainda que de forma bastante sumária, o modelo teórico proposto por Alexy sobre os direitos subjetivos. Isso auxiliará na indicação do conteúdo das competências administrativas.

3.2 A concepção dogmático-analítica de Robert Alexy sobre os direitos subjetivos: direitos a algo, liberdades jurídicas e competências

Robert Alexy apresenta uma concepção *dogmático-analítica* dos direitos subjetivos. Nesse modelo, *direitos subjetivos são relações e posições jurídicas*, não se confundindo com os *enunciados sobre as razões* para os direitos subjetivos, tampouco com a sua *exigibilidade jurídica*.[48]

demais pessoas, as quais têm o dever geral de não violar essa situação.

45. Lourival Vilanova, *Causalidade e Relação no Direito*, cit., 4ª ed., p. 139.

46. Santi Romano, *Fragmentos de un Diccionario Jurídico*, cit., p. 225.

47. Robert Alexy (*Teoria dos Direitos Fundamentais*, 2ª ed., 3ª tir., trad. de Virgílio Afonso da Silva, São Paulo, Malheiros Editores, 2014, pp. 190-191) faz essa afirmação após ter feito menção a uma série de posições doutrinárias sobre as classificações dos direitos subjetivos, como, por exemplo, as seguintes: "direitos patrimoniais absolutos e relativos, de um lado, e direitos formativos, de outro"; a proposta de Jellinek, que diferencia os "direitos de *status* negativo, positivo e ativo"; a distinção de Kelsen entre "direitos reflexos, direitos subjetivos em sentido técnico, permissões administrativas positivas, direitos políticos e direitos fundamentais e de liberdade".

48. Robert Alexy escreve que há três tipos de questões que podem ser feitas em relação aos direitos subjetivos: normativas, empíricas e analíticas.

As *questões normativas* podem ser de natureza ético-filosófica e *jurídico-dogmática*. No

Dessa forma, o jurista propõe, como ele mesmo afirma, um modelo simples, no qual utiliza a expressão "direito subjetivo" como um supraconceito, sendo suas espécies os *direitos a algo*, as *liberdades* e as *competências*.[49]

O *direito a algo* consiste numa *relação triádica* que possui a seguinte formulação geral: "*a* tem, em face de *b*, um direito a *G*". O primeiro elemento é o *portador* do direito (seu titular), o segundo é o *destinatário* do direito e o terceiro é o *objeto* do direito. O objeto consiste sempre num *comportamento do destinatário*, podendo ser uma *conduta negativa* (uma abstenção) ou uma *conduta ativa* (um fazer). Se o objeto não fosse uma conduta do destinatário, não haveria sentido em incluir o destinatário na relação.[50]

A *liberdade jurídica* (que também pode ser chamada de "direito de liberdade"), por sua vez, pode ser enunciada do seguinte modo: "*a* está livre de proibições jurídicas para executar ou não a ação *h*". Ou, então: "é juridicamente permitido que *a* execute a ação, ou é juridicamente permitido que *a* deixe de executar a ação". O autor classifica a liberdade em *não protegida* e *protegida*.

A *liberdade não protegida* é totalmente reduzível a uma permissão de realizar a ação e a sua omissão. Trata-se de uma *faculdade*, cuja negação é a *não liberdade*. A liberdade não protegida pode ser *absoluta* ou *relativa*. O sujeito *a* pode estar livre para realizar ou não a conduta *h* em face de um sujeito determinado (exemplo: o Estado), ou no termo passivo da relação podem figurar *todas as demais pessoas*, sendo, pois, uma liberdade absoluta.[51] Vale destacar que as liberdades não protegidas são asseguradas de dois modos: por *normas permissivas expressas* ou por *ausência de vedações* ou *obrigações à conduta facultada*.[52]

A liberdade não protegida não inclui, por si só, uma proteção por meio de normas e direitos garantidores da liberdade. Na lição de Alexy, quando há essa proteção (seja pela presença de um

primeiro caso questiona-se, independentemente da validade de um ordenamento jurídico-positivo, a razão pela qual os indivíduos têm direitos, e quais são esses direitos. Já, as questões jurídico-dogmáticas se referem àquilo que é válido no sistema jurídico-positivo; isto é, em vista de dado ordenamento jurídico, indaga-se quais são os direitos que os sujeitos possuem.

Na *dimensão empírica* há questões sobre o surgimento dos direitos subjetivos, sobre a história do seu conceito e sobre sua função social. Essa dimensão é importante para a teoria dos direitos subjetivos, em especial, para subsidiar argumentos históricos e teleológicos.

Por fim, na *dimensão analítica* busca-se avaliar a *estrutura dos direitos subjetivos*. Nessa linha, é preciso diferenciar: (a) as razões para os direitos subjetivos; (b) os direitos subjetivos como posições e relações jurídicas ("*a* tem, em face do Estado, o direito de expressar livremente sua opinião"); e (c) a exigibilidade jurídica dos direitos subjetivos (exemplo: "*a* pode alegar a violação de seu direito a *G* por meio de uma demanda judicial"). Enunciados sobre as finalidades de direitos (tal como os enunciados sobre as finalidades de normas em geral) são enunciados sobre razões para direitos ou normas. Esses enunciados não se confundem com os enunciados sobre a proteção dos direitos, sobre sua exigibilidade jurídica. Isso porque esses últimos nada mais expressam do que outra posição ativa: a de exigir judicialmente a satisfação de um direito. Para ampliar, cf. Robert Alexy, *Teoria dos Direitos Fundamentais*, cit., 2ª ed., 3ª tir., pp. 180-190. Na mesma linha: Martin Borowski, *La Estructura de los Derechos Fundamentales*, Bogotá, Universidad Externado de Colombia, 2003, p. 46).

49. Robert Alexy, *Teoria dos Direitos Fundamentais*, cit., 2ª ed., 3ª tir., pp. 190-191.

50. Idem, pp. 193-194.

51. Idem, p. 228.

52. Idem, p. 230.

feixe de direitos a algo, seja por normas objetivas), está-se diante de uma *liberdade protegida*. Aliás, segundo o jurista, toda liberdade fundamental existe ao menos em relação ao Estado, a qual é protegida por um direito a que este não embarace o titular da liberdade em fazer aquilo para o qual é constitucionalmente livre (direito ao não embaraço de ações). Note-se que o autor insere esse direito ao não embaraço de ações na categoria do direito a algo (direito a condutas negativas). Além disso, há ainda a *competência* para questionar judicialmente a violação à liberdade. Assim, uma liberdade fundamental pode ser qualificada como protegida, pois une uma liberdade jurídica a um direito a algo (o direito a uma abstenção do Estado) e a uma competência (poder).[53]

A terceira e última espécie de direito subjetivo é a *competência*, a qual existe tanto no direito privado como no direito público. É o que ocorre na celebração de um contrato ou de um casamento, bem como na edição de uma lei ou de um ato administrativo. Em tais casos ocorre a alteração de uma situação jurídica, a qual pode ser descrita de duas formas: "(...). Ela pode ser descrita como a criação de *normas* individuais ou gerais, as quais sem essa ação não seriam válidas; mas ela pode ser também descrita como alteração das *posições* jurídicas dos sujeitos de direito submetidos à norma".[54]

O autor faz algumas distinções importantes para apreender o sentido da competência. Em primeiro lugar, Alexy anota que o conceito de *competência* não pode ser assimilado ao de *permissão*. É certo que toda competência é uma ação permitida. Porém, existem diversas ações permitidas pela ordem jurídica que não consistem em competência. A rigor, a questão é saber se a ação permitida implica a alteração, ou não, de uma situação jurídica. Se sim, trata-se de uma competência. Do contrário, será outra categoria subjetiva.

Segundo o autor, esse critério da alteração da situação jurídica – se é útil para diferenciar a competência de outras ações permitidas – não possibilita diferenciar a *capacidade fática* e a *competência*. Se *a* causa um dano a *b*, a posição de ambos é modificada, pois o primeiro estará obrigado a indenizar o segundo, e *b* terá um direito em face de *a*. Neste caso está em pauta a alteração de uma posição jurídica, mas não o exercício de uma competência. Qual seria, então, a distinção entre *competência* e *capacidade fática*?

Neste ponto, Alexy traz um elemento fundamental à caracterização da competência: esta representa sempre uma *ação institucional*, ou seja, uma ação que não pode ser realizada apenas em função de capacidades naturais; é necessário que existam normas que sejam constitutivas dessa ação.[55] Conforme o autor, quem interpreta a conduta de duas pessoas como a celebração de um contrato ou o comportamento de um grupo de pessoas como um ato legislativo pressupõe normas jurídicas que tornam essas ações naturais ou sociais como *atos jurídicos*. Essas normas são denominadas *normas de competência*. "(...). As *normas de competência* criam a possibilidade de atos jurídicos e, por meio deles, a capacidade de alterar posições jurídicas. As *normas de conduta* não criam alternativas de ação que, sem essas normas, seriam impossíveis; elas

53. Idem, p. 234.

54. Idem, p. 236.

55. Sobre a caracterização de fatos institucionais, v. Riccardo Guastini, *La Sintassi del Diritto*, cit., pp. 36-37.

apenas qualificam ações, ao estabelecer obrigações, direitos a algo e liberdades."[56]

Portanto, uma competência – no sentido proposto por Alexy – consiste na possibilidade de alterar situações jurídicas. Trata-se da posição jurídica criada por uma norma de competência.[57]

3.3 Comentários ao modelo de Robert Alexy sobre os direitos subjetivos

A contribuição de Alexy para o tema dos direitos subjetivos é bastante importante, pois ilumina diversos aspectos sobre tal teoria que são nebulosos em outros autores, os quais acabam confundindo questões que se encontram em níveis distintos (isto é, nas dimensões empírica e normativa, e não na analítica).

Convém apenas fazer alguns comentários, a fim de *estipular os conceitos*[58] das espécies de situações ativas a serem adotadas *neste estudo*.

O primeiro comentário é de ordem geral, ou, melhor, diz respeito ao próprio conceito de direito subjetivo de Alexy. Para o autor, direitos subjetivos são *relações e posições jurídicas*. Aqui, é preciso destacar que, certamente, o autor não está fazendo referência à chamada *relação jurídica* ***complexa***, mas, sim, à *relação jurídica* ***simples***.

A relação jurídica *simples* (ou una, ou singular) é aquela na qual se colocam em destaque apenas um direito subjetivo (em sentido amplo) atribuído a uma pessoa e o correspondente dever ou sujeição do sujeito passivo. Por outro lado, relações jurídicas complexas são aquelas em se verifica uma série de direitos subjetivos (direitos a algo, poderes/direitos potestativos, liberdades), deveres e sujeições, isto é, uma série de relações jurídicas singulares "conexionadas ou unificadas por um qualquer aspecto, *v.g.*, o promanarem do mesmo facto jurídico ou o visarem o mesmo escopo".[59]

Karl Larenz afirma que a maioria das relações jurídicas não está formada por apenas um vínculo entre direito subjetivo e dever; em realidade, a relação jurídica consiste num complexo de vínculos coordenados entre si. Elas representam um todo, uma "estrutura", cujos elementos "son derechos subjetivos, facultades, deberes y vinculaciones de diversas clases".[60]

De fato, quando é estabelecida uma relação jurídica entre dois sujeitos, o

56. Robert Alexy, *Teoria dos Direitos Fundamentais*, cit., 2ª ed., 3ª tir., p. 240.

57. Idem, pp. 235-244.

58. Numa concepção convencionalista da língua (aqui adotada), não existem definições reais, que expressem a "essência" do objeto definido. Qualquer definição é, sempre, *convencional*; decorre do arbítrio do ser humano. Tratando-se de definições (convencionais) estipulativas, elas serão úteis ou inúteis, conforme seja a finalidade de quem define. Por tudo isso, o cientista possui uma liberdade de estipulação. É preciso apenas que se deixe bem claro em que sentido se está usando certa palavra. Sobre o tema, cf.: Tércio Sampaio Ferraz Jr., *Introdução ao Estudo do Direito: Técnica, Decisão, Dominação*, pp. 34-39; Ricardo A. Guibourg, Alejandro M. Ghigliani e Ricardo V. Guarinoni, *Introducción al Conocimiento Científico*, cit., 3ª ed., 4ª reimpr., pp. 34-35; Agustín Gordillo, *Tratado de Derecho Administrativo*, cit., 7ª ed., t. I, p. I-16.

59. Carlos Alberto da Mota Pinto, *Teoria Geral do Direito Civil*, 3ª ed., Coimbra, Coimbra Editora, 1999, p. 178. Em igual sentido: Manuel A. Domingues de Andrade, *Teoria Geral da Relação Jurídica*, cit., vol. I, p. 4.

60. Karl Larenz, *Derecho Civil: Parte General*, trad. de Miguel Izquierdo e Macías-Picavea, Madri, Editorial Revista de Derecho Privado, 1978, pp. 252-253.

ordinário é entre eles haver uma série de posições ativas e passivas. Se a Administração celebra um contrato administrativo de concessão de serviço público com um sujeito privado, tal ato jurídico é a fonte de uma relação jurídica complexa entre os dois sujeitos. O concessionário terá uma série de direitos subjetivos (em sentido amplo) decorrentes da Constituição, das leis e do próprio contrato: direito à não transfiguração do objeto contratado, direito à intangibilidade da equação econômico-financeiro, direito a que a Administração realize as prestações que lhe cabem contratualmente (*v.g.*, desapropriar uma área para a construção da obra instrumental à prestação do serviço) – dentre outros. A relação conversa[61] desses direitos é formada por deveres e sujeições da Administração, a depender da modalidade de situação jurídica ativa. Por outro lado, o Poder Público também terá direitos subjetivos (em sentido amplo), igualmente derivados de normas gerais e abstratas (derivadas da Constituição e da lei) e de normas contratuais. Haverá, por exemplo, os seguintes direitos (em sentido amplo): (i) de alterar unilateralmente o contrato, sempre para melhor atender ao interesse público; (ii) de fiscalizar o cumprimento do contrato pelo concessionário; (iii) de extinguir unilateralmente, em caso de descumprimento contratual – dentre outros. A tal conjunto de direitos subjetivos corresponderão, na relação conversa, deveres e sujeições do concessionário.

O exemplo acima mostra que a relação jurídica entre dois sujeitos é, em regra, complexa. Porém, quando se foca apenas num único direito subjetivo (tal como o direito do concessionário à intangibilidade da equação econômico-financeira do contrato), esta consiste numa relação jurídica *simples*, cuja conversa é o dever do sujeito passivo (no caso, o dever da Administração de não afetar a intangibilidade dessa equação). A relação jurídica complexa, portanto, é formada por um feixe de relações jurídicas simples, isto é, de diversas posições ativas e passivas.

Ademais, vale frisar que a expressão "posição jurídica", nos termos expostos por Alexy, também somente pode ser entendida como a posição do sujeito no âmbito de uma relação jurídica simples. Consiste, pois, numa análise apenas da categoria titularizada pelo sujeito ativo ou pelo sujeito passivo da relação simples. *Não há um direito a algo, uma liberdade ou uma competência que não seja relacional. Haverá sempre um sujeito passivo, ainda que este seja indeterminado*. Aliás, isso deriva do próprio conceito lógico de *relação*.

Feito esse comentário de caráter geral, convém tecer algumas considerações sobre as situações ativas indicadas por Alexy.

3.3.1 *Comentários à categoria "direitos a algo". A pretensão*

Acerca dos *direitos a algo*, é possível perceber que eles correspondem àquilo que a doutrina em geral denomina de *direitos subjetivos em sentido estrito*, *direitos*

61. "Uma relação é simétrica quando, se ocorre entre 'x' e 'y', também se dá entre 'y' e 'x'. São simétricas as relações 'casada com', 'vizinho de', 'compatível com', 'paralela a', e muitas outras.

"(...). Relação conversa é aquela que se obtém pela inversação da ordem de sucessão de seus membros. Opera-se uma troca de posições, em que o sucessor passa ao tópico de predecessor e este assume o lugar do sucessor" (Paulo de Barros Carvalho, *Direito Tributário, Linguagem e Método*, 2ª ed. São Paulo, Noeses, 2008, p. 104). Cf., ainda: Susan Stebbing, *Introducción Moderna a la* Lógica, cit., p. 198.

subjetivos propriamente ditos, direitos subjetivos típicos, direitos a prestações ou *direitos comuns*.[62] Essas denominações podem ser utilizadas como sinônimos do direito a algo.

A primeira dúvida que pode surgir aqui é se os direitos a algo poderiam ser denominados de *pretensões*. Para Alexy a resposta é positiva. Contudo, ele prefere a expressão "direito a algo" tão só porque o termo "pretensão" está oncrado por controvérsias quanto à atualidade, determinação da parte contrária e à exigibilidade judicial. Todavia, superados esses pontos, o direito a algo poderia ser denominado de "pretensão".[63]

É preciso destacar que, segundo Karl Larenz, o § 194 do CC alemão define a pretensão como o *direito de exigir de outro um fazer ou um omitir*, o qual está sujeito à prescrição. Larenz entende, ainda, que o conceito de pretensão se identifica com o de relação obrigacional, constante do § 241 de tal Código. Tal dispositivo prescreve que o credor pode exigir do devedor uma prestação, que será um "fazer" ou um "omitir". Por isso, conclui que o crédito – isto é, o direito do credor de exigir a prestação – é uma pretensão. Mas ressalta que o crédito não é o único tipo de pretensão, havendo pretensões derivadas de relações familiares, bem como pretensões reais. Ademais, anota que há pretensões independentes e dependentes: as primeiras não se referem a outro direito, tendo sentido em si mesmas, sendo espécies de direitos subjetivos (exemplo: créditos); já, as pretensões dependentes servem à realização de outro direito, o qual tem caráter absoluto (exemplo: pretensões derivadas do direito de personalidade).[64]

Ao que parece, Alexy – quando assevera que o direito a algo pode ser denominado de "pretensão" – faz referência ao sentido exposto por Larenz.

No Direito Brasileiro é preciso ter certa cautela com o uso do vocábulo "pretensão". Por influência de Pontes de Miranda, a doutrina pátria costuma utilizá-lo como sendo o *poder de exigir* de outrem alguma prestação positiva ou negativa.[65] Na concepção de Pontes de Miranda, a pretensão *está **contida** no direito* (ou seja, não é espécie de direito subjetivo), sendo que sua relação conversa é a *obrigação*. Escreve que há três posições em vertical: o direito subjetivo, a pretensão e a ação, separáveis. "Serve-se à boa terminologia, dizendo-se: direito, dever; pretensão, obrigação; autor, réu; excipiente, excetuado".[66] Assim, na lição desse importante jurista brasileiro, a pretensão consiste na *exigibilidade* do direito subjetivo.[67]

Ressalte-se que o Código Civil de 2002 – em sentido semelhante ao Código

62. Cf., por todos, António Menezes Cordeiro, *Tratado de Direito Civil Português*, cit., 2ª ed., vol. I, t. I, p. 170.

63. Robert Alexy, *Teoria dos Direitos Fundamentais*, cit., 2ª ed., 3ª tir., p. 193.

64. Karl Larenz, *Derecho Civil: Parte General*, cit., pp. 313-318.

65. "Levados pela infeliz definição do seu Código Civil (§ 194: 'O direito de exigir de outrem ato ou abstenção (pretensão) submete-se a prescrição'), alguns juristas alemães conturbaram o conceito de pretensão" (Pontes de Miranda, *Tratado de Direito Privado*, 4ª ed., t. V, São Paulo, Ed. RT, 1983, p. 457).

66. Pontes de Miranda, *Tratado de Direito Privado*, cit., 4ª ed., t. V, p. 451.

67. Marcos Bernardes de Mello (*Teoria do Fato Jurídico: Plano da Eficácia (1ª Parte)*, cit., 2ª ed., p. 183), que segue a concepção de Pontes de Miranda, também destaca essa característica da pretensão, ao escrever que essa "constitui o *grau de exigibilidade do direito* (subjetivo) e a *obrigação* de submissão ao adimplemento. O direito, enquanto sem pretensão, não é exigível; existe apenas *in potentia*".

Civil alemão – prescreve que, "violado o direito, nasce para o titular a pretensão, a qual se extingue, pela prescrição" (art. 189). Assim, de acordo com o Código Civil brasileiro, a pretensão decorre da violação ao direito, podendo ser extinta pela prescrição. Na doutrina costuma-se apontar que, enquanto a pretensão pode ser extinta pela prescrição, a decadência extinguiria o próprio direito.

A rigor, a exigibilidade do direito subjetivo consiste numa outra questão acerca da concepção analítica do direito subjetivo. Robert Alexy deixa isso claro quando menciona que as questões analíticas sobre os direitos subjetivos envolvem três níveis distintos, que merecem ser diferenciados: (a) as razões para direitos subjetivos; (b) os direitos subjetivos como relações e posições; e (c) a exigibilidade jurídica dos direitos subjetivos (isto é, sua proteção jurídica). E assevera que é justamente a insuficiente distinção entre esses três aspectos que leva à interminável polêmica sobre o conceito de direito subjetivo. Especificamente no que tange à relação entre exigibilidade jurídica e direito subjetivo, conclui que existe aqui uma relação entre duas posições ou direitos.[68]

De fato, Alexy está correto. Quando se diz que "*a* tem, em face de *b*, um direito a *G*", sendo *G* uma conduta (positiva ou negativa) devida por *b*, tem-se um direito a algo. Porém, se o enunciado é "*a* pode alegar a violação de seu direito a *G* por meio de uma demanda judicial", ou até mesmo "*a* pode exigir o cumprimento de *G* por *b*" (pouco importando se haverá, ou não, uma demanda judicial), então, se está diante de *outra posição jurídica*. No primeiro caso trata-se da "competência" para exigir judicialmente (já que será criada nova situação jurídica para *b*: a de réu); no segundo, do direito a algo, de exigir a conduta de *b*. Então, *a relação entre **o direito** e **a exigibilidade do direito** consiste numa relação entre **duas posições ou direitos***.[69]

Isso seria suficiente para questionar a utilidade da noção de "pretensão" proposta por Pontes de Miranda. Entretanto, como esse sentido do termo está sedimentado na linguagem dos juristas nacionais e demais aplicadores do Direito Brasileiro – havendo, inclusive, um efeito jurídico previsto na ordem jurídica (isto é, a prescrição da

68. Já, a relação entre enunciados sobre as razões para direitos subjetivos e os direitos enquanto relações jurídicas é distinta. Enunciados sobre as razões para direitos subjetivos assumem, por exemplo, a seguinte forma: "*G* é uma necessidade ligada à dignidade humana". Esse enunciado é diferente do enunciado do direito subjetivo enquanto relação ("*a* tem, em face de *b*, o direito a *G*"). Para Alexy o que há nesse caso é uma relação de fundamentação: "(...). A razão para um direito é *uma* coisa, outra é o direito que se baseia nessa razão. Ambas têm ser [*sic*] consideradas em uma análise abrangente, que, como afirmado por Jhering, pretenda 'alcançar o interior do direito, a sua essência'. Isso não impede, contudo, que em um primeiro momento se tenha a estrutura lógica do direito em si como objeto de análise; pelo contrário, isso é até mesmo exigível, pois a indagação acerca da razão para algo pressupõe o conhecimento daquilo que deve ser fundamentado" (Robert Alexy, *Teoria dos Direitos Fundamentais*, cit., 2ª ed., 3ª tir., p. 188).

69. "(...). Os enunciados sobre proteção também expressam posições jurídicas, a saber, a capacidade jurídica (o poder jurídico, a competência) para a exigibilidade de um direito. Essa posição também pode ser designada como 'direito'. Trata-se, portanto, de uma relação entre duas posições ou direitos" (Robert Alexy, *Teoria dos Direitos Fundamentais*, cit., 2ª ed., 3ª tir., p. 188). Por tal razão, não se concorda com os autores que incluem como um dos *elementos* da relação jurídica a chamada "garantia". Conforme Carlos Alberto da Mota Pinto (*Teoria Geral do Direito Civil*, cit., 3ª ed., pp. 168-169), a garantia é o conjunto de providências coercitivas, postas à

pretensão, conforme prevê o art. 189 do CC) –, neste estudo o vocábulo "pretensão" será usado como sendo a *exigibilidade do direito subjetivo*. Mas vale ressaltar que, a rigor, a pretensão nada mais é que um novo direito subjetivo.

Outro comentário à teoria de Robert Alexy diz respeito à natureza relativa ou absoluta do direito a algo. Pela leitura de seu texto não é possível chegar a uma conclusão firme. Tudo leva a crer que o direito a algo será sempre relativo. Enquanto silencia sobre o tema no que tange ao direito a algo, Alexy é explícito em defender a natureza relativa e absoluta da liberdade.

Neste estudo, em face do conceito de relação jurídica (em sentido amplo) estipulado acima, adota-se a posição de que os direitos a algo poderão ser relativos ou absolutos.[70] Estes – os direitos absolutos – não existem *per se*, tal como leciona Lourival Vilanova: "Existem em face de todos: todos têm o dever jurídico de não interferência na órbita de licitude ou alguns sujeitos determinados e individualizados na relação jurídica. O ser absoluto ou ser relativo de um direito subjetivo diz respeito ao *campo extensional de sujeitos passivos*".[71] Assim, o sujeito que deverá realizar a conduta em favor do titular do direito a algo poderá ser determinado ou indeterminado.

3.3.2 *Comentários à categoria "liberdade"*

Em relação à categoria *liberdade*, em primeiro lugar, é difícil encontrar no direito positivo uma faculdade que não seja protegida por um direito a algo ou por uma competência. Toda liberdade seria *protegida*. Por isso, não se vê utilidade na categoria "liberdade *não protegida*", enquanto categoria subjetiva.

De outro lado, como a "liberdade protegida" de Alexy vem sempre acompanhada de outra categoria jurídica, normalmente uma "competência", *a liberdade não será, neste estudo, inserida como categoria autônoma*. A rigor, ela possuirá a mesma estrutura do direito a algo.

A diferença reside apenas na indeterminação do sujeito passivo da liberdade: são todas as pessoas. Todos terão o dever jurídico de não turbar a liberdade. Se o fizerem, surgirá a pretensão do titular da liberdade, que poderá exigir o respeito a tal direito, inclusive judicialmente.

3.3.3 *Comentários à categoria "competência"*

Quanto à *competência*, a doutrina (nacional e estrangeira) costuma atribuir ao fenômeno apontado por Alexy – ainda que com algumas variantes – outros nomes, como "direito potestativo",[72] "direito

disposição do sujeito ativo de uma relação, a fim de obter a satisfação do seu direito, lesado por um obrigado que o infringiu ou ameaça infringir. A rigor, a "garantia" nada mais espelha do que outra relação jurídica, cujo fato jurídico que a originou foi a violação a um direito. A garantia não é, pois, elemento da relação jurídica. É outra relação jurídica.

70. Por isso, não se concorda com Arthur Kaufmann (*Filosofia do Direito*, 4ª ed., trad. de António Ulisses Cortês, Lisboa, Fundação Calouste Gulbenkian, 2010, pp. 156-157), para quem os direitos a algo são sempre relativos (no sentido de que dizem respeito sempre a uma conduta de um sujeito determinado).

71. Lourival Vilanova, *Causalidade e Relação no Direito*, cit., 4ª ed., p. 222.

72. António Menezes Cordeiro, *Tratado de Direito Civil Português*, cit., 2ª ed., vol. I, t. I, pp. 170-173; Arthur Kaufmann, *Filosofia do Direito*, cit., 4ª ed., pp. 156-157; Karl Larenz, *Derecho Civil: Parte General*, cit., pp. 281-282; Fernando

formativo"[73] ou "poder".[74] Alguns fazem menção, ainda, a "potestade".[75] Neste trabalho *tais expressões serão usadas de forma indistinta*, como *sinônimas*. Em realidade, o único termo aqui rechaçado para designar tal posição ativa é justamente o usado por Alexy: "competência". Isso porque, se adotado, haveria uma inconsistência com o conceito aqui estipulado de *competência pública*, a qual envolve tanto as posições ativas como também (e principalmente) as *passivas*. Enfim, *adota-se a concepção de Alexy sobre o fenômeno, mas não a sua terminologia*.

Embora quaisquer dos termos acima sejam aqui considerados como sinônimos (com exceção de "competência", como mencionado), será usado com mais frequência o vocábulo "poder" para designar essa situação ativa. E isso ocorre por duas razões. Em primeiro lugar, por ser tal expressão de uso corrente pelos doutrinadores de direito público. Em segundo, porque a denominação "poder" se alinha com uma concepção positivista do Direito (aqui adotada). Tal como aponta Bobbio, uma teoria rigorosamente positivista não pode excluir o conceito de *produção jurídica*, que implica o conceito de *poder*. "Para que se possa falar de um ordenamento jurídico, é preciso concebê-lo como um conjunto de normas *produzidas* pela vontade humana; e para que alguém tenha o *poder* de fazê-lo. Neste sentido, para uma teoria positivista do Direito, a noção da norma não pode ser dissociada da noção de poder. Norma e poder são duas

Noronha, *Direito das Obrigações*, 2ª ed., vol. I, São Paulo, Saraiva, 2007, pp. 56-63; Pietro Perlingieri, *Perfis do Direito Civil: Introdução ao Direito Civil Constitucional*, 3ª ed., trad. de Maria Cristina de Cicco, Rio de Janeiro, Renovar, 2007, pp. 123-125; Carlos Alberto da Mota Pinto, *Teoria Geral do Direito Civil*, cit., 3ª ed., pp. 174-175; A. von Tuhr, *Tratado de las Obligaciones*, trad. de W. Roces, Granada, Comares, 2007, pp. 12-14; Lourival Vilanova, *Causalidade e Relação no Direito*, cit., 4ª ed., pp. 231-233.

73. Almiro do Couto e Silva, "Atos jurídicos de direito administrativo praticados por particulares e direitos formativos", *Revista da Procuradoria-Geral do Estado* (do Rio Grande do Sul) 27/74-94, n. 57, Porto Alegre, 2004; Marcos Bernardes de Mello, *Teoria do Fato Jurídico: Plano da Eficácia (1ª Parte)*, cit., 2ª ed., p. 165; Pontes de Miranda, *Tratado de Direito Privado*, cit., 4ª ed., t. V, p. 242.

74. Wesley Newcomb Hohfeld, *Os Conceitos Jurídicos Fundamentais Aplicados na Argumentação Judicial*, trad. de Margarida Lima Rego, Lisboa, Fundação Calouste Gulbenkian, 2008, p. 57; Guido Landi, Giuseppe Potenza e Vittorio Italia, *Manuale di Diritto Amministrativo*, cit., 11ª ed., pp. 149-150; Giovanni Miele, *Principi di Diritto Amministrativo*, cit., t. I, pp. 45-50; Santi Romano, *Fragmentos de un Diccionario Jurídico*, cit., p. 223, e *Princípios de Direito Constitucional Geral*, pp. 138-139; Miguel Reale, *Lições Preliminares de Direito*, 27ª ed., 10ª tir., São Paulo, Saraiva, 2011, p. 258; Paul Roubier, *Droits Subjectifs et Situations Juridiques*, p. 190 e ss.

75. Juan Carlos Cassagne, *Derecho Administrativo*, 9ª ed., t. II, Buenos Aires, Abeledo-Perrot, 2008, pp. 47-48; Eduardo García de Enterría e Tomás-Ramón Fernández, *Curso de Derecho Administrativo*, cit., t. I, pp. 449 e ss., e t. II, p. 29; Juan Alfonso Santamaría Pastor, *Principios de Derecho Administrativo General*, cit., 2ª ed., vol. I, pp. 332-334.

Santi Romano (*Fragmentos de un Diccionario Jurídico*, cit., pp. 246-247) – após alertar que o termo "potestade" é usado em sentidos diversos – prefere sua utilização como um poder voltado para a tutela de um interesse alheio, tal como ocorre na "pátria potestade" (poder familiar). Ou seja: toda potestade seria uma função. Também é a linha de Francesco Carnelutti (*Teoría General del Derecho*, trad. de Carlos G. Posada, Granada, Comares, 2003, p. 186), Alberto Trabucchi (*Instituciones de Derecho Civil*, t. I, trad. de Luis Martínez-Calcerrada, Madri, Editorial Revista de Derecho Privado, 1967, pp. 60-61) e Pietro Perlingieri (*Perfis do Direito Civil: Introdução ao Direito Civil Constitucional*, cit., 3ª ed., p. 129).

faces da mesma moeda".[76] Normas – é importante destacar – são introduzidas por atos jurídicos, sejam essas normas gerais ou individuais, abstratas ou concretas. Assim, a ordem jurídica confere a um sujeito o *poder* de produzir normas, o que é realizado por meio de atos jurídicos. Por meio desses atos, normas são introduzidas no sistema jurídico-positivo, o que resulta na criação, modificação ou extinção de situações jurídicas.

Como se pode perceber, dentro dessa visão normativista, *todo poder é normativo*, na medida em que seu exercício leva à introdução de normas jurídicas (gerais ou individuais, abstratas ou concretas) no ordenamento. Essa introdução ocorre por meio de *atos jurídicos*, que são as ações institucionais a que se referiu acima Alexy, pois demandam "normas de competência" (ou "normas de estrutura") para que tenham significado para o Direito. Esses atos jurídicos são as *fontes do Direito*.

3.4 As modalidades de situações jurídicas ativas e passivas

Dessa forma, diante das considerações realizadas acima e adotadas as premissas de Robert Alexy sobre os direitos subjetivos, no grupo das situações jurídicas ativas (ou "direitos subjetivos em sentido amplo") encontram-se as seguintes categorias: (a) *direitos a algo* (direitos a prestações, direitos subjetivos em sentido estrito); e (b) *poderes* (potestades, direitos formativos, direitos potestativos).

A questão, agora, é saber quais são as situações jurídicas *passivas*.

Tal como foi destacado, no modelo de Alexy os direitos subjetivos em sentido amplo (isto é, as situações jurídicas ativas) consistem em relações e posições jurídicas. Toda relação jurídica – simplesmente por ser *relação* (*em termos lógicos*) – exige ao menos um referente e um relato. Como ensina Lourival Vilanova, na teoria das relações cabe falar em relações reflexivas ("xRx"); no entanto, no âmbito da teoria da relação ***jurídica*** *inexiste a reflexividade*.[77] O sujeito *a* não poderá estar em relação jurídica com ele próprio. Logo, a relação jurídica pressupõe um *termo antecedente* e um *termo consequente* diversos.

Ademais, outra característica da relação jurídica reside na *assimetria*.[78] Se "*a* é credor de *b*", a relação conversa será "*b* é devedor de *a*". No primeiro caso a relação jurídica tem em seu termo antecedente um sujeito titular de uma posição ativa; já, sua relação conversa contém, como termo referente, o titular de uma posição passiva.

Desse modo, no âmbito do Direito, se *a* está numa posição ativa em face de *b*, este, por sua vez, estará numa posição

76. Norberto Bobbio, *Direito e Poder*, trad. de Nilson Moulin, São Paulo, UNESP, 2008, p. 157.

77. "Parece-nos que no campo do Direito descabem as relações reflexivas. *Logicamente*, é plenamente possível que um termo tenha relação reflexiva com ele mesmo. *Mas é a textura do direito positivo que repele essa retroversão de um termo sobre ele mesmo*. Tomando-se a locução 'relação jurídica' *em sentido amplo* (compreensiva de relações em sentido estrito, de qualificações de coisas ou pessoas, de posições jurídicas, de situações jurídicas, *status*), em toda relação jurídica está um termo-sujeito em face de *outro* termo-sujeito. É a expressão lógica da alteridade, da intersubjetividade, do estar ante outros, ligado pela normatividade jurídica" (Lourival Vilanova, *Causalidade e Relação no Direito*, cit., 4ª ed., p. 166).

78. Lourival Vilanova, *Causalidade e Relação no Direito*, cit., 4ª ed., p. 288; Paulo de Barros Carvalho, *Direito Tributário: Fundamentos Jurídicos da Incidência*, 4ª ed., São Paulo, Saraiva, 2006, p. 32.

passiva perante *a*. Portanto, se há um direito a algo, logicamente haverá uma posição passiva. O mesmo vale para o poder. Mas quais seriam essas posições passivas?

A relação conversa do direito a algo é o *dever*. Trata-se de expressão ampla, que designa a obrigação do sujeito passivo de cumprir a prestação (positiva ou negativa) a favor do sujeito ativo. Esse dever será, tal como o direito a prestações, absoluto ou relativo. Poderá haver tanto um dever específico em relação a um sujeito ativo determinado quanto um dever genérico perante todas as pessoas, ou uma categoria de sujeitos.

Note-se que quando há *pretensão* – isto é, quando o direito é *exigível* – a doutrina de Pontes de Miranda já referida faz alusão ao termo "obrigação". As razões que levaram a manter o uso do vocábulo "pretensão" não existem nesse caso. E isso ocorre porque "obrigação" é termo utilizado pelos juristas em geral de forma indiscriminada, como sinônimo de dever. Aliás, isso é natural, pois um dos modais deônticos[79] é justamente a *obrigação*.[80] Logo, não se vê utilidade em adotar tal expressão para a situação em que a prestação que preenche o conteúdo do direito é exigível.

Quanto ao poder, sua relação conversa será a *sujeição*. Na estrutura do dever (relação conversa do direito a algo), *b* deverá realizar a conduta *G* em favor de *a*. Há, pois, um comportamento a ser realizado pelo sujeito passivo. No poder, o sujeito ativo pode alterar a situação do sujeito passivo, independentemente de qualquer conduta deste. A relação conversa, por conseguinte, não exige qualquer ação ou omissão do sujeito passivo. Cabe a ele apenas suportar a conduta do sujeito ativo do poder.[81]

Santi Romano escreve que, em contraposição ao poder, não se poderá falar em sujeição, porquanto o exercício de um poder por uma pessoa – que ocorre fora de uma relação jurídica – não implica dizer que há um sujeito passivo. Há casos em que o poder se dirige a pessoas indeterminadas (como no caso do poder de editar leis), e em outros o poder até se dirige a uma pessoa determinada, mas não se pode falar em sujeitos passivos. É o que ocorre quando o ato editado pelo titular do poder é favorável à pessoa.[82]

É preciso não confundir o exercício do poder com os efeitos derivados do ato jurídico dele resultante. Uma vez editado

79. Sobre as espécies de modalidades deônticas (*obrigatório*, *permitido* e *vedado*) e sua interdefinibilidade, cf., por todos, Delia Teresa Echave, María Eugenia Urquijo e Ricardo A. Guibourg, *Lógica, Proposición y Norma*, 6ª reimpr., Buenos Aires, Astrea, 2002, pp. 119-124.

80. É interessante destacar que a utilização dos termos não é uniforme. Carlos Alberto da Mota Pinto (*Teoria Geral do Direito Civil*, cit., 3ª ed., p. 176), por exemplo, insere a obrigação como uma categoria geral, da qual o dever e a sujeição seriam espécies.

81. Hohfeld, em sua obra clássica (*Os Conceitos Jurídicos Fundamentais Aplicados na Argumentação Judicial*, cit., pp. 73 e 77 e ss.), anota que o *oposto* do poder é *impotência*, e o da sujeição é a *imunidade*. Se *a* não possui um poder sobre *b*, então, *a* é impotente em relação a *b*. Ou, então, na relação conversa, *b* é imune ao poder de *a*. Na explicação de Alf Ross (*Direito e Justiça*, trad. de Edson Bini, Bauru/SP, 2003, p. 200), toda "pessoa goza de imunidade frente a qualquer outra pessoa, sempre que a outra pessoa não tenha um poder em relação à primeira". Robert Alexy (*Teoria dos Direitos Fundamentais*, cit., 2ª ed., 3ª tir., pp. 243-244) segue as lições de Hohfeld. Entretanto, na sua terminologia a impotência é a "não competência", e a imunidade a "não sujeição". Em igual linha, cf. Riccardo Guastini, *La Sintassi del Diritto*, cit., p. 84.

82. Santi Romano, *Fragmentos de un Diccionario Jurídico*, cit., pp. 231-234.

o ato, são produzidas normas, as quais incidem sobre os fatos e levam à criação de novas situações jurídicas. Em relação ao exercício do poder há uma sujeição. Em relação ao ato produzido, não. Convém exemplificar: determinado administrado solicita à Administração Municipal uma licença de funcionamento de estabelecimento comercial, a fim de que ele possa desenvolver determinadas atividades econômicas. O Município, nesse caso, tem o poder de editar tal ato jurídico-administrativo. A esse poder corresponde uma sujeição; uma vez exercido, estará alterada a situação jurídica do administrado, que agora poderá exercer suas atividades comerciais. Esse efeito favorável decorre do ato administrativo de licença, e não do poder de expedir o ato, que é anterior a ele. Aliás, estará criado, aqui, um direito subjetivo em sentido estrito para tal administrado: o de exercer suas atividades comerciais; e o correspondente dever das demais pessoas de não turbarem o exercício desse direito.

Em matéria de situações jurídicas, há ainda outras categorias que são usualmente reputadas como modalidades autônomas, quais sejam: a *ação*, a *exceção*, o ônus e o *encargo*.

A *ação*, na lição de Pontes de Miranda, é a situação ativa que possibilita ao titular da pretensão executá-la. Na lição do jurista, a ação nasce quando: (a) a pretensão exercida não é satisfeita ou, (b) em se tratando de pretensões que vêm sendo satisfeitas por ações ou omissões, ocorre a interrupção dessa conduta duradoura.[83] De acordo com Marcos Bernardes de Mello, enquanto a pretensão é a exigibilidade do direito subjetivo, a ação consiste na *impositividade do direito*, que somente surge quando descumprida a obrigação.[84]

Cabe questionar qual a utilidade de se utilizar o termo "ação" para designar a possibilidade de execução do direito. Tal expressão, em verdade, pode trazer mais confusão do que clareza, na medida em que se faz necessário diferenciá-la da "ação" de direito processual. Para designar o fenômeno da possibilidade de execução do conteúdo do direito subjetivo (em sentido amplo) violado pelo sujeito passivo, melhor utilizar a expressão "executoriedade", que, aliás, é corrente no direito público. Mas a executoriedade não é uma categoria subjetiva autônoma. Trata-se apenas de uma permissão para executar uma ação material, utilizando até mesmo a coação física, se necessário; isto é: trata-se de um poder.

83. Pontes de Miranda, *Tratado de Direito Privado*, cit., 4ª ed., t. V, p. 481.

84. Pontes de Miranda, *Tratado de Direito Privado*, cit., 4ª ed., t. V, p. 478. Marcos Bernardes de Mello (*Teoria do Fato Jurídico: Plano da Eficácia (1ª Parte)*, cit., 2ª ed., pp. 185-186) explica a situação do seguinte modo: "A denominada 'ação' de direito processual nada mais é que o remédio jurídico processual que o Estado põe à disposição dos sujeitos de direito para que tornem efetivas a ação e a pretensão de direito material de que sejam titulares. São institutos absolutamente distintos, como se vê, embora, de ordinário, sejam tratados como se fossem iguais. A ação de direito material também costuma ser confundida com a *pretensão à tutela jurídica*, comumente denominada *direito de ação*. A confusão doutrinária, segundo parece, resulta da circunstância de que as ações de direito material, em geral, somente podem ser exercidas por meio das *ações de direito processual* (= remédios jurídicos processuais), considerando que o Estado reservou a si o monopólio da tutela dos direitos, proibindo aos indivíduos a justiça de mão própria (= autotutela dos direitos), o que tem permitido criar a falsa ideia de que ação (material) e 'ação' (processual) seriam a mesma coisa. Em realidade, porém, a ação de direito material constitui, de regra, o objeto sobre que deve versar a *ação processual*, a *res in iudicio deducta*, uma vez que, por meio desta, se busca tornar efetiva aquela".

Dentre as categorias ativas também se costuma incluir a *exceção*, que é uma expressão constante no direito positivo brasileiro, como, por exemplo, no art. 190 do CC de 2002, o qual dispõe que "a exceção prescreve no mesmo prazo em que a pretensão".

Marcos Bernardes de Mello afirma que a exceção tem lugar quando o sujeito passivo da relação jurídica é titular de um direito que se opõe a direito, pretensão ou ação do sujeito ativo. Assim, a exceção tem o condão de suspender a eficácia do direito, pretensão ou ação contra a qual é oposta. De acordo com o autor, embora a exceção seja de titularidade do sujeito passivo da relação, ela consiste numa posição ativa, pois se trata de uma "oposição, portanto, atividade (ação), nunca passividade. Exceção que não seja oposta por seu titular ou por terceiro quando legitimado a fazê-lo (CC, art. 281, *e.g.*) não atua".[85]

A rigor, a exceção nada mais é que um poder (direito potestativo) de alguém. O titular do direito ao qual é oposta a exceção se encontra numa situação de sujeição. Assim, a exceção não é uma situação ativa "autônoma". É uma modalidade de poder.[86] Como o direito positivo brasileiro usa tal expressão, não há utilidade em afastá-la do vocabulário jurídico. Entretanto, é importante apenas que se tenha consciência de que, *sob a perspectiva estrutural*, ela corresponde a um poder.

Quanto às situações passivas, há que se fazer referência ao ônus e ao *encargo*.

A doutrina aponta que o ônus corresponde a uma situação em que um sujeito deverá adotar uma conduta específica para poder obter certo efeito, positivo ou negativo. No direito material, para a interrupção da prescrição há o ônus do sujeito titular da pretensão de citar judicialmente o devedor ou adotar algumas das medidas do art. 202 do CC.[87] Carlos Ari Sundfeld cita o ônus do administrado, que requereu uma licença para construir, de apresentar o respectivo projeto.[88] No direito processual há o ônus do réu de impugnar os fatos alegados pelo autor, sob pena de serem presumidos como verdadeiros, ressalvadas as hipóteses previstas no art. 302 do CPC.

O ônus não é uma posição ativa. Trata-se de comportamento que figura na hipótese de incidência da norma que, se realizado, será reputado como *fato jurídico*, e, portanto, levará a um *efeito jurídico*. Em suma: para os fins deste estudo, o ônus será considerado como uma conduta necessária à configuração de um fato jurídico, e não um efeito jurídico (e as situações ativas e passivas são sempre efeitos jurídicos).

85. Marcos Bernardes de Mello, *Teoria do Fato Jurídico: Plano da Eficácia (1ª Parte)*, cit., 2ª ed., p. 185. As exceções a que o autor se refere são de direito material. As exceções de direito processual – afirma – dizem respeito à competência dos órgãos jurisdicionais (incompetência), às pessoas que a exercem (sujeições e impedimentos) ou a impedimentos para que se conheça das causas (litispendência e coisa julgada, por exemplo). Sobre o tema, v. também a lição de António Menezes Cordeiro (*Tratado de Direito Civil Português*, cit., 2ª ed., vol. I, t. I, pp. 182-184) e a de Karl Larenz (*Derecho Civil: Parte General*, cit., p. 321).

86. Nessa linha, cf. António Menezes Cordeiro, *Tratado de Direito Civil Português*, cit., 2ª ed., vol. I, t. I, p. 184. Porém, para esse autor nada impede sua inserção dentre as situações ativas, pois ela enriquece os instrumentos de análise disponíveis no Direito.

87. António Menezes Cordeiro, *Tratado de Direito Civil Português*, cit., 2ª ed., vol. I, t. I, pp. 188-189; Fernando Noronha, *Direito das Obrigações*, cit., 2ª ed., vol. I, pp. 68-69.

88. Carlos Ari Sundfeld, *Direito Administrativo Ordenador*, 1ª ed., 3ª tir., São Paulo, Malheiros Editores, 2003, p. 60.

Quanto aos *encargos*, Carlos Ari Sundfeld entende serem deveres positivos (isto é, de realizar certas condutas) vinculados ao exercício de direitos. Se os ônus são comportamentos a serem realizados *antes* da fruição de certa vantagem, os encargos são deveres de condutas positivas a serem praticadas durante o exercício de um direito, a fim de que este seja lícito. É o caso do proprietário de bem tombado que, para exercer seu direito de propriedade, tem que levar ao conhecimento da Administração a necessidade de obras de conservação (art. 19 do Decreto-lei 25/1937).[89]

Como o encargo acima citado consiste num dever jurídico, cuja relação conversa é o direito a algo, não se vê utilidade em alçar tal figura a uma categoria autônoma. A rigor, só haveria sentido em se falar em encargo no contexto de uma relação jurídica complexa.

Em suma: no âmbito de uma relação jurídica (em sentido amplo) podem figurar as seguintes *situações ativas e passivas* ***correlatas***, as quais podem ser *absolutas* ou *relativas*: (i) ***direito a algo*** *(direito a prestações)* e ***dever*** *(ou obrigação)*; (ii) ***poder*** *(direito potestativo, direito formativo ou potestade)* e ***sujeição***.[90]

Nos tópicos seguintes serão analisados – no âmbito das competências administrativas – os dois grupos de situações ativas e passivas.

3.5 Competências administrativas: direitos a algo e deveres

A pessoa administrativa poderá ser titular de direitos subjetivos (em sentido estrito) e de deveres em face de outras

89. Idem, pp. 59-61. Ressalte-se que para António Menezes Cordeiro (*Tratado de Direito Civil Português*, cit., 2ª ed., vol. I, t. I, p. 189) os encargos também correspondem estruturalmente a deveres. Entretanto, de forma diversa da concepção de Carlos Ari Sundfeld, António Menezes Cordeiro entende que se trata de um dever com um regime particular: "É um dever de comportamento que, funcionando embora também no interesse de outras pessoas, não possa, por estas, ser exigido no seu cumprimento". Como exemplo, faz menção ao encargo do comprador de comunicar ao vendedor, dentro de certo prazo, o vício da coisa.

90. O *interesse legítimo* não foi aqui comentado porque, em última análise, é figura criada no Direito Italiano. Não se trata – como Riccardo Guastini bem observou – de uma categoria pertencente à teoria geral do Direito. O interesse legítimo possui, segundo esse autor italiano, dois sentidos. Pelo primeiro, considerado como "interesse ocasionalmente protegido", é a situação em que um sujeito não possui um direito (pretensão) a um ato administrativo favorável, mas o direito a que a Administração observe a norma legal. Assim, se a Administração não observa a norma legal, a ele é conferido o direito (pretensão) de que o ato seja invalidado e, eventualmente, o direito ao ressarcimento. No segundo sentido, de "direito enfraquecido" (*diritto affievolito* ou *degradato*), o titular do direito subjetivo possui um direito subjetivo (exemplo: direito de propriedade) sacrificado por um ato administrativo ilegítimo (exemplo: desapropriação). Nesse caso, há o direito (pretensão) à invalidação do ato e ao ressarcimento dos danos. Como bem anota Guastini, em ambos os casos o que há é uma situação jurídica complexa, formada por situações elementares. No caso do interesse ocasionalmente protegido, há: (i) a pretensão à legalidade do ato administrativo (direito a que a Administração respeite a lei); (ii) a pretensão à invalidação do ato administrativo ilegítimo; e (iii) a pretensão de ressarcimento ao dano injusto eventualmente provocado. No caso do direito enfraquecido, há: (i) a imunidade ao ato administrativo inválido; (ii) a pretensão à sua invalidação; e (iii) a pretensão ao ressarcimento (cf. Riccardo Guastini, *La Sintassi del Diritto*, cit., pp. 102-106).

De todo modo, vale mencionar que, no Direito Brasileiro, Alexandre Mazza (*Relação Jurídica de Administração Pública*, São Paulo, Saraiva, 2012, pp. 133-134) admite a figura.

pessoas (outros entes públicos ou administrados), a serem exercidos pelos seus órgãos públicos, mediante a atuação dos seus agentes. É possível arrolar quatro hipóteses básicas, tendo como critério a *determinação* ou *indeterminação* do outro sujeito da relação.

A primeira hipótese consiste na situação em que o ente público é titular de um *direito a uma prestação específica* em face de um sujeito passivo *determinado*. O exemplo citado por Carlos Ari Sundfeld para tratar do encargo encaixa-se perfeitamente aqui. O Poder Público que realizou o tombamento de um bem tem o direito a que o proprietário deste lhe comunique a necessidade de realização de obras de conservação e reparação caso não disponha de recursos suficientes para realizar tais atividades. Trata-se de direito criado por ato jurídico legislativo, já que o Decreto-lei 25/1934 foi recepcionado pela Constituição de 1988 como lei ordinária, mas que demanda a emissão de ato-condição – no caso, o tombamento. Outro exemplo: no âmbito de um processo administrativo devidamente instaurado, a Administração tem direito a que o administrado proceda "com lealdade, urbanidade e boa-fé" (art. 4º, II, da Lei de Processo Administrativo Federal).

A segunda situação é aquela em que a pessoa administrativa possui um *direito subjetivo (em sentido estrito) em face de sujeitos indeterminados*, isto é, todos ou a uma *categoria de sujeitos*, os quais terão o ***dever de cumprir tal prestação*** *em favor da Administração*. O Estatuto da Cidade (Lei 10.527/2001) fornece um bom exemplo em seu art. 25: o direito de preempção. Este consiste no direito do Poder Público Municipal a que todos os proprietários (cujos imóveis se situem em área prevista em lei municipal e editada com base no Plano Diretor) lhe confiram preferência para a aquisição de imóvel urbano.

Em terceiro lugar, há o *dever da Administração de realizar determinado comportamento em face de um sujeito ativo específico*. É o que ocorre no âmbito da prestação dos serviços públicos *uti singuli*, de fruição individual (exemplo: dever de hospital público de atender ao administrado X que lá comparece para tratar de uma doença). Esse dever decorre diretamente do regime constitucional dos serviços públicos.

Por fim, pode haver o *dever da Administração de realizar determinada prestação em relação a sujeitos indeterminados*. Um bom exemplo é o dever das pessoas administrativas de observar os princípios constitucionais da Administração Pública (legalidade, moralidade etc.). A relação conversa é o direito subjetivo (em sentido estrito) de todas as pessoas à realização dessa conduta administrativa.

Aliás, de acordo com Juarez Freitas, há o *direito fundamental à boa administração*, que é o direito a um atuar da Administração Pública "eficiente e eficaz, proporcional cumpridora de seus deveres, com transparência, motivação, imparcialidade e respeito à moralidade, à participação social e à plena responsabilidade por suas condutas omissivas e comissivas. A tal direito corresponde o dever de a Administração Pública observar, nas relações administrativas, a cogência da totalidade dos princípios constitucionais que a regem".[91] Desse direito fundamental, enquanto categoria geral, decorrem direitos específicos dos administrados. Juarez Freitas apresenta, exemplificativamente, o direito a uma Administração: (a) transparente; (b) dialógica; (c) imparcial;

91. Juarez Freitas, *Discricionariedade Administrativa e Direito Fundamental à Boa Administração Pública*, 2ª ed., São Paulo, Malheiros Editores, 2009, p. 22.

(d) proba; (e) respeitadora da "legalidade temperada" (ou seja: sem tornar as regras absolutas); (f) preventiva, precavida e eficaz (não apenas eficiente).[92]

3.6 Competências administrativas: poderes e sujeições

A questão que se coloca agora é a dos chamados poderes e sujeições no âmbito das competências administrativas. Tal como ocorre em relação aos direitos a algo e aos deveres, também no âmbito dos poderes e sujeições a análise terá como base o outro termo da relação jurídica, que pode ser formada por *sujeitos indeterminados* ou *determinados*.

Porém, é importante para os fins deste estudo indicar as espécies de poderes administrativos existentes.

3.6.1 *Poderes administrativos: modalidades apontadas pela doutrina brasileira*

É comum encontrar na doutrina brasileira um capítulo sobre os poderes da Administração. De acordo com Hely Lopes Meirelles, os poderes administrativos são verdadeiros "instrumentos de trabalho, adequados à realização das tarefas administrativas", razão pela qual são considerados "*poderes instrumentais*". Dentre as categorias de poderes, arrola os seguintes: (a) poder vinculado; (b) poder discricionário; (c) poder disciplinar; (d) poder regulamentar; (e) poder de polícia.[93]

Odete Medauar, após tecer considerações sobre os usos distintos do termo "poder" (ao final, vinculando-o à concepção de função), também enumera as cinco modalidades acima, apenas denominando o poder regulamentar de "poder normativo".[94]

Já, Maria Sylvia Zanella Di Pietro escreve que os poderes da Administração – que são poderes-deveres – encerram prerrogativas de autoridade, que só podem ser exercidas nos limites da lei. E a autora arrola quatro categorias de poderes administrativos: (a) poder normativo; (b) poder disciplinar; (c) poderes decorrentes da hierarquia; e (d) poder de polícia.[95]

José dos Santos Carvalho Filho, por seu turno, após conceituar os poderes administrativos como sendo as prerrogativas de direito público, insere como modalidades de poderes os seguintes: poder discricionário, poder regulamentar e poder de polícia.[96]

Para Floriano de Azevedo Marques Neto a classificação tradicional dos poderes administrativos tem um problema: ela não distingue os poderes que se referem a uma relação de sujeição geral dos atinentes a uma relação de sujeição especial. Ademais, para o jurista tal classificação não separa os poderes em si considerados daqueles referentes ao modo de exercício de outros poderes. Em vista disso, propõe a seguinte classificação: (a) poderes

92. "Tais direitos não excluem outros, pois se cuida de '*standard* mínimo'. Por certo, tais direitos precisam ser tutelados em bloco, no desiderato de que a discricionariedade não conspire letalmente contra o aludido direito fundamental" (Juarez Freitas, *Discricionariedade Administrativa e o Direito Fundamental à Boa Administração Pública*, cit., 2ª ed., p. 23).

93. Hely Lopes Meirelles, *Direito Administrativo Brasileiro*, cit., 40ª ed., pp. 130-131.

94. Odete Medauar, *Direito Administrativo Moderno*, cit., 16ª ed., pp. 118 e ss.

95. Maria Sylvia Zanella Di Pietro, *Direito Administrativo*, cit., 25ª ed., p. 90 e ss.

96. José dos Santos Carvalho Filho, *Manual de Direito Administrativo*, cit., 25ª ed., p. 49.

relacionados ao modo de exercício das prerrogativas públicas: (a.1) capacidade normativa e (a.2) prerrogativa discricionária; (b) poderes em espécie: (b.1) poderes internos: (b.1.1) poder hierárquico e (b.1.2) poder disciplinar e (b.2) poder de polícia.[97] Como se pode perceber, esse autor, embora proponha uma classificação diferente, também não foge muito daquela categorização tradicional.

Em suma: deste breve panorama doutrinário, o que se pode afirmar é que se mostra corriqueiro indicar cinco espécies de poderes administrativos: normativo, disciplinar, hierárquico, discricionário e poder de polícia.

3.6.2 *A proposta de Santi Romano*

Um dos problemas da classificação acima referida é que ela não parte de um critério claro de distinção. E – mais grave – ela não elabora uma classificação dos poderes administrativos a partir de suas categorias no âmbito da teoria geral do Direito.

Nesse aspecto, embora não se tenha adotado neste estudo a concepção de "poder" proposta por Santi Romano, vale mencionar a distinção que o autor italiano faz entre os *poderes inovadores* e os *poderes não inovadores*. Os primeiros provocam uma modificação jurídica; já, os segundos, não.

Dentre os poderes inovadores insere duas categorias: (a) *poderes normativos*; (b) *poderes de constituir, modificar ou extinguir posições, situações, qualidades, outros poderes e relações jurídicas*. Os poderes normativos – sejam do Estado, sejam dos sujeitos privados – constituem, modificam ou extinguem, com base no ordenamento jurídico, normas jurídicas. De outro lado, na segunda categoria aquela modificação jurídica não ocorre por meio de atos jurídicos normativos, mas, sim, com ações materiais reguladas juridicamente. Segundo o autor, ambos são chamados pela doutrina de direito privado de "poderes de conformação". Como Santi Romano rechaça a figura da sujeição (pois não há uma relação jurídica no exercício dos poderes), esses poderes podem se manifestar não só por atos unilaterais, mas também por atos bilaterais ou plurilaterais.

Já, os poderes não inovadores são aqueles exercitados mediante atos jurídicos ou ações destinadas a fazer valer, conservar, tutelar, condições jurídicas preexistentes (sem invocá-las ou modificá-las). É o que ocorre no poder de obter uma proteção jurídica das autoridades competentes, nos poderes de autotutela, dentre outros. Esses poderes são exercidos por atos de manifestação de representação (certificações, declarações de certeza, constituição de provas) bem como por manifestação de sentimentos (votos, propostas etc.).[98]

3.6.3 *Os poderes públicos de autoridade, segundo Pedro Gonçalves*

Pedro Gonçalves, ao tratar dos poderes públicos de autoridade (e o foco dele reside nos poderes administrativos), apresenta o seguinte conceito: "(...) o poder

97. Floriano de Azevedo Marques Neto, "Poderes da Administração Pública", cit., in Marcelo Figueiredo (coord.), *Novos Rumos para o Direito Público: Reflexões em Homenagem à Professora Lúcia Valle Figueiredo*, pp. 225 e ss.

98. Santi Romano, *Fragmentos de um Diccionario Jurídico*, cit., pp. 228-229. O autor propõe outras classificações para os poderes, mas que não serão aqui comentadas.

abstracto – estabelecido por uma norma de direito público – conferido a um sujeito para, por acto unilateral praticado no desempenho da função administrativa, editar regras jurídicas, provocar a produção de efeitos com repercussão imediata na esfera jurídica de terceiros, produzir declarações às quais a ordem jurídica reconhece uma força especial ou ainda empregar meios de coacção sobre pessoas ou coisas".[99]

Ao dizer que o poder público de autoridade é conferido a um sujeito que desempenha função administrativa, o jurista português conclui que se trata sempre de um poder funcionalizado, destinado à realização do interesse público. Ademais, ao escrever que se trata de um poder abstrato, ele acaba se colocando na linha de Santi Romano, já que afirma expressamente que o poder público é abstrato, não consistindo numa prestação específica que se opere nos quadros de uma relação jurídica concreta. O poder público de autoridade, segundo o autor, caracteriza-se pela sua reiteração, não sendo, por conseguinte, uma concreta e isolada faculdade de adotar uma conduta incidente sobre a esfera jurídica de terceiros, mas, sim, um "consistente *poder de supremacia jurídica de um sujeito*, uma das marcas decisivas do poder público reside no facto de o exercício não implica a sua extinção."[100]

Para o autor, são cinco as modalidades de poderes públicos de autoridade: (a) poder normativo; (b) poder de configuração de efeitos jurídicos inovadores; (c) poder de declaração de efeitos jurídicos obrigatórios; (d) poder de emissão de declarações com força probatória especial; e, por fim, (e) poder de emprego da coação sobre pessoas ou coisas.[101]

A primeira modalidade consiste no "poder de editar regras jurídicas", a serem observadas por terceiros. Pedro Gonçalves afirma que em algumas situações esse poder é delegado a entidades privadas.[102]

Já, os poderes de configuração de efeitos jurídicos inovadores são produzidos por atos concretos e individuais, traduzindo-se na constituição, modificação ou extinção de efeitos jurídicos favoráveis ou desfavoráveis, positivos ou negativos. Pouco importa quem inicia o processo para o exercício do poder, se o sujeito privado ou a Administração; o determinante é a lei conferir à Administração Pública a responsabilidade pela produção de certo

99. Pedro Gonçalves, *Entidades Privadas com Poderes Públicos: o Exercício de Poderes Públicos de Autoridade por Entidades Privadas com Funções Administrativas*, cit., p. 608.

100. Idem, pp. 608-609.

101. Idem, p. 619.

102. Pedro Gonçalves, *Entidades Privadas com Poderes Públicos: o Exercício de Poderes Públicos de Autoridade por Entidades Privadas com Funções Administrativas*, cit., p. 620. Em outra passagem Pedro Gonçalves delimita as hipóteses de exercício privado de poder normativo no exercício de função administrativa:

"No exercício de poderes normativos, as entidades privadas emitem, portanto, normas ou regulamentos administrativos. Os regulamentos administrativos, que, ao mesmo tempo, constituem um *instrumento da acção* da Administração e uma *fonte* reguladora do agir administrativo subsequente, podem definir-se como *normas jurídicas emanadas no desempenho da função pública administrativa por órgãos da Administração ou por entidades privadas para tal expressamente habilitadas por lei.*

"Teremos regulamentos administrativos de entidades privadas quando estiveram reunidas as condições seguintes: desempenho de uma função administrativa; habilitação legal expressa para a emissão de normas jurídicas externas no desempenho dessa função; responsabilidade de emitir e não apenas de propor a emissão do regulamento" (ob. cit., pp. 737-738).

resultado que levará à alteração da situação jurídica de um particular.[103]

Na terceira categoria encontra-se o poder de emitir declarações que produzem um efeito jurídico de *certeza pública*. Nesse caso estão os poderes de certificar e atestar com segurança dados relativos a pessoas, a fatos e a coisas. São dados que a Administração possui em registros ou de que é responsável por recolher e verificar. Os atos que – prossegue Pedro Gonçalves – "certificam e atestam esses dados são praticados no exercício de um poder de autoridade, retirado da esfera privada, justamente para garantir, de forma incontestável, a *certeza pública* de que os dados a que eles se reportam são autênticos".[104]

A quarta categoria de poder de autoridade citada por Pedro Gonçalves é aquele exercido pela Administração em que ela redige documentos com *força probatória especial*. Essa força consiste na situação em que a Administração presencia ou verifica a ocorrência de fatos, os quais ficam devidamente documentados, a fim de se terem por verdadeiros (presunção legal de veracidade).[105]

Por fim, há os poderes de execução coercitiva e de coação direta. Fundado na lição de Otto Mayer, escreve que há dois grupos em que tais poderes se manifestam: (i) no âmbito de processos administrativos de execução de atos impostos e não acatados, ou de atos que imponham limitações de qualquer natureza; e (ii) no contexto da coação direta e imediata, em que há utilização da força não precedida de título executivo e em direta execução da lei. No primeiro caso o emprego da coação ocorre de modo autônomo em relação ao poder acionado na prática do ato exequendo. Já, no segundo caso o poder se manifesta por meio de atos materiais que podem envolver o emprego da força sobre pessoas e coisas.[106]

3.6.4 *Os poderes administrativos: posição adotada*

Tal como foi destacado, o poder é uma posição ativa capaz de alterar a situação jurídica de alguém. No caso do poder administrativo, isto é, manifestado no exercício de função administrativa, segue-se praticamente as lições de Pedro Gonçalves acima mencionadas, apenas com algumas modificações.

Neste estudo, os poderes administrativos são os seguintes: (a) *poder **normativo***; (b) *poder **de configuração de efeitos inovadores***; (c) *poder **de emissão de atos***

103. Pedro Gonçalves, *Entidades Privadas com Poderes Públicos: o Exercício de Poderes Públicos de Autoridade por Entidades Privadas com Funções Administrativas*, cit., p. 620.

104. Idem, p. 637.

105. Idem, pp. 637-638.

106. Pedro Gonçalves, *Entidades Privadas com Poderes Públicos: o Exercício de Poderes Públicos de Autoridade por Entidades Privadas com Funções Administrativas*, cit., pp. 641-642. É interessante destacar que o autor teceu considerações sobre outra modalidade de poder de autoridade, não arrolado nas cinco categorias citadas: trata-se do *poder de criar títulos executivos*. Conforme o autor, a executividade é uma marca que se articula com o poder de produzir determinado efeito jurídico. Nesta categoria, esse efeito (a executividade) vem de modo autônomo. É o caso do poder de certificação de dívidas exercido unilateralmente por entidades públicas, sem que o devedor assuma a responsabilidade pelo débito e sem que haja qualquer decisão anterior que tenha declarado tal responsabilidade (ob. cit., pp. 640-641). Pode-se questionar, então, que, em realidade, há outra categoria, por ele não citada inicialmente, mas explicada. De todo modo, a rigor, esse poder poderia ser enquadrado na categoria dos poderes de conformação, mesmo que manifestado de modo autônomo.

conferindo certeza jurídica, segurança jurídica ou força probatória especial.

Como se pode perceber, não se inseriu a última categoria citada por Pedro Gonçalves. Isso porque o chamado "poder de execução coerciva e de coação direta" nada mais é que a execução de um ato legal ou administrativo. Não há, aqui, a produção de um ato jurídico (característica da definição de poder adotada neste trabalho), mas mera realização de operações materiais. Há – isto, sim – um *dever* de pôr em movimento essas ações materiais.

Em relação ao *poder normativo*,[107] por meio dele a Administração edita atos administrativos introdutores de normas gerais e abstratas (são os "atos administrativos gerais e abstratos"). E no Direito Brasileiro esse poder resulta em normas infralegais. É o exemplo do regulamento de execução editado pelo chefe do Poder Executivo, das resoluções editadas por conselhos profissionais, dos regimentos internos dos tribunais, das instruções normativas – dentre outros.

O *poder de configuração de efeitos inovadores* tem o mesmo sentido exposto por Pedro Gonçalves. Ao exercer esse poder administrativo, a Administração edita atos administrativos introdutores de normas individuais e concretas (são os "atos administrativos individuais e concretos").

Por meio desses atos poderá haver a restrição ou a ampliação da esfera jurídica do seu destinatário.[108] É o caso, respectivamente, da sanção administrativa sobre servidores e contratados da Administração e da emissão da licença de funcionamento de estabelecimento comercial. Aliás, a distinção entre atos administrativos restritivos e ampliativos é extremamente relevante, havendo regimes diferentes para tais atos, como, por exemplo, no âmbito do processo administrativo.[109]

A terceira e última categoria é o *poder de emitir atos conferindo certeza jurídica, segurança jurídica e força probatória especial*. Vale notar que nessa

107. Frise-se novamente que, dentro de uma concepção normativista do Direito (aqui adotada), todo *poder* (ou potestade, ou direito formativo, ou direito potestativo) é normativo. Entretanto, a expressão "poder normativo" tem sido usada para designar a edição de atos veiculadores de normas gerais e abstratas.

108. Trata-se, aqui, dos chamados atos administrativos restritivos e ampliativos da esfera jurídica dos administrados. De acordo com Bruno Aurélio (*Atos Administrativos Ampliativos de Direitos: Revogação e Invalidação*, São Paulo, Malheiros Editores, 2011, p. 47), ato ampliativo da esfera jurídica dos administrados é aquele que, "por seu conteúdo favorável ou vantajoso ao administrado, tenha por finalidade imediata ampliar a esfera jurídica do destinatário específico, seja criando, outorgando, atribuindo ou reconhecendo-lhe um direito, uma faculdade ou vantagem jurídica, seja retirando ou liberando-o de um dever, obrigação, encargo, limitação, agravo ou ônus". Evidentemente, o ato restritivo possui sentido contrário.

109. Conforme Angélica Petian (*Regime Jurídico dos Processos Administrativos Ampliativos e Restritivos de Direito*, São Paulo, Malheiros Editores, 2011, pp. 214 e ss.), há princípios jurídicos comuns incidentes sobre os processos administrativos ampliativos e restritivos da esfera jurídica dos administrados. Contudo, no âmbito dos processos restritivos há princípios específicos, que não incidem nos processos ampliativos. Nas suas palavras: "Entendemos que o regime jurídico dos processos administrativos restritivos de direito é composto pelos princípios de índole processual decorrentes do devido processo legal que presidem também os processos ampliativos (contraditório, julgador natural, revisibilidade, verdade material, formalismo moderado, proibição da *reformatio in pejus* e celeridade e duração razoável do processo) e daqueles que são peculiares somente aos processos restritivos, quais sejam, princípio da ampla defesa, oficialidade e gratuidade".

categoria foram incluídas a terceira e a quarta modalidades de poder público de autoridade citadas por Pedro Gonçalves. Isso porque, a rigor, o fenômeno é o mesmo. O exercício de tal poder certifica ou atesta, com segurança, dados relativos a pessoas, fatos e bens. O mesmo efeito se dá quando a Administração produz atos destinados a documentar a existência de fatos; esses atos possuem uma força probatória especial.

É aqui que se insere a função exercida pelos notários e registradores (art. 236 da CF). Os atos praticados por estes se destinam a conferir "publicidade, autenticidade, segurança e eficácia dos atos jurídicos" (art. 1º da Lei 8.935/1995). Mas, além dos atos dos notários e registradores, incluem-se nessa categoria de poderes as declarações da Administração Pública sobre pessoas ou coisas. São as certidões e atestados, os quais possuem presunção (relativa) de legitimidade, já que há o dever das demais pessoas de considerarem as informações ali constantes como verdadeiras, bem como o exercício do poder como válido.

Não há utilidade em alçar os demais poderes normalmente arrolados pela doutrina brasileira como categorias autônomas.

O "poder vinculado e discricionário" não se refere propriamente ao poder, mas apenas à possibilidade, ou não, de o agente público emitir o ato administrativo com base em critérios subjetivos, seja quanto ao momento do exercício (oportunidade), seja quanto ao conteúdo e finalidade (conveniência).

A hierarquia, por sua vez, consiste num princípio de estruturação da Administração Pública que confere ao superior hierárquico poderes normativos e de configuração. Há manifestação da hierarquia quando é editada uma instrução normativa aos subordinados, como quando é determinada uma ordem concreta a um servidor específico.

Por sua vez, o poder disciplinar nada mais é que um dos tipos dos *poderes de configuração de efeitos inovadores*, mais especificamente uma das formas de poderes de configuração restritivos.

Já, o "poder de polícia" é uma forma de *atividade administrativa*, e não um poder administrativo autônomo. O "poder de polícia" (expressão bastante criticada na doutrina[110]) insere-se dentro da *atividade administrativa ordenadora*. Nesta atividade estão presentes as três categorias de poderes administrativos apresentadas neste estudo.

Uma vez apresentadas as modalidades de poderes administrativos, convém, agora, tratar brevemente da relação conversa desses poderes: a sujeição.

3.6.5 *A sujeição*

Na relação jurídica em que há num dos termos um sujeito titular do poder, no outro se encontra alguém na condição de *sujeição*. A relação conversa do poder é, pois, a sujeição. Se o direito potestativo é uma posição ativa que confere ao seu titular o poder de alterar (isto é, criar, modificar ou extinguir) uma situação jurídica, o sujeito passivo desse poder não pode resistir ao seu exercício.

A posição jurídica de sujeição diz respeito ao exercício do poder. O sujeito

110. Cf.: Celso Antônio Bandeira de Mello, *Curso de Direito Administrativo*, cit., 31ª ed., pp. 839-840; Agustín Gordillo, *Tratado de Derecho Administrativo*, 7ª ed., t. II, Belo Horizonte, Del Rey/Fundación de Derecho Administrativo, 2003, pp. V-1 e ss.; Carlos Ari Sundfeld, Carlos *Direito Administrativo Ordenador*, cit., 1ª ed., 3ª tir., pp. 10-15.

passivo do poder não tem como resistir ao seu exercício. O quadro é diverso do direito e do dever. No direito a algo é possível que o sujeito passivo não cumpra seu dever. Já, o poder não requer, para sua realização, qualquer conduta do sujeito passivo.

Os efeitos que derivam da produção do ato jurídico (produzido em virtude do poder) não se confundem propriamente com a sujeição. Isso explica a razão pela qual no exercício dos poderes de conformação ampliativos também há sujeição. O ato administrativo ampliativo – produto do exercício do poder ao qual o sujeito não pode resistir (sujeição) – introduz normas que incidem sobre fatos e geram efeitos novos, favoráveis ao administrado. Esses efeitos favoráveis conferem direitos a tal administrado e colocam a Administração numa posição de devedora.

Note-se que o poder jurídico se voltará para *sujeitos determinados* ou *indeterminados*. Assim, quando a Administração aplica uma sanção de trânsito ao motorista *X*, este está sujeito ao exercício desse poder sancionador. No entanto, quando é editado um regulamento, tal ato volta-se para toda a categoria de sujeitos ali delimitada (exemplo: regulamentos voltados para os servidores públicos federais).

O fato de a potestade ter como sujeitos passivos pessoas indeterminadas e determinadas não se identifica com as chamadas relações de sujeição geral e especial.[111] Isso porque, no âmbito de uma sujeição especial, a Administração terá como exercer a potestade para uma categoria de pessoas, quais sejam, aquelas inseridas nessa relação de sujeição especial (exemplo: regulamento aplicável aos alunos de uma universidade federal). De igual modo, o direito formativo concreto, voltado para uma pessoa determinada, poderá ser exercido no âmbito de uma relação de sujeição geral. O exemplo dado (poder sancionador em matéria de trânsito) ilustra isso.

4. *Características das competências administrativas*

Na doutrina brasileira é comum haver a enumeração de cinco características das competências administrativas.[112]

Em primeiro lugar, as competências são de *exercício obrigatório* para as pessoas e órgãos. De acordo com Hartmut Maurer, trata-se do *efeito vinculativo da*

111. Sobre as relações de sujeição especial, v. item 5.1.3 do Capítulo II do nosso *O Regime de Direito Público na Prestação de Serviços Públicos por Pessoas Privadas*, cit., disponível em *http://www.sapientia.pucsp.br*.

112. Cf.: Alexandre Santos de Aragão, *Curso de Direito Administrativo*, Rio de Janeiro, Forense, 2012, p. 110; Edmir Netto de Araújo, *Curso de Direito Administrativo*, cit., 5ª ed., pp. 473-474; Celso Antônio Bandeira de Mello, *Curso de Direito Administrativo*, cit., 31ª ed., pp. 149-150; Diógenes Gasparini, *Direito Administrativo*, 16ª ed., atualizada por Fabrício Motta, São Paulo, Saraiva, 2011, p. 114.

Dentre os juristas que não arrolam as cinco características a serem expostas, porém explicam apenas algumas delas, podem ser citados os seguintes autores: Celso Ribeiro Bastos, *Curso de Direito Administrativo*, cit., pp. 145-146; José dos Santos Carvalho Filho, *Manual de Direito Administrativo*, cit., 25ª ed., p. 106; José Cretella Jr., *Tratado de Direito Administrativo*, cit., 2ª ed., vol. II, p. 145; Maria Sylvia Zanella Di Pietro, *Direito Administrativo*, cit., 25ª ed., p. 211; Marçal Justen Filho, *Curso de Direito Administrativo*, cit., 8ª ed., pp. 359-360; Ruy Cirne Lima, *Princípios de Direito Administrativo*, cit., 5ª ed., pp. 140-141; Caio Tácito, *Direito Administrativo*, cit., p. 58.

Ressalte-se, ainda, quem arrola mais de cinco características, como Alexandre Mazza (*Manual de Direito Administrativo*, p. 206).

competência: "a autoridade está obrigada juridicamente a cumprir as tarefas que lhe são destinadas, mas também, simultaneamente, a observar os limites de seu âmbito de competência. A competência forma, portanto, fundamento e limite de sua atuação".[113]

É evidente que assinalar tal característica (o efeito vinculativo das competências) não implica negar a existência de competências administrativas discricionárias. O que vale destacar, aqui, é que o ente encarregado das atribuições administrativas tem o *dever jurídico* de buscar sua realização. Isso ocorre porque toda atividade estatal se traduz numa função pública, tal como já mencionado. A função pública afeta diretamente o exercício das situações ativas (direitos a algo e poderes), que se torna obrigatório (ao contrário do que ocorre, de maneira geral, no direito privado).

Em segundo lugar, as competências públicas são *irrenunciáveis*.[114] Ora, sendo um encargo, um dever do ente público, não pode seu titular dela dispor. Assim, do mesmo modo que lei alguma poderá afastar a competência prevista na Constituição a determinado ente federativo (sob pena de ofensa ao princípio federativo), os entes administrativos também não poderão afastar a competência a eles conferida pela lei.[115]

A terceira característica da competência administrativa é a chamada *intransferibilidade*, isto é, a impossibilidade de haver transação em relação a ela. Se fosse possível, haveria clara incoerência, em face das duas características acima apontadas. Com efeito, não cabe a um ente ou órgão administrativo repassá-la a outra pessoa ou órgão. Entretanto, é admitida, aqui, a *delegação de seu* ***exercício*** – o que não afasta a responsabilidade do delegante em relação a ela,[116] já que a delegação não deixa de ser uma transferência de competências, ainda que apenas do seu exercício, sem exclusão da titularidade do delegante.

As competências também são *imodificáveis* pela vontade do titular. Isto é: não cabe a ele aumentar seu campo de ação ou o restringir. Com efeito, se é a lei que lhe confere competência, não pode o agente público, por vontade própria, modificá-la. Todavia, a lei poderá admitir – como leciona Celso Antônio Bandeira de Mello – a *avocação*, que é a absorção, temporária e excepcional, pelo superior hierárquico de parte da competência de um subordinado.[117]

A quinta e última característica da competência reside na *imprescritibilidade*. O fato de o agente não a exercer não

113. Hartmut Maurer, *Direito Administrativo Geral*, cit., p. 620.

114. Cf. art. 12 da Lei federal 9.784/1998 (LPAF).

115. Ao tratar do tema sob a perspectiva da competência tributária (ou seja, a competência legislativa para instituir tributo), Roque Antonio Carrazza (*Curso de Direito Constitucional Tributário*, 29ª ed., São Paulo, Malheiros Editores, 2013, p. 765) leciona que os entes políticos não podem renunciar a essa competência: "(...). Esta é matéria de direito público constitucional, e, portanto, indisponível. União, Estados, Municípios e Distrito Federal carecem do direito de renúncia ao exercício das competências tributárias que receberam da Carta Magna e que são essenciais à sua subsistência".

Em igual sentido: Paulo de Barros Carvalho, *Curso de Direito Tributário*, 24ª ed., São Paulo, Saraiva, 2012, p. 274; Regina Helena Costa, *Curso de Direito Tributário: Constituição e Código Tributário Nacional*, 2ª ed., São Paulo, Saraiva, 2012, p. 61.

116. Cfr. arts. 12, 13e 14 da LPAF.

117. Celso Antônio Bandeira de Mello, *Curso de Direito Administrativo*, cit., 31ª ed., pp. 149-150. Cf. art. 15 da LPAF.

resulta na sua extinção. Aliás, haverá casos em que essa omissão será *qualificada como ilícita*, cabendo responsabilidade funcional e, conforme o caso, mandado de injunção.

Por fim, é importante destacar que as características acima foram tratadas tomando como base o direito administrativo. Contudo, é possível afirmar que *essas características estão presentes em quaisquer modalidades de competências públicas.*[118]

Referências bibliográficas

ABBAGNANO, Nicola. *Dicionário de Filosofia*. 4ª ed. São Paulo, Martins Fontes, 2000.

ALEXY, Robert. *Teoria dos Direitos Fundamentais*. 2ª ed., 3ª tir., trad. de Virgílio Afonso da Silva. São Paulo, Malheiros Editores, 2014.

AMARAL, Diogo Freitas do. *Curso de Direito Administrativo*. 3ª ed., 6ª reimpr., vol. I (com a colaboração de Luís Fábrica, Carla Amado Gomes e J. Pereira da Silva). Coimbra, Livraria Almedina, 2006.

ANDRADE, Manuel A. Domingues de. *Teoria Geral da Relação Jurídica*. vol. I. Coimbra, Livraria Almedina, 1997.

ARAGÃO, Alexandre Santos de. *Curso de Direito Administrativo*. Rio de Janeiro, Forense, 2012.

ARAÚJO, Edmir Netto de. *Curso de Direito Administrativo*. 5ª ed. São Paulo, Saraiva, 2010.

ARENHART, Sérgio Cruz, e MARINONI, Luiz Guilherme. *Processo de Conhecimento*. 10ª ed. São Paulo, Ed. RT, 2011.

118 . Não é feliz a expressão "deslegalização" (ou "deslegificação"), conceituada por Diogo de Figueiredo Moreira Neto (*Curso de Direito Administrativo*, cit., 15ª ed., p. 34) como a modalidade anômala de transferência de funções sem delegação "pela qual as Casas Legislativas *abrem um espaço normativo*, quase sempre de natureza técnica, em que elas *se demitem da função de criar certas normas legais* para que *outros entes, públicos ou privados*, o façam, sob os limites e controles por ela estabelecidos, no exercício da competência implícita no *caput* do art. 48 da Constituição" (os grifos não constam no original).

Em primeiro lugar, enquanto categoria geral do direito público, as competências públicas são irrenunciáveis e indisponíveis para seu titular. Com base nesse conceito geral de competência, já é possível dizer que o Poder Legislativo (seja qual for a esfera federativa) não pode se "demitir" de suas funções, tal como aponta o autor. Com efeito, como foi a Constituição que lhe conferiu essa função, não cabe ao órgão legislativo (que foi criado pela Lei Maior) afastar suas disposições e se recusar a exercer suas atribuições. O art. 48, *caput*, da CF não atribui, sequer implicitamente, tal competência ao Poder Legislativo, como se pode verificar pela sua redação: "Cabe ao Congresso Nacional, com a sanção do Presidente da República, não exigida esta para o especificado nos arts. 49, 51 e 52, dispor sobre todas as matérias de competência da União, especialmente sobre: (...)".

Mas, além disso, a função legislativa não é passível de *descentralização*, nem mesmo para *pessoas jurídicas de direito público* (daí, falar em "deslegalização" para entes privados se mostra inadequado). Tal como ocorre na função jurisdicional, a Constituição determina que ela seja exercida pelos órgãos legislativos integrantes da União, dos Estados, do Distrito Federal e dos Municípios. A simples leitura do art. 2º da Lei Maior já permite essa interpretação (conjugado com o princípio da simetria). Ademais, o texto constitucional configura o Poder Legislativo e o Poder Judiciário, estabelecendo suas competências. Aos seus membros são conferidas prerrogativas específicas (imunidade parlamentar, vitaliciedade aos magistrados etc.), destinadas a assegurar a tais órgãos (e aos seus membros) a independência necessária para o exercício de suas funções.

Então, a chamada "deslegalização" somente pode ser imaginada na hipótese de se conferir à Administração Pública uma legítima competência discricionária, obedecida sempre a hierarquia normativa. Contudo, nessa situação tal vocábulo se torna desnecessário, pois a teoria da discricionariedade administrativa enfrenta adequadamente a questão.

AURÉLIO, Bruno. *Atos Administrativos Ampliativos de Direitos: Revogação e Invalidação*. São Paulo, Malheiros Editores, 2011.

BACELLAR FILHO, Romeu Felipe. *Direito Administrativo*. 3ª ed. São Paulo, Saraiva, 2007.

BANDEIRA DE MELLO, Celso Antônio. *Curso de Direito Administrativo*. 31ª ed. São Paulo, Malheiros Editores, 2014.

———. *Eficácia das Normas Constitucionais e Direitos Sociais*. 1ª ed., 3ª tir. São Paulo, Malheiros Editores, 2011.

BANDEIRA DE MELLO, Oswaldo Aranha. *Princípios Gerais de Direito Administrativo*. vol. II. Rio de Janeiro, Forense, 1969.

BASTOS, Celso Ribeiro. *Curso de Direito Administrativo*. São Paulo, Celso Bastos Editora, 2002.

BÉNOÎT, Francis-Paul. *Le Droit Administratif Français*. Paris, Dalloz, 1968.

BOBBIO, Norberto. *Direito e Poder*. Trad. de Nilson Moulin. São Paulo, UNESP, 2008.

BONNARD, Roger. *Précis Elémentaire de Droit Administratif*. Paris, Sirey, 1926.

BOROWSKI, Martin. *La Estructura de los Derechos Fundamentales*. Bogotá, Universidad Externado de Colombia, 2003.

CAETANO, Marcello. *Manual de Direito Administrativo*. 10ª ed., 10ª reimpr., revista e atualizada por Diogo Freitas do Amaral, vol. I. Coimbra, Livraria Almedina, 2010.

CARNELUTTI, Francesco. *Teoría General del Derecho*. Trad. de Carlos G. Posada. Granada, Comares, 2003.

CARRAZZA, Roque Antonio. *Curso de Direito Constitucional Tributário*. 29ª ed. São Paulo, Malheiros Editores, 2013.

CARVALHO, Paulo de Barros. *Curso de Direito Tributário*. 24ª ed. São Paulo, Saraiva, 2012.

——— *Direito Tributário: Fundamentos Jurídicos da Incidência*. 4ª ed. São Paulo, Saraiva, 2006.

———. *Direito Tributário, Linguagem e Método*. 2ª ed. São Paulo, Noeses, 2008.

CARVALHO FILHO, José dos Santos. *Manual de Direito Administrativo*. 25ª ed. São Paulo, Atlas, 2012.

CASSAGNE, Juan Carlos. *Derecho Administrativo*. 9ª ed., ts. I e II. Buenos Aires, Abeledo-Perrot, 2008.

CASSESE, Sabino. *La Crisis del Estado*. Trad. de Pascual Caiella e Juan González Moras. Buenos Aires, Abeledo-Perrot, 2003.

CINTRA, Antônio Carlos de Araújo, DINAMARCO, Cândido Rangel, e GRINOVER, Ada Pellegrini. *Teoria Geral do Processo*. 30ª ed. São Paulo, Malheiros Editores, 2014.

CIRNE LIMA, Ruy. *Princípios de Direito Administrativo*. 5ª ed. São Paulo, Ed. RT, 1982.

CLÈVE, Clèmerson Merlin. *Atividade Legislativa do Poder Executivo*. 2ª ed. São Paulo, Ed. RT, 2000.

CORDEIRO, António Menezes. *Tratado de Direito Civil Português*. 2ª ed., vol. I, t. I. Coimbra, Livraria Almedina, 2000.

COSTA, Regina Helena. *Curso de Direito Tributário: Constituição e Código Tributário Nacional*. 2ª ed. São Paulo, Saraiva, 2012.

COUTO E SILVA, Almiro do. "Atos jurídicos de direito administrativo praticados por particulares e direitos formativos". *Revista da Procuradoria-Geral do Estado [do Rio Grande do Sul]* 27/74-94. N 57. Porto Alegre, 2004.

CRETELLA JR., José. *Tratado de Direito Administrativo*. 2ª ed., vol. II. Rio de Janeiro, Forense, 2002.

DALLARI, Adilson Abreu, e FERRAZ, Sérgio. *Processo Administrativo*. 3ª ed. São Paulo, Malheiros Editores, 2012.

DI PIETRO, Maria Sylvia Zanella. *Direito Administrativo*. 25ª ed. São Paulo, Atlas, 2012.

DINAMARCO, Cândido Rangel, CINTRA, Antônio Carlos de Araújo, e GRINOVER, Ada Pellegrini. *Teoria Geral do Processo*. 30ª ed. São Paulo, Malheiros Editores, 2014.

ECHAVE, Delia Teresa, GUIBOURG, Ricardo A., e URQUIJO, María Eugenia. *Lógica,*

Proposición y Norma. 6ª reimpr. Buenos Aires, Astrea, 2002.

ENTERRÍA, Eduardo García de, e FERNÁNDEZ, Tomás-Ramón. *Curso de Derecho Administrativo*. ts. I e II. Buenos Aires, La Ley, 2006.

FERNÁNDEZ, Tomás-Ramón, e ENTERRÍA, Eduardo García de. *Curso de Derecho Administrativo*. ts. I e II. Buenos Aires, La Ley, 2006.

FERRAZ, Sérgio, e DALLARI, Adilson Abreu. *Processo Administrativo*. 3ª ed. São Paulo, Malheiros Editores, 2012.

FERRAZ JR., Tércio Sampaio. *Introdução ao Estudo do Direito: Técnica, Decisão, Dominação*.

FIGUEIREDO, Lúcia Valle. *Curso de Direito Administrativo*. 9ª ed. São Paulo, Malheiros Editores, 2008.

FIGUEIREDO, Marcelo (coord.). *Novos Rumos para o Direito Público: Reflexões em Homenagem à Professora Lúcia Valle Figueiredo*. Belo Horizonte, Fórum, 2012.

FIORINI, Bartolomé A. *Manual de Derecho Administrativo*. Primeira Parte. Buenos Aires, La Ley, 1968.

FORSTHOFF, Ernst. *Tratado de Derecho Administrativo*. Trad. de Luis Legaz y Lacambra, Fernando Garrido Falla e Gómez de Ortega y Junge. Madri, Instituto de Estudios Jurídicos, 1958.

FRANCO SOBRINHO, Manoel de Oliveira. *Da Competência Constitucional Administrativa*. Curitiba, Gênese, 1995 (disponível em *http://www.institutooliveirafranco.org.br/pdfs/DaCompetencia.PDF*).

FREIRE, André Luiz. "Apontamentos sobre as funções estatais no Direito Brasileiro". *RDA* 248. São Paulo, Atlas/FGV, maio-agosto/2008.

——————. *O Regime de Direito Público na Prestação de Serviços Públicos por Pessoas Privadas*. Tese de Doutorado. São Paulo, PUC/SP, 2013, Capítulo I (disponível em *http://www.sapientia.pucsp.br*).

FREITAS, Juarez. *Discricionariedade Administrativa e o Direito Fundamental à Boa Administração Pública*. 2ª ed. São Paulo, Malheiros Editores, 2009.

FUX, Luiz. *Curso de Direito Processual Civil*. Rio de Janeiro, Forense, 2001.

GASPARINI, Diógenes. *Direito Administrativo*. 16ª ed., atualizada por Fabrício Motta. São Paulo, Saraiva, 2011.

GHIGLIANI, Alejandro M., GUARINONI, Ricardo V., e GUIBOURG, Ricardo A. *Introducción al Conocimiento Científico*. 3ª ed., 4ª reimpr. Buenos Aires, Eudeba, 2004.

GIANNINI, Massimo Severo. *Diritto Amministrativo*. vol. I. Milão, Giuffrè, 1970.

GONÇALVES, Pedro. *Entidades Privadas com Poderes Públicos: o Exercício de Poderes Públicos de Autoridade por Entidades Privadas com Funções Administrativas*. Coimbra, Livraria Almedina, 2005.

GORDILLO, Agustín. *Tratado de Derecho Administrativo*. 7ª ed., ts. I e II. Belo Horizonte, Del Rey/Fundación de Derecho Administrativo, 2003.

GRAU, Eros Roberto. *O Direito Posto e o Direito Pressuposto*. 8ª ed. São Paulo, Malheiros Editores, 2011.

GRINOVER, Ada Pellegrini, CINTRA, Antônio Carlos de Araújo, e DINAMARCO, Cândido Rangel. *Teoria Geral do Processo*. 30ª ed. São Paulo, Malheiros Editores, 2014.

GUARINONI, Ricardo V., GHIGLIANI, Alejandro M., e GUIBOURG, Ricardo A. *Introducción al Conocimiento Científico*. 3ª ed., 4ª reimpr. Buenos Aires, Eudeba, 2004.

GUASTINI, Riccardo. *La Sintassi del Diritto*. Turim, G. Giappichelli, 2011.

GUIBOURG, Ricardo A., ECHAVE, Delia Teresa, e URQUIJO, María Eugenia. *Lógica, Proposición y Norma*. 6ª reimpr. Buenos Aires, Astrea, 2002.

GUIBOURG, Ricardo A., GHIGLIANI, Alejandro M., e GUARINONI, Ricardo V. *Introducción al Conocimiento Científico*. 3ª ed., 4ª reimpr. Buenos Aires, Eudeba, 2004.

HOHFELD, Wesley Newcomb. *Os Conceitos Jurídicos Fundamentais Aplicados na Ar-*

gumentação Judicial. Trad. de Margarida Lima Rego. Lisboa, Fundação Calouste Gulbenkian, 2008.

ITALIA, Vittorio, LANDI, Guido, e POTENZA, Giuseppe. *Manuale di Diritto Amministrativo*. 11ª ed. Milão, Giuffrè, 1999.

JUSTEN FILHO, Marçal. *Curso de Direito Administrativo*. 8ª ed. Belo Horizonte, Fórum, 2012.

KAUFMANN, Arthur. *Filosofia do Direito*. 4ª ed., trad. de António Ulisses Cortês. Lisboa, Fundação Calouste Gulbenkian, 2010.

KELSEN, Hans. *Teoria Geral do Direito e do Estado*. 3ª ed., 2ª tir., trad. de Luís Carlos Borges. São Paulo, Martins Fontes, 2000.

LANDI, Guido, ITALIA, Vittorio, e POTENZA, Giuseppe. *Manuale di Diritto Amministrativo*. 11ª ed. Milão, Giuffrè, 1999.

LARENZ, Karl. *Derecho Civil: Parte General*. Trad. de Miguel Izquierdo e Macías-Picavea. Madri, Editorial Revista de Derecho Privado, 1978.

LEGAZ Y LACAMBRA, Luis. *Introducción a la Ciencia del Derecho*. Barcelona, Bosch, 1943.

LUMIA, Giuseppe. *Elementos de Teoria e Ideologia do Direito*. Trad. de Denise Agostinetti. São Paulo, Martins Fontes, 2003.

MARINONI, Luiz Guilherme, e ARENHART, Sérgio Cruz. *Processo de Conhecimento*. 10ª ed. São Paulo, Ed. RT, 2011.

MARQUES, José Frederico. *Manual de Processo Civil*. 2ª ed., vol. I. Campinas, Millenium, 1988.

MARQUES NETO, Floriano de Azevedo. "Poderes da Administração Pública". In: FIGUEIREDO, Marcelo (coord.). *Novos Rumos para o Direito Público: Reflexões em Homenagem à Professora Lúcia Valle Figueiredo*. Belo Horizonte, Fórum, 2012.

MAURER, Hartmut. *Direito Administrativo Geral*. Trad. de Luís Afonso Heck. Barueri/SP, Manole, 2006.

MAZZA, Alexandre. *Manual de Direito Administrativo*.

————. *Relação Jurídica de Administração Pública*. São Paulo, Saraiva, 2012.

MEDAUAR, Odete. *Direito Administrativo Moderno*. 16ª ed. São Paulo, Ed. RT, 2012.

MEIRELLES, Hely Lopes. *Direito Administrativo Brasileiro*. 40ª ed. São Paulo, Malheiros Editores, 2014.

MELLO, Marcos Bernardes de. *Teoria do Fato Jurídico: Plano da Eficácia (1ª Parte)*. 2ª ed. São Paulo, Saraiva, 2004.

MIELE, Giovanni. *Principi di Diritto Amministrativo*. t. I. Pádua, CEDAM, 1960.

MOREIRA, Vital. *Administração Autónoma e Associações Públicas*. Coimbra, Coimbra Editora, 2003.

MOREIRA NETO, Diogo de Figueiredo. *Curso de Direito Administrativo*. 15ª ed. Rio de Janeiro, Forense, 2009.

NINO, Carlos Santiago. *Introducción al Análisis del Derecho*. 2ª ed. Buenos Aires, Astrea, 2012.

NORONHA, Fernando. *Direito das Obrigações*. 2ª ed., vol. I. São Paulo, Saraiva, 2007.

NUCCI, Guilherme de Souza. *Manual de Processo Penal e de Execução Penal*. 4ª ed. São Paulo, Ed. RT, 2008.

OLIVEIRA, Régis Fernandes de. *Delegação e Avocação Administrativas*. 2ª ed. São Paulo, Ed. RT, 2004.

PERLINGIERI, Pietro. *Perfis do Direito Civil: Introdução ao Direito Civil Constitucional*. 3ª ed., trad. de Maria Cristina de Cicco. Rio de Janeiro, Renovar, 2007.

PETIAN, Angélica. *Regime Jurídico dos Processos Administrativos Ampliativos e Restritivos de Direito*. São Paulo, Malheiros Editores, 2011.

PINTO, Carlos Alberto da Mota. *Teoria Geral do Direito Civil*. 3ª ed. Coimbra, Coimbra Editora, 1999.

PONTES DE MIRANDA, F. C. *Tratado de Direito Privado*. 4ª ed., t. V. São Paulo, Ed. RT, 1983.

POTENZA, Giuseppe, ITALIA, Vittorio, e LANDI, Guido. *Manuale di Diritto Amministrativo*. 11ª ed. Milão, Giuffrè, 1999.

REALE, Miguel. *Lições Preliminares de Direito*. 27ª ed., 10ª tir. São Paulo, Saraiva, 2011.

ROCHA, Sílvio Luís Ferreira da. *Introdução ao Processo Civil: Processo de Conhecimento*. Belo Horizonte, Fórum, 2011.

ROMANO, Santi. *Fragmentos de un Diccionario Jurídico*. Trad. de Santiago Sentís Melendo e Marino Ayerra Redín. Granada, Comares, 2002.

————. *Princípios de Direito Constitucional Geral*.

ROSS, Alf. *Direito e Justiça*. Trad. de Edson Bini. Bauru/SP, 2003.

ROUBIER, Paul. *Droits Subjectifs et Situations Juridiques*.

SANTAMARÍA PASTOR, Juan Alfonso. *Principios de Derecho Administrativo General*. 2ª ed., vol. I. Madri, Iustel, 2009.

SCHLESINGER, Piero, e TORRENTE, Andrea. *Manuale di Diritto Privato*. 15ª ed. Milão, Giuffrè, 1997.

SEABRA FAGUNDES, Miguel. *O Controle dos Atos Administrativos pelo Poder Judiciário*. 7ª ed., atualizada por Gustavo Binenbojm. Rio de Janeiro, Forense, 2006.

SILVA, José Afonso da. *Curso de Direito Constitucional Positivo*. 37ª ed. São Paulo, Malheiros Editores, 2014.

STEBBING, Susan. *Introducción Moderna a la* Lógica. Trad. de Robert S. Hartman e José Luis González. Cidade do México, UNAM, 1965.

SUNDFELD, Carlos Ari. *Direito Administrativo Ordenador*. 1ª ed., 3ª tir. São Paulo, Malheiros Editores, 2003.

TÁCITO, Caio. *Direito Administrativo*. São Paulo, Saraiva, 1975.

THEODORO JR., Humberto. *Curso de Direito Processual Civil*. 49ª ed., 2ª tir., vol. I. Rio de Janeiro, Forense, 2008.

TORRENTE, Andrea, e SCHLESINGER, Piero. *Manuale di Diritto Privato*. 15ª ed. Milão, Giuffrè, 1997.

TRABUCCHI, Alberto. *Instituciones de Derecho Civil*. t. I, trad. de Luis Martínez-Calcerrada. Madri, Editorial Revista de Derecho Privado, 1967.

TUHR, A. von. *Tratado de las Obligaciones*. Trad. de W. Roces. Granada, Comares, 2007.

URQUIJO, María Eugenia, ECHAVE, Delia Teresa, e GUIBOURG, Ricardo A. *Lógica, Proposición y Norma*. 6ª reimpr. Buenos Aires, Astrea, 2002.

VILANOVA, Lourival. *Causalidade e Relação no Direito*. 4ª ed. São Paulo, Ed. RT, 2000.

VIRGA, Pietro. *Il Provvedimento Amministrativo*. 4ª ed. Milão, Giuffrè, 1972.

ZOCKUN, Maurício. *Regime Jurídico da Obrigação Tributária Acessória*. São Paulo, Malheiros Editores, 2005.

————. *Responsabilidade Patrimonial do Estado: Matriz Constitucional, a Responsabilidade por Atos Legislativos, a Obrigatoriedade da Prévia Indenização e a Responsabilidade Pessoal do Parlamentar*. São Paulo, Malheiros Editores, 2010.

DOUTRINA

DISCRICIONARIEDADE ADMINISTRATIVA[1]

CELSO ANTÔNIO BANDEIRA DE MELLO

Professor Titular de Direito Administrativo da PUC/SP
e Professor Emérito da mesma Universidade

O tema que se vai aqui desenvolver é um tema ao mesmo tempo muito belo e muito técnico: é o tema da discricionariedade administrativa, também um tema extremamente difícil. Sobre a discricionariedade foram emitidos comentos os mais curiosos, tais como que é o "cavalo de Troia" do Estado de Direito; já se disse que a discricionariedade reina por toda parte, e já se disse que não há espaço para a discricionariedade no Estado de Direito. Por aí se vê quão contraditórios têm sido os pontos de vista sobre a chamada discricionariedade administrativa.

Um autor português, quando ainda muito jovem, mas já tendo produzido interessante livro sobre o erro e a ilegalidade do ato administrativo, André Gonçalves Pereira,[2] a respeito da discricionariedade fez a seguinte averbação: "Há, no Direito, alguns temas que se nos antolham como estradas ou como trilhas por que raramente penetravam os estudiosos, e há outras, pelo contrário, que se nos afiguram como avenidas largas, intensamente transitadas. A discricionariedade é uma destas". Ele tinha razão. Mas, ainda que muito transitada, diria eu que, depois de séculos de estudos, a matéria persiste a ensanchar dúvidas, as mais verazes, no espírito dos estudiosos.

Vai-se adotar aqui, então, um método distinto daqueles anteriormente usados, método que não é usual, por adiantar, preliminarmente, as teses – por assim dizer – a serem sustentadas. Esta exposição será um esforço no sentido de oferecer supedâneo para a tese de antemão declinada. Em primeiro lugar, a de que não existe "ato discricionário", e é um equívoco perigoso

1. Palestra proferida em 19.5.2000 no Salão Nobre da Faculdade de Direito do Recife, a convite do Programa de Pós-Graduação (transcrição de Kylce Anne Pereira, revisão de João Maurício Adeodato).

2. André Gonçalves Pereira, *Erro e Ilegalidade no Acto Administrativo*, Lisboa, Ática, 1962.

o uso dessa expressão. O que há é discricionariedade a propósito do exercício de certas competências. A discrição tem que ser procurada, em um primeiro momento, na competência, não no ato. Ela pode traduzir-se em concreto no ato, mas ela não reside no ato. *Não há ato discricionário*. Esta seria a primeira tese.

A segunda tese é a de que *não existe o poder discricionário*. O chamado poder discricionário é um mito, é um formidável equívoco. O que existe é um dever discricionário.

A terceira tese a sustentar é que, *quando há discrição, a norma jurídica não pretende liberar o administrador para livre escolha entre diferentes alternativas*. A norma só quer a solução ótima, aquela que atenda com precisão capilar à finalidade da lei.

A quarta tese aqui defendida é a de que a discrição, ao nível da norma, é condição necessária mas não suficiente para o seu reconhecimento em concreto. É dizer: *a discrição só existe no caso concreto*.

Ao final, concluindo, serão abordados alguns pontos sobre o controle do exercício de atos praticados a título de discrição administrativa.

Para sustentar esses pontos de vista, que envolvem teses muito discutidas, é preciso ser um tanto esquemático sem, entretanto, nos corrermos de implantar as premissas iniciais para a abordagem desses vários tópicos.

Sabe-se que o próprio do Estado de Direito é a submissão da Administração à lei; e não apenas à sua dicção formal, mas ao espírito da regra, à finalidade da regra jurídica. E, na verdade, compreendida dentro do todo, dentro do sistema no qual se encontra. Sabe-se também que o Estado de Direito é a juridicização de um projeto político, é a conversão jurídica de um projeto que tem origem em duas linhas de pensamento: o pensamento de Rousseau – com a ideia da soberania popular – e o pensamento de Montesquieu – com a tripartição do exercício do poder –, como bem diz o eminente administrativista de Coimbra, Afonso Rodrigues Queiró.[3]

Este foi e é o projeto do Estado de Direito: submeter os exercentes do poder ao controle da legalidade e ao contraste da fiscalização de conduta por um órgão independente, imparcial, que é o Poder Judiciário. Por isso que o Estado de Direito não é apenas aquele Estado submetido às leis, mas também submetido ao controle de um órgão independente, para verificação dos lindes legais: o Poder Judiciário.

Parte-se aqui, portanto, da ideia de Estado de Direito, examinando-se a discricionariedade dentro do Estado de Direito, porque não pode haver discricionariedade onde não impere o princípio da legalidade. A própria noção de discricionariedade se opõe à arbitrariedade – habitualmente se diz –, porque esta constitui uma conduta *extra legem*, e a discricionariedade é exercitada no interior dos mandamentos legais. A discricionariedade, portanto, é produto de um Estado onde existe a submissão à legalidade.

Ninguém como o professor gaúcho Ruy Cirne Lima conseguiu sintetizar a essência da atividade administrativa em frases lapidares: "Jaz a atividade administrativa debaixo da lei, que lhe assinala um fim a cumprir"; "O fim, e não a vontade, domina todas as formas de administração"; "Opõe-se a noção de administração à de propriedade, visto que o bem se não entende vinculado à vontade do administrador, mas à finalidade impessoal a que deve servir"; "A relação de administra-

3. Afonso Rodrigues Queiró, *Reflexões sobre a Teoria do Desvio de Poder*, Coimbra, Coimbra Editora, 1940, p. 8.

ção somente se nos depara no plano das relações jurídicas quando a atividade se encontra defendida não apenas contra terceiros, mas também contra o próprio administrador".[4]

Essas várias frases, pinçadas dos *Princípios de Direito Administrativo* de Cirne Lima, oferecem aquela que é verdadeiramente a essência do direito administrativo. O exame da legalidade não pode ser feito senão a partir dessa perspectiva, que se deve liminarmente colocar, por constituir o ponto de partida de todas as demais considerações.

Veja-se, então, a primeira tese. Costuma-se dizer que, assim como há atos vinculados, há atos discricionários. De um modo geral, isto pode ser visto sem maiores problemas. Reconhece-se a existência de *vinculação* quando a regra de Direito traça antecipadamente, com rigor absoluto, a conduta única pré-tipificada; impõe ao administrador, em face de circunstâncias também de antemão expostas, mediante conceitos aferíveis com objetividade absoluta. E que, pelo contrário, existe *discrição* quando remanesce para o administrador, em face da forma ou maneira com que se regulou determinada matéria, uma possibilidade de interferência com seu juízo subjetivo pessoal quanto à forma de dar satisfação adequada ao interesse público.

Mas agora se afirma que *não há atos discricionários*, e é efetivamente perigoso o uso dessa expressão, erro em que todos incidem. Como fazer para demonstrar isso? Vai-se tentar, neste momento pelo menos, a mais tangencial das vias, mas que se ampara em técnica jurídica particularmente clara. Costuma-se dizer que o ato administrativo possui elementos, e entre esses elementos incluem-se a competência e a finalidade. Diz-se também que competência e finalidade são sempre vinculadas. Admitindo-se que sejam verdadeiras essas afirmações – pensamento não compartilhado aqui, diga-se de passagem –, que compõem a posição mais corrente, não pode haver ato discricionário porque, se todo ato é vinculado pelo menos quanto à competência e quanto à finalidade, como falar de um ato discricionário? Forçoso reconhecer, assim, que não há atos discricionários.

Ressalte-se que muitas vezes se usam formas elípticas para afirmar alguma coisa em Direito, e que esta aqui poderia ser reputada uma forma elíptica de falar. Mas também é preciso admitir que tais elipses frequentemente são causa de consequências nefastas à boa compreensão do Direito. Se se fala em ato discricionário, se alguém examina um ato e conclui que é um ato discricionário, terá que concluir que a apreciação jurisdicional já está, no mínimo, em grande parte prejudicada porque o agente praticou um ato discricionário, isto é, com a base de subjetivismo para a qual estava legitimado no que diz respeito aos aspectos seja de oportunidade, seja de conveniência.

Assim, esta maneira elíptica de dizer é forma perigosa, embora os juristas sempre se sirvam de fórmulas elípticas. Diz-se, por exemplo, muitas vezes, que o ato jurídico é uma declaração produtora de efeitos jurídicos. Esta é uma forma elíptica de dizer, pois o ato jurídico não é uma declaração, ele consiste no sentido que a regra de Direito atribui a uma declaração, o que é diferente, examinando-se com rigor técnico. A declaração é suporte de um conteúdo ao qual o Direito empresta um sentido relevante. Isso mostra o cuidado que é necessário ter a respeito de certas questões. No caso do ato discricionário –

4. Ruy Cirne Lima, *Princípios de Direito Administrativo*, 5ª ed., São Paulo, Ed. RT, 1962, p. 22.

insista-se – o cuidado tem que ser imenso. O que, então, é discricionariedade?

Sem dúvida, existe a discricionariedade administrativa. Se fosse necessária uma prova de que existe discrição administrativa – e o insucesso das tentativas da doutrina que pretendeu negar a existência da discrição é significativo –, poder-se-ia responder como se respondeu ao argumento dos sofistas, que afirmavam ser o movimento uma ilusão, porque, se se tem que transpor a distância entre dois pontos, e como essa distância pode ser dividida ao meio, e as duas metades resultantes podem ser divididas também ao meio, e assim sucessivamente até o infinito, é impossível transpor qualquer distância. O contra-argumento é simples: foi dado um passo, simplesmente, e assim atravessada uma distância. Vale dizer: em todos os sistemas, em todos os modelos, em todas as partes, em inúmeras oportunidades, a Administração atua desfrutando de certa liberdade para emitir um juízo seja de oportunidade, seja de conveniência, conforme o caso.

O que é discricionário, então? Discricionária é a apreciação que a regra de competência, em certos casos, confere ao agente administrativo. O que é discricionário, em rigor, é esse juízo, essa avaliação que a regra de competência irroga ao agente. Tanto é verdade que, em muitas vezes, pode o agente agir ou não agir. Se não agiu, não praticou ato algum, não há ato administrativo – e mesmo assim houve o fenômeno da discrição. Comportamentos comissivos ou comportamentos omissivos podem ser demonstrações da discricionariedade. Pode-se ficar com isso e simplesmente deixar o debate sobre os elementos, que, a meu ver, é uma posição errada. A primeira tese a sustentar nessa matéria, então, é banir a expressão "ato discricionário" porque não há ato discricionário, porque a discrição é suscitada por algum aspecto da regra de competência. Logo, o juiz estará inibido – e adiante ver-se-á em que termos – apenas em relação àqueles aspectos, nunca em relação ao ato como um todo.

A segunda tese, retome-se, é que não existe poder discricionário e não existe, portanto, a possibilidade de erigir-se tal categoria jurídica. O que existe é o dever discricionário. E por que dever discricionário? Esta conclusão é quase que inevitável a partir do instante em que se assume que não há ato discricionário, mas sim discricionariedade resultante da regra de competência, porque a competência – ao contrário do que habitualmente se diz – não é um plexo de poderes, uma demarcação de poderes. É uma demarcação de deveres a serem obedecidos, atendidos mediante o exercício de poderes. É um tópico importantíssimo. Esse é um tópico extremamente importante, porque dá a tônica do Estado de Direito.

Antes de fazer uma demonstração teórica, é de bom alvitre tentar, através de um exemplo prático, preparar o caminho para sustentação do ponto de vista de que competência são deveres-poderes. Quando se trata, em direito privado, da tutela ou da curatela, por exemplo, a ninguém acudiria, para resolução de algum problema jurídico, enfatizar os poderes de um curador ou os poderes de um tutor. Antes, viria a nosso espírito, de imediato, a compreensão de que os poderes do tutor e de que os poderes do curador estavam a serviço do tutelado e do curatelado, é para desincumbir-se do dever de bem servir que se irrogam ao tutor e ao curador os correspondentes poderes. O que significa isso? Que o poder é ancilar – etimologicamente vindo de *ancila*, "serva", "escrava" –, e o que prevalece é o interesse a ser defendido, o dever de atender àquele interesse.

Sabe-se também que em direito público, a partir do iluminado Santi Romano, se começou a falar, ao invés de em poderes, simplesmente, em *poderes-deveres*, o que de certo modo está contido em uma expressão corrente da doutrina italiana, que separa poder de *potestad.* A *potestad* é este poder serviente. Mas parece que este binômio está mais corretamente traduzido na expressão "dever-poder" do que na expressão "poder-dever", porque o poder é instrumental. E, se o poder é instrumental para o cumprimento do dever, é o dever que tem que sobressair, porque isso significa o dimensionamento do poder. Na medida em que reconhecemos que o poder está a serviço do dever, ele não pode ter nenhuma intensidade, nenhuma extensão, que ultrapasse, que exceda, o estritamente demandado para o atendimento do dever, sob pena de haver apenas o pretenso exercício da competência quando, na verdade, houve extralimitação da competência.

O que há, pois, é um dever-poder discricionário, e não um poder discricionário – o que altera profundamente toda forma de apreciar a discricionariedade. Não se exalta o poder do agente, não se exalta o poder do Estado. Exalta-se o dever que lhe foi imposto de atender à finalidade legal, porque o exercício de competência é exercício de função, e, embora a palavra "função" possua mais de um significado, um deles, muito bem pontuado pelos autores italianos, é que se tem função em Direito quando alguém está preposto no dever de satisfazer o interesse alheio, e por isso é municiado com os indispensáveis poderes para que possa exonerar-se – digamos – dessa obrigação. Isto dimensiona o poder. Isto dá, em um Estado de Direito, sua real e verdadeira dimensão, seu significado, sua repercussão em nossa vida.

Se isso for aplicado à realidade jurídica contemporânea brasileira, observar-se-á um contexto de extralimitação da competência, de desvio da finalidade da competência, como em tempos históricos pretéritos, como no Estado de Polícia, no Estado em que há soberano e súditos, e não no Estado em que há cidadãos. O texto constitucional brasileiro afirma com meridiana clareza que "todo o poder emana do povo, que o exerce por meio de seus representantes eleitos ou diretamente, nos casos previstos nesta Constituição" – o que está na abertura, praticamente, do texto constitucional brasileiro. A Constituição diz quais são os objetivos fundamentais da República Federativa do Brasil e diz sobre que princípios ela se assenta. O art. 170 da CF enumera, desde logo, qual o sentido da ordem econômica do Brasil, que é a valorização do trabalho humano e da livre iniciativa, a fim de realizar os valores da justiça social com base em uma série de princípios, dentre os quais a função social da propriedade, a busca do pleno emprego, a redução das desigualdades regionais e sociais – mesma ideia que já se encontrava no art. 3º da CF, apenas com a dicção invertida ("redução das desigualdades sociais e regionais").

É necessária uma compreensão da competência como exercício de função, a compreensão da função como cumprimento de um dever, para o qual são necessários os irrecusáveis poderes em prol de terceiro. Na noção de administração da propriedade o bem não se entende vinculado à vontade do administrador, mas à finalidade impessoal a que essa vontade deve servir, como já dito acima. Essa antítese entre propriedade e relação de administração, montada por Cirne Lima, encerra em sua concisão a essência do direito administrativo, um caminho aberto, uma dessas largas avenidas, não tanto percorridas no Brasil, para compreensão de todo o direito administrativo – e, portanto, também da discricionariedade.

A discricionariedade é um dever-poder, e, em tese, o dever é que tem a primazia, é ele que sobreleva. É o dever de atender ao interesse de terceiro, não do administrador, não do aparelho jurídico estatal. Isso seria a busca de um interesse público, o falso interesse público – o interesse secundário, como dizem os italianos, e não o interesse primário, que é aquele que está consagrado superiormente na regra de Direito.

À guisa de exemplo pode-se trazer que, quando o texto constitucional – nas hipóteses de desapropriação – fala em "justa indenização", esta constitui o interesse público primário. Quando o Estado lesa, causa danos a terceiros, e, na forma do art. 37, § 6º, da CF, tem que ser responsabilizado ("As pessoas jurídicas de direito público e as de direito privado prestadoras de serviços públicos responderão pelos danos que seus agentes, nessa qualidade, causarem a terceiros"), esse é o interesse público primário. Não é recusar-se teimosamente a atender ao direito de terceiro violado para que os cofres públicos possam estar mais defendidos.

Os exemplos de Alessi[5] a respeito de interesses primários e secundários são muito oportunos no Brasil de hoje. Alessi diz que o Estado não poderia ter o interesse de tributar desmesuradamente seus cidadãos, porque assim abarrotaria seus cofres, mas não é esse o interesse público primário ou interesse público propriamente dito, aquele que está assinalado na lógica do sistema constitucional. O Estado não é um capitalista a mais no sistema, o Estado não é apenas um arrecadador.

E o segundo exemplo que nos traz Alessi é igualmente de oportunidade para efeito do Brasil de hoje. Diz ele que poderia o Estado ter o interesse enquanto meramente subjetivação, enquanto aparelho. Nesse sentido, tal como em qualquer outro sujeito de direito, nele poderia se encarnar esse interesse, o de pagar miseravelmente a seus servidores, o suficiente para que não morressem de fome; assim, despenderia menos. Mas não é esse o interesse público propriamente dito, o interesse primário.

No que se afirma aqui não há nada de complexo, não há nada de difícil intelecção, não há nada que não possa encontrar suporte sólido no texto constitucional brasileiro, esse texto tão conspurcado. Essa gloriosa Constituição, que é um modelo de modernidade, de avanço, de progresso e de generosidade, mas que está sendo pisoteada diariamente, ultrapassados os limites explícitos e implícitos da emenda constitucional.[6]

Há uma diferença visceral, de índole, que não é quantitativa, mas, sim, qualitativa, entre o poder constituinte e o poder de emenda. Não se deve aceitar a expressão "poder constituinte derivado", pois este não existe. O poder ou é constituinte ou não o é, não existe meio-termo. O chamado poder constituinte derivado constituinte não é, porque, do ponto de vista jurídico – ainda que não seja do ponto de vista político, do ponto de vista social, econômico ou psicológico –, o poder constituinte é ilimitado. Ele não conhece fronteiras, ele não se funda em nenhuma outra norma jurídica que o anteceda. Ele inaugura uma ordem jurídica. Seu fundamento é ele mesmo. Logo, não pode ser comparado com outro poder que só existe porque a Constituição outorgou e que, por isso, é, por definição, limitado, modesto. E nem pode deixar de ser, porque os que o exercitam não receberam aquele mandato incondicionado que é o mandato constituinte.

Assim, é óbvio que não podem ser feitas emendas constitucionais como as primeiras que foram feitas naqueles dias

5. Renato Alessi, *Diritto Amministrativo*, Milão, Giuffrè, 1949.

6. Ivo Dantas, *Aspectos Jurídicos das Medidas Provisórias*, Brasília, Consulex, 1991.

de agosto do primeiro ano de governo, do primeiro mandato do Sr. Presidente da República, um perjúrio, posto que jurou defender a Constituição e a usou em seu benefício. Nem o primeiro Fernando, o defenestrado, ousou praticar um ato dessa espécie. Sem o chamado poder constituinte derivado jamais teria sido possível desconstituir alguns pontos que eram cardeais, pilastras de sustentação de todo o modelo constitucional brasileiro – como, por exemplo, tudo aquilo que se modificou com as quatro primeiras emendas.

É dizer: a proteção à empresa brasileira de capital nacional, já que a soberania nacional, o desenvolvimento nacional, está reiteradamente insculpido em outros dispositivos do texto constitucional, pois está dito na Constituição que o mercado brasileiro é patrimônio nacional, esse mercado que já está entregue, invadido e infiltrado. Foi dito com muita oportunidade que é mais difícil defender-nos de uma invasão insidiosa, que é mais difícil defender-nos de uma violação artificial dos nossos direitos, do que quando são pisoteados abertamente. Hoje, é daquela forma que atuam os invasores do Brasil.

Já houve tempo em que esta terra gloriosa teve que escorraçar daqui invasores holandeses através de guerrilhas, e hoje temos nós que nos comportar como guerrilheiros do Direito, porque o poder oficial não aceita as posições que estão expressamente estribadas no texto constitucional. Essas quatro emendas começaram a derrocada da Constituição. O fim do tratamento outorgado às empresas brasileiras de capital nacional para aquisições do Poder Público, com a extinção do próprio conceito de empresa brasileira de capital nacional em nível constitucional (isso porque no âmbito infraconstitucional continua a ser aplicável essa preferência com base em lei, tal como em matéria de Tecnologia, de Informática, por exemplo).

Note-se que, contrariando uma tradição constitucional, permitiu-se que a exploração do subsolo brasileiro não mais ficasse reservada a nós, brasileiros, mas pudesse ser aberta a estrangeiros, sendo certo e sabido que nada mais perigoso que franquear o subsolo a interesses externos, que o Japão depende em 98% de minérios externos que ele não possui, que os Estados Unidos dependem em 80%, enquanto o Brasil é um dos maiores repositórios de minerais.

Quando, através de outra emenda, extinguiu-se o monopólio estatal do petróleo e se permitiu que, ao contrário do que dispunha o texto constitucional anterior, a navegação de cabotagem, a navegação interior, não fosse exclusiva de navios de bandeira nacional, com armadores nacionais, capitais nacionais, com dois terços da tripulação nacional, quando se admitiu que fosse retirada do texto constitucional essa restrição, para franquear tudo isso a estrangeiros e a interesses externos, atentou-se contra a soberania nacional, contra o princípio do desenvolvimento nacional.

Quando se extinguiu o dispositivo constitucional que estabelecia que as telecomunicações seriam prestadas diretamente pelo Estado ou por empresa pública cometeu-se outro crime contra o texto constitucional, violaram-se, aí, alguns pontos cardeais da Constituição, desde que se tenha do Direito, do Estado de Direito, uma concepção de Constituição como a base hermenêutica do sistema.

A experiência científica não é apenas um problema ideológico, é um problema de coerência jurídica. E é com essa coerência jurídica que se deve encarar a discricionariedade como competência, como função e, portanto, como um dever, como um comportamento no interesse de terceiros, porque o texto constitucional diz que todo o poder emana do povo.

Firmado, pois, este outro ponto, vai-se, agora, a um aparentemente bem mais difícil. A discricionariedade não é apenas um dever. É um dever de eleger a melhor solução, a única que atenda com precisão capilar à finalidade da lei, e não qualquer solução dentre as abstratamente contidas na norma. Por que essa assertiva? Ainda aqui o processo mais didático é o uso de comparações.

A lei pode regular vinculadamente a conduta do administrador, de tal maneira que descreva a situação fática perante a qual fica o agente obrigado a uma única conduta possível, e não a qualquer outra, para atender à finalidade da regra. Em outros casos não é assim que a lei procede. E por que a lei não procede assim? Não é a causa única, mas uma importante razão é, certamente, a de que o administrador público é quem se encontra acercado da situação fática concreta, da realidade do mundo, com as variantes omnímodas que pode apresentar. Por isso mesmo, colocar o administrador em uma camisa de força representaria, em concreto, a abertura de inúmeras possibilidades para que ele realizasse até mesmo a antítese da finalidade da norma. Dois ou três exemplos bem revelam como é a realidade, aquela que pode propiciar a averiguação da conduta idônea para atingir a finalidade legal, tal como a lei, portanto, propõe que seja atendida.

Figure-se a hipótese de que uma lei estabelecesse que é direito de qualquer cidadão o acesso a tratamento de saúde gratuito em hospitais públicos desde que ganhe menos de um salário-mínimo e meio e que seu estado de saúde justifique o internamento. Suponha-se que dois indivíduos cheguem a um hospital público, passem pelo exame inicial e se verifique que é caso de internamento. Pergunta o agente encarregado: "O senhor, quanto ganha?". E ele olha o contracheque e diz: "Mas o senhor ganha mais de um salário-mínimo e meio. Lamento, mas o senhor está excluído. É a norma legal". Apresenta-se o outro e pergunta quanto ele ganha, e ele responde: "Eu ganho menos de um salário-mínimo e meio. Está aqui o comprovante". O agente, então, diz: "O senhor tem todo o direito de ser internado".

Suponha-se que esse indivíduo que ganhava algo mais que um salário e meio tivesse mulher, 12 filhos para sustentar e mais a sogra que vivia com ele. Suponha-se, de outra parte, que aquele outro que percebia menos de um salário-mínimo e meio, em rigor, trabalhasse na fábrica do pai, usando-se o verbo figuradamente, já que o pai o havia inscrito para que, desde cedo, pudesse filiar-se ao sistema de previdência. Por esta dicção da regra – um exemplo extremado, quase que grotesco, mas deliberado –, é claro que somente as circunstâncias concretas iriam determinar o verdadeiro cumprimento do sentido da norma, pois o sentido da norma era propiciar defesa aos pobres, e não aos abonados. Por isso, se a lei dissesse terem direito a tratamento gratuito em hospitais públicos as pessoas comprovadamente doentes que sejam pobres, ela ensejaria o perfeito atendimento da regra de Direito.

Suponha-se uma norma que prescreva: "Deverão ser expulsas dos locais públicos as pessoas que estejam trajadas indecorosamente". Suponha-se que se apresentasse uma jovem de aparência magnífica, vestindo um traje sumário, numa das vias centrais de Recife e, é claro, provocando, então, certa comoção ambiente e, eventualmente, até algum risco de uma perturbação da ordem, um comportamento mais audacioso de um transeunte. E chegaria o agente, a autoridade policial, e diria: "Senhorita, por favor, cubra-se, chame um táxi, há muita coisa prejudicada por essa sua graciosa presença". Suponha-se, agora, que fosse Carnaval, e que essa moça cheia de predicados circulasse com o mesmo traje sumário. Era Carnaval. Assim, não causaria nenhum perigo de comoção social, e nem as pessoas se sentiriam afrontadas. Só as circunstâncias concretas permitem cumprir o sentido da regra.

Como todos sabem, há um dispositivo constitucional que diz que se aposentam compulsoriamente aos 70 anos os servidores públicos. Quantas pessoas há que, aos 70 anos, estão no mais pleno exercício de sua lucidez, até mais aguçada? Santi Romano escreveu um dicionário jurídico (que é, talvez, sua obra mais sofisticada) depois dos 80 anos. Quantos indivíduos aos 70 anos não possuirão aquela sabedoria, uma experiência valiosíssima para o serviço público? Quantos não terão ainda uma garra muito maior do que inúmeros outros homens bastante mais jovens? Mas a regra regulou vinculadamente por acreditar que, quando menos em 90% ou 95% dos casos ela teria acertado, errando apenas em 5%, estaria garantida a realização da finalidade da norma. Quando a lei vincula, isto significa que ela quer o cumprimento exato daquilo que definiu como interesse público, mesmo sabendo que não seria certa em 100% dos casos.

Será que quando a lei regula discricionariamente ela realmente objetiva uma solução 100% certa? Ao contrário, parece que ao regular discricionariamente a lei só visa à solução ótima, aquela que atenda precisamente à sua vontade. É isso que ela quer, e é por isso que ela franqueia ao administrador a interferência de um critério subjetivo próprio para que a circunstância de cada caso, devidamente sopesada, possa proporcionar o atendimento perfeito da finalidade legal. Seria ilógico, seria absurdo, que ela quisesse uma solução tida como perfeita, sabendo de antemão que toda decisão é relativa ao caso concreto e que quando se outorga discrição se aceita que a solução só é perfeita de acordo com as circunstâncias.

Isso significa que não mais se pode sustentar que se trata de uma escolha indiferente dentre as soluções que a lei possibilita, que o administrador tem a liberdade de decidir apenas dentro daqueles campos. Isto não entra em contradição com o que foi dito acima em defesa da existência efetiva da discricionariedade administrativa, a qual é pura e exclusivamente fruto da finitude do conhecimento humano. E só. A lei poderia querer a solução perfeita, mas o conhecimento humano é incapaz de dizer em todos os casos qual é a solução perfeita. E só por isso é que há a discrição. E por isso mesmo em alguns casos em que pode ser objetivamente demonstrado qual a solução perfeita, ou que aquela que foi adotada manifestamente não era a perfeita (nada importa o que estivesse estabelecido – se há ou não há discrição), poder-se-ia fulminar o ato que não perseguiu aquela solução manifestamente perfeita diante do caso concreto e invalidar o ato que manifestamente não fosse comportado perante a situação, ainda que a regra em abstrato houvesse conferido competência para tanto.

É claro que há casos em que não se pode saber qual é a solução perfeita. Há uma frase de um autor austríaco, Bernatzik, citado por Afonso Rodrigues Queiró,[7] que me parece muito feliz nessa matéria: "Há casos em que alguém pode estar convencido de que a solução certa é tal ou qual, mas não pode pretender, com força de evidência lógica, que aqueles que pensam de modo diferente estão necessariamente errados". Isso demonstra que existem hipóteses do gênero, e que por existirem hipóteses do gênero é que existe discrição administrativa.

Foi afirmado aqui que a discrição no âmbito da norma é uma condição neces-

7. Afonso Rodrigues Queiró, *Reflexões sobre a Teoria do Desvio de Poder*, cit., p. 31.

sária mas não suficiente para que exista discrição no caso concreto. Por que isso? Se a lei confere discrição não é porque qualquer das soluções comportadas pelo sistema normativo seja, em qualquer caso, satisfatória, mas porque algumas soluções são satisfatórias perante certos casos e outras são satisfatórias perante outros. Por isso o sistema abre um leque de possibilidades para o administrador. E, se é isso, só se pode saber se haverá, ou não, discrição quando se está perante o caso concreto, pois só o caso concreto pode afunilar o campo de liberdade do administrador, de maneira a tomar evidente que a finalidade da regra não estará sendo atendida com a solução "a", "b" ou "c", ainda que não se possa eventualmente dizer qual seria a solução ideal e, portanto, reclamada pela norma. Afonso Rodrigues Queiró disse que muitas vezes não se pode dizer o que uma coisa é, mas se pode dizer aquilo que ela não é. Em todos os casos em que o juiz se depare com uma situação que ele pode dizer que não é – certamente – aquilo que bem atende à finalidade da lei, mesmo que a norma outorgue discrição, ele terá que dizer que não houve em concreto o atendimento da finalidade legal. Aí está esta última – digamos – tese aqui sustentada.

Um exemplo sobre isso, talvez exagerado, justamente para facultar melhor compreensão. Suponha-se a emissão de porte de arma, um ato que normalmente comporta discrição, solicitado por determinada pessoa. Esse alguém é um pacifista notório, um indivíduo que já demonstrou seu apego ao pacifismo não apenas por palavras, por discursos, por manifestações públicas, mas por comportamentos concretos perante situações em que foi provada essa sua vocação. Este alguém pede um porte de arma, pois tem três belas filhas e no bairro em que vivem têm havido índices de criminalidade altíssimos precisamente em razão de atos de violência sexual praticados contra mulheres jovens. Como pai de três filhas com características semelhantes às das moças precedentemente atacadas em um período relativamente curto, e não existindo segurança policial suficiente, pede esse porte de arma. Não se deve dizer que este ato continua sendo discricionário porque a autoridade pode negar o pedido, pelo contrário: as circunstâncias concretas afunilam a ponto de extinguir o campo de apreciação subjetiva do agente.

Então, pode haver discrição ao nível da norma e não no caso concreto, assim como pode haver vinculação ao nível da norma e não no caso concreto. Eu me sirvo, aqui, de um exemplo do grande jusfilósofo Recaséns Siches. Siches alude ao caso, citado por Radbruch, no qual um indivíduo chega à estação de trem trazendo um urso preso a uma coleira e pretende embarcar, sendo imediatamente barrado pelo funcionário da estação. O indivíduo argumenta estar no exercício de seu direito, pois a placa proíbe circular no ambiente com cachorros, e ele traz um urso, não um cachorro. Por esse mesmo motivo ele entraria com um rinoceronte, um hipopótamo, uma girafa, com qualquer animal que ele quisesse, desde que não fosse um cachorro. Mas procede a conduta do agente público, pois o espírito da norma era outro: se um cachorro incomoda, digamos, pelo perigo que poderia representar para terceiros ou pela sujeira que eventualmente poderia fazer, mais ainda um urso, girafa ou elefante. É o tema do exame em concreto da situação.

Com também diz Recaséns Siches, agora um pouco modificado, suponha-se o fechamento do perímetro central da cidade para trânsito exclusivo de pedestres, vedado o trânsito de veículos automotores. Chega um indivíduo com seu automóvel, é naturalmente impedido pelo agente de trânsito, mas argumenta ser médico a caminho de atender a uma emergência de vida ou morte, para a qual necessita do equipamento que traz no veículo, indispensável ao transporte. O agente policial deve, obviamente, permitir a entrada do médico com seu automóvel. É simplesmente a "lógica do razoável" de Recaséns Siches. Essa lógica do razoável aplica-se igualmente à discricionariedade administrativa.

Com isso concluem-se as teses que se queria, aqui, sustentar. Restou um ponto, em relação ao qual, agora, nem haveria necessidade de grande desenvolvimento de imediato. É o controle jurisdicional da discrição administrativa, seus limites, até onde pode ir esse controle. Firmado que a competência não é dada para regalo do agente, que a competência não é um poder, mas é um dever, o exercício da competência discricionária só é legítimo quando orientado para a satisfação da finalidade da regra. Firmado que a discrição só se concebe no caso concreto, e que a discrição ao nível da norma é necessária mas não suficiente para se reconhecer a liberdade administrativa no caso concreto, firmados todos esses pontos, é relativamente simples perceber até onde pode ir o juiz.

O juiz não pode se intimidar pensando que está diante de um ato discricionário, pois o ato discricionário não existe. Ele não pode se intimidar diante da norma, ele terá que avaliar em concreto se alguém que tinha o dever de satisfazer a finalidade da lei se afastou visivelmente dela. Nós sabemos que a Administração Pública dispõe de uma palavra mágica, que é a discrição. É um poder que enseja os maiores despautérios, os maiores absurdos, as maiores violências contra a liberdade individual, a mais vergonhosa utilização de recursos públicos, como voar em aviões do governo, da Aeronáutica, para levar a família a se regalar em Fernando de Noronha. Todos sabem disto. Quer dizer: embora neste País a Administração faça o que quer, uma devida compreensão da discricionariedade abre para o juiz uma possibilidade de correção muito mais ampla que aquela que, de regra, é reconhecida. Os "poderes do administrador" não estão no reino da autonomia da vontade, mas no reino do dever. Isso muda tudo.

Esse filão aqui explorado acerca do tema da discricionariedade administrativa poderia ser abordado por vários outros aspectos muito interessantes, como, por exemplo, o serviço público, que agora se converteu em mercadoria. Nós não somos mais administrados, usuários. Nós somos clientes. Observe-se a palavra, observe-se a perspectiva de comércio, de dinheiro, por trás disso. Basta olhar a inconstitucionalidade flagrante, por exemplo, da "Lei da ANATEL", que transformou o celular no ilogismo dos ilogismos: "serviço público sob regime privado". São duas expressões que uivam de estar juntas, incompatíveis.

Mas essa análise ficará para outra oportunidade.

Bibliografia

ALESSI, Renato. *Diritto Amministrativo*. Milão, Giuffrè, 1949.

CIRNE LIMA, Ruy. *Princípios de Direito Administrativo*. 5ª ed. São Paulo, Ed. RT, 1962.

DANTAS, Ivo. *Aspectos Jurídicos das Medidas Provisórias*. Brasília, Consulex, 1991.

PEREIRA, André Gonçalves. *Erro e Ilegalidade no Acto Administrativo*. Lisboa, Ática, 1962.

QUEIRÓ, Afonso Rodrigues. *Reflexões sobre a Teoria do Desvio de Poder*. Coimbra, Coimbra Editora, 1940.

A COMPETÊNCIA SANCIONADORA DAS AGÊNCIAS REGULADORAS NO DIREITO BRASILEIRO: BREVES COMENTÁRIOS[1]

HERALDO GARCIA VITTA

Professor de Direito Administrativo
– Mestre e Doutor em Direito do Estado pela PUC/SP
– Juiz Federal em Campo Grande/MS

1. Introdução. 2. O sistema norte-americano e as agências reguladoras. 3. O regime jurídico brasileiro (legalidade). 4. A supremacia geral e a supremacia especial (do Estado). 5. As agências reguladoras no Brasil: 5.1 O "direito regulatório" e as agências reguladoras. 6. Conclusões a respeito das penalidades administrativas impostas por agências reguladoras.

1. Introdução

Este singelo artigo visa a contribuir, de algum modo, com tema a respeito do qual os doutrinadores têm opiniões ou estudos divergentes: *a competência sancionadora das agências reguladoras*.

Para essa finalidade, aborda-se a temática numa perspectiva *global e unitária do Direito*, mas sem desbordar da Constituição *brasileira*. Portanto, analisam-se algumas questões sob o prisma da *interpretação sistemática* do *Direito nacional*.

Logo, o foco do trabalho concerne à possibilidade, ou não, de se aplicarem ao regime jurídico nacional as linhas gerais do sistema norte-americano, local onde mais de difundiram as agências reguladoras.

Reconhece-se a distinção entre supremacia geral e supremacia especial do

1. Artigo extraído da palestra proferida no dia 3.8.2012 por ocasião do *I Congresso de Direito Administrativo Paulista*, realizado pelo Instituto de Direito Administrativo Paulista/IDAP e pela Associação dos Advogados de São Paulo/AASP.

Estado, âmbitos de atuação das agências reguladoras. A diferença de regime jurídico permite consequências relevantes.

Conclui-se no sentido de que as agências reguladoras *devem submeter-se* ao regime determinado na Constituição Federal *brasileira* e nas leis do País.

Evidentemente, as eventuais críticas são destinadas ao *modelo jurídico*, e não aos servidores das agências reguladoras.

2. O sistema norte-americano e as agências reguladoras

As agências reguladoras são difundidas no *sistema jurídico norte-americano*, por conta das peculiaridades culturais naquele País. De *maneira geral*, podem ser extraídas três proposições referentes ao direito "regulatório" nos Estados Unidos: (a) o texto da Constituição praticamente nada estabelece a respeito de órgãos governamentais; (b) o Congresso tem amplo arbítrio para decidir sobre a criação de órgãos, sobre os poderes que lhes devem ser conferidos e a posição que devam ocupar na estrutura burocrática; (c) como regra geral, os órgãos governamentais precisam de algum tipo de relacionamento com o Presidente da República; mas a Constituição não especifica, de modo exato e significativo, a forma pela qual isso ocorre. Então, essa matéria se desenvolve mediante interpretação jurídica da própria Constituição.[2]

Assim, as agências reguladoras têm atribuições, competências, estruturas e independências, à medida da configuração adotada pelo Parlamento; o Congresso é o mentor das agências reguladoras nos Estados Unidos.

A rigor, no *sistema norte-americano* elas detêm competências (a) *normativa*, (b) "*de decisão*", e (c) *jurisdicional*.

(a) Estabelecem normas, de observância obrigatória – *delegação legislativa* do Congresso; (b) decidem casos concretos, com a peculiaridade de que não podem ser contrastadas por autoridades estranhas ao órgão; e (c) resolvem os litígios de sua alçada, pouco restando ao Judiciário quanto à análise dessas decisões tomadas – o juiz adstringe-se à verificação da *legalidade* das ações desses órgãos.

Evidentemente, devemos constatar se o regime norte-americano tem *perfeita* sincronia com o regime brasileiro; é preciso analisar o contexto *jurídico nacional*, ou seja, o complexo de princípios e normas colhidos no sistema normativo.

A princípio pode-se dizer o seguinte: no Direito Norte-Americano a história intelectual, quanto à análise da Constituição, advém do *pragmatismo inglês*, em vez de uma teoria (continental). Peter L. Strauss afirma: "(...). *Não dispomos de nenhuma teoria abrangente* a respeito de quando instituir cada tipo de órgão ou de quando lhe conferir os vários poderes possíveis. Em vez disso, contamos com mais de dois séculos de tentativas nesta ou naquela direção, normalmente empreendidas com *motivos específicos em cada caso*"[3] (grifos não originais).

2. Peter L. Strauss, "Órgãos do sistema federal americano – Sua responsabilidade e posicionamento", in Marcelo Figueiredo (org.), *Direito e Regulação no Brasil e nos EUA*, São Paulo, Malheiros Editores, 2004, p. 19. Explica esse autor que o relacionamento da Presidência da República é de *supervisão*, e não de *controle* (idem, p. 28).

3. Peter L. Strauss, "Órgãos do sistema federal americano – Sua responsabilidade e posicionamento", cit., in Marcelo Figueiredo (org.), *Direito e Regulação no Brasil e nos EUA*, p. 21.

Com efeito, no *Direito Anglo-Saxão* (a) há *diluição* da *noção de Estado*; não se vê nele entidade unitária e autônoma, ou centro de relações jurídicas, marcadas por 'poderes especiais'; e (b) há *heterogeneidade de fontes normativas*, devido à descentralização de entidades, com meios jurídicos variados, devido aos quais "baqueia a distinção entre direito público e direito privado"[4] (grifos não originais).

As consequências dessas afirmações parecem óbvias. Como expõe Luis S. Cabral de Moncada: "A produção *legislativa parlamentar é mais escassa* e menos rica, com a consequência da *ampla liberdade da Administração*. A quem compete condicionar e limitar tal liberdade [*da Administração*] é, consequentemente, ao juiz, muito mais que ao legislador. O *alcance da legalidade* decorre assim das relações entre *a Administração e o juiz*, muito mais que das *relações entre a lei e Administração*".[5]

Realmente, ao "copiarmos" determinado instituto "alienígena" precisamos observar *dois pontos cardeais*, necessariamente *imbricados*: o que estabelece a Constituição brasileira – notadamente, a *interpretação dela*; e o plexo de normas e princípios existentes *no sistema*, mediante a *interpretação sistemática*.[6]

Há muito tempo a doutrina não tergiversa a respeito das conclusões quanto à aplicação do *Direito estrangeiro* (mediante a técnica da comparação – *método comparativo*). Como protótipo, citamos palavras de F. Larnaude, emérito professor francês: "Se nós encontramos no Direito estrangeiro as mesmas regras que no nosso, o princípio assim consagrado aqui e lá adquirirá senão que um grau mais alto de *certeza e autoridade*. Mas este não é o resultado essencial que persegue o método de *observação comparativa*; *ele raramente chegará às identificações e às similitudes tão absolutas*. Bem mais frequentemente, ele nos fará descobrir, ao contrário, *tipos nacionais ou autóctones* de instituições, isto é, formas *propriamente nacionais*, procedimentos jurídicos ou legislativos *exclusivamente e propriamente nacionais* de atingir certos *fins* que em outros Países seriam perseguidos *por outros meios*"[7] (grifos não originais).

Portanto, deve-se indagar: como se coloca o problema das *agências reguladoras* em face da *Constituição brasileira*?

3. O regime jurídico brasileiro (legalidade)[8]

Inicialmente, convém esclarecer, não estamos a analisar o objeto de estudo mediante uma mera *interpretação retrospectiva*, na qual se analisaria *texto novo* de forma a que ele, na verdade, nada inove; de acordo com esse método, tanto quanto possível, a nova legislação deveria ficar parecida com o *texto antigo*.

4. Luis S. Cabral de Moncada, "*Rule of Law*, procedimento normativo e legalidade; uma perspectiva comparada", in *Estudos de Direito Público*, Coimbra, Coimbra Editora, 2001, pp. 119-120.

5. Idem, p. 137.

6. Heraldo Garcia Vitta, *Aspectos da Teoria Geral no Direito Administrativo*, São Paulo, Malheiros Editores, 2001, p. 130.

7. Collège Libre des Sciences Sociales en 1910, *Les Méthodes Juridiques*, Paris, V. Giard & E. Brière, 1911, p. 22.

8. Abstraímos deste estudo o tema do *controle jurisdicional* de atos e fatos praticados pelas agências reguladoras. O art. 5º, XXXV, da CF é categórico: "a lei não excluirá da apreciação do Poder Judiciário *lesão ou ameaça a direito*" (grifos nossos). Trata-se de *direito fundamental*, que deve ter *máxima eficácia*.

Absolutamente! A questão é simplicíssima; não podemos descurar, olvidar, do regime *nacional*, do conjunto de *regras e princípios (normas)* propriamente *brasileiro*. Sob pena de se rasgar o texto constitucional, infringir o *regime democrático de Direito*. Pois a perquirição é considerada *retrospectiva* apenas num sentido: a novel legislação adstringe-se à ordenação normativa existente no sistema; logo, a nova lei encontra-se vinculada, enredada, ao conjunto sistemático de todas as normas, bem como aos valores subjacentes na Constituição.

Assim, seguindo a tradição continental europeia, o Direito Brasileiro contém *princípios, regras e valores* consubstanciados no *texto constitucional*, que é, como se sabe, bastante minucioso, ao trazer pormenores em diversas matérias e pontos considerados fundamentais pelo poder constituinte. A Constituição do Brasil é prolixa, traça parâmetros normativos a todos os Poderes e órgãos, especialmente com as *normas programáticas*, as quais, quando menos, indicam *finalidades* a serem cumpridas pelo Estado.

Além disso, o Direito nacional (assim como ocorre na Europa) – especialmente, o *direito público* – está sedimentado, cristalizado, em *teorias*, as quais são estudadas e analisadas, por *doutrinadores*, a *partir do sistema jurídico*.

É verdade, a *jurisprudência*, conhecida pelas *decisões reiteradas*, visa à resolução de *casos concretos*. Portanto, os juízes levam em conta os elementos da vida, inerentes à *situação concreta*; mas recebem os influxos dos ensinamentos da *doutrina* e da *teorização* do Direito.

Como aos doutrinadores incumbe *teorizar* o sistema normativo, definindo e classificando os objetos, fácil concluir quanto à influência desses profissionais no dia a dia forense.

Então, no regime jurídico brasileiro há um *sistema de regras e princípios* – aliás, muitos deles expressos – *teorizado*, para a aplicação ao caso concreto. Assim, o raciocínio, entre nós, é *dedutivo*: parte-se do sistema jurídico, das normas, para a solução do caso concreto.[9] Nesse sentido as palavras de Celso Antônio Bandeira de Mello: "(...). No Brasil, por exemplo, onde o direito administrativo não teve origem pretoriana [*como no sistema inglês*] e no qual *o Judiciário é que segue as lições da doutrina* – e não o inverso –, não faria sentido o estudo do Direito e partir do *case method*, pois não levaria a ensinar *praticamente nada de útil*. É que o obtido por tal meio não ambientaria o estudante com o espírito e a mentalidade do Direito que teria de penetrar, nem o instrumentaria com o conhecimento legislativo, com as técnicas de seu manejo e com o *hábito dedutivo* que teria de cultivar. (...)"[10] (grifos não originais).

Colocadas estas premissas, alinham-se as considerações seguintes, relativas ao *princípio da legalidade*.

Se, (1) *de um lado*, o Direito Brasileiro (a) não acolhe a denominada *reserva legal*, cunhada inicialmente na doutrina alemã e expandida na Europa, na qual para determinada matérias, expressamente delineadas na Constituição, sobretudo no tema dos direitos fundamentais, o Poder Público carece de lei para atuar;[11] e

9. Mesmo que o intérprete analise o caso concreto e a norma legal, e vice-versa, num método, por assim dizer, circular, a *conclusão (final)* desse processo só pode advir da *dedução*, por conta do *raciocínio lógico utilizado para a compreensão do sistema jurídico*.

10. Celso Antônio Bandeira de Mello, *Curso de Direito Administrativo*, 31ª ed., São Paulo, Malheiros Editores, 2014, p. 43, nota de rodapé 23.

11. Otto Mayer, *Derecho Administrativo Alemán*, 2ª ed., t. I, trad. de Horacio H. Heredia

nem adota (b) a *teoria da essencialidade*, aceita pela jurisprudência alemã, segundo a qual para certos temas, considerados fundamentais, haveria necessidade de lei;[12] (2) *de outro*, o regime nacional exige, para *inovar na ordem jurídica*, a edição de *lei*, formal, editada pelo Poder Legislativo.[13]

Sob a égide do texto constitucional anterior, que, no ponto, não diverge do atual, expõe Geraldo Ataliba: "Assim, a Constituição consagra o princípio segundo o qual ninguém é obrigado a fazer ou deixar de fazer (alguma coisa) a não ser em virtude de lei. Isto significa que, no Brasil, só lei obriga, e nenhuma norma, a ser a legal, pode ter força inovadora obrigatória (nisso o nosso regime é peculiar e mais estrito que a maioria do Direito Comparado)".[14]

Cuida-se de *critério dogmático*, portanto, extraído do texto constitucional: "justificação legal" (*jure constituto*).

Para a verificação do acerto dessa proposição doutrinária basta a simples leitura dos arts. 84, IV, 5º, II, e 37, *caput*, do texto constitucional; quanto aos ministros de Estado, o art. 87, parágrafo único; e o art. 25 do Ato das Disposições Constitucionais Transitórias/ADCT, o qual *revogou* os dispositivos legais que atribuíam ou delegavam a órgão do Poder Executivo competência assinalada pela Constituição ao Congresso Nacional, especialmente quanto à ação normativa.[15]

Já, sob o *prisma prático* (*jure constituendo*), nos Países do Continente Europeu, cujos traços o Brasil adota, a *função administrativa* é *subordinada à função legislativa* de dois modos, de acordo com Federico Cammeo: esta determina os *fins* do Estado e estabelece os *meios* para atingi-los, bem como os *limites* aos quais a ação concreta do Estado está *subordinada*.[16] Ou, nas palavras de Renato Alessi, numa apertada síntese, a função administrativa é *complementar* à função legislativa, além de estar *subordinada* a ela.[17]

e Ernesto Krotoschin, Buenos Aires, Depalma, 1982, pp. 98 e ss.

12. Hartmut Maurer, *Elementos de Direito Administrativo Alemão*, trad. de Luís Afonso Heck, Porto Alegre, Sérgio Antônio Fabris Editor, 2001, p. 64.

13. Extraímos o tema das *medidas provisórias*, que têm eficácia de lei sob condições e termos (cf. art. 62 da CF, alterado pela Emenda Constitucional 32, de 11.9.2001).

14. Geraldo Ataliba, *República e Constituição*, 3ª ed., atualizada por Rosolea Miranda Folgosi, São Paulo, Malheiros Editores, 2011, p. 124.

15. Apesar disso, o art. 84, VI, "b", *com redação da Emenda Constitucional 32, de 11.9.2001*, permite ao Presidente da República *extinguir funções ou cargos públicos, quando vagos*. Essa norma nos parece inconstitucional, eis que funções e cargos são criados por leis (art. 61 da CF), não poderiam ser extintos por *decretos*; não se atende à *uniformidade das formas* (*grosso modo*, algo criado, instituído, por dada espécie de ato jurídico só poderia ser extinto pela mesma forma, ou por ato jurídico superior), a qual decorre do sistema jurídico, como *princípio geral de Direito*: ato administrativo, inferior, não pode modificar algo referido em lei (ato jurídico superior). Ademais, haveria ofensa à *separação das funções estatais*, estatuída no art. 2º da CF. O Executivo invade atribuição do Congresso, a de legislar. A Emenda 32, no ponto, é inconstitucional, ante o teor do art. 60, § 4º, III, da CF.

16. Federico Cammeo, *Corso di Diritto Amministrativo*, Pádua, Casa Editrice Dott. Antonio Milani/CEDAM, 1960, p. 13. Podem ser acrescidas aos ensinamentos desse competente autor as normas do *texto constitucional*, que, dentre outros fatores, delimitam a *ação legislativa*, bem como estabelecem os *fins*, os *limites* e, às vezes, os próprios *meios* da *ação administrativa*.

17. Renato Alessi, *Sistema Istituzionale del Diritto Amministrativo Italiano*, Milão, Giuffrè, 1953, p. 5. Nesse sentido, com citações desse renomado autor italiano: Heraldo Garcia Vitta, *Aspectos da Teoria Geral no Direito Administrativo*, cit., p. 70.

Essas ideias, ou noções, fundamentais decorrem da *teoria da divisão das funções estatais* (historicamente: dentre outros, Aristóteles e Montesquieu), a qual tem guarida no texto constitucional (art. 2º).

Consta nesse artigo a *tripartição* de "Poderes" (órgãos do Estado, que realizam funções estatais); assim, nenhum deles pode imiscuir-se na seara do outro, salvo nos casos expressamente permitidos pela *própria Constituição*.

Há, pois, *coordenação* das funções desses órgãos, porém demarcada plenamente, *exaustivamente*, na *Constituição*. Isso garante a autonomia política dos "Poderes" Executivo, Legislativo e Judiciário, estrutura inarredável no *regime democrático de Direito*.

Dessa maneira, os *regulamentos*, "veiculados" na maior parte das vezes por *decretos*,[18] cabem apenas em certas hipóteses, plenamente *justificadas* perante o ordenamento: além de não inovarem na ordem jurídica, *dependem* de lei (prévia) para serem expedidos – trata-se de regulamentos de *execução de leis* (art. 84, IV, da CF).

Assim, *após a edição da lei*, os regulamentos, *sem inovar* na ordem do Direito, podem se referir: (a) a questões *técnicas* (relativas à *temática da legislação*), em face de expressões "latas" (conceitos amplos) *contidas na lei*, a qual defere, expressa ou implicitamente, ao *regulamento* a possibilidade de operacionalizá-la,[19] visando a aplicá-la, *atualizá-la*, no ângulo da *técnica*, devido ao *avanço tecnológico* – hipótese de uso de aparelhos de segurança nas indústrias, nos veículos; ou (b) a questões que demandem *discricionariedade* da autoridade administrativa; portanto, nos casos de *conveniência e oportunidade*, "conferidas" pela lei – na qual a Administração tem margem de atuação, visando, justamente, a dar "aplicação prática" à lei, devido aos imperativos da *segurança jurídica* e da *igualdade* (aplicação da lei, pelos órgãos administrativos, de forma "igualitária").

Nos casos de *averiguação* e *operacionalização técnica* – expõe Ricardo Marcondes Martins – a regulamentação pode ser feita *diretamente pelo respectivo órgão técnico*, devido à rápida mudança das situações fáticas. Segundo o autor, o arrolamento de substâncias que causem dependência física ou psíquica pode ser efetuado por *portaria da Secretaria da Saúde*.[20]

A aplicação do princípio da legalidade não possui a mesma "consistência"' em todas as situações jurídicas; pois em dados casos é possível "certa mitigação" dele, *em prol do interesse público*. Nesse sentido, deve-se fazer o discrime *supremacia especial*, ou *sujeição especial* (do Estado), e *supremacia geral* (do Estado).

4. A supremacia geral e a supremacia especial (do Estado)

Um dos pilares do direito administrativo, conforme expõe Celso Antônio Bandeira de Mello, é a *supremacia do*

18. Decretos, *de regra*, são abstratos, impessoais, gerais – mas não inovam na ordem jurídica; são expedidos, *como regra*, pelo *chefe do Executivo*, para *operacionalizar a aplicação das leis* aos administrados. Autoridades subalternas podem expedir outros *atos administrativos normativos*, abstratos, como instruções e outros do gênero.

19. O termo "possibilidade", usado no texto, está no sentido de exercício de *competência do chefe do Poder Executivo* para regulamentar as leis. Aliás, *a competência é face de um dever*.

20. Ricardo Marcondes Martins, *Regulação Administrativa à Luz da Constituição Federal*, São Paulo, Malheiros Editores, 2011, p. 109.

interesse público sobre o do particular.[21] Assim, o Estado-Administração detém certas *prerrogativas*, conferidas por leis ou decorrentes do sistema normativo, com as quais maneja o interesse público, *sem prejuízo* dos direitos, sobretudo fundamentais, dos particulares.

Essa supremacia estatal pode ser *geral* e *especial*.[22] Na primeira hipótese, a Administração, por meio de *lei* (princípio da legalidade), "exerce" a *atividade administrativa* (edita atos e realiza fatos; fiscaliza, impõe penalidades), com alcance, ou extensão, *geral*: a supremacia geral *atina à generalidade das pessoas*.[23]

Um dos casos de supremacia geral é a *polícia administrativa*, pela qual, agentes públicos, nos termos das leis, "contendem" a "ação" dos particulares; isto é: a Administração *delimita* a *liberdade* e a *propriedade* das pessoas em geral, em benefício do *interesse público*.[24]

Basta verificar o sistema de rodízio de veículos nos grandes centros urbanos, os parâmetros da propriedade privada, a proteção ao ambiente, pelos órgãos respectivos, etc.

Já, na supremacia *especial* a Administração extrai da *relação jurídica* travada com particulares os *confins* e os *limites* de ação. Nesse tipo de expressão do Estado, embora o fundamento último seja a *lei* (ao menos, os órgãos públicos devem deter competências, expressas ou decorrentes do sistema), a base fundamental é o *próprio liame* travado com o particular.

Segundo Renato Alessi, a supremacia especial do Estado ocorre nas hipóteses em que o particular ingressa (a) na *esfera jurídica* do Estado (concessionários [*e permissionários*] de serviços públicos) ou (b) na *esfera jurídica e material* (gozo de determinados serviços públicos pelos particulares).[25]

Nessa condição, a Administração pode (*conteúdo* da supremacia especial): (a) editar *atos normativos* destinados a regular a *relação jurídica* (normas internas, os regulamentos do serviço); (b) dar *ordens individuais* aos particulares; (c) *vigiar* as condutas deles quanto ao cumprimento das normas internas; (d) *impor sanções* administrativas se o comportamento for danoso aos serviços públicos.[26]

21. Esse autor destaca dois pilares: a *supremacia do interesse público* e a *indisponibilidade do interesse público* (Celso Antônio Bandeira de Mello, *Curso de Direito Administrativo*, cit., 31ª ed., pp. 99 e ss.).

22. A respeito da *origem* e da *distinção* entre supremacia geral e especial do Estado, v. Heraldo Garcia Vitta, *Soberania do Estado e Poder de Polícia*, São Paulo, Malheiros Editores, 2011, pp. 61 e ss. O discrime teve origem na Alemanha e se alastrou em alguns Países da Europa, como Espanha e Itália. No Brasil, Celso Antônio Bandeira de Mello difundiu o tema, alinhando *limites positivos e negativos à supremacia especial* (*Curso de Direito Administrativo*, cit., 31ª ed., pp. 845 e ss.).

23. Celso Antônio Bandeira de Mello, *Curso de Direito Administrativo*, cit., 31ª ed., p. 843.

24. No poder de polícia há apenas determinação dos *confins jurídicos da propriedade e da liberdade* dos indivíduos; não há, propriamente, *limitação*, corte, desses "bens". Por isso, preferimos a expressão "delimitação" (Heraldo Garcia Vitta, *Poder de Polícia*, São Paulo, Malheiros Editores, 2010, pp. 77 e ss.).

25. Renato Alessi, *Principi di Diritto Amministrativo*, vol. I, Milão, Giuffrè, 1974, pp. 279-280.

26. Idem, p. 281. Acrescentamos a possibilidade de *imposição de medidas acautelatórias da Administração*: "Não podemos confundir a sanção administrativa com certas medidas cautelares tomadas pela Administração para manter a ordem pública em casos de *extrema urgência*. Essas medidas cautelares são providências administrativas, enquanto se efetua o procedimento pertinente para a apuração da infração. Finalizado, aplicar-se-á a sanção, se verificado o ilícito; caso contrário a

A respeito, afirma o citado autor italiano: "Tal conteúdo é, essencialmente, complexo e múltiplo, em relação também à complexidade dos *meios necessários* para atingir a *finalidade da disciplina* do comportamento pessoal dos indivíduos que *estejam em contato com a esfera da Administração*".[27]

São exemplos de supremacia especial do Estado, dentre outros: concessionários e permissionários, o gozo de certos serviços públicos admitido aos particulares (bibliotecas públicas, hospitais públicos, escolas públicas), servidores públicos ("poder" disciplinar), os presos, os membros das profissões tuteladas etc.

De acordo com as lições do citado autor italiano, na supremacia especial há *dependência acentuada* do particular ao aparato administrativo, uma relação *pessoal e direta* com a Administração, com certo caráter de *permanência* e *continuidade*, não sendo suficiente, pois, a relação ou supremacia geral.[28]

Justifica-se o reconhecimento dela, como expõe o autor espanhol Mariano López Benítez, devido a "la *necesidad de operatividad y eficacia* que precisa la máquina administrativa en determinados ámbitos"[29] (grifos não originais).

Entretanto, ao contrário do que se entendia por ocasião do *surgimento* da noção de supremacia especial (que ocorreu na Alemanha,[30] na qual havia *atuação ilimitada* do Estado), os autores, atualmente, destacam vários *limites jurídicos* dessa forma de atuação administrativa.

Não se cuida, portanto, de função absoluta, sem limites; trata-se de *função jurídica* – logo, baseada no Direito. Há lindes *jurídicos, dentre outros*: as atribuições dos órgãos devem estar plasmadas em leis ou serem decorrentes do sistema (implicitamente); a exigência de que a Administração atenda aos princípios do *instituto* jurídico correspondente, à proporcionalidade, à razoabilidade etc., em vista da *finalidade específica da relação jurídica* travada.[31]

Com essas considerações gerais do sistema jurídico, ver-se-ão, a seguir, em breves palavras, as *características básicas* das agências reguladoras no *Direito Brasileiro*.

5. As agências reguladoras no Brasil

No Direito Brasileiro as agências reguladoras, de regra, são *autarquias*, isto é, *pessoas jurídicas* de direito público (*administrativas*, e não políticas, como União, Estados e Municípios), criadas por *lei específica* (art. 37, XIX, da CF, com redação da Emenda Constitucional 19, de 4.6.1998), com nuanças e prerrogativas da entidade política que as criou (prazo prescricional; controle financeiro pelos Tribunais de Contas; atos e contratos

medida será levantada, sem prejuízo da responsabilidade civil" (se for, o caso) (Heraldo Garcia Vitta, *A Sanção no Direito Administrativo*, São Paulo, Malheiros Editores, 2003, p. 22).

27. Renato Alessi, *Principi di Diritto Amministrativo*, cit., vol. I, p. 281.

28. Idem, pp. 279-280.

29. Mariano López Benítez, *Naturaleza y Presupuestos Constitucionales de las Relaciones Especiales de Sujeción*, Madri, Civitas, 1994, p. 40.

30. Cf. Heraldo Garcia Vitta, *Soberania do Estado e Poder de Polícia*, cit., pp. 68 e ss.

31. Para essas e outras considerações sobre a supremacia especial, cf.: Celso Antônio Bandeira de Mello, *Curso de Direito Administrativo*, cit., 31ª ed., pp. 843-844; Heraldo Garcia Vitta, *Soberania do Estado e Poder de Polícia*, cit., pp. 85 e ss.

administrativos; etc.); detêm autonomia financeira e administrativa e patrimônio próprio; *em princípio, não têm subordinação hierárquica* à entidade criadora (Administração Central); e, de acordo com Maria Sylvia Zanella Di Pietro, estão sujeitas ao *princípio da especialidade*, segundo o qual cada uma delas "exerce e é especializada na matéria que lhe foi atribuída por lei".[32]

Devido à importância de suas atividades, de interesse e finalidade públicos, os servidores das autarquias têm vínculo jurídico sob o regime *estatutário* (estabelecido, dessa forma, por meio de *leis*, que lhes supedita os respectivos direitos e deveres).

Especificamente no caso das *agências reguladoras*, o art. 1º da Lei 9.986, de 18.7.2000 (dispõe sobre a gestão de recursos humanos das agências reguladoras), *determinava regime de emprego* (Consolidação das Leis do Trabalho/CLT) aos servidores; mas o STF reconheceu a impossibilidade da adoção dele na ADI 2.310-1-DF, relator o Min. Marco Aurélio.[33]

Na verdade, a característica marcante das agências reguladoras talvez seja o *mandato fixo dos dirigentes*[34] (decorrente da indicação pelo Presidente da República, com aprovação do Senado – cf. art. 52, III, "f", da CF), por força dos arts. 5º e 6º da Lei 9.986/2000.

Dessa forma, os conselheiros e diretores *somente perdem o mandato* em caso de renúncia, de condenação judicial transitada em julgado ou de processo administrativo disciplinar, dentre outras condições, a serem estabelecidas em cada lei de criação da agência (art. 9º e parágrafo único).

Essas "garantias" dos dirigentes, enunciadas na lei, permitem atuação *técnica* das agências, com *menor* ingerência política por parte da entidade criadora (Administração Central).[35]

Agências reguladoras sempre existiram no Direito nacional, com outro nome ou expressão. Assim, há o Banco Central do Brasil, o Conselho Monetário Nacional, a Comissão de Valores Mobiliários; outrora, o Instituto do Açúcar e do Álcool, o Instituto do Mate etc.

Contudo, desde as "privatizações" dos serviços públicos, a partir da década de 1990, devido ao trespasse de atividades públicas (outrora realizadas pelo Estado) para pessoas jurídicas de *direito privado* não integrantes da Administração, houve a criação de entidades públicas (*agências reguladoras = autarquias*), com a finalidade de acompanhar e fiscalizar o desenvolvimento desses misteres (serviços públicos *concedidos* aos particulares; *concessão* e *permissão* de serviços públicos aos particulares).

32. Maria Sylvia Zanella Di Pietro, *Direito Administrativo*, 25ª ed., São Paulo, Atlas, 2012, p. 525.

33. Essa ação de natureza constitucional perdeu objeto, pois o art. 1º da lei combatida (Lei 9.986/2000) foi revogado pela Lei 10.871, de 20.5.2004. Assim, não há mais determinação legal para adoção do regime de emprego aos servidores das agências reguladoras.

34. Nesse sentido: Celso Antônio Bandeira de Mello, *Curso de Direito Administrativo*, cit., 31ª ed., p. 178.

35. Ingerências políticas sempre haverá. Primeiro, pelo sistema de escolha dos dirigentes das agências reguladoras: no âmbito federal, indicação do Presidente da República, com aprovação do Senado. Depois, essas entidades *integram a Administração Pública indireta*, portanto se submetem aos ditames (*metas, finalidades, meios*) estabelecidos nas *leis e nos atos administrativos superiores* da Administração Pública (Presidência da República e Ministérios, no âmbito federal).

Apesar disso, as agências reguladoras não estão adstritas à "fiscalização" e suposta regulação de *serviços públicos trespassadas aos particulares*, pois algumas delas atuam em áreas ou segmentos diversos. Numa apertada síntese, seriam as seguintes searas de atuação (sem pretensão de enumerar as espécies de agências reguladoras):

(a) No *setor privado* – (1) *Agência Nacional do Petróleo*/ANP (Lei 9.478, de 6.8.1997), relativo à *atividade econômica do monopólio estatal* de exploração e produção de petróleo (art. 177, I e IV, da CF, com redação da Emenda Constitucional 9, de 9.11.1995); (2) *Agência Nacional de Vigilância Sanitária*/ANVISA (Lei 9.782, de 26.1.1999), ao atuar como *polícia administrativa*,[36] no *controle sanitário* (saúde) de produtos e serviços, quanto à produção e comercialização, ambientes e controle nos portos, aeroportos e fronteiras (art. 6º da lei); (3) *Agência Nacional de Saúde Suplementar*/ANS (Lei 9.961, de 28.1.2000), também como *polícia administrativa*, quanto aos serviços de saúde desempenhados por particulares (art. 199, *caput*, da CF); (4) *Agência Nacional do Cinema*/ANCINE (Medida Provisória 2.281-1, de 6.9.2001), que atua no *fomento* da atividade cultural, proporcionada por particulares.

(b) No setor de *serviços públicos*, dentre outras – *Agência Nacional de Energia Elétrica*/ANEEL (Lei 9.427, de 26.12.1996), *Agência Nacional de Telecomunicações*/ANATEL (Lei 9.472, de 16.7.1997).

(c) No setor de *uso de bem público* – *Agência Nacional de Águas*/ANA (Lei 9.984, de 17.7.2000).

Ora, se adotássemos o entendimento de que agências reguladoras têm competência para editar *atos normativos* com eficácia de *leis*, certamente pouco restaria ao Legislativo (*função legislativa*) e, por tabela, à Administração Pública direta (*função administrativa*) – esta ficaria "submetida" às normas das agências reguladoras, pois não poderia controlá-las, supervisioná-las.

Imagine-se, ainda, se os atos delas não pudessem ser contrastados no Judiciário... Quase tudo ficaria sob a batuta de agências reguladoras!

Pois bem. O art. 21, XI, da CF, com redação da Emenda Constitucional 8, de 15.8.1995, estabelece, *nos serviços de telecomunicações* prestados mediante autorização, concessão ou permissão, a previsão legal da criação de um órgão regulador; no caso, a *ANATEL*.

O mesmo ocorre quanto ao monopólio da União de *petróleo, gás natural e outros hidrocarbonetos fluidos*, em que o art. 177, § 2º, III, do texto constitucional, acrescentado pela Emenda Constitucional 9, de 9.11.1995, previu, mediante lei, a criação de órgão regulador: a *ANP*.

Ora, a singela previsão constitucional de órgãos reguladores nesses dois casos não tem o condão de "destruir", obliterar, todo o sistema jurídico *constitucional*. O que o dispositivo da Constituição determina é a criação, instituição, de "órgãos reguladores". É só! A norma busca "maior" *especialidade* dessas searas;

36. Seguindo os ensinamentos de Celso Antônio Bandeira de Mello (*Curso de Direito Administrativo*, cit., 31ª ed., pp. 837 e ss.), escrevemos: "Com efeito, (a) a princípio, *leis*, elaboradas pelo Poder *Legislativo*, na função *legislativa*, estabelecem *contornos jurídicos* da propriedade e liberdade dos administrados. (...). Noutros casos, contudo, (b) o legislador atribui à Administração averiguar, *nos termos legais*, perante o caso concreto, a esfera ou fisionomia jurídica da propriedade e liberdade dos particulares. Nesse âmbito, a Administração elabora atos e pratica comportamentos; estar-se-á diante da *polícia administrativa* (Heraldo Garcia Vitta, *Poder de Polícia*, cit., p. 23).

almeja conferir a tomada de decisões *técnicas* nesses âmbitos. Transfere-se da Administração direta (órgãos públicos) para a Administração indireta (autarquias) a "fiscalização" de algumas atividades de "interesse (ou relevância) público".

Mas não significa a encampação, no Brasil, da argamassa jurídica (escassa, como vimos) do regime norte-americano. Aliás, não tem sentido a interpretação, desejada por parte da doutrina, de que a instituição de agências reguladoras visaria a conferir segurança jurídica (credibilidade) aos investidores (logicamente, *internacionais!)*, por conta das características ("americanizadas") delas.

Ora, tanto a *especialidade das agências reguladoras* quanto a *tecnicidade das decisões* tomadas por elas já *conferem segurança jurídica* (sem falar nos *mandatos fixos dos dirigentes*, por força de leis). É *o quanto basta*, em face do *Direito Brasileiro*.

5.1 O "direito regulatório" e as agências reguladoras

Para "justificar" a pretendida "extensão" das competências das agências reguladoras, a doutrina tem destacado algumas *características* do *regime jurídico "regulatório"*: flexibilidade, consensualidade, setorização, atuação especializada e autonomia na relação com o Executivo.

(a) A respeito da *flexibilidade* não há novidade; o direito administrativo tem como *características essenciais*, que o distinguem de outras disciplinas jurídicas, a *extrema diversidade* de seu objeto, a *mobilidade de suas disposições* e a *falta de codificação*. Afirmação do professor francês H. Berthélemy (em *1910*!).[37]

Ademais, essa flexibilidade só pode ser concebida num aspecto, ou sentido, *relativo*; pois, diz Ruy Cirne Lima,[38] a *finalidade* no direito público é *cogente*; a *relação de administração* é *imperativa*, imposta pela lei; o *dever* e a *finalidade* predominam – ao contrário do direito privado, no qual prevalece a *autonomia da vontade*.[39]

Depois, os *meios* devem ser fixados em *leis*, pois são importantes "instrumentos" pelos quais a Administração obtém resultados *práticos* na sua atividade administrativa (pretendidos na *lei* que lhe outorga competências).

Assim, deixar os meios ao alvedrio das agências reguladoras – como deseja parte da doutrina – seria o mesmo que conceder – utilizando expressão de Caio Tácito (quanto às competências) – um "cheque em branco".

Nos dias atuais, devido ao *regime democrático de Direito*, os *meios* devem ser "controlados" juridicamente, adstritos a parâmetros *prévios*, *normativos*, pois

37. H. Berthélemy, "Méthode applicable a l'étude du droit administratif", in Collège Libre des Sciences Sociales en 1910, *Les Méthodes Juridiques*, cit., p. 64. Ao rol do autor acrescentamos inúmeras *leis esparsas*.

38. Segundo o autor, a *finalidade* domina e governa a atividade administrativa (Ruy Cirne Lima, *Sistema de Direito Administrativo Brasileiro*, Porto Alegre, Santa Maria, 1953, p. 26). Afirmava o eminente doutrinador gaúcho: "Chama-se-lhe relação de administração, segundo o mesmo critério pelo qual os atos de administração se opõem aos atos de propriedade. Na administração, o dever e a finalidade são predominantes; no domínio, a vontade" (Ruy Cirne Lima, *Princípios de Direito Administrativo*, 7ª ed., São Paulo, Malheiros Editores, 2007, p. 2).

39. Mesmo no direito privado a autonomia da vontade circunscreve-se às normas da ordenação, como aquelas pertinentes à função social do contrato, à função social da propriedade etc.

são *instrumentos* ou formas de "ação" da *potestade do Estado*.[40]

Nem o *princípio da eficiência* (art. 37, *caput*, da CF, com redação da Emenda Constitucional 19/1998) seria suficiente para justificar os "poderes" amplos das agências reguladoras. É que o referido princípio deve "conviver" com os demais princípios do ordenamento; não pode ser visto fora do mundo jurídico, como se fosse algo isolado do contexto normativo. E, dentre os princípios referidos na Constituição, o da *legalidade* impõe obediência à *lei* por todos os agentes públicos, "sob pena de sérios riscos à segurança jurídica e ao próprio Estado," de acordo com Maria Sylvia Zanella Di Pietro.[41]

Ser *eficiente* é cumprir as *determinações legais*, atender à *Constituição Federal*, com *eficácia* (social); nas palavras de Hely Lopes Meirelles, com produtividade e rendimento funcional.[42]

Na verdade, o princípio da eficiência é o *dever de boa administração* (há muito estudado na doutrina italiana), inerente ao regime *democrático de Direito*.[43]

(b) Com fundamento na *consensualidade*, a agência realizaria acordos, num sentido amplo, com o particular.

Mas, para serem *válidos*, pressupõem *lei autorizadora*; ou seja: "acordos", enlaces, *sem perder de vista o interesse público*, devem ocorrer à *medida e nos termos da lei*, devido ao princípio da *indisponibilidade do interesse público, pilar do direito administrativo*.

Essa característica (consensualidade), igualmente, não inova, porque no *direito público* sempre se entenderam possíveis as "relações consensuais", quando *previstas nas leis*. Há, dessa forma, termos de ajustamento de conduta, suspensão de processos disciplinares, de penas de multas, e outras. Repita-se: *demandam lei*.

Pode ter havido *incremento desses instrumentos jurídicos*, devido ao avanço do *regime democrático de Direito*. Por isso, a Administração, *em vez de impor penalidades administrativas*, realiza "certas transações" com o particular.

Com efeito, *sanções administrativas* não visam a apenar o infrator, impor-lhe *castigo*; têm por finalidade "desestimular as pessoas a descumprirem as normas do ordenamento normativo". O caráter é *preventivo*; o castigo é *consequência* do descumprimento da norma e da imposição da pena.[44]

Logo, o *legislador* pode buscar melhores opções, em vez de, simplesmente, determinar a imposição de penalidade administrativa ao administrado.

Veja-se: mesmo no âmbito da *Polícia Administrativa (*na qual a doutrina cita a *imperatividade* como um dos atributos), a *coação* é *ultima ratio*; e esta *não é*

40. Quanto ao meio: no caso de *discricionariedade administrativa*, compete à autoridade proceder à escolha do *melhor meio* para atingir a *finalidade legal*. Contudo, critérios, ou princípios, devem moldar a *escolha da lei*, ao conferir a discricionariedade (razoabilidade, proporcionalidade da lei); os quais igualmente devem ser *fundamento* da *Administração*, ao proceder com a "opção concreta". Ela deverá também observar o princípio da *segurança jurídica*.

41. Maria Sylvia Zanella Di Pietro, *Direito Administrativo*, cit., 25ª ed., p. 84.

42. Hely Lopes Meirelles, *Direito Administrativo Brasileiro*, 40ª ed., atualizada por Délcio Balestero Aleixo e José Emmanuel Burle Filho, São Paulo, Malheiros Editores, 2014, p. 102.

43. Heraldo Garcia Vitta, *Aspectos da Teoria Geral no Direito Administrativo*, cit., p. 94.

44. Heraldo Garcia Vitta, *A Sanção no Direito Administrativo*, cit., p. 66.

mais considerada característica daquela atividade.[45]

Dessa forma, a autoridade administrativa só pode realizar "acordos" mediante *autorização legal*, eis que não *dispõe* do interesse público. Afirma Carnelutti: "A *potestas*, que, portanto, se define como potência de comandar para *tutela de um interesse alheio*, é, em certo aspecto, a figura mais elevada do poder, uma vez que quem comanda está em posição superior não só ao interesse sacrificado, como mesmo também ao interesse tutelado pelo comando; melhor se diria, talvez, que está colocado fora desses interesses, *já que deles não é participante*, pelos menos diretamente"[46] (grifos não originais).

Por isso, penalidade administrativa *deve ser* (*dever*) *imposta* pela autoridade competente (caso apurada a infração, no bojo de um *processo administrativo*), pois o Estado *não detém disponibilidade* a respeito dela. Cuida-se, por assim dizer, de *potestade* (disciplinar), na qual subjazem a ideia de *dever* e a ideia de *poder*, sendo esta (meramente) *instrumental* para o *cumprimento* (efetivo) daquela.[47]

Portanto, apenas nos *termos e condições fixados em leis* a Administração Pública firma "acordos" com o administrado. Atos subalternos, inclusive decretos, portarias, instruções etc., não podem conceder essa competência à autoridade administrativa.

Esse entendimento abrange, inclusive, atos praticados na *supremacia especial do Estado*, na qual – assim como ocorre na supremacia geral – a autoridade *não dispõe do interesse público*.

(c) Quanto à *setorização*,[48] outra nota do "regime regulatório", devem ser feitas algumas acotações. Todo "regime jurídico menor" (*subsistemas*) deve obedecer aos *comandos superiores do Direito*, aos valores e princípios constitucionais e às leis.

Pois o *sistema nuclear*, principal, traz a base, a sustentação, o fundamento, dos (aqui considerados) subsistemas, na medida em que estes estão *subordinados* àquele (*hierarquia normativa*).

Essa forma de raciocínio é realizada, necessariamente, na análise das várias normas que concebem os *ramos* e as *disciplinas jurídicos*. Nesse sentido, certas *unidades temáticas* do direito administrativo – caso do direito tributário, do financeiro, do urbanístico, do ambiental, do consumidor etc. – têm *fundamento e base de sustentação naquele*.[49] O *direito administrativo* fornece-lhes o *fundamento jurídico*; engloba-as, dá-lhes *sentido* e *concatenação lógica*.

Além disso, mesmo os "direitos menores", cujas normas não são editadas pelo Estado, estão *interligados às normas advindas deste*. Expõe Walinc: "Ao contrário, toda sociedade organizada tem seu Direito; ele não é privilégio exclusivo

45. Heraldo Garcia Vitta, *Poder de Polícia*, cit., pp. 32 e ss.

46. Francesco Carnelutti, *Teoria Geral do Direito*, trad. de Antônio Carlos Ferreira, São Paulo, Lejus, 1999, p. 272.

47. Heraldo Garcia Vitta, *A Sanção no Direito Administrativo*, cit., p. 64.

48. Por esse entendimento, as agências atuariam em *setores específicos*, *subsistemas*, do Direito; isso justificaria atuação ampla, com "menores exigências normativas", notadamente quanto à legalidade. Na prática, atuariam por atos administrativos, com "força de leis".

49. A respeito das *unidades temáticas*, dependentes, subordinadas, à *disciplina jurídica*, o *direito administrativo*: Celso Antônio Bandeira de Mello, *Curso de Direito Administrativo*, cit., 31ª ed., pp. 37-38; Heraldo Garcia Vitta, *Responsabilidade Civil e Administrativa por Dano Ambiental*, São Paulo, Malheiros Editores, 2008, pp. 123-124, e *Poder de Polícia*, cit., pp. 48 e ss.

do Estado. Cada grupamento de homens, seja uma associação, um sindicato, uma federação, edita para seus membros regras de conduta, por exemplo, por um regulamento interno, pelas quais prevê sanções. (...). Essas diferentes ordens jurídicas são ligadas entre si por liames de coordenação, para sua interação comum numa *ordem jurídica superior*. Por exemplo, os direitos das associações, dos sindicatos, são integrados no *direito superior do Estado que os domina e os engloba*"[50] (grifos não originais).

A doutrina sempre contendeu no sentido de que há *pluralidade de ordenamentos jurídicos*, concatenados a princípios, ou dogmas, *superiores*, aos quais *aderem*. A respeito, expõe Oswaldo Aranha Bandeira de Mello: "Existe, pois, na verdade, *pluralidade de ordenamentos jurídicos*, ou seja, de fontes formais de sua exteriorização, de modo que se passa de *ordenamento superior*, ou, melhor, supremo, a Constituição, que dá a estrutura ao Estado-poder, aos ordenamentos inferiores, ou, melhor, submetidos, uns consistindo em execução do outro"[51] (grifos não originais).

Os vários *subsistemas* aderem, cedem, às normas mais "abrangentes" ([do Estado), pois o ordenamento normativo é complexo, ordenado, *hierarquizado*.

Ressalvamos (alguns) aspectos referentes à *supremacia especial do Estado*, já enfatizada, cujo *fundamento* é diverso do da *supremacia geral*; mesmo assim, há *lindes jurídicos*.[52]

(d) O tema da *atuação especializada* das agências reguladoras é "solucionado" pelo uso da *técnica*; isto é: resolvem-se as diversas questões mediante pareceres, informes técnicos, inclusive por meio da denominada *discricionariedade técnica*, quando ela efetivamente ocorrer – campo no qual há anos os cultores do direito administrativo se debruçam.[53]

Os problemas do avanço tecnológico e da aplicação do direito administrativo não são recentes; e têm sido analisados à luz dos *conceitos operacionais dessa seara jurídica*, que traz elementos para soluções do campo da técnica.

Como diz Alf Ross, uma das atividades da *política jurídica* (realizada pelos juristas) é a "atividade de *pesar considerações e decidir* como árbitro dos

50. Marcel Waline, *Manuel Élémentaire de Droit Administratif*, 4ª ed., Paris, Sirey, 1946, p. 2.

51. Oswaldo Aranha Bandeira de Mello, *Princípios Gerais de Direito Administrativo*, 3ª ed., 2ª tir., vol. I, São Paulo, Malheiros Editores, 2010, p. 248.

52. De acordo com Renato Alessi, a *diversidade de regime jurídico* (supremacia geral *versus* supremacia especial) deriva uma "independência" dos dois "poderes", da qual descendem importantes consequências: o exercício cumulativo dos dois "poderes" não viola o princípio *ne bis in idem*; nem todos os princípios fundamentais do poder punitivo geral valem também para a aplicação do poder disciplinar; no caso de responsabilidade disciplinar não se aplica a regra do direito penal *nullum crimen sine lege*, *nulla poena sine lege*. Para recorrer aos princípios de direito penal, para colmatar a ausência de normas no direito disciplinar, por meio da analogia, deve o intérprete verificar quais os princípios e institutos que são próprios de cada poder punitivo e que podem encontrar acolhimento, também, no direito disciplinar (*Principi di Diritto Amministrativo*, cit., vol. I, p. 281).

53. A discricionariedade técnica ocorre quando, a par da apreciação de aspectos técnicos, "a lei abre alternativa ou alternativas para o comportamento da Administração, o que é, exatamente, a essência da discricionariedade: possibilidade que dimana da lei para a eleição de uma entre duas ou mais condutas em vista de realizar, do modo mais satisfatório possível, o interesse público no caso concreto" (Celso Antônio Bandeira de Mello, *Curso de Direito Administrativo*, cit., 31ª ed., p. 442).

especialistas (*de outras áreas*)"[54] (grifos não originais).

De toda forma, as autarquias, de maneira geral, são criadas para atividades *específicas*, "motivo" de sua criação. *Todas elas* têm *atuação especializada*, variando apenas o grau, ou intensidade, de cada uma delas.

(e) Assim, resta a *independência funcional* "mais acentuada" das agências, devido ao *mandato fixo dos dirigentes*, nos termos das leis.

O *mandato fixo* para os titulares de certos cargos *decorre* da própria CF, cujo art. 52, III, estabelece a competência do Senado Federal para aprovar, previamente, por voto secreto, após arguição pública, "f) titulares de outros cargos que a lei determinar". E, sabemos, os dirigentes das agências reguladoras têm fixidez ("temporária") nos cargos, por conta das leis que as regem.

Ressalvamos a hipótese em que há "novas" eleições para os cargos de chefia do Executivo; os eleitos pelo povo poderão, a qualquer momento, expungir os dirigentes das agências, *mesmo se estes estiverem no exercício dos mandatos*. O eleito deve ter condições, meios, para conduzir os rumos da Nação, sob o perfil ideológico e político *escolhido pelo povo*, nas eleições.

Trata-se de conclusão extraída do conceito de *República*, cujo regime possui, dentre os atributos, a *eletividade* e a *soberania popular*.

Segundo a doutrina, a Administração Central detém *supervisão*, ou *controle*, sobre as autarquias, nos *termos e limites legais*, na medida em que, como se sabe, não há *hierarquia* entre entidade criadora (Administração Central) e criatura (no caso, autarquias).

O emérito professor Oswaldo Aranha Bandeira de Mello refere a distinção de autarquias e "entes autônomos". Explica esse saudoso e culto doutrinador: "O ente autônomo não se confunde com o ente autárquico. O ente autárquico, administrativo, consiste em pessoa jurídica com capacidade jurídica específica de direito público, em matéria executiva ou administrativa *stricto sensu*; já, o ente autônomo desfruta de capacidade jurídica normativa específica de direito público para ordenar ele próprio determinadas matérias, em *caráter exclusivo*, na conformidade com o seu peculiar interesse, e, prover, *livremente*, os seus órgãos governamentais".[55]

E expõe o necessário *controle* que o ente autônomo detém *sobre a autarquia*, nesses termos: "Já, os autárquicos, embora com competência específica para gerir, isto é, *executar*, as atividades que constituíram a sua razão de ser, estão sujeitos, no exercício da sua competência administrativa *stricto sensu*, ao controle do ente autônomo, territorial, que os criou, ou, mesmo, da autarquia de serviço maior que, por autorização daquele, os criou".[56]

Esse *controle*, ou *tutela*, *denominada ordinária*, da Administração Centralizada sobre as respectivas criaturas, a qual sempre carece de *lei*, recai também nas *agências reguladoras* (pois são *autarquias*).

De outra parte, nas hipóteses de *descalabros administrativos*, a Administração Central poderá intervir nos negócios da agência reguladora, mediante *tutela* ou *supervisão extraordinária*, a qual, mes-

54. Alf Ross, *Direito e Justiça*, trad. de Edson Bini, São Paulo, Edipro, 2003, p. 379.

55. Oswaldo Aranha Bandeira de Mello, *Princípios Gerais de Direito Administrativo*, vol. II, Rio de Janeiro, Forense, 1974, p. 189.

56. Idem, p. 191.

mo na *falta de lei*, permite à entidade criadora interferir, excepcionalmente, na criatura, para dar fim aos *desmandos administrativos*, como no caso de *corrupção* deslavada.

Por exemplo, caso o ato da *agência* tenha sido praticado com *desvio de finalidade* ou *incompetência (absoluta)*, ou outros vícios que possam levar à *nulidade absoluta* (do ato) ou à sua *inexistência*, nada impede a intervenção "extraordinária" da Administração Centralizada na agência reguladora (*tutela extraordinária*).

Numa síntese, expõe Celso Antônio Bandeira de Mello: "O caráter público da autarquia, sua inserção No âmbito do Poder Executivo e a natureza estatal de sua atividade podem, em *momentos extremos*, reclamar ação de tutela, mesmo que *não prevista expressamente*"[57] (grifos não originais).

A doutrina refere, ainda, o *recurso administrativo impróprio* (aquele interposto perante *outra pessoa jurídica*), desde que *haja lei* que o preveja. Assim, as demandas decididas pelas agências podem constituir objeto de recurso administrativo, interposto à Administração Centralizada (ao Ministério – Federal – ou à Secretaria – Estadual ou Municipal), se houver *previsão legal*.[58]

Especificamente no âmbito federal (Decreto-lei 200/1967 e alterações posteriores), Alexandre Mazza cita dois pareceres da Advocacia-Geral da União nos quais foram reconhecidas: (a) a possibilidade de interposição de *recurso administrativo impróprio*, dirigido ao Ministro da Pasta, contra decisões das agências que não observam políticas públicas adotadas pela Presidência e pelos Ministros; (b) a *avocação*, pela Presidência da República, de competências regulatórias das agências.[59]

Em face dessas considerações, podemos referir a conclusão do tema proposto.

6. Conclusões a respeito das penalidades administrativas impostas por agências reguladoras[60]

O resultado dessas anotações é de fácil manejo, pois advém da aplicação *sistemática* do Direito, numa *visão global*, "conjunta", isto é, à medida das normas e valores do *regime brasileiro*.

As agências reguladoras exercem função administrativa; *submetem-se* ao *princípio da legalidade*, conforme determina o *texto constitucional*. Não há entidades jurídicas acima do próprio Estado (do Legislativo, do Judiciário e do próprio Executivo).

Tanto as *infrações* quanto as respectivas *penalidades* (administrativas)

57. Celso Antônio Bandeira de Mello, *Natureza e Regime Jurídico das Autarquias*, São Paulo, Ed. RT, 1968, p. 443.

58. Mesmo na ausência de lei (prevendo o "recurso impróprio"), nada impede ao particular dirigir-se diretamente à Administração Central contra decisões das agências reguladoras nas hipóteses estabelecidas, ou permitidas, pela Constituição; o *direito de petição* assegura-lhe essa possibilidade (art. 5º, XXXIV, "a": *defesa de direitos [violados], ilegalidade ou abuso de poder*).

59. Alexandre Mazza, *Manual de Direito Administrativo*, p. 149.

60. *Sanção administrativa* é "a consequência repressiva, estipulada pela ordem jurídica e imposta por autoridade administrativa, no exercício da função administrativa, desfavorável ao sujeito (infrator ou responsável), com a finalidade de desestimular as pessoas a descumprirem as normas do ordenamento normativo, em virtude de conduta (comissiva ou omissiva) praticada em ofensa ao mandamento da norma jurídica" (Heraldo Garcia Vitta, *A Sanção no Direito Administrativo*, cit., p. 66).

devem estar suficientemente plasmadas em leis. Na *supremacia geral do Estado*, umas e outras constam em *leis*;[61] por isso, agências reguladoras que atuam na *polícia administrativa* – portanto, sob fundamento da *supremacia geral* – *não podem estabelecer*, por atos administrativos, *infrações e penalidades administrativas*.

Contudo, reconhecemos, as normas de direito administrativo muitas vezes *carecem de precisão terminológica*. No exemplo de Susana Lorenzo, quando as normas municipais proíbem a venda em determinadas zonas da cidade, não estará se referindo, propriamente, ao contrato de compra e venda; mesmo que o vendedor não efetue o negócio, há infração administrativa.[62]

De todo modo, *como regra*, a *lei* deve estipular a *conduta específica* da qual poderá se originar a *específica penalidade* (*tipicidade das infrações e das penas*). Pois a *nota, ou característica, "tipicidade" das "infrações" e das "penalidades administrativas" é corolário da "legalidade"*.[63]

61. Heraldo Garcia Vitta, *A Sanção no Direito Administrativo*, cit., pp. 84 e ss., e *Poder de Polícia*, cit., pp. 70 e ss.

62. Suzana Lorenzo, *Sanciones Administrativas*, Montevidéu, Julio César Faira, 1996, p. 72. De acordo com a autora, nesses casos o intérprete deve guiar-se por critérios de obviedade e recorrer a fontes não formais, como o costume, para complementar o déficit técnico da norma (idem, ibidem). Logo, a *tipicidade* no direito administrativo não precisa ser, necessariamente, cerrada, fechada, como ocorre no direito penal. O intérprete tem manejo de interpretação para a análise dos termos contidos na lei. Porém, dentre outros critérios, ou princípios, o da razoabilidade e o da proporcionalidade devem ser observados.

63. Juan Carlos Cassagne, *Estudios de Derecho Público*, Buenos Aires, Depalma, 1995, p. 85. Não refutamos a edição de *regulamentos executivos* nos casos assinados no item 3, "O regime jurídico brasileiro (legalidade)".

Já, no caso de agências reguladoras que têm relação íntima, doméstica, com dados particulares, numa sujeição especial (*relação especial do Estado*), a situação é outra.

Nessa seara haverá certamente, campo amplo de atuação das agências: elas podem estipular *infrações e penalidades*, por meio de *atos administrativos*, porém baseados nas *leis*; e disciplinar de maneira *específica*, ou seja, por ato administrativo, os comportamentos exigíveis dos particulares quando o *legislador* (lei) tiver se expressado, ao fixar *infrações*, mediante *conceitos indeterminados* ou, conforme acentua a doutrina, *standars* deontológicos de conduta (palavras plurissignificativas: "ordem pública", "moral" e outras).

Assim, algumas agências (*concedentes*) firmam *contratos de concessão* de serviços e obras públicos com particulares (*concessionários*). O art. 29, II, da Lei 8.987, de 13.2.1995 (essa legislação trata da concessão e permissão de serviços e obras públicos), estabelece a competência do "poder concedente" para "aplicar as penalidades *regulamentares e contratuais*".

Conforme explica o nunca assaz citado Celso Antônio Bandeira de Mello, as penalidades podem ser fixadas em *regulamento* anterior à concessão ou no edital da licitação, "pois, em tal caso, quem se candidate a disputá-lo terá antecipado conhecimento das sanções a que eventualmente estará exposto".[64]

Já, quanto à previsão das penalidades nos contratos de concessão, assinala esse competente professor e jurista: "Quanto ao contrato, entendemos que não poderá inovar na matéria, mas tão só reproduzir o que já esteja previsto, seja no *edital* ou

64. Celso Antônio Bandeira de Mello, *Curso de Direito Administrativo*, cit., 31ª ed., p. 751.

seus *anexos*, seja em *regulamento anterior*. Logo, o que dele conste ao respeito será despiciendo, pois nada agregará validamente ao que terá de preexistir"[65] (grifos não originais).

Assiste razão ao eminente doutrinador, porque a *segurança jurídica* exige conhecimento *antecipado* do destinatário da norma tanto das infrações quanto das penalidades administrativas.[66]

Quando se estuda o regime jurídico das agências reguladoras é necessário lembrar o provérbio alemão: *Confiar* é bom, *controlar*, melhor!

Os atos praticados pelas agências reguladoras submetem-se aos ditames normativos "comuns" das autarquias (em geral), com exceção da fixidez ("temporária") no cargo dos dirigentes daquelas.

Entretanto, se houver eleições, os *novos mandatários* poderão indicar dirigentes para as agências reguladoras. Pois a *República*, segundo Geraldo Ataliba, "traduz-se num conjunto de instituições cujo *funcionamento harmônico* visa a assegurar, da melhor maneira possível, a eficácia de seu *princípio básico*, consistente na *soberania popular*"[67] (grifos não originais).

Ora, a *soberania popular* somente estará *assegurada* se o mandatário, escolhido pela "Nação", puder escolher ou, nos termos da Constituição, indicar, os (novos) diretores dos cargos públicos *dirigentes* do próprio *Executivo*.

Caso contrário as leis – que estabelecem mandatos fixos dos dirigentes das agências – estariam sobrepujando o texto constitucional, numa inversão de valores inconcebível no regime democrático de Direito.[68]

65. Idem, ibidem.

66. Heraldo Garcia Vitta, *A Sanção no Direito Administrativo*, cit., p. 92; e *Poder de Polícia*, cit., p. 185.

67. Geraldo Ataliba, *República e Constituição*, cit., 3ª ed., p. 89. E uma das características fundamentais da República é a *eletividade*, para a garantia da renovação (ou não) do poder.

68. A respeito, com argumentos convincentes, Celso Antônio Bandeira de Mello, *Curso de Direito Administrativo*, cit., 31ª ed., pp. 179-180.

Bibliografia

ALESSI, Renato. *Principi di Diritto Amministrativo*. vol. I. Milão, Giuffrè, 1974.

__________. *Sistema Istituzionale del Diritto Amministrativo Italiano*. Milão, Giuffrè, 1953.

ATALIBA, Geraldo. *República e Constituição*. 3ª ed., atualizada por Rosolea Miranda Folgosi. São Paulo, Malheiros Editores, 2011.

BANDEIRA DE MELLO, Celso Antônio. *Curso de Direito Administrativo*, 31ª ed. São Paulo, Malheiros Editores, 2014.

__________. *Natureza e Regime Jurídico das Autarquias*. São Paulo, Ed. RT, 1968.

BANDEIRA DE MELLO, Oswaldo Aranha. *Princípios Gerais de Direito Administrativo*. 3ª ed., 2ª tir., vol. I. São Paulo, Malheiros Editores, 2007; vol. II. Rio de Janeiro, Forense, 1974.

BENÍTEZ, Mariano López. *Naturaleza y Presupuestos Constitucionales de las Relaciones Especiales de Sujeción*. Madri, Civitas, 1994.

BERTHÉLEMY, H. "Méthode applicable a l'étude du droit administratif". In : COLLEGE LIBRE DES SCIENCES SOCIALES EN 1910. *Les Méthodes Juridiques*. Paris, V. Giard & E. Brière, 1911.

CABRAL DE MONCADA, Luis S. "*Rule of Law*, procedimento normativo e legalidade: uma perspectiva comparada". In: *Estudos de Direito Público*. Coimbra, Coimbra Editora, 2001.

CAMMEO, Federico. *Corso di Diritto Amministrativo.* Pádua, Casa Editrice Dott. Antonio Milani/CEDAM, 1960.

CARNELUTTI, Francesco. *Teoria Geral do Direito.* Trad. de Antônio Carlos Ferreira. São Paulo, Lejus, 1999.

CASSAGNE, Juan Carlos. *Estudios de Derecho Público.* Buenos Aires, Depalma, 1995.

CIRNE LIMA, Ruy. *Princípios de Direito Administrativo.* 7ª ed. São Paulo, Malheiros Editores, 2007.

——————. *Sistema de Direito Administrativo Brasileiro.* Porto Alegre, Santa Maria, 1953.

COLLÈGE LIBRE DES SCIENCES SOCIALES EN 1910. *Les Méthodes Juridiques.* Paris, V. Giard & E. Brière, 1911.

DI PIETRO, Maria Sylvia Zanella. *Direito Administrativo.* 25ª ed. São Paulo, Atlas, 2012.

FIGUEIREDO, Marcelo (org.). *Direito e Regulação no Brasil e nos EUA.* São Paulo, Malheiros Editores, 2004.

LORENZO, Susana. *Sanciones Administrativas.* Montevidéu, Julio César Faira, 1996.

MARTINS, Ricardo Marcondes. *Regulação Administrativa à Luz da Constituição Federal.* São Paulo, Malheiros Editores, 2011.

MAURER, Hartmut. *Elementos de Direito Administrativo Alemão.* Trad. de Luís Afonso Heck. Porto Alegre, Sérgio Antônio Fabris Editor, 2001.

MAYER, Otto. *Derecho Administrativo Alemán.* 2ª ed., t. I, trad. de Horacio H. Heredia e Ernesto Krotoschin. Buenos Aires, Depalma, 1982.

MAZZA, Alexandre. *Manual de Direito Administrativo.*

MEIRELLES, Hely Lopes. *Direito Administrativo Brasileiro.* 40ª ed., atualizada por Délcio Balestero Aleixo e José Emmanuel Burle Filho. São Paulo, Malheiros Editores, 2014.

ROSS, Alf. *Direito e Justiça.* Trad. de Edson Bini. São Paulo, Edipro, 2003.

STRAUSS, Peter L. "Órgãos do sistema federal americano – Sua responsabilidade e posicionamento". In: FIGUEIREDO, Marcelo (org.). *Direito e Regulação no Brasil e nos EUA.* São Paulo, Malheiros Editores, 2004 (pp. 17-30).

VITTA, Heraldo Garcia. *A Sanção no Direito Administrativo.* São Paulo, Malheiros Editores, 2003.

——————. *Aspectos da Teoria Geral no Direito Administrativo.* São Paulo, Malheiros Editores, 2001.

——————. *Poder de Polícia.* São Paulo, Malheiros Editores, 2010.

——————. *Responsabilidade Civil e Administrativa por Dano Ambiental.* São Paulo, Malheiros Editores, 2008.

——————. *Soberania do Estado e Poder de Polícia.* São Paulo, Malheiros Editores, 2011.

WALINE, Marcel. *Manuel Élémentaire de Droit Administratif.* 4ª ed. Paris, Sirey, 1946.

A DITADURA DE 1964
Breve Contribuição à sua História Constitucional

Sérgio Sérvulo da Cunha

Advogado

Expulsando o Presidente João Goulart de Brasília, o revanchismo militar que se opusera à sua posse, e, posteriormente, ao plebiscito que restaurou suas prerrogativas presidenciais, buscou juridicizar-se mediante o assim chamado "Ato Institucional" de 9.4.1964 (assinado pelos Comandantes do Exército, da Marinha e da Aeronáutica: Arthur da Costa e Silva, Francisco de Assis Correia de Mello e Augusto Hamann Rademaker Grünewald), que, devendo vigorar apenas até o dia 31.1.1966, fazia-se preceder do seguinte: "(...). A Revolução vitoriosa se investe no exercício do Poder Constitucional. Este se manifesta pela eleição popular ou pela revolução. Esta é a forma mais expressiva e mais radical do Poder Constituinte. Assim, a revolução vitoriosa, como o Poder Constituinte, se legitima por si mesma. Ela destitui o governo anterior e tem a capacidade de constituir o novo governo. Nela se contém a força normativa, inerente ao Poder Constituinte. Ela edita normas jurídicas, sem que nisto seja limitada pela normatividade anterior à sua vitória. Os Chefes da Revolução vitoriosa, graças à ação das Forças Armadas e ao apoio inequívoco da Nação, representam o Povo e em seu nome exercem o Poder Constituinte, de que o povo é o único titular. O Ato Institucional que é hoje editado pelos Comandantes em Chefe do Exército, da Marinha e da Aeronáutica, em nome da Revolução que se tornou vitoriosa com o apoio da Nação, na sua quase totalidade, destina-se a assegurar ao novo governo a ser instituído os meios indispensáveis à obra de reconstrução econômica, financeira, política e moral do Brasil, de maneira a poder enfrentar, de modo direto e imediato, os graves e urgentes problemas de que depende a restauração da ordem interna e do prestígio internacional da nossa Pátria. A Revolução vitoriosa necessita de se institucionalizar e se apressa pela sua institucionalização, a limitar os plenos poderes de que efetivamente dispõe".[1]

1. Escreveu esse ato o jurista Francisco Campos, que fora Ministro da Justiça de Getúlio Vargas e redator da Ordenação de 1937.

Esse "Ato Institucional" manteve, em suas linhas essenciais, a Constituição de 1946. O que fez foi substituir o governo e atribuir novos poderes ao Presidente da República. As violações de direitos fundamentais – salvo as decorrentes de seus arts. 7º (suspensão das garantias de vitaliciedade e estabilidade) e 10 (suspensão de direitos políticos e cassação de mandatos) – ocorreram no plano dos fatos, suspensas – como, de fato, então ficaram – as garantias individuais.

Composto por 11 artigos, o Ato Institucional, dentre outras disposições, aprazou para dali a 2 dias a escolha, a se realizar pelo Congresso Nacional, dos novos Presidente e Vice-Presidente da República (com mandato-tampão até 31.1.1966); fixou em 3.10.1965 a data para a eleição dos seus sucessores, com mandato a se iniciar em 31.1.1966; suspendeu por 6 meses as garantias legais de vitaliciedade e estabilidade; outorgou aos seus próprios signatários – e também ao Presidente da República, para dali a 60 dias – poderes de suspender direitos políticos e cassar mandatos parlamentares.[2]

Tal como previsto, no dia 11 de abril o Congresso Nacional designou como Presidente da República, com delegação até 31.1.1966, o General Humberto de Alencar Castello Branco, até então Chefe do Estado-Maior do Exército, que tomou posse no dia 15,[3] afirmando, em seu discurso: "Meu governo será o das leis, o das tradições e princípios morais e políticos que refletem a alma brasileira (...)". Esses propósitos foram sublinhados em pronunciamento feito em Bagé: "O Brasil não merece um outro Estado Novo. Para se combater o perigo comunista não se pode vestir a Nação com a camisa de força do Nazismo, maltratando os brasileiros através de um regime em que alguns civis desejam segurar no copo da espada dos militares para, ditatorialmente, passar a lâmina nos patrícios que contrariam as suas ambições".

Poucos meses após, contudo, no dia 15 de julho, foi aprovada a Emenda Constitucional 9, que, entre outras providências, prorrogou até 15.3.1967 as delegações do Presidente e do Vice-Presidente

2. Segundo Luís Viana Filho, foi Bilac Pinto o principal idealizador do Ato Institucional, de cuja preparação participaram, além do próprio Luís Viana e Bilac Pinto, também Pedro Aleixo e José Maria Alkmin e os juristas Carlos Medeiros Silva e Francisco Campos (v. Luís Viana Filho, *O Governo Castello Branco*, Rio de Janeiro, José Olympio, 1976, pp. 57-58. V. também Auro Moura Andrade, *Um Congresso Contra o Arbítrio*, Rio de Janeiro, Nova Fronteira, 1985, p. 286). Em suas memórias, diz Juracy Magalhães: "O redator desse primeiro Ato foi o jurista Francisco Campos, habituado a desincumbir-se com presteza dessas tarefas desconcertantes. A coincidência de ter sido ele o mesmo autor da Constituição de 1937, a famosa 'Polaca' com que Vargas dominara o País por todo o período do Estado Novo, motivou o cronista Rubem Braga a soltar aquela piada que ficou na História: 'Toda vez que o Dr. Francisco Campos nos empresta suas luzes de jurista, a democracia entra em curto-circuito'" (*O Último Tenente*, 3ª ed., Rio de Janeiro/São Paulo, Record, 1996, p. 316).

3. Anota o cronista, no dia 11: "A Câmara dos Deputados consumou ontem à tarde o ato mais constrangedor que lhe coube praticar no curso da Revolução: a convocação de suplentes para preencher as vagas abertas com a cassação de mandatos imposta pelo Comando Militar". E no dia 15: "Quando o General André Fernandes (...) entrou ontem à tarde no Palácio do Congresso, um arrepio de medo percorreu a espinha de vários parlamentares. Foi o General André Fernandes o portador da primeira lista de cassações e a expectativa era de que ontem levasse a segunda" (Carlos Castello Branco, *Os Militares no Poder*, 2ª ed., Rio de Janeiro, Nova Fronteira, 1977, pp. 14 e 18). No mesmo dia da edição do Ato Institucional, o assim chamado Comando Supremo da Revolução suspendera os direitos políticos de

da República.[4] Em 3.10.1965 a Oposição foi vitoriosa na eleição para governar vários Estados. O Chefe do Governo, então, quis obter dos congressistas uma emenda constitucional: pretendia, entre outros poderes, ampliar os casos de intervenção nos Estados. Não a conseguindo, editou, no dia 27 daquele mês, aquilo que designou como "Ato Institucional 2", com vigência prevista até 15.3.1967[5] e a seguinte justificativa: "(...). Não se disse que a Revolução foi, mas que é e continuará. Assim, o seu Poder Constituinte não se exauriu, tanto é ele próprio do processo revolucionário que tem de ser dinâmico para atingir os seus objetivos. (...). A autolimitação que a Revolução se impôs no Ato Institucional de 9.4.1964 não significa, portanto, que, tendo poderes para limitar-se, se tenha negado a si mesma por essa limitação, ou se tenha despojado da carga de poder

100 pessoas e cassara os mandatos legislativos de vários deputados.

4. Diz o memorialista: "Luís Viana Filho admite que a medida foi tomada para evitar a eleição de Lacerda em outubro/1965. *Mutatis mutandis*, a cassação de Juscelino Kubitschek foi também para evitar sua eleição em 1965, na qual era candidato. Lacerda, citado por Luís Viana Filho, enviou a Bilac Pinto, no dia 21 de julho, uma carta na qual considerava a prorrogação 'um passaporte para o desconhecido'. (...). E profeticamente terminava: 'Bilac, numa palavra, votada a prorrogação, não haverá eleições, nem em 1966, nem tão cedo. Isto é o 10 de novembro com a aprovação do Congresso" (Auro Moura Andrade, *Um Congresso Contra o Arbítrio*, cit., p. 317). Acrescenta que a Subemenda dispondo sobre a prorrogação "era nitidamente infringente dos dispositivos legais que regiam o assunto, além de não estar de acordo com as regras existentes no Regimento Interno e na Constituição de 1946, e suas Emendas e modificações por atos complementares. E, de outra parte, feria o próprio Ato Institucional, onde estava declarado que o mandato ia até janeiro/1966, e que as disposições do Ato eram insuscetíveis de alteração. Deste modo não me restava, como Presidente do Congresso, outra atitude senão considerá-la impertinente, determinando seu arquivamento. (...). O Sr. Mem de Sá, ante minha decisão de considerar não pertinente a Subemenda, usou da prerrogativa do recurso ao Plenário, havendo obtido sucesso, pelo quê tive de colocar a matéria em votação. A Subemenda em questão acabou sendo aprovada por um voto e incorporada ao texto, como parágrafo único do art. 6º da Emenda Constitucional 9" (idem, pp. 318-319).

5. Subscrevem esse ato o Marechal Castello Branco e seus ministros Juracy Magalhães (Ministro da Justiça), Paulo Bosísio, Arthur da Costa e Silva, Vasco Leitão da Cunha e Eduardo Gomes. Juracy Magalhães assim descreve sua elaboração: "Levei então o jurista Nehemias Gueiros até Brasília, alojei-o no apartamento anteriormente ocupado por Milton Campos e pedi-lhe a façanha quase impossível: uma fórmula capaz de aplacar os ânimos, uma espécie de transigência calculada diante da reivindicação dos que detinham a força armada e reclamavam medidas extremas. Muitos outros foram chamados a opinar: os Deputados Rui Santos e Aliomar Baleeiro, os Juristas Carlos Medeiros e Francisco Campos, os Generais Golbery do Couto e Silva, Ernesto Geisel e Osvaldo Cordeiro de Farias. Mas tínhamos ouvido rumores de que, do lado dos radicais, um cavalheiro sombrio, chamado Gama e Silva, com seu coadjuvante Amaral Santos, de Piraçununga, já estava redigindo um ato institucional terrível, protótipo do que seria, mais tarde, o AI-5, destinado a dar à linha-dura os instrumentos capazes de instaurar no País um regime discricionário absoluto. Nosso objetivo era nos antecipar a essa peça liberticida com um ato mais suave, que atendesse a algumas reivindicações da oficialidade radical sem ter de apagar a luz da democracia. Quando entreguei a minuta do Ato 2 a Castello Branco, num fim de tarde, no Palácio do Planalto, fiz questão de lhe dizer que só aceitava medidas mais rígidas porque o executante seria ele, um militar incapaz de usar de arbítrio contra seus compatriotas. (...). O jurista Nehemias Gueiros, que por amizade me ajudou nessa batalha e em razão disso foi muitas vezes cobrado pelos seus colegas, diria mais tarde aos jornalistas: 'Eu não fiz a Revolução de 1964 nem torci a realidade. Encontrei-a feita e tentei ajudar, como um técnico do Direito, a pô-la nos trilhos, pois ela ameaçava descarrilar'" (*O Último Tenente*, cit., 3ª ed., pp. 339-341).

que lhe é inerente como movimento. (...). A Revolução está viva e não retrocede. Tem promovido reformas e vai continuar a empreendê-las, insistindo patrioticamente em seus propósitos de recuperação econômica, financeira, política e moral do Brasil. Para isso precisa de tranquilidade. Agitadores de vários matizes e elementos da situação eliminada teimam, entretanto, se valer do fato de haver ela reduzido a curto tempo o seu período de indispensável restrição a certas garantias constitucionais, e já ameaçam e desafiam a própria ordem revolucionária, precisamente no momento em que esta, atenta aos problemas administrativos, procura colocar o Povo na prática e na disciplina do exercício democrático (...)".[6]

Dentre as inúmeras medidas constantes dos 33 artigos do AI-2 destacam-se aquelas com que o General Castello Branco excluiu de apreciação judicial os atos revolucionários; alterou as disposições vigentes sobre a reforma da Constituição; modificou o processo legislativo, permitindo a aprovação por simples decurso de prazo de projetos de lei de iniciativa do Executivo; alterou disposições constitucionais relativas à organização do Poder Judiciário, criou a Justiça Federal e estendeu a civis a jurisdição da Justiça Militar; suspendeu as garantias constitucionais ou legais de vitaliciedade, inamovibilidade e estabilidade; extinguiu os partidos políticos e cancelou seus registros; suprimiu a eleição direta para Presidente da República, convertendo o Congresso em Colégio Eleitoral, com voto aberto; outorgou a si mesmo os seguintes poderes: (a) determinar a data – que não poderia ser posterior a 3.10.1966 – para a próxima eleição presidencial; (b) baixar atos complementares ao AI-2; (c) decretar o estado de sítio e prorrogar seu prazo; (d) decretar o recesso do Congresso Nacional, das Assembleias Legislativas e das Câmaras de Vereadores, mediante ato complementar; (e) editar decretos-leis durante o recesso do Congresso Nacional; (f) suspender direitos políticos por 10 anos e cassar mandatos legislativos federais, estaduais e municipais; (g) decretar a intervenção federal nos Estados; (h) editar decretos-leis sobre matéria de segurança nacional.

Além de vários atos complementares, o ditador viria a baixar o AI-3, de 5.2.1966, com o qual estendeu a votação indireta também para a eleição dos governadores e vice-governadores de Estado;[7] em outubro/1966 cassou os mandatos dos Deputados federais Doutel de Andrade, Sebastião Paes de Almeida, César Prieto, Abraão de Moura, Humberto El-Jaick e Adib Chamas. O Presidente da Câmara, Deputado Adauto Lúcio Cardoso, decidiu submeter ao Plenário a constitucionalidade dessas cassações; manteve os cassados em exercício e permitiu-lhes proferir discursos da tribuna; com esse ato solidarizou-se o Presidente do Senado, Auro de Moura Andrade. No dia 20 o Congresso foi ocupado militarmente; seu recesso foi decretado pelo Ato Complementar 23, dessa data. No dia 25 foram cassados os mandatos de dois senadores e 50 deputados estaduais; no dia 10 de novembro suspenderam-se os direitos políticos de vários candidatos já registrados pela Justiça Eleitoral. No dia 15 o Governo conseguiu maioria nas eleições parlamentares.

6. A causa próxima do AI-2 foi o resultado das eleições estaduais, em que, não obstante todo o cerceamento da Oposição, o Governo foi derrotado em cinco Estados, inclusive em Minas Gerais e no Rio de Janeiro. A abstenção foi de 23%, e os votos brancos e nulos somaram 21%.

7. Esse ato também foi subscrito pelos Ministros Mem de Sá, Zilmar Araripe, Décio de Escobar, Juracy Magalhães e Eduardo Gomes.

Em 7.12.1966 editou-se o Ato 4, que assim dispôs em seu art. 1º:

"Art. 1º. É convocado o Congresso Nacional para se reunir extraordinariamente, de 12 de dezembro de 1966 a 24 de janeiro de 1967.

"§ 1º. O objeto da convocação extraordinária é a discussão, votação e promulgação do projeto de Constituição apresentado pelo Presidente da República (...)."[8]

De fato, no dia 24.1.1967, juntamente com a posse do novo Presidente (o General Arthur da Costa e Silva, que tinha sido eleito pelo Congresso no dia 3 de outubro do ano anterior), promulgou-se a Ordenação de 1967, que entrou em vigor em março/1967.

No dia 13.12.1968, vendo negado no Congresso, por 75 votos, seu pedido para processar o Deputado Márcio Moreira Alves, o Governo editou um ato institucional sem número (posteriormente conhecido como AI-5).

Assinado pelo Marechal Arthur da Costa e Silva juntamente com seus Ministros,[9] o AI-5 alinhava, dentre outros "considerandos", que o Governo da República, responsável pela ordem e segurança interna, "não só não pode permitir que pessoas ou grupos revolucionários contra ela trabalhem, tramem ou ajam, sob pena de estar faltando a compromissos que assumiu com o Povo Brasileiro, bem como porque o Poder Revolucionário, ao editar o Ato Institucional 2, afirmou, categoricamente, que 'não se disse que a Revolução foi, mas que é e continuará', e, portanto, o processo revolucionário em desenvolvimento não pode ser detido (...)".

E, ainda:

"Considerando que esse mesmo Poder Revolucionário, exercido pelo Presidente da República, ao convocar o Congresso Nacional para discutir, votar e promulgar a nova Constituição, estabeleceu que esta, além de representar 'a institucionalização dos ideais e princípios da Revolução', deveria 'assegurar a continuidade da obra revolucionária';

"Considerando, no entanto, que atos nitidamente subversivos, oriundos dos mais distintos setores políticos e culturais,

8. Esse Ato foi subscrito juntamente com os Ministros Carlos Medeiros Silva, Zilmar Araripe, Ademar de Queiroz, Manoel Pio Corrêa e Eduardo Gomes. O Congresso havia sido colocado compulsoriamente em recesso desde o dia 20 de outubro. Auro de Moura Andrade, então Presidente do Senado, assinala, em suas memórias: "No dia 21, o Presidente Castello Branco autorizou a operação militar estabelecida para ocupar o Palácio do Congresso durante a madrugada. As tropas do Exército, Marinha, Aeronáutica e da Polícia Militar do Distrito Federal, sob o comando do Coronel Meira Mattos, desceram dos carros-choques. Penetraram na Câmara dos Deputados, desligaram a energia elétrica e cercaram Câmara e Senado. Não era mais a execução de um simples decreto de recesso: era uma autêntica e violenta ocupação militar do Poder desarmado da República" (*Um Congresso Contra o Arbítrio*, cit., p. 364).

Um anteprojeto, revisto por Carlos Medeiros Silva (que, segundo depoimento do General Geisel, "era da nossa área pelas suas ideias", "vinha com longo tirocínio das futricas políticas" e "tinha trabalhado com Francisco Campos"), foi encaminhado ao Congresso, que, achando-se em recesso, foi adrede convocado. Até a promulgação da Ordenação de 1967 foram editados pelo Marechal Castello Branco 37 atos complementares, sobre variada matéria, e 318 decretos-leis.

9. Estes os Ministros subscritores do AI-5: Luís Antônio da Gama e Silva, Augusto Hamann Rademaker Grünewald, Aurélio de Lyra Tavares, José de Magalhães Pinto, Antônio Delfim Netto, Mário David Andreazza, Ivo Arzua Pereira, Tarso Dutra, Jarbas G. Passarinho, Márcio de Souza e Mello, Leonel Miranda, José Costa Cavalcanti, Edmundo de Macedo Soares, Hélio Beltrão, Afonso A. Lima, Carlos F. de Simas.

comprovam que os instrumentos jurídicos, que a Revolução vitoriosa outorgou à Nação para sua defesa, desenvolvimento e bem-estar do seu Povo, estão servindo de meios para combatê-la e destruí-la;

"Considerando que, assim, se torna imperiosa a adoção de medidas que impeçam sejam frustrados os ideais superiores da Revolução, preservando a ordem, a segurança, a tranquilidade, o desenvolvimento econômico e cultural e a harmonia política e social do País, comprometidos por processos subversivos e de guerra revolucionária;

"Considerando que todos esses fatos perturbadores da ordem são contrários aos ideais e à consolidação do Movimento de Março/1964, obrigando os que por ele se responsabilizaram e juraram defendê-lo a adotarem as medidas necessárias, que evitem sua destruição,

"Resolve editar o seguinte Ato Institucional: (...)."

Por esse ato o Marechal Costa e Silva suspendeu a garantia de *habeas corpus* nos crimes políticos contra a segurança nacional, a ordem econômica e social e a economia popular; excluiu de apreciação judicial todos os atos – e respectivos efeitos – praticados de acordo com o próprio Ato 5 e seus atos complementares; e outorgou-se os poderes ditatoriais de: (a) decretar o recesso do Congresso Nacional, das Assembleias Legislativas e das Câmaras de Vereadores; (b) legislar durante o recesso do Congresso Nacional; (c) decretar a intervenção nos Estados e Municípios, sem as limitações previstas na Constituição; (d) sem as limitações previstas na Constituição, suspender os direitos políticos de quaisquer cidadãos pelo prazo de 10 anos e cassar mandatos eletivos federais, estaduais e municipais; (e) demitir, remover, aposentar ou pôr em disponibilidade quaisquer titulares de funções com prazo certo e das garantias constitucionais ou legais de vitaliciedade, inamovibilidade e estabilidade, empregados de autarquias, empresas públicas ou sociedades de economia mista e demitir, transferir para a reserva ou reformar militares ou membros das Polícias Militares; (f) decretar o estado de sítio e prorrogá-lo, fixando o respectivo prazo; (g) decretar o confisco de bens de quem tivesse enriquecido ilicitamente no exercício de cargo ou função pública; (h) baixar atos complementares; (i) suspender a liberdade de reunião e de associação; (j) censurar a correspondência, a imprensa, as telecomunicações e as diversões públicas.

O que então ocorreu foi assim descrito: "O Congresso foi posto em recesso. Quatro senadores e 95 deputados tiveram seus mandatos cassados. O MDB perdeu 40% de seus parlamentares. Cinco juízes do STF e um do STM foram aposentados. Cerca de 500 pessoas que ocupavam posições de relevo na vida social do País (professores, universitários, jornalistas, militares, diplomatas) perderam seus direitos políticos, bem como aquelas posições que lhes permitiam influir na formação da opinião pública. Os delegados da censura instalaram-se nas redações dos jornais, nas emissoras de rádio e televisão, nas casas de espetáculos. As forças policiais e os serviços secretos passaram a atuar de forma desabrida e totalmente irresponsável, violando a privacidade dos lares, da correspondência e das comunicações, cerceando discricionariamente o exercício de todas as liberdades públicas. As detenções assumiram o caráter de sequestros e se multiplicaram em ondas sucessivas. Todo cidadão, independentemente de classe, raça ou credo, tornara-se em princípio suspeito da prática de delitos contra a segurança nacional".

O Marechal Costa e Silva editaria, ainda, o AI-6 (1.2.1969), com o qual, além de outras providências, alterou a competência do STF e da Justiça Militar (esta, estendida ao julgamento de civis, de governadores de Estado e de seus secretários, para a repressão de crimes praticados contra a segurança nacional ou as instituições militares). Em seguida, os AI-7 (26.2.1969), 8 (2.4.1969), 9 (25.4.1969), 10 (16.5.1969) e 11 (14.8.1969), antes de ser afastado da Presidência.

No dia 31.8.1969 o ditador caiu gravemente enfermo; os ministros militares, impedindo de assumir a presidência o Vice-Presidente Pedro Aleixo,[10] editaram mais um ato institucional (o de n. 12), precedido de longa motivação e assim redigido:

"Art. 1º. Enquanto durar o impedimento temporário do Presidente da República, Marechal Arthur da Costa e Silva, por motivo de saúde, as suas funções serão exercidas pelos Ministros da Marinha de Guerra, do Exército e da Aeronáutica Militar, nos termos dos Atos Institucionais e Complementares, bem como da Constituição de 24 de janeiro de 1967.

"Art. 2º. Os Ministros Militares baixarão os atos necessários à continuidade administrativa, à preservação dos direitos individuais e ao cumprimento dos compromissos de ordem internacional.

"Art. 3º. Continuam em exercício os Poderes e órgãos da Administração Federal, Estadual e Municipal que não foram atingidos pelos Atos Institucionais e Complementares.

"Art. 4º. Cessado o impedimento, o Presidente da República, Marechal Arthur da Costa e Silva, reassumirá as suas funções em toda a sua plenitude.

"Art. 5º. Excluem-se de qualquer apreciação judicial todos os atos praticados de acordo com este Ato Institucional e seus Atos Complementares, bem como os respectivos efeitos (...)."[11]

Essa mesma Junta Militar, acolitada por seus Ministros, assinaria, ainda, os Atos Institucionais:

– 13, de 15.9.1969, autorizando o Poder Executivo a "banir do território nacional o brasileiro que, comprovadamente, se tornar inconveniente, nocivo ou perigoso à segurança nacional";

– 14, de 5.9.1969, admitindo as penas de morte, de prisão perpétua, de banimento e de confisco nos casos de "guerra externa, psicológica adversa, ou revolucionária ou subversiva nos termos que a lei determinar";

– 15, de 9.9.1969, dispondo sobre eleições municipais;

– 16, de 14.10.1969, declarando a vacância dos cargos de Presidente e Vice-

10. Como protagonista de dois regimes de exceção, Pedro Aleixo veio a ser vítima de dois golpes: no dia 10.11.1937, sendo Presidente da Câmara dos Deputados, fora impedido de entrar em seu gabinete por militares de baioneta calada, e precisou se homiziar na fazenda de um amigo, em Juiz de Fora. Com relação a 1969, o General Geisel viria a dizer: "Fala-se em golpe de 1964, mas o golpe realmente foi dado quando impediram Pedro Aleixo de tomar posse. Por que Pedro Aleixo não assumiu? Porque era um político, e fora o único membro do Governo a votar contra o AI-5" (Celso Castro e Maria Celina D'Araújo (orgs.), *Dossiê Geisel*, Rio de Janeiro, FGV, 2002, p. 210).

11. Vinham a final as assinaturas de seus subscritores: Augusto Hamann Rademaker Grünewald, Aurélio de Lyra Tavares, Márcio de Souza e Mello, Luís Antônio da Gama e Silva, José de Magalhães Pinto, Antônio Delfim Netto, Mário David Andreazza, Ivo Arzua Pereira, Tarso Dutra, Jarbas G. Passarinho, Leonel Miranda, Edmundo de Macedo Soares, Antônio Dias Leite Jr., Hélio Beltrão, José Costa Cavalcanti, Carlos F. de Simas. A redação desse Ato é atribuída a Carlos Medeiros Silva (Maria Celina d'Araújo, Gláucio Ary Dillon Soares e Celso Castro, *Os Anos de Chumbo*, Rio de Janeiro, Relume-Dumará, 1994, pp. 302-303).

-Presidente da República, designando o dia 25 do mesmo mês para a escolha dos seus novos titulares (a ser realizada pelo Congresso Nacional, em sessão pública e votação nominal); convocando para esse fim o Congresso, que se encontrava em recesso forçado;[12] fixando para o dia 30 do mesmo mês a posse dos novos titulares desses cargos; reservando-se o poder de legislar mediante decreto-lei, até o mesmo dia 30 de outubro, sobre todas as matérias de competência da União; dispensando para o candidato militar àqueles cargos a exigência de filiação partidária; fixando para o dia 15.3.1974 o término do novo período presidencial; e excluindo de apreciação judicial os atos praticados com fundamento nesse Ato Institucional e nos respectivos Atos Complementares;

– 17, do mesmo dia 14.10.1969, estabelecendo sanção disciplinar (a transferência para a reserva, por período determinado) para "os militares que hajam atentado, ou venham a atentar, comprovadamente, contra a coesão das Forças Armadas, divorciando-se, por motivos de caráter conjuntural ou objetivos políticos de ordem pessoal ou de grupo, dos princípios basilares e das finalidades precípuas de sua destinação constitucional".

Por fim, no dia 17.10.1969, invocando as atribuições conferidas pelo

"(...) art. 3º do Ato Institucional n. 10, de 14 de outubro de 1969, combinado com o § 1º do art. 2º do Ato Institucional n. 5, de 13 de dezembro de 1968, e

"Considerando que, nos termos do Ato Complementar n. 38, de 13 de dezembro de 1968, foi decretado, a partir dessa data, o recesso do Congresso Nacional;

"Considerando que, decretado o recesso parlamentar, o Poder Executivo Federal fica autorizado a legislar sobre todas as matérias, conforme o disposto no § 1º do art. 2º do Ato Institucional n. 5, de 13 de dezembro de 1968;

"Considerando que a elaboração de emendas à Constituição, compreendida no processo legislativo (art. 49, I), está na atribuição do Poder Executivo Federal", a Junta *resolveu alterar quase todos os artigos da Ordenação de 1967*, com ressalva daqueles que expressamente mencionou, e promulgou uma Emenda (designada como Emenda Constitucional 1) dando-lhe nova redação e fixando para o dia 30 do mês em curso o início da sua vigência.

Em suas "Disposições Gerais e Transitórias", rezava a Ordenação militar de 1969:

"Art. 181. Ficam aprovados e excluídos de apreciação judicial os atos praticados pelo Comando Supremo da Revolução de 31 de março de 1964, assim como: I – os atos do Governo Federal, com base nos Atos Institucionais e nos Atos Complementares e seus efeitos, quando no exercício temporário da Presidência da República, com base no Ato Institucional n. 12, de 31 de agosto de 1969; II – as resoluções, fundadas em Atos Institucionais, das Assembleias Legislativas e Câmaras Municipais que hajam cassado mandatos eletivos ou declarado o impedimento de governadores, deputados, prefeitos e vereadores quando no exercício dos respectivos cargos; e III – os atos de natureza legislativa expedidos com base nos Atos Institucionais e Complementares indicados no item I.

"Art. 182. Continuam em vigor o Ato Institucional n. 5, de 13 de dezembro de 1968, e os demais Atos posteriormente baixados."

Na vigência dessa Ordenação, o AI-5 continuou a ser invocado pelo Chefe do

12. Os Atos Complementares 72 e 73, de 15.10.1969, determinaram a reabertura do Congresso, fechado desde a edição do AI-5, em dezembro/1968.

Governo como fundamento para a edição de inúmeros atos complementares. Foi sob ela que tomaram posse como Presidente da República, em 1969, o General Emílio Garrastazu Médici e, em 1974, o General Ernesto Geisel; na eleição deste, ocorrida nos termos da Lei Complementar 15, de 13.8.1973, votaram 66 senadores, 310 deputados federais e 127 deputados estaduais, estes escolhidos na forma do art. 74 da Ordenação de 1967-1969 (3 delegados mais 1 por 500 mil eleitores inscritos no Estado). Nessas duas sucessões, o que fez, aqui e ali – um Colégio Eleitoral restrito, inautêntico, sem mandato específico e inviolável –, foi ratificar a prévia nomeação do poder castrense.

Nas eleições de 15.11.1974 a Oposição elegera 16 dos 22 senadores (esmagadora vitória em eleição majoritária direta) e 160 dos 364 deputados (até então contava apenas com 7 dos 66 senadores e 87 dos 310 deputados). Previa-se igualmente sua vitória nas eleições diretas para governador, a se realizarem em 1978.

No dia 1.4.1977, a pretexto de reformar o Poder Judiciário, o General Ernesto Geisel decretou o recesso do Congresso. O "Pacote de Abril" – composto de 14 emendas a artigos da Ordenação, três artigos novos e seis decretos-leis – instituiu a eleição indireta para a escolha de governadores, eleição de 1/3 do Senado por via indireta, extensão às eleições estaduais e federais da legislação restritiva da propaganda eleitoral; alterou o Colégio Eleitoral encarregado de escolher o Presidente da República; e, por fim, alterou o quórum para a votação de emendas constitucionais pelo Congresso (de 2/3 dos membros para maioria absoluta, ou seja, metade mais um; v. "Emendas Constitucionais" 7 e 8 e Decretos-leis 1.538, 1.539 e 1.540, de 14.4.1977).

Em janeiro/1979 assumiu a Presidência da República o General João Batista Figueiredo. No Colégio Eleitoral que o escolheu como Presidente, em fins de 1978, figuravam 22 senadores "biônicos" (isto é, nomeados pelo poder militar), além dos representantes do recém-criado Estado de Mato Grosso do Sul (Lei Complementar 31, de 11.10.1977). A Lei 6.767, promulgada em seguida, extinguiu os partidos políticos existentes. Ao se aproximarem as eleições de 1982, a Lei 6.978, de 19 de janeiro desse ano, criou dificuldades ao desempenho partidário, impondo a vinculação do voto, vedando coligações e coalizões. A "Emenda Constitucional" 22, de 29.6.1982, a seu turno, alterou o art. 74 da Ordenação, fixando que, no Colégio eleitoral para escolha do Presidente, "cada Assembleia terá 6 (seis) delegados indicados pela bancada do respectivo partido majoritário, dentre seus membros". A Lei Complementar 41, de 22.12.1981, por sua vez, criou o Estado de Rondônia.

Essa longa série de atos ditatoriais só viria a cessar com a assim chamada Emenda Constitucional 11, de 13.10.1978 (que entrou em vigor no dia 1.1.1979), cujo art. 3º revogou "os atos institucionais e complementares, no que contrariarem a Constituição Federal, ressalvados os efeitos dos atos praticados com base neles, os quais estão excluídos de apreciação judicial". Esse foi o primeiro passo da reconstitucionalização do País, em cuja sequência viriam a vitória da Oposição civil (com Tancredo Neves) na eleição indireta de 1985 e a assim chamada Emenda Constitucional 26, de 27.11.1985.[13] Desde

13. Digo a "assim chamada" Emenda Constitucional 26 porque ela é claramente expediente revolucionário, que por motivos políticos se revestiu do envoltório viável. Evidentemente, ela não se presta à construção de uma teoria que agasalhe o golpismo, e segundo a qual, na tradição constitucional brasileira, haveria uma licença de revisão por via de emenda (essa a

dezembro/1968 (AI-5) até outubro/1978 (Emenda Constitucional 11) haviam sido editados mais 12 atos institucionais, 68 atos complementares e 1.327 decretos-leis.

Por longos anos o povo brasileiro deixara de eleger seu Presidente e o governador de seu Estado. A maioria da população deixara de eleger seus prefeitos. Mantivera-se o direito de voto, em geral, apenas para escolha de representantes nas Casas Legislativas: um voto controlado por leis excepcionais, de legitimidade e constitucionalidade duvidosas, apertado na artificialidade de partidos políticos consentidos. Mesmo sobre esse restrito canal de participação popular recaiu constantemente o gládio repressor: inúmeras Casas Legislativas foram fechadas, e por três vezes o próprio Congresso Nacional. Suspenderam-se direitos políticos de parlamentares, cassaram-se mandatos; buscou-se manter sempre, por expedientes violentos, a docilidade desses Plenários; retiraram-se as prerrogativas do Congresso, criou-se a aprovação de mensagens do Governo por decurso de prazo; um Regimento Parlamentar draconiano permitiu ao líder votar pela bancada. O Chefe do Executivo transformou-se no grande legislador. Sucederam-se decretos-leis, ao arrepio da Constituição, e mesmo sobre matéria já rejeitada pelo Congresso. A prática política do Executivo subverteu a disciplina de nível constitucional, submeteu os demais Poderes, sufocou a Federação. Multiplicaram-se os casuísmos sempre que o fluxo da vida, buscando seu lugar natural, tendia a corrigir a inautenticidade do poder. O poder militar perseguiu, prendeu, torturou e matou quem se lhe opunha e quem ele suspeitava de que se opunha.

Ora, como bem disse Pontes de Miranda, "o que sustenta as civilizações são esses fios invisíveis, espirituais, que se chamam regras jurídicas. Não se defende uma Civilização sem defender o Direito que a constitui e a leva através dos tempos".

tese sustentada pelo Ministro Nelson Jobim em agosto/2004 em voto proferido no julgamento da ADI 1.305): "No Brasil, sempre tivemos processo de superação do regime anterior que, dentro do regime antigo, acaba sendo superado. Na instalação da Assembleia Constituinte de 1987, os Constituintes de 1987, da qual tive a honra de participar, receberam a sua legitimação dos Constituintes derivados que votaram a Emenda Constitucional n. 16. (...) na verdade, o que temos na discussão desses temas normalmente é a ocultação do processo histórico real. Por isso, registro que concordo, mas tenho dificuldade de utilizar, no processo histórico brasileiro, a pureza dessas categorias. Essas categorias, no processo histórico brasileiro, têm de ser lidas *cum granum salis*".

Bibliografia

ANDRADE, Auro Moura. *Um Congresso Contra o Arbítrio*. Rio de Janeiro, Nova Fronteira, 1985.

CASTELLO BRANCO, Carlos. *Os Militares no Poder*. 2ª ed. Rio de Janeiro, Nova Fronteira, 1977.

CASTRO, Celso, D'ARAÚJO, Maria Celina, e SOARES, Gláucio Ary Dillon. *Os Anos de Chumbo*. Rio de Janeiro, Relume-Dumará, 1994.

CASTRO, Celso, e D'ARAÚJO, Maria Celina (orgs.). *Dossiê Geisel*. Rio de Janeiro, FGV, 2002.

D'ARAÚJO, Maria Celina, CASTRO, Celso, e SOARES, Gláucio Ary Dillon. *Os Anos de Chumbo*. Rio de Janeiro, Relume-Dumará, 1994.

D'ARAÚJO, Maria Celina, e CASTRO, Celso (orgs.). *Dossiê Geisel*. Rio de Janeiro, FGV, 2002.

MAGALHÃES, Juracy. *O Último Tenente*. 3ª ed. Rio de Janeiro/São Paulo, Record, 1996.

SOARES, Gláucio Ary Dillon, CASTRO, Celso, e D'ARAÚJO, Maria Celina. *Os Anos de Chumbo*. Rio de Janeiro, Relume--Dumará, 1994.

VIANA FILHO, Luís. *O Governo Castello Branco*. Rio de Janeiro, José Olympio, 1976.

O CONTROLE DE CONVENCIONALIDADE COMO PARTE DE UM CONSTITUCIONALISMO TRANSNACIONAL FUNDADO NA PESSOA HUMANA[1]

LUIZ GUILHERME ARCARO CONCI

Professor da Faculdade de Direito
e Coordenador do Curso de Especialização em Direito Constitucional da PUC/SP
– Doutor e Mestre em Direito pela PUC/SP
– Professor Titular da Faculdade de Direito de São Bernardo do Campo (autarquia municipal)
– Presidente da Coordenação do Sistema Internacional de Proteção
dos Direitos Humanos do Conselho Federal da OAB
– Diretor Cultural da Associação Brasileira
dos Constitucionalistas Democratas/Seção Brasileira
do *Instituto Iberoamericano de Derecho Constitucional*

1. Introdução. 2. O controle de convencionalidade como instrumento de proteção dos direitos fundamentais tanto no plano interno quanto no internacional: 2.1 Significando o controle de constitucionalidade – 2.2 Definindo o conceito de controle de convencionalidade. 3. O controle de convencionalidade e seu desenho no âmbito do constitucionalismo interno: 3.1 A jurisprudência da Corte Interamericana sobre o relacionamento entre tribunais nacionais e o Sistema Interamericano de Proteção de Direitos Humanos/SIDH – 3.2 Autoridades que podem fazer o controle de convencionalidade em âmbito nacional – 3.3 Momento em que pode ser exercido o controle de convencionalidade – 3.4 A questão da hierarquia dos tratados internacionais de direitos humanos em âmbito interno: forma, substância e o critério pro homine. *4. Síntese conclusiva.*

1. Uma versão anterior deste artigo foi publicada em Marcos Vinicius Furtado (coord.), *Reflexões sobre a Constituição: uma Homenagem da Advocacia Brasileira*, São Paulo, Leya, 2013, e fez parte de apresentação que fiz no XI Congresso Ibero-Americano de Direito Constitucional, promovido pelo Instituto Ibero-Americano de Direito Constitucional, ocorrido em Tucumán/Argentina, em setembro/2013.

1. Introdução

A Constituição brasileira, fruto de um grande movimento de luta pelo consenso, por uma transição à democracia que transformou o constitucionalismo brasileiro bastante profundamente em muitos temas, mostra que a pessoa humana (art. 1º, III) é não somente a destinatária de toda a proteção havida pelo texto constitucional, mas também de toda a ação estatal, nas mais variadas esferas: normativa, administrativa e de resolução de conflitos.

Significa dizer que, no plano interno, a pessoa humana foi alçada ao centro das atenções, não somente mediante o desenho de um Estado Provedor (Social) e Democrático (art. 1º, c/c o art. 3º), mas, ainda, por intermédio de uma rede de garantias e direitos constitucionalmente previstos, voltados não somente para a proteção contra o Estado, mas, ainda, para a proteção contra os demais particulares.

Ocorre que esse processo de transformações tem tanto uma dimensão interna quanto uma internacional – é dizer: a tutela da dignidade da pessoa humana não se esgota, no constitucionalismo brasileiro que sucede a Constituição de 1988, no plano interno de normas jurídicas. Isso porque, de forma inaugural no constitucionalismo pátrio, se preveem, dentre os princípios fundamentais da Constituição Federal e Republicana, compromisso voltados para as relações internacionais do Estado Brasileiro. Estão consolidados no art. 4º da CF: a prevalência dos direitos humanos, a autodeterminação dos povos – dentre outros. Esse mesmo art. 4º inscreveu em seu parágrafo único a exigência do fomento da criação e inclusão do Estado Brasileiro em uma comunidade latino-americana de Nações.[2]

Tal realidade vem aprofundando nas últimas décadas o fortalecimento do Sistema Interamericano de Proteção dos Direitos Humanos/SIDH, ou seja, um conjunto de normas e instituições internacionais voltadas também para a proteção da pessoa humana tanto em face de ações abusivas quanto das omissões estatais praticadas em detrimento das normas jurídicas derivadas do direito interamericano de proteção da pessoa humana.

Esse contato entre o Direito interno e o Direito Internacional, especialmente do direito internacional dos direitos humanos no plano regional, que funda um constitucionalismo transnacional, vem construindo uma doutrina que entende que tanto os juízes da Corte Interamericana de Direitos Humanos (adiante, Corte IDH) quanto os juízes nacionais têm o dever de controlar a validade dos atos internos (leis, atos administrativos, constituições, decisões judiciais etc.) a partir do direito internacional dos direitos humanos no plano regional.

Assim, especialmente a Convenção Americana de Direitos Humanos/CADH e sua interpretação derivada das decisões da Corte IDH estão a formar o que denominamos "bloco de convencionalidade".

Assim, tanto os juízes da Corte IDH quanto os juízes nacionais são parte de um grupo de atores coeso: são juízes interamericanos[3] e devem, como veremos, aplicar a doutrina do controle de convencionalidade.

2. A proposta desse parágrafo único foi feita, e acolhida na íntegra pelos constituintes, pelo saudoso professor da PUC/SP, Franco Montoro.

3. "Así, no existe duda de que el 'control de convencionalidad' debe realizarse por cualquier juez o tribunal que materialmente realice funciones jurisdiccionales, incluyendo, por supuesto, a las Cortes, Salas o Tribunales Constitucionales, así como a las Cortes Supremas de Justicia y demás altas jurisdicciones de los 24 países que han suscrito y ratificado o se han adherido a la Convención Americana sobre Derechos Huma-

Isso exige que verifiquemos como se dá o contato entre o Direito interno e o Direito Internacional, e como esse contato altera a perspectiva decisória dos juízes. Além disso, essa função deve ser compartilhada com os demais agentes públicos e políticos que tenham por função a administração da Justiça.[4]

No que diz respeito aos direitos decorrentes de tratados internacionais, a nova ordem constitucional foi pródiga em torná-los eficazes juridicamente (art. 5º, § 1º, c/c o § 2º). Ademais, o Brasil acabou por ratificar tratados internacionais assinados anteriormente à Constituição de 1988, além de assinar e ratificar novos tratados.[5] Todos eles se tornaram Direito eficaz, interna e internacionalmente.[6] Essa é uma demanda exigida, ordinariamente, por aqueles que lutam pelo fortalecimento dos mecanismos de integração ou de internacionalização do direito constitucional.

Dar eficácia (jurídica) a esses tratados internacionais não esgota o labor de inter-relacionamento entre ordens jurídicas comunicantes, tais o Direito interno e o Direito Internacional. No plano da efetividade (eficácia social) é necessário que se apliquem tais tratados internacionais (especialmente, para o nosso estudo, a CADH), além da jurisprudência da Corte IDH, fazendo com que não somente no plano internacional mas também no plano interno tais normas jurídicas decorrentes sejam aplicadas.

Trata-se do que denominamos *controle de convencionalidade.*

2. O controle de convencionalidade como instrumento de proteção dos direitos fundamentais tanto no plano interno quanto no internacional

Os sistemas regionais de proteção aos direitos humanos instituídos nos Continentes Americano, Africano e Europeu orientam-se por uma atuação complementar[7] em relação ao sistema global (ONU). Todos eles, da mesma forma, atuam também de forma complementar ao Direito interno dos Estados nacionais,[8] é dizer:

nos, y con mayor razón de los 21 Estados que han reconocido la jurisdicción contenciosa de la Corte IDH, de un total de 35 Países que conforman la OEA" (voto razonado do Juiz Eduardo Mac-Gregor, Corte Interamericana de Derechos Humanos, caso "Cabrera García y Montiel Flores *versus* México", Sentencia de 26.11.2010 (Excepción Preliminar, Fondo, Reparaciones y Costas), parágrafo 8). Ainda o mesmo Juiz, no parágrafo 51: "El juez nacional, por consiguiente, debe aplicar la jurisprudencia convencional incluso la que se crea en aquellos asuntos donde no sea parte el Estado nacional al que pertenece, ya que lo que define la integración de la jurisprudencia de la Corte IDH es la interpretación que ese Tribunal Interamericano realiza del *corpus juris* interamericano con la finalidad de crear un estándar en la región sobre su aplicabilidad y efectividad".

4. V. "Gelman II", em Nogueira Alcalá,.

5. Cf. Flávia Piovesan, *Direitos Humanos e o Direito Constitucional Internacional*, 12ª ed., São Paulo, Saraiva, 2011, p 145.

6. Celso Seixas Ribeiro Bastos e Ives Gandra da Silva Martins, *Comentários à Constituição do Brasil*, São Paulo, Saraiva, 1989.

7. Victor Bazan, "Corte Interamericana de Derechos Humanos y Cortes supremas o tribunales constitucionales latinoamericanos: el control de convencionalidad y la necesidad de un diálogo interjurisdiccional crítico", *Revista Europea de Derechos Fundamentales* 16/22 (2º semestre/2010), Valência/Espanha, Fundación Profesor Manuel Broseta/Instituto de Derecho Público Universidad Rey Juan Carlos, 2011.

8. C. Heyns, L. Zwaak e D. Padilla, "Comparação esquemática dos sistemas regionais

continuam a ter os Estados nacionais a primazia no processo de concretização de direitos humanos.

A Convenção Americana de Direitos Humanos/CADH, também conhecida como *Pacto de São José de Costa Rica*, de 1969,[9] é o principal e fundador tratado internacional do Sistema Interamericano de Direitos Humanos,[10] apesar de existirem outros tratados e instrumentos internacionais no âmbito desse mesmo Sistema, a enfatizar a proteção da pessoa humana em circunstâncias gerais e especiais.

A partir da CADH vem sendo produzido, tanto em âmbito internacional quanto no interno dos Estados nacionais (Costa Rica, Colômbia, Argentina, Chile, México – dentre outros), um processo de viabilização do contato entre o Direito também interno e Internacional a partir do que se convencionou chamar de *controle de convencionalidade*.

Importa, única e anteriormente, fazer uma pequena conceituação do que se entende por "controle de convencionalidade", para clarear os argumentos que mais à frente apontarei.

de direitos humanos: uma atualização", *SUR – Revista Internacional de Direitos Humanos* 4/161-162, Ano 3: "Embora tenham havido questionamentos iniciais contra a instauração de sistemas regionais de direitos humanos, especialmente por parte das Nações Unidas, com sua ênfase na universalidade, os benefícios de se contar com tais sistemas são hoje em dia amplamente aceitos. Países de uma determinada região frequentemente têm um interesse compartilhado em proteger os direitos humanos naquela parte do mundo, e existe a vantagem da proximidade no sentido de influenciar reciprocamente seu comportamento e de assegurar a concordância com padrões comuns, coisa que o sistema global não oferece. Sistemas regionais também abrem a possibilidade de os valores regionais serem levados em conta ao se definirem as normas de direitos humanos – obviamente, com o risco, se isso for levado muito longe, de se comprometer a ideia da universalidade dos direitos humanos. A existência de sistemas regionais de direitos humanos permite adotar mecanismos de cumprimento que se coadunam melhor com as condições locais do que o sistema de proteção global, universal. Uma abordagem mais judicial do cumprimento pode ser apropriada, por exemplo, a uma região como a Europa, enquanto uma abordagem que abra espaço também para mecanismos não judiciais, como comissões e revisão de pares, pode ser mais apropriada a uma região como a África. O sistema global não tem essa flexibilidade. Os tratados que compõem os sistemas regionais de direitos humanos seguem o mesmo formato. Eles implementam certas normas – direitos individuais, principalmente, mas em alguns casos também direitos e deveres de povos – que têm validade nos Estados que adotaram o sistema; e criam um sistema de monitoramento para assegurar o cumprimento dessas normas nos Estados que o adotaram. O formato clássico de um sistema de monitoramento como esse foi definido pela Convenção Europeia de Direitos Humanos de 1950. Nos termos desse sistema, uma vez que uma pessoa tenha percorrido todos os caminhos para ter seus direitos defendidos pelo sistema legal do País onde ela se encontra, ela pode se dirigir a uma comissão de direitos humanos criada pelo sistema regional. A comissão dará ao Estado uma oportunidade de responder, e então decidirá se houve ou não uma violação. No entanto, essa decisão não terá por si só força de lei. Para obter tal resultado, o caso tem que ser encaminhado à Corte regional de direitos humanos, onde decisões com valor jurídico vinculante são expedidas para se concluir se houve violação do tratado por parte do Estado-membro".

9. Adotada e aberta à assinatura na Conferência Especializada Interamericana sobre Direitos Humanos, em São José de Costa Rica, em 22.11.1969, e ratificada por 34 Estados nacionais.

10. Ou sua pedra angular – cf. Federico Andreu-Gusman, "30 años de la Convención Americana sobre Derechos Humanos – Todavía hay mucho camino que recorrer", in *El Sistema Interamericano de Protección de los Derechos Humanos en el Umbral del Siglo XXI*, t. I, São José da Costa Rica, Corte IDH, 2001, p. 301.

2.1 Significando o controle de constitucionalidade

A jurisdição constitucional tem sido objeto de um grande número de estudos não somente no Brasil. Assim, há muito tempo discutimos, em ambiente nacional, modelos e potencialidades dos sistemas de jurisdição constitucional nacionais, sejam eles apresentados na modalidade difusa, concentrada ou mista, sejam as análises feitas abstrata ou concretamente – o que faz com que existam mecanismos judiciais aptos a tornar mais homogênea e organizada a aplicação das normas jurídicas a partir de seu contato com a Constituição ou com normas que compõem o bloco de constitucionalidade brasileiro. Com o desenvolvimento da jurisdição constitucional, que se fez com sensíveis dificuldades, passou a existir uma clara interpenetração entre os seus modelos (concentrado e difuso, concreto ou abstrato), não mais se podendo falar em um modelo americano (puramente difuso) e um modelo europeu (puramente concentrado),[11] mas em modelos que se oxigenam e se complementam, de modo a configurarem outros novos. Há, assim, uma hibridização desses modelos.[12]

O caso do modelo brasileiro de jurisdição constitucional é um dos tantos exemplos que poderiam ser citados como a enfrentar essa mudança.[13]

Do bloco de constitucionalidade são parte não somente as normas constitucionais (ou seja: não o texto constitucional, mas a interpretação que dele deriva), mas também os tratados que detenham hierarquia constitucional no plano interno. Todos são fontes jurídicas para o controle de constitucionalidade. Além disso, a jurisprudência vinculante criada e desenvolvida especialmente pelo STF também compõe o bloco de constitucionalidade.

Significa dizer que o que afronta o bloco de constitucionalidade pode ser tido como não direito, por intermédio de órgãos judiciais habilitados para fazer parte da jurisdição constitucional brasileira. Com isso, a inconstitucionalidade sempre afeta a validade dessas normas. Em alguns casos, também a sua eficácia,[14]

11. Conforme exposto em clássico texto de Mauro Cappelletti, *O Controle Judicial de Constitucionalidade das Leis no Direito Comparado*, Porto Alegre, Sérgio Antônio Fabris Editor, 1992, pp. 45-100.

12. Dentre outros: Francisco Fernández Segado, "La obsolescencia de la bipolaridad 'modelo americano-modelo europeo" como criterio analítico del control de constitucionalidad y la búsqueda de una nueva tipología explicativa", in *Parlamento y Constitución – Anuario* (separata), Universidad Castilla La Mancha, pp. 40 e ss.: "En resumen, la justicia constitucional, en el nuevo siglo XXI, se nos presenta perfilada por una serie de situaciones peculiares que, aunque encontrando su origen en épocas más o menos anteriores, han venido convergiendo y, a la par, acentuando sus rasgos: el proceso de progresiva e ininterrumpida convergencia entre los dos clásicos sistemas de justicia constitucional, la quiebra frontal del modelo kelseniano del 'legislador negativo' con el subsiguiente rol creativo de tribunales constitucionales y la enorme heterogeneidad y generalizada mixtura e hibridación de los actuales sistemas de justicia constitucional, han desencadeado la obsolescencia de la clásica bipolaridad 'sistema americano-sistema europeo-kelseniano', haciendo necesaria la búsqueda de una nueva tipología que nos ofrezca una mayor capacidad analítica de los sistemas de justicia constitucional".

13. Sobre a evolução desse modelo, cf. Luiz Guilherme Arcaro Conci e Marcelo Lamy, "Reflexões sobre as súmulas vinculantes", in Pietro de Jesús Lora Alarcón, André Ramos Tavares e Pedro Lenza (coords.), *Reforma do Judiciário: Analisada e Comentada*, São Paulo, Método, 2005.

14. Aqui, os conceitos de *validade* e *eficácia* são de Marcelo Neves, *Teoria da Inconstitu-*

como nos casos em que o juiz declara leis inconstitucionais de forma definitiva (controle concentrado e abstrato ou súmulas vinculantes). Há outros casos em que há invalidade mas unicamente a suspensão da eficácia para o caso concreto, como nos casos de controle difuso e concreto de constitucionalidade.

O paradigma desse controle consubstancia-se na lógica da hierarquia, é dizer, a partir de um sistema jurídico supra-infraordenado (ordenado de cima para baixo) desde a Constituição, verifica-se o que é válido e inválido. A condição de validade das normas de hierarquia inferior, seja no plano material, seja no plano formal, depende de uma relação de ordenação com as de hierarquia superior. O descompasso com essa relação de supra-infraordenação leva ao fenômeno de inconstitucionalidade, que tem no Poder Judiciário uma voz importante na organização do ordenamento jurídico nacional.[15]

A título de esclarecimento, vale lembrar que o controle de constitucionalidade também é parte das competências e atribuições dos administradores públicos e dos legisladores.

Assim, todo e qualquer controle a partir do bloco de constitucionalidade utiliza-se de norma nacional (ainda que decorrente de tratado internacional) para controlar outra norma nacional; não está a tratar de controle de convencionalidade. Está, sim, a se falar em controle de constitucionalidade, pois impera o critério estrutural-hierárquico ou, ainda, temporal ou espacial, de modo que esses critérios não se ajustam ao controle de convencionalidade, que exige critérios materiais para resolução de eventuais conflitos entre direitos humanos previstos em ordens jurídicas que se entrelaçam, como é o caso do Direito interno e do direito internacional dos direitos humanos.

2.2 Definindo o conceito de controle de convencionalidade

Diferentemente do controle de constitucionalidade, para o controle de convencionalidade não importa serem os tratados internacionais superiores às leis ou às Constituições[16] no plano interno ou

cionalidade das Leis, São Paulo, Saraiva, 1988, pp. 52 e ss.

15. Tal como exposto no *Paper* n. 78, por Alexander Hamilton: "Se se disser que o Poder Legislativo é seu próprio juiz da Constituição sobre suas atribuições, e que o entendimento deste é conclusivo sobre os outros departamentos, pode-se responder que isto não poderia ser a presunção natural, onde não deve ser coletada de qualquer norma da Constituição. A Constituição não pode ser entendida dessa maneira, onde houvesse a pretensão de permitir aos representantes do povo de substituir sua vontade àquela de seus eleitores. É muito mais racional pensar que as Cortes foram designadas para se tornar um intermediário entre as pessoas e a legislação, com o intuito, dentre outras coisas, de manter as leis dentro dos limites previstos para a sua autoridade. A interpretação das leis é a devida e peculiar prerrogativa das Cortes. A Constituição é, de fato, e assim deve ser resguardada pelos juízes, a Lei Fundamental. É, portanto, pertencente ao Judiciário a prerrogativa de dizer seu significado, bem como o significado de qualquer ato particular procedente do Legislativo. Na hipótese de uma discordância irreconciliável entre os dois, aquele que tiver a obrigação e validade superior deve prevalecer, ou seja, a Constituição deve prevalecer sobre as leis e os estatutos, a vontade do povo sobre a de seus agentes" (Alexander Hamilton, John Jay e James Madison, *El Federalista*, Cidade do México, Fondo de Cultura Económica, 1994, p. 335).

16. Em sentido contrário: Néstor Pedro Sagüés, "Obligaciones internacionales y control de convencionalidad", in *Estudios Constitucionales* 1/124, Ano 8, Centro de Estudios Constitucionales de Chile/Universidad de Talca.

internacional, segundo uma perspectiva estrutural ou formal. A preferência não se impõe a partir de critério formal ou estrutural.

Esse tema, inclusive, não altera em nada a construção de um modelo de jurisdição convencional hígido.[17] Isso porque, no caso do controle de convencionalidade, a relação de validade se estabelece a partir de um critério material, da maior proteção da pessoa humana. É dizer: a partir da aplicação dos critérios *pro persona* ou *pro homine*. Com isso, a declaração de inconvencionalidade é possível somente quando a proteção derivada do direito internacional dos direitos humanos seja mais efetiva ou estabeleça restrições menos profundas aos direitos humanos atingidos pelo ato interno.

A mera contrariedade entre Direito interno e Direito Internacional (tratados e jurisprudência internacional) não admite automaticamente a invalidação do ato nacional. Essa declaração de inconvencionalidade exige, (a) além da contrariedade, (b) que haja proteção menos efetiva ou restrições mais salientes aos direitos humanos pelo Direito interno (leis, atos administrativos, sentenças judiciais, Constituição). Caso isso não ocorra, a mera contrariedade não importa inconvencionalidade.

Outra diferença diz respeito ao controle de convencionalidade que se institui a partir de um fluxo normativo que deriva do Direito Internacional,[18] e não do Direito interno – como ocorre com o controle de constitucionalidade.[19] As análises de validade derivadas desse fluxo normativo interno para análise da validade de atos normativos poderão ser denominadas controle de constitucionalidade ou de legalidade, pois feitas a partir do bloco de constitucionalidade, para as primeiras, e da legalidade, para as últimas. Mas não se está a falar de convencionalidade, ainda que em alguns casos a decisão possa ser a mesma.

Decorrência disso é que o controle de convencionalidade aprofunda uma realidade que diz respeito à necessidade de se dar relevo aos mecanismos não somente de contato entre os juízes do mesmo Estado nacional, mas também, e ainda, com juízes de outros Estados nacionais e de Cortes internacionais. Trata-se do que se define como diálogo entre Cortes, ou diálogo interjurisdicional. Significa que, além da questão da vinculação dos juízes aos julgados com caráter obrigatório em ambiente nacional, temos, desde há algum tempo, outra questão que merece atenção cada vez mais acurada, que diz respeito não somente ao diálogo vertical entre tribunais de um mesmo Estado nacional mas, ainda, ao diálogo entre Cortes nacionais e tribunais internacionais, que se estabelece segundo uma lógica horizontal. São os juízes, afinal, que estipulam o modelo de convivência entre os diversos níveis de normatividade.[20] Verifica-se, assim,

17. Em sentido contrário, tendo como pressuposto do controle de convencionalidade a análise da hierarquia dos tratados em âmbito nacional, cf. Valério de Oliveira Mazzuoli, "Teoria geral do controle de convencionalidade no Direito Brasileiro", *Revista de Informação Legislativa* 46/113-133, n. 181, janeiro-março/2009, e *RT* 889/114, Ano 98, São Paulo, Ed. RT, novembro/2009.

18. "Por ello, precisamente porque el control de convencionalidad es una institución que sirve como instrumento para aplicar el Derecho Internacional (...)" (cf. Corte IDH, caso "Gelman *versus* Uruguay", Supervisión de Cumplimiento de Sentencia, Resolución del 20.3.2013).

19. Por essa razão, estabelece-se o momento da ratificação do tratado internacional de direitos humanos como inicial para o exercício do controle de convencionalidade, como veremos.

20. Giuseppe de Vergottini, *Oltre il Dialogo tra le Corti*, Bolonha, Il Mulino, 2010, pp. 36-37.

que, ao invés de argumentos fundados na lógica do precedente de força vinculante, se estabelece um diálogo baseado no uso de força persuasiva desses julgados,[21] ainda que essas experiências sejam baseadas em opções não feitas pelas Cortes as quais se observa, ou seja, que se invoque um raciocínio ou um julgado de modo a decidir contrariamente a ele ou, mesmo, chegando a um resultado não alcançado no julgado-paradigma.[22]

O que difere o controle de convencionalidade do controle de constitucionalidade é exatamente o paradigma do controle. Se a partir do bloco de constitucionalidade não se está a falar em controle de convencionalidade, como visto.

3. O controle de convencionalidade e seu desenho no âmbito do constitucionalismo interno

O controle de convencionalidade é de competência da Corte IDH, que o faz tanto nos casos contenciosos quanto nos consultivos,[23] e dos Estados nacionais e de suas autoridades, especialmente as judiciais.[24]

A CADH, além de seus protocolos, e as sentenças da Corte IDH formam o que se denomina "bloco de convencionalidade",[25] que se faz paradigma de controle de validade de atos em sentido *lato* (sentenças, leis, atos administrativos, Constituições) expedidos pelos Estados nacionais e submetidos ao sistema americano de direitos humanos.

O controle de convencionalidade tem fundamento jurídico nos arts. 1.1, 2 e 63 da CADH, visto que se baseia na condição obrigatória que assumem os Estados-Partes do SIDH de fazer com que seu Direito interno esteja de acordo.[26]

21. Anne-Marie Slaughter, "A global community of Courts", *Harvard International Law Journal* 44/200, n. 1, 2003.

22. Idem, p. 202.

23. "Art. 64. **1.** Os Estados-membros da Organização poderão consultar a Corte sobre a interpretação desta Convenção ou de outros tratados concernentes à proteção dos direitos humanos nos Estados Americanos. Também poderão consultá-la, no que lhes compete, os órgãos enumerados no Capítulo X da Carta da Organização dos Estados Americanos, reformada pelo Protocolo de Buenos Aires. **2.** A Corte, a pedido de um Estado-membro da Organização, poderá emitir pareceres sobre a compatibilidade entre qualquer de suas leis internas e os mencionados instrumentos internacionais."

24. "225. Este Tribunal ha establecido en su jurisprudencia que es consciente de que las autoridades internas están sujetas al imperio de la ley y, por ello, están obligadas a aplicar las disposiciones vigentes en el ordenamiento jurídico. Pero cuando un Estado es parte de un tratado internacional como la Convención Americana, todos sus órganos, incluidos sus jueces, también están sometidos a aquél, lo cual les obligado a velar por que los efectos de las disposiciones de la Convención no se vean mermados por la aplicación de normas contrarias a su objeto y fin" (Corte Interamericana de Derechos Humanos, caso "Cabrera García y Montiel Flores *versus* México", Sentencia de 26.11.2010. (Excepción Preliminar, Fondo, Reparaciones y Costas). Essa passagem abre uma porta para se entender que não somente juízes e outras autoridades que administram justiça devem exercer o controle de convencionalidade.

25. Eduardo Ferrer Mac-Gregor, *Interpretación Conforme y Control Difuso de Convencionalidad. El Nuevo Paradigma para el Juez Mexicano* (disponível em *http://biblio.juridicas.unam.mx/libros/7/3033/14.pdf*).

26. Sobre os dois artigos da CADH, vale lembrar voto dissidente do Juiz Cançado Trindade em "Caballero Delgado y Santana *versus* Colombia" (Sentença sobre reparações de 29.1.1997), em que trata da inter-relação entre os arts. 1.1 e 2 da CADH: "En realidad, estas dos obligaciones generales – que se suman a las demás obligaciones convencionales, específicas, en relación con cada uno de los derechos protegidos – se imponen a los Estados-Partes por

O termo apareceu pela primeira vez no caso "Myrna Mack Chang *versus* Guatemala", julgado em 25.11.2003, no qual o Juiz Sérgio García Ramírez proferiu seu voto concorrente, assim estabelecendo: "27. Para los efectos de la Convención Americana y del ejercicio de la jurisdicción contenciosa de la Corte Interamericana, el Estado viene a cuentas en forma integral, como un todo. En este orden, la responsabilidad es global, atañe al Estado en su conjunto y no puede quedar sujeta a la división de atribuciones que señale el Derecho interno. No es posible seccionar internacionalmente al Estado, obligar ante la Corte sólo a uno o algunos de sus órganos, entregar a éstos la representación del Estado en el juicio – sin que esa representación repercuta sobre el Estado en su conjunto – y sustraer a otros de este régimen convencional de responsabilidad, dejando sus actuaciones fuera del 'control de convencionalidad' que trae consigo la jurisdicción de la Corte internacional".

No ano seguinte, o mesmo Juiz, com mais acuidade, pondera algo essencial ao controle de convencionalidade, que diz respeito ao papel assemelhado exercido pela Corte IDH com o das Cortes constitucionais nacionais: "En cierto sentido, la tarea de la Corte se asemeja a la que realizan los tribunales constitucionales. Estos examinan los actos impugnados – disposiciones de alcance general – a la luz de las normas, los principios y los valores de las Leyes Fundamentales. La Corte Interamericana, por su parte, analiza los actos que llegan a su conocimiento en relación con normas, principios y valores de los tratados en los que funda su competencia contenciosa. Dicho de otra manera, si los tribunales constitucionales controlan la 'constitucionalidad', el Tribunal Internacional de Derechos Humanos resuelve acerca de la 'convencionalidad' de esos actos. A través del control de constitucionalidad, los órganos internos procuran conformar la actividad del Poder Público – y, eventualmente, de otros agentes sociales – al orden que entraña el Estado de Derecho en una sociedad democrática. El Tribunal Interamericano, por su parte, pretende conformar esa actividad al orden internacional acogido en la convención fundadora de la jurisdicción interamericana y aceptado por los Estados-Partes en ejercicio de su soberanía".[27]

la aplicación del propio Derecho Internacional, de un principio general (*pacta sunt servanda*) cuya fuente es metajurídica, al buscar basarse, mas allá del consentimiento individual de cada Estado, en consideraciones acerca del carácter obligatorio de los deberes derivados de los tratados internacionales. En el presente dominio de protección, los Estados-Partes tienen la obligación general, emanada de un principio general del Derecho Internacional, de tomar todas las medidas de Derecho interno para garantizar la protección eficaz (*effet utile*) de los derechos consagrados. Las dos obligaciones generales consagradas en la Convención Americana – la de respetar y garantizar los derechos protegidos (art. 1.1) y la de adecuar el Derecho interno a la normativa internacional de protección (art. 2) – me parecen ineluctablemente interligadas. (...). Como estas normas convencionales vinculan los Estados-Partes – y no solamente sus Gobiernos –, también los Poderes Legislativo y Judicial, además del Ejecutivo, están obligados a tomar las providencias necesarias para dar eficacia a la Convención Americana en el plano del Derecho interno. El incumplimiento de las obligaciones convencionales, como se sabe, compromete la responsabilidad internacional del Estado, por actos u omisiones, sea del Poder Ejecutivo, sea del Legislativo, sea del Judicial. En suma, las obligaciones internacionales de protección, que en su amplio alcance vinculan conjuntamente todos los Poderes del Estado (...)".

27. Corte Interamericana de Derechos Humanos, caso "Tibi *versus* Ecuador", Sentencia de 7.9.2004 (Excepciones Preliminares, Fondo, Reparaciones y Costas).

Em 2006, a Corte IDH, em "Almonacid Arellano *versus* Chile",[28] constrói outro aspecto deste controle de convencionalidade, que diz respeito à função que todo e qualquer juiz nacional tem para também aplicar o Direito derivado do Sistema Interamericano de Direitos Humanos em sede nacional.

A partir daí, a jurisprudência da Corte IDH em matéria de controle de convencionalidade passa por momentos distintos. Verifica-se que esse modelo de controle de convencionalidade refinado pela Corte IDH fica bastante marcado em alguns julgados.

No caso "Almonacid Arellano", a Corte IDH passa a desenvolver as linhas mestras do controle de convencionalidade, tendo definido o modelo repressivo de controle que deve ser levado a cabo no Sistema Interamericano de Proteção de Direitos Humanos também pelos juízes nacionais,[29-30] e aponta, pela primeira vez, a necessidade de que seja vinculante, ainda, a interpretação dada pela própria Corte IDH à CADH – tema, esse, que depois será mais aprofundado em seus julgados: "124. La Corte es consciente que los jueces y tribunales internos están sujetos al imperio de la ley y, por ello, están obligados a aplicar las disposiciones vigentes en el ordenamiento jurídico. Pero cuando un Estado ha ratificado un tratado internacional como la Convención Americana, sus jueces, como parte del aparato del Estado, también están sometidos a ella, lo que les obliga a velar por que los efectos de las disposiciones de la Convención no se vean mermadas por la aplicación de leyes contrarias a su objeto y fin, y que desde un inicio carecen de efectos jurídicos. En otras palabras, el Poder Judicial debe ejercer una especie de 'control de convencionalidad' entre las normas jurídicas internas que aplican en los casos concretos y la Convención Americana sobre Derechos Humanos. En esta tarea, el Poder Judicial debe tener en cuenta no solamente el tratado, sino también la interpretación que del mismo ha hecho la Corte Interamericana, intérprete última de la Convención Americana".

Em "Trabajadores Cesados del Congreso" a Corte IDH afirma que o controle de convencionalidade deve também ser feito de ofício pelos juízes nacionais, e que esse controle deve se dar segundo o modelo de distribuição de competências que se afirma no Direito nacional: "(...) los ór-

28. Corte Interamericana de Derechos Humanos, caso "Almonacid Arellano y otros *versus* Chile", Sentencia de 26.9.2006 (Excepciones Preliminares, Fondo, Reparaciones y Costas).

29. Corte Interamericana de Derechos Humanos, caso "Almonacid Arellano y otros *versus* Chile", Sentencia de de 6.9.2006 (Excepciones Preliminares, Fondo, Reparaciones y Costas).

30. Nestor Sagüés se utiliza da expressão controle "negativo", para aquele que se faz declarando o desacordo das normas nacionais com a CADH, e "positivo", aquele que se utiliza da interpretação conforme para interpretar o Direito nacional a partir dos precedentes da Corte IDH: "Hasta ahora, el control de convencionalidad parece operar como una suerte de rayo exterminador de normas locales. Esto vendría a ser la 'faceta destructiva' de ese control. Pero avizoramos otra, de tipo 'constructivo' o positivo. Si se acepta la premisa señalada en el último párrafo, no solamente habría que reputar inválidas (por 'inconvencionales') las normas constitucionales y subconstitucionales opuestas al Pacto de San José de Costa Rica, sino que también deberían, en todo lo posible, interpretarse 'de acuerdo' o 'de conformidad' a dicho Pacto. Ello es así por analogía con la doctrina de la interpretación de las normas subconstitucionales, normas domésticas en consonancia con la jurisprudencia de la Corte Interamericana de Derechos Humanos" (cf. Néstor Pedro Sagüés, "Obligaciones internacionales y control de convencionalidad", cit., in *Estudios Constitucionales* 1/125).

ganos del Poder Judicial deben ejercer no sólo un control de constitucionalidad, sino también 'de convencionalidad' *ex officio* entre las normas internas y la Convención Americana, evidentemente en el marco de sus respectivas competencias y de las regulaciones procesales correspondientes. Esta función no debe quedar limitada exclusivamente por las manifestaciones o actos de los accionantes en cada caso concreto, aunque tampoco implica que ese control deba ejercerse siempre, sin considerar otros presupuestos formales y materiales de admisibilidad y procedencia de ese tipo de acciones".

Em "Radilla Pacheco"[31] o Tribunal faz um sobrevoo sobre o Continente Americano, apontando as experiências dos tribunais nacionais a partir do controle de convencionalidade, com os exemplos dos Tribunais Superiores da Costa Rica, Bolívia, República Dominicana, Peru, Colômbia e México, e reafirma sua doutrina sobre o controle de convencionalidade.

Em "Gelman II"[32] a Corte IDH, sobre a relação entre controle de constitucionalidade e de convencionalidade, afirma que: "88. En consecuencia, la pretensión de oponer el deber de los tribunales internos de realizar el control de constitucionalidad al control de convencionalidad que ejerce la Corte es en realidad un falso dilema, pues, una vez que el Estado ha ratificado el tratado internacional y reconocido la competencia de sus órganos de control, precisamente a través de sus mecanismos constitucionales, aquéllos pasan a conformar su ordenamiento jurídico. De tal manera, el control de constitucionalidad implica necesariamente un control de convencionalidad, ejercidos de forma complementaria".

3.1 A jurisprudência da Corte Interamericana sobre o relacionamento entre tribunais nacionais e o Sistema Interamericano de Proteção de Direitos Humanos/SIDH

Analisando a função judicial nos Estados-membros, a Corte Interamericana tem entendido que os juízes nacionais devem analisar a "convencionalidade das leis" – ou seja: a compatibilidade entre as normas jurídicas internas do Estado e a Convenção Americana,[33] além das próprias decisões da Corte IDH, tendo como fundamento o art. 2º da Convenção Americana, que impõe aos Estados-Partes um dever geral de adaptação dos ordenamentos internos ao Sistema Interamericano de Direitos Humanos/SIDH, com o objetivo de harmonizá-los.[34]

Esse dever de adaptação – é bom dizer – deve ser conformado pelo próprio

31. Corte Interamericana de Derechos Humanos, caso "Cabrera García y Montiel Flores *versus* México", Sentencia de 26.11.2010 (Excepción Preliminar, Fondo, Reparaciones y Costas).

32. Corte Interamericana de Derechos Humanos, Resolución de 20.3.2013, caso "Gelman *versus* Uruguay", Supervisión de Cumplimiento de Sentencia.

33. Cf.: caso "Boyce y otros *versus* Barbados", Sentencia de 20.11.2007; caso "Almonacid Arellano y otros *versus* Chile", Sentencia de 26.9.2006; caso "La Cantuta *versus* Perú", Sentencia de 29.11.2006.

34. "Art. 2. **Dever de adotar disposições de Direito interno.** Se o exercício dos direitos e liberdades mencionados no art. 1 ainda não estiver garantido por disposições legislativas ou de outra natureza, os Estados-Partes comprometem-se a adotar, de acordo com as suas normas constitucionais e com as disposições desta Convenção, as medidas legislativas ou de outra natureza que forem necessárias para tornar efetivos tais direitos e liberdades".

Estado nacional, que faz sua opção quanto ao modo como procederá a essa adaptação, que pode ocorrer de modos distintos – é dizer: com revogação de lei ou outro ato normativo, alteração de decisões judiciais, aprovação de nova lei ou ato normativo outro ou, eventualmente, até com a reforma da Constituição, como no caso "La Última Tentación de Cristo" (Olmedo Bustos y otros) *versus* Chile" (Sentença de 5.2.2001), que tratava da liberdade de expressão e dos limites da intervenção estatal nessa liberdade. O Estado Chileno, para cumprir esse "dever de adaptação", alterou sua Constituição, que previa algo próximo do que entendemos por censura prévia.

Nesse sentido, a Corte IDH é atenciosa para com a necessidade de que cada Estado nacional-Parte do Sistema Interamericano de Direitos Humanos disponha, soberanamente, a respeito do modo ou das ferramentas que deve usar para cumprir com o conteúdo das suas decisões. Esse inter-relacionamento entre Sistema Interamericano de Direitos Humanos e sistemas internos acabou por fazer com que a Corte Interamericana criasse esse debatido instrumento de verificação denominado "controle de convencionalidade".

Como se disse, diferentemente do que ocorre com a jurisdição constitucional nacional, que tem a Constituição e o critério hierárquico como paradigmas, o controle de convencionalidade se constrói a partir de três pressupostos: (a) efeito útil; (b) *pro homine*; (c) boa-fé ou *pacta sunt servanda*.

O inter-relacionamento entre normas nacionais e interamericanas se dá mediante uma análise prevalentemente substancial – é dizer: a norma de direitos humanos mais favorável[35] (mais protética ou menos restritiva) ao indivíduo deve prevalecer, de modo que se dê primazia à dignidade da pessoa humana.

Nesta análise não importa o modo ou o *status* hierárquico que um tratado internacional de direitos humanos adquire em âmbito interno. Importam, sim, seu conteúdo e a verificação de que, materialmente, é mais protetivo que as normas nacionais. Assim, a mera contrariedade entre norma nacional e norma interamericana não leva, obviamente, à inconvencionalidade, pois a análise comparativa é o centro da análise, e depende de um exame acurado caso a caso.

Assim, é dever dos juízes nacionais respeitar não somente os tratados internacionais de direitos humanos, mas também, e para além desse dever, estar atentos aos precedentes criados pela Corte IDH, a partir do momento em que esses Estados nacionais aderiram aos procedimentos e aceitaram a jurisdição da Corte IDH.

A implicação desse dever, vertido em duas exigências, faz, ainda, com que os Estados-Partes, e não somente os juízes, tenham conhecimento e apliquem os precedentes da Corte IDH decorrentes da interpretação dada ao Departamento Internacional de Direitos Humanos/DIDH, que decorre do sistema regional de proteção dos direitos humanos. Com isso, ficam obrigados a seguir tais decisões a Administração Pública, os juízes e os legisladores, além dos particulares – razão pela qual se pode falar, tal como no Direito nacional, em uma vinculação dos particulares ao direito internacional dos direitos humanos.[36]

35. Não se faz uma diferenciação entre os critérios da norma mais favorável e o princípio *pro homine*, visto que se entende ser o primeiro parte do último. Em sentido contrário: André de Carvalho Ramos, *Processo Internacional de Direitos Humanos*, São Paulo, Saraiva, 2012, pp. 82 e ss.

36. Para um estudo sobre o tema, cf.: Andrew Claphan, *Human Rights in Private Sphere*,

Esse dever de seguimento das decisões regionais, mais ainda daquelas derivadas da jurisprudência da Corte IDH, precisa ser mais bem explorado neste espaço, sobretudo quando nos referirmos, especificamente, à relação entre os juízes nacionais e os precedentes da Corte IDH, os quais devem ser seguidos, inclusive, *de ofício*, ou independentemente de provocação,[37] como veremos.

Sob o aspecto unicamente formal, há que se dizer que a Corte IDH não se faz Corte revisora das decisões produzidas pelo Poder Judiciário dos Estados nacionais que se submetem à sua jurisdição. São, assim, os Estados nacionais, e o Poder Judiciário de cada um deles, autônomos, no sentido de dar determinada interpretação ao seu Direito nacional. Todavia, quando esse Direito nacional deriva ou está presente no sistema regional de proteção de direitos humanos, surge novo questionamento. Isso porque, ainda que atuando de forma complementar, a exigir, em regra, o esgotamento dos recursos internos no ambiente judiciário nacional, a jurisdição da Corte IDH se faz indiretamente presente, pois o descumprimento do direito construído regionalmente pode levar, se provocada, que a Corte IDH se manifeste sobre questão afeta ao DIDH, especificamente no sistema regional de proteção de direitos humanos, em posição contrária ao que decidiu o Estado nacional.

Nesse cenário internacional, as decisões judiciais, tal como as leis, os atos administrativos, dentre outros atos estatais, são tidas como meros fatos,[38] ou manifestações da vontade estatal, que, caso violem o Direito fundado no sistema regional de proteção dos direitos humanos, podem ocasionar ao Estado-Parte responsabilização no âmbito internacional. Assim, mesmo argumentos como respeito ao Direito nacional, coisa julgada[39] ou, ainda, con-

Oxford, Clarendon, 2002, pp. 134 e ss. Para a questão de vinculação dos particulares aos direitos fundamentais, em ambiente nacional, cf.: Luiz Guilherme Arcaro Conci, "Da praça pública à praça de alimentação – Problemas derivados da relação entre os direitos fundamentais de propriedade, liberdade de expressão e reunião em *shopping centers*", *Revista Brasileira de Estudos Constitucionais* 10/10-20, 2009, e "Colisões de direitos fundamentais nas relações jurídicas travadas entre particulares e a regra da proporcionalidade: potencialidades e limites da sua utilização a partir da análise de dois casos", in Maria Elizabeth Guimarães Rocha e Samantha Ribeiro Meyer-Pflug (orgs.), *Lições de Direito Constitucional em Homenagem ao Professor Jorge Miranda*, Rio de Janeiro, Forense, 2008, pp. 15-55.

37. Juan Carlos Hitters, "Control de constitucionalidad y control de convencionalidad. Comparación (criterios fijados por la Corte Interamericana de Derechos Humanos)", in *Estudios Constitucionales* 2/109-128, Ano 7, Centro de Estudios Constitucionales de Chile/Universidad de Talca, 2009.

38. André de Carvalho Ramos, "Responsabilidade internacional por violação de direitos humanos – Seus elementos, a reparação devida e sanções possíveis", in *Teoria e Prática do Direito Internacional*, Rio de Janeiro, Renovar, 2004, p. 136.

39. Boris Barrios Gonzales, "La cosa juzgada nacional y el cumplimiento y ejecución de las sentencias de la Corte Interamericana de Derechos Humanos en los Estados-Partes", *Estudios Constitucionales* 4/363-392, n. 2, Centro de Estudios Constitucionales de Chile/Universidad de Talca, novembro/2006. Especificamente, interessante o debate na Corte IDH em *Corte Interamericana de Derechos Humanos*. Também as repercussões do caso "Bulacio *versus* Argentina", Sentencia de 18.9.2003 (Fondo, Reparaciones y Costas) no Direito Argentino. Ainda sobre coisa julgada, o excelente voto razonado do Juiz Sergio García Ramírez na sentença "La Cantuta", de 29.11.2006: "12. El derecho internacional de los derechos humanos en la hora actual así como el derecho penal internacional reprueban la simulación de enjuiciamientos cuyo propósito

trariedade entre a Constituição e o DIDH não assumem *status* de razões passíveis de serem tidas como juridicamente válidas – é dizer: não estão aptas a afastar a aplicação dos tratados internacionais ou da jurisprudência da Corte IDH a seu respeito.

Nesse sentido, a existência de decisões judiciais contrárias aos precedentes da Corte IDH, mesmo que afetadas pela coisa julgada,[40] pode levar – se esgotados os procedimentos existentes para compatibilizar o Direito nacional e suas decisões ao direito regional dos direitos humanos – à condenação do Estado nacional.

Apesar de não dispor a Corte IDH de competência para anular decisões nacionais – de cunho normativo, administrativo ou de resolução de conflitos –, sua jurisprudência pode levar à condenação do Estado nacional quando toma decisões contrárias aos seus precedentes ou aos tratados de que a ela cabe ser a principal guardiã.

3.2 Autoridades que podem fazer o controle de convencionalidade em âmbito nacional

A doutrina do controle de convencionalidade foi criada, conforme se viu, a partir de votos proferidos pelo Juiz Sergio García Ramírez. Sempre se teve em conta, a partir da jurisprudência da Corte IDH, que, em âmbito nacional, os juízes seriam aqueles que apontariam o modo de aplicação do direito internacional dos direitos humanos no seu relacionamento com o Direito interno.

Todavia, mais recentemente, em "Gelman *versus* Uruguai",[41] o Tribunal decidiu

o resultado se distancia de la justicia y pretende un objetivo contrario al fin para el que han sido dispuestos: injusticia, oculta entre los pliegues de un proceso *a modo*, celebrado bajo el signo del prejuicio y comprometido con la impunidad o el atropello. De ahí que la justicia internacional sobre derechos humanos no se conforme necesariamente con la última decisión interna que analiza la violación de un derecho (y autoriza o permite que subsista la violación y persista el daño hecho a la víctima), y de ahí que la justicia penal internacional se rehúse a convalidar las decisiones de instancias penales domésticas que no pueden o no quieren hacer justicia. 13. ¿Implica esto la decadencia de la cosa juzgada – frecuentemente cuestionada en materia penal – y la supresión del *ne bis in idem*, con riesgo general para la seguridad jurídica? La respuesta, que *prima facie* pudiera parecer afirmativa, no lo es necesariamente. No lo es, porque bajo las ideas expuestas no se disputa la eficacia de la *res judicata* ni de la prohibición de segundo juicio cuando aquélla y éste se fincan en las disposiciones aplicables y no entrañan ni fraude ni abuso, sino garantía de un interés legítimo y amparo de un derecho bien establecido. No se combate, pues, la 'santidad' de la cosa juzgada ni la firmeza del primer juicio – a título, entonces, de único juicio posible –, sino la ausencia de resolución legítima – esto es, legitimada a través de un debido proceso – a la que se atribuya eficacia de cosa juzgada e idoneidad para sustentar el *ne bis in idem*".

40. Caso "Acevedo Jaramillo y otros *versus* Peru", Sentencia de 7.2.2006, Corte Interamericana de Derechos Humanos: "167. La Corte considera que una sentencia con carácter de cosa juzgada tiene que ser necesariamente cumplida debido a que en ella se adopta una decisión de forma definitiva, otorgando certeza sobre el derecho o controversia discutida en el caso concreto, y tiene como uno de sus efectos la obligatoriedad. Ante este Tribunal, eventualmente puede discutirse la autoridad de cosa juzgada de una decisión cuando ésta afecta derechos de individuos protegidos por la Convención y se demuestra que existe una causal de cuestionamiento de la cosa juzgada, lo cual no ha ocurrido en el presente caso".

41. Corte Interamericana de Derechos Humanos, caso "Gelman *versus* Uruguay", Sentencia de 24.2.2011 (Fondo y Reparaciones): "193. Cuando un Estado es Parte de un tratado interna-

que todos os órgãos estatais, inclusive os juízes, devem fazê-lo, de forma que *qualquer autoridade pública, e não somente judicial*, tem a referida competência/atribuição.

Assim, o controle de convencionalidade deve atingir outros campos da atuação estatal, especialmente aqueles que desenvolvem função de controle de constitucionalidade ou de legalidade, como, por exemplo, no processo legislativo, as comissões que analisam a constitucionalidade dos projetos de leis e das propostas de emenda à Constituição, o Presidente da República quando exerce sua atribuição de veto/sanção e os agentes públicos no exercício de função administrativa.

Trata-se de um modo de entrelaçamento claro de ordens jurídicas que desembocam nas autoridades públicas com poder decisório, que devem aplicar o Direito, e não somente a lei ou a Constituição.

No que se refere aos Estados nacionais partes do SIDH, não existe dúvida de que o que se apresenta deve fazer parte do dia a dia dos seus agentes, independentemente, no caso da jurisprudência da Corte IDH, de provirem de casos que envolvam os Estados nacionais em que detêm cargos e exercem funções.[42]

cional como la Convención Americana, *todos sus órganos, incluidos sus jueces, están sometidos a aquél, lo cual les obliga a velar por que los efectos de las disposiciones de la Convención no se vean mermados por la aplicación de normas contrarias a su objeto y fin, por lo qué los jueces y órganos vinculados a la administración de justicia en todos los niveles están en la obligación de ejercer* ***ex officio*** *un 'control de convencionalidad' entre las normas internas y la Convención Americana*, evidentemente en el marco de sus respectivas competencias y de las regulaciones procesales correspondientes, y en esta tarea deben tener en cuenta no solamente el tratado, sino también la interpretación que del mismo ha hecho la Corte Interamericana, intérprete última de la Convención Americana. (...). 239. La sola existencia de un régimen democrático no garantiza, *per se*, el permanente respeto del Derecho Internacional, incluyendo al derecho internacional de los derechos humanos, lo cual ha sido así considerado incluso por la propia Carta Democrática Interamericana. La legitimación democrática de determinados hechos o actos en una sociedad está limitada por las normas y obligaciones internacionales de protección de los derechos humanos reconocidos en tratados como la Convención Americana, de modo que la existencia de un verdadero régimen democrático está determinada por sus características tanto formales como sustanciales, por lo qué, particularmente en casos de graves violaciones a las normas del derecho internacional de los derechos, la protección de los derechos humanos constituye un límite infranqueable a la regla de mayorías, es decir, *a la esfera de lo 'susceptible de ser decidido' por parte de las mayorías en instancias democráticas, en las cuales también debe primar un 'control de convencionalidad'* ***(supra****, párr. 193), que es función y tarea de cualquier autoridad pública y no sólo del Poder Judicial*. En este sentido, la Suprema Corte de Justicia ha ejercido, en el caso 'Nibia Sabalsagaray Curutchet', un adecuado control de convencionalidad respecto de la Ley de Caducidad, al establecer, *inter alia*, que 'el límite de la decisión de la mayoría reside, esencialmente, en dos cosas: la tutela de los derechos fundamentales (los primeros, entre todos, son el derecho a la vida y a la libertad personal, y no hay voluntad de la mayoría, ni interés general ni bien común o público en aras de los cuales puedan ser sacrificados) y la sujeción de los Poderes Públicos a la ley'. Otros tribunales nacionales se han referido también a los límites de la democracia en relación con la protección de derechos fundamentales".

42. "Así, no existe duda de que el 'control de convencionalidad' debe realizarse por cualquier juez o tribunal que materialmente realice funciones jurisdiccionales, incluyendo, por supuesto, a las Cortes, Salas o Tribunales Constitucionales, así como a las Cortes Supremas de Justicia y demás altas jurisdicciones de los 24 Países que han suscrito y ratificado o se han adherido a la Convención Americana sobre Derechos Humanos, y con mayor razón de los 21 Estados que

3.3 *Momento em que pode ser exercido o controle de convencionalidade*

Como se viu, o controle de convencionalidade desenvolve-se como um instrumento de contato entre o direito internacional dos direitos humanos e o Direito interno. Este contato é estabelecido a partir de um fluxo de normatividade que deriva do direito internacional dos direitos humanos,[43] de seus tratados internacionais ou da jurisprudência da Corte IDH. No que se refere aos tratados, importa estabelecer uma diferenciação, no que se refere à sua eficácia, entre a sua função em ambiente nacional e internacional.

Em ambiente nacional, para que se estabeleça a possibilidade do controle de validade de leis ou outros atos normativos exige-se que se complemente todo o *iter* processual de internalização dos tratados internacional de direitos humanos estabelecidos pelo direito constitucional nacional, que tem, segundo a jurisprudência do próprio STF, que aguardar não somente as fases internacionais (assinatura, ratificação e depósito), como também as fases internas (promulgação e publicação). Esta é posição majoritária no Brasil, com a qual não concordo.[44] Isso porque, dada a conjugação das normas jurídicas que se extraem dos §§ 1º e 2º do art. 5º da CF, os direitos decorrentes de tratados, dada sua aplicabilidade imediata, dependem unicamente da ratificação por parte do Estado Brasileiro.

Ademais, não compactuo com a possibilidade, ilógica e contrária a uma percepção sistemática do Direito e, mais especificamente, das obrigações do Estado, de que a ratificação aponte obrigações internacionais ao Estado Brasileiro mas que, internamente, não o obrigue.

Assim, em ambiente internacional, o momento de atribuição de eficácia jurídica, que obriga os Estados nacionais perante outros Estados nacionais ou organismos multilaterais, se configura na ratificação. A partir dela os Estados se comprometem, internacionalmente, a respeitar e cumprir as normas jurídicas derivadas dos tratados internacionais.

Neste sentido, o momento inicial para o exercício do controle de conven-

han reconocido la jurisdicción contenciosa de la Corte IDH, de un total de 35 Países que conforman la OEA" (voto razonado do Juiz Eduardo Mac-Gregor, Corte Interamericana de Derechos Humanos, caso "Cabrera García y Montiel Flores *versus* México", Sentencia de 26.11.2010 (Excepción Preliminar, Fondo, Reparaciones y Costas), parágrafo 8). Ainda o mesmo Juiz, no parágrafo 51: "El juez nacional, por consiguiente, debe aplicar la jurisprudencia convencional incluso la que se crea en aquellos asuntos donde no sea parte el Estado nacional al que pertenece, ya que lo que define la integración de la jurisprudencia de la Corte IDH es la interpretación que ese Tribunal Interamericano realiza del *corpus juris* interamericano con la finalidad de crear un estándar en la región sobre su aplicabilidad y efectividad".

43. "Por ello, precisamente porque el control de convencionalidad es una institución que sirve como instrumento para aplicar el Derecho Internacional", conforme "Gelman II".

44. Vale dizer que, no Brasil, filio-me à posição de Valério de Oliveira Mazzuoli, *Direito Internacional – Tratados e Direitos Humanos Fundamentais da Ordem Jurídica Brasileira*, Rio de Janeiro, América Jurídica, 2001, pp. 55: "É justamente este último caso (aplicação imediata dos tratados internacionais de direitos humanos) que nos interessa neste estudo. Ora, se as normas definidoras dos direitos e garantias fundamentais têm aplicação imediata, os tratados internacionais de proteção dos direitos humanos, uma vez ratificados, por também conterem normas que dispõem sobre direitos e garantias fundamentais, terão, dentro do contexto constitucional brasileiro, idêntica aplicação imediata".

cionalidade, tanto pela própria Corte IDH quanto pelas autoridades nacionais, é o da ratificação do tratado internacional pelo Estado Brasileiro. Isso porque, como já apontado, o controle de convencionalidade se estabelece, diferentemente do controle de constitucionalidade, a partir de um fluxo de normatividade que deriva do direito internacional dos direitos humanos, e não do Direito nacional. Sendo assim, a produção de efeitos jurídicos pelo tratado internacional de direitos humanos em sede internacional já basta para que possam todas as autoridades, nacionais ou internacionais, exercer o controle de convencionalidade.[45]

Pensar em sentido contrário seria confundir controle de convencionalidade com controle de constitucionalidade, fundando no Direito nacional os pressupostos do próprio controle de convencionalidade. Ademais, se estabeleceria um momento diverso para o controle de convencionalidade praticado pelos juízes da Corte IDH e as autoridades nacionais, criando um descompasso no qual a condenação internacional por inconvencionalidade poderia ocorrer por incompatibilidade entre um ato normativo (leis etc.) e um tratado internacional enquanto essas mesmas fontes normativas não estariam aptas a serem relacionadas por um juiz nacional ao mesmo tempo nos fundamentos de sua decisão.

O que se pretende é demonstrar que o controle de convencionalidade se constitui a partir de um contato direto entre o direito internacional de direitos humanos e o Direito interno dos Estados nacionais, sendo o momento em que os tratados internacionais de direitos humanos adquirem eficácia jurídica em âmbito internacional que habilita o exercício do controle de convencionalidade, tanto para todos os juízes e autoridades nacionais ou para os juízes da Corte IDH.

3.4 A questão da hierarquia dos tratados internacionais de direitos humanos em âmbito interno: forma, substância e o critério pro homine

O tema da hierarquia dos tratados internacionais tomou quase que a totalidade da bibliografia do direito internacional dos direitos humanos durante largo espaço de tempo, especialmente no Brasil, por consequência dos excelentes trabalhos de Cançado Trindade,[46] Flávia Piovesan[47] e Clèmerson Clève,[48] que divulgaram temas até então pouco explorados no nosso ordenamento jurídico, fora do círculo dos internacionalistas. Fez-se, assim, com que a normatividade dos tratados internacionais, especialmente de direitos humanos, se alastrasse pela consciência jurídica brasileira, de modo que os acadêmicos e os aplicadores do Direito prestassem atenção para uma abertura constitucional produzida principalmente a partir da CF de 1988, especialmente em seus arts. 4º e 5º, § 2º.

Esse trabalho hercúleo produziu uma nova consciência jurídica nacional em sede de direitos, sejam fundamentais,

45. Antônio Augusto Cançado Trindade, *Tratado de Direito Internacional dos Direitos Humanos*, vol. I. Porto Alegre, SAFE, 2003, p. 551.

46. Idem, pp. 513-514.

47. Principalmente, a partir da sua tese de doutoramento publicada pela Max Limonad, de São Paulo, em 1996 (*Direitos Humanos e o Direito Constitucional Internacional*, cit., 12ª ed.).

48. Clèmerson Merlin Clève, "Contribuições previdenciárias. Não recolhimento. Art. 95, 'd', da Lei 8.212/1991. Inconstitucionalidade", *RT* 736/527, São Paulo, Ed. RT.

sejam humanos, que, a meu ver, não mais se distinguem quanto à carga normativa da cada qual, podendo essa diferenciação unicamente sobreviver para dizer da fonte de cada qual: se de tratados, estar-se-ia a falar em direitos humanos; se da Constituição, de direitos fundamentais.

Como se percebe, sem essa evolução não seria possível discutir a necessidade de fortalecer o debate substancial firmando critério para tanto.

Como se verá mais adiante, ao adentrar o Sistema Interamericano de Direitos Humanos/SIDH, e especialmente aceitar a jurisdição da Corte IDH, ocorreu que o Estado nacional Brasileiro aceitou, expressamente, se submeter às decisões dessa Corte. E as decisões dessa Corte, consolidadas, têm avançado não somente em matéria processual, mas também em matéria substancial – é dizer: para essa Corte IDH, a questão da hierarquia dos tratados internacionais em espaço nacional, seja qual for, em nada impede que seus precedentes sejam obrigatórios para os Estados nacionais. Isso porque esse relacionamento entre direito internacional dos direitos humanos e Direito interno exige que se concretize a partir de alguns critérios hermenêuticos, como *pacta sunt servanda*,[49] efeito útil e, especialmente, o princípio *pro homine*, a respeito do qual Monica Pinto afirma: "El principio *pro homine* es un criterio hermenéutico que informa todo el derecho de los derechos humanos, en virtud del cual se debe acudir a la norma más amplia, o a la interpretación más extensiva, cuando se trata de reconocer derechos protegidos e, inversamente, a la norma o a la interpretación más restringida cuando 'se trata de establecer restricciones permanentes al ejercicio de los derechos o su suspensión extraordinaria'".[50]

Em tema de controle de convencionalidade, o princípio *pro homine*, como se viu, impõe-se, pois se vive um momento em que se reforça o argumento da necessidade de entender de forma aprofundada, caso a caso, qual a norma mais protetiva ao indivíduo, se a nacional ou a internacional,

49. Antônio Augusto Cançado Trindade, *Tratado de Direito Internacional dos Direitos Humanos*, cit., vol. I, pp. 551-552.

50. Monica Pinto, "El principio *pro homine*. Criterios de hermenéutica y pautas para la regulación de los derechos humanos", in *La Aplicación de los Tratados de Derechos Humanos por los Tribunales Locales*, Buenos Aires, Ediar/ Centro de Estudios Legales y Sociales-Editorial del Puerto, 1997, p. 163. Também Rodolfo E. Piza Escalante, "El valor del derecho y la jurisprudencia internacionales de derechos humanos en el Derecho y la Justicia internos – El ejemplo de Costa Rica", in ***Liber Amicorum***: *Héctor Fix-Zamudio*, vol. I, São José, CIDH, 1998, p. 183: "Esto mismo, unido a la naturaleza universal e indivisible de los derechos humanos, caracterizados precisamente por su atribución a todo ser humano por el sólo hecho de serlo, sin distinción de sexo, edad, color, riqueza, origen nacional o social, nacionalidad o ninguna otra condición social, impone definitivamente la superación de toda pretensión dualista para explicar la relación entre el Derecho interno y el Derecho Internacional. Porque, efectivamente, la coexistencia de dos órdenes jurídicos distintos sobre un mismo objeto resulta lógicamente imposible; con lo cual va perdiendo, a su vez, todo sentido no sólo la clásica alternativa 'monismo' y 'dualismo' en la consideración de las relaciones entre el Derecho interno y el Internacional, sino incluso la discusión sobre la prevalencia de uno u otro en caso de conflicto, por lo menos en lo que se refiere a los derechos humanos; con la consecuencia absolutamente obligada de que, o en esta materia prevalece el Derecho Internacional o bien, como debe, a mi juicio, decirse mejor, en realidad no prevalece ni uno ni otro, sino, en cada caso, aquél que mejor proteja y garantice al ser humano, en aplicación, además, del 'principio *pro homine*' propio del derecho de los derechos humanos".

devendo prevalecer aquela que for mais expansiva, independentemente do *status* hierárquico interno que adquirem tratados internacionais de direitos humanos.[51]

Trata-se de norma jurídica que decorre do art. 29 da CADH, no que diz respeito tanto ao conflito de interpretações que pode decorrer dos tratados e instrumentos internacionais,[52] sejam do sistema regional ou do sistema global de proteção de direitos humanos, sejam dos tratados ou instrumentos e dos direitos fundamentais previstos nacionalmente, nos Estados-Partes do SIDH.[53]

Assim, faz-se necessária uma análise aprofundada de conteúdo do que decidiu a Corte IDH ou do que contém um tratado ou instrumento internacional de direitos humanos para que seja o juiz nacional, seja o juiz da Corte IDH, possa aplicar o direito convencional. Trata-se de um diálogo crítico[54-55] necessário, em que haja reciprocidade, pois, caso a proteção a um direito seja mais efetiva em âmbito nacional, esta deve prevalecer, ainda que existam precedentes da Corte IDH ou normas jurídicas derivadas de tratados

51. Antônio Augusto Cançado Trindade, *Tratado de Direito Internacional dos Direitos Humanos*, vol. II, Porto Alegre, SAFE, 1999, p. 435.

52. Corte Interamericana de Derechos Humanos, *La Colegiación Obligatoria de Periodistas (arts. 13 y 29 de la Convención Americana sobre Derechos Humanos)*, Opinión Consultiva OC/5, 13.11.1985, par. 52: "En consecuencia, si a una misma situación son aplicables la Convención Americana y otro tratado internacional, debe prevalecer la norma más favorable a la persona humana. Si la propia Convención establece que sus regulaciones no tienen efecto restrictivo sobre otros instrumentos internacionales, menos aún podrán traerse restricciones presentes en esos otros instrumentos, pero no en la Convención, para limitar el ejercicio de los derechos y libertades que ésta reconoce".

53. "Art. 29. Nenhuma disposição da presente Convenção pode ser interpretada no sentido de: a) permitir a qualquer dos Estados-Partes, grupo ou indivíduo suprimir o gozo e o exercício dos direitos e liberdades reconhecidos na Convenção ou limitá-los em maior medida do que a nela prevista; b) limitar o gozo e exercício de qualquer direito ou liberdade que possam ser reconhecidos em virtude de leis de qualquer dos Estados-Partes ou em virtude de convenções em que seja parte um dos referidos Estados; c) excluir outros direitos e garantias que são inerentes ao ser humano ou que decorrem da forma democrática representativa de governo; d) excluir ou limitar o efeito que possam produzir a Declaração Americana dos Direitos e Deveres do Homem e outros atos internacionais da mesma natureza."

54. "Sin embargo, en un plan general de discusión, ello no nos impide advertir la conveniencia de que se profundice un *diálogo jurisprudencial* entre la Corte IDH y los respectivos órganos de cierre de la jurisdicción constitucional de los Estados que conforman el Sistema Interamericano, a los fines de que aquélla tenga presentes las observaciones o discordancias que los mismos formulen a los criterios jurisprudenciales trazados por el Tribunal Interamericano para coadyuvar al mejoramiento de su labor jurisdiccional. Naturalmente, todo ello en aras de optimizar el modelo tuitivo de los derechos fundamentales sobre la base de un adecuado funcionamiento de las piezas que lo componen, precisamente para hacer más efectiva y eficiente la protección de aquéllos en nuestro espacio regional" (cf. Victor Abramovich, "Introducción: una nueva institucionalidad pública. Los tratados de derechos humanos en el orden constitucional argentino", in Victor Abramovich, Alberto Bovino e Christian Courtis (comps.), *La Aplicación de los Tratados de Derechos Humanos en el Ámbito Local. La Experiencia de una Década*, CELS/Canadian International Development Agency, Editores del Puerto, Buenos Aires, 2007, pp. VI-VII).

55. Anne-Marie Slaughter, citando a Juíza da Suprema Corte americana Ruth Ginsburg, afirma que "em matéria de direitos humanos (...) as experiências de uma Nação ou Região devem inspirar ou informar outras Nações ou Regiões" ("A global community of Courts", cit., *Harvard International Law Journal* 44/199).

ou outros instrumentos internacionais.[56] Por outro lado, caso a Corte IDH esteja a decidir um caso em que se analisa se a proteção de um direito em âmbito nacional se dá de modo mais eficiente que aquele derivado do sistema americano de direitos humanos, ela deve se abster de declarar inconvencional o ato nacional em análise.[57]

Esse paradigma se constrói por sobre a perspectiva de que é a pessoa humana, e não o Estado-Parte, quem suporta como fundamento e para onde confluem como destinatários os objetivos de tutela do direito internacional dos direitos humanos,[58] e, nesse sentido, sendo a tutela das liberdades dos indivíduos o fim último de qualquer sistema jurídico. Importa mais o *como* se protege, a intensidade da proteção, do que o *locus* ou a fonte de onde deriva a proteção. O princípio *pro homine* exige que se interpretem os direitos humanos de modo mais extensivo quando se falar em proteção, participação ou provisão e, de outro lado, de modo mais restritivo quando se trate de eventuais restrições a direitos. Monica Pinto afirma que "este principio coincide con el rasgo fundamental del derecho de los derechos humanos, esto es, estar siempre a favor del hombre".[59]

Esse posicionamento, como se vê, respeita a perspectiva de que inexiste relação vertical entre a Corte IDH e os tribunais nacionais, pois parte do pressuposto de que não existe supremacia hie-

56. Nesse sentido: Sergio García Ramírez, "El control judicial interno de convencionalidad", *Revista IUS – Revista Científica del Instituto de Ciencias Jurídicas de Puebla* 28/139, julho-dezembro/2011: "(...) corresponde aclarar – como se ha hecho en otro lugar de este trabajo – que las interpretaciones del Tribunal Interamericano pueden verse superadas por actos – instrumentos internacionales, disposiciones nacionales, actos de jurisdicción interna – que reconozcan a los individuos mayores o mejores derechos y libertades. El derecho internacional de los derechos humanos es el 'piso' de los derechos, no el 'techo'. Esta conclusión, que deriva inmediatamente del principio *pro homine*, tiene soporte en las normas de interpretación contenidas en el art. 29 de la Convención Americana".

57. Também Victor Bazan, "Corte Interamericana de Derechos Humanos y Cortes supremas o tribunales constitucionales latinoamericanos: el control de convencionalidad y la necesidad de un diálogo interjurisdiccional crítico", cit., *Revista Europea de Derechos Fundamentales* 16 (2º semestre/2010): "En el fondo, y como se adelantaba, la cooperación entre los tribunales internos y los tribunales internacionales no apunta a generar una relación de jerarquización formalizada entre éstos y aquéllos, sino a trazar una *vinculación de cooperación en la interpretación **pro homine** de los derechos humanos*".

58. A Corte IDH desde há muito assim decidiu (Corte Interamericana de Derechos Humanos, Opinión Consultiva OC-1/82 del 24.9.1982): "Los tratados modernos sobre derechos humanos, en general, y, en particular, la Convención Americana no son tratados multilaterales del tipo tradicional, concluidos en función de un intercambio recíproco de derechos, para el beneficio mutuo de los Estados contratantes. Su objeto y fin son la protección de los derechos fundamentales de los seres humanos, independientemente de su nacionalidad, tanto frente a su propio Estado, como frente a los otros contratantes. Al aprobar estos tratados sobre derechos humanos, los Estados se someten a un orden legal dentro del cual ellos, por el bien común, asumen varias obligaciones, no en relación con otros Estados, sino hacia los individuos bajo su jurisdicción".

Também apontando essa mudança de perspectiva: Eduardo Mac-Gregor, *El Control Difuso de Convencionalidad en el Estado Constitucional*, p. 159 (disponível em *http://biblio.juridicas.unam.mx/libros/6/2873/9.pdf*).

59. Monica Pinto, "El principio *pro homine*. Criterios de hermenéutica y pautas para la regulación de los derechos humanos", cit., in *La Aplicación de los Tratados de Derechos Humanos por los Tribunales Locales*, p. 163.

rárquica automática das decisões tomadas pela Corte IDH em detrimento daquelas nacionais.[60] Trata-se também de um modo outro de rotular a questão da limitação ou alteração da soberania do Estado, pois não há que se falar em soberania quando o centro do sistema protetivo está no indivíduo, e não no próprio Estado. Não há soberania bastante para proteger com déficit os direitos fundamentais ou humanos da pessoa humana.[61-62]

Há, sim, prevalência da norma jurídica, nacional ou internacional, que visa a proteger o indivíduo de modo mais eficaz, tanto sob as normas jurídicas derivadas de textos normativos quanto, em caso de conflito de decisões de tribunais, sob aqueles mais protetivos. Sobre esse tema, Monica Pinto, a respeito do Direito Argentino, mas totalmente aplicável nesse sentido ao Direito Brasileiro, afirma que nada obsta a que no "ámbito interno puedan consagrarse derechos protegidos con un alcance mayor que el establecido por las normas internacionales. Aún las sentencias judiciales que reconozcan un alcance de protección más amplio deberían prevalecer, especialmente las de la Corte Suprema de Justicia de la Nación cuando se refieren al contenido de las normas de derechos humanos".[63]

60. Tal qual decidido pelo Tribunal Constitucional do Peru no caso "EXP. N2730-2006-PA/CT", 21.7.2006, caso de Arturo Castillo Chirinos: "15. Lo expuesto, desde luego, no alude a una relación de jerarquización formalizada entre los tribunales internaciones de derechos humanos y los tribunales internos, sino a una *relación de cooperación en la interpretación **pro homine** de los derechos fundamentales*. No puede olvidarse que el art. 29.b de la Convención proscribe a todo tribunal, incluyendo a la propia Corte, 'limitar el goce y ejercicio de cualquier derecho o libertad que pueda estar reconocido de acuerdo con las leyes de cualquiera de los Estados-Partes o de acuerdo con otra convención en que sea parte uno de dichos Estados'. Ello significa, por ejemplo, que los derechos reconocidos en el ordenamiento interno y la interpretación optimizadora que de ellos realice la jurisprudencia de este Tribunal también es observada por la Corte".

61. Nesse sentido, também, César Landa, "Sentencias fundamentales del Tribunal Constitucional peruano", in Victor Bazan e Claudio Nash (eds.), *Justicia Constitucional y Derechos Fundamentales. Aportes de Argentina, Bolivia, Brasil, Chile, Perú, Uruguay y Venezuela – 2009*, Montevidéu, Programa Estado de Derecho de la Fundación Konrad Adenauer y Centro de Derechos Humanos de la Facultad de Derecho de la Universidad de Chile, 2010, p. 77.

62. "El deber de garantía del derecho a la salud a través de la prestación de servicios de salud, Extracto de la Sentencia de la Corte Constitucional, Colombia, 5.6. de junio de 2008", *Revista Diálogos Jurisprudenciales* 7/117 (julho-dezembro/2009), México, Corte Interamericana de Derechos Humanos/Instituto Interamericano de Derechos Humanos/Instituto de Investigaciones Jurídicas Universidad Nacional Autónoma de México/Fundación Konrad Adenauer, 2010: "Abarca, también, la posibilidad de *complementar* las garantías establecidas en el ordenamiento jurídico interno a favor de los derechos constitucionales con aquellas previstas en los tratados internacionales sobre derechos humanos. Lo anterior supone, desde luego, la aplicación del principio *pro homine*, esto es, las normas han de *complementarse* de manera tal que siempre se amplíe la protección prevista en el orden jurídico interno y no se disminuya. En el evento en que la norma que se desprende del tratado internacional sea más restrictiva, se aplicará de preferencia la norma de Derecho interno. Por otro lado, en virtud de lo dispuesto por el art. 94 superior, así como de lo consignado en el art. 44 de la Constitución nacional – sobre los derechos de los niños y de las niñas –, la obligación de interpretar los derechos constitucionales de conformidad con lo dispuesto en los pactos internacionales sobre derechos humanos aprobados por Colombia contiene, de igual modo, la posibilidad de *adicionar* el ordenamiento jurídico interno con nuevos derechos siempre, claro está, bajo aplicación del principio *pro homine*, mencionado atrás".

63. Monica Pinto, "El principio *pro homine*. Criterios de hermenéutica y pautas para la

Prevalece uma perspectiva substancialista dos direitos humanos, não mais bastando a separação entre monismo e dualismo, visto que também aqui se parte de uma perspectiva meramente estrutural.[64] Isso porque não se trata da necessidade de intermediação estatal para a imposição de tal ou qual norma jurídica derivada do Direito Internacional ou, de outro lado, da pura ou simples imposição da norma jurídica de Direito Internacional.

Nesse sentido, a Corte IDH afirma que: "La Convención Americana, además de otros tratados de derechos humanos, busca, *a contrario sensu*, tener en el Derecho interno de los Estados-Partes el efecto de perfeccionarlo, para maximizar la protección de los derechos consagrados, acarreando, en este propósito, siempre que necesario, la revisión o revocación de leyes nacionales (...) que no se conformen con sus estándares de protección".[65]

A prudência entre os atores envolvidos e a abertura a um diálogo constante são os meios de resolução do relacionamento que, em alguns momentos, pode se tornar conflitivo.

regulación de los derechos humanos", cit., in *La Aplicación de los Tratados de Derechos Humanos por los Tribunales Locales*, p. 166.

64. Cf. Antônio Augusto Cançado Trindade, "O legado da Declaração Universal de 1948 e o futuro da proteção internacional dos direitos humanos", in Héctor Fix-Zamudio, *México y las Declaraciones de Derechos Humanos*, Cidade do México, UNAM, 1999, p. 45: "(...) no contexto da proteção dos direitos humanos a polêmica clássica entre monistas e dualistas revela-se baseada em falsas premissas e superada: verifica-se aqui uma interação entre o Direito Internacional e o Direito interno, e os próprios tratados de direitos humanos significativamente consagram o critério da primazia da norma mais favorável aos seres humanos protegidos, seja ela norma de Direito Internacional ou de Direito interno".

Do mesmo autor, também: "Las relaciones entre el Derecho Internacional y el Derecho interno han sido enfocadas *ad nauseam* a la luz de la polémica clásica, estéril y ociosa, entre dualistas y monistas, erigida sobre falsas premisas. En la protección de sus derechos, el ser humano es sujeto tanto del Derecho interno como del Derecho Internacional, dotado en ambos de personalidad y capacidad jurídicas propias. Como se desprende de disposiciones expresas de los propios tratados de derechos humanos y de la apertura del derecho constitucional contemporáneo a los derechos internacionalmente consagrados, no más cabe insistir en la primacía de las normas del Derecho Internacional o del Derecho interno, por cuanto el primado es siempre de la norma – de origen internacional o interna – que mejor proteja los derechos humanos, de la norma más favorable a las víctimas. Constátase hoy, en efecto, la coincidencia de objetivos entre el Derecho Internacional y el Derecho interno en cuanto a la protección de la persona humana, cabiendo, pues, desarrollar esta alentadora coincidencia hasta sus últimas consecuencias" (Antônio Augusto Cançado Trindade, "Desafíos de la protección internacional de los derechos humanos al final del siglo XX", *Seminario sobre Derechos Humanos*, IIDH, San José/Costa Rica, 1997, p. 71).

Também, com alguma diferença, César Landa diz que, "frente a los inconvenientes dogmáticos y prácticos derivados de las tesis monistas y dualistas, la posición constitucional de los tratados viene asumiendo una opción mixta, a través de la tesis de coordinación. Esta última caracteriza al Derecho Internacional como un Derecho de integración, sobre la base de la responsabilidad internacional. Así en función de dicha responsabilidad ya no se postula la derogación automática de las normas internas en caso de conflicto con sus obligaciones en el plano internacional, sino su armonización, fundamentándose en un neoiusnaturalismo integrador" (César Landa Arroyo, *Constitución y Fuentes del Derecho*, Lima, Palestra, 2006, pp. 118-119).

65. Corte IDH, caso "La Última Tentación de Cristo", "Olmedo Bustos y otros *versus* Chile" (Fondo, Reparaciones y Costas), Sentencia de 5.2.2001, Serie C N. 73, voto concurrente del Juez A. A. Cançado Trindade, par. 14.

4. Síntese conclusiva

Em breve conclusão, afirmo que:

4.1 Não há submissão do Direito interno ao direito internacional dos direitos humanos nem o contrário *a priori*. A submissão dos dois planos – e é nesse ponto que confluem – dá-se a partir da melhor proteção à pessoa humana. Sendo assim, devem prevalecer, em casos de conflitos, as normas jurídicas de direitos humanos que sejam mais protetivas ou menos restritivas aos direitos da pessoa humana, tenham como fundamento os tratados, outros instrumentos ou a jurisprudência internacionais ou Constituições, leis, sentenças, entre outros.

4.2 Cabe a toda e qualquer autoridade nacional legitimada para fazer o controle de constitucionalidade também fazer o controle de convencionalidade, tal qual afirma reiteradamente a Corte IDH. Esse juízo de inconvencionalidade deve buscar no confronto entre a normatividade interna e a internacional a utilização do que melhor protege a pessoa humana, tenha como fonte o Direito interno ou o Direito Internacional.

4.3 Cabe a essas autoridades, no caso concreto ou no plano abstrato, verificar o nível de proteção que se produz tanto em âmbito interno quanto em âmbito internacional e, desse modo, aplicar as normas jurídicas mais protetivas ou menos restritivas. Não é a mera contrariedade entre a normas internas e as internacionais (além da jurisprudência internacional) que torna as primeiras inconvencionais, mas, sim, o déficit de proteção em sede nacional que pode causar tal resultado que gera invalidação.

Bibliografia

ABRAMOVICH, Victor. "Introducción: una nueva institucionalidad pública. Los tratados de derechos humanos en el orden constitucional argentino". In: ABRAMOVICH, Victor, BOVINO, Alberto, e COURTIS, Christian (comps.). *La Aplicación de los Tratados de Derechos Humanos en el Ámbito Local. La Experiencia de una Década*. CELS/Canadian International Development Agency, Editores del Puerto, Buenos Aires, 2007.

————, BOVINO, Alberto, e COURTIS, Christian (comps.). *La Aplicación de los Tratados de Derechos Humanos en el Ámbito Local. La Experiencia de una Década*. CELS/Canadian International Development Agency, Editores del Puerto, Buenos Aires, 2007.

ANDREU-GUSMAN, Federico. "30 años de la Convención Americana sobre Derechos Humanos – Todavía hay mucho camino que recorrer". In: *El Sistema Interamericano de Protección de los Derechos Humanos en el Umbral del Siglo XXI*. t. I. São José da Costa Rica, Corte IDH, 2001.

BASTOS, Celso Seixas Ribeiro, e MARTINS, Ives Gandra da Silva. *Comentários à Constituição do Brasil*. São Paulo, Saraiva, 1989.

BAZAN, Victor. "Corte Interamericana de Derechos Humanos y Cortes supremas o tribunales constitucionales latinoamericanos: el control de convencionalidad y la necesidad de un diálogo interjurisdiccional crítico". *Revista Europea de Derechos Fundamentales* 16 (2º semestre/2010). Valência/España, Fundación Profesor Manuel Broseta/Instituto de Derecho Público Universidad Rey Juan Carlos, 2011.

————, e NASH, Claudio (eds.). *Justicia Constitucional y Derechos Fundamentales. Aportes de Argentina, Bolivia, Brasil, Chile, Perú, Uruguay y Venezuela – 2009*. Montevidéu, Programa Estado de Derecho de la Fundación Konrad Adenauer y Centro de Derechos Humanos de la Facultad de Derecho de la Universidad de Chile, 2010.

BOVINO, Alberto, ABRAMOVICH, Victor, e COURTIS, Christian (comps.). *La Aplicación de los Tratados de Derechos Humanos en el Ámbito Local. La Experiencia de una*

Década. CELS/Canadian International Development Agency, Editores del Puerto, Buenos Aires, 2007.

CANÇADO TRINDADE, Antônio Augusto. "Desafíos de la protección internacional de los derechos humanos al final del siglo XX". *Seminario sobre Derechos Humanos*. IIDH, San José/Costa Rica, 1997.

————. "O legado da Declaração Universal de 1948 e o futuro da proteção internacional dos direitos humanos". In: FIX-ZAMUDIO, Héctor. *México y las Declaraciones de Derechos Humanos*. Cidade do México, UNAM, 1999.

————. *Tratado de Direito Internacional dos Direitos Humanos*. vol. I. Porto Alegre, SAFE, 2003; vol. II. Porto Alegre, SAFE, 1999.

CAPPELLETTI, Mauro. *O Controle Judicial de Constitucionalidade das Leis no Direito Comparado*. Porto Alegre, Sérgio Antônio Fabris Editor, 1992.

CLAPHAN, Andrew. *Human Rights in Private Sphere*. Oxford, Clarendon, 2002.

CLÈVE, Clèmerson Merlin. "Contribuições previdenciárias. Não recolhimento. Art. 95, 'd', da Lei 8.212/1991. Inconstitucionalidade". *RT* 736. São Paulo, Ed. RT.

CONCI, Luiz Guilherme Arcaro. "Colisões de direitos fundamentais nas relações jurídicas travadas entre particulares e a regra da proporcionalidade: potencialidades e limites da sua utilização a partir da análise de dois casos". In: MEYER-PFLUG, Samantha Ribeiro, e ROCHA, Maria Elizabeth Guimarães (orgs.). *Lições de Direito Constitucional em Homenagem ao Professor Jorge Miranda*, Rio de Janeiro, Forense, 2008 (pp. 15-55).

————. "Da praça pública à praça de alimentação – Problemas derivados da relação entre os direitos fundamentais de propriedade, liberdade de expressão e reunião em *shopping centers*". *Revista Brasileira de Estudos Constitucionais* 10/10-20. 2009.

————, e LAMY, Marcelo. "Reflexões sobre as súmulas vinculantes". In: LENZA, Pedro, LORA ALARCÓN, Pietro de Jesús, e TAVARES, André Ramos (coords.). *Reforma do Judiciário: Analisada e Comentada*. São Paulo, Método, 2005.

COURTIS, Christian, ABRAMOVICH, Victor, e BOVINO, Alberto (comps.). *La Aplicación de los Tratados de Derechos Humanos en el Ámbito Local. La Experiencia de una Década*. CELS/Canadian International Development Agency, Editores del Puerto, Buenos Aires, 2007.

ESCALANTE, Rodolfo E. Piza. "El valor del derecho y la jurisprudencia internacionales de derechos humanos en el Derecho y la Justicia internos – El ejemplo de Costa Rica". In: ***Liber Amicorum***: *Héctor Fix-Zamudio*. vol. I. São José, CIDH, 1998.

FIX-ZAMUDIO, Héctor. *México y las Declaraciones de Derechos Humanos*. Cidade do México, UNAM, 1999.

FURTADO, Marcos Vinicius (coord.). *Reflexões sobre a Constituição: uma Homenagem da Advocacia Brasileira*. São Paulo, Leya, 2013.

GONZALES, Boris Barrios. "La cosa juzgada nacional y el cumplimiento y ejecución de las sentencias de la Corte Interamericana de Derechos Humanos en los Estados-Partes". *Estudios Constitucionales* 4/363-392. N. 2. Centro de Estudios Constitucionales de Chile/Universidad de Talca, novembro/2006.

HAMILTON, Alexander, JAY, John, e MADISON, James. *El Federalista*. Cidade do México, Fondo de Cultura Económica, 1994.

HEYNS, C., PADILLA, D., e ZWAAK, L. "Comparação esquemática dos sistemas regionais de direitos humanos: uma atualização". *SUR – Revista Internacional de Direitos Humanos* 4. Ano 3.

HITTERS, Juan Carlos. "Control de constitucionalidad y control de convencionalidad. Comparación (criterios fijados por la Corte Interamericana de Derechos Humanos)". *Estudios Constitucionales* 2/109-128. Ano 7. Centro de Estudios Constitucionales de Chile/Universidad de Talca, 2009.

JAY, John, HAMILTON, Alexander, e MADISON, James. *El Federalista*. Cidade do México, Fondo de Cultura Económica, 1994.

LAMY, Marcelo, e CONCI, Luiz Guilherme Arcaro. "Reflexões sobre as súmulas vinculantes". In: LENZA, Pedro, LORA ALARCÓN, Pietro de Jesús, e TAVARES, André Ramos (coords.). *Reforma do Judiciário: Analisada e Comentada*. São Paulo, Método, 2005.

LANDA ARROYO, César. *Constitución y Fuentes del Derecho*. Lima, Palestra, 2006.

__________. "Sentencias fundamentales del Tribunal Constitucional peruano". In: BAZAN, Victor, e NASH, Claudio (eds.). *Justicia Constitucional y Derechos Fundamentales. Aportes de Argentina, Bolivia, Brasil, Chile, Perú, Uruguay y Venezuela – 2009*. Montevidéu, Programa Estado de Derecho de la Fundación Konrad Adenauer y Centro de Derechos Humanos de la Facultad de Derecho de la Universidad de Chile, 2010.

LENZA, Pedro, LORA ALARCÓN, Pietro de Jesús, e TAVARES, André Ramos (coords.). *Reforma do Judiciário: Analisada e Comentada*. São Paulo, Método, 2005.

LORA ALARCÓN, Pietro de Jesús, LENZA, Pedro, e TAVARES, André Ramos (coords.). *Reforma do Judiciário: Analisada e Comentada*. São Paulo, Método, 2005.

MAC-GREGOR, Eduardo Ferrer. *El Control Difuso de Convencionalidad en el Estado Constitucional* (disponível em *http://biblio.juridicas.unam.mx/libros/6/2873/9.pdf*).

__________. *Interpretación Conforme y Control Difuso de Convencionalidad. El Nuevo Paradigma para el Juez Mexicano* (disponível em *http://biblio.juridicas.unam.mx/libros/7/3033/14.pdf*).

MADISON, James, HAMILTON, Alexander, e JAY, John. *El Federalista*. Cidade do México, Fondo de Cultura Económica, 1994.

MARTINS, Ives Gandra da Silva, e BASTOS, Celso Seixas Ribeiro. *Comentários à Constituição do Brasil*. São Paulo, Saraiva, 1989.

MAZZUOLI, Valério de Oliveira. *Direito Internacional – Tratados e Direitos Humanos Fundamentais da Ordem Jurídica Brasileira*. Rio de Janeiro, América Jurídica, 2001.

__________. "Teoria geral do controle de convencionalidade no Direito Brasileiro". *Revista de Informação Legislativa* 46/113-133, n. 181. janeiro-março/2009; e *RT* 889/105-147. Ano 98. São Paulo, Ed. RT, novembro/2009.

MEYER-PFLUG, Samantha Ribeiro, e ROCHA, Maria Elizabeth Guimarães (orgs.). *Lições de Direito Constitucional em Homenagem ao Professor Jorge Miranda*. Rio de Janeiro, Forense, 2008.

NASH, Claudio, e BAZAN, Victor (eds.). *Justicia Constitucional y Derechos Fundamentales. Aportes de Argentina, Bolivia, Brasil, Chile, Perú, Uruguay y Venezuela – 2009*. Montevidéu, Programa Estado de Derecho de la Fundación Konrad Adenauer y Centro de Derechos Humanos de la Facultad de Derecho de la Universidad de Chile, 2010.

NEVES, Marcelo. *Teoria da Inconstitucionalidade das Leis*. São Paulo, Saraiva, 1988.

PADILLA, D., HEYNS, C., e ZWAAK, L. "Comparação esquemática dos sistemas regionais de direitos humanos: uma atualização". *SUR – Revista Internacional de Direitos Humanos* 4. Ano 3.

PINTO, Monica. "El principio *pro homine*. Criterios de hermenéutica y pautas para la regulación de los derechos humanos". In: *La Aplicación de los Tratados de Derechos Humanos por los Tribunales Locales*. Buenos Aires, Ediar/Centro de Estudios Legales y Sociales- Editorial del Puerto, 1997.

PIOVESAN, Flávia. *Direitos Humanos e o Direito Constitucional Internacional*. 12ª ed. São Paulo, Saraiva, 2011.

RAMÍREZ, Sergio García. "El control judicial interno de convencionalidad". *Revista IUS – Revista Cientifica del Instituto de Ciencias Jurídicas de Puebla* 28. Julho-dezembro/2011.

RAMOS, André de Carvalho. *Processo Internacional de Direitos Humanos*. São Paulo, Saraiva, 2012.

———. "Responsabilidade internacional por violação de direitos humanos – Seus elementos, a reparação devida e sanções possíveis". In: *Teoria e Prática do Direito Internacional*. Rio de Janeiro, Renovar, 2004.

ROCHA, Maria Elizabeth Guimarães, e MEYER-PFLUG, Samantha Ribeiro (orgs.). *Lições de Direito Constitucional em Homenagem ao Professor Jorge Miranda*. Rio de Janeiro, Forense, 2008.

SAGÜÉS, Néstor Pedro. "Obligaciones internacionales y control de convencionalidad". *Estudios Constitucionales* 1/117-136. Ano 8. Centro de Estudios Constitucionales de Chile/Universidad de Talca.

SEGADO, Francisco Fernández. "La obsolescencia de la bipolaridad 'Modelo Americano-Modelo Europeo" como criterio analítico del control de constitucionalidad y la búsqueda de una nueva tipología explicativa". In: *Parlamento y Constitución – Anuario* (separata). Universidad Castilla La Mancha.

SLAUGHTER, Anne-Marie. "A global community of Courts". *Harvard International Law Journal* 44. N. 1. 2003.

TAVARES, André Ramos, LENZA, Pedro, e LORA ALARCÓN, Pietro de Jesús (coords.). *Reforma do Judiciário: Analisada e Comentada*. São Paulo, Método, 2005.

VERGOTTINI, Giuseppe de. *Oltre il Dialogo tra le Corti*. Bolonha, Il Mulino, 2010.

ZWAAK, L., HEYNS, C., e PADILLA, D. "Comparação esquemática dos sistemas regionais de direitos humanos: uma atualização". *SUR – Revista Internacional de Direitos Humanos* 4. Ano 3.

PARECERES

ATOS ADMINISTRATIVOS INCONSTITUCIONAIS – CADUCABILIDADE DE A ADMINISTRAÇÃO E O PODER JUDICIÁRIO DECLARAREM SUA INVALIDADE – HIPÓTESES – NOTÁRIOS E REGISTRADORES INVESTIDOS, SEM CONCURSO, NA TITULARIDADE DE SERVENTIAS EXTRAJUDICIAIS – INEXISTÊNCIA DE MÁ-FÉ PRESUMIDA

Almiro do Couto e Silva

Professor de Direito Administrativo do Programa de Pós-Graduação em Direito da UFRS

Parecer: I – Consulta. II – Legalidade e proteção da confiança no sistema de invalidade dos atos administrativos no Direito Brasileiro. Mudança de paradigmas. III – Os atos administrativos absolutamente insanáveis. A questão dos atos administrativos inconstitucionais. A contribuição do Direito Comparado: (i) Direito Francês – (ii) Direito Alemão – (iii) Direito Português – (iv) Direito Espanhol – (v) Direito Italiano – (vi) Direito da União Europeia. IV. Princípio da proteção da confiança e atos administrativos inconstitucionais. A atual discussão no CNJ e no STF. V – As respostas.

PARECER

I – Consulta

A Associação dos Designados Notariais e Registradores/ADESNOREG, por intermédio do professor Maurício Zockun, honrou-me com consulta, pedindo-me que manifeste minha opinião sobre temas relacionados com o princípio da segurança jurídica, na modalidade da proteção da confiança, respondendo aos seguintes quesitos:

(1) Os atos individuais e concretos que estabilizaram notários e registradores na titularidade de serventias extrajudiciais sem prévia aprovação em concurso podem ser desconstituídos a qualquer tempo pela Administração ou mesmo pelo Poder Judiciário, ao fundamento de sua flagrante e patente inconstitucionalidade?

(2) O dever-poder da Administração de anular esses atos inconstitucionais caduca? Se sim, em qual prazo?

(3) É interdito ao Poder Judiciário desconstituir esses atos administrativos mesmo após a caducidade do dever-poder da Administração de fazê-lo? Há prazo hábil para que o Poder Judiciário seja acionado para desconstituir esses atos, ou eles, pelo contrário, são incaducáveis? Se sim, qual esse prazo?

(4) Sabendo-se que (i) os atos administrativos que estabilizaram os notários e registradores na titularidade de serventias extrajudiciais foram produzidos pelo Poder Judiciário, sem sua interferência, e (ii) que o Poder Judiciário assim obrou no exercício de função administrativa, pergunta-se: pode-se inquinar aos beneficiários desses atos inconstitucionais (notários e registradores estabilizados) má-fé?

(5) Sendo caducável a desconstituição desses atos inconstitucionais, a segurança jurídica exige a preservação dos atos produzidos por esses notários e registradores (fundada na teoria do funcionário de fato) e/ou sua preservação na titularidade das serventias extrajudiciais?

(6) Quais o conteúdo, sentido e alcance do art. 54 da Lei federal 9.784/1999? Ele é aplicável ao Conselho Nacional de Justiça/CNJ?

Para responder a essas indagações será necessário, antes, fixar algumas noções básicas relacionadas com as profundas alterações modernamente verificadas no direito administrativo brasileiro – à semelhança do que ocorreu com o direito administrativo de Países que hoje integram a União Europeia, como Alemanha, França, Portugal, Espanha, e Itália, e com o direito administrativo da própria União Europeia – especialmente no que diz com a manutenção, no mundo jurídico, de atos administrativos inválidos por ilegalidade ou inconstitucionalidade.

II – Legalidade e proteção da confiança no sistema de invalidade dos atos administrativos no Direito Brasileiro. Mudança de paradigmas[1]

1. Quanto à invalidade dos atos administrativos no Direito Brasileiro, é possível falar, hoje, em dois modelos, paradigmas ou sistemas, um velho e um novo. O primeiro, o tradicional (A), com linhas mestras bem definidas, e o outro (B) ainda em fase de desenvolvimento, a partir de pressupostos que só há aproximadamente uma década foram fixados, com o reconhecimento, pela jurisprudência do STF e pela legislação federal, da proteção da confiança como princípio constitucional.

2. (A) O primeiro desses sistemas, o tradicional, caracteriza-se (i) pelo primado absoluto do princípio da *legalidade* e (ii)

1. A partir deste ponto reproduzo o que já escrevi em outras ocasiões, quer em trabalhos já publicados, especialmente o ensaio com o título "O princípio da segurança jurídica (proteção à confiança) no direito público brasileiro e o direito da Administração de invalidar seus próprios atos administrativos: o prazo decadencial do art. 54 da Lei do Processo Administrativo da União (Lei 9.784/99)", *Revista Brasileira de Direito* Público 6, julho-setembro/2004; *RDA* 227; também *Boletim da Universidade de Coimbra, Ars Iudicandi – Estudos em Homenagem ao Professor Dr. Antônio Castanheira Neves*, vol. III, Coimbra, Coimbra Editora, pp. 537-593, quer em outros estudos, em vias de publicação.

pela forte influência da teoria das invalidades do direito civil. Vigorou por quase todo o século XX e encontra sua síntese nas Súmulas 473 e 346 do STF, que afirmam a possibilidade de a Administração Pública anular, a qualquer tempo, os atos administrativos por ela praticados em desconformidade com a lei.

Significa dizer, num resumo simplificador, que o ato ilegal é nulo, segundo o conceito de nulidade que sempre vigorou e vigora ainda no direito civil. O ato nulo não produz efeitos jurídicos; já diziam os romanos ("quod nullum est nullum producit effectum"), ele é irratificável, insuscetível de confirmação, e não sana ou convalesce com o passar do tempo ("quod initio vitiosum est non potest tractu temporis convalescere"), como afirma peremptoriamente o art. 169 do nosso CC.[2] A nulidade, assim, pode ser arguida a qualquer tempo, por qualquer interessado, e ser decretada de ofício pelo juiz.[3]

3. Quanto às causas de nulidade do ato administrativo, eram elas, em larga medida, idênticas às do direito civil, assim como estabelecidas no art. 145 do CC de 1916, e que ainda permanecem, com pequenas alterações, no Código Civil vigente.[4] A essas causas a Lei da Ação Popular acrescentou a incompetência, a inexistência dos motivos e o desvio de finalidade.

4. A legislação ordinária refletia, em geral, a orientação francamente dominante nos tribunais em tema de nulidade dos atos administrativos ilegais, como ilustra o art. 114 da Lei 8.112, de 11.12.1990, que dispõe sobre o regime dos servidores da Administração Pública Federal.[5]

5. A transposição dos conceitos sobre invalidade dos atos jurídicos, vigorantes no direito civil, para o direito administrativo era facilitada pela ideia de que o Direito é composto de um único tecido, de um *continuum*, que é dividido e fragmentado sobretudo para fins didáticos. Nessa perspectiva, o ato administrativo não seria mais do que uma espécie de ato jurídico, ao qual seriam aplicáveis as normas sobre ato jurídico genericamente consignadas no Código Civil de 1916, na interpretação consolidada pela doutrina civilista existente sobre essa matéria.

6. Ao penetrarem tais concepções no direito administrativo eram elas ainda reforçadas por princípios de direito público, muito especialmente pelo princípio da legalidade, importante pilar de sustentação da noção e do princípio superior do Estado de Direito. Basta dizer que um dos mais justamente prestigiados administrativistas brasileiros, Hely Lopes Meirelles, sustentava a inexistência de atos administrativos anuláveis, uma vez que a desconformidade com a lei implicava necessariamente a nulidade.[6] A importância do princípio da legalidade, além disso, vem singularmente

2. CC, art. 169: "O negócio jurídico nulo não é suscetível de confirmação, nem convalesce pelo decurso do tempo".

3. CC, art. 168:

"Art. 168. As nulidades (...) podem ser alegadas por qualquer interessado ou pelo Ministério Público, quando lhe couber intervir.

"Parágrafo único. As nulidades devem ser decretadas pelo juiz, quando conhecer do negócio jurídico ou de seus efeitos e as encontrar provadas, não lhe sendo permitido supri-las, ainda que a requerimento das partes."

4. CC, arts. 166 e ss.

5. Lei 8.112/1990: "Art. 114. A administração deverá rever seus atos, a qualquer tempo, quando eivados de ilegalidade".

6. Hely Lopes Meirelles, *Direito Administrativo Brasileiro*, 40ª ed., São Paulo, Malheiros Editores, 2014, p. 224.

realçada pela menção expressa do art. 37 da CF de 1988, ao fazê-lo abrir o elenco dos princípios que devem reger a Administração Pública.

7. A distinção, corrente no direito privado, entre ato jurídico nulo e anulável, apesar de admitida por expressiva doutrina e de ter sido acolhida pela Lei da Ação Popular, não encontra grande destaque na jurisprudência brasileira no tocante ao ato administrativo. Em princípio, na linha do pensamento de Hely Lopes Meirelles, a *ilegalidade* do ato administrativo acarreta sua *nulidade*.

8. As causas da anulabilidade no direito privado prendem-se especialmente aos vícios da vontade e à incapacidade relativa do agente,[7] hipóteses de diminuta importância nas relações de direito administrativo, pois raramente se verificam os pressupostos de fato necessários para sua tipificação. Além disso, a noção de anulabilidade está intimamente ligada à legitimação para invocar em juízo o vício que macula o ato jurídico. No que concerne à anulabilidade essa legitimação, é, via de regra, restrita: somente as pessoas que participaram do ato jurídico ou que são diretamente atingidas por seus efeitos podem invocar a invalidade. Não é outra a razão, aliás, pela qual a anulabilidade também é designada como nulidade relativa. No direito público brasileiro, entretanto, com a ação popular, qualquer cidadão é legitimado a questionar a legalidade de atos administrativos que se situem dentro da ampla moldura traçada pelo art. 5º, LXXIII, da CF.[8] É a Constituição Federal também que assegura ao indivíduo, no art. 5º, XXXIV, "o direito de petição aos Poderes Públicos em defesa de direitos ou contra ilegalidade ou abuso de poder".

9. A Lei da Ação Popular – Lei 4.717, de 29.6.1995 –, nos seus arts. 2º, 3º e 4º, deu, entretanto tratamento peculiar à nulidade e à anulabilidade dos atos administrativos, acrescentando hipóteses de nulidade desconhecidas do direito civil, como o desvio de finalidade e a inexistência dos motivos, sem, contudo, desenvolver o que se pudesse qualificar como um sistema de invalidade dos atos administrativos.[9]

10. É importante, porém, ressaltar, já a esta altura, que a Lei da Ação Popular, embora tenha por objeto a "anulação de ato lesivo ao patrimônio público ou de entidade de que o Estado participe, à moralidade administrativa, ao meio ambiente e ao patrimônio histórico e cultural" – na dicção do art. 5º, LXXIII, da Constituição da República –, seu art. 21 preceitua que "a ação prevista nesta Lei prescreve em 5 (cinco) anos", sem distinguir entre atos inválidos por ilegalidade ou por inconstitucionalidade, ou entre atos nulos e anuláveis. Por outro lado, é induvidoso que tal prazo é decadencial, ainda que a regra que o instituiu empregue o verbo "prescrever".

11. Quanto à doutrina, é certo que a maioria dos autores combatia a adoção no

7. CC, art. 171: "Além dos casos expressamente declarados na lei, é anulável o negócio jurídico: I – por incapacidade relativa do agente; II – por vício resultante de erro, dolo, coação, estado de perigo, lesão ou fraude contra credores".

8. CF, art. 5º, LXXIII: "qualquer cidadão é parte legítima para propor ação popular que vise a anular ato lesivo ao patrimônio público ou de entidade de que o Estado participe, à moralidade administrativa, ao meio ambiente e ao patrimônio histórico e cultural, ficando o autor, salvo comprovada má-fé, isento de custas judiciais e de ônus da sucumbência; (...)".

9. V., sobre isso, meu artigo "O princípio da segurança jurídica (proteção à confiança) no direito público brasileiro e o direito da Administração de invalidar seus próprios atos administrativos: o prazo decadencial do art. 54 da Lei do Processo Administrativo da União (Lei 9.784/99)", cit., *Revista Brasileira de Direito* Público 6.

direito administrativo, sem temperamentos, de conceitos do direito civil pertinentes à invalidade dos atos jurídicos. Particularmente notáveis, quanto a esse ponto, são as observações feitas por Miguel Seabra Fagundes, no seu clássico *O Controle dos Atos Administrativos pelo Poder Judiciário*, e, mais tarde, por Miguel Reale, no seu igualmente admirável *Revogação e Anulamento dos Atos Administrativos*, ao admitirem a manutenção no mundo jurídico, em determinadas situações, de atos administrativos ilegais. Mas essas ponderações doutrinárias tinham escassa influência sobre o Poder Judiciário. As sentenças e acórdãos dos tribunais, salvo raras exceções, permaneciam fiéis ao entendimento civilista de que o ato jurídico nulo não convalesce com o decurso do tempo e que, assim, pode ter sua nulidade pronunciada a qualquer tempo, seja por decisão judicial sem a provocação dos interessados – vale dizer, de ofício –, seja por ato exarado pela própria Administração Pública, no exercício de sua autotutela.

12. A total predominância do entendimento tradicional, notadamente na prática e na jurisprudência dos tribunais brasileiros, conduzia a resultado francamente distanciado dos limites da razoabilidade, qual seja, o de que o número das hipóteses de nulidade era esmagadoramente superior ao dos casos de anulabilidade. Vale dizer: as relações jurídicas de direito administrativo marcadas pela invalidade eram, na sua imensa maioria, insuscetíveis de se estabilizar, de convalescer ou de ser regularizadas ou sanadas pelo decurso do tempo, mesmo quando indiscutível a boa-fé dos beneficiários dos atos administrativos que as constituíram. Dito de outro modo: à luz dessa compreensão da invalidade no direito administrativo, a *nulidade*, como decorrência da *ilegalidade*, era a regra; e a *anulabilidade*, a exceção.

13. Nesse quadro, como a nulidade poderia ser decretada a qualquer tempo, não havia necessidade de que os atos de controle exercido pelos Tribunais de Contas fossem realizados em prazo curto, o que explica que eles, por vezes, só bem após uma década fossem exarados.

14. A doutrina mais recente (Antônio Carlos Cintra do Amaral,[10] Carlos Ari Sundfeld,[11] Weida Zancaner[12]) cuidou, entretanto, de empalidecer a distinção entre nulidade e anulabilidade no direito administrativo, preferindo dar realce ao discrime entre atos administrativos *convalidáveis* e *não convalidáveis* – categorias conceituais que deveriam substituir aquelas duas outras, provindas da teoria das invalidades do direito privado. É óbvio que só será admitida a convalidação quando os vícios do ato administrativo forem sanáveis – como acabou, aliás, recebido pela lei que dispõe sobre processo administrativo no âmbito da Administração Federal.[13] Nesse contexto, mais importante do que saber se o ato administrativo é *nulo* ou *anulável* é identificar se o vício de que padece é *sanável* ou *não sanável*.[14] Mas

10. Antônio Carlos Cintra do Amaral, *Extinção do Ato Administrativo*, São Paulo, Ed. RT, 1978, e *Teoria do Ato Administrativo*, Belo Horizonte, Fórum, 2008.

11. Carlos Ari Sundfeld, *Ato Administrativo Inválido*, São Paulo, Ed. RT, 1990.

12. Weida Zancaner, *Da Convalidação e da Invalidação dos Atos Administrativos*, 1ª ed., São Paulo, Ed. RT, 1991; 3ª ed., São Paulo, Malheiros Editores, 2008.

13. Lei 9.784, de 29.1.1999, art. 55: "Em decisão na qual se evidencie não acarretarem lesão ao interesse público nem prejuízo a terceiros, os atos que apresentarem defeitos sanáveis poderão ser convalidados pela própria Administração".

14. Antônio Carlos Cintra do Amaral critica o fato de a Lei 9.784/1999, ao tratar da convalidação, no seu art. 55, não ter precisado o conceito de "defeitos sanáveis", diferentemente do que fez a Lei paulista 10.177/1998, que, no art. 11, prescreve que "a Administração poderá

que critérios existem para possibilitar esse diagnóstico? Afirmar, por exemplo, que os vícios de incompetência são sanáveis é afirmar uma meia verdade. Por certo muitos deles são sanáveis, mas outros são claramente insanáveis – como, para ficar num exemplo, a desapropriação de imóvel situado no Município "A" pelo Secretário de Urbanismo do Município "B".

15. É também obra da doutrina mais recente a proposta de adoção, no Direito Brasileiro, do conceito de ato administrativo *inexistente*, como há muito é conhecido no Direito Francês, ainda que aqui, nos termos dos autores que apoiam essa adoção, diferentemente do que acontece na França,[15] o conceito tenha sido limitado aos atos administrativos cujo conteúdo diga respeito "*a condutas criminosas ofensivas a direitos fundamentais da pessoa humana, ligados à sua personalidade ou dignidade intrínseca e, como tais, resguardados por princípios gerais de Direito que informam o ordenamento jurídico dos povos civilizados*" – como propugna Celso Antônio Bandeira de Mello,[16] ilustrando essa categoria conceitual com exemplos colhidos em Weida Zancaner. Esta eminente professora,[17] ao cuidar dos "atos administrativos absolutamente insanáveis", dá estes exemplos: ordem de uma autoridade para que seu subordinado torture um preso; autorização para que alguém explore trabalho escravo; licença para que um estabelecimento funcione como casa de lenocínio; autorização para a prática da eutanásia; autorização para que sejam saqueadas casas de devedores do Fisco.

16. (B) O cenário brasileiro que acabamos de descrever sofreu transformação radical no final da última década do século XX e nos primeiros anos deste século, com o explícito reconhecimento na jurisprudência do STF e em atos legislativos da União do princípio da proteção da confiança, um dos aspectos do princípio da segurança jurídica, o qual, por sua vez, é subprincípio do princípio superior do Estado de Direito. O princípio da proteção da confiança, entre nós simplesmente designado como princípio da segurança jurídica, do qual é uma das espécies, situa-se no mesmo plano, no mesmo grau, de importância e no mesmo nível hierárquico do princípio da legalidade.[18] O princípio da

convalidar seus atos inválidos quando a invalidade decorrer de vício de competência ou de ordem formal", ressalvando o § 1º do mesmo artigo que "não será admitida a convalidação quando dela resultar prejuízo à Administração ou a terceiros ou quando se tratar de ato impugnado" (*Teoria do Ato Administrativo*, cit., p. 104, nota 51).

15. V., sobre as hipóteses de inexistência do ato administrativo, no Direito Francês, meu estudo "O princípio da segurança jurídica (proteção à confiança) no direito público brasileiro e o direito da Administração de invalidar seus próprios atos administrativos: o prazo decadencial do art. 54 da Lei do Processo Administrativo da União (Lei 9.784/99)", cit., *Revista Brasileira de Direito* Público 6.

16. Celso Antônio Bandeira de Mello, *Curso de Direito Administrativo*, 31ª ed., São Paulo, Malheiros Editores, 2014, p. 477.

17. Weida Zancaner, *Da Convalidação e da Invalidação dos Atos Administrativos*, cit., 3ª ed., p. 118.

18. O princípio da segurança jurídica tem dois aspectos ou duas faces. Uma *objetiva*, que se expressa, por exemplo, na garantia constitucional do direito adquirido, do ato jurídico perfeito e da coisa julgada; e outra *subjetiva*, fundada na antiga noção de *fides*, grandemente prestigiada pelo Direito Romano, fonte das *actiones bonae fidei*, a que se ligam geneticamente o célebre § 242 do *BGB* e disposições análogas estampadas em diversos Códigos do século XX, como o Código Civil brasileiro de 2002, art. 144. Como é sabido, a *bona fides* é a matriz do conceito moderno de boa fé objetiva (v., sobre isso, J. J. Gomes Canotilho, *Direito Constitucional e Teoria da Constituição*,

proteção da confiança, quer considerado como *princípio* constitucional, quer como inspirador de *regra* de legislação ordinária instituidora de prazo decadencial para o exercício do direito da Administração Pública de anular seus atos ilegais,[19] produziu, direta ou indiretamente, a consequência de fazer com que atos ilegais e, portanto, nulos, segundo a concepção tradicional, permaneçam, mesmo assim, no mundo jurídico.

17. Tal quebra dos antigos paradigmas operou-se, pela jurisprudência do STF, nos seguintes julgados pioneiros: MC 2.900-RS, 2ª Turma, rel. Min. Gilmar Mendes, 8.3.2003; MS 24.368-MG, rel. Min. Gilmar Mendes, 15.3.2004; MS 22.357-DF, rel. Min. Gilmar Mendes, *DJU* 24.5.2004.[20]

Em todos esses acórdãos, e muito especialmente no MS 22.357-DF, o STF invocou a segurança jurídica, sob o aspecto da proteção da confiança, como princípio constitucional limitador do poder-dever que tem a Administração Pública de anular seus atos administrativos viciados de ilegalidade ou de inconstitucionalidade.

Nos casos examinados nesses arestos, e de forma mais acentuada no MS 22.357-DF, pareceu ao STF que, na ponderação entre os princípios da legalidade e da segurança jurídica, este deveria preponderar sobre aquele. Com isso, deu a nossa mais alta Corte de Justiça um passo adiante das Súmulas 346 e 473, superando-as, em direção a uma realização mais perfeita da justiça material, no campo do direito público.

18. Pouco antes desses pronunciamentos da nossa Corte Suprema, três leis federais ocuparam-se do princípio da segurança jurídica: a Lei 9.784, de 29.1.1999, que "regula o processo administrativo no âmbito da Administração Pública Federal" (arts. 2º e 54); a Lei 9.868, de 11.11.1999, que disciplina a ação direta de inconstitucionalidade e a ação declaratória de constitucionalidade (art. 27); e a Lei 9.888, de 3.12.1999, que dispõe sobre a arguição de descumprimento de preceito fundamental (art. 11). Estas duas últimas leis, nos preceitos indicados, atribuíram ao STF a faculdade de, "ao

Coimbra, Livraria Almedina, 2000, p. 256; e Almiro do Couto e Silva, "O princípio da segurança jurídica (proteção à confiança) no direito público brasileiro e o direito da Administração de invalidar seus próprios atos administrativos: o prazo decadencial do art. 54 da Lei do Processo Administrativo da União (Lei 9.784/99)", cit., *Revista Brasileira de Direito* Público 6. O que se resguarda pelo princípio constitucional da proteção da confiança é, sobretudo, a expectativa legítima que as pessoas têm de que o Poder Público irá manter os atos jurídicos por ele praticados e que as beneficiou. O Direito Alemão usa, para isso, a expressão *Bestandschutz*, que se pode traduzir por "proteção da permanência" ou "proteção do *status quo*". Em outras hipóteses a proteção da confiança assume a forma de "proteção patrimonial" (*Vermögenschutz*), quer dizer, não é mantida a situação criada pelo atos do Estado, mas os interessados têm direito a indenização pela frustração de suas expectativas.

19. Assim, por exemplo, do art. 54 da Lei 9.784/1999, que dispõe sobre o processo administrativo no âmbito da Administração Federal: "Art. 54. O direito da Administração de anular os atos administrativos de que decorram efeitos favoráveis aos destinatários decai em 5 (cinco) anos, contados da data em que foram praticados, salvo comprovada má fé.

"§ 1º. No caso de efeitos patrimoniais contínuos o prazo de decadência contar-se-á da percepção do primeiro pagamento.

"§ 2º. Considera-se exercício do direito de anular qualquer medida de autoridade administrativa que importe impugnação à validade do ato."

20. No mesmo sentido: STF, 1ª Turma, AgR-AgR-AgR-AgR no RE 348.364-RJ, rel. Min. Eros Grau, 14.12.2004; STF, 2ª Turma, RE 442.683-RS, rel. Min. Carlos Velloso.

declarar a inconstitucionalidade de lei ou ato normativo, e tendo em vista razões de segurança jurídica ou de excepcional interesse social (...) por maioria de 2/3 de seus membros, restringir os efeitos daquela declaração ou decidir que ela só tenha eficácia a partir do seu trânsito em julgado ou de outro momento que venha a ser fixado".

19. Fica, assim, claramente visto que, se a segurança jurídica, no aspecto da proteção da confiança, pode entrar num *balancing test* em ponderação com o princípio da eficácia *ex tunc* da sentença declaratória de inconstitucionalidade é porque se trata também de um valor ou, mais propriamente, de um princípio constitucional do mesmo nível. Com isso não se está afirmando que o princípio da supremacia da Constituição possa ser flexibilizado. De modo algum, pois a supremacia da Constituição, muito mais que um princípio, é um *axioma*, um *dogma* do direito constitucional, insuscetível, portanto, de flexibilização. O que pode ser ponderado com a segurança jurídica é o princípio da eficácia *ex tunc* da sentença declaratória de inconstitucionalidade de lei, o qual, embora ligado umbilicalmente ao axioma da supremacia da Constituição, com ele não se confunde, possuindo verdadeiramente a natureza de princípio constitucional, e, nessa condição, passível de ser cotejado e ponderado com outros princípios constitucionais. Assim, ao se sopesarem os princípios da segurança jurídica e da eficácia *ex tunc* da sentença declaratória de inconstitucionalidade de lei, quando se dá precedência a um ou outro, o que se está afirmando, implicitamente, é a supremacia da Constituição.

20. Aliás, nos acórdãos do STF anteriormente citados a Corte Suprema explicitamente reconheceu a segurança jurídica, na vertente da proteção da confiança, como princípio constitucional. Vejam-se, a propósito, estes excertos do voto do Min. Gilmar Mendes no MS 24.268-MG, com fundamentação repetida nos dois outros arestos:

"Registre-se que o tema é pedra angular do Estado de Direito sob a forma de proteção à confiança (...). Considera-se hodiernamente que o tema tem, entre nós, assento constitucional (princípio do Estado de Direito) e está disciplinado, parcialmente, no plano federal na Lei n. 9.784, de 19.1.1999 (*v.g.*, art. 2º).

"Como se vê, em verdade, a segurança jurídica como subprincípio do Estado de Direito assume valor ímpar no sistema jurídico, cabendo-lhe papel diferenciado na realização da própria ideia de justiça material."

21. Posteriormente, em vários outros arestos o STF Tribunal voltou a essa questão. São exemplos o RE 446-RJ e o RE 217.141-SP (o primeiro referia-se à transposição, como provimento derivado de cargo público, e o segundo à equiparação de cargo público, atos julgados inconstitucionais pelo STF).

Nesses dois casos, ambos relatados pelo Min. Gilmar Mendes, a Suprema Corte, depois de destacar que em diversas oportunidades já havia se manifestado sobre a aplicação do princípio da segurança jurídica a atos administrativos inválidos, lembrou, ainda, que "no Direito Brasileiro jamais se aceitou a ideia de que a nulidade da lei importaria a eventual nulidade de todos os atos que com base nela viessem a ser praticados".

E prossegue esclarecendo que, embora no Brasil o ordenamento jurídico não contenha preceito expresso dispondo sobre a intangibilidade dos atos administrativos que não tenham sido oportunamente impugnados, diferentemente do que sucede na Alemanha, em face do que determina o § 79 da Lei do Tribunal Constitucional

Federal (*Bundesverfassungsgericht*), mesmo assim concede-se "proteção ao ato singular, em homenagem ao princípio da segurança jurídica, procedendo-se à diferenciação entre o efeito da decisão no plano normativo (*Normebene*) e no plano do ato singular (*Einzelaktebene*), mediante a utilização das chamadas fórmulas de preclusão (cf. IPSEN, Jörn, *Rechtsfolgen der Verfassungswidrigkeit von Norm und Einzelakt*,[21] Baden-Baden, 1980, pp. 266 e ss. V., também, MENDES, Gilmar, *Jurisdição Constitucional*, São Paulo, 1999, p. 271)".

22. Não é outra, igualmente, a solução do Direito Português, na opinião majoritária da doutrina, como registra Rui Medeiros,[22] invocando as lições de Canotilho e Galvão da Silva: "Pode também entender-se que os limites à retroactividade [*da decisão declaratória de inconstitucionalidade de lei*] encontram na definitiva consolidação de situações, actos, relações, negócios a que se referia a norma declarada inconstitucional. Se as questões de facto e de direito reguladas pela norma julgada inconstitucional se encontram definitivamente encerradas porque sobre elas incidiu caso julgado judicial, porque se perdeu um direto por prescrição ou caducidade, porque o acto se tornou inimpugnável, porque a relação se extinguiu com o cumprimento da obrigação, então, a declaração de inconstitucionalidade, com a consequente nulidade *ipso iure*, não perturba, através de sua eficácia retroactiva, esta gama de situações ou relações consolidadas".

Nestes casos, e especificamente no que diz com a prescrição e a decadência, a consolidação da situação decorre da incidência de outras normas, princípios ou regras que nenhuma relação têm com a norma ou com a lei declarada inconstitucional.

23. É ainda oportuno, a esta altura, ressaltar que em 2007, em muitas dezenas de processos em que se questionava a validade de antigas ascensões funcionais realizadas na Empresa Brasileira de Correios e Telégrafos/ECT, o STF decidiu que aqueles atos, cuja inconstitucionalidade era inegável, haviam se tornado intangíveis pela incidência do art. 54 da Lei 9.784/1999 (nesse sentido, entre outros, os MS 26.353-DF e 26.363-DF, de que foi relator o Min. Marco Aurélio, e os MS 26.405-DF; 26.560-DF; 26.565-DF; 26.628-DF; 26.660-DF; 26.679-DF; 26.680-DF; 26.727-DF; 26.746-DF; 26.747-DF; 26.748-DF; 26.751-DF; 26.781-DF; 26.782-DF; 26.804-DF; 26.815-DF; 26.886-DF; 26.892-DF; 26.893-DF; 26.913-DF; 26.924-DF; 26.928-DF; e 26.940-DF – da relatoria do Min. Cézar Peluso).

24. Ora, se atos administrativos ilegais ou inconstitucionais são mantidos no mundo jurídico pela direta incidência e aplicação do princípio constitucional da segurança jurídica ou da proteção da confiança, ou em virtude da decadência do direito à invalidação – que, ao lado da prescrição, é uma das "fórmulas de preclusão" –, esse resultado contraria frontalmente postulados ou paradigmas básicos do sistema tradicional de invalidade dos atos administrativos no Direito Brasileiro, pois não se pode mais afirmar que a Administração Pública tenha o poder de anular, *a qualquer tempo*, atos ilegais, como o fazem as Súmulas 346 e 473 do STF.

25. O poder ou o direito de anular comporta, agora, exceções importantes: ou é (i) afastado pela aplicação do princípio

21. Em vernáculo: *Efeito Jurídico da Inconstitucionalidade de Norma e de Ato Singular.*

22. Rui Medeiros, *A Decisão de Inconstitucionalidade*, Lisboa, Universidade Católica, 1999, pp. 624 e ss.

constitucional da proteção da confiança, após ter sido submetido a uma operação de ponderação juntamente com o *princípio* da legalidade, para verificar qual dos dois teria mais adequação ou mais "peso" em face do caso ou da situação concreta, ou é (ii) afastado e extinto pela incidência de *regra* legal, inspirada no *princípio* da segurança jurídica, fixadora de prazo preclusivo ou decadencial para o exercício do direito potestativo ou formativo extintivo da Administração Pública de anular seus atos administrativos contrários à lei ou à Constituição.

Bem se percebe, pois, que o princípio da legalidade, que tinha um valor absoluto no sistema tradicional de invalidade dos atos administrativos, passou a ter valor meramente relativo, pois em determinados casos é suplantado pelo princípio da segurança jurídica, sob o aspecto da proteção da confiança, ou pela consumação da decadência.

26. Contudo, tanto o princípio constitucional da proteção da confiança como o instituto da decadência não podem ser um manto acobertador de situações teratológicas, que agridam grave e violentamente, de forma ostensiva e manifesta, a ordem jurídica e que estão, assim, mergulhadas nas camadas mais profundas da patologia jurídica, do mesmo modo como não podem resguardar – pois isso seria uma *contradictio in terminis* – quem, na posição de beneficiário do ato administrativo, agiu de má-fé para que ele fosse exarado.

III – Os atos administrativos absolutamente insanáveis. A questão dos atos administrativos inconstitucionais. A contribuição do Direito Comparado

27. Na identificação das hipóteses ou situações que não são alcançadas pela decadência do direito à anulação de atos administrativos ilegais servem de grande auxílio às contribuições dos Países que têm no seu ordenamento jurídico prazos decadenciais do direito da Administração Pública de anular seus atos administrativos, como é o caso da França, da Alemanha, de Portugal e da Espanha. São, do mesmo modo, relevantes os subsídios de outras Nações que, mesmo sem norma legal que disponha sobre a decadência daquele direito, como sucede com a Itália, admitem, não obstante isso, a estabilização de relações originadas por atos administrativos ilegais, com fundamento na boa-fé dos destinatários associada a razoável lapso de tempo (definido pelo aplicador do Direito) transcorrido sem que a Administração Pública tivesse providenciado a sua anulação.

28. Cabe, porém, desde logo ressaltar que no Direito desses países, como também no Direito da União Europeia, entidade que eles integram, nunca se admitiu e tampouco hoje se admite que atos administrativos inconstitucionais sejam, só por esta razão, protegidos pela imprescritibilidade ou pela impossibilidade de decadência do direito à anulação.

(i) Direito Francês

29. Com esse mesmo problema, da identificação das hipóteses de atos administrativos inválidos que não são protegidos pela prescrição ou pela decadência, defrontou-se o Direito Francês três décadas após a decisão proferida pelo Conselho de Estado no *affaire* "Dame Cachet" (1922), a qual fixou para a Administração Pública invalidar seus atos administrativos ilegais o mesmo prazo vigorante para a interposição do recurso por excesso de poder, que é de dois meses.

30. A França foi pioneira na instituição de prazo decadencial do direito da

Administração à anulação de seus atos administrativos ilegais. Contudo, entendeu o Conselho de Estado, a partir da década de 50 do século XX, e mais especificamente desde o *affaire* "Rosan Girard", de 1957, que tal prazo não seria aplicável aos atos administrativos *juridicamente inexistentes*.

31. No entanto, como já foi aqui destacado, a *generalidade* dos atos administrativos que agridem diretamente a Constituição não está incluída no bloco da hipótese mais severa de invalidade, que é a *inexistência jurídica*, a qual não se confunde com a inexistência material (isto é, do ato administrativo que não chegou a se formar), pois isto se resolve em mera questão de prova.

Na inexistência jurídica os vícios de que padecem os atos administrativos são tão graves, evidentes, grosseiros e manifestos, que os atos administrativos a que se ligam devem ser considerados nulos e como se não tivessem ocorrido ("nuls et non avenus").

32. Ao longo do tempo, empiricamente, casuisticamente, como é do seu estilo, e dentro da tradição gaulesa da criação pretoriana do direito administrativo, o Conselho de Estado foi, a pouco e pouco, apontando os vícios graves e manifestos que conduziriam os atos administrativos que os ostentassem à categoria dos atos administrativos juridicamente inexistentes.

33. Laferrière, no final do século XIX, inspirado pelas concepções do direito civil então dominantes, aludira a "atos administrativos inexistentes", dando como exemplo os atos de invasão ou de usurpação de poder.[23]

Já relembrei em outra ocasião,[24] apoiado na lição de René Chapus,[25] que o Conselho de Estado reputa juridicamente inexistentes atos administrativos: (a) emanados de órgãos sem existência legal; (b) manifestamente insuscetíveis de serem referidos a um poder detido pela Administração; (c) cujo autor não tem poder de decisão; (d) que impliquem invasão na competência judiciária; (e) de *nomination pour ordre*, ou seja, atos de nomeação que se destinam a permitir que os destinatários obtenham benefícios pessoais com tal nomeação, que é, assim, realizada no interesse do indivíduo, e não no interesse público; (f) que ignoram o limite de idade para a permanência no serviço público e mantêm o funcionário no cargo.

34. Como se vê, nessa lista revelam-se contrários à Constituição da França atos administrativos que atentam contra o princípio da separação de Poderes, como os compreendidos na letra "(d)". Porém, nas decisões do Conselho de Estado nesses casos – bem como em todos os outros pertinentes à inexistência jurídica de atos administrativos – não há qualquer alusão a inconstitucionalidade. O que importa é que o vício seja grave, evidente e manifesto – como é, por exemplo, a usurpação de poderes; o que significa, portanto, que só a inconstitucionalidade é insuficiente para caracterizar a inexistência jurídica.

23. Cf. Jean-Marie Auby e Roland Drago, *Traité des Recours en Matière Administrative*, Paris, Litec (Librairie de la Cour de Cassation), 1992, p. 92.

24. Almiro do Couto e Silva, "O princípio da segurança jurídica (proteção à confiança) no direito público brasileiro e o direito da Administração de invalidar seus próprios atos administrativos: o prazo decadencial do art. 54 da Lei do Processo Administrativo da União (Lei 9.784/99)", cit., *Revista Brasileira de Direito* Público 6.

25. René Chapus, *Droit Administratif Général*, vol. 1, Paris, Montchrestien, 1993, p. 807, e *Droit Administratif Général*, vol. 2, Paris, Montchrestien, 1997, pp. 188 e ss.

35. Quanto a essa matéria, a causa célebre ou o *leading case* é o já mencionado *affaire* "Rosan Girard", de 1957, que introduziu no direito administrativo francês o conceito de ato administrativo juridicamente inexistente.

Tratava-se, em síntese, na situação concreta, de atos praticados pelo Prefeito da localidade de Moule (Guadalupe), investindo-se de atribuições do juiz eleitoral. O Conselho de Estado entendeu que os atos do Prefeito, dada a gravidade da agressão às atribuições do juiz eleitoral, deviam ser considerados como "nulos e não ocorridos" (*nuls et non avenus*), ou seja, como juridicamente inexistentes. Estes atos escapam dos prazos de decadência ou prescrição, e seus vícios podem ser arguidos a qualquer tempo; diferentemente dos atos simplesmente ilegais, designados como *anuláveis*, sujeitos àqueles prazos, e que, assim, convalescem quando não impugnados na forma adequada e no tempo certo.

36. Pelo conceito de *ato administrativo juridicamente inexistente*, consolidado pela jurisprudência francesa a partir do caso "Rosan Girard", tornou-se, portanto, possível impedir a perpetuação de situações chocantes, escandalosas ou teratológicas, cabendo ao tribunal apenas *declarar* a inexistência, a qualquer tempo, de ofício ou mediante provocação; enquanto relativamente aos atos administrativos simplesmente ilegais, ou meramente anuláveis, a decisão é *anulatória*, e deve ser proferida no prazo de dois meses.

37. Nunca fez o Conselho de Estado, porém – como se torna a dizer, enfaticamente –, referência à inconstitucionalidade de qualquer daqueles atos tidos como juridicamente inexistentes, como também não a fazem os comentaristas das decisões.[26]

(ii) Direito Alemão

38. A resultados práticos muito semelhantes aos verificados no Direito Francês chegou o Direito Alemão, com o reconhecimento, em caráter pioneiro, na metade do século passado, da proteção da confiança como princípio constitucional, integrado, juntamente com o princípio da legalidade, ao princípio superior do Estado de Direito. Foi nesse ambiente que se deu a edição da Lei de Processo Administrativo de 1976. Essa lei definiu o perfil conceitual do ato administrativo nulo (*nichtig*), cujas características são muito próximas das apresentadas pelos atos administrativos juridicamente inexistentes do Direito Francês.

39. A Lei germânica do Processo Administrativo consigna no art. 44, alínea 1ª, cláusula geral, a propósito do ato administrativo nulo (*nichtig*), assim entendido o viciado por falha grave e manifesta à luz de correta apreciação de todas as circunstâncias que deveriam ter sido tomadas em consideração.[27] No mesmo art. 44, entretanto, existem duas outras alíneas que completam o sistema legal germânico de nulidades no direito administrativo. Na alínea 2ª há um elenco de atos administrativos reputados nulos mesmo sem que se implementem os pressupostos previstos na alínea 1ª.[28]

26. Cf. M. Long, P. Weil, G. Braibant, P. Delvolvé e B. Genevois, *Les Grands Arrêts de la Jurisprudence Administrative*, Paris, Sirey, 1993, pp. 553 e ss.

27. É o que dispõe a alínea 1ª do art. 44 da Lei de Processo Administrativo: "Ein Verwaltungsakt ist nichtig, soweit er an einem besonders schwerwiegenden Fehler leided und dies bei verständiger Würdigung aller in Betracht kommenden Umstände offenkundig ist".

28. As hipóteses que, mesmo não caracterizada a evidência, implicam a nulidade do ato administrativo são as seguintes: (1) impossibilidade de identificação da autoridade que emitiu o

Por outro lado, na alínea 3ª há um rol de atos administrativos que são tidos como válidos apesar de apresentarem irregularidades.[29] Assim, havendo dúvida quanto à nulidade de determinado ato administrativo, deverá o intérprete cotejá-lo com as listas das alíneas 2ª (rol positivo) e 3ª (rol negativo) do art. 44; e, não estando ele em nenhuma delas, só então poderá ter aplicação a cláusula geral da alínea 1ª, da invalidade grave e manifesta.[30]

40. A doutrina e a jurisprudência germânicas aludem, nessa hipótese, à "teoria da evidência", o que significa dizer que, sendo manifesto e grave o vício que macula o ato administrativo, não será invocável o princípio da proteção à confiança, em razão do qual se mantém o ato administrativo, apesar dos seus defeitos, uma vez expirado o prazo para sua invalidação, que é de um ano § 48, alínea 4ª, da Lei de Processo Administrativo)

41. O critério da evidência não é, porém, muito preciso. Evidente para quem? Para o jurista? Para qualquer um do povo? O *standard* geralmente admitido é o da pessoa atenta e de bom-senso. Mas a dificuldade também não para aí: o que se deverá entender por "vício grave"? Tem-se afirmado que será o vício formal ou substancial absolutamente inconciliável com a ordem jurídica. Mas – já se disse – a gravidade, *per se*, não é suficiente para conduzir à nulidade. Deverá estar associada à evidência.

42. Assim, o ato contrário à Constituição ou violador de direito fundamental não é, só por essas razões, nulo. Nesse sentido é que se manifestam os reputados comentaristas da Lei de Processo Administrativo, Stelkens, Bonk e Sachs, ao sustentarem, com apoio na jurisprudência germânica, que, por si só, a hostilidade a um importante preceito jurídico, até mesmo a uma norma constitucional como a do art. 20, § 3º, da Lei Fundamental ou a um direito fundamental, não leva à nulidade. A contrariedade deve ir além da equivocada interpretação e ser insuportável para o ordenamento jurídico, desse modo ferido no mais alto grau, a tal ponto que ninguém seria capaz de reconhecer força vinculativa ao ato administrativo assim exarado.[31] Do mesmo modo, não implica *nulidade* do ato administrativo a contrariedade a preceito do Direito Comunitário.[32] Assim, também no Direito Alemão a *anulabilida-*

documento; (2) inobservância da regra de forma que prevê a emissão de um documento; (3) violação da competência territorial prevista no § 3º, alínea 1ª, n. 1, da Lei de Processo Administrativo (por exemplo: licença para construir exarada por autoridade de Município diverso daquele onde se situa o imóvel); (4) impossibilidade de fato (por exemplo: ordem de demolição de imóvel já demolido); (5) imposição de prática de ato que tipifica ilícito penal (crime ou contravenção); (6) contrariedade aos bons costumes (Stelkens/Bonk/Sachs, *Verwaltungsverfahrensgesetz*, München, C. H. Beck, 1993, pp. 959 e ss.; especialmente pp. 978 e ss.; Hartmut Maurer, ob. cit., pp. 252 e ss., com relação aos exemplos, p. 263; Erichsen, ob. cit., p. 291; H. J. Wolff/Otto Bachof/Rolf Stober, *Verwaltungsrecht I*, München, C. H. Beck, 1994, pp. 698 e ss..

29. Não acarretam a nulidade do ato administrativo: (1) outros vícios relacionados com a competência territorial; (2) a participação, na sua elaboração, de pessoas excluídas pela lei dessa participação; (3) falta da cooperação, exigida em lei, de outra autoridade.

30. Erichsen, ob. cit., p. 292, dá alguns exemplos de atos administrativos nulos pela aplicação da cláusula geral do § 44, tirados da jurisprudência, entre eles este de impossibilidade jurídica: ato de aposentadoria no serviço público de quem não era servidor público.

31. Paul Stelkens, Heinz Joachim Bonk e Michael Sachs, *Verwaltungsverfaherensgesetz*, cit., p. 980.

32. Idem, ibidem.

de dos atos administrativos é a regra; e a *nulidade* é a exceção.

(iii) Direito Português

43. Por igual, no Direito Português vigora esse mesmo entendimento: no tocante aos atos administrativos ilegais ou inconstitucionais a *anulabilidade* é a regra, e a *nulidade* é a exceção. Com esse pensamento, expresso na doutrina, na legislação e na jurisprudência, promove-se a estabilização da maior parte dos atos administrativos ilegais ou inconstitucionais, em homenagem à segurança e à paz jurídicas.

44. No art. 133, 1, do Código de Procedimento Administrativo definem-se como nulos, em texto que me permito reproduzir em Português do Brasil, "os atos a que falte qualquer dos elementos essenciais ou para os quais a lei comine expressamente essa forma de invalidade". E no n. 2 do mesmo artigo consta uma relação, meramente enunciativa, de atos nulos: São eles: "a) os atos viciados de usurpação de poder; b) os atos estranhos às atribuições dos Ministérios ou das pessoas coletivas referidas no art. 2º em que seu autor se integre; c) os atos cujo objeto seja impossível, ininteligível ou constitua um crime; d) os atos que ofendam o conteúdo essencial de um direito fundamental; e) os atos praticados sob coação; f) os atos que careçam em absoluto de forma legal; g) as deliberações de órgãos colegiais que forem tomadas tumultuosamente ou com inobservância do quórum ou da maioria legalmente exigidos; h) os atos que ofendem os casos julgados; ***i)*** os atos consequentes de atos administrativos anteriormente anulados ou revogados, desde que não haja contrainteressados com interesse legítimo na manutenção do ato consequente".

45. Como se vê, embora esse rol contenha algumas hipóteses de atos inconstitucionais – tais os que impliquem usurpação de poder ou ofendam a coisa julgada –, não é toda e qualquer contrariedade à Constituição que irá situar, por si só, o ato administrativo na classe dos atos nulos.

(iv) Direito Espanhol

46. No Direito Espanhol duas são as espécies de invalidade dos atos administrativos. Os atos administrativos podem ser nulos de pleno direito ou anuláveis. Estas duas modalidades estão previstas, respectivamente, nos arts. 62 e 63, 1, da Lei do Regime Jurídico das Administrações Públicas e de Procedimento Administrativo Comum/LPC, de 26.11.1992, modificada pela Lei 4/1999, de 13 de janeiro.

O art. 62.1 da LPC arrola como nulos de pleno direito os seguintes atos administrativos: "a) os que lesem os direitos de liberdades suscetíveis de amparo constitucional; b) os exarados por órgão manifestamente incompetente em razão da matéria ou do território; c) os que tenham conteúdo impossível; d) os que constituam infração penal ou sejam exarados como consequência desta; e) os praticados prescindindo total e absolutamente do procedimento legalmente estabelecido ou das normas que contenham as regras essenciais para a formação da vontade dos *órgãos colegiados;* f) os atos expressos ou presumidos contrários ao ordenamento jurídico pelos quais se adquirem faculdades ou direitos, quando se careça dos requisitos essenciais para a sua aquisição; g) qualquer outro que se estabeleça expressamente em disposição de nível legal".[33]

33. Cf. Eduardo García de Enterría e Tomás-Ramón Fernández, *Curso de Derecho Administrativo*, 14ª ed., vol. I, Madri, Thomson/Civitas, 2008, pp. 628 e ss.

47. Constata-se, portanto, que também no Direito Espanhol os atos administrativos não são, em geral, nulos de pleno direito somente por contrariarem a Constituição.

Na relação que acabamos de transcrever, apenas os atos administrativos previstos na alínea "a)" – ou seja, "os que lesem os direitos de liberdades suscetíveis de amparo constitucional" – são nulos de pleno direito.

48. Conclui-se, assim, que os demais casos de irregularidades invalidantes dos atos administrativos se incluem na anulabilidade, mesmo que inconciliáveis com a Constituição. Os vícios dos atos anuláveis podem em princípio ser sanáveis pela ratificação ou convalidação. Mas podem ensejar também a "revogação", pois a revogação, quer no Direito Espanhol, quer no Português – diferentemente do que sucede no direito administrativo brasileiro –, diz respeito tanto a atos válidos quanto a atos inválidos. No tocante a atos válidos a revogação é feita fundada em critérios de conveniência e oportunidade. A revogação de atos inválidos atende a razões de ilegalidade, e corresponde, pois, à anulação. Tratando-se, porém, de revogação de ofício de ato administrativo, também chamada de revisão de ofício – o que para nós seria anulação –, ela só é admissível nos casos de atos administrativos nulos de pleno direito.[34]

49. No concernente a atos administrativos anuláveis ampliativos ou que sejam favoráveis aos destinatários, o art. 103 da LPC estabelece que as Administrações Públicas poderão declará-los lesivos ao interesse público, "a fim de proceder a sua ulterior impugnação perante a ordem jurisdicional contenciosa-administrativa".[35] Tal declaração, entretanto, não poderá ser feita quando já transcorridos quatro anos desde a edição do ato administrativo. Além desse prazo, o ato anulável, quaisquer que sejam os vícios de que padeça, não poderá mais ser atacado.[36]

50. É relevante ressaltar que as faculdades de revisão de ofício (anulação) de atos administrativos nulos que atentam contra situações estabelecidas foram limitadas pelo art. 106 da LPC, que tem este enunciado: "As faculdades de revisão não poderão ser exercidas quando, pela prescrição das ações, pelo tempo transcorrido ou por outras circunstâncias, seu exercício resultasse contrário à equidade, à boa-fé, ao direito dos particulares ou às leis".

51. O preceito é de difícil conciliação com outras regras, notadamente com o art. 102, também da LAP, que expressamente afirma a imprescritibilidade da ação de nulidade.

Anotam Eduardo García de Enterría e Tomas-Ramón Fernández que o art. 106 da LPC é uma advertência no sentido da modulação, em certos casos, das consequências inerentes ao exercício das faculdades revisoras e uma ratificação do caráter restritivo que tal exercício deve observar; um temperamento, em suma, dos rigores próprios da revogação (anulação), que tem correspondência, por outra parte, com a imprescindível limitação dos efeitos típicos da nulidade, que se impõe, por vezes, pela concorrência de outros princípios jurídicos de obrigatória observância (o da proteção da boa-fé, o do terceiro inocente, o da confiança legitimamente gerada pelo ato viciado).[37]

52. Ainda observam os mesmos consagrados autores que o transcrito art.

34. Idem, p. 663.
35. Idem, p. 668.
36. Idem, ibidem.
37. Idem, p. 671.

106, com sua referência à boa-fé entre os limites das faculdades de revisão de ofício, "facilitou a acolhida do princípio da proteção da confiança legítima, que o Tribunal Europeu de Justiça tomou do Direito Alemão, dele fazendo um princípio do Direito da União Europeia, que o Tribunal Supremo [*espanhol*] incorporou ao Direito Espanhol, ligando-o ao da boa-fé". E concluem aqueles ilustres juristas salientando que "a nova redação do art. 3º da LPC obriga agora com caráter geral a Administração a respeitar, na sua atuação, os princípios da boa-fé e da confiança legítima".[38]

(v) Direito Italiano

53. Padrões não muito diferentes desses que vigoram nos Direitos Francês, Alemão, Português e Espanhol, que sucintamente descrevemos, também imperam no Direito Italiano. Também lá a nulidade dos atos administrativos ou dos *provvedimenti administrativi*[39] é excepcional e comumente identificada, como na França, com a inexistência. Sandulli arrola diversas hipóteses de inexistência, decorrentes, por exemplo, da indeterminação do conteúdo do ato (*v.g.*, ato de autorização que não precisa, de modo suficiente, o que se está autorizando), da impossibilidade do objeto (*v.g.*, delegação a particular de competência que só pode ser exercida por entidade pública) ou da ilicitude do objeto (*v.g.*, ordem de submeter um detento a tortura), de incompetência absoluta do agente (*v.g.*, invasão de agente administrativo na competência do Poder Legislativo ou do Poder Judiciário).[40] Esses atos subordinam-se ao mesmo regime dos atos nulos no direito civil: não produzem qualquer efeito; pode sua invalidade ser arguida, a qualquer tempo, por qualquer pessoa ou ser pronunciada de ofício pelo juiz – o que importa também afirmar que a eles não se aplicam as normas sobre prescrição ou decadência. Os demais atos ilegítimos, porque contrários à lei, são meramente anuláveis.

A inconstitucionalidade, no entanto, não é referida como razão suficiente para caracterizar a inexistência jurídica ou a nulidade do ato administrativo.

(vi) Direito da União Europeia

54. O Direito Comunitário Europeu acolheu, sincreticamente, as contribuições das Nações da União Europeia em matéria de invalidade dos atos administrativos, como se verifica de algumas decisões do Tribunal de Justiça da Comunidade Europeia, especialmente da proferida a 27.2.1992 em caso em que eram interessados BASF AG e outros.

Naquela decisão a Corte assim se pronunciou: "O Juiz comunitário, inspirando-se em princípios estabelecidos pelos ordenamentos jurídicos nacionais, declara inexistentes os atos afetados por

38. Idem, p. 672. São muito ilustrativos do sucesso dessa nova tendência do direito administrativo espanhol, com o reforço da boa-fé e do princípio da proteção da confiança legítima, os exemplos de decisões judiciais, trazidos por esses mestres, em favor da manutenção de atos administrativos nulos de pleno direito por força da aplicação daqueles princípios.

39. Sobre a distinção entre *atti* e *provvedimenti administrativi*, v. Rocco Galli, *Corso di Diritto Amministrativo*, Pádua, CEDAM, 1994, pp. 458 e ss.

40. Aldo Sandulli, *Manuale di Diritto Amministrativo*, Nápoles, Jovene, 1974, p. 466. V. também F. Caringella, L. Delpino e F. Del Giudice, *Diritto Amministrativo*, Nápoles, Simone, 2002, pp. 531 e ss.

vícios particularmente graves e evidentes (sobre a noção de inexistência jurídica dos atos comunitários vejam-se as sentenças de 10.12.1957, Societé des Usines à Tubes de la Sarre/Haute Autorité, 1/57 e 14/57, *Rec.*, p. 201; 21.2.1974, Kostner e.a./Conseil, 15/73, *Rec.*, p. 177; 26.2.1987, Consorzio Cooperative d'Abruzzo/Comission, 15/85, *Rec.*, p. 1.005; 30.6.1988, Comission/Republique Hélenique, 226/87, *Rec.*, p. 3.611; e 27.6.1991, Valverde Mordt/Cour de Justice, 156/1989, não publicada no *Recueil*). É matéria de ordem pública, e como tal pode ser incondicionalmente invocada pelas partes e deve ser pronunciada de ofício pelo juiz".[41]

55. É irrecusável, portanto, nos Países europeus de tradição jurídica semelhante à nossa que fortes correntes paralelas na evolução dos respectivos sistemas de direito administrativo, partindo de pontos distintos, acabaram por encontrar soluções muito parecidas, desse modo convergindo para a construção de uma teoria comum das invalidades dos atos administrativos, que atualmente se reflete nas decisões do Tribunal de Justiça da União Europeia.

Não me parece despropositado procurar trazer para o Direito Brasileiro, como subsídios importantes, algumas das concepções básicas que informam – creio que já se possa dizer assim – o sistema europeu ou a teoria europeia das invalidades dos atos administrativos, e que é, ao fim e ao cabo, de surpreendente simplicidade. Podemos sintetizá-la nos seguintes termos:

(a) **Atos administrativos nulos**

(a.1) Redução das hipóteses de nulidade dos atos administrativos aos casos patológicos exacerbados, consistentes em vícios gravíssimos, grosseiros, manifestos e evidentes, independentemente da hierarquia da norma violada, se da Constituição ou da legislação ordinária.

(a.2) Só estas invalidades podem ser decretadas pelo juiz, a qualquer tempo, de ofício ou mediante provocação dos interessados. O direito dos interessados de postular a decretação da nulidade não está sujeito a decadência, pois a nulidade não tem prazo para ser arguida.

(a.3) Os atos maculados por nulidade confundem-se com a inexistência jurídica e não produzem qualquer efeito desde sua origem. Eles não sanam, não convalescem, não são ratificáveis nem convalidáveis. Como sanar, por exemplo, a nulidade do ato de aposentadoria como servidor público de quem jamais exerceu cargo, função ou emprego público? Ou do ato de nomeação como médico do Estado de quem nunca frequentou curso de Medicina? Ou do ato de licença para

41. Cf. Alejandro Nieto, no "Estudio Preliminar" que escreveu à guisa de prefácio ao livro de Margarita Beladiez Rojo, *Validez y Eficacia de los Actos Administrativos*, Madri, Marcial Pons, 1994, p. 14. Logo a seguir, p. 15, o mesmo autor transcreve trecho de informação do advogado Geral Jean Mischo, que é particularmente elucidativo: "Deduz-se de um estudo comparativo que a maioria dos Direitos dos Estados-membros conhece hipóteses nas quais o ato irregular, pelo fato da gravidade do vício de que padece, considera-se que não surte nenhum efeito jurídico, nem mesmo provisional, de maneira que nem seu destinatário nem seu autor devem respeitá-lo, inclusive sem que seja necessária uma intervenção prévia do juiz. Para determinados Direitos, semelhantes atos são inexistentes, para outros são nulos de pleno direito. Todos esses Direitos reservaram a hipótese pura e simples de um ato semelhante aos casos excepcionais de uma irregularidade tão grosseira e evidente que os vícios de que padecem saltam imediatamente à vista. Semelhante irregularidade flagrante parece que se dá essencialmente em casos extremos, como a usurpação manifesta de funções, a ausência de qualquer assinatura, o caráter irreal, incerto ou ilícito do objeto do ato, que supera em muito a irregularidade formal procedente de uma avaliação errônea dos fatos ou de uma ignorância da lei".

funcionamento de casa de prostituição infantil? Seria escandaloso e absurdo que atos como estes se estabilizassem pela aplicação do princípio da proteção à confiança ou pela decadência do direito à invalidação. Qualquer pessoa, ainda que com poucas luzes, logo perceberia isso.

(b) **Atos administrativos anuláveis**

(b.1) Todos os demais atos administrativos viciados de ilegalidade ou de inconstitucionalidade são anuláveis. A anulabilidade, nesse quadro, significa que os atos com esse vício produzem efeitos até que sejam anulados, pela própria Administração ou pelo Poder Judiciário.

(b.2) Os atos desta espécie, bem como os direitos e as pretensões com eles relacionados, estão sujeitos às regras sobre decadência e prescrição. São, em princípio, sanáveis, ratificáveis, convalescem pelo transcurso do tempo e são, pois, convalidáveis.

IV – Princípio da proteção da confiança e atos administrativos inconstitucionais. A atual discussão no CNJ e no STF

56. Recentemente se passou a discutir, no CNJ e no STF, se o ato administrativo inconstitucional poderia ser sanado pela aplicação do princípio da proteção da confiança ou pela regra do art. 54 da Lei de Processo Administrativo da União, ou se, em razão da gravidade do vício que o afeta, seria ato administrativo insanável pelo decurso do tempo, associado à boa-fé dos destinatários, estando exposto a ser desfeito, a qualquer tempo, mediante provocação ou de ofício, por autoridade judiciária ou administrativa, esta última no exercício da autotutela da Administração Pública ou no desempenho da função de controle.

57. O parágrafo único do art. 91 do Regimento Interno do CNJ, na sua parte final, acrescentada com a nova redação que lhe foi atribuída, permite o controle, por aquele órgão, de atos administrativos exarados há mais de cinco anos, quando impliquem ofensa direta à Constituição.[42]

58. Por outro lado, o STF, nos últimos tempos, tem se inclinado para o entendimento de que a regra do art. 54 da Lei 9.784/1999 (a Lei de Processo Administrativo da União) não se aplica a atos administrativos diretamente hostis a normas constitucionais. Exemplo emblemático dessa orientação é o acórdão proferido por maioria pelo Plenário do STF (contra os votos dos Mins. Marco Aurélio, Celso de Mello e Cézar Peluso) no MS 28.279-DF, de que foi Relatora a Min. Ellen Gracie,[43]

42. Regimento Interno do CNJ, art. 91, parágrafo único: "Não será admitido o controle de atos administrativos praticados há mais de cinco (5) anos, salvo quando houver afronta direta à Constituição".

43. O acórdão tem a seguinte ementa: "Mandado de segurança – Atividade notarial e de registro – Concurso público – Exigência – Art. 236, § 3º, da CF – Norma autoaplicável – Decadência prevista no art. 54 da Lei n. 9.784/1999 – Inaplicabilidade a situações inconstitucionais – Prevalência dos princípios republicanos da igualdade, da moralidade e da impessoalidade – Substituto efetivado como titular de serventia após a promulgação da Constituição Federal – Ordem denegada. 1. O art. 236, § 3º, da CF é norma autoaplicável. 2. Nos termos da Constituição Federal, sempre se fez necessária a submissão a concurso público para o devido provimento de serventias extrajudiciais eventualmente vagas ou para fins de remoção. 3. Rejeição da tese de que somente com a edição da Lei n. 8.935/1994 teria essa norma constitucional se tornado autoaplicável. 4. Existência de jurisprudência antiga e pacífica do STF no sentido da indispensabilidade de concurso público nesses casos (ADI ns. 126-RO, rel. Min. Octávio Gallotti, Plenário, *DJU* 5.8.1992; 363-DF, 552-RJ e 690-GO, rel. Min. Sydney Sanches, Plenário, *DJU*

em julgamento que ainda não se concluiu, pois pendem de decisão embargos de declaração interpostos.*

59. Trata-se de mandado de segurança impetrado contra acórdão do Conselho Nacional de Justiça/CNJ que, em procedimento de controle administrativo, havia desconstituído ato do Presidente do TJPR – o Decreto Judiciário 3, de 11.1.1994 – que efetivara o autor da ação de segurança como titular em serventia extrajudicial por haver preenchido ainda na vigência da Constituição pretérita, de 1967, com as modificações introduzidas pela Emenda Constitucional 1/1969, os requisitos estabelecidos no art. 206, § 3º, daquela Constituição, muito embora a vaga só tivesse ocorrido já na vigência da atual Constituição da República. No acórdão do CNJ, apontado no mandado de segurança como ato coator, afirma-se, como se lê na ementa, que: "Não se aplica a decadência administrativa quando o ato estiver em total afronta aos preceitos constitucionais, conforme ressalva prevista no novo RI-CNJ. A aprovação em concurso público é a única forma de aquisição permanente do direito de exercício da titularidade de serventia extrajudicial, conforme previsão constitucional".

60. Quanto a este ponto, que é o que aqui nos interessa, a fundamentação jurídica do acórdão do STF, constante do voto da ilustre Relatora, que conduziu a decisão, foi deduzida, em resumo, nos seguintes termos: "Penso, Srs. Ministros, que esse entendimento [*do CNJ*] deva ser mantido, porque situações flagrantemente inconstitucionais como o provimento de serventia extrajudicial sem a devida submissão a concurso público não podem e não devem ser superadas pela simples incidência do que dispõe o art. 54 da Lei n. 9.784/1999, sob pena de subversão das determinações insertas na Constituição Federal."

E, mais adiante: "A Constituição-cidadã inaugurou uma nova era ao deixar expressa a exigência de concurso público para o provimento das serventias extrajudiciais vagas ou para fins de remoção.

3.5.1996 e 25.8.1995; 417-ES, rel. Min. Maurício Corrêa, Plenário, *DJU* 5.5.1998; 3.978-SC, rel. Min. Eros Grau, Plenário, *DJU* 29.10.2009). 5. Situações flagrantemente inconstitucionais como o provimento de serventia judicial sem a devida submissão a concurso público não podem e não devem ser superadas pela simples incidência do que dispõe o art. 54 da Lei n. 9.784/1999, sob pena de subversão das determinações insertas na Constituição Federal. 6. Existência de jurisprudência consolidada da Suprema Corte no sentido de que não há direito adquirido à efetivação de substituto no cargo vago de titular de serventia, com base no art. 208 da Constituição pretérita, na redação atribuída pela Emenda Constitucional n. 22/1982, quando a vacância da serventia se deu já na vigência da Constituição de 1988 (RE ns. 182.841-SP, rel. Min. Octávio Gallotti, 1ª Turma, *DJU* 15.3.1996; 191.794-RS, rel. Min. Maurício Corrêa, 2ª Turma, *DJU* 6.3.1998; 252.313/SP, AgR, rel. Min. Cézar Peluso, 1ª Turma, *DJU* 2.6.2006; 302.739-RS, AgR, rel. Min. Nelson Jobim, 2ª Turma, *DJU* 26.4.2002; 335.286-SC, rel. Min. Carlos Britto, *DJU* 15.6.2004; 378.347-MG, rel. Min. Cézar Peluso, *DJU* 29.4.2005; 383.408-MS, AgR, rela. Min. Ellen Gracie, 2ª Turma, *DJU* 19.12.2003; 413.082-SP, AgR, rel. Min. Eros Grau, 2ª Turma, *DJU* 5.5.2006; e 566.314-GO, rela. Min. Carmen Lúcia, *DJU* 19.12.2007; AI n. 654.228-MS, AgR, rel. Min. Gilmar Mendes, 2ª Turma, *DJU* 18.4.2008) 7. Reafirmada a inexistência de direito adquirido de substituto que preenchera os requisitos do art. 208 da Carta pretérita quando a vaga tenha surgido após a promulgação da Constituição de 1988, pois esta, no seu art. 236, § 3º, exige expressamente a realização de concurso público de provas e títulos para o ingresso na atividade notarial e de registro. 8. Os princípios republicanos da igualdade, da moralidade e da impessoalidade devem nortear a ascensão às funções públicas. 9. Segurança denegada".

* **N. da R.**: Os ED foram rejeitados em 12.5.2014.

Imbuídos de espírito genuinamente republicano, nossos constituintes romperam com a tradição política feudal de atribuições de titulações de cartório. (...). A esta Suprema Corte foi legada a maior de todas as missões, ser a guardiã da Constituição da República Federativa do Brasil. Como Juízes da mais alta Corte de Justiça deste País, não podemos e não devemos transformar a Constituição em refém de leis e de interpretações contrárias ao espírito da própria Lei Maior. Os princípios republicanos da igualdade, da moralidade e da impessoalidade devem nortear a ascensão às funções públicas. (...). A tese defendida pelo impetrante faz letra morta do art. 236, § 3º, da CF, que estabelece a exigência de prévia aprovação em concurso público para o ingresso na atividade notarial e de registro, razão por que não deve ser acolhida pela Corte. O que se busca no presente *writ* é, em verdade, o reconhecimento de uma espécie de usucapião da função pública de notário ou registrador, pretensão inadmissível".

61. Com todo o respeito pelo STF, e particularmente pela ilustre Relatora do MS 28.279-DF, parece-me que a decisão incorreu em sério equívoco ao afirmar que (i) "situações flagrantemente inconstitucionais como o provimento de serventia extrajudicial sem a devida submissão a concurso público não podem e não devem ser superadas pela simples incidência do que dispõe o art. 54 da Lei n. 9.784/1999, sob pena de subversão das determinações insertas na Constituição Federal"; ou que (ii) "Como Juízes da mais alta Corte de Justiça deste País, não podemos e não devemos transformar a Constituição em refém de leis e de interpretações contrárias ao espírito da própria Lei Maior"; ou, ainda, que (iii) "A tese defendida pelo impetrante faz letra morta do art. 236, § 3º, da CF, que estabelece a exigência de prévia aprovação em concurso público para o ingresso na atividade notarial e de registro, razão por que não deve ser acolhida pela Corte. O que se busca no presente *writ* é, em verdade, o reconhecimento de uma espécie de usucapião da função pública de notário ou registrador, pretensão inadmissível".

62. O ponto nuclear da análise crítica dessas três afirmações está na peculiaridade absolutamente induvidosa de que o art. 54 da Lei 9.784/1999 é regra jurídica que tem atrás de si, a dar-lhe amparo e sustentação constitucional, o princípio da segurança jurídica, sob o aspecto da proteção da confiança. Quando inexistia o art. 54 o STF invocava diretamente o princípio constitucional da proteção da confiança, como decorrência do princípio maior do Estado Democrático de Direito. Assim procedeu, por exemplo, no caso dos servidores da INFRAERO admitidos sem concurso público.

Na ausência do art. 54, diante do caso concreto era indispensável fazer um *balancing test* do princípio da proteção da confiança com outros princípios constitucionais, como, por exemplo, o da legalidade, para verificar qual teria mais adequação ou "maior peso" para ser aplicado à situação em exame.

Com o advento do art. 54 esse trabalho de ponderação já foi realizado pelo legislador, que elegeu o princípio da proteção da confiança para prevalecer sobre qualquer outro, desde que cumpridos e observados os pressupostos da decadência claramente enunciados no preceito.[44]

44. V., sobre isso, nosso "O princípio da segurança jurídica (proteção à confiança) no direito público brasileiro e o direito da Administração de invalidar seus próprios atos administrativos: o prazo decadencial do art. 54 da Lei do Processo Administrativo da União (Lei 9.784/99)", cit., *Revista Brasileira de Direito* Público 6, no tópico "Regra ou Princípio?".

63. Visto por este ângulo, no acórdão relatado pela Min. Ellen Gracie percebe-se que não se cuida, em rigor, de conflito, de um lado, entre uma regra da legislação ordinária sem qualquer base constitucional e, de outro, normas e princípios constitucionais. Cogita-se, na verdade, de uma afirmação da prevalência do art. 236, § 3º, da CF sobre o princípio constitucional da proteção da confiança, traduzido em regra da legislação ordinária – a do art. 54 da Lei 9.784/1999 –, e também da prevalência de regra do RICNJ, o parágrafo único do art. 91, sobre aquela mesma regra legal.

É de intuitiva evidência que *regra legal* – e ainda mais com fortes raízes no princípio constitucional da proteção da confiança – não pode ser afastada por simples *regra regimental*, como é o caso do parágrafo único do art. 91 do RICNJ, na sua parte final.

Por igual razão, não se sustenta a assertiva de que "a Constituição não pode ficar refém de leis e de interpretações contrárias ao espírito da própria Lei Maior".

Como seria isso possível, se a regra da legislação ordinária espelha com perfeição o princípio da proteção à confiança, uma das faces do princípio da segurança jurídica, por sua vez princípio integrador do princípio maior do Estado Democrático de Direito?

O art. 54 da Lei 9.874/1999 só pode estar, por consequência, inteiramente afinado com o espírito da Lei Maior, na correta interpretação que lhe vem sendo dada pelos que reconhecem a intangibilidade de atos administrativos inconstitucionais pela decadência do direito da Administração Pública de invalidá-los.

64. Além disso, não há hierarquia entre princípios constitucionais, e muito menos existem, como sustentou Otto Bachof em obra famosa,[45] normas constitucionais inconstitucionais – tese, aliás, contestada pela doutrina e pela jurisprudência alemãs e também repelida reiteradamente pelo nosso STF no julgamento das ADI 815, 4.097, 2.883, 2.760 e 997.

A norma constitucional do concurso público não é superior à norma constitucional que consagra o princípio da proteção da confiança. Em face de atos administrativos inconstitucionais, por infração da norma constitucional do concurso público, ter-se-á de verificar (a) se esses atos geraram efeitos favoráveis para os destinatários, (b) se estes estavam de boa-fé e (c) se transcorreu período de tempo razoável desde a edição daqueles atos sem que o Poder Público tivesse tomado qualquer providência no sentido da sua anulação. No tocante ao prazo razoável, o legislador cortou qualquer dúvida ou hesitação a esse respeito ao tornar certo, pelo art. 54 da Lei 9.784/1999, que esse prazo é de cinco anos. Assim, se as respostas às perguntas antes formuladas forem todas afirmativas, como no caso ocorre, a consequência forçosa e necessária é a de que os atos administrativos originariamente inconstitucionais sanaram ou convalesceram pela aplicação do princípio constitucional da proteção da confiança legítima, cuja eficiência resultou aumentada pela intervenção do legislador ordinário ao conceber o art. 54 da Lei 9.784/1999, ficando caracterizada, portanto, na situação concreta em exame, a decadência do direito à anulação daqueles atos administrativos. Só se alguma das respostas fosse negativa – o que é conjectura irreal – é que a solução correta seria a não aplicação do princípio da proteção da confiança e o

45. Otto Bachof, *Normas Constitucionais Inconstitucionais?*, Coimbra, Livraria Almedina, 1994.

reconhecimento da inexistência da caducidade do direito à anulação.

65. No tocante ao argumento de que, no caso, se fez letra morta do art. 236, § 3º, da CF e o que se pretende com o mandado de segurança é, "em verdade, o reconhecimento de uma espécie de usucapião da função pública de notário ou registrador, pretensão inadmissível", também ele é inconsistente. Note-se que o ato administrativo que teria agravado o art. 236, § 3º, da CF foi o Decreto Judiciário 3, de 11.1.1994, subscrito pelo Presidente do TJPR há mais de 15 anos, como salientou o Min. Marco Aurélio em seu voto. Diante do tempo transcorrido e da boa-fé do destinatário, não havia como concluir que aquele ato administrativo não se estabilizara, quer pela incidência direta do princípio constitucional da proteção da confiança, quer pela aplicação do art. 54 da Lei 9.784/1999. No passado, é certo, chegou-se a entender que o tempo transcorrido acabava por constituir situação de fato geradora de direitos – concepção criticada pelo Min. Moreira Alves, que a chamava de "teoria do fato consumado" (AgR 120.893). A fundamentação era, sem dúvida, deficiente. Mas à época não tinha havido, ainda, o reconhecimento da segurança jurídica (proteção da confiança) como princípio constitucional, e nesses casos era sempre lembrado o acórdão da Suprema Corte, de que foi relator o Min. Bilac Pinto, no RE 85.179, *RTJ* 83/931, *DJU* 1.12.1977. Na verdade, conquanto a conclusão fosse correta, a fundamentação adequada era o princípio da proteção da confiança.

66. Aliás, é relevante ressaltar, neste ponto, que o prazo decadencial do art. 54 da Lei 9.784/1999 é dos mais longos que se conhece. Na França, como se viu, tal prazo é de apenas dois meses (CE, *affaire* "Dame Cachet", 1922); na Alemanha, de um ano (§ 48, alínea 4, da Lei de Processo Administrativo de 1976); em Portugal, também de um ano (art. 141, alínea 2,[46] do Código de Procedimento Administrativo); na Espanha, de quatro anos (art. 103 da Lei do Patrimônio das Administrações Públicas e do Procedimento Administrativo Comum, de 26.11.1992, modificada pela Lei 4/1999, de 13 de janeiro, c/c o art. 106 da mesma lei[47]).

67. Sendo assim, não tem nenhum sentido que, volvidos 5, 10, 15 ou até mesmo 20 anos, a Administração Pública entenda, no Brasil, de anular ato administrativo em cuja manutenção os destinatários confiaram, porque revestido da presunção de legalidade que têm os atos do Poder Público, ao argumento de que a atos administrativos inconstitucionais não se aplica o princípio constitucional da proteção da confiança ou o art. 54 da Lei 9.784/1999.

Creio ter mostrado que em nenhum dos ordenamentos jurídicos dos Países europeus, que sempre exerceram influência sobre o Direito Brasileiro, bem como no da União Europeia não é a inconstitucionalidade do ato administrativo, por si só, obstáculo a que ele permaneça no mundo jurídico, desde que se verifiquem os pressupostos para a aplicação do princípio da proteção da confiança legítima ou haja a caducidade do direito à invalidação.

Desse modo, se, eventualmente, o STF não retificar o rumo do seu entendimento, manifestado no julgamento ainda em curso do MS 28.279-DF, de que os atos administrativos inconstitucionais

46. V. sobre isto os comentários e observações de António M. Rebordão Montalvo, *Código de Procedimento Administrativo*, Coimbra, Livraria Almedina, 1992, p. 227.

47. Cf. Eduardo García de Enterría e Tomás-Ramón Fernández, *Curso de Derecho Administrativo*, cit., 14ª ed., vol. I, pp. 668 e 671 e ss.

escapam do âmbito de regramento do princípio constitucional da proteção da confiança e do art. 54 da Lei 9.784/1999, irá verificar-se lamentável retrocesso na linha de evolução do nosso direito público, distanciando-o consideravelmente das posições já firmadas nos Países europeus que sempre serviram de referência e de modelo para o aperfeiçoamento de nossas instituições jurídicas, como anteriormente penso ter evidenciado, ao tratar das colaborações do Direito Comparado.

V – As respostas

68. Passo, agora a responder aos quesitos que me foram apresentados:

> (1) Os atos individuais e concretos que estabilizaram notários e registradores na titularidade de serventias extrajudiciais sem prévia aprovação em concurso podem ser desconstituídos a qualquer tempo pela Administração ou mesmo pelo Poder Judiciário, ao fundamento de sua flagrante e patente inconstitucionalidade?

Não, esses atos administrativos não podem ser desconstituídos a qualquer tempo, nem pela própria Administração Pública, nem por sentença judicial.

Em primeiro lugar, cabe observar que eles foram exarados por órgãos e agentes superiores do Poder Judiciário Estadual, há mais de 10 anos, o que torna indiscutível a boa-fé dos destinatários, notadamente à luz da presunção de legalidade de que gozam os atos administrativos em geral. A boa-fé vem ainda reforçada pela circunstância de que, nesse já dilatado espaço de tempo, não houve qualquer providência da Administração Pública ou medida do Poder Judiciário invalidando aqueles atos administrativos ou declarando sua nulidade.

Tais atos administrativos, só pela razão de contrariarem o art. 236, § 3º, da CF de 1988, não se inserem na classe dos atos administrativos *juridicamente inexistentes*, do Direito Francês, ou *nulos*, do Direito Alemão, ou segundo o conceito de nulidade que predomina no direito administrativo moderno das Nações europeias, e que penso deva também ser utilizado no direito administrativo brasileiro. E isto porque os vícios que ostentam, consideradas as circunstâncias em que aqueles atos foram praticados (eles estavam previstos, inclusive, em preceito de Constituição Estadual), não podem qualificar-se como grosseiros, manifestos e evidentes, como sucede, por exemplo, com a usurpação de poderes.

Além disso, há numerosos precedentes do STF (casos da INFRAERO e da ECT) em que a admissão de servidores públicos sem concurso foi corretamente mantida, pela aplicação do princípio da proteção da confiança e do art. 54 da Lei 9.784/1999.

De resto, em nenhum sistema jurídico que contenha prazo decadencial do direito à anulação de ato administrativo (França, Alemanha, Portugal, Espanha) se aceita que a mera inconstitucionalidade do ato constitua razão suficiente para que seja considerado *juridicamente inexistente*, que é a hipótese mais grave de nulidade (França), ou *nulo* (Alemanha, Portugal e Espanha). Nas decisões que concluem pela inexistência jurídica ou nulidade dos atos administrativos não há, via de regra, qualquer alusão à inconstitucionalidade. O que verdadeiramente importa é a extrema gravidade da lesão, sua evidência, o caráter manifesto e inobscurecível do vício, desde logo identificável à primeira vista, e não o nível hierárquico da norma violada.

Sendo a proteção da confiança um princípio constitucional, cuja matriz é o princípio do Estado Democrático de Direito (CF, art. 1º), entendo que seja inquestionável a sujeição do Poder Judiciário à norma que o assegura. De outra parte, o art. 54 da Lei 9.784/1999 apenas transformou em *regra* aquele *princípio* constitucional. Por esse preceito, o que se extingue, pelo transcurso do prazo, é o próprio direito da Administração Pública de proceder à anulação do ato administrativo, quer no exercício da autotutela, quer em ação própria perante o Poder Judiciário.

Não se pode esquecer, a esta altura, que decadência é questão de direito material, e não de direito processual, como claramente se infere do inciso IV do art. 269 do CPC. Não há dois direitos à invalidação, pela Administração Pública, de atos administrativos ilegais, um a ser exercitado na esfera administrativa e outro na esfera judicial. Isto seria ilógico e incongruente, e nem se poderia extrair, por interpretação, do texto do art. 54 da Lei 9.784/1999, que, em absoluto, faz essa distinção.

Verificada a decadência, deve o juiz pronunciá-la de ofício, como determina o art. 210 do vigente CC.

Nesta ordem de considerações, é ainda importante destacar que o direito à impugnação do ato administrativo por qualquer um do povo, em ação popular, decai também no prazo de cinco anos, conforme o disposto no art. 21 da Lei 4.717/1965, sendo irrelevante, no que concerne à ilegalidade, que ela resulte de lesão à Constituição ou a ato normativo infraconstitucional.

Esta peculiaridade mostra também, com todo o respeito, o equívoco da ensaiada inflexão interpretativa do STF nessa matéria dos atos administrativos inconstitucionais, pois mexe na coerência e na estrutura lógica do sistema.

Por todas estas razões – nestas conclusões sumariamente expostas, mas que foram antes extensamente desenvolvidas –, não tenho dúvida de que a decadência do direito à invalidação dos atos administrativos referidos neste quesito, por força do princípio constitucional da proteção da confiança e do art. 54 da Lei 9.784/1999, impede ao Poder Judiciário, por provocação ou de ofício, decretar a invalidade daqueles atos administrativos. O que cabe ao Poder Judiciário nessas situações é, como se viu, pronunciar a decadência, até mesmo de ofício.

(2) O dever-poder da Administração de anular esses atos inconstitucionais caduca? Se sim, em qual prazo?

A indagação feita neste quesito já está respondida na resposta ao quesito anterior: atos administrativos inconstitucionais, só pelo fato de serem incompatíveis com a Constituição, não escapam da incidência e da aplicação tanto do princípio constitucional da proteção da confiança quanto do art. 54 da Lei 9.784/1999.

Chega-se a esta conclusão acompanhando-se a seguinte linha de argumentos.

Ao tempo em que não tinha sido ainda editada o regra do art. 54 da Lei 9.784/1999 já estava em vigor no direito positivo brasileiro o princípio da proteção da confiança, cuja sede é o art. 1º da Constituição da República de 1988. Nesse cenário, deveria o intérprete ou aplicador do Direito, na hipótese de colisão entre esse princípio e a norma do art. 236, § 3º, do Estatuto Fundamental, sopesar qual dos dois teria mais adequação ao caso concreto, pois não se pode admitir que, no plano abstrato, uma norma seja superior a outra, pois não existe hierarquia entre normas constitucionais, e, portanto, nem normas constitucionais inconstitucionais (STF, ADI 815).

Daí se infere também, a fio de lógica, que o art. 236, § 3º, assim como o art. 37, II, da CF não têm o condão de afastar desde logo, ou *a priori*, a invocação do princípio da proteção da confiança (CF, art. 1º), norma do mesmo nível hierárquico. O que poderia suceder é que, ponderadas todas essas normas do mesmo nível pelo intérprete ou aplicador do Direito, se obtivesse o resultado de que, no caso concreto, (i) a balança penderia mais para os arts. 236, § 3º, ou 37, II, que teriam mais peso, ou (ii) a balança se inclinaria para o lado do princípio da proteção da confiança.

À conclusão favorável aos arts. 236 § 3º, e 37, II, só se poderia chegar, porém, na hipótese de má-fé dos destinatários dos atos administrativos – que está fora de cogitação, como se viu na resposta ao quesito anterior – ou na de não ser a proteção da confiança princípio constitucional no Direito Brasileiro, o que significaria, a esta altura, incorrer em lamentável anacronismo e navegar em sentido contrário à volumosa maré de arestos do STF. De qualquer modo, a decisão com esse conteúdo sempre pressuporia a prévia observância dos princípios do contraditório e da ampla defesa.

Na Lei 9.784/1999, com o seu art. 54, o trabalho de ponderação entre princípios ou normas constitucionais, especialmente entre os princípios da legalidade e o da segurança jurídica, deslocou-se para o legislador. Fica claro, assim, que encolheu a obra do intérprete ou aplicador do Direito. Nessas questões, como isso já foi feito pelo legislador, não tem ele mais que realizar a ponderação entre os princípios constitucionais em jogo; incumbe-lhe, tão somente, verificar, no caso sob seu exame, se estão, ou não, preenchidos os pressupostos estabelecidos na disposição legal para a caracterização da decadência. Se a conclusão for pela afirmativa, só lhe restará reconhecer a decadência do direito à invalidação do ato administrativo.

Na situação que estou analisando, creio que os atos administrativos, relacionados a notários e registradores e acoimados de inconstitucionais, não merecem esse qualificativo ou, pelo menos, não merecem mais que sejam assim designados. Ainda que originariamente pudessem aqueles atos administrativos apresentar desconformidade com a Constituição Federal – admitamos para argumentar, e sem pretender entrar nessa antiga discussão –, com a passagem dos lustros e décadas sobre as relações assim constituídas, juntamente com a boa-fé dos destinatários e a inércia do Poder Público em promover, no tempo oportuno, a invalidação dos atos administrativos reputados contrários à Constituição, o certo é que aqueles atos administrativos se estabilizaram, sob o manto do princípio constitucional da proteção da confiança, ou se tornaram intangíveis, pela decadência do direito à invalidação, nos termos do art. 54 da Lei 9.784/1999.

No concernente à decadência do direito à invalidação de atos administrativos inconstitucionais é pertinente tornar a destacar o que sucede com atos administrativos exarados com base em leis declaradas inconstitucionais. São eles, fora de toda dúvida, também inconstitucionais. No entanto, o STF em pelo menos duas decisões importantes (RE 446-RJ e RE 217.141-SP, mencionando orientação do Tribunal Federal Constitucional da Alemanha e ensinamento doutrinário do Min. Gilmar Mendes,[48] *Jurisdição Constitucional*, São Paulo, 1999, p. 271) concluiu pela "proteção ao ato singular, em homenagem ao princípio da segurança jurídica, procedendo-se à diferenciação entre o efeito da decisão, no plano nor-

48. Gilmar Mendes, *Jurisdição Constitucional*, São Paulo, 1999, p. 271.

mativo (*Normebene*) e no plano do ato singular (*Einzelaktebene*), mediante a utilização das chamadas fórmulas de preclusão". Entre essas fórmulas de preclusão encontram-se as disposições relativas à prescrição e à decadência. É esta também a posição do Direito Português, como se lê em trecho de obra de Rui Medeiros,[49] acima transcrito, no item 22.

Conclui-se, assim, que atos administrativos inconstitucionais, porque praticados com base em leis inconstitucionais, podem ser mantidos no mundo jurídico pelos institutos da prescrição ou da decadência, apesar da declaração de inconstitucionalidade da lei que lhes serviu de fundamento.

E, ainda: como se ressaltou na resposta ao quesito anterior, atos administrativos inconstitucionais, suscetíveis de serem atacados por ação popular, perdem essa condição pelo transcurso do prazo decadencial previsto no art. 21 da Lei 4.717/1965 sem que a ação tenha sido proposta.

Por último, o prazo decadencial do direito à invalidação de ato administrativo, seja inconstitucional ou ilegal, é o de cinco anos, fixado no art. 54 da Lei 9.784/99.

(3) É interdito ao Poder Judiciário desconstituir esses atos administrativos mesmo após a caducidade do dever-poder da Administração de fazê-lo? Há prazo hábil para que o Poder Judiciário seja acionado para desconstituir esses atos, ou eles, pelo contrário, são incaducáveis? Se sim, qual esse prazo?

As dúvidas expressas nas interrogações formuladas neste quesito já foram em grande parte esclarecidas pelas respostas aos quesitos anteriores, especialmente pela resposta ao primeiro quesito. Seria pertinente, entretanto, acrescentar algumas observações sobre quem teria interesse – e, portanto, legitimação – para postular a anulação dos atos administrativos em questão.

Esse interesse, por certo, em primeiro lugar, teria a Administração Pública, a qual, por conseguinte, teria também legitimação para postular a invalidação do ato administrativo caso não preferisse exercer os poderes inerentes à autotutela administrativa. A permanência desse interesse estaria, contudo, intimamente vinculada com o direito subjetivo da Administração Pública de anular o ato administrativo viciado. Vale dizer: só existiria esse interesse – e, pois, legitimação – enquanto perdurasse o direito subjetivo da Administração Pública. Extinto este pela decadência, extingue-se igualmente o legítimo interesse processual na invalidação.

Que outras pessoas teriam também interesse e legitimidade para pleitear essa invalidação? Por meio da ação popular, "qualquer cidadão" (Lei 4.717/1965, art. 1º). Mas, como já se sublinhou, o prazo decadencial para a propositura da ação popular é de cinco anos, o mesmo estabelecido para a decadência do direito da Administração Pública de anular seus atos administrativos, instituído no art. 54 da Lei 9.784/1999.

Aliás, já se decidiu que o prazo da ação popular seria extensível, por *analogia legis*, à ação civil pública.[50] É, igualmente, de cinco anos o prazo decadencial, consignado no art. 23, I, da Lei de Improbidade Administrativa (Lei 8.429/1992), relativamente ao direito de propositura das "ações destinadas a levar

49. Rui Medeiros, *A Decisão de Inconstitucionalidade*, cit., pp. 624 e ss.

50. STJ, 1ª Turma, REsp 406.545, *RSTJ* 169/214.

a efeitos as sanções previstas (naquela) lei", contado do "término do exercício do mandato, do cargo em comissão ou de função de confiança". Todavia, creio que seja indubitável que os atos administrativos referido na Consulta nada têm a ver com interesses difusos e não se enquadram, do mesmo modo, na moldura da Lei de Improbidade Administrativa. O que está em discussão não é a conduta dos agentes do Poder Judiciário que praticaram atos administrativos considerados pelo CNJ como inconstitucionais. Não se cuida, portanto, de aplicação de sanções a magistrados por conduta ímproba – o que afasta de imediato a pertinência da Lei 8.429/1992 ao tema em debate.

Dir-se-á, talvez, que os atos administrativos em questão importariam lesão à moralidade administrativa. Nesse caso, porém, a ação adequada para impugná-los seria a ação popular, e não a ação de improbidade.

Portanto, a legitimação para impugnar judicialmente a validade daqueles atos fica restrita, em termos práticos, à Administração Pública ou a qualquer cidadão. Em ambos os casos, porém, o prazo decadencial é de cinco anos.

Assim, embora se analise a questão por distintos ângulos, chega-se sempre ao mesmo ponto: à decadência do direito à invalidação dos atos administrativos questionados, o que é vinculativo para o Poder Judiciário, pois tem o juiz o dever de pronunciar a decadência. Quanto ao prazo decadencial, como já se afirmou reiteradas vezes, é ele de cinco anos, contado na forma do art. 54 da Lei 9.784/1999, compreendendo essa regra atos legais e inconstitucionais. Fora da sua área de abrangência ficam apenas os atos administrativos que o Direito Francês classifica como *juridicamente inexistentes* ou que o Direito Alemão considera *nulos*, em entendimento já há muito seguido pelo Direito de muitos Países europeus e consolidado pelo Direito da União Europeia. A essas categorias conceituais, que acredito estejam também já integradas ao Direito Brasileiro, na vigência de novos paradigmas, não pertencem, porém, os atos administrativos cuja validade é questionada, como penso ter evidenciado (v., especialmente, acima, o n. III, itens 27 a 55). Quer isto dizer que tais atos não podem ser desconstituídos pelo Poder Judiciário, pois estão resguardados pelo princípio da proteção da confiança e pela decadência do direito à anulação. Esse direito, como se viu, caduca, em qualquer hipótese, em cinco anos.

(4) Sabendo-se que (i) os atos administrativos que estabilizaram os notários e registradores na titularidade de serventias extrajudiciais foram produzidos pelo Poder Judiciário, sem sua interferência; e (ii) que o Poder Judiciário assim obrou no exercício de função administrativa, pergunta-se: pode-se inquinar aos beneficiários desses atos inconstitucionais (notários e registradores estabilizados) má-fé?

É inequívoca a boa-fé dos notários e registradores beneficiários dos atos administrativos que os estabilizaram na titularidade de serventias extrajudiciais, como já registrei nas respostas aos quesitos anteriores. Eles efetivamente não tiveram nenhuma participação nesses atos. Como já tive ocasião de dizer, "a boa-fé a que alude o preceito (o art. 54 da Lei 9.784/1999) quer significar que o destinatário não tenha contribuído, com sua conduta, para a prática do ato administrativo ilegal".

A doutrina alemã, neste ponto, fala numa "área de responsabilidade" (*Verantwortungsbereich*) do destinatário.[51]

51. Cf. Stelkens, Bonk e Sachs, *Verwaltungsverfaherensgesetz*, cit., p. 1.062.

"Seria incoerente proteger a confiança de alguém que intencionalmente, mediante dolo, coação ou suborno, ou mesmo por haver fornecido dados importantes falsos, inexatos ou incompletos, determinou ou influiu na edição de ato administrativo em seu próprio benefício."[52] Nos atos administrativos referido na Consulta nada disso ocorreu. Nada há, portanto, que abale ou infirme a presunção de boa-fé dos destinatários daqueles atos administrativos.

> (5) Sendo caducável a desconstituição desses atos inconstitucionais, a segurança jurídica exige a preservação dos atos produzidos por esses notários e registradores (fundada na teoria do funcionário de fato) e/ou sua preservação na titularidade das serventias extrajudiciais?

Também no mesmo ensaio que escrevi, a propósito do princípio da segurança jurídica e do art. 54 da Lei de Processo Administrativo da União, anotei esta observação:

"Parece importante destacar, nesse contexto, que os atos do Poder Público gozam da aparência e da presunção de legitimidade, fatores que, no arco da História, em diferentes situações, têm justificado sua conservação no mundo jurídico mesmo quando aqueles atos se apresentem eivados de graves vícios. O exemplo mais antigo e talvez mais célebre do que acabamos de afirmar está no fragmento de Ulpiano, constante do *Digesto*, sob o título '*De ordo praetorum*', no qual o grande jurista clássico narra o caso do escravo Barbarius Philippus, que foi nomeado Pretor em Roma. Indaga Ulpiano: 'Que diremos do escravo que, conquanto ocultando essa condição, exerceu a dignidade pretória? O que editou, o que decretou, terá sido talvez nulo? Ou será válido por utilidade daqueles que demandaram perante ele, em virtude de lei ou de outro direito?'. E responde pela afirmativa: 'Creio, na verdade, que nada daquilo deve ser invalidado'.[53]

"Não é outra a solução que tem sido dada, até hoje, para os atos praticados por 'funcionário de fato'. Tais atos são considerados válidos em razão – costuma-se dizer – da 'aparência de legitimidade' de que se revestem, apesar da incompetência absoluta de quem os exarou. Na verdade, o que o Direito protege não é a 'aparência de legitimidade' daqueles atos, mas a *confiança* gerada nas pessoas em virtude ou por força da presunção de legalidade e da 'aparência de legitimidade' que têm os atos do Poder Público."[54]

Assim, no que diz diretamente com os atos administrativos apontados, que estabilizaram notários e registradores como titulares de serventias extrajudiciais, diante da inegável boa-fé dos destinatários e do longo período de tempo transcorrido durante o qual o Poder Público ficou inerte, não tomando qualquer medida

52. Almiro do Couto e Silva, "O princípio da segurança jurídica (proteção à confiança) no direito público brasileiro e o direito da Administração de invalidar seus próprios atos administrativos: o prazo decadencial do art. 54 da Lei do Processo Administrativo da União (Lei 9.784/99)", cit., *Revista Brasileira de Direito* Público 6, n. 48.

53. *D*. 1.14.3: "(...) si servus quamdiu latuit, dignitate praetoria functus sit, quid dicemus? Quae edixit, quae decrevit, nullius fore momenti? An fore propter utilitatem eorum, qui apud egerum vel lege, vel quo alio iure? Et verum puto nihil eorum reprobari (...)".

54. Almiro do Couto e Silva, "O princípio da segurança jurídica (proteção à confiança) no direito público brasileiro e o direito da Administração de invalidar seus próprios atos administrativos: o prazo decadencial do art. 54 da Lei do Processo Administrativo da União (Lei 9.784/99)", cit., *Revista Brasileira de Direito* Público 6, n. 4.

para sua invalidação, ficam eles mantidos, pela aplicação do princípio da proteção da confiança ou pela decadência do direito à anulação.

(6) Quais o conteúdo, sentido e alcance do art. 54 da Lei federal 9.784/1999? Ele é aplicável ao Conselho Nacional de Justiça?

O art. 54 da Lei de Processo Administrativo da União visou, sobretudo, a simplificar a aplicação do princípio da proteção da confiança no Direito Brasileiro, instituindo prazo decadencial de cinco anos para o exercício do direito da Administração Pública de anular os atos administrativos ilegais por ela praticados. Anteriormente a essa regra legal a aplicação do princípio da proteção da confiança, como princípio constitucional, não prescindia de ponderação com outros princípios constitucionais, notadamente com o princípio da legalidade. O recebimento do princípio da proteção da confiança no plano da legislação ordinária, realizado pelo art. 54 da Lei federal 9.784/1999, eliminou essa fase de ponderação entre princípios a ser realizada pelo intérprete ou aplicador do Direito, pois o legislador já se encarregara disso ao traduzir o *princípio* da proteção da confiança em *regra* legal. Assim, após a vigência do art. 54 incumbe ao intérprete ou aplicador desse preceito tão somente verificar se os pressupostos de fato previstos abstratamente na norma se configuram na situação concreta (especialmente se o ato é ampliativo de direitos, se transcorreu o prazo de cinco anos e se os destinatários estavam de boa-fé) para, na hipótese afirmativa, reconhecer a decadência do direito à anulação do ato administrativo.

Evitaram-se, dessa forma, pela grande precisão da regra legal, discussões, dúvidas e hesitações que a ponderação com outros princípios constitucionais certamente geraria, emprestando-se, assim, maior vigor e eficácia prática ao princípio da proteção da confiança.

É sabido que em todos os Países onde a proteção da confiança ganhou o *status* de princípio constitucional sua primeira função foi a de manter no mundo jurídico atos do Poder Público viciados de ilegalidade ou de inconstitucionalidade. Neste particular, coube à Alemanha, na segunda metade do século passado, a primazia na definição, pelo Tribunal Federal Constitucional, da proteção da confiança (uma das espécies do princípio da segurança jurídica) como princípio constitucional, integrante do princípio superior do Estado de Direito.

Na Lei germânica de Processo Administrativo de 1976 várias de suas disposições dizem respeito à proteção da confiança, notadamente as pertinentes à invalidade dos atos administrativos, com o conceito de ato nulo e a fixação do prazo decadencial de um ano fixado para a anulação de atos administrativos ilegais ou inconstitucionais. Anteriormente, contudo, a França, já em 1922, fixara, por decisão pretoriana, a regra de que o prazo para a Administração Pública anular seus atos administrativos ilegais era de dois meses – o mesmo prazo estabelecido para a interposição do recurso por excesso de poder. Hauriou, na ocasião, aplaudiu entusiasticamente a decisão do Conselho de Estado, afirmando que assim "uma atmosfera de estabilidade estender-se-á sobre as situações criadas administrativamente".[55]

No entanto, essa "paz jurídica" só se tornou possível de ser atingida com a profunda alteração verificada, pela mudança

55. Maurice Hauriou, *La Jurisprudence Administrative, de 1892 a 1929*, vol. II, Paris, Librairie du Recueil Sirey, 1929, pp. 105-106.

de paradigma, na teoria das invalidades dos atos administrativos, que culminou com a reunião dos atos administrativos eivados de ilegalidade ou inconstitucionalidade em dois grandes grupos: *no primeiro* ficam os atos administrativos cujos vícios sejam mais sérios, ostensivos, grosseiros e evidentes, perceptíveis logo à primeira vista por pessoa medianamente esclarecida – são os atos administrativos *nulos* do Direito Alemão (e também, na minha opinião, do direito administrativo brasileiro contemporâneo), ou *juridicamente inexistentes*, do Direito Francês; *no segundo* situam-se todos os demais atos administrativos ilegais ou inconstitucionais, designados como *anuláveis*, que são a regra, enquanto os atos administrativos *nulos* ou *juridicamente inexistentes* constituem a exceção.

Apenas a estes últimos (nulos ou juridicamente inexistentes) não seriam aplicadas as cláusula de preclusão, como a decadência ou a prescrição. Quanto a todos os demais – nos quais se incluem, a meu juízo, os atos administrativos referidos na Consulta – o direito à invalidação pode ser atingido pela decadência ou prescrição.

No exercício da competência que lhe é atribuída pelo § 4º do art. 103-B da CF, o Conselho Nacional de Justiça desempenha nítida função administrativa. Foi com base nessas normas constitucionais que o CNJ anulou os atos administrativos que haviam, em passado já longínquo, estabilizado notários e registradores como titulares de serventias extrajudiciais.

A Lei 9.784/1999, logo no seu art. 1º, § 1º, esclarece que "os preceitos desta Lei também se aplicam aos órgãos dos Poderes Legislativo e Judiciário da União, quando no desempenho de função administrativa".

Não pode haver dúvida, portanto, de que o art. 54 da Lei 9.784/1999 é aplicável ao CNJ.

É o meu parecer.

Porto Alegre, 11 de abril de 2012

Bibliografia

AMARAL, Antônio Carlos Cintra do. *Extinção do Ato Administrativo*. São Paulo, Ed. RT, 1978.

__________. *Teoria do Ato Administrativo*. Belo Horizonte, Fórum, 2008.

AUBY, Jean-Marie, e DRAGO, Roland. *Traité des Recours en Matière Administrative*. Paris, Litec (Librairie de la Cour de Cassation), 1992.

BACHOF, Otto. *Normas Constitucionais Inconstitucionais?*. Coimbra, Livraria Almedina, 1994.

__________, STOBER, Rolf, e WOLFF, H. J. *Verwaltungsrecht I*. Munique, C. H. Beck, 1994.

BANDEIRA DE MELLO, Celso Antônio. *Curso de Direito Administrativo*. 31ª ed. São Paulo, Malheiros Editores, 2014.

BELADIEZ ROJO, Margarita. *Validez y Eficacia de los Actos Administrativos*. Madri, Marcial Pons, 1994.

BONK, Heinz Joachim, STELKENS, Paul, e SACHS, Michael. *Verwaltungsverfahrensgesetz*. Munique, C. H. Beck, 1993.

BRAIBANT, G., DELVOLVÉ, P., GENEVOIS, B., LONG, M., e WEIL, P. *Les Grands Arrêts de la Jurisprudence Administrative*. Paris, Sirey, 1993.

CANOTILHO, J. J. Gomes. *Direito Constitucional e Teoria da Constituição*. Coimbra, Livraria Almedina, 2000.

CARINGELLA, F., DEL GIUDICE, F., e DELPINO, L. *Diritto Amministrativo*. Nápoles, Simone, 2002.

CHAPUS, René. *Droit Administratif Général*. vols. 1 e 2. Paris, Montchrestien, 1993 e 1997.

COUTO E SILVA, Almiro do. "O princípio da segurança jurídica (proteção à confiança) no direito público brasileiro e o direito da Administração de invalidar seus próprios atos administrativos: o prazo decadencial do art. 54 da Lei do Processo Administrativo da União (Lei 9.784/99)". *Revista Brasileira de Direito* Público 6. Julho-setembro/2004.

DEL GIUDICE, F., CARINGELLA, F., e DELPINO, L. *Diritto Amministrativo*. Nápoles, Simone, 2002.

DELPINO, L., CARINGELLA, F., e DEL GIUDICE, F. *Diritto Amministrativo*. Nápoles, Simone, 2002.

DELVOLVÉ, P., BRAIBANT, G., GENEVOIS, B., LONG, M., e WEIL, P. *Les Grands Arrêts de la Jurisprudence Administrative*. Paris, Sirey, 1993.

DRAGO, Roland., e AUBY, Jean-Marie. *Traité des Recours en Matière Administrative*. Paris, Litec (Librairie de la Cour de Cassation), 1992.

ENTERRÍA, Eduardo García de, e FERNÁNDEZ, Tomás-Ramón. *Curso de Derecho Administrativo*. 14ª ed., vol. I. Madri, Thomson/Civitas, 2008.

FERNÁNDEZ, Tomás-Ramón, e ENTERRÍA, Eduardo García de. *Curso de Derecho Administrativo*. 14ª ed., vol. I. Madri, Thomson/Civitas, 2008.

GALLI, Rocco. *Corso di Diritto Amministrativo*. Pádua, CEDAM, 1994.

GENEVOIS, B., BRAIBANT, G., DELVOLVÉ, P., LONG, M., e WEIL, P. *Les Grands Arrêts de la Jurisprudence Administrative*. Paris, Sirey, 1993.

HAURIOU, Maurice. *La Jurisprudence Administrative, de 1892 a 1929*. vol. II. Paris, Librairie du Recueil Sirey, 1929.

LONG, M., BRAIBANT, G., DELVOLVÉ, P., GENEVOIS, B., e WEIL, P. *Les Grands Arrêts de la Jurisprudence Administrative*. Paris, Sirey, 1993.

MAURER, Hartmut. *Allgemeines Verwaltungsrecht*. Munique, C. H. Beck, 1999.

MEDEIROS, Rui. *A Decisão de Inconstitucionalidade*. Lisboa, Universidade Católica, 1999.

MEIRELLES, Hely Lopes. *Direito Administrativo Brasileiro*. 40ª ed. São Paulo, Malheiros Editores, 2014.

MENDES, Gilmar. *Jurisdição Constitucional*. São Paulo, 1999.

MONTALVO, António M. Rebordão. *Código de Procedimento Administrativo*. Coimbra, Livraria Almedina, 1992.

NIETO, Alejandro. "Estudio Preliminar". In: BELADIEZ ROJO, Margarita. *Validez y Eficacia de los Actos Administrativos*. Madri, Marcial Pons, 1994.

SACHS, Michael, BONK, Heinz Joachim, e STELKENS, Paul. *Verwaltungsverfaherensgesetz*. Munique, C. H. Beck, 1993.

SANDULLI, Aldo M. *Manuale di Diritto Amministrativo*. Nápoles, Jovene, 1974.

STELKENS, Paul, BONK, Heinz Joachim, e SACHS, Michael. *Verwaltungsverfaherensgesetz*. Munique, C. H. Beck, 1993.

STOBER, Rolf, BACHOF, Otto, e WOLFF, H. J. *Verwaltungsrecht I*. Munique, C. H. Beck, 1994.

SUNDFELD, Carlos Ari. *Ato Administrativo Inválido*. São Paulo, Ed. RT, 1990.

WEIL, P., BRAIBANT, G., DELVOLVÉ, P., GENEVOIS, B., e LONG, M. *Les Grands Arrêts de la Jurisprudence Administrative*. Paris, Sirey, 1993.

WOLFF, H. J., BACHOF, Otto, e STOBER, Rolf. *Verwaltungsrecht I*. Munique, C. H. Beck, 1994.

ZANCANER, Weida. *Da Convalidação e da Invalidação dos Atos Administrativos*. 1ª ed. São Paulo, Ed. RT, 1991; 3ª ed. São Paulo, Malheiros Editores, 2008.

OMISSÃO NA PRESTAÇÃO DE CONTAS POR ENTIDADE DA SOCIEDADE CIVIL ORGANIZADA E PROCEDIMENTOS PARA A CONTRATAÇÃO DE TERCEIROS

GIOVANI DA SILVA CORRALO

Advogado – Especialista em Direito Municipal pela UFRS
– Mestre e Doutor em Direito do Estado pela UFPR
– Professor e Coordenador da Faculdade de Direito da Universidade de Passo Fundo
e Professor Convidado do Programa de Mestrado da Universidade Agostinho Neto/Angola
– Autor de diversos livros e artigos na área do Direito Municipal

Consulta. Parecer: 1. A necessidade de pactuação para o repasse de recursos municipais para entidades privadas sem fins lucrativos. 2. Procedimentos para a contratação de serviços de terceiros por entidade que receba recursos públicos. 3. A imprescindibilidade da prestação de contas. 4. Consequências da não prestação de contas e da não realização de certame público para a contratações de terceiros. 5. Considerações finais.

CONSULTA

A pedido, formula-se parecer sobre a necessidade da prestação de contas em recursos repassados pelo Município para entidade do Terceiro Setor e as consequências da sua não realização. Também se solicita informações acerca dos procedimentos a serem utilizados pelas entidades que percebem recursos públicos para a contratação de serviços de terceiros. As consequências jurídicas também são analisadas. Eis o foco deste parecer.

PARECER

1. A necessidade de pactuação para o repasse de recursos municipais para entidades privadas sem fins lucrativos

O Poder Público pode obter a colaboração de pessoas jurídicas de direito privado sem fins lucrativos para a efetivação de interesses da coletividade. Não somente há a possibilidade, como esta foi uma das tônicas da última reforma do Estado, operada mais incisivamente pela Emenda Constitucional 19/1998.[1]

A busca de eficientização e de uma Administração gerencial, focada em resultados, como também a diminuição do tamanho do próprio Estado impulsionam a espacialidade estatal a buscar parceiros que comunguem com fins públicos. É neste contexto que exsurge a chamada espacialidade pública não estatal – conhecida como Terceiro Setor –, forjada pelo exercício da cidadania e pela articulação das pessoas em reunir esforços para atender a demandas coletivas.

Três são os instrumentos de pactuação do Poder Público com pessoas jurídicas integrantes do chamado Terceiro Setor: convênios, termos de parceria e contratos de gestão.[2]

Os termos de parceria e os contratos de gestão surgem na segunda metade da década de 1990, disciplinados pelas Leis 9.790/1999 e 9.637/1998, respectivamente. Para que tais pactuações ocorram é preciso que a pessoa jurídica sem fins lucrativos obtenha a qualificação de Organização da Sociedade Civil de Interesse Público/OSCIP ou de Organização Social/OS. Em razão da necessidade de qualificação, são instrumentos mais limitados, especialmente em nível municipal.

Os convênios, por sua vez, regulados pela Lei 8.666/1993 – Lei das Licitações e Contratos Administrativos –, não requerem qualificação específica, a permitir a concretização da importante atividade de fomento em ações de interesse público.[3] Podem ser pactuados pela Administração Municipal com entidades da sociedade civil que se encontrem na espacialidade pública não estatal, obviamente, sem quaisquer fins lucrativos.[4] Trata-se de "acordo de vontades em que pelo menos uma das partes integra a Administração Púbica, por meio do qual são conjugados esforços e (ou) recursos, visando a disciplinar a atuação harmônica e sem intuito lucrativo das partes, para o desempenho de atividades administrativas".[5]

Celebrar convênios é atuação precipuamente administrativa, a requerer o cumprimento das disposições da Lei de Diretrizes Orçamentárias[6] e a existência de dotação na Lei Orçamentária Anual, além da elaboração do próprio convênio, comunicando-se a Câmara de Vereadores.[7]

1. Leonardo Valles Bento, *Governança e Governabilidade na Reforma do Estado*, Barueri/SP, Manole, 2003, p. 235: "Um dos carros-chefes da Reforma do Estado consiste na transferência da responsabilidade pela prestação de serviços públicos para entidades sem fins lucrativos, vale dizer, organismos que não pertencem à estrutura administrativa do Estado, nem podem, pela lógica com que operam e por seus objetivos, ser considerados como agentes econômicos e de mercado".

2. Giovani da Silva Corralo, *Curso de Direito Municipal*, São Paulo, Atlas, 2011, pp. 225-228; Marçal Justen Filho, *Curso de Direito Administrativo*, São Paulo, Saraiva, 2008, pp. 203-208 e 327-328.

3. Maria Zylvia Zanella Di Pietro, *Direito Administrativo*, São Paulo, Atlas, 2013, p. 351.

4. A Instrução Normativa 1/1997 da Secretaria do Tesouro Nacional considera convênio todo e qualquer ajuste que tenha por fim a transferência de recursos públicos em regime de mútua colaboração.

5. Marçal Justen Filho, *Comentários à Lei de Licitações e Contratos Administrativos*, São Paulo, Dialética, 2005, p. 661.

6. A Lei de Responsabilidade Fiscal – Lei Complementar 101/2000 – traz que a Lei de Diretrizes Orçamentárias deve dispor sobre as condições e exigências para a transferência de recursos para entidades públicas e privadas (art. 4º, I, "f").

7. O art. 116, § 2º, da Lei 8.666/1993 traz a obrigatoriedade de comunicação ao Parlamento.

A formalização de convênio ou congênere em processo administrativo específico é crucial, até mesmo para a aferição, obrigatória pela Administração Pública, da regularidade fiscal e trabalhista do particular que pretende pactuar com o Poder Público, além de outras obrigações decorrentes, como a conferência da regularidade na aplicação de recursos recebidos anteriormente.

O ato de repassar recursos sem a devida pactuação com quem vem a recebê-los resulta em falha administrativa dificultadora do controle, seja pelos cidadãos, seja pela própria Administração Pública. Não se deve olvidar – nas palavras de Ihering – que "a forma é inimiga jurada do arbítrio e irmã gêmea da liberdade".

2. *Procedimentos para a contratação de serviços de terceiros por entidade que receba recursos públicos*

As entidades do Terceiro Setor que recebem recursos públicos não dispõem de plena liberdade para utilizá-los. Não impera a autonomia privada, natural ao direito privado. No momento em que se está na gestão de recursos públicos não é possível olvidar os princípios informadores do regime jurídico de direito público: "O dinheiro repassado fica vinculado à utilização prevista no ajuste, mantendo sua natureza de dinheiro público. O executor do convênio sujeita-se a controle financeiro e orçamentário previsto no art. 70, parágrafo único, da Constituição".[8]

De outro lado, não há a necessidade de realização de certame licitatório nos termos da Lei 8.666/1993; porém, por se tratar da utilização de recursos públicos, é necessário o cumprimento dos princípios que embasam o regime jurídico de direito público, como os princípios da impessoalidade, eficiência, economicidade e moralidade, via cotação de preços no mercado. É o que dispõe o Decreto 6.170/2007, que disciplina a transferência de recursos da União através de convênio.[9]

Por mais que o Decreto 6.170/2007 se refira aos convênios da União, trata-se de ato normativo que salienta a necessária concretude dos preceitos de direito público na utilização de recursos públicos, mesmo que por entidade privada sem fins lucrativos, observável por todos os entes da Federação. Tais preceitos devem ser cumpridos indistintamente por aqueles que manejem recursos do Erário.

O Tribunal de Contas da União/TCU tem reiterado tal posicionamento, o que se depreende em julgamento realizado em 2011, nos seguintes termos:

"(...).

"Portanto, o entendimento de que a Lei n. 8.666/1993 não se aplica integralmente aos convênios firmados com particulares não desobriga esses da observância dos princípios constitucionais da legalidade, impessoalidade, moralidade, publicidade e eficiência na gestão dos recursos públicos.

"46. Não consta dos autos a realização de qualquer procedimento análogo à licitação, conforme registrado na instrução anterior (fls. 133), nem qualquer menção à

8. Irene Patrícia Nohara, *Direito Administrativo*, São Paulo, Atlas, 2013, p. 443.

9. Decreto 6.170/2007: "Art. 11. Para efeito do disposto no art. 116 da Lei n. 8.666, de 21 de junho de 1993, a aquisição de produtos e a contratação de serviços com recursos da União transferidos a entidades privadas sem fins lucrativos deverão observar os princípios da impessoalidade, moralidade e economicidade, sendo necessária, no mínimo, a realização de cotação prévia de preços no mercado antes da celebração do contrato".

realização de simples pesquisa de preços de mercado, que justificasse as aquisições efetuadas supostamente com recursos do convênio.

"47. Dessa forma, não foi comprovado o atendimento dos princípios da legalidade, moralidade, impessoalidade e eficiência na seleção dos fornecedores contratados pela entidade com recursos do convênio."[10]

Pelo que se depreende, todos aqueles que possuam recursos públicos sob sua gestão estão vinculados ao cumprimento do regime jurídico de direito administrativo. Entidades sem fins lucrativos, quando utilizarem recursos oriundos do Erário, possuem esta mesma obrigação.

3. A imprescindibilidade da prestação de contas

O dever de prestar contas é inerente a todos que se encontrem na condição de gestores de recursos públicos, seja na espacialidade pública, seja na espacialidade privada. É o que dispõe, expressamente, o parágrafo único do art. 70 da CF: "Parágrafo único. Prestará contas qualquer pessoa física ou jurídica, pública ou privada, que utilize, arrecade, guarde, gerencie ou administre dinheiros, bens e valores públicos ou pelos quais a União responda, ou que, em nome desta, assuma obrigações de natureza pecuniária".

É por esta razão que o art. 116 da Lei 8.666/1993, § 3º, I, refere a não liberação de recursos quando não houver "comprovação da boa e regular aplicação da parcela anteriormente recebida". Tal demonstração somente pode ocorrer com a devida prestação de contas.

Trata-se de imperativo legal. Todos os repasses de recursos, independentemente do instrumento utilizado, requerem a prestação de contas:[11] "Os elementos presentes na prestação de contas permitem à Administração aferir a legalidade dos atos praticados e comprovar o efetivo cumprimento do convênio. Essas duas vertentes de avaliação do convênio são consideradas quando da análise da prestação de *contas* pelo órgão que disponibilizou o recurso. Impropriedades detectadas podem resultar em rejeição das *contas* e instauração de Tomada de *Contas* Especial, a ser julgada pelo Tribunal de *Contas* da União".[12]

As prestações de contas devem ser analisadas pela Municipalidade, usualmente através do órgão de controle interno, a acarretar a aprovação ou reprovação das contas. Várias e recorrentes são as decisões do TCU quanto às consequências da omissão na prestação: "A simples omissão no dever de prestar contas, ainda que tenha sido comprovada a regular aplicação dos recursos e que o objeto do convênio tenha sido alcançado, enseja o julgamento pela irregularidade das contas e a aplicação de multa".[13]

A prestação de contas deve ocorrer em processo administrativo próprio, a contar com a seguinte documentação,

10. TCU, AC-5460-27/11-2, sessão 02/08/11, Grupo I, Classe II, rel. Min. Aroldo Cedraz, Tomada e prestação de contas – Iniciativa Própria.

11. O já referido Decreto federal 6.170/2007 assim se expressa no art. 10: "§ 6º. O convenente ficará obrigado a prestar contas dos recursos recebidos, na forma da legislação aplicável e das diretrizes e normas previstas no art. 18".

12. Tribunal de Contas da União, *Convênios e Outros Repasses*, Brasília/DF, 2003, p. 47.

13. TCU, AC-4460-22/11-2, Sessão 28/06/11, Grupo I, Classe II, rel. Min. Raimundo Carreiro, Tomada e Prestação de Contas – Iniciativa Própria.

minimamente: (a) plano de trabalho; (b) convênio; (c) demonstrativo da execução da receita e despesa; (d) relação de pagamentos; (e) extrato da conta bancária específica; (f) demonstrativo de contratação realizada em sintonia com os princípios da Administração Pública, via coleta de preços.[14]

Neste mesmo sentido vem a se manifestar o TCU, a requerer a apresentação da documentação acima citada sob pena do julgamento pela irregularidade das contas e aplicação de multa, além da imputação de débito.[15]

O processo administrativo de prestação de contas é fundamental para a lisura da transferência de recursos e, principalmente, para o controle da Administração e para o controle social.

4. Consequências da não prestação de contas e da não realização de certame público para a contratações de terceiros

A não realização de procedimento adequado aos princípios de direito público para a contratação de terceiros bem como a não prestação de contas possuem consequências jurídicas.

Inicialmente deve-se remeter ao art. 116, § 3º, II da Lei 8.666/1993, que conduz à não liberação de valores diante de "práticas atentatórias aos princípios fundamentais de Administração Pública nas contratações e demais atos praticados na execução do convênio, ou o inadimplemento do executor com relação a outras cláusulas conveniais básicas".

Em outras palavras: não pode uma entidade perceber recursos públicos e não utilizá-los consoante a principiologia constitucional já citada, nem deixar de prestar contas. Mesmo a inexistir instrumento de convênio, a prestação de contas é uma obrigação decorrente da Constituição Federal, usualmente presente nas legislações municipais, o que já foi demonstrado, e que requer obediência. Se uma entidade não presta contas ou não contrata obras/serviços/aquisições consoante a principiologia constitucional, não pode perceber mais recursos públicos.

Além do cancelamento da liberação das parcelas previstas, deve o gestor público municipal estabelecer a instauração de um processo administrativo de Tomada de Contas Especial/TCE para apurar as razões da não prestação de contas:[16] "Em se tratando de convênio e contrato de repasse, a TCE poderá ser instaurada em decorrência de: 'Omissão no dever de prestar contas – Rejeição total ou parcial das contas apresentadas (...) – Irregularidades detectadas por ação dos órgãos fiscalizadores – Denúncias de irregularidades em convênios ou repasses apresentadas por cidadãos ou veiculadas nos meios de comunicação'".[17]

A continuidade do repasse de recursos para entidade que não preste contas, perpe-

14. Tais elementos são apreendidos na Instrução Normativa 01/1997 e respectivas alterações, expedidas pela Secretaria do Tesouro Nacional.

15. TCU: AC-0717-08/08-2, Sessão 25/03/08, Grupo I, Classe II, rel. Min. Augusto Sherman Cavalcanti, Tomada e Prestação de Contas – Iniciativa Própria; AC-0293-04/08-2, Sessão 26/02/08, Grupo II, Classe II, rel. Min. Augusto Sherman Cavalcanti, Tomada e Prestação de Contas – Iniciativa Própria; AC-3313-42/07-2, Sessão 20/11/07, Grupo I, Classe II, rel. Min. Augusto Sherman Cavalcanti, Tomada e Prestação de Contas – Iniciativa Própria.

16. É o que prevê o art. 31 da Instrução Normativa 01/1997 da Secretaria do Tesouro Nacional.

17. Tribunal de Contas da União, *Convênios e Outros Repasses*, cit., pp. 56-67.

tuada por anos, demonstra a insuficiência ou a inatividade do sistema de controle interno, obrigatório para todos os Municípios brasileiros, a ferir o art. 31 da CF.

O repasse de recursos para entidade sem a existência de convênio e da respectiva prestação de contas configura o crime de responsabilidade previsto no art. 1º, III, do Decreto-lei 201/1967: "III – desviar, ou aplicar indevidamente, rendas ou verbas públicas; (...)". Trata-se de uma aplicação indevida, sem observar requisitos ou condicionantes legais, como tem se manifestado a jurisprudência dominante.[18] O julgamento de crimes de responsabilidade compete ao Poder Judiciário, a salientar a existência de foro privilegiado se o prefeito estiver no exercício do cargo.

É possível também a configuração de infração político-administrativa, disposta também no Decreto-lei 201/1967, art. 4º, VIII: "omitir-se ou negligenciar na defesa de bens, rendas, direitos ou interesses do Município sujeitos à administração da Prefeitura; (...)". Este inciso encerra verdadeiro dever de bem administrar a coisa pública, a quem não é permitido se omitir na defesa das rendas ou interesses municipais – no caso, a exigência da devida prestação de contas de recursos públicos repassados e a abertura de Tomada de Contas Especial. A competência para o julgamento de infrações político-administrativas compete à Câmara de Vereadores.

Além dessas responsabilidades, cabíveis ao chefe do Executivo, soma-se a possível configuração de improbidade administrativa, por infração a princípios constitucionais da Administração Pública, cujo julgamento compete ao Poder Judiciário.

18. TJRS, 4ª Câmara Criminal, Processo Crime 696800960, rel. Des. Vladimir Giacomuzzi, j. 18.3.1999.

Ademais, há três instâncias de controle que podem investigar irregularidades na gestão e operacionalização de convênios e conduzir à devida responsabilização: (a) Câmara de Vereadores – pode se utilizar dos instrumentos previstos na legislação, como é o caso dos pedidos de informação, convocação de secretários e, até mesmo, da constituição de Comissão Parlamentar de Inquérito;[19] (b) Ministério Público – através da instauração de procedimento específico (por exemplo, inquérito civil) a fim de apontar eventual improbidade administrativa ou a própria responsabilidade criminal; (c) Tribunal de Contas – para averiguar as ilegalidades a fim de saná-las, podendo, para tanto, além da imposição de sanções pecuniárias, sustar contratos ou convênios irregulares.[20]

5. *Considerações finais*

À guisa de conclusões:

5.1 O repasse de recursos públicos municipais para entidade privadas sem fins lucrativos depende de instrumento próprio, donde se encontram os termos de parceria, contratos de gestão e convênios.

5.2 No caso de entidade do Terceiro Setor que não possua qualificação espe-

19. Giovani da Silva Corralo, *O Poder Legislativo Municipal: Aportes Teóricos e Práticos para a Compreensão e o Exercício da Função Parlamentar*, São Paulo, Malheiros Editores, 2008, pp. 37-41.

20. "Quando a sustação de ato envolver contrato, a sustação será adotada diretamente pelo Congresso Nacional, que solicitará, de imediato, ao Poder Executivo as medidas cabíveis. Se o Congresso Nacional ou o Poder Executivo, no prazo de 90 dias, não efetivarem as medidas de sustação, *caberá ao Tribunal de Contas decidir a respeito da sustação do contrato*" (Hélio Saul Mileski, *O Controle da Gestão Pública*, São Paulo, Ed. RT, 2003, p. 333 – grifo nosso).

cífica como OSCIP ou OS, o instrumento a ser utilizado é o convênio, conforme consta no art. 116 da Lei 8.666/1993, em processo administrativo próprio, a confirmar a regularidade da entidade (fiscal e trabalhista) para pactuar com o Poder Público, além de outras obrigações legais.

5.3 Os recursos públicos transferidos para entidades do Terceiro Setor não devem obediência estrita às regras previstas na Lei das Licitações e Contratos Administrativos (Lei 8.666/1993); entretanto, requerem a observância dos princípios magnos que informam a Administração Pública, como os princípios da impessoalidade, moralidade e publicidade.

5.4 A observância dos princípios constitucionais que informam a Administração Pública no uso dos recursos públicos repassados para entidades privadas remete à existência comprovada de procedimento transparente na busca da melhor proposta para a contratação com tais recursos. É o que se depreende do Decreto federal 6.170/2007, da Instrução Normativa 01/1997 da Secretaria do Tesouro Nacional e das decisões do TCU.

5.5 A prestação de contas é uma obrigação para todos que possuam a gestão de recursos públicos – o que inclui as entidades sem fins lucrativos que recebam o repasse de recursos da Municipalidade. É um imperativo para o controle da Administração Pública e para o controle social.

5.6 A prestação de contas deve possuir a documentação necessária para aferir o cumprimento do objeto e o cumprimento das imposições legais, o que deve ocorrer em processo administrativo específico.

5.7 Diante de entidade que recebe recursos públicos e não realiza procedimentos consoantes com os princípios magnos para a contratação com estes valores, somado à falta de prestação de contas, tal conduta deve conduzir à instauração de um procedimento de Tomada de Contas Especial pela Municipalidade, a fim de apurar as responsabilidades, além da cessação dos repasses – o que se depreende dos marcos legais já elencados.

5.8 A omissão do Poder Público Municipal pode acarretar a responsabilidade política (infração político-administrativa), criminal (crime de responsabilidade) e administrativa (multa e glosa) do chefe do Executivo Municipal, além da improbidade administrativa.

5.9 A Câmara de Vereadores como também o Ministério Público e o Tribunal de Contas do Estado podem ser acionados para investigar e apurar as responsabilidades sob sua competência.

É o parecer.

Bibliografia

BENTO, Leonardo Valles. *Governança e Governabilidade na Reforma do Estado*. Barueri/SP, Manole, 2003.

CORRALO, Giovani da Silva. *Curso de Direito Municipal*. São Paulo, Atlas, 2011.

————. *O Poder Legislativo Municipal: Aportes Teóricos e Práticos para a Compreensão e o Exercício da Função Parlamentar*. São Paulo, Malheiros Editores, 2008.

DI PIETRO, Maria Sylvia Zanella. *Direito Administrativo*. São Paulo, Atlas, 2013.

JUSTEN FILHO, Marçal. *Comentários à Lei de Licitações e Contratos Administrativos*. São Paulo, Dialética, 2005.

————. *Curso de Direito Administrativo*. São Paulo, Saraiva, 2008.

MILESKI, Hélio Saul. *O Controle da Gestão Pública*. São Paulo, Ed. RT, 2003.

NOHARA, Irene Patrícia. *Direito Administrativo*. São Paulo, Atlas, 2013.

TRIBUNAL DE CONTAS DA UNIÃO. *Convênios e Outros Repasses*. Brasília/DF, 2003.

ESTUDOS E COMENTÁRIOS

A LICITAÇÃO E A PRESENÇA DE APENAS UM LICITANTE

ANIELLO DOS REIS PARZIALE

Especialista em Licitações Públicas e Contratos Administrativos.
Advogado.

1. Introdução. 2. Ausência de imposição legal de um número mínimo de licitantes nas normas gerais de licitação. 3. A presença de apenas um licitante no certame e a responsabilização do agente público. 4. Do pacífico entendimento doutrinário e dos egrégios Tribunais de Contas. 5. Da presença de um apenas licitante na licitação processada pela modalidade convite. 6. Momento da verificação da presença de um licitante: 6.1 Sessão pública de abertura da licitação; 6.2 Habilitação; 6.3 Julgamento das propostas. 7. Aplicação do art. 48, § 3º, da Lei de Licitações na fase de habilitação e de julgamento das propostas quando for verificado apenas um licitante. 8. A divergência de entendimento no Superior Tribunal de Justiça. 9. A legalidade do avanço da licitação quando for verificado apenas um proponente e o afastamento da revogação da licitação. 10. Considerações finais. 11. Referências bibliográficas.

1. Introdução

No transcorrer de um procedimento licitatório, poderá a Administração promotora da competição se deparar com apenas um interessado presente na sessão pública, somente um licitante habilitado ou simplesmente um proponente classificado.

Diante dessas ocorrências, tendo em vista que nas licitações públicas deve ser observado o princípio da competitividade – circunstância que presume a necessidade de efetiva competição entre os licitantes, o que exigiria, portanto, mais de um particular –, a verificação das situações acima aduzidas pode gerar dúvida na Comissão de Licitação ou no Pregoeiro, no sentido de considerar inválido o referido processo seletivo, fato que eventualmente obstaria o prosseguimento da competição.

Como abaixo se verificará, todavia, a presença de apenas um proponente nas etapas licitatórias supramencionados é plenamente admissível, circunstância que de forma alguma não macula a legalidade do processo administrativo licitatório, podendo a Administração promotora da competição, portanto, prosseguir com a competição.

2. Ausência de imposição legal de um número mínimo de licitantes nas normas gerais de licitação

Sabiamente, o legislador ordinário não consignou nas normas gerais de licitação, como requisito de validade do certame licitatório, a necessidade da presença de um número mínimo de competidores, com exceção feita ao art. 22, § 3º,[1] da Lei de Licitações, que estabelece, na licitação processada pela modalidade convite, que o ato convocatório (carta-convite) deve ser encaminhado para três particulares, não obstante o entendimento do egrégio Tribunal de Contas da União[2] em exigir, além desse expediente, a presença de três propostas aptas, sem prejuízo da possibilidade de prosseguimento desse processo seletivo com apenas um licitante, caso se comprove limitações no mercado ou manifesto desinteresse dos convidados, conforme determina o § 7º do artigo mencionado.

Registre-se, todavia, a existência da disciplina constante do art. 49, inc. II,[3] da Lei Complementar n. 123/2006 que afasta as benesses constantes dos arts. 47[4] e 48[5] quando não houver um mínimo

1. "§ 3º. Convite é a modalidade de licitação entre interessados do ramo pertinente ao seu objeto, cadastrados ou não, escolhidos e convidados em número mínimo de 3 (três) pela unidade administrativa, a qual afixará, em local apropriado, cópia do instrumento convocatório e o estenderá aos demais cadastrados na correspondente especialidade que manifestarem seu interesse com antecedência de até 24 (vinte e quatro) horas da apresentação das propostas."

2. Acórdão n. 2.048/2006, Plenário, voto do Min. Rel.r Benjamin Zymler: "Ressalvados os casos de licitação na modalidade convite, onde se exige o número mínimo de três propostas aptas à seleção, a Lei n. 8.666/1993 não condiciona a validade de seus certames à participação de um número mínimo de licitantes".

3. "Art. 49. Não se aplica o disposto nos arts. 47 e 48 desta Lei Complementar quando: (...) II – não houver um mínimo de 3 (três) fornecedores competitivos enquadrados como microempresas ou empresas de pequeno porte sediados local ou regionalmente e capazes de cumprir as exigências estabelecidas no instrumento convocatório (...)."

4. "Art. 47. Nas contratações públicas da União, dos Estados e dos Municípios, poderá ser concedido tratamento diferenciado e simplificado para as microempresas e empresas de pequeno porte objetivando a promoção do desenvolvimento econômico e social no âmbito municipal e regional, a ampliação da eficiência das políticas públicas e o incentivo à inovação tecnológica, desde que previsto e regulamentado na legislação do respectivo ente."

5. "Art. 48. Para o cumprimento do disposto no art. 47 desta Lei Complementar, a administração pública poderá realizar processo licitatório: I – destinado exclusivamente à participação de microempresas e empresas de pequeno porte nas contratações cujo valor seja de até R$ 80.000,00 (oitenta mil reais); II – em que seja exigida dos licitantes a subcontratação de microempresa ou de empresa de pequeno porte, desde que o percentual máximo do objeto a ser subcontratado não exceda a 30% (trinta por cento) do total licitado; III – em que se estabeleça cota de até 25% (vinte e cinco por cento) do objeto para a contratação de microempresas e empresas de pequeno porte, em certames para a aquisição de bens e serviços de natureza divisível."

de 3 (três) fornecedores competitivos enquadrados como microempresas ou empresas de pequeno porte sediados local ou regionalmente e capazes de cumprir as exigências estabelecidas no instrumento convocatório.

Conforme se verificará a seguir, portanto, a inserção de um dispositivo dessa natureza na legislação licitatória poderia dificultar, quando não inviabilizar, o processamento das compras governamentais em nosso país, uma vez que quando a Administração Pública licitante deflagra uma licitação, a mesma fica tão somente na mera expectativa de a ela acudirem interessados, não sendo uma certeza que potenciais interessados compareçam na sessão pública para disputar entre si futura contratação.

3. A presença de apenas um licitante no certame e a responsabilização do agente público

Antes de adentrarmos no escopo do nosso trabalho, ressaltamos que somente será legal o prosseguimento de uma licitação em que apenas um particular atende ao chamado da Administração, tão somente um licitante resta habilitado ou simplesmente um proponente é classificado, quando a diminuição do número de competidores não foi motivada por nenhum expediente editalício ilegítimo, cuja inserção no ato convocatório foi proposital, com o fito de dirigir o certame para um determinado particular. Observando-se tal circunstância, grife-se que é dever da autoridade administrativa determinar a anulação da competição, na forma do consignado no art. 49 da Lei de Licitações.

Ademais, restringindo-se ilegalmente a participação de interessados na licitação de modo que somente um particular atenda ao chamado da Administração promotora do certame licitatório, ou restando apenas um licitante habilitado ou classificado, em tese, impor-se-ão as devidas penalidades ao competente agente público, dando-se cumprimento ao disposto no art. 82[6] da Lei de Licitações; noutras palavras, poderá a restrição à competitividade, promovida pelo agente público competente, caracterizar ato de improbidade administrativa – prescrito no art. 10,[7] inc. VIII, da Lei de Improbidade Administrativa –, que o fará responder por ele na esfera civil. No campo da responsabilização penal, a restrição da competitividade da licitação submeterá o competente agente público ao tipo penal aposto no art. 90[8] da Lei de Licitações; além deste, o agente público ficará sujeito a sanção disciplinar, estando a correspondente penalidade consignada no Estatuto dos Servidores Públicos que o vincula à Administração Pública licitante.

Ademais, não se pode deixar de ressaltar a possibilidade de essa restrição ao

6. "Art. 82. Os agentes administrativos que praticarem atos em desacordo com os preceitos desta Lei ou visando a frustrar os objetivos da licitação sujeitam-se às sanções previstas nesta Lei e nos regulamentos próprios, sem prejuízo das responsabilidades civil e criminal que seu ato ensejar."

7. "Art. 10. Constitui ato de improbidade administrativa que causa lesão ao erário qualquer ação ou omissão, dolosa ou culposa, que enseje perda patrimonial, desvio, apropriação, malbaratamento ou dilapidação dos bens ou haveres das entidades referidas no art. 1º desta lei, e notadamente: (...); VIII – frustrar a licitude de processo licitatório ou dispensá-lo indevidamente."

8. "Art. 90. Frustrar ou fraudar, mediante ajuste, combinação ou qualquer outro expediente, o caráter competitivo do procedimento licitatório, com o intuito de obter, para si ou para outrem, vantagem decorrente da adjudicação do objeto da licitação:

"Pena – detenção, de 2 (dois) a 4 (quatro) anos, e multa."

caráter competitivo da licitação também ser reprovada pelo órgão de controle externo, podendo o competente Tribunal de Contas determinar a devida correção, em caso de controle *preventivo* ou *concomitante*, bem como sanção pecuniária, quando o controle for *a posteriori*.

4. Do pacífico entendimento doutrinário e dos egrégios Tribunais de Contas

A possibilidade de prosseguimento de uma licitação quando se verifica apenas um particular na sessão pública de abertura do certame, fase habilitatória ou classificatória é sustentada há muito tempo, já merecendo destaque nas lições imortalizadas dos primeiros administrativistas brasileiros que versaram sobre licitações públicas.

Oswaldo Aranha Bandeira de Mello, nesse sentido, lecionou: "Salvo disposição legal ou regulamentar, ou do instrumento de convocação dos interessados, em contrário, se só um candidato for julgado habilitado, o procedimento há de prosseguir, bem como quando só ocorre ao chamado um interessado, e, se havido habilitado, e apreciada a proposta, considerada conforme, viável e precisa, será classificada e adjudicada, se nada existir que a tanto se oponha" (1978, p. 96).

Regis Fernandes de Oliveira, de longa data, também asseverou que:

"Interessante problema surge quando apenas um candidato se habilita ou se apenas um se apresenta à concorrência.

"Como aponta Cintra do Amaral, 'quem acudiu à licitação não pode simplesmente ser ignorado. Se foi qualificado e teve sua proposta considerada aceitável pela promotora da licitação deve ser ele o contratado'. Realmente, tem razão o autor. Se comparece apenas um candidato à obra, serviço ou compra pretendida, a Administração poderá contratar com o único interessado, desde que a proposta satisfaça. E, mesmo nas hipóteses de inabilitação dos demais interessados a Administração poderá contratar com o remanescente" (1981, pp. 60-61).

Celso Antonio Bandeira de Mello também prelecionou a esse respeito:

"VII – *Comparecimento de um Único Licitante*

"129-A – 117. Se à licitação comparecer apenas um interessado, deve-se apurar sua habilitação normalmente. Se habilitado, sua proposta será examinada tal como ocorreria se outros disputantes houvesse. Não há óbice algum a que lhe seja adjudicado o objeto da licitação, em sendo regular sua proposta, pelo fato de inexistirem outros interessados. O mesmo ocorrerá se vários comparecerem mas apenas um for habilitado" (1985, p. 60).[9]

O referido assunto também foi abordado pela professora Lúcia Valle Figueiredo:

"Vamos abordar, agora, o problema da apresentação de um único candidato. Nessa hipótese prosseguir-se-á com a licitação e este único candidato poderá vir a ser adjudicatário.

"Em nossa opinião nada impede que a licitação prossiga, adjudicada, a final, ao único proponente.

"(...).

"E, na hipótese que considerarmos, cabe a seguinte distinção: ou se apresentou à habilitação tão somente um único interessado ou, depois de vários habilitados, com a desclassificação da proposta de alguns, remanesceu apenas um. Neste caso,

9. Grife-se que o mesmo entendimento é sustentado em seu *Curso de Direito Administrativo* (2014, p. 606).

opinamos que o princípio é o mesmo: há de ser defendido o direito do único a acudir ao chamado, ou do único que ofertou viavelmente à Administração" (1993, pp. 50-51).

A respeito do mesmo tema, ensina Adilson de Abreu Dallari: "Acreditamos que o comparecimento de apenas um proponente idôneo não invalida, por si mesmo, a licitação, pois a regra do tratamento isonômico diz respeito ao chamamento de eventuais interessados e aos atos que se praticarem com relação aos proponentes. O comparecimento de apenas um interessado não afeta qualquer dos princípios originários ou originados da licitação. Muito ao contrário, haveria ofensa ao princípio da isonomia se um interessado idôneo, que tivesse atendido ao chamamento, fosse igualado a um terceiro desinteressado, pois isto seria tratar igualmente pessoas juridicamente desiguais. Em conclusão, entendemos que o único proponente idôneo tem direito a ter sua proposta considerada (nada impede que essa proposta, posteriormente, seja aceita ou seja considerada insatisfatória)" (1997, p. 82).

Atualmente, o referido entendimento também é sustentado pela doutrina especializada. Nesse sentido, podemos citar Marçal Justen Filho, quando trata da presença de apenas um licitante na licitação processada pela modalidade pregão: "A Lei n. 10.520 não condiciona a validade do pregão à participação de um número mínimo de licitantes. Portanto, não seria cabível aplicar ao caso a interpretação (combatida) de que somente na presença de três propostas classificáveis seria válida a licitação na modalidade convite. Não há qualquer identidade entre convite e pregão, o que inviabiliza aplicação extensiva da referida interpretação" (2009, p. 170).

Da mesma forma é o entendimento do saudoso mestre Diógenes Gasparini: "Não obstante essa orientação, a doutrina e a jurisprudência dominantes têm aceito como legal o procedimento licitatório em que somente um interessado acode ao chamamento da Administração Pública licitante se todas as exigências foram satisfatoriamente atendidas (...). De sorte que, mesmo sem competição, a contratação em tais condições será válida" (2012, p. 544).

Por ser oportuna, apresenta-se a lição do mestre Hely Lopes Meirelles: "Se comparecer apenas um licitante, qualificado para o contrato, a Administração pode adjudicar-lhe o objeto pretendido. O essencial é que este único pretendente tenha condições para contratar, segundo as exigências do edital, no que tange a capacidade jurídica, regularidade fiscal, capacidade técnica e idoneidade financeira, que hão de ser verificadas antes da contratação, e que o contrato seja vantajoso para a Administração" (2010, p. 148).

Jessé Torres Pereira Junior, ao tratar de licitação instaurada na modalidade "pregão", também adota o mesmo raciocínio, conforme se infere: "25) O pregoeiro poderá aceitar a participação de licitantes em número inferior a três ? R. – Sim. Não se encontra nas normas da MP ou do decreto qualquer vedação a esse respeito. Seria ilegal que o pregoeiro se recusasse a instaurar o pregão porque não houvesse o comparecimento de pelo menos três licitantes" (2009, p. 1.079,).

Por fim, manifesta-se Joel de Menezes Niebuhr: "Em sentido oposto, se a Administração recebe proposta válida, compatível com o edital, o autor dela é o vencedor da licitação e com ele deve ser assinado o contrato. É ilícita a conduta da Administração que refuta licitação em virtude de ter recebido só uma proposta ou de ter restado válida uma só proposta. Isso não é o bastante para revogar a licitação, nem para aplicar o inciso V do artigo 24 da Lei n. 8.666/93" (2003, p. 290).

Nesse mesmo sentido é o entendimento dos órgãos de controle externo, como o Tribunal de Contas da União – TCU, por exemplo:

"A licitação procedida pelo TRT/PB para aquisição de veículo não pode ser tida como viciada consoante entendeu esta Corte de Contas. As especificações técnicas do veículo definidas no edital da competição por aquele órgão, mesmo tendo restringido o universo de concorrentes, deu ensejo a que mais de um competidor acorresse ao chamamento público. *Se apenas uma empresa apresentou proposta, dentro do preço de mercado aceito, isto não significa direcionamento do certame*" (TCU, Acórdão 145/2002, Plenário, voto do Min. Rel. Adylson Motta. *DOU* 10.5.2002, grifos nossos).

"Quanto ao comparecimento de somente uma empresa ao pregão em tela, alinho-me à Unidade Técnica no sentido de que não há impedimento na legislação à conclusão da licitação, a menos que o edital contenha exigências restritivas ao caráter competitivo do certame, o que se verificou no caso" (TCU, Acórdão 408/2008, Plenário, voto do Min. Rel. Raimundo Carreiro, *DOU* 14.3.2008).

"88. *Considerando-se que a apresentação de somente um licitante configura indício, mas não evidência, de que a competitividade da licitação teria restado em alguma proporção prejudicada, realizou-se a ora combatida determinação*. Note-se que o Tribunal não entendeu serem tais irregularidades bastantes para a anulação do contrato, nem que o comparecimento de apenas um licitante constitui qualquer tipo de óbice à contratação" (TCU, Acórdão 1.316/2010, 1ª C., voto do Min. Rel. Augusto Nardes, *DOU* 17.6.2010, destaques nossos).

Maria Cecília Mendes Borges, Procuradora do Ministério Público junto ao Tribunal de Contas do Estado de Minas Gerais, assim também asseverou, nos autos da Denúncia n. 802.384, de relatoria do Conselheiro Sebastião Helvécio: "No caso em tela, como as exigências foram consideradas legítimas, o comparecimento de apenas um licitante não constitui por si só impedimento para a contratação" (*Revista do Tribunal de Contas do Estado de Minas Gerais*, ano 18, n. 4, Belo Horizonte, 2010, p. 251).

Sobre o tema já decidiu o egrégio Tribunal de Justiça do Estado de São Paulo: "Ação Civil Pública – Licitação – Alegação de nulidade, em virtude de apenas uma licitante ter permanecido no certame – Ausência de demonstração de prejuízo ao erário ou infringência aos princípios da legalidade e da moralidade administrativa – Sentença de improcedência da ação – Desprovimento do recurso" (TJSP, Ap. 0058643-78.2005.8.26.0000 (antigo 400.554.5/2-00), 4ª C. de Direito Público, Rel. Des. Osvaldo Magalhães, j. 22.8.2011, registro 29.8.2011).

Por fim, grife-se que o referido entendimento ultrapassa as nossas fronteiras territoriais, merecendo destaque preciosas lições professada por diversos juristas platinos, cujo teor merece completa reprodução.

Nesse passo, ensina José Roberto Dromi, *in verbis*: "En la licitación pública no se requiere un número mínimo de licitadores. La existencia de sólo una propuesta no invalida ni afecta en modo alguno la legitimidad del procedimiento, salvo que el ordenamiento jurídico, por disposición expresa, exija un número mínimo de proponentes" (2010, pp. 377-378).

Com propriedade, preleciona Miguel Marienhoff, *in verbis*: "Pero lo expuesto en nada obsta a que, si sólo se presentase 'una' persona haciendo oferta, si ésta fuere satisfactoria, se acepte la misma y se le adjudique el contrato a dicha persona. Es éste un supuesto de 'excepción' al 'principio' de oposición o concurrencia, que halla clara justificación en el hecho de que todo aquel que lo hubiese deseado, podría haberse presentado como oferente" (1970, p. 201).

Enrique Sayagues Laso, *in verbis*:

"94. Número mínimo de proponentes

"Norma general es que el llamado a licitación es válido sea cual el número de proponentes que concurran al mismo. Públicamente se convoca a todos os interesados a que concurran a la licitación; llegado el momento de la recepción y apertura de las propuestas, el acto se lleva acaso con los que hayan presentados ofertas, y la Administración la adjudica a la más ventajosa de todas.

"No obstante, como el propósito que se persigue con toda licitación, de conseguir la mejor oferta posible, se obtiene sólo parcialmente cuando han habido pocos licitantes, muy a menudo se limita aquel principio, estableciendo un mínimo de concurrentes para que La licitación sea válida. Pero no existiendo disposición expresa en ese sentido, el acto tiene lugar cualquiera sea el número de postores" (1978, p. 100).

Por fim, leciona Bartolome Fiorini, *in verbis*: "Basta que La administración prepare todas las condiciones necesarias para permitir la concurrencia; la circunstancia de que se presente una sola oferta no afecta la validez del procedimiento ni impide la adjudicación. En este caso se supone una tácita y voluntaria exclusión frente al llamado para presentar ofertas. Se entiende que quienes no concurren ante la invitación tienen la intención de abstenerse de competir" (1972, p. 44).

5. Da presença de um apenas licitante na licitação processada pela modalidade convite

Estabelece o art. 22, § 3º, da Lei de Licitações que o convite é a modalidade de licitação entre interessados do ramo pertinente ao seu objeto, cadastrados ou não, *escolhidos e convidados em número mínimo de três pela unidade administrativa*, a qual afixará, cm local apropriado, cópia do instrumento convocatório e o estenderá aos demais cadastrados na correspondente especialidade que manifestarem seu interesse, com antecedência de até 24 horas da apresentação das propostas.

Adite-se, ainda, que estabelece o § 7º do art. 22 que, quando – por limitações do mercado ou manifesto desinteresse dos convidados – for impossível a obtenção do número mínimo de licitantes exigidos no § 3º desse artigo, essas circunstâncias deverão ser devidamente justificadas no processo, sob pena de repetição do convite.

Dessa forma, conjugando-se os dispositivos acima aduzidos, se a Administração licitante convidou o número mínimo de três interessados do ramo pertinente, cadastrados ou não, e estendeu o convite aos demais cadastrados que se interessassem em participar do certame, mas, mesmo assim, não obteve êxito no número mínimo de interessados ou de propostas, seja por limitações de mercado ou manifesto desinteresse dos convidados, estará a repartição promotora da licitação autorizada, uma vez justificada tal ocorrência nos autos do processo licitatório, a dar prosseguimento ao certame.

Sobre o tema ensina o saudoso jurista Diógenes Gasparini: "Para o procedimento devem ser convidados, no mínimo, três prováveis interessados do ramo pertinente ao objeto do convite. Assim, se o objeto do convite é a refeição para presos, devem ser convidados no mínimo três restaurantes ou empresas especializadas no preparo de refeições, sob pena de nulidade do procedimento, vez que sem qualquer propósito o convite de empresas farmacêuticas ou de prestação de serviços de engenharia. *Comprovado o atendimento dessa exigência o procedimento será legítimo, mesmo que dois ou apenas um dos convidados tenha atendido à convocação da entidade licitante. Se apenas um atender à convocação, o procedimento deve prosseguir, e se sua proposta satisfizer às exigências da carta-convite e for conveniente a contratação, esta deve ser celebrada com o proponente.* (...). Não há, assim, que se refazer o convite, consoante prescreve o § 7º do art. 22 da Lei federal de Licitações e Contratos da Administração Pública. Esse parágrafo também permite a realização do convite ainda que *não* se tenha na praça o número mínimo de três interessados, exigido, como regra, para a validade dessa espécie de licitação, restando, destarte, convidados os únicos dois existentes, por exemplo. Nessas duas hipóteses, tais circunstâncias deverão ser devidamente justificadas, sob pena de repetição do convite (art. 22, § 7º)" (2012, p. 631, grifos nossos).

Da mesma forma posiciona Maria Sylvia Zanella Di Pietro, *in verbis*:

"O simples fato de se apresentarem menos do que três licitantes não é suficiente, por si, para determinar a repetição do convite.

"Pelo contrário, será possível prosseguir na licitação se ficar demonstrado o *manifesto desinteresse dos licitantes convidados* (o que decorre da sua própria omissão em atender ao convite) ou as *limitações do mercado*. Nesse caso, a limitação pode decorrer, por exemplo, da inexistência de outros possíveis interessados ou de empresas que não atendam às exigências da Administração. Se houver outros possíveis interessados em condição de atender ao convite, este deve ser repetido, agora com observância do § 6º do artigo 22 da Lei n. 8.666, com a redação dada pela Lei n. 8.883, de 8.6.1994" (2000, p. 92).

Grife-se, todavia, que o referido posicionamento é polêmico, uma vez que se tem entendido que, além de a Administração licitante proceder ao convite de três particulares, deverá verificar no certame três propostas aptas para que o prosseguimento da licitação seja lícito.

Nesse sentido é a Súmula n. 248 do egrégio Tribunal de Contas da União: "Não se obtendo o número legal mínimo de três propostas aptas à seleção, na licitação sob a modalidade Convite, impõe-se a repetição do ato, com a convocação de outros possíveis interessados, ressalvadas as hipóteses previstas no parágrafo 7º, do artigo 22, da Lei 8.666/93".

Acerca dos objetivos dessa Súmula, justifica-se o egrégio TCU:

"Essa interpretação dada ao dispositivo está em consonância com o próprio objetivo da licitação, que é o de encontrar a proposta mais vantajosa para a administração, o que, via de regra, se consegue quanto maior o nível de competitividade envolvido. Assim, por exemplo, num caso em que três empresas são convidadas, mas apenas uma apresenta proposta válida, não se tem de fato uma competição. Em razão disso, entende o Tribunal que são necessárias três propostas válidas para que a contratação possa ser realizada. Até para evitar situações, já detectadas diversas vezes pelo Tribunal, em que são realizadas licitações 'de fachada', nas quais são convidadas três empresas, sabendo-se de antemão que apenas uma tem condições de fornecer o produto ou executar o serviço. Ou mesmo situações em que não está presente a má-fé, mas o nível de competição verificado no certame é baixo, e existem outras empresas, não convidadas, aptas a participar da licitação.

"É claro que há situações especiais, em que o mercado é pouco competitivo ou que os possíveis fornecedores demonstram desinteresse em participar da licitação. Nesse tipo de situação, que constitui uma exceção à regra geral e precisa ser demonstrada no processo administrativo de licitação, não se precisará repetir o convite. É o que dispõe o art. 22, § 7º da Lei n. 8.666/93."

Criticando o referido mandamento da egrégia Corte de Contas da União, assevera o jurista Marçal Justen Filho:

"A inexistência de, no mínimo, três potenciais interessados ou não comparecimento de licitantes em tal número não se constitui em causa de invalidação do procedimento licitatório não obstante a insistência dos Tribunais de Contas em adotar a interpretação distinta. Mas a Administração deverá justificar, por escrito, a ocorrência.

"Não é compatível com a Lei o argumento de que o número mínimo de três deverá ser apurado em relação às propostas válidas. Alguns têm afirmado que, inexistindo número igual ou superior a três propostas válidas, a licitação deverá ser repetida. Ou seja, o problema não seria de dirigir o convite para três licitantes, mas de ser por ela atendido" (2012, p. 298).

Desta feita, não obstante o entendimento do TCU, o fato de apenas um licitante comparecer ao certame processado por convite, *ou* eventualmente somente uma das empresas participantes lograr êxito na fase habilitatória (se existente) ou de classificação e julgamento das propostas (número de propostas válidas inferior a três), por si só, não implicará a necessidade de sua renovação, estando, pois, a Administração promotora do certame licitatório legitimada a dar continuidade aos expedientes licitatórios, desde que *justificada* a ocorrência.

6. Momento da verificação da presença de um licitante

6.1 Sessão pública de abertura da licitação

Mesmo a Administração promotora da licitação observando estritamente os ditames fixados no Estatuto Federal Licitatório, garantindo, por exemplo, a efetiva publicidade da competição e a lisura do ato convocatório, no sentido de este ser totalmente desprovido de qualquer expediente que possa restringir a competitividade do processo seletivo; grife-se que, na ocasião da abertura da sessão pública do torneio licitatório, poderá ser observada a presença de apenas um interessado no local de abertura dos envelopes.

Ressalte-se que a referida situação pode ter infindáveis motivos; apontam-se dois, já previstos na própria Lei de Licitações, no § 7º[10] do art. 22, que permite que a licitação processada por convite prossiga com menos de três interessados, quais sejam, a *limitação de mercado* e o *desinteresse de particulares*.

Com efeito, é de se destacar que foi dada igual oportunidade para todos os potenciais interessados comparecerem à repartição promotora do certame licitatório, na data fixada no ato convocatório, munidos dos devidos envelopes. Desse

10. "§ 7º. Quando, por limitações do mercado ou manifesto desinteresse dos convidados, for impossível a obtenção do número mínimo de licitantes exigidos no § 3º deste artigo, essas circunstâncias deverão ser devidamente justificadas no processo, sob pena de repetição do convite."

modo, não poderá a Administração revogar a licitação, sob pena de violar o princípio da isonomia, já que o único licitante não pode ser punido pelo desinteresse de outros particulares.

De fato, agir assim atenta de forma discriminatória a esse único interessado, pois a ausência de competidores não autoriza a Administração a desqualificar a sua proposta, ignorando-a, a ponto de se pretender pôr fim à licitação.

Nesse sentido, ensina José Roberto Dromi: "La comparecencia de apenas un proponente no invalida los principios del procedimientos licitatorios. La regla de tratamiento igualitario es respetada con el llamamiento a eventuales interesados. Por el contrario, habría una lesión al principio de igualdad, si un interesado idóneo, que cumplimentó los presupuestos del llamado, fuese igualado a terceros desinteresados. Repetimos que el proponente tiene siempre derecho a que su oferta sea considerada aunque sea la única que se presente" (2010, pp. 377-378).

Ocorrendo a referida situação, o mesmo procedimento a ser empreendido pela Administração ao se verificarem na licitação diversos interessados deverá ser implementado no momento da ocorrência de apenas um interessado nas etapas já apontadas.

Assim, considerando-se a inexistência de ilegalidade no edital, entende-se que aquele único interessado, que compareceu à sessão pública na data aprazada, atendendo ao chamado da Administração licitante, tem o direito de permanecer na competição, não podendo, por esse motivo, ser o referido processo seletivo encerrado precocemente.

Sugere-se, por fim, em reverência ao princípio da competitividade, a fim de eventualmente afastar a referida situação nessa fase do procedimento licitatório, que o ato convocatório autorize, quando apenas um licitante acudir ao chamado da Administração, o Pregoeiro ou a Comissão de Licitação a prorrogar a abertura da sessão pública do certame em 15 minutos (por exemplo), concedendo, assim, nova oportunidade a algum proponente atrasado.

6.2 Habilitação

Poderá acudir ao chamado da Administração licitante para apresentar os devidos envelopes uma multiplicidade de interessados, sendo, esse, aliás, o expediente que comumente ocorre nas licitações processadas pela Administração Pública brasileira; entretanto, nem todos eles, após o julgamento e apreciação dos recursos, serão considerados aptos para prosseguir na competição. Nessa oportunidade, poderá apenas um particular atender à documentação habilitatória exigida no edital.

Assim, considerando-se a inexistência de expediente redutor da competição, bem como a necessidade de observância do princípio da isonomia (já que todos os interessados tiveram a oportunidade de apresentar a documentação de acordo com o edital), deve a Administração considerar habilitada somente aquele licitante que atendeu às condições do edital, avançando, assim, no processamento da licitação.

Nesse caso, não há como arguir a ausência de competição no processo seletivo já que diversos competidores apresentaram-se para participar do torneio e, por motivo imputado tão somente ao licitante, houve o seu legítimo alijamento da competição.

Assim, sem mais delongas, ressalte-se que deve prosseguir a licitação em que apenas um licitante foi declarado habilitado, realizando-se os atos subsequentes relativos à modalidade que processa a licitação, salvo se verificado que a ausência de competidores foi causada por alguma condição editalícia ilegal, circunstância que demandará a anulação do processo seletivo, como já foi acima ressaltado.

6.3 Julgamento das propostas

No decorrer do processo licitatório, poderá observar-se que apenas uma proposta está em conformidade com os requisitos editalícios, não sendo considerada inexequível ou superestimada, independentemente do fato de terem-se apresentado na sessão pública de abertura da licitação um ou diversos licitantes.

Nessa situação, considerando-se a inexistência de disciplina editalícia no sentido de direcionar o objeto da licitação para esse único proponente – circunstância que demanda a anulação do certame por flagrante violação ao princípio da competitividade –, atendendo a sua proposta às exigências do edital, em detrimento dos demais, e em sendo, ainda, exequível a oferta; deverá a Administração promotora da licitação classificá-la.

Desta forma, deverá ocorrer, porque a presença de apenas um licitante não conduz ao entendimento de que a Administração promotora do certame licitatório irá realizar uma contratação desvantajosa, pois, existindo um ou diversos licitantes na competição, somente será adjudicado o objeto da licitação ao particular detentor de uma proposta que se encontre dentro dos parâmetros constantes da pesquisa de mercado.

Nesse sentido, destaque-se que foi dada *igual* oportunidade para todos os interessados comparecerem à sessão pública, atenderem às exigências habilitatórias e apresentarem uma proposta competitiva; logo, a não adjudicação do objeto da licitação a esse único proponente – que teve a sua proposta classificada – para promover a revogação do certame caracterizará violação ao princípio da isonomia, já que esse particular, que se empenhou para estar na referida fase do processo licitatório, não poderá ser prejudicado em virtude da incompetência dos demais que, por tal e qual motivo, não se apresentaram na sessão pública ou, no caso daqueles que acudiram ao chamado da Administração, foram inabilitados ou desclassificados.

Com efeito, ressalte-se que inexiste fundamento legal para a Administração licitante, motivada pela verificação de apenas uma proposta classificada, pôr fim à licitação.

Como já foi asseverado, tal situação não *desqualifica a oferta do particular.* O que torna ilegítima a sua proposta é ela se apresentar como inexequível, superestimada ou por desatender a alguma exigência editalícia – circunstância que demandará a sua desclassificação.

Adilson de Abreu Dallari, quando preleciona acerca do julgamento das propostas, ensina que:

"A qualidade da proposta independe do número de proponentes. Havendo apenas uma proposta que satisfaça plenamente ao pretendido pode ser altamente danoso para a Administração, pois além do tempo perdido e das despesas acarretadas pela renovação do procedimento, nada impede que aquele mesmo licitante único altere o preço proposto anteriormente, em prejuízo da Administração, seja por prevalecer-se da situação de único interessado, seja simplesmente em decorrência da inflação.

"Acima de tudo, não há por que invalidar-se a licitação exclusivamente pelo fato da existência de uma só proposta valida, se a Administração pode não aceitar tal proposta, caso, afinal, ela se revele comprovadamente insatisfatória ou inconveniente. Havendo apenas uma proposta viável pode-se, imediatamente, passar à fase seguinte" (1997, pp. 135-136).

No caso de uma licitação processada pela modalidade pregão, dada a impossibilidade da realização da fase de lances com apenas um licitante, deverá o pregoeiro negociar com esse único particular, conforme determina o art. 4º, inc. XVII, da Lei do Pregão, com o fito de buscar condições ainda mais vantajosas para a Administração licitante.[11]

Nesse caso, o prosseguimento dessa licitação também não restará obstada em face de uma negociação infrutífera, desde que a oferta desse único licitante se encontre dentro dos parâmetros mercadológicos.

7. Aplicação do art. 48, § 3º, da Lei de Licitações na fase de habilitação e de julgamento das propostas quando for verificado apenas um licitante

Como acima restou assentado, poderá prosseguir uma licitação que acudiu apenas um interessado, realizando-se a próxima fase no procedimento licitatório, que será a habilitação nos casos de convite, tomada de preços ou concorrência, sem prejuízo da legislação que determinou a inversão das fases da competição, ou o julgamento das propostas, no caso específico de licitação processada pela modalidade pregão.

Nesse sentido, cotejando a documentação constante do envelope habilitatório com os requisitos fixados no ato convocatório, poderá ser observado que o único proponente que compareceu ao certame não foi considerado apto para permanecer no torneio, por não atender às exigências editalícias. Nesse caso, não restará alternativa para a Administração promotora do certame a não ser a inabilitação do único licitante, sob pena de violação ao princípio da estrita vinculação ao edital.

Também poderá ser verificado que a proposta desse único licitante não atendeu aos reclamos editalícios já que, por exemplo, as características do objeto que constou da sua proposta são distintas daquelas consignadas no edital ou, ainda, a oferta desse particular foi considerada inexequível ou superestimada, quando cotejada com o valor estimado da contratação.

Assim, nesse último caso, não sendo a exequibilidade da proposta comprovada ou tendo sido superestimados os preços apresentados, na forma do art. 48, inc. II, da Lei de Licitações, não restará alternativa para a Administração licitante senão desclassificar a única proposta.

Nessas ocasiões, independentemente da modalidade que processou a licitação, poderá a Administração promotora do certame licitatório, após o julgamento do competente recurso que manteve a inabilitação ou a desclassificação, se houver, com fundamento no art. 48, § 3º, da Lei de Licitações, conceder o competente prazo para que o único licitante apresente nova documentação ou proposta escoimada dos vícios observados.

Com efeito, da mesma forma com que se franqueia a possibilidade de apre-

11. "(...) não existe na legislação nenhum impedimento para que o procedimento do pregão seja considerado irregular, em que pese a participação de apenas um licitante;

"– se apenas uma proposta é apresentada, esta é a única a avançar nos lances. Não se pode olvidar a escorreita postura da pregoeira, que mesmo diante de apenas uma proposta classificada realizou o convite previsto no art. 11, X, do Decreto 3.555/2000 e conseguiu uma redução na proposta oferecida" (TCU, Acórdão 64/2004, 2ª Câmara, voto do Min. Rel. Ubiratan Aguiar. *DOU* 5.2.2004).

sentação de nova proposta ou documentação escoimada dos vícios nas licitações em que há uma multiplicidade de competidores, deve ser garantida a intenção do legislador nos certames em que a competição é reduzida, sob pena de violação ao princípio da isonomia.

Desta feita, repise-se que a mesma oportunidade concedida para se apresentar nova proposta ou documentação escoimada de vícios, quando no torneio licitatório se observam diversos licitantes, não pode ser negada acaso haja apenas um proponente.

Corroborando nossa assertiva ensina a professora Maria Sylvia Zanella Di Pietro, *in verbis*: "Quanto à segunda indagação proposta, *o fato de existir um só proponente na concorrência ou tomada de preços ou ocorrendo inabilitação dos demais, não impede a aplicação do art. 48, § 3º, da Lei n. 8.666*. O intuito evidente desse dispositivo é o de aproveitar o procedimento, evitando-se, na medida do possível, os custos provocados por um novo procedimento. Assim, se uma só proposta restar e ela for inaceitável, não há qualquer impedimento a que a Administração dê ao licitante o prazo de 8 dias para que se apresente nova proposta escoimada dos vícios. Até porque o dispositivo não fez qualquer distinção quanto ao número de propostas, não cabendo ao intérprete fazê-la" (2000, p. 219, destaques nossos).

Da mesma forma preleciona o saudoso mestre Diógenes Gasparini, *in verbis*: "Se somente um proponente comparece e não satisfaz às exigências de habilitação, a ele devem ser concedidos os benefícios do § 3º do art. 48, pois ele significa *todos*" (cf. ob. cit., p. 667, destaque do autor).

Não é de outra forma que preconiza o egrégio Tribunal de Contas da União, *in verbis*:

"29. A aplicação do § 3º do art. 48 pressupõe a desclassificação de todas as propostas ou a inabilitação de todos os licitantes. O princípio da isonomia impede que a Administração faculte a renovação dos documentos ou das propostas quando houver licitantes habilitados ou classificados. Portanto, se um único licitante preencher os requisitos estabelecidos no edital, não se deve admitir o saneamento dos vícios por parte dos demais.

"30. Além disso, a regra não pode ser aplicada relativamente a licitantes já excluídos em outras fases no curso da licitação. Desclassificada a proposta técnica da única participante do certame, não cabe facultar aos licitantes eliminados na fase de habilitação apresentar novos documentos ou novas propostas técnicas. Os licitantes inabilitados já foram excluídos da licitação e não devem ser reconvocados pela desclassificação da proposta técnica do proponente remanescente.

"31. *Outrossim, a existência de apenas um concorrente em determinada fase do certame, a meu ver, não desnatura a aplicação do § 3º do art. 48 da Lei n. 8.666/1993*" (TCU, Acórdão 2.048, Plenário, voto do Min. Rel. Benjamin Zymler, *DOU* 13.11.2006, grifos nossos).

8. A divergência de entendimento no Superior Tribunal de Justiça

Não obstante seja esse o entendimento pacífico da melhor doutrina e das egrégias Cortes de Contas, como acima restou exaustivamente demonstrado, no Superior Tribunal de Justiça vislumbra-se que o mesmo é controverso, dada a verificação de decisões que se manifestam pela possibilidade da revogação da licitação quando for verificada a presença de apenas um licitante na competição e de acórdão cujo teor é no sentido de ser possível o prosseguimento do certame quando da existência de apenas um competidor.

Nesse sentido, posicionando-se pela impossibilidade da condução da licitação com apenas um proponente, têm-se os seguintes acórdãos:

"Administrativo. Licitação. *Apenas um candidato em condições de participar. Revogação pela Administração: possibilidade, pois o interesse público recomenda que mais de um candidato participe efetivamente da licitação*. Recurso não conhecido" (STJ, REsp 46.179-MG, 2ª T., Rel. Min. Adhemar Maciel, *DJU* 11.5.1998, destaques nossos).

"Administrativo – Licitação – Modalidade Pregão Eletrônico – Revogação – Contraditório.

"1. Licitação obstada pela revogação por razões de interesse público.

"2. Avaliação, pelo Judiciário, dos motivos de conveniência e oportunidade do administrador, dentro de um procedimento essencialmente vinculado.

"3. Falta de competitividade que se vislumbra pela só participação de duas empresas, com ofertas em valor bem aproximado ao limite máximo estabelecido.

"4. A revogação da licitação, quando antecedente da homologação e adjudicação, é perfeitamente pertinente e não enseja contraditório.

"5. Só há contraditório antecedendo a revogação quando há direito adquirido das empresas concorrentes, o que só ocorre após a homologação e adjudicação do serviço licitado.

"6. O mero titular de uma expectativa de direito não goza da garantia do contraditório.

"7. Recurso ordinário não provido" (STJ, RMS 23.402-PR, 2ª T., Rel. Min. Eliana Calmon, *DJe* 2.4.2008).

"(...) 8. *A participação de um único licitante no procedimento licitatório configura falta de competitividade, o que autoriza a revogação do certame. Isso porque uma das finalidades da licitação é a obtenção da melhor proposta, com mais vantagens e prestações menos onerosas para a Administração, em uma relação de custo-benefício, de modo que deve ser garantida, para tanto, a participação do maior número de competidores possíveis*" (STJ, RMS 23.360-PR, Rel. Min. Denise Arruda, j. 18.11.2008, *DJe* 17.12.2008, destaques nossos).

Pela possibilidade de prosseguimento da licitação, temos o seguinte entendimento:

"Administrativo. RMS. Recurso do artigo 109 da Lei 8.666/93. Amplitude.

"1. A autoridade superior quando do julgamento do recurso inserto no artigo 109 da Lei de n. 8.666/93 pode adentrar no mérito da decisão que habilitou e inabilitou licitantes.

"2. Inviável a via do mandamus para discutir deficiência de comprovação de capacidade técnica aferida em licitação sem prova inequívoca do cumprimento das exigências do edital.

"3. *Não há óbice legal a continuação de certame licitatório quando reste habilitado apenas um dos licitantes, desde que cumprido o rito procedimental da licitação*.

"4. Recurso ordinário em mandado de segurança improvido" (STJ, RMS 19.662-SP (2005/0034194-2), Rel. Min. Castro Meira, j. 16.3.2006, *DJU* 27.3.2006, p. 243, destaques nossos).

9. A legalidade do avanço da licitação quando for verificado apenas um proponente e o afastamento da revogação da competição

Como restou assentado, não havendo vício no ato convocatório, no nosso entender, inexistirá fundamento legal para que a Administração promotora do certame revogue a licitação quando for observado apenas um licitante nas fases do processo seletivo já mencionadas acima.

Caso verifique-se, todavia, que a ausência de competidores ou o alijamento de proponentes do certame (por inabilitação ou desclassificação) foi causado por uma exigência injustificada não amparada na Lei de Licitações, entende-se que a providência da Administração será a de anulação da licitação, como também já restou assentado acima.

Para que a revogação de uma licitação seja lícita, em qualquer fase do procedimento licitatório, deverá existir o preenchimento das condições dispostas no *caput* do art. 49 da Lei de Licitações,[12] quais sejam, existência de *razões de interesse público, decorrente de fato superveniente devidamente comprovado, pertinente* e *suficiente para justificar tal conduta*, a ser consignado em parecer devidamente motivado.

Acerca do preenchimento destes requisitos, exigidos pela lei para que a revogação seja legítima, ressalte-se que a presença de apenas um licitante na sessão pública de habilitação, nas fases habilitatória ou classificatória, seria caracterizado como um fato superveniente.

Em relação, todavia, à exposição das razões de interesse público, isto é, a "justa causa", que seja suficiente para justificar a revogação da licitação, tem-se que tal requisito apresenta dificuldade de comprovação; como ensina Hely Lopes Meirelles:

"Não havendo *justa causa*, quer para a revogação, quer para a anulação, a decisão revocatória ou anulatória torna-se arbitrária, porque uma e outra estão vinculadas aos motivos que as autorizaram, ou seja: o interesse público, para a *revogação*; a ilegalidade, para a *anulação*" (2010, p. 227).

Nesse passo, caso a Administração promotora do certame *não* consiga demonstrar essa "justa causa", qual seja, o prejuízo ao interesse público que repousa na presença de apenas um licitante no certame, a revogação do processo seletivo será irregular e ilegítima e possibilitará que esse único interessado, caso se sinta prejudicado, discuta a referida situação no Poder Judiciário, circunstância que adiará ainda mais o atendimento da necessidade administrativa almejado com o objeto da licitação revogada.

Assim, por inexistir a violação a nenhum dispositivo legal da Lei de Licitações ou a princípio licitatório ou de direito público, entende-se que deve a Administração promotora da licitação prosseguir com o certame, abrindo, quando for o caso, a sessão pública da competição, verificando as condições habilitatórias desse único particular ou aferir a sua proposta comercial, antes de tomar qualquer decisão a respeito.

Nesse passo, processando-se a licitação e verificando-se ao cabo do procedimento administrativo ofertas vantajosas, indaga-se: será que a presença de apenas um particular nas fases acima delineadas *desaconselharia* o prosseguimento da licitação, como manifestou o Superior Tribunal de Justiça nas decisões expostas acima, ou somente *sinalizaria*[13] a referida oportunidade, o que demandaria a

12. "Art. 49. A autoridade competente para a aprovação do procedimento somente poderá revogar a licitação por razões de interesse público decorrente de fato superveniente devidamente comprovado, pertinente e suficiente para justificar tal conduta, devendo anulá-la por ilegalidade, de ofício ou por provocação de terceiros, mediante parecer escrito e devidamente fundamentado."

13. "Administrativo. Ação popular. Licitação. Apenas um licitante interessado. Ausência de competição. Revogação. Possibilidade não

necessidade de a Administração licitante analisá-la, de forma cautelosa, a fim de prejudicar o direito do único particular de contratar com a Administração licitante?

No nosso sentir, tem-se que a verificação da presença de apenas um particular na competição em plenas condições *habilitatórias* e *comerciais* (preços vantajosos) de prosseguir no processo seletivo, não autoriza a revogação da licitação, sob pena de ser violado o princípio da isonomia, cujo entendimento acima já foi delineado, circunstância que permite ao licitante prejudicado questionar tal postura em vias administrativas ou judiciais, devendo, portanto, o processo seletivo avançar, observando-se o procedimento inerente a modalidade adotada.

Ademais, ressalte-se que revogar a licitação por causa da presença de apenas um licitante, nas fases apontadas, além de postergar a contratação, poderá causar prejuízo ao interesse público almejado com o referido objeto e à Administração promotora do certame, que deverá, desnecessariamente, movimentar novamente a máquina administrativa, para processar novo certame que não terá certeza que acudirá mais interessados ou que receberá uma proposta mais vantajosa do que aquela que irá dispensar em face da suposta ausência de competitividade.

Sobre o tema ensina o jurista argentino José Roberto Dromi: "La inadmisibilidad del ofertante único, por serlo, importa adherir a un criterio sumamente formalista y dañoso para la economía y celeridad del obrar administrativo, pues además del tiempo perdido y el costo que acarrea la renovación del procedimiento, nada impide que se presente el mismo y único oferente" (2010, p. 378).

A nosso ver, portanto, a presença de apenas um licitante nas fases já apontadas não é justa causa para a Administração pôr fim ao processo licitatório precocemente, existindo mais e suficientes razões para justificar a manutenção da licitação com somente um particular do que revogar o processo licitatório motivado pela suposta falta de competitividade.

10. Considerações finais

Como restou assentado, portanto, é legítimo que o processo licitatório prossiga quando somente um particular atendeu ao chamado da Administração promotora do certame licitatório, só um licitante apresentou a documentação exigida no ato convocatório – restando, portanto, habilitado –, ou simplesmente um proponente apenas teve a sua proposta classificada.

efetivada pela Administração. Ato discricionário. Observância do interesse público. Mérito administrativo. Controle judicial. Impossibilidade.

"1) *A ausência de competição, com a existência de apenas um licitante interessado no objeto do certame, não impõe à Administração Pública a revogação de todo o procedimento, sinalizando, tão somente, a existência da possibilidade de revogação, que poderá ou não ser levada a efeito pelo Administrador, segundo seu próprio critério de conveniência, mérito este que não se submete ao controle judicial, demonstrada a correspondência com o interesse público, na hipótese concreta.*

"2) O IBAMA, intimado a externar as razões que o levaram a optar pelo prosseguimento da licitação, afirmou que a situação irregular da prestação de serviços de transporte no acesso ao Morro do Corcovado era de tal forma grave que não seria possível esperar mais para revertê-la. Assim, atenderia mais ao interesse público – e também ao interesse da autarquia, que tem como uma de suas funções fiscalizar a preservação do meio ambiente – prosseguir com a licitação, contratando empresa que assumisse, além da prestação do serviço de transporte, o compromisso de respeitar as normas ambientais" (Brasil, TRF-2ªR., 2011, Ap. em reexame necessário 200751010251137-RJ 2007.51.01.025113-7, destaques nossos).

Nesse sentido, o referido entendimento é comungado por toda a doutrina administrativista, a longa data, bem como pelos órgãos de controle externo e Poder Judiciário paulista, sem prejuízo das divergências observadas no Superior Tribunal de Justiça.

Para que o processo licitatório avance legitimamente, todavia, deverá o ato convocatório ser desprovido de qualquer tipo de expediente que possa, de alguma forma, restringir a participação de interessados, sob pena de o agente público competente ser responsabilizado, na forma da lei, civil, penal e administrativamente.

Assim, esse único interessado tem o direito de permanecer no certame, não podendo o referido processo seletivo ser encerrado precocemente por esse motivo, devendo a Administração licitante praticar os atos subsequentes. Nessa toada, caso esse particular atenda a todos os requisitos do edital e apresente um preço vantajoso, se sagrará vencedor do torneio, passando, após os atos de homologação e adjudicação, a celebrar o competente contrato administrativo ou aceitar ou retirar o instrumento equivalente, fato que possibilitará o atendimento do interesse público almejado com o objeto certame licitatório.

11. Referências bibliográficas

BRASIL. TCU (2005). Acórdão n. 1.290/2005, Plenário, *DOU* 2.9.2005.

______. Tribunal de Contas do Estado de São Paulo (2010). TC-000619/014/10. Voto do Conselheiro Robson Marinho. 2ª C., Sessão 5.10.2010, *DOE* 5.11.2010.

DALLARI, Adilson de Abreu (1997). *Aspectos Jurídicos das Licitações*. 4ª ed. São Paulo: Saraiva.

DI PIETRO, Maria Sylvia Zanella (2000). *Temas Polêmicos sobre Licitações e Contratos*. 5ª ed. São Paulo: Malheiros Editores.

DROMI, José Roberto (2010). *Licitación Pública*. 4ª ed. act. Buenos Aires/Madrid/México: Ciudad Argentina/ Hispania Libros.

FIORINI, Bartolome (1972). *Licitación Pública: selección del Contratista Estatal*. Bueno Aires.

FIGUEIREDO, Lúcia Valle (1993). *Direitos dos Licitantes*. 4ª ed. São Paulo: Malheiros Editores.

GASPARINI, Diógenes (2012). *Direito Administrativo*. 17ª ed. São Paulo, Saraiva.

JUSTEN FILHO, Marçal (2012). *Comentários à Lei de Licitações e Contratos Administrativos*. 15ª ed. São Paulo: Dialética.

______ (2009). *Pregão (Comentários à Legislação do Pregão Comum e Eletrônico)*. 5ª ed. São Paulo: Dialética.

MARIENHOFF, Miguel S. (1970). *Tratado de Derecho Administrativo*. t. III. Buenos Aires: Abeledo.Perrot.

MEIRELLES, Hely Lopes (2010). *Licitação e Contrato Administrativo*. 15ª ed. São Paulo: Malheiros Editores.

MELLO, Celso Antônio Bandeira de (1985). *Licitação*. São Paulo: Ed. RT.

______ (2014). *Curso de Direito Administrativo*. 31ª ed. São Paulo, Malheiros Editores.

MELLO, Oswaldo Aranha Bandeira de (1987). *Da Licitação*. São Paulo: José Bushatsky.

NIEBUHR, Joel de Menezes (2003). *Dispensa e Inexigibilidade de Licitação Pública*. São Paulo: Dialética.

OLIVEIRA, Regis Fernandes de (1981). *Licitação*. São Paulo: Ed. RT.

PAZZAGLINI FILHO, Marino (2011). *Lei de Improbidade Administrativa: Aspectos Constitucionais, Administrativos, Civis, Criminais, Processuais e de Responsabilidade Fiscal*. 5ª ed. São Paulo: Atlas.

PEREIRA JUNIOR, Jessé Torres (2009). *Comentários à Lei das Licitações e Contratações da Administração Pública*. 8ª ed. São Paulo: Renovar.

SAYAGUES LASO, Enrique (1978). *La Licitación Pública*. Montevidéu: Acali Editorail.

A PARTICIPAÇÃO DO ADMINISTRADO COMO LIMITE À DISCRICIONARIEDADE DAS AGÊNCIAS REGULADORAS[1]

MARINA CENTURION DARDANI
Especialista em Direito Administrativo pela PUC/SP.

1. Introdução. 2. O regime jurídico das agências reguladoras. 3. Previsões constitucionais e infraconstitucionais da participação popular. 4. A discricionariedade administrativa. 5. A participação popular e as questões de alta complexidade técnica. 6. Conclusão.

Resumo

A presente monografia tem como objetivo analisar a limitação imposta pela participação popular à discricionariedade exercida pelas agências reguladoras na normatização dos setores por elas regulados. Tem início com a identificação da participação popular como verdadeiro princípio constitucional e requisito mínimo para a caracterização do Estado Brasileiro como Democrático de Direito, pela verificação dos fundamentos da discricionariedade, seu conceito e sua diferenciação da vinculação, as teorias acerca dos conceitos jurídicos indeterminados e o questionamento se o seu uso pela norma gera discricionariedade, bem como sua estrutura lógico-normativa, para, então, iniciar o estudo acerca da existência de diferenças entre a discricionariedade administrativa e a chamada discricionariedade técnica, finalizando a presente análise com a limitação da discricionariedade das agências pelo exercício de suas competências discricionárias e pela participação popular.

Palavras-chave: Brasil – Democracia – Participação Popular – Discricionariedade técnica e discricionariedade administrativa – Participação popular na limitação da discricionariedade das agências reguladoras

1. Monografia apresentada ao Programa de Pós-Graduação *Stricto Sensu*, Mestrado em Direito Administrativo, da PUC/SP, como exigência parcial de avaliação do crédito "Discricionariedade Administrativa e Discricionariedade Técnica", com a professora Dra. Dinorá Adelaide Musetti Grotti, São Paulo, 2012.

Abstract

This thesis aims to analyze the limitation imposed by popular participation to the discretion exercised by regulatory agencies in the normatization of the sectors regulated by them. It begins with the identification of popular participation as a true constitutional principle and a minimum requirement for the characterization of the Brazilian State as a Democratic one, for checking the fundamentals of discretion, its concept and its differentiation from linking theories about the vague legal concepts and inquiry if its use by generating discretion standard, as well as its structure logical rules to, then, begin the study of the existence of differences between the administrative discretion and discretionary technical call, ending the present analysis with limiting the discretion of agencies to exercise their discretionary powers and by popular participation.

Keywords: Brazil – Democracy – Public participation – Technical and administrative discretion – Popular participation in limiting discretion of regulatory agencies

1. Introdução

O presente estudo tem como mote analisar as limitações impostas pela participação popular na edição de atos normativos expedidos pelas agências reguladoras, dando-se ênfase à proibição imposta ao regulador de alterar ou, mesmo, relativizar, no caso concreto, os critérios definidos em abstrato para a regulação de determinada matéria.

A análise pretende enumerar as diversas definições e conceitos trazidos à baila pela doutrina acerca da discricionariedade técnica e da discricionariedade administrativa, a fim de se saber se ambas são distintas ou se uma está contida na outra.

Pretende-se demonstrar que a existência dos institutos de participação popular e, mais especificamente, de participação dos administrados na discussão e elaboração dos regulamentos expedidos pelas agências é válida, alçando o ordenamento jurídico brasileiro, pelo menos no tocante a esses institutos, entre os mais avançados e garantidores.

Todavia, a singela previsão desses institutos no ordenamento não faz com que a participação popular se efetive de forma plena. Por ouro lado, por mais deficiente que a participação popular possa ser na atualidade, não há que se olvidar que tal requisito impede que as agências reguladoras afastem casuisticamente as resoluções por elas adotadas em abstrato com auxílio, efetivo ou não, da participação popular.

Desta forma, a análise acerca da problemática ora proposta terá início com a verificação dos dispositivos constitucionais e legais que contemplam o princípio da participação popular, seja sob viés geral, previsão da participação popular *lato sensu*, seja em relação aos usuários do serviço público de telecomunicação.

Após, serão analisados os fundamentos da discricionariedade, seu conceito e sua diferenciação da vinculação, as teorias acerca dos conceitos jurídicos indeterminados e o questionamento se o seu uso pela norma gera discricionariedade, bem como sua estrutura lógico-normativa. Posteriormente, será realizada análise acerca da existência de diferenças entre a discricionariedade administrativa e a discricionariedade técnica, para, então, analisar-se a limitação da discricionariedade das agências pelo exercício de suas competências discricionárias e pela participação popular.

Feita tal digressão, passar-se-á à análise das razões pelas quais não se consideram efetivos no Brasil os meios colocados à disposição dos usuários de telecomunicação para participarem da construção e discussão dos diplomas reguladores setoriais expedidos pelas agências reguladoras.

Assim, estudar a participação popular na discussão e elaboração dos diplomas reguladores expedidos pelas agências reguladoras é de suma relevância para o aprimoramento da Administração Pública e, por decorrência lógica, do próprio Estado Democrático de Direito. Estudar a efetividade dos meios de participação, ademais, tende a aclarar se os institutos postos à disposição pelo ordenamento para a efetiva participação dos cidadãos no processo normativo das agências reguladoras são apenas em abstrato algo garantidor da intervenção popular na Administração Pública, considerando-se principalmente o alto grau de tecnicidade envolvido nas questões regulatórias e o real estágio apresentado pelo Brasil no tocante à participação cívica consciente da população nos chamados "assuntos de Estado".

2. O regime jurídico das agências reguladoras

O regime jurídico das autarquias é composto por normas e princípios específicos que o diferenciam dos demais institutos do direito administrativo, caracterizando-se por conter princípios que lhe são peculiares e que são diferenciados por possuírem uma lógica de unidade e coerência.

Para Celso Antônio Bandeira de Mello: "'Princípio é, pois, por definição, mandamento nuclear de um sistema, verdadeiro alicerce dele, disposição fundamental que se irradia sobre diferentes normas, compondo-lhes o espírito e servindo de critério para exata compreensão e inteligência delas, exatamente porque define a lógica e a racionalidade do sistema normativo, conferindo-lhe a tônica que lhe dá sentido harmônico'. Eis por que: 'violar um princípio é muito mais grave que transgredir uma norma. A desatenção ao princípio implica ofensa não apenas a um específico mandamento obrigatório, mas a todo o sistema de comandos. É a mais grave forma de ilegalidade ou inconstitucionalidade, conforme o escalão do princípio violado, porque representa insurgência contra todo o sistema, subversão de seus valores fundamentais, contumélia irremissível a seu arcabouço lógico e corrosão de sua estrutura mestra'".[2]

Tem-se, pois, que princípio é mandamento nuclear de qualquer sistema jurídico, não sendo exceção, portanto, o sistema atinente às autarquias, e em especial às agências reguladoras.

Para Alexandre Mazza: "O regime jurídico das agências reguladoras é composto na sua integralidade por regras de pelo menos três origens diferentes: (a) regras que decorrem do regime jurídico-administrativo pelo fato de as agências, no Brasil, serem autarquias; (b) regras derivadas do chamado regime especial das agências; (c) regras pertencentes ao patamar normativo particular de cada agência reguladora".[3]

Desta forma, o regime jurídico das agências reguladoras é composto, primeiramente, pelas regras que decorrem do regime jurídico-administrativo, vez que as agências reguladoras são autarquias.

Para Celso Antônio Bandeira de Mello o regime jurídico-administrativo possui como base os princípios da supremacia do interesse público sobre o privado e da indisponibilidade, pela Administração, dos interesses públicos. Fazem

2. Celso Antônio Bandeira de Mello, *Curso de Direito Administrativo*, 31ª ed., São Paulo, Malheiros Editores, 2014, p. 54.

3. Alexandre Mazza, *Agências Reguladoras*, São Paulo, Malheiros Editores, 2005, p. 35.

parte desse regime, ainda, os seguintes princípios: legalidade, finalidade, razoabilidade, proporcionalidade, motivação, impessoalidade, publicidade, moralidade administrativa, devido processo legal e ampla defesa, controle judicial dos atos administrativos, responsabilidade do Estado por atos administrativos e, por fim, eficiência.

Em segundo lugar, o regime jurídico das agências reguladoras é composto pelas regras derivados do regime especial das agências. Há que se ressaltar que este regime especial se diferencia do regime aplicável às demais autarquias apenas pela fixidez e investidura dos mandatos de seus dirigentes, pois características como a independência administrativa, autonomia funcional e a autonomia patrimonial e da gestão de recursos humanos são características comuns a todas as autarquias.

"Ora, 'independência administrativa' ou 'autonomia administrativa', 'autonomia financeira', 'autonomia funcional' e 'patrimonial e da gestão de recursos humanos' ou de quaisquer outros que lhes pertençam, 'autonomia nas suas decisões técnicas', 'ausência de subordinação hierárquica', são elementos intrínsecos à natureza de *toda e qualquer autarquia*, nada acrescentando ao que lhes é inerente. Nisto, pois, não há peculiaridade alguma; o que pode ocorrer é um grau mais ou menos intenso destes caracteres.

"***25***. Assim, o único ponto realmente peculiar em relação à generalidade das autarquias está nas disposições atinentes à investidura e fixidez do mandato dos dirigentes destas pessoas, (...)."[4]

Por fim, o regime jurídico das agências é composto por regras pertencentes ao patamar normativo particular de cada agência reguladora, que serão, no tocante à participação popular, destacadas no próximo item.

Conclui-se, assim, que as agências reguladoras são autarquias submetidas a um regime especial, instituídas com o fulcro de disciplinar e controlar determinadas atividades, tais como os serviços públicos (ANEEL, ANATEL, ANTT, ANTAQ e ANAQ), as atividades de fomento e fiscalização de atividades privadas (ANCINE), atividades do uso de bem público (ANA), dentre outras.

Surgiram com a relevante missão de regular os assuntos atinentes ao seu campo específico de atuação sem invadirem o campo da competência legislativa. Isso porque, como é amplamente sabido, apenas o Poder Legislativo tem competência constitucional para inovar originariamente na ordem jurídica brasileira, em função da previsão do princípio da legalidade.

Desta forma, pode-se afirmar que as agências reguladoras, ao disciplinarem os assuntos atinentes à sua esfera de atuação, têm de se restringir a normatizar os aspectos estritamente técnicos da atividade regulada, sob pena de violarem o princípio da legalidade. Assim, conforme ensina Celso Antônio Bandeira de Mello:

"(...). Em suma: cabe-lhes expedir normas que se encontrem abrangidas pelo campo da chamada 'supremacia especial' (...).

"De toda sorte, ditas providências, em quaisquer hipóteses, sobre deverem estar amparadas em fundamento legal, jamais poderão contravir o que esteja estabelecido em alguma lei ou por qualquer maneira distorcer-lhe o sentido, maiormente para agravar a posição jurídica dos destinatários da regra ou de terceiros; assim como não poderão também ferir princípios jurídicos acolhidos em nosso sistema, sendo aceitáveis apenas quando indispensáveis, *na extensão e intensidade*

4. Celso Antônio Bandeira de Mello, *Curso de Direito Administrativo*, cit., 31ª ed., p. 178.

requeridas para o atendimento do bem jurídico que legitimamente possam curar e *obsequiosas à razoabilidade*."[5]

Nota-se, portanto, que não se está a negar às agências reguladoras a competência para normatizar os assuntos atinentes ao seu campo de atuação – o que seria esvaziar por completo sua função atual, impedindo-as de alcançarem seus objetivos legais e para os quais foram instituídas. O que se está a dizer é que as agências reguladoras não cumprem o mesmo papel do Poder Legislativo e não podem arvorar as competências reservadas constitucionalmente aos parlamentares.

O poder normativo concedido às agências busca – segundo Dinorá Adelaide Musetti Grotti – "assegurar uma regulação imparcial, decisões mais técnicas, dotadas de maior proteção contras as ingerências meramente políticas, que poderiam prejudicar o funcionamento ideal de um modelo competitivo".[6]

Portanto, as agências reguladoras têm de se cingir a regular os aspectos estritamente técnicos da atividade objeto da regulação, respeitando os parâmetros legais existentes, sem violá-los ou de qualquer maneira distorcê-los. Necessariamente precisam respeitar os princípios e normas jurídicas que compõem o sistema jurídico pátrio.

3. *Previsões constitucionais e infraconstitucionais da participação popular*

Nas palavras de Dinorá Adelaide Musetti Grotti, "o princípio da participação popular na gestão e no controle da Administração Pública é inerente à ideia de Estado Democrático de Direito".[7]

De fato, não há como se conceber Estado Democrático de Direito sem que esse disponha de instrumentos efetivos de participação popular na Administração Pública. A participação direta do cidadão na Administração Pública é fator *sine qua non* para a caracterização do Estado como Democrático, já que a impossibilidade de participação popular na organização, gestão e fiscalização da Administração amesquinha e impede a realização plena da democracia.[8]

O princípio da participação democrática, como dito, é inerente à ideia de Estado Democrático de Direito e está insculpido no "Preâmbulo" e no art. 1º da CF, tendo sido, ainda, contemplado em diversos dispositivos constitucionais, notadamente na disciplina da ordem social.

Para Marcos Augusto Perez os institutos jurídicos de participação popular na Administração podem ser definidos "como instrumentos legalmente previstos que possibilitem aos administrados, diretamente ou através de representantes

5. Idem, p. 177.

6. Dinorá Adelaide Musetti Grotti, "As agências reguladoras", *Revista Eletrônica de Direito Administrativo Econômico* 6, Salvador, maio-julho/2006 (disponível em *http://www.direitoestado.com.br*, acesso em 5.12.2012).

7. Dinorá Adelaide Musetti Grotti, *O Serviço Público e a Constituição Brasileira de 1988*, São Paulo, Malheiros Editores, 2003, p. 166.

8. Para Marcos Augusto Perez, "tanto o princípio democrático quanto o do Estado de Direito se expressam no ordenamento jurídico brasileiro como 'princípios de organização', ou seja, impõem, para além de uma acepção meramente axiológica, uma forma de organização das funções do Estado que seja voltada à plena realização da democracia participativa e dos objetivos do Estado de Direito material; melhor dizendo, a efetivação dos direitos fundamentais" (*Institutos de Participação Popular na Administração Pública*, dissertação (Mestrado em Direito Administrativo), São Paulo, Faculdade de Direito da USP, 1999, p. 55).

escolhidos especificamente para este fim, tomar parte na deliberação, na execução ou no controle das atividades desenvolvidas pela Administração Pública, com o objetivo de tornar mais eficiente a atuação administrativa e dar efetividade aos direitos fundamentais, por meio da colaboração entre a sociedade e a Administração, da busca da adesão, do consentimento e do consenso dos administrados e, afinal, da abertura e transparência dos processos decisórios".[9]

A seguir serão analisados os dispositivos constitucionais e infraconstitucionais que contemplam a participação popular na discussão e elaboração das normas regulamentares expedidas pelas agências reguladoras.

Inicialmente, há que se destacar a previsão da participação popular no Título II da Constituição de 1988, destinado aos "Direitos e Deveres Individuais e Coletivos", estando presente na garantia de acesso de todos à informação (art. 5º, XIV), inclusive às informações provenientes dos órgãos públicos e que sejam de seu interesse particular, ou de interesse coletivo ou geral (art. 5º, XXXIII). Está presente, ainda, no "direito de petição aos Poderes Públicos em defesa de direitos ou contra ilegalidade ou abuso de poder", bem como no direito de obter "certidões em repartições públicas, para defesa de direitos e esclarecimento de situações de interesse pessoal" (at. 5º, XXXIV), na garantia do devido processo legal na esfera administrativa (art. 5º, LV).

Consta também do art. 29 da CF, que disciplina a organização dos Municípios, mais especificamente no inciso XII, que prevê a "cooperação das associações representativas no planejamento municipal". Tal previsão possibilita a participação democrática da população por meio das associações representativas em todas as questões atinentes ao planejamento municipal, direcionando "genericamente a adoção de institutos de participação popular pela Administração Pública nos Municípios".[10]

Outro exemplo encontra-se no art. 187 da CF, que estabelece que "a política agrícola será planejada e executada na forma da lei, com a participação efetiva do setor de produção, envolvendo produtores e trabalhadores rurais, bem como dos setores de comercialização, de armazenamento e de transportes".

No Título VIII da Constituição Federal, que trata da ordem social, encontram-se dispositivos de suma importância para a concreção da participação do usuário na Administração Pública.

Assim é que o inciso VII do art. 194 da CF estabelece ser da competência do Poder Público, nos termos da lei, organizar a seguridade social, objetivando o "caráter democrático e descentralizado da Administração, mediante gestão quadripartite, com participação dos trabalhadores, dos empregadores, dos aposentados e do governo nos órgãos colegiados". Insta ressaltar que a participação dos trabalhadores e empregadores nos colegiados dos órgãos públicos em que seus interesses profissionais ou previdenciários sejam objeto de discussão e deliberação é, nos termos do art. 10, direito fundamental.

Referido título ainda contém dispositivos que prestigiam a participação po-

9. Marcos Augusto Perez, *Institutos de Participação Popular na Administração Pública*, cit., p. 77.

10. Dinorá Adelaide Musetti Grotti, *O Serviço Público e a Constituição Brasileira de 1988*, cit., p. 167.

pular na Administração Pública. É o caso do art. 198, que estabelece que "as ações e serviços públicos de saúde integram uma rede regionalizada e hierarquizada e constituem um Sistema Único", organizado de acordo com três diretrizes, sendo uma delas a participação da comunidade (art. 198, III). Também nesse sentido é a disposição do art. 227, § 1º, que determina a realização pelo Estado de programas de assistência integral à saúde da criança, do adolescente e do jovem, com a participação de entidades não governamentais.

A participação da comunidade também é assegurada nas diretrizes dos sistemas de assistência social, de educação e de cultura.

Nota-se, assim, que o art. 204 determina que "as ações governamentais na área da assistência social serão realizadas com recursos do orçamento da seguridade social" e organizadas com base na participação da população na formulação das políticas e no controle das ações em todos os níveis, por meio de organizações representativas (art. 204, II).

A participação da comunidade é assegurada, ainda, nas diretrizes do sistema de educação, na medida em que os arts. 205 e 206, VI, estabelecem que a educação é direito de todos e dever do Estado e da família, devendo ser promovida e incentivada com a colaboração da sociedade, com vistas ao pleno desenvolvimento da pessoa, seu preparo para o exercício da cidadania e sua qualificação para o trabalho, sendo princípio expresso da educação a gestão democrática do ensino público, na forma da lei. Não há que se olvidar, por fim, do quanto estabelecido pelo art. 60 do Ato das Disposições Constitucionais Transitórias/ADCT, que estabelece que "o Poder Público desenvolverá esforços, com a mobilização de todos os setores organizados da sociedade, para eliminar o analfabetismo e universalizar o ensino fundamental".[11]

Por fim, há que se destacar a participação popular no que atina à cultura. A CF, no art. 216, § 1º, é clara ao determinar que "o Poder Público, com colaboração da comunidade, promoverá e protegerá o patrimônio cultural brasileiro, por meio de inventários, registros, vigilância, tombamento e desapropriação, e de outras formas de acautelamento e preservação".

A Emenda Constitucional 45, de 8.12.2004, foi responsável pela inclusão de dois dispositivos constitucionais que trazem em seu bojo a possibilidade de participação da comunidade por meio das Ouvidorias. Assim, o art. 103-B, § 7º, estabelece o dever da União de criar Ouvidorias "competentes para receber reclamações e denúncias de qualquer interessado contra membros ou órgãos do Poder Judiciário, ou contra seus serviços auxiliares, representando diretamente ao Conselho Nacional de Justiça". Imbuído do mesmo espírito, o art. 130-A, § 3º, I, também incluído pela Emenda Constitucional 45/2004, determina a criação de Ouvidorias para "receber reclamações e denúncias de qualquer interessado, relativas aos membros do Ministério Público e dos seus serviços auxiliares".

A participação do usuário na Administração Pública também possui tratamento constitucional. A Emenda Constitucional 19, de 4.6.1998, alterou a redação do *caput* e do § 3º do art. 37[12]

11. Idem, ibidem.

12. Marcos Augusto Perez assevera que "a Emenda Constitucional 19, ao inserir a suprarreferida norma no ordenamento constitucional brasileiro, deu maior ênfase e destaque à participação popular na Administração Pública. Afinal, muito embora fossem bastante constantes as referências da Constituição à participação popular, enquanto

(bem como dos incisos I, II, V, VII, X, XI, XIII, XIV, XV, XVI, XVII e XIX), fazendo constar que "*a lei* disciplinará as formas de participação do usuário na Administração Pública direta e indireta, regulando as reclamações relativas à prestação dos serviços públicos em geral, asseguradas a manutenção de serviço de atendimento ao usuário e a avaliação periódica, externa e interna, da qualidade dos serviços, bem como o acesso dos usuários a registros administrativos e informações sobre atos de governo, observado o disposto no art. 5º, X e XXXIII" e "a disciplina da representação contra o exercício negligente ou abusivo de cargo, emprego ou função na Administração Pública".[13]

Em relação aos concessionários e permissionários de serviços públicos, insta destacar a previsão implícita de participação dos usuários na execução e prestação do serviço público contida no art. 175, parágrafo único, II, da CF, que estabelece que a lei disporá sobre os direitos dos usuários. Assim, como afirmado anteriormente, os direitos dos usuários estão previstos em diversos diplomas legislativos, dentre eles na Lei 8.987/1995, em diversos dispositivos que ora disciplinam a fiscalização e controle dos serviços outorgados, ora disciplinam a cooperação do usuário.

Para Diogo de Figueiredo Moreira Neto: "Participar de decisões de interesse público é tanto ou, por vezes, mais importante para a vida democrática do que a participação, pelo voto, na escolha de mandatários políticos. O sufrágio eleitoral é modalidade de participação destinada a legitimar a representação popular, quanto às demais formas de participação, diretas e semidiretas, visam a legitimar decisões públicas que, conforme a hipótese de que se tratar, poderá ter alcance muito mais amplo sobre os interesses da sociedade.

instrumento de organização de diversos serviços públicos, carecia essa participação de uma diretiva inserida no âmbito das disposições gerais da Administração Pública, no art. 37" (*Institutos de Participação Popular na Administração Pública*, cit., p. 59).

13. Segundo Dinorá Adelaide Musetti Grotti:

"Essas regras devem garantir, em primeiro lugar, o direito de reclamação do usuário. As formas de efetivação do direito à reclamação incluem, precipuamente, a existência de um serviço de atendimento ao usuário, de natureza obrigatória, e a avaliação periódica, externa e interna, da qualidade dos serviços, a ser definida em lei, quer quanto ao período dentro do qual deva se realizar, quer quanto às formas de avaliação, desde que sejam internas ao próprio serviço e por meio de auditorias externas.

"De outra parte, a fiscalização ou controle que o usuário pode exercer frente à Administração dá-se também por via do acesso que deva ter aos registros administrativos e a informações sobre atos de governo, desde que observados os princípios segundo os quais são invioláveis a intimidade, a vida privada, a honra e a imagem das pessoas, assegurado o direito à indenização pelo dano material ou moral decorrente de sua violação (art. 5º, X), e o de que todos têm direito a receber dos órgãos públicos informações de seu interesse particular, ou de interesse coletivo ou geral, que serão prestadas no prazo da lei, sob pena de responsabilidade, ressalvadas aquelas cujo sigilo seja imprescindível à segurança da sociedade e do Estado (art. 5º, XXXIII).

"Deverá também a lei regulamentar a disciplina da representação contra o exercício negligente ou abusivo de cargo, emprego ou função na Administração Pública.

"Ao que se deduz do advérbio 'especialmente', ao final do *caput* do § 3º do art. 37, as previsões elencadas em seus incisos não são taxativas, mas exemplificativas de prioridades, embora devam ser necessariamente reguladas, e a lei integradora poderá acrescer outras formas de participação dos usuários" (*O Serviço Público e a Constituição Brasileira de 1988*, cit., p. 167).

Na linha do que de mais atualizado há em direito público, a Lei 8.987, de 13.2.1995, busca aproximar, o mais possível, o público usuário das prestações dos serviços públicos, com vistas a que estas lhe sejam cada vez mais úteis e de modo a que todos se vejam cada vez mais compelidos a zelar pelo equipamento público e a exigir qualidade dos serviços prestados".[14]

No plano infraconstitucional, a legislação que disciplina a participação do usuário na Administração Pública e, em especial, nas atividades das agências reguladoras é farta. Os diplomas normativos das agências reguladoras possuem em seu bojo previsões que privilegiam a participação do cidadão, servindo de exemplo a instituição de audiências públicas, consultas públicas, criação de Conselhos, de Ouvidorias, dentre outras.

Assim, a previsão de realização de *audiência pública* aparece, por exemplo, na Lei 9.478/1997,[15] que, em seu art. 19, estabelece que "as iniciativas de projetos de lei ou de alteração de normas administrativas que impliquem afetação de direito dos agentes econômicos ou de consumidores e usuários de bens e serviços das indústrias de petróleo, de gás natural ou de biocombustíveis serão precedidas de audiência pública convocada e dirigida pela ANP".

Na lição de Marcos Augusto Perez: "A audiência pública é o instituto de participação popular na Administração Pública, de caráter não vinculante, consultivo ou meramente opinativo, inserido na fase instrutória do processo decisório, consistente na realização de uma sessão pública aberta a todos os interessados e voltada ao esclarecimento e à discussão de todos os aspectos e problemas envolvidos em uma determinada decisão administrativa".[16]

A realização de audiência pública está prevista também nos processos decisórios da Agência Nacional de Energia Elétrica/ANEEL,[17] que, em seu art. 4º, § 3º, estatui que "o processo decisório que implicar afetação de direitos dos agentes econômicos do setor elétrico ou dos consumidores, mediante iniciativa de projeto de lei ou, quando possível, por via administrativa, será precedido de audiência pública convocada pela ANEEL". Está presente também no art. 5º da Lei Complementar 1.025/2007, que transformou a Comissão de Serviços Públicos de Energia em Agência Reguladora de Saneamento e Energia do Estado de São Paulo/ARSESP.[18]

14. Diogo de Figueiredo Moreira Neto, *Curso de Direito Administrativo*, 15ª ed., Rio de Janeiro, Forense, 2009, pp. 490-491.

15. A Agência Nacional do Petróleo, Gás Natural e Biocombustíves "é entidade integrante da Administração Federal indireta, submetida ao regime autárquico especial, como órgão regulador da indústria do petróleo, gás natural, seus derivados e biocombustíveis, vinculada ao Ministério de Minas e Energia" (art. 7º da Lei 9.478/1997).

16. Marcos Augusto Perez, *Institutos de Participação Popular na Administração Pública*, cit., p. 149.

17. A ANEEL é autarquia sob regime especial, vinculada ao Ministério de Minas e Energia, tendo por finalidade regular e fiscalizar a produção, transmissão, distribuição e comercialização de energia elétrica, em conformidade com as políticas e diretrizes do Governo Federal.

18. A ARSESP é autarquia de regime especial, com personalidade de direito público, vinculada à Secretaria de Estado de Saneamento e Energia, com sede e foro na cidade de São Paulo. Seu regime jurídico caracteriza-se por independência decisória, autonomia administrativa, orçamentária e financeira, mandato fixo e estabilidade de seus diretores e demais condições que tornem efetiva sua autonomia no âmbito da Administração Pública (art. 1º, parágrafo único, da Lei Complementar 1.025/2007).

Já, a *consulta pública* está contemplada, *v.g.*, na Lei Geral de Telecomunicações,[19] que, em seu art. 42, estabelece que as minutas de atos normativos da Agência serão submetidas a consulta pública. Vale ressaltar, ainda, a Lei Complementar 1.025/2007, que prevê, em seu art. 4º, que a ARSESP "promoverá consultas públicas previamente à edição de quaisquer regulamentos e à aprovação de diretrizes, níveis, estruturas e revisões tarifárias, bem como nos demais casos definidos no Regimento Interno".

"Aparentemente inspirada na *enquête* do Direito Francês, a consulta pública consiste em procedimento de divulgação prévia de minutas de atos normativos, para permitir que, em determinado prazo, todos os eventuais interessados ofereçam críticas, sugestões de aperfeiçoamento ou peçam informações e resolvam dúvidas a seu respeito. A Administração tem o dever de documentar todas as consultas e respondê-las publicamente, de modo a instruir e fundamentar o processo decisório. A diferença entre a consulta pública e a audiência pública está em que na primeira há maior possibilidade de interferência dos interessados em relação à decisão que lhes possa afetar; possibilita-se, através da consulta pública, o aprofundamento do debate em torno da decisão administrativa, tanto do ponto de vista político como do ponto de vista técnico. A Administração não é obrigada a aceitar todas as sugestões oferecidas pelos interessados, mas deve motivar a decisão que eventualmente as refutou."[20]

A criação de *Conselhos* com a finalidade de prestigiar a participação dos usuários é clara, por exemplo, na Lei 9.472/1997. A Lei Geral de Telecomunicações prevê a existência de um Conselho Consultivo, que "é o órgão de participação institucionalizada da sociedade na Agência" (art. 33). Nos termos do art. 34, "o Conselho será integrado por representantes indicados pelo Senado Federal, pela Câmara dos Deputados, pelo Poder Executivo, pelas entidades de classe das prestadoras de serviços de telecomunicações, por entidades representativas dos usuários e por entidades representativas da sociedade, nos termos do Regulamento".

"Os Conselhos são órgãos colegiados, ora com função deliberativa, ora com função meramente consultiva, que reúnem representantes da Administração Pública e da sociedade, com ou sem paridade de representação, e que participam do processo decisório de uma determinada área de interesses da Administração."[21]

A Lei 9.782/1999, da Agência Nacional de Vigilância Sanitária/ANVISA,[22] também contempla a participação dos usuários nas decisões tomadas pela Agência, dispondo que esta contará com

19. A Agência Nacional de Telecomunicações/ANATEL é "entidade integrante da Administração Pública Federal indireta, submetida a regime autárquico especial e vinculada ao Ministério das Comunicações, com a função de órgão regulador das telecomunicações, com sede no Distrito Federal, podendo estabelecer unidades regionais" (art. 8º da Lei 9.472/1997).

20. Marcos Augusto Peres, *Institutos de Participação Popular na Administração Pública*, cit., p. 88.

21. Idem, p. 79.

22. A ANVISA é autarquia sob regime especial, vinculada ao Ministério da Saúde, e tem por "finalidade institucional promover a proteção da saúde da população, por intermédio do controle sanitário da produção e da comercialização de produtos e serviços submetidos à vigilância sanitária, inclusive dos ambientes, dos processos, dos insumos e das tecnologias a eles relacionados, bem como o controle de portos, aeroportos e de fronteiras" (art. 6º da Lei 9.782/1999).

um Conselho Consultivo, "que deverá ter, no mínimo, representantes da União, dos Estados, do Distrito Federal, dos Municípios, dos produtores, dos comerciantes, da comunidade científica e dos usuários, na forma do Regulamento" (art. 9º, parágrafo único).

Por fim, há que se destacar as *Ouvidorias*, previstas, por exemplo, nos arts. 8º, § 1º, e 45, *caput*, da Lei 9.472/1997.

A previsão da existência das Ouvidorias pode ser vislumbrada no art. 4º, § 1º, da Lei 9.427/1997, que estabelece que "o decreto de constituição da ANEEL indicará qual dos diretores da Autarquia terá a incumbência de, na qualidade de ouvidor, zelar pela qualidade do serviço público de energia elétrica, receber, apurar e solucionar as reclamações dos usuários".

As Ouvidorias foram contempladas também no art. 63, *caput*, da Lei 10.233/2001, que dispõe sobre a reestruturação dos transportes aquaviário e terrestre, cria o Conselho Nacional de Integração de Políticas de Transporte, o Departamento Nacional de Infraestrutura de Transportes, a Agência Nacional de Transportes Terrestres/ANTT e a Agência Nacional de Transportes Aquaviários/ ANTAQ.[23]

O art. 5º da Lei 9.961/2000, que criou a Agência Nacional de Saúde Suplementar/ANS,[24] também contemplou a existência, dentro de sua estrutura organizacional, das Ouvidorias. Neste mesmo sentido pode-se destacar a previsão da existência de Ouvidoria na ANVISA, que a inclui na sua estrutura organizacional, nos termos do art. 9º da Lei 9.782/1999, e na Agência Nacional de Aviação Civil/ ANAC,[25] estabelecendo o art. 18, § 1º, da Lei 11.182/2005 caber "ao ouvidor receber pedidos de informações, esclarecimentos, reclamações e sugestões, respondendo diretamente aos interessados e encaminhando, quando julgar necessário, seus pleitos à Diretoria da ANAC".

A Agência Nacional do Cinema/ ANCINE,[26] por sua vez, prevê em sua estrutura a existência de uma Ouvidora-Geral, nos termos do art. 8º, § 4º, da Medida Provisória 2.228-1/2001.

O Decreto 97.946/1989, que dispõe sobre a estrutura básica do Instituto Brasileiro do Meio Ambiente e dos Recursos Naturais Renováveis/IBAMA,[27] em seu art. 12 estabelece que a autarquia terá uma Ouvidoria a quem competirá receber e investigar a procedência de reclamações quanto às atividades do IBAMA e dos seus servidores, propondo ao Presidente as medidas cabíveis.

23. A ANTT e a ANTAQ são "entidades integrantes da Administração Federal indireta, submetidas ao regime autárquico especial e vinculadas ao Ministério dos Transportes" (art. 21 da Lei 10.233/2001).

24. A ANS é autarquia sob regime especial, vinculada ao Ministério da Saúde, possuindo atuação em todo o território nacional, como órgão de regulação, normatização, controle e fiscalização das atividades que garantam a assistência suplementar à saúde (art. 1º da Lei 9.961/2000).

25. A ANAC, instituída pela Lei 11.182/2005, é entidade integrante da Administração Pública Federal indireta, submetida a regime autárquico especial, vinculada ao Ministério da Defesa.

26. A ANCINE, autarquia especial, vinculada ao Ministério do Desenvolvimento, Indústria e Comércio Exterior, é órgão de fomento, regulação e fiscalização da indústria cinematográfica e videofonográfica, dotada de autonomia administrativa e financeira, criada pela Medida Provisória 2.228-1/2001 e instituída pelo Decreto 4.121/2002.

27. O IBAMA, "entidade autárquica de regime especial, criada pela Lei n. 7.735, de 22 de fevereiro de 1989, dotada de personalidade jurídica de direito público, com autonomia administrativa e financeira, vinculada ao Ministério do

Ainda, vale destacar a previsão da existência de Ouvidora no art. 6º da Lei Complementar 914/2002, que instituiu a Agência Reguladora de Serviços Públicos Delegados de Transporte do Estado de São Paulo/ARTESP.[28]

Na definição de Alexandre Mazza: "A Ouvidoria é órgão encarregado de produzir apreciações críticas sobre a atuação da agência, receber e responder pedidos de informações, esclarecimentos e reclamações, tendo acesso a todos os assuntos e devendo atuar com autonomia e independência".[29]

A despeito dos institutos acima citados, não há que se olvidar que as agências reguladoras ainda causam acirrados debates na doutrina administrativista. Muitos as defendem. Entretanto, há que se questionar se "o modelo das agências escapa à crítica de falta de legitimidade democrática".[30] Assim, ao refletir acerca do modelo das agências reguladoras e a efetividade da participação dos usuários, Conrado Hübner Mendes assevera: "Notamos que a esfera com maior carência de representatividade é, definitivamente, a parcela dos usuários. A participação destes, ressalte-se, é extremamente dificultosa, eis que são leigos nos assuntos eminentemente técnicos postos na pauta decisória da Agência. Para que emitam sua opinião, ao contrário dos concessionários, que possuem toda a capacitação técnica e o poder de barganha econômico para discutir, são necessárias traduções que demonstrem a essência dos problemas postos na mesa".[31]

Portanto, a questão que merece reflexão é se a participação do usuário é possível dentro de um sistema que não disponibiliza os meios técnicos necessários à efetiva participação e intervenção dos cidadãos nos serviços regulados pelas agências.

A questão merece maior reflexão, com vistas a melhorar o sistema posto hodiernamente, a fim de que o usuário tenha condições isonômicas ao debater os assuntos atinentes às atividades desenvolvidas pelas agências reguladoras; e será retomada mais adiante.

"Daí entendermos que, se o instituto participativo, em um determinado caso, não representar uma verdadeira abertura da Administração à participação de todos os segmentos sociais igualmente interessados na política pública, que ele se direcionaria a acompanhar, executar ou deliberar, não se tratará de um verdadeiro instituto de participação popular na Administração Pública, pois inviabilizará, em boa medida, a busca de consentimento, adesão e consenso dos administrados, requisitos essenciais para sua caracterização."[32]

Interior, tem por finalidade formular, coordenar, executar e fazer executar a política nacional do meio ambiente e da preservação, conservação e uso racional, fiscalização, controle e fomento dos recursos naturais renováveis" (art. 1º do Decreto 97.946/1989).

28. A ARTESP é autarquia de regime especial, vinculada à Secretaria de Estado dos Transportes, dotada de autonomia orçamentária, financeira, técnica, funcional, administrativa e poder de polícia, tendo como finalidade regulamentar e fiscalizar todas as modalidades de serviços públicos de transporte autorizados, permitidos ou concedidos, no âmbito da Secretaria de Estado dos Transportes, a entidades de direito privado (art. 1º da Lei Complementar 914/2002).

29. Alexandre Mazza, *Agências Reguladoras*, cit., p. 170.

30. Conrado Hübner Mendes, "Reforma do Estado e agências reguladoras: estabelecendo os parâmetros de discussão", in Carlos Ari Sundfeld (coord.), *Direito Administrativo Econômico*, 1ª ed., 3ª tir., São Paulo, Malheiros Editores, 2006, p. 131.

31. Idem, p. 132.

32. Marcos Augusto Perez, *Institutos de Participação Popular na Administração Pública*, cit., p. 74.

Insta ressaltar que cada ente federativo possui competência para disciplinar as formas de participação dos administrados na fiscalização e no controle da Administração Pública, consoante o princípio da autonomia político-administrativa, previsto no art. 18 da CF. Dessa forma, cada ente tem liberdade de disciplinar da maneira como melhor lhe aprouver – respeitados todos os direitos e garantias dos usuários – as formas de sua participação nos serviços públicos.

Para Dinorá Grotti:

"Tais normas merecem aplausos, na medida em que trazem para a Administração Pública brasileira não apenas a uniformização de sua atuação, mas abrem as possibilidades para um maior controle dos administrados e para um debate democrático transparente, envolvendo os sujeitos a serem atingidos por suas decisões. (...).

"Portanto, a validade do ato normativo apenas deve ser reconhecida quando a participação dos interessados tenha sido provida de significado prático, o que ocorre quando tenham sido efetivamente apreciados os principais argumentos apresentados durante o procedimento de consulta pública, por uma autoridade que fundamenta sua decisão, ao acatá-los ou rejeitá-los. Procedimentos dessa espécie fornecem elementos para o controle judicial da atividade normativa da Administração e, quando convenientemente observados, fortalecem a presunção de legitimidade que deve ser atribuída ao ato normativo deles resultante, propiciando um critério adicional a ser observado pelo Judiciário no desempenho de sua atividade de controle. Deve o Judiciário, portanto, apreciar os procedimentos em si mesmos, a fim de verificar se foram eles convenientemente conduzidos, como meio de aferir a razoabilidade da decisão alcançada pela autoridade."[33]

Desta forma, pode-se afirmar que o ordenamento jurídico brasileiro possui diversos instrumentos que contemplam a participação popular na Administração Pública, e em especial na regulação exercida pelas agências reguladoras; todavia, o aumento da complexidade das relações sociais bem como o implemento da tecnologia e a crescente demanda por decisões que envolvem assuntos cada vez mais específicos, de áreas de conhecimento específicas, fazem com que determinados temas afetos às agências reguladoras contenham aspectos muitas vezes desconhecidos da grande maioria da população, demandando conhecimentos teóricos e práticos dominados apenas por detentores de determinada parte das ciências: os técnicos.

A despeito da inexistência de uma participação ativa cidadã, o que se pretende aclarar neste trabalho é a exigência imposta pela lei, como no caso da Lei Geral de Telecomunicações, da participação popular na discussão e elaboração das normas reguladoras expedidas pelas agências, como requisito formal da validade da normatização efetuada.

Cabe destacar, no próximo item, que as agências reguladoras possuem discricionariedade para regulamentar as esferas afetas ao seu campo de atuação; entretanto, como se tentará demonstrar, a discricionariedade das agências é apenas aparentemente maior que a discricionariedade concedida ao restante da Administração Pública. Na realidade, a discriciona-

33. Dinorá Adelaide Musetti Grotti, *A Situação Jurídica do Usuário dos Serviços Públicos*, em elaboração, pp. 33-34.

riedade das agências é menor que aquela observável na Administração em geral, pois quando a agência normatiza, regulamentando determinado assunto, vincula-se a essa normatização, ficando impedida de, casuisticamente e sem observação do procedimento de participação popular, alterar os critérios por ela estabelecidos.

Antes da análise dessa referida autolimitação, há que se verificar quais são os fundamentos da discricionariedade, seu conceito e sua diferenciação da vinculação, as teorias acerca dos conceitos jurídicos indeterminados e o questionamento se o seu uso pela norma gera discricionariedade, bem como sua estrutura lógico-normativa, para, então, iniciar o estudo acerca da existência de diferenças entre a discricionariedade administrativa e a chamada discricionariedade técnica, finalizando a presente análise com a limitação da discricionariedade das agências pelo exercício de suas competências discricionárias e pela participação popular.

4. A discricionariedade administrativa

Pelo quanto analisado até agora no presente estudo, tem-se que a previsão normativa abstrata quanto à possibilidade de participação popular no Brasil é ampla e bastante diversificada, apresentando diversos dispositivos que consagram a participação popular na Administração Pública, e em especial nas agências reguladoras.

Como dito alhures, a existência de dispositivos legais que contemplam tal participação não faz com que se possa afirmar que o Brasil possui cidadãos capacitados para o exercício pleno de seus direitos no tocante à participação popular nos assim chamados "assuntos de Estado".

Entretanto, as leis que regem as agências reguladoras, e em especial a Lei Geral de Telecomunicações, possuem dispositivos que condicionam a validade da regulação efetuada pelas agências à participação popular através do dever de submeter as minutas de seus atos normativos ao crivo da participação através da realização de consultas públicas (art. 42 da Lei 9.472/1997).

A doutrina é pacífica quanto à necessidade de participação popular para a edição de atos normativos pelas agências reguladoras. Entretanto, quanto ao alcance da regulação efetuada pelas agências a doutrina não é tão unânime, havendo doutrinadores que dão maior ou menor extensão ao poder normativo dessas autarquias.

Para este trabalho adota-se o entendimento de Celso Antônio Bandeira de Mello, segundo o qual as agências reguladoras não podem, ao editar atos normativos, exceder ou distorcer os limites impostos pela lei, tendo de respeitar os princípios jurídicos, não podendo inovar originariamente na ordem jurídica – papel, este, constitucionalmente atribuído e reservado ao Poder Legislativo.

Assim, para evolução do presente estudo faz-se necessário aclarar que as agências reguladoras apenas podem emitir seus atos normativos quando assim estiverem autorizadas por lei.[34]

34. Segundo Celso Antônio Bandeira de Mello: "Qualquer regulação normativa é, por definição, o lineamento de uma esfera legítima de expressão e ao mesmo tempo uma fronteira que não pode ser ultrapassada, pena de violação do Direito. Este extremo demarcatório tem necessariamente uma significação objetiva mínima precisamente por ser e para ser, simultaneamente, a linha delimitadora de um comportamento permitido e a paliçada que interdita os comportamentos proibidos" (*Curso de Direito Administrativo*, cit., 31ª ed., p. 979).

Para Maria Sylvia Zanella Di Pietro: "Sob influência do Positivismo jurídico, o princípio da legalidade a que se submete a Administração Pública passou a ser visto de forma diversa. Enquanto no Estado de Direito Liberal se reconhecia à Administração ampla discricionariedade no espaço livre deixado pela lei, significando que ela pode fazer tudo o que a lei não proíbe, no Estado de Direito Social a vinculação à lei passou a abranger toda a atividade administrativa; o princípio da legalidade ganhou sentido novo, significando que a Administração só pode fazer o que a lei permite".[35]

E acrescenta a doutrinadora: "A própria discricionariedade tem que ser compreendida como um poder limitado pela lei; deixou de existir aquela esfera de ação em que a Administração Pública age livremente; a discricionariedade passou a ser vista como um poder jurídico. O anterior princípio de que a Administração pode fazer tudo o que não está proibido foi substituído por aquele segundo o qual ela só pode fazer o que a lei permite. A lei não é mais uma barreira externa, fora da qual a Administração pode agir livremente; toda a atuação administrativa passou a desenvolver-se dentro de um círculo definido pela lei; fora desse círculo nada é possível fazer".[36]

Logo, diante da existência de uma competência discricionária assinalada pela lei, as agências reguladoras poderão normatizar os aspectos estritamente técnicos – nunca é demais lembrar – da esfera estrita de sua atuação.

Antes de adentrar o tema da limitação da discricionariedade das agências pelo exercício de suas competências discricionárias e pela participação popular, há que se analisar, de forma sucinta, quais são os fundamentos da discricionariedade, seu conceito e sua diferenciação da vinculação, bem como as teorias acerca dos conceitos jurídicos indeterminados e o questionamento sobre se seu uso pela norma gera discricionariedade e a estrutura lógico-normativa da discricionariedade.

Inicialmente, há que se ressaltar que, para justificar a existência de competências discricionárias na legislação, a doutrina, segundo Maria Sylvia Zanella Di Pietro, utiliza-se de dois critérios: um jurídico e outro prático.

Para a jurista:

"Sob o ponto de vista jurídico, utiliza-se a teoria da formação do Direito por degraus, de Kelsen: considerando-se os vários graus pelos quais se expressa o Direito, a cada ato acrescenta-se um elemento novo não previsto no anterior; esse acréscimo se faz com o uso da discricionariedade; esta existe para tornar possível esse acréscimo.

"Se formos considerar a situação vigente no Direito Brasileiro, constataremos que, a partir da norma de grau superior – a Constituição –, outras vão sendo editadas, como leis e regulamentos, até chegar-se ao ato final de aplicação ao caso concreto. Em cada um desses degraus acrescenta-se um elemento inovador, sem o qual a norma superior não teria condições de ser aplicada."[37]

Quanto ao critério prático, a existência da discricionariedade por ocasião da prática de determinados atos[38] decorre da

35. Maria Sylvia Zanella Di Pietro, *Discricionariedade Administrativa na Constituição de 1988*, 3ª ed., São Paulo, Atlas, 2012, pp. 23-24.

36. Idem, ibidem.

37. Maria Sylvia Zanella Di Pietro, *Direito Administrativo*, 24ª ed., São Paulo, Atlas, 2011, pp. 214-215.

38. Segundo os ensinamentos de Celso Antônio Bandeira de Mello: "(...) não há *ato*

impossibilidade prática[39] de o legislador prever qual a providência que atende de maneira ótima à finalidade imposta pelo ordenamento jurídico diante de um caso concreto.

"A discricionariedade não é um 'defeito' da lei. Não é desejável nem possível que todas as leis contenham todas as soluções a serem adotadas por ocasião de sua aplicação. Isso tornaria a atividade administrativa petrificada, sem possibilidade de adaptação para solucionar os problemas da realidade.

"Por isso, a discricionariedade é, antes, uma virtude da disciplina normativa. É a solução jurídica para as limitações e os defeitos do processo legislativo de geração de normas jurídicas. É da essência da discricionariedade que a autoridade administrativa formule a melhor solução possível, adote a disciplina jurídica mais satisfatória e conveniente ao interesse público."[40]

Vale citar, ainda, a fundamentação construída por Afonso Rodrigues Queiró: "Ora, entre a norma e a situação de facto, entre a norma e a realidade, interpõe-se o agente, que, tendo-as a ambas ante si – a norma e a sua enunciação dos factos, e os factos mesmos –, está posto na necessidade, no dever, de tirar a consequência, isto é, de agir, de praticar este ou aquele acto. Em direito público o acto funciona como consequência jurídica (*Rechtsfolge*), exactamente porque é obrigatório. Por sua vez, a norma é obra de um legislador, e seria insensato negar que a este legislador é impossível, material e logicamente impossível, para muitíssimas hipóteses, transmitir ao agente mais do que ordens e enunciar os factos com conceitos de carácter em certa medida vago e incerto, de tal maneira que o agente ao executar essas ordens e interpretar esses conceitos deve fixar-se, devendo agir, em uma dentre várias interpretações possíveis destes últimos".[41]

Assim, antes de adentrar as peculiaridades da discricionariedade das agências reguladoras, há que se distinguir entre atos expedidos no exercício de competência vinculada e atos expedidos no exercício de competência discricionária.

Haverá atos expedidos no exercício de competência vinculada quando a norma predetermina de modo completo, diante de um fato concreto, qual será a única solução possível a ser dada pela Administração. Ao

propriamente discricionário, mas apenas discricionariedade por ocasião da prática de certos atos. Isto porque nenhum ato é totalmente discricionário, dado que, conforme afirma a doutrina prevalente, será sempre vinculado com relação ao *fim* e à *competência*, pelo menos. Com efeito, a lei sempre indica, de modo objetivo, quem é competente com relação à prática do ato – e aí haveria inevitavelmente vinculação. Do mesmo modo, a finalidade do ato é sempre e obrigatoriamente um interesse público, donde afirmarem os doutrinadores que existe vinculação também com respeito a este aspecto" (*Curso de Direito Administrativo*, cit., 31ª ed., p. 435).

39. Para Celso Antônio Bandeira de Mello: "(...) o fundamento da discricionariedade (ou seja, a razão pela qual a lei a instituiu) reside, simultaneamente, no intento do legislador de cometer ao administrador o encargo, o dever jurídico, de buscar identificar e adotar a solução apta para, no caso concreto, satisfazer de maneira perfeita a finalidade da lei e na inexorável contingência *prática* de servir-se de conceitos pertinentes ao mundo do valor e da sensibilidade, os quais são conceitos chamados vagos, fluidos ou imprecisos" (*Curso de Direito Administrativo*, cit., 31ª ed., pp. 985-986).

40. Marçal Justen Filho, *Curso de Direito Administrativo*, São Paulo, Saraiva, 2005, p. 161.

41. Afonso Rodrigues Queiró, *Estudos de Direito Público*, vol. 1, Coimbra, Coimbra Editora, 1989, pp. 105-106.

contrário, haverá exercício de competência discricionária quando não houver uma predefinição legal da única solução correta a ser dada pela Administração diante de um fato concreto.

Para Celso Antônio Bandeira de Mello: "Haveria atuação vinculada, e, portanto, um poder vinculado, quando a norma a ser cumprida já predetermina e de modo completo qual o único possível comportamento que o administrador estará obrigado a tomar perante casos concretos cuja compostura esteja descrita, pela lei, em termos que não ensejam dúvida alguma quanto ao seu objetivo reconhecimento. Opostamente, haveria atuação discricionária quando, em decorrência do modo pelo qual o Direito regulou a atuação administrativa, resulta para o administrador um campo de liberdade em cujo interior cabe interferência de uma apreciação subjetiva sua quanto à maneira de proceder nos casos concretos, assistindo-lhe, então, sobre eles prover na conformidade de uma intelecção, cujo acerto seja irredutível à objetividade e/ou segundo critérios de conveniência e oportunidade administrativa".[42]

Segundo os escólios dos doutrinadores espanhóis Eduardo García de Enterría e Tomás-Ramón Fernández:

"O exercício das potestades regradas reduz a Administração à constatação (...) do suposto de fato legalmente definido de maneira completa e a aplicação, em presença do mesmo, o que a própria lei já determinou exaustivamente. Há aqui um processo aplicativo da lei que não deixa resquício a nenhum juízo subjetivo, salvo a constatação ou verificação do suposto a fim de contrastá-lo com o tipo legal. A decisão em que consista o exercício da potestade é obrigatória na presença de dito suposto e seu conteúdo não pode ser configurado livremente pela Administração, tendo de se limitar ao que a própria lei previu sobre esse conteúdo de modo preciso e completo (...).

"Em contraste com essa maneira de atuar, o exercício das potestades discricionárias da Administração comporta um elemento substancialmente diferente: a inclusão no processo aplicativo da lei de uma estimação subjetiva da própria Administração, com a que se completa o quadro legal que condiciona o exercício da potestade ou seu conteúdo particular. Há de notar-se, sem embargo, que essa estimação subjetiva não é uma faculdade extralegal, que surge de um suposto poder originário da Administração, anterior ou marginal ao Direito; é, pelo contrário, uma estimação cuja relevância tem de haver sido prevista expressamente pela lei que configurou a potestade e que a atribuiu à Administração justamente com esse caráter. Por isso, a discricionariedade, frente ao que pretendia a antiga doutrina, não é um suposto de liberdade da Administração frente à norma: ao contrário, a discricionariedade é um caso típico de remissão legal: a norma remete parcialmente para completar o quadro regulador da potestade e de suas condições de exercício a uma estimação administrativa, mas que não é realizada (...) por uma via normativa geral, mas analiticamente, caso por caso, mediante uma apreciação de circunstâncias singulares, (...)."[43]

Já, para Maria Sylvia Zanella Di Pietro:

42. Celso Antônio Bandeira de Mello, *Discricionariedade e Controle Jurisdicional*, 2ª ed., 11ª tir., São Paulo, Malheiros Editores, 2012, p. 9.

43. Eduardo García de Enterría e Tomás-Ramón Fernández, *Curso de Derecho Administrativo*, 12ª ed., Madri, Civitas, 2004, pp. 461-462.

"(...) a atuação da Administração Pública no exercício da função administrativa é vinculada quando a lei estabelece a única solução possível diante de determinada situação de fato; ela fixa todos os requisitos, cuja existência a Administração deve limitar-se a constatar, sem qualquer margem de apreciação subjetiva.

"E a atuação é discricionária quando a Administração, diante do caso concreto, tem a possibilidade de apreciá-la segundo critérios de oportunidade e conveniência e escolher dentre duas ou mais soluções, todas válidas para o Direito."[44]

Nota-se da leitura das noções propostas que os atos praticados no exercício de competência vinculada são aqueles que não deixam margem de liberdade para o administrador na aplicação da lei, dado que ela própria já predetermina de modo antecipado e objetivo os pressupostos exigidos para a prática do ato, bem como seu conteúdo.

Justamente por não deixarem margem de liberdade para o administrador, e por já estarem previamente e objetivamente estatuídos na norma os pressupostos para a prática do ato, bem como seu conteúdo, os atos praticados no exercício de competência vinculada não geram dúvidas na doutrina. Entretanto, os atos praticados no exercício de competência discricionária são objeto de aprofundado estudo no direito administrativo, sendo um de seus temas mais caros.

A doutrina discute, por exemplo, se há de fato atos praticados no exercício de competência discricionária, havendo forte corrente doutrinária que nega a existência da discricionariedade quanto esta decorre da utilização pela norma de conceitos jurídicos indeterminados. Tal teoria foi desenvolvida pela doutrina alemã, que assevera que a discricionariedade e os conceitos jurídicos indeterminados são coisas distintas, vez que a discricionariedade necessariamente supõe duas ou mais soluções justas, ao passo que os conceitos jurídicos indeterminados admitem apenas uma única solução justa.

Esta doutrina também foi desenvolvida na Espanha por Eduardo García de Enterría e Tomás-Ramón Fernández como mecanismo para a redução da discricionariedade, ao permitir amplo controle jurisdicional desses atos, já que se, diante da utilização de conceitos jurídicos indeterminados pela norma, não é possível falar em discricionariedade, vez que há apenas uma única solução justa para o caso, restaria ao Judiciário a análise acerca da adoção pela Administração da única solução possível, sem que isso signifique invasão do mérito administrativo e ferimento ao princípio da separação de Poderes.

"A discricionariedade é essencialmente uma liberdade de eleição entre alternativas igualmente justas, ou, se se preferir, entre indiferentes jurídicos, dado que a decisão se fundamenta normalmente em critérios extrajurídicos (de oportunidade, econômicos etc.), não incluídos na lei e remetidos ao juízo subjetivo da Administração. Ao contrário, a aplicação de conceitos jurídicos indeterminados é um caso de aplicação da lei, posto que se trata de subsumir em uma categoria legal (...) certas circunstâncias reais determinadas; justamente por isso é um processo em que não há interferência de vontade do aplicador, como é próprio de quem exercita uma potestade discricionária.

"As consequências desse contraste são capilares. Sendo a aplicação de conceitos jurídicos um caso de aplicação e interpretação da lei que criou o conceito, o

44. Maria Sylvia Zanella Di Pietro, *Direito Administrativo*, cit., 24ª ed., p. 214.

juiz pode fiscalizar tal aplicação, valorando se a solução a que se chegou é a única solução justa que a lei permite (...). Em troca, o juiz não pode fiscalizar a entranha da decisão discricionária, posto que, (...) tenha sido produzida dentro dos limites da remissão legal (...) é necessariamente justa (como o seria igualmente a solução contrária)."[45]

No Brasil, um dos defensores de que há apenas uma única resposta correta quando a lei faz uso de conceitos jurídicos indeterminados é Eros Roberto Grau, para quem só haverá discricionariedade quando a norma atribuir ao administrador juízos de oportunidade. Assim, quando houver na norma conceitos jurídicos indeterminados não haverá discricionariedade, ou seja, liberdade para apreciações subjetivas, já que tais conceitos se submetem apenas a um processo de interpretação e aplicação do ordenamento jurídico. Outra defensora desta teoria é Lúcia Valle Figueiredo, que afasta "toda e qualquer possibilidade da discricionariedade alojar-se nos conceitos plurissignificativos, elásticos ou indeterminados, conforme a nomenclatura que se lhes dê".[46]

Em contraposição à teoria germânica, há que se ressaltar as ideias de Miguel Sánchez Morón, para quem a tese de que a discricionariedade e os conceitos jurídicos indeterminados são coisas completamente distintas não merece acolhimento. Para o jurista, a teoria de que há uma única solução justa, correta, quando a norma se utiliza de conceitos jurídicos indeterminados não é verdadeira, já que nem sempre será possível se chegar a apenas uma única resposta correta, sendo certo que para tanto "ter-se-ia que apoiar essa ideia em um conceito transcendental de justiça (e de verdade) e em uma fé absoluta na possibilidade de discernimento humano, idealismo, esse, de difícil aceitação".[47]

Neste mesmo sentido leciona Sérgio Guerra: "Parece ser acertada a corrente doutrinária que admite mais de uma solução justa na integração dos conceitos jurídicos indeterminados. Isto porque a solução justa apenas poderá existir num plano da Filosofia pura, não se sustentando diante de todos os casos concretos. Em assim sendo, se apoia o pensamento de que os conceitos jurídicos indeterminados se inserem no conceito da teoria da discricionariedade administrativa".[48]

Por fim, vale destacar o entendimento de Celso Antônio Bandeira de Mello, que assevera que a utilização pela norma de conceitos jurídicos indeterminados não afasta a possibilidade de haver mais de uma solução justa para o caso concreto. Tal análise passa por identificar se a norma está fazendo uso de um conceito unissignificativo ou plurissignificativo. Para Celso Antônio Bandeira de Mello a margem de liberdade característica da discricionariedade surge em duas hipóteses: quando há liberdade conferida pelo mandamento e quando há fluidez nas expressões utilizadas pela norma:

45. Eduardo García de Enterría e Tomás-Ramón Fernández, *Curso de Derecho Administrativo*, cit., 12ª ed., pp. 466-467.

46. Lúcia Valle Figueiredo, *Curso de Direito Administrativo*, 9ª ed., São Paulo, Malheiros Editores, 2008, p. 220.

47. Miguel Sánchez Morón, *Discrecionalidad Administrativa y Control Judicial*, Madri, Tecnos, 1994, p. 116.

48. Sérgio Guerra, "Discricionariedade técnica e agências reguladoras: uma abordagem em sede doutrinária e pretoriana", in Fábio Medina Osório e Marcos Juruena Villela Souto (coords.), *Direito Administrativo: Estudos em Homenagem a Diogo de Figueiredo Moreira Neto*, Rio de Janeiro, Lumen Juris, 2006, p. 884.

"(...) ao lado de conceitos unissignificativos, apoderados de conotação e denotação precisas, unívocas, existem conceitos padecentes de certa imprecisão, de alguma fluidez, e que, por isso mesmo, se caracterizam como plurissignificativos. Quando a lei se vale de noções do primeiro tipo ter-se-ia *vinculação*. De revés, quando se vale de noções altanto vagas ter-se-ia *discricionariedade*.

"Sendo impossível à norma legal – pela própria natureza das coisas – furtar-se ao manejo de conceitos das duas ordens, a discrição resultaria de um *imperativo lógico*, em função do quê sempre remanesceria em prol da Administração o poder e encargo de firmar-se em um dentre os conceitos possíveis."[49]

Há que se destacar que para referido doutrinador a existência de discricionariedade ao nível da norma é condição necessária mas não suficiente para que se possa afirmar sua existência no caso concreto. Há que se interpretar a norma e há que se analisar o caso concreto, para apenas depois se ter certeza da existência da discricionariedade, ou seja, da margem de liberdade do administrador para a utilização de critérios subjetivos para a prática do ato.

"A existência de discricionariedade ao nível da norma não significa, pois, que a discricionariedade existirá com a mesma amplitude perante o caso concreto e nem sequer que existirá em face de qualquer situação que ocorra, pois a compostura do caso concreto excluirá obrigatoriamente algumas das soluções admitidas *in abstracto* na regra e, eventualmente, tornará evidente que uma única medida seria apta a cumprir-lhe a finalidade. Em suma, a discrição suposta na regra de Direito é condição necessária, mas não suficiente, para que exista discrição no caso concreto; vale dizer, na lei se instaura uma possibilidade de discrição, mas não uma certeza de que existirá em todo e qualquer caso abrangido pela dicção da regra."[50]

Seguindo os ensinamentos de Celso Antônio Bandeira de Mello, José Roberto Pimenta de Oliveira, dando a merecida ênfase ao poder normativo dos princípios, afirma: "(...) como a discrição na norma é condição necessária mas não suficiente à sua verificação no caso concreto, porque este lhe dita a compostura final, há casos em que o Direito demandará a adoção de um único critério na aplicação da norma jurídica habilitante da discrição, eliminando toda eleição entre possibilidades virtualmente nela contidas, vinculando a decisão administrativa em determinada direção ou conteúdo. Isso se dará por ordem de fatores vinculados ao caso apreciado pela Administração, e por ordem da força normativa conformadora dos princípios, os quais podem determinar a redução fenomênica da abertura normativa, em tese apreciável em favor do administrado".[51]

Um terceiro e último ponto que merece destaque refere-se à estrutura lógico-normativa da discricionariedade. A doutrina é farta em relação ao tema.

A primeira classificação que merece destaque é a de Celso Antônio Bandeira de Mello. Para o doutrinador, "a esfera de liberdade administrativa (...) pode resultar da *hipótese* da norma jurídica a ser implementada, do *mandamento dela* ou, até mesmo, de sua *finalidade*".[52]

49. Celso Antônio Bandeira de Mello, *Curso de Direito Administrativo*, cit., 31ª ed., p. 985.

50. Idem, p. 981.

51. José Roberto Pimenta de Oliveira, *Os Princípios da Razoabilidade e da Proporcionalidade no Direito Administrativo Brasileiro*, São Paulo, Malheiros Editores, 2006, p. 352.

52. Celso Antônio Bandeira de Mello, *Curso de Direito Administrativo*, cit., 31ª ed., p. 986.

Decorre da hipótese da norma jurídica a ser implementada quando os pressupostos de fato enunciados forem descritos mediante o uso de conceitos práticos,[53] ou seja, quando o motivo conformador do ato for descrito por conceitos práticos. "A indeterminação dos conceitos engendra certa liberdade administrativa em razão da presença da 'zona duvidosa', isto é, da irredutibilidade dos mesmos a uma objetividade completa, verificada após o processo de interpretação jurídica."[54]

"A discricionariedade decorre da hipótese da norma quando os pressupostos de fato por ela enunciados – como autorizadores ou exigentes de um dado comportamento – são descritos mediante os conceitos que o professor Queiró denominou práticos. Isto é, se os antecedentes fáticos que legitimam a prática de um ato – quer-se dizer, se os motivos (na acepção prevalente na doutrina francesa) – estão delineados por meio de palavras vagas, imprecisas, cabe à Administração determinar-lhes concretamente o alcance na espécie, cingida, embora, a certos limites, (...)."[55]

A discricionariedade pode decorrer também da finalidade da norma expressada através de conceitos práticos, ou seja, pode haver discricionariedade quanto à finalidade da norma se esta for composta por conceitos jurídicos irredutíveis a uma objetividade completa. Assim, após a interpretação e o cotejo da norma com o caso concreto pode ser que reste mais de uma possibilidade tida como cabível.

Por fim, a discricionariedade pode decorrer do mandamento da lei, independentemente de esta ter se utilizado de conceitos práticos na hipótese legal ou no mandamento, exatamente quando for facultado um comportamento à Administração Pública ou quando esta tiver de escolher uma dentre pelo menos duas soluções possíveis para o caso concreto.

"A discricionariedade, finalmente, pode defluir do *mandamento da lei*. Isto sucede, quer hajam sido utilizados conceitos práticos ou teoréticos na hipótese legal ou até mesmo em aspecto do mandamento (e independentemente da fluidez encontradiça no enunciado da finalidade), quando a norma *facultar* um comportamento, ao invés de exigi-lo (que é o caso de 'liberdade' discricionária mais ampla), ou, ainda, quando confere ao administrador o encargo de decidir sobre a providência a ser obrigatoriamente tomada, de maneira a que tenha que eleger entre pelo menos duas alternativas."[56]

Em conclusão, afirma José Roberto Pimenta de Oliveira: "Reconhece-se, assim, uma diferenciação entre a liberdade intelectiva inerente à indeterminação dos supostos de fato e a liberdade volitiva inerente à indeterminação das consequências jurídicas, mas aquela não desautoriza tra-

53. Os *conceitos práticos*, segundo Afonso Rodrigues Queiró, são aqueles suscetíveis de uma série mais ou menos determinada de sentidos entre si diferentes. Já, os *conceitos teoréticos* "são os conceitos das ciências empírico-matemáticas, de contornos absolutamente individualizáveis, com valor objetivo e universal. Se a lei recorre a esses conceitos, não deixa discricionariedade à Administração. Pode deixar margem de dúvida, que, porém, o intérprete tem sempre meio de desfazer, utilizando os processos de hermenêutica administrativa" (*Estudos de Direito Público*, cit., vol. 1, p. 112).

54. José Roberto Pimenta de Oliveira, *Os Princípios da Razoabilidade e da Proporcionalidade no Direito Administrativo Brasileiro*, cit., p. 344.

55. Celso Antônio Bandeira de Mello, *Curso de Direito Administrativo*, cit., 31ª ed., p. 986.

56. Idem, p. 990.

tar ambos os casos como outorga jurídica de discrição".[57]

Uma segunda classificação que merece destaque, por resumir as três teorias que tentam localizar a discricionariedade na estrutura lógico-formal da norma, é a efetuada por Mariano Bacigalupo e citada por José Roberto Pimenta de Oliveira em seu *Os Princípios da Razoabilidade e da Proporcionalidade no Direito Administrativo Brasileiro*", que a seguir se reproduz:

"– Em primeiro lugar, aquele que concebe a discricionariedade administrativa como margem de volição para eleger entre a adoção ou não de uma consequência jurídica ou outra na aplicação de normas de estrutura condicional que não obrigam a adotar a consequência jurídica por ela prevista ou não predeterminam a consequência jurídica que deva ou possa adotar-se (discricionariedade como fenômeno exclusivamente derivado da indeterminação das consequências jurídicas das normas jurídico-administrativas).

"– Em segundo lugar, aquele outro segundo o qual também a indeterminação do suposto de fato das normas habilitantes (e não somente a indeterminação das suas consequências jurídicas) gera discricionariedade administrativa, ou, ao menos, uma margem de decisão administrativa estruturalmente equiparável, no essencial, àquela.

"– E, enfim, o ponto de vista de quem sustenta que, em realidade, a discricionariedade somente opera no âmbito do suposto de fato das normas jurídico-administrativas, e isso por entender que é a sua inexistência ou imperfeição (produto, a seu turno, da ausência, insuficiência ou imprecisão dos critérios determinantes da aplicação ou não em cada caso de uma consequência jurídica ou outra) o que genuinamente provoca a margem de atuação discricionária. Esta consistiria, portanto, no fato de que a Administração pode estabelecer ou, ao menos, precisar em sede aplicativa os pressupostos de sua própria atuação, intencionalmente imperfeitos (inacabados ou indeterminados) em sua configuração normativa inicial (discricionariedade como fenômeno exclusivamente derivado da imperfeição ou indeterminação do suposto de fato normativo"."[58]

Postos três dos temas mais caros da discricionariedade, passar-se-á, agora, à problemática da existência de diferenças entre a discricionariedade administrativa e a chamada discricionariedade técnica.

Muito se discute acerca do que seria a *discricionariedade técnica*. Entretanto, a discussão por vezes acaba por não evoluir, pois, segundo César A. Guimarães Pereira, há que se precisar primeiro "o que se pretende descrever quando se emprega esta expressão".[59]

Segundo referido doutrinador, há pelo menos cinco fenômenos distintos, e que não necessariamente possuem o mesmo regime jurídico, que podem ser agasalhados no rótulo da discricionariedade técnica:

"Primeiro, pode-se aludir a 'discricionariedade técnica como uma suposta liberdade da Administração para realizar exames e apurações técnicas e formular juízos especializados, de modo a preen-

57. José Roberto Pimenta de Oliveira, *Os Princípios da Razoabilidade e da Proporcionalidade no Direito Administrativo Brasileiro*, cit., p. 344.

58. Idem, pp. 338-339.

59. César A. Guimarães Pereira, "Discricionariedade e apreciações técnicas da Administração", *RDA* 231/254, Rio de Janeiro, janeiro-março/2003.

cher um conceito técnico referido na lei. (...). Aqui se encaixam as hipóteses vislumbradas por Renato Alessi como de questões técnicas não coligadas a questões administrativas: (a) acertamento de conceitos técnicos em relação aos quais não se dá à Administração competência para avaliar a sua medida em função do interesse público a realizar e (b) desenvolvimento de atividades instrumentais de natureza técnica (por exemplo, obras ou serviços técnicos), depois de escolhido o meio a ser adotado.

"O segundo sentido que se poderia dar a 'discricionariedade técnica' é o de denotar escolhas administrativas relacionadas com campos especializados de conhecimento. (...).

"Uma terceira hipótese é a que envolve escolhas administrativas realizadas com base em apreciações técnicas, que Desdentado Daroca denomina 'discricionariedade técnico-administrativa'. Neste caso, há um momento de cognição técnica e outro de decisão administrativa. (...). Nesta hipótese enquadram-se os casos que Alessi refere como envolvendo questões técnicas indissociavelmente coligadas a questões administrativas: (a) conceito técnico é pressuposto para a decisão administrativa que, acertado o conceito, pode avaliar sua medida em face do interesse público, (b) a questão administrativa tem pressuposto de fato cujo acertamento depende de processos técnicos e (c) decisão administrativa acerca dos meios técnicos instrumentais (por exemplo, obra ou serviços técnicos) a serem adotados para realizar certo interesse público.

"O quarto sentido possível corresponde à situação na qual a Administração é chamada a formular escolhas com base em hipóteses científicas que não tenham podido ser objeto de corroboração. (...).

"O quinto e último sentido de 'discricionariedade técnica' poderia ser o processual, correspondente à suposta liberdade da Administração na atividade instrutória do processo administrativo, nos casos em que a instrução é complexa. Haveria discricionariedade técnica na seleção dos fatos relevantes e na sua valoração, ou seja, na fixação dos padrões da instrução. Estaria nas escolhas voluntárias que ocorreriam mesmo quando a regulação substancial derivar da lei mas depender de tais escolhas."[60]

O primeiro fenômeno – ou seja, da discricionariedade técnica como uma suposta liberdade da Administração para realizar exames e apurações técnicas e formular juízos especializados, de modo a preencher um conceito técnico referido na lei – não envolve discricionariedade, pois é caso de remissão legal a um conceito técnico. É o caso, por exemplo, da aposentadoria por invalidez, vez que a invalidade é um conceito técnico, ainda que, na prática, haja dificuldade em apurar a invalidez tecnicamente.

No segundo caso – isto é, no de denotar escolhas administrativas relacionadas com campos especializados de conhecimento – há que se dividir a análise em dois campos distintos: "ou o juízo técnico próprio da Administração é formulado como parte da regulação legal do bem da vida, ou compõe a própria regulação administrativa do conflito de interesses sobre esse bem".[61] Como exemplo deste segundo sentido pode-se citar a autonomia didático-científica das universidades públicas.

No terceiro caso – ou seja, o que envolve escolhas administrativas realizadas com base em apreciações técnicas em que há um momento de cognição técnica

60. Idem, pp. 254-256.

61. Idem, p. 257.

e outro de decisão administrativa – pode-se afirmar que o momento de cognição técnica envolve uma apreciação técnica da Administração efetuada com base em critérios estritamente técnicos, e por essa razão plenamente controlável pelo Poder Judiciário. Neste caso, há discricionariedade quando a Administração toma uma decisão com base nos critérios técnicos antes delineados. "Um caso que corresponde a esta situação é o da adoção de uma solução ambientalmente adequada a partir da elaboração de um EIA/RIMA."[62]

O quarto sentido – que corresponde à situação na qual a Administração é chamada a formular escolhas com base em hipóteses científicas que não tenham podido ser objeto de corroboração – é tipicamente um caso de discricionariedade, que ocorre quando "a Administração é chamada a agir, em matérias técnicas, mesmo sem poder contar com um juízo técnico conclusivo e seguro. São situações em que a Administração deve realizar condutas de prognóstico (...) ou em situações de conhecimento científico insuficiente".[63]

Por fim, o quinto sentido é o que correspondente à suposta liberdade da Administração na atividade instrutória do processo administrativo nos casos em que a instrução é complexa. Ora, não há que se falar em discricionariedade para a estipulação dos fatos que devem ser provados ou mesmo para a estipulação de quais são os meios de prova que poderiam ser utilizados.

Nota-se, portanto, que em alguns dos casos acima citados não se está diante da possibilidade de exercer um juízo discricionário, mas apenas e tão somente uma apreciação técnica. Há outros em que a discricionariedade não se distingue da discricionariedade atribuída a qualquer outra atividade administrativa, não havendo sentido em diferenciar discricionariedade administrativa de discricionariedade técnica. Ao cabo e ao fim, é possível afirmar que existe apenas um tipo de discricionariedade, que é comum a qualquer outra área da atividade administrativa.

"Nos casos em que há discrição, há pura e simples discrição, não discrição 'técnica'. Nos casos em que não há discrição, não há nada, nem uma 'discrição técnica' supostamente peculiar.

"O emprego da expressão 'discricionariedade técnica' é apenas fonte de equívocos. Faz supor que (a) todos os juízos técnicos da Administração são incendiáveis pelo Poder Judiciário por serem discricionários, ou que (b) há uma 'espécie' de discricionariedade que não se submete ao mesmo regime da 'discricionariedade administrativa' ou, ainda, que, (c) pela reação que provocam, todas as atividades administrativas relacionadas com questões técnicas são vinculadas e excluem a discrição. (...).

"Em vista disso, é mais adequado aludir-se a 'apreciações técnicas' da Administração para denotar todos os casos em que houver o recurso da Administração a sistemas específicos e especializados de conhecimento para a formulação de juízos acerca de determinados fatos com base nos postulados técnicos e científicos próprios de cada setor do conhecimento."[64]

Para Giannini, Alessi, Enterría, Sáinz Moreno, García-Trevijano e Martín González a Administração não possui discricionariedade administrativa na realização de apreciações técnicas que requerem a aplicação deste tipo de conceito. A atua-

62. Idem, p. 259.

63. Idem, pp. 259-260.

64. Idem, ibidem.

ção técnica não deixa margem alguma de liberdade de decisão, estando vinculada a regras e critérios técnicos que são certos, objetivos e universais. Para esses doutrinadores os termos "técnica" e "discricionariedade" são incompatíveis; logo, a aplicação de conceitos que remetem a critérios técnicos é atividade regrada.[65]

Já, para Miguel Sánchez Morón, ainda que a atividade administrativa seja delimitada por conceitos jurídicos indeterminados ("mérito" e "capacidade", "justo preço", "oferta mais vantajosa"), a concretização desses conceitos é frequentemente incerta e opinável, existindo um âmbito de decisão que corresponde à Administração. Desta forma, não caberia aos tribunais um controle pleno da apreciação técnica realizada pela Administração Pública, sob pena de o Judiciário substituir a decisão tomada pela Administração pela sua decisão, ferindo o princípio da separação de Poderes. Não há que se olvidar que a existência de discricionariedade ao nível da norma é uma opção legislativa, e não algo situado à margem do Direito.

Por fim, como salienta Eva Desdentado Daroca, há uma terceira corrente, encabeçada por Marzuoli, que nega que na aplicação de conceitos técnicos exista discricionariedade administrativa, mas que não aceita, também, que nestes casos é a atividade regrada. Para o doutrinador a técnica nem sempre é capaz de produzir certeza, "porque em alguns juízos técnicos não restam eliminadas a opinabilidade ou subjetividade, o que dá lugar à resolução dessas dúvidas técnicas conforme os valores do operador".[66] Logo, segundo esta teoria, existe um fenômeno mais amplo que a discricionariedade administrativa, que é o dos fatos valoráveis ou opináveis. Dentro deste fenômeno estariam compreendidas tanto a discricionariedade administrativa como as valorações técnicas.

Para fins do presente estudo adota-se a teoria que afirma não haver diferença entre discricionariedade administrativa e discricionariedade técnica, existindo apenas um tipo de discricionariedade que é comum a qualquer outra área da atividade administrativa. Desta forma, a discricionariedade técnica não constitui verdadeiramente discricionariedade, já que "não envolve decisão política, porque não dá liberdade de escolha para a Administração".[67]

Analisar-se-á, a partir de agora, a discricionariedade concedida às agências reguladoras para expedir atos normativos.

Como afirmado alhures, as agências reguladoras possuem competência para expedir regulamentos normatizando conceitos estritamente técnicos dentro da sua esfera de regulação, não podendo inovar na ordem jurídica, sob pena de ferimento ao princípio da legalidade e ao princípio da separação de Poderes.

"O que as agências não podem fazer – porque falta o indispensável fundamento constitucional – é baixar regras de conduta, unilateralmente, inovando na ordem jurídica, afetando direitos individuais, substituindo-se ao legislador. Esse óbice constitui-se no mínimo indispensável para preservar o princípio da legalidade e o princípio da segurança jurídica. Princi-

65. Eva Desdentado Daroca, *Discrecionalidad Administrativa y Planeamiento Urbanístico: Construcción Teórica y Análisis Jurisprudencial*, 2ª ed., Navarra, Arazandi, 1999, pp. 134-135.

66. Idem, pp. 135-136.

67. Maria Sylvia Zanella Di Pietro, "Discricionariedade técnica e discricionariedade administrativa", in Marcelo Figueiredo e Valmir Pontes Filho (orgs.), *Estudos de Direito Público em Homenagem a Celso Antônio Bandeira de Mello*, São Paulo, Malheiros Editores, 2006, p. 497.

palmente, não podem as agências baixar normas que afetem os direitos individuais, impondo deveres, obrigações, penalidades, ou, mesmo, outorgando benefícios, sem previsão em lei. Trata-se de matéria de reserva de lei, consoante decorre do art. 5º, II, da Constituição."[68]

Segundo a doutrina, é possível identificar a existência de três tipos de regulamentos: (a) regulamentos executivos, ou seja, regulamentos que se destinam ao mero cumprimento da lei; (b) regulamentos autorizados ou delegados; e (c) regulamentos autônomos ou independentes (estes inexistentes no Brasil).

"A doutrina aponta, em termos gerais, a existência de três espécies de regulamentos: os regulamentos autônomos ou independentes são atos normativos editados pelo Poder Executivo com base em competências normativas próprias, estabelecidas na Constituição, para as quais não se prevê a interferência do Poder Legislativo. Criam direito novo, independentemente da existência de lei a respeito. Os regulamentos autorizados ou por delegação são aqueles editados pelo Poder Executivo no exercício de competência normativa que lhe tenha sido atribuída pelo Legislativo, o qual, diante da existência de situações de fato extremamente mutantes, excessivamente técnicas ou politicamente complexas, limita-se a fixar os princípios gerais a serem seguidos pela autoridade administrativa na disciplina da matéria que constitui seu objeto. Os regulamentos executivos são aqueles destinados a tão somente estabelecer regras de organização e de procedimento necessárias à aplicação da lei.

"Regulamentos independentes ou autônomos são visceralmente incompatíveis com o Direito Brasileiro. Portanto, não se pode entender que as agências reguladoras exerçam função legislativa propriamente dita."[69]

Assim, considerando as agências reguladoras como parte indissociável da Administração Pública, em sua faceta indireta, descentralizada, não se poderia olvidar o fato de que seu poder normativo, antes de qualquer ponderação, deve ser encarado como dever, pautado sempre e inexoravelmente pela existência de um interesse público (primário) anterior ao seu exercício. Ainda, tal conjuntura implica o fato de que, se há um dever de agir, os poderes correlatos são exercitáveis apenas na medida proporcional para a realização do interesse público primário que lhe deu origem. Essa é, portanto, a conclusão lógica a que leva a interpretação do sistema de deveres legais e constitucionais impostos às agências reguladoras no Brasil, consubstanciados esses em poderes correlatos, que lhes são conferidos apenas para o razoável e proporcional exercício dos deveres impostos.

Celso Antônio Bandeira de Mello apresenta o problema da seguinte forma: "O verdadeiro problema com as agências reguladoras é o de saber o que e até onde podem regular sem estar, com isto, invadindo a competência legislativa".[70] O presente questionamento, longe de ter apenas importância dogmática, entendendo-se os limites reais que devem ser impostos à atividade normativa das agências reguladoras, tem caráter salutar no próprio desenvolvimento das atividades

68. Idem, p. 503.

69. Dinorá Adelaide Musetti Grotti, "As agências reguladoras", cit., *Revista Eletrônica de Direito Administrativo Econômico* 6 (disponível em *http://www.direitoestado.com.br*, acesso em 5.12.2012).

70. Celso Antônio Bandeira de Mello, *Curso de Direito Administrativo*, cit., 31ª ed., p. 176.

estatais. Isso porque a função legislativa, pertencente hoje ao Congresso Nacional (art. 44 da CF), diante dos princípios da soberania popular, Democracia, República e Estado de Direito, não pode meramente, sem qualquer previsão constitucional, ser alvo de exercício por outros Poderes constituídos no Brasil.[71]

Há que se ressaltar, ainda, que, nos termos do art. 84, IV e parágrafo único, da CF, compete privativamente ao Presidente da República sancionar, promulgar e fazer publicar as leis, bem como expedir decretos e regulamentos para sua fiel execução, podendo delegar as atribuições mencionadas nos incisos VI, XII e XXV, primeira parte, aos Ministros de Estado, ao Procurador-Geral da República ou ao Advogado-Geral da União, que observarão os limites traçados nas respectivas delegações.

Não há que se olvidar, entretanto, do quanto estabelecido no art. 87, II, c/c os arts. 21, XI, e 177, § 2º, todos da CF.

Nas palavras de Maria Sylvia Zanella Di Pietro: "(...) não se pode esquecer que os Ministérios podem 'baixar instruções para a execução das leis, decretos e regulamentos' (cf. art. 87, II, da CF), participando, portanto, da função regulamentar; como também os órgãos reguladores das telecomunicações e do petróleo, os quais, precisamente pelo fato de serem assim chamados pela Constituição (arts. 21, XI, e 177, § 2º), exercem uma parcela de função normativa implícita na sua função de órgãos reguladores".[72]

Desta forma, não há como se contestar que a própria Constituição Federal deixou espaço para que os Ministérios e os órgãos reguladores das telecomunicações e do petróleo exercessem seu dever normativo.

"Não há dúvida, portanto, de que a própria Constituição, embora atribua ao chefe do Executivo o poder regulamentar, deixou uma brecha para os Ministérios e para os órgãos reguladores referidos expressamente na Constituição, como também deixou uma brecha – embora transitória – quando, no art. 25 do 'Ato das Disposições Constitucionais Transitórias', revogou todos os atos que implicassem delegação de função normativa a órgãos do Poder Executivo, mas permitiu que o prazo para essa revogação fosse prorrogado. Provavelmente muitos dos órgãos que ainda exercem função normativa exercem uma competência que remanesce (devida ou indevidamente) do regime constitucional anterior à Constituição de 1988,

71. Para Geraldo Ataliba:

"O regime republicano é garantido por toda a estrutura constitucional, com seu arcabouço fundamental de princípios e regras, institutos e procedimentos, órgãos e meios, cujas criação e instrumentação – por sua importância, como meios de preservação e promoção do ideal republicano – vão inscritas no texto constitucional, de cunho rígido. Entretanto, nessa estrutura devem ser salientados determinados princípios e instrumentos, conspicuamente plasmados pelo legislador constituinte, tendo em vista assegurar as virtudes essenciais do regime que a cidadania quis adotar.

"Assim é que" – continua o insigne Professor – "a tripartição do Poder aparece como a forma mais perfeita para assegurar-se o regime republicano representativo, com os seus necessários ingredientes de responsabilidade e igualdade (ou isonomia jurídica), diante do poder do Estado. (...)" (*República e Constituição*, 3ª ed., São Paulo, Malheiros Editores, 2011, p. 49).

72. Maria Sylvia Zanella Di Pietro, "Discricionariedade técnica e discricionariedade administrativa", in Marcelo Figueiredo e Valmir Pontes Filho (orgs.), *Estudos de Direito Público em Homenagem a Celso Antônio Bandeira de Mello*, São Paulo, Malheiros Editores, 2006, p. 497.

às vezes sem que permaneça o anterior fundamento constitucional."[73]

Isto posto, resta saber se a interpretação dos conceitos jurídicos indeterminados, fluidos e técnicos, contidos nas diversas leis criadoras das agências reguladoras conferem a elas discricionariedade.

Para Sérgio Guerra:

"(...) o fato incontroverso de que há conceitos jurídicos indeterminados nas leis de criação e outorga de funções às agências reguladoras poderá, a nosso sentir, dar margem a mais de um resultado tecnicamente justo, impedindo que o mérito desses atos seja revisto positivamente pelo Poder Judiciário.

"Nesse contexto, transferir a função de interpretação desses conceitos fluidos para o Poder Judiciário representa transpor a discricionariedade regulatória técnica da agência reguladora para os peritos indicados pelos próprios magistrados, muitas das vezes sem uma comprovada capacidade técnica para apreciação dos temas em conflito."[74]

Desta forma, pode-se afirmar que as agências reguladoras, em especial a ANATEL e a ANP, possuem poder normativo para regulamentar os aspectos estritamente técnicos de sua esfera de atuação. A discricionariedade concedida a esses órgãos reguladores, entretanto, é mais limitada que a discricionariedade exercitável nas demais atividades desenvolvidas pela Administração Pública.

Assim, a questão principal do presente tema é saber se a ANATEL, após regular determinados critérios da sua esfera de atuação, pode flexibilizar ou, até mesmo, afastar a regulamentação por ela editada, principalmente se for levada em consideração a exigência legal (requisito formal) de submissão de suas minutas ao crivo popular, através da realização de consulta pública.

Há que se destacar, antes da análise da problemática acima exposta, a teoria desenvolvida por Floriano de Azevedo Marques Neto segundo a qual as agências reguladoras possuem uma discricionariedade menor do que a conferida aos demais órgãos administrativos. Para o doutrinador tal afirmação pode ser comprovada com base em quatro fundamentos: (a) as competências das agências reguladoras encontram-se melhor definidas nas leis que as criaram; (b) quando a agência reguladora normatiza determinados critérios, regras, conceitos e procedimentos a serem por ela observados, passa a ter uma discricionariedade menor do que aquela que possui antes de expedir sua normatização, vinculando-se material e processualmente a ela; (c) os reguladores não possuem a opção de decidir se atuarão ou não, vez que estão submetidos ao princípio da função administrativa e ao dever de decidir; e (d) a atuação dos reguladores encontra-se sobre o crivo da constatação da necessidade, adequação e ponderação das medidas adotadas.

Assim, para Floriano de Azevedo Marques Neto: "(...) as agências possuem uma discricionariedade (entendida em sentido amplo) menor do que aquelas tradicionalmente conferidas aos órgãos administrativos. E isso por alguns motivos. Primeiro, porque suas competências vêm melhor definidas nas leis que lhes instituem (a partir da preocupação de delimitar o núcleo de competências a ser

73. Idem, ibidem.

74. Sérgio Guerra, "Discricionariedade técnica e agências reguladoras: uma abordagem em sede doutrinária e pretoriana", cit., in Fábio Medina Osório e Marcos Juruena Villela Souto (coords.), *Direito Administrativo: Estudos em Homenagem a Diogo de Figueiredo Moreira Neto*, p. 907.

exercido com autonomia reforçada – ou com independência, como prefiro – em face da Administração direta, o legislador é obrigado a precisar melhor competências). Segundo, porque, ao editar normas gerais, como aludi acima, o regulador é obrigado a reduzir sua margem de liberdade, vinculando-se material e procedimentalmente às suas próprias normas. Terceiro, porque em regra não remanesce ao regulador uma margem de liberdade no sentido de decidir se atua ou não, pois no geral está subsumido ao princípio da função e ao dever de decidir (neste sentido é sintomática a prescrição constante do art. 48 da Lei 9.784/1999 – Lei de Processo Administrativo da União). Por fim, porque sua atuação, subsumida que está ao princípio da proporcionalidade, se encontra permanentemente sob o crivo da aferição da necessidade, adequação e ponderação das medidas adotadas, o que oferece um linde à discricionariedade pelo controle *a posteriori* dos atos".[75]

Não há que se olvidar que a margem de liberdade conferida às agências reguladoras justifica-se pela complexidade e especialidade dos assuntos concernentes aos seus campos de atuação e é decorrência da opção feita pelo legislador de deixar certa margem de discricionariedade ao nível da norma. Destaque-se, por oportuno, que não cabe ao órgão regulador – ou seja, não faz parte de sua discricionariedade – determinar quais serão os objetivos visados ou decidir ou não decidir determinada matéria.

"A lei que instituiu uma agência reguladora e define os quadrantes da regulação setorial atribuiu competências de intervenção no setor regulado com vistas a atingimento dos objetivos das políticas públicas setoriais. Certo é que o manejo do que, outra feita, chamei de política regulatória dependerá de escolhas, de decisões tomadas com relativa margem de discricionariedade pelo regulador. Margem, esta, contudo, que não envolverá nem escolhas quanto a decidir ou não, nem quanto aos objetivos para os quais serão manejadas estas competências, pois isto já deverá estar prescrito na respectiva lei."[76]

Conclui-se, assim, que, ao expedir atos normativos gerais, a agência reguladora reduz a margem de discricionariedade a ela atribuída legalmente, não podendo descumprir casuisticamente a normatização por ela feita anteriormente, dado que ao expedir seus regulamentos vincula-se material e procedimentalmente a eles.

"(...) as agências, ao exercer suas competências – e, portanto, ao manejar as margens de discricionariedade que lhe são conferidas pelo legislador –, poderão fazê-lo tanto editando atos concretos quanto mediante atos de caráter geral (normativos). Na edição destes últimos – claro que nos limites do poder regulamentar conferido pela lei –, o regulador estará automaticamente reduzindo sua margem de discricionariedade ou, dito de outro modo, estará exaurindo a discricionariedade sobre esta matéria específica ao preencher, de forma geral e abstrata, o conteúdo da determinação normativa que o legislador havia deixado em aberto (franqueando então a discricionariedade).

"(...). Não se admite, então, que, no exercício *in concreto* de suas competências, o regulador se arvore da discricionariedade originalmente conferida pelo

75. Floriano de Azevedo Marques Neto, "Discricionariedade e regulação setorial: o caso do controle dos atos de concentração por regulador setorial", in Alexandre Santos de Aragão (coord.), *O Poder Normativo das Agências Reguladoras*, Rio de Janeiro, Forense, 2006, p. 572.

76. Idem, p. 576.

legislador para descumprir o preceito normativo que, por ele editado, tornou-se autovinculante."[77]

Conclui-se, portanto, que o regulador vincula-se material e procedimentalmente ao regulamento expedido.

Vincula-se materialmente "porquanto o princípio da legalidade implica uma estrutura hierárquica interna aos atos do regulador, segundo a qual os atos normativos têm prevalência sobre os atos concretos".[78]

Vincula-se formalmente pois, em geral, há previsão nas leis das agências reguladoras de regras específicas para a elaboração, aprovação e edição de seus atos normativos, tais como o estabelecimento de prazos, obrigatoriedade de submeter seus atos a consultas públicas, realização de sessões públicas – entre outras.

É nesse ponto, portanto, que se pretendia chegar para afirmar que a participação popular é condição e limite do exercício de competências discricionárias pelas agências reguladoras, em especial pela ANATEL.

A Lei Geral de Telecomunicações, em seu art. 42, estabelece que as minutas de atos normativos da Agência serão submetidas a consulta pública. Ora, a obrigatoriedade de submeter seus atos a consulta pública é requisito formalístico da maior importância, pois, juntamente com os demais limites procedimentais e materiais, impede que a ANATEL casuisticamente afaste a normatização porventura efetuada.

Há que se dar a relevância devida à participação popular na ANATEL, pois o desenvolvimento de uma consciência cidadã ativa passa também pela percepção dos cidadãos de que sua participação nos "assuntos de Estado" é capaz de influenciar os rumos do Estado.

A previsão da participação e o seu desprestigio são mais prejudiciais do que a sua não previsão. Isto porque a descrença que pode advir deste fato é capaz de retroagir os poucos avanços até agora conquistados pelo povo brasileiro.

No próximo item analisar-se-á a questão da participação popular e a problemática decorrente desta participação em assuntos de alta complexidade técnica.

5. A participação popular e as questões de alta complexidade técnica

Como afirmado alhures, não há que se duvidar de que o ordenamento jurídico brasileiro é um dos mais avançados no tocante à previsão da participação popular na Administração Pública, e em especial nas agências reguladoras.

Entretanto, a questão merece uma observação mais detalhada, que deve ser feita a partir da ideia de que a participação popular pressupõe a existência de um substrato social favorável à participação política consciente por parte do cidadão/administrado.

Não é difícil perceber, ao se levar em consideração o nível de alfabetização da população brasileira, que a participação popular nos assuntos regulados pelas agências é algo por demais distante da maioria da população.

A construção de uma cidadania ativa e consciente de seus direitos e deveres bem como dos assuntos altamente técnicos discutidos no âmbito das agências é uma realidade ainda também muito distante no Brasil. Este processo de construção da cidadania não é algo que surge espontaneamente do seio da sociedade. Ele tem de ser incentivado, promovido pelo Estado. Para tanto, é de salutar importância que

77. Idem, p. 581.
78. Idem, p. 585.

o Estado propicie ao povo condições adequadas de aprimoramento da cultura e desenvolvimento da educação.

A questão central que deve ser pensada é se há, de fato, por parte da classe política brasileira, interesse em desenvolver um sistema educacional que realmente possibilite à população uma educação suficiente para que todos se desenvolvam intelectualmente e criticamente possam analisar os "assuntos de Estado" com coerência e independência.

Enquanto as noções mínimas dos direitos e deveres previstos constitucionalmente continuarem a ser reveladas para a grande maioria da população por intermédio da mídia, principalmente a televisiva, não há que se falar em esperança no desenvolvimento de uma cidadania ativa e consciente. Isto porque não há interesse por parte da elite política e midiática em que a população brasileira caminhe no sentido de uma cidadania ativa.

Nesse sentido, merece destaque a informação de que, no País, 90% do mercado de comunicação são detidos por apenas 14 famílias.[79] E, além disso, observa Lambert Renaud: "(...). No Brasil, onde os barões da mídia ocupam uma cadeira em cada 10 na Câmara dos Deputados e uma em cada 3 no Senado, o grupo Globo detinha, em 2006, '61,5% dos canais de televisão' e '40,7% da difusão total dos jornais'. Com mais de 120 canais no mundo, a rede de televisão do magnata Roberto Marinho (cujo falecimento fez Lula decretar três dias de luto nacional em 2003) chega a mais de 120 milhões de pessoas por dia".[80]

Ao refletir acerca da elite que controla o capital financeiro e as informações divulgadas para a sociedade, Gilberto Dupas destaca a redução dos vínculos que esta elite possui com suas comunidades de origem: "(...). A mobilidade do capital e a emergência de um mercado global criaram uma nova elite que controla os fluxos do capital financeiro e das informações, atuando predominantemente em redes e *clusters*, e reduzindo progressivamente seus vínculos com suas comunidades de origem".[81]

Com a internacionalização da elite, restou à classe média e aos trabalhadores a complexa questão de elaborar o bem público de interesse da coletividade. Como criar na sociedade contemporânea um sentido de obrigação civil?

"(...) a condição essencial para a prática da cidadania é a existência e a explicitação de conflitos, e a sua mediação pela sociedade política. Afinal, a luta pela

79. Lambert Renaud, "Na América Latina, governos enfrentam os barões da mídia", *Le Monde Diplomatic Brasil*, Associação Palavra Livre e Instituto Pólis, dezembro/2012, p. 8. A constatação, aliás, de uma concentração de mídia e de uma duvidosa lisura na transmissão da informação não é novidade, sendo corroborada pela doutrina pátria, conforme se pode observar do quanto afirma Pietro de Jesús Lora Alarcón: "Contudo, importa levar em conta que a ideia de uma imprensa livre e múltipla como garantia para uma opinião pública autônoma constitui hoje uma ficção, pela absurda concentração dos meios de comunicação. Com efeito, a transmissão do que transcorre em segredo para constituir-se em notícia de domínio público passa pela mídia, mas essa pode também tornar o que deveria ser público em algo não conhecido" (*Ciência Política, Estado e Direito Público: uma Introdução ao Direito Público da Contemporaneidade*, São Paulo, Verbatim, 2011, p. 191).

80. Lambert Renaud, "Na América Latina, governos enfrentam os barões da mídia", cit., *Le Monde Diplomatic Brasil*, p. 9.

81. Gilberto Dupas, *Tensões Contemporâneas entre o Público e o Privado*, São Paulo, Paz e Terra, 2003, p. 13.

cidadania é um embate por significados, pelos direitos à fala e à política, que exige redefini-los num patamar mais abrangente. A sociedade civil produz ideologia, construtura de consensos provisórios que exigem contestação permanentemente. No entanto, a sociedade civil contemporânea passou a aspirar a ser um lugar do não conflito, no qual os interesses contraditórios não aparecem. Essa falsa visão reduz, mais uma vez, a sociedade civil ao âmbito dos atores privados. Privatiza-se o público, mas não se publiciza o privado.

"A sociedade contemporânea não é, pois, capaz de gerar um sentido de obrigação civil. As elites se internacionalizam e o dever de contribuir para o bem público – por intermédio do Estado – recai desproporcionalmente sobre a classe média e os trabalhadores. Portanto, o poder do Estado vai sendo substituído pela influência direta de organizações instrumentais que perseguem a realização contextual de objetivos particulares. O Estado se fragmenta em múltiplas instâncias decisórias e deixa de desempenhar o papel de centro de coordenação capaz de induzir com legitimidade uma direção ao conjunto social ou uma finalidade comum entre os atores. Comitês ministeriais tecnocráticos e comissões *ad hoc* são mobilizados para a resolução de problemas particulares nos quais estão sempre presentes os interesses econômicos representados por grupos de pressão, *public relations* e *lobbying*."[82]

Desta forma, não há como se separar da análise ora efetuada as condições enfrentadas pela população para o exercício da participação popular na Administração, contemplada tão amplamente no ordenamento jurídico brasileiro. A participação popular possui na sua estrutura não um firme terreno fértil, mas um terreno movediço, que a qualquer momento pode tornar letra morta as previsões existentes.

Para Celso Antônio Bandeira de Mello há que se distinguir os Estados formalmente democráticos e os Estados substancialmente democráticos, além daqueles que se encontram em transição para a democracia. Para o autor, os Estados formalmente democráticos "carecem das condições objetivas indispensáveis para que o instituído formalmente seja deveras levado ao plano concreto da realidade empírica e cumpra sua razão de existir. Biscaretti di Ruffia, em frase singela, mas lapidar, anotou que 'a democracia exige, para seu funcionamento, um *minimum* de cultura política', que é precisamente o que falta nos Países apenas formalmente democráticos. As instituições que proclamam adotar em suas Cartas Políticas não se viabilizam. Sucumbem ante a irresistível força de fatores interferentes que entorpecem sua presumida eficácia e lhes distorcem os resultados. Deveras, de um lado, os segmentos sociais dominantes, que as controlam, apenas buscam manipulá-las ao seu sabor, pois não valorizam as instituições democráticas em si mesmas, isto é, não lhes devotam real apreço. Assim, não tendo qualquer empenho em seu funcionamento regular, procuram, em função das próprias conveniências, obstá-lo, ora por vias tortuosas, ora abertamente quando necessário, seja por iniciativa direta, seja apoiando ou endossando quaisquer desvirtuamentos promovidos pelos governantes, simples prepostos, meros gestores dos interesses das camadas economicamente mais bem situadas. De outro lado, como o restante do corpo social carece de qualquer consciência de cidadania e correspondentes direitos, não oferece resistência espontânea a estas manobras. Ademais, é presa fácil das articulações, mobilizações e aliciamento

82. Idem, pp. 18-19.

da opinião pública, quando necessária sua adesão ou pronunciamento, graças ao controle que os segmentos dominantes detêm sobre a 'mídia', que não é senão um de seus braços".[83]

Ora, como se pode falar em participação popular nas agências reguladoras se, de fato, não há no Brasil uma democracia substancial? Como ter esperanças de que os assuntos normatizados pela ANATEL contarão com uma efetiva interferência da população se esta nem sequer possui o que Paolo Biscaretti di Ruffia classifica como o mínimo de cultura política?

Com efeito, o aumento da complexidade das relações sociais bem como o implemento da tecnologia e a crescente demanda por decisões que envolvem assuntos cada vez mais específicos, de áreas de conhecimento específicas, fazem com que determinados temas afetos à normatização efetuada pelas agências reguladoras contenham aspectos muitas vezes desconhecidos da grande maioria da população, demandando conhecimentos teóricos e práticos dominados apenas por detentores de determinada parte das ciências: os técnicos.

Norberto Bobbio já identificava a tecnocracia como prejudicial ao exercício pleno da democracia, quando afirmava: "(...) o projeto político democrático foi idealizado para uma sociedade muito menos complexa que a de hoje. (...). Tecnocracia e democracia são antitéticas: se o protagonista da sociedade industrial é o especialista, impossível que venha a ser o cidadão. A democracia sustenta-se sobre a hipótese de que todos podem decidir a respeito de tudo. A tecnocracia, ao contrário, pretende que sejam convocados para decidir apenas aqueles poucos que detêm conhecimentos específicos".[84]

A solução definitiva para resolver a questão da efetividade da participação popular é a educação, combinada com o desenvolvimento de uma cultura política sólida. Acontece que, nesse aspecto da cultura política, é de se observar que no Brasil, desde a proclamação da República, em 1889, poucos períodos foram realmente aproveitados para o desenvolvimento de instituições democráticas, que pudessem levar a população a uma prática cotidiana de exercício pleno de cidadania.

Com efeito, o período da Primeira República, ainda que contasse com a positivação de direitos políticos, por exemplo, foi permeado por práticas de fraudes eleitorais patentes, sérias restrições ao direito de voto, parcas instituições e deficiente estruturação partidária, dentre outros, que praticamente esvaziavam a prática democrática. Após o período do Estado Novo, que apenas se encerrou em 1945, houve relativo período de florescimento do exercício da democracia no País, porém solapado novamente pelo golpe militar de direita, ocorrido em 1964.

Somente houve o retorno às instituições democráticas no Brasil em 1985, com a derrocada dos militares governantes e paulatina abertura para o novo (e ansiado) regime político de soberania popular. Assim, também é fator determinante para a parca participação popular no Brasil a duração relativamente curta de efetiva prática democrática pela população.

83. Celso Antônio Bandeira de Mello, "A democracia e suas dificuldades contemporâneas", *Revista Eletrônica sobre a Reforma do Estado/RERE* 9, Salvador, março-maio/2007 (disponível em *http://www.direitodoestado.com.br/rere.aps*, acesso em 5.12.2012).

84. Norberto Bobbio, *O Futuro da Democracia*, 10ª ed., trad. de Marco Aurélio Nogueira, São Paulo, Paz e Terra, 2006, p. 46.

Ressalta-se, por oportuno, que não se está, aqui, a reduzir a zero a importância da existência de dispositivos constitucionais e legais que contemplam a participação popular. O que se está a dizer é que a simples previsão legal não é suficiente para garantir uma real e consciente participação popular. No atual nível de desenvolvimento cultural e educacional do Brasil, pode-se afirmar que a participação popular existente é apenas "para inglês ver".[85]

6. Conclusão

O princípio da participação popular é inerente à ideia de Estado Democrático de Direito, estando presente no ordenamento jurídico pátrio já no "Preâmbulo" da Constituição Federal de 1988, bem como em diversos dispositivos constitucionais e infraconstitucionais, caracterizando-se, pois, como direito fundamental.

Sua previsão pode ser observada em artigos constitucionais que regulamentam direitos e garantias fundamentais (art. 5º), a cooperação de associações representativas nos Municípios (art. 29), a ordem social, a seguridade e assistência sociais, a saúde, a educação e a cultura.

Encontra-se também nos mais diversos diplomas normativos das agências reguladoras. Assim, é farta a gama de dispositivos que preveem as audiências e consultas públicas, os conselhos, os debates e as Ouvidorias nas leis instituidoras dessas autarquias sob regime especial.

Merece destaque a Lei Geral de Telecomunicações, que contém previsão que determina que as minutas dos atos normativos da ANATEL precisam ser levadas a consulta pública para sufrágio popular. Tal requisito formalístico é fator limitador da discricionariedade da Agência.

A discricionariedade concedida às agências reguladoras não é um defeito da lei, mas uma opção do legislador, que, ao elaborar o texto legal, deixa ao administrador certa margem de liberdade para eleger, diante do caso concreto, qual a opção mais adequada entre pelo menos duas alternativas possíveis.

Desta forma, o exercício pelas agências reguladoras de seu poder normativo encontra seu limite máximo na legalidade. Tudo que for feito à margem da legalidade não é discricionariedade, e sim arbitrariedade.

A discricionariedade pode advir do uso pela norma de conceitos jurídicos indeterminados, não se desconhecendo, entretanto, a forte doutrina germânica que defende que esses conceitos indeterminados não geram discricionariedade, já que sua interpretação levaria necessariamente a uma única solução correta.

Com a análise da estrutura lógico-formal da norma, pode-se afirmar, seguindo a doutrina de Celso Antônio Bandeira de Mello, que a discricionariedade pode loca-

85. A expressão é explicitada em sua origem por José Murilo de Carvalho nos seguintes termos: "A escravidão estava tão enraizada na sociedade brasileira que não foi colocada seriamente em questão até o final da guerra contra o Paraguai. A Inglaterra exigiu, como parte do preço do reconhecimento da independência, a assinatura de um tratado que incluía a proibição do tráfico de escravos. O tratado foi ratificado em 1827. Em obediência a suas exigências, foi votada em 1831 uma lei que considerava o tráfico como pirataria. Mas a lei não teve efeito prático. Antes de ser votada, houve grande aumento de importação de escravos, o que permitiu certa redução nas entradas logo após sua aprovação. Mas não demorou até que as importações crescessem de novo. Dessa primeira lei contra o tráfico surgiu a expressão 'lei para inglês ver', significando uma lei, ou promessa, que se faz apenas por formalidade, sem intenção de a pôr em prática" (*Cidadania no Brasil, o Longo Caminho*, 12ª ed., Rio de Janeiro, Civilização Brasileira, 2009, pp. 45-46).

lizar-se tanto na hipótese, no mandamento ou na finalidade da norma.

Isto posto, há que se ressaltar a inexistência de diferenças entre a discricionariedade administrativa e a discricionariedade técnica. A discricionariedade conferida às agências reguladoras não se diferencia da discricionariedade atribuída a qualquer outra atividade administrativa. Em função disso, entende-se prejudicial à compreensão da matéria a utilização da expressão "discricionariedade técnica", revelando-se mais adequada a utilização da expressão "apreciações técnicas".

Os assuntos concernentes aos campos de atuação das agências reguladoras são caracterizados pela alta complexidade e especialidade, razão pela qual a conferência de discricionariedade para normatizar se justifica, não cabendo ao regulador determinar quais serão os objetivos visados ou decidir ou não decidir determinada matéria.

Ao normatizar determinado assunto, as agências reguladoras abrem mão de parte da sua discricionariedade, pois, ao fazê-lo, vinculam-se material e procedimentalmente ao quanto estabelecido. As agências não podem, portanto, afastar casuisticamente sua normatização. Logo, ao expedir atos normativos gerais a agência reguladora reduz a margem de discricionariedade a ela atribuída legalmente, não podendo descumprir casuisticamente a normatização por ela feita anteriormente, dado que, ao expedir seus regulamentos, vincula-se material e procedimentalmente a eles.

A Lei Geral de Telecomunicações possui dispositivo que obriga a ANATEL a submeter as minutas de seus atos normativos a consulta pública, momento em que se efetivará a participação dos usuários/cidadãos nas resoluções propostas pela Agência.

Não há que se olvidar, entretanto, de que a participação popular no Brasil ainda está longe de ser consciente e acessível à maioria do povo brasileiro. Isto porque inexiste no País uma cidadania ativa e consciente das discussões que devem ser efetuadas no espaço público. A falta de educação e cultura política impede que esta participação seja efetiva a ponto de orientar os rumos dos "assuntos de Estado".

Esta situação é agravada quando estão em pauta assuntos regulados pelas agências, tendo em vista o alto grau de complexidade e especialidade daqueles.

Dessa forma, tem-se que os institutos de participação popular estão longe de se efetivarem de fato, pois dependem da existência de uma cultura de participação, com cidadãos ativos e com uma Administração Pública instigadora e mediadora de conflitos no espaço público, dando especial importância à educação e à formação política de seus cidadãos, capacitando-os para ocupação dos espaços públicos de discussão e decisão.

Referências bibliográficas

ALARCÓN, Pietro de Jesús Lora. *Ciência Política, Estado e Direito Público: uma Introdução ao Direito Público da Contemporaneidade*. São Paulo, Verbatim, 2011.

ARAGÃO, Alexandre Santos de (coord.). *O Poder Normativo das Agências Reguladoras*. Rio de Janeiro, Forense, 2006.

ATALIBA, Geraldo. *República e Constituição*. 3ª ed. São Paulo, Malheiros Editores, 2011.

BANDEIRA DE MELLO, Celso Antônio. "A democracia e suas dificuldades contemporâneas". *Revista Eletrônica sobre a Reforma do Estado/RERE* 9. Salvador, março-maio/2007 (disponível em *http://www.direitodoestado.com.br/rere.aps*, acesso em 5.12.2011).

————. *Curso de Direito Administrativo*. 31ª ed. São Paulo, Malheiros Editores, 2014.

————. *Discricionariedade e Controle Jurisdicional*. 2ª ed., 11ª tir. São Paulo, Malheiros Editores, 2012.

BOBBIO, Norberto. *O Futuro da Democracia*. 10ª ed., trad. de Marco Aurélio Nogueira. São Paulo, Paz e Terra, 2006.

CARVALHO, José Murilo de. *Cidadania no Brasil, o Longo Caminho*. 12ª ed. Rio de Janeiro, Civilização Brasileira, 2009.

DAROCA, Eva Desdentado. *Discrecionalidad Administrativa y Planeamiento Urbanístico: Construcción Teórica y Análisis Jurisprudencial*. 2ª ed. Navarra, Arazandi, 1999.

DI PIETRO, Maria Sylvia Zanella. *Direito Administrativo*. 24ª ed. São Paulo, Atlas, 2011.

————. *Discricionariedade Administrativa na Constituição de 1988*. 3ª ed. São Paulo, Atlas, 2012.

————. "Discricionariedade técnica e discricionariedade administrativa". in FIGUEIREDO, Marcelo e PONTES FILHO, Valmir (orgs.). *Estudos de Direito Público em Homenagem a Celso Antônio Bandeira de Mello*. São Paulo, Malheiros Editores, 2006.

DUPAS, Gilberto. *Tensões Contemporâneas entre o Público e o Privado*. São Paulo, Paz e Terra, 2003.

ENTERRÍA, Eduardo García de, e FERNÁNDEZ, Tomás-Ramón. *Curso de Derecho Administrativo*. 12ª ed. Madri, Civitas, 2004.

FERNÁNDEZ, Tomás-Ramón, e ENTERRÍA, Eduardo García de. *Curso de Derecho Administrativo*. 12ª ed. Madri, Civitas, 2004.

FIGUEIREDO, Lúcia Valle. *Curso de Direito Administrativo*. 9ª ed. São Paulo, Malheiros Editores, 2008.

GROTTI, Dinorá Adelaide Musetti. *A Situação Jurídica do Usuário dos Serviços Públicos* (em elaboração).

————. "As agências reguladoras". *Revista Eletrônica de Direito Administrativo Econômico* 6. Salvador, maio-julho/2006 (disponível em *http://www.direitoestado.com.br*, acesso em 5.12.2012).

————. *O Serviço Público e a Constituição Brasileira de 1988*. São Paulo, Malheiros Editores, 2003.

GUERRA, Sérgio. "Discricionariedade técnica e agências reguladoras: uma abordagem em sede doutrinária e pretoriana". In: OSÓRIO, Fábio Medina, e SOUTO, Marcos Juruena Villela (coords.). *Direito Administrativo: Estudos em Homenagem a Diogo de Figueiredo Moreira Neto*. Rio de Janeiro, Lumen Juris, 2006 (pp. 869-907).

JUSTEN FILHO, Marçal. *Curso de Direito Administrativo*. São Paulo, Saraiva, 2005.

MARQUES NETO, Floriano de Azevedo. "Discricionariedade e regulação setorial: o caso do controle dos atos de concentração por regulador setorial". In: ARAGÃO, Alexandre Santos de (coord.). *O Poder Normativo das Agências Reguladoras*. Rio de Janeiro, Forense, 2006 (pp. 569-604).

MAZZA, Alexandre. *Agências Reguladoras*. São Paulo, Malheiros Editores, 2005.

MENDES, Conrado Hübner. "Reforma do Estado e agências reguladoras: estabelecendo os parâmetros de discussão". In: SUNDFELD, Carlos Ari (coord.). *Direito Administrativo Econômico*. 1ª ed., 3ª tir. São Paulo, Malheiros Editores, 2006 (pp. 99-139).

MOREIRA NETO, Diogo de Figueiredo. *Curso de Direito Administrativo*. 15ª Rio de Janeiro, Forense, 2009.

OLIVEIRA, José Roberto Pimenta de. *Os Princípios da Razoabilidade e da Proporcionalidade no Direito Administrativo Brasileiro*. São Paulo, Malheiros Editores, 2006.

OSÓRIO, Fábio Medina, e SOUTO, Marcos Juruena Villela (coords.). *Direito Administrativo: Estudos em Homenagem a Diogo de Figueiredo Moreira Neto*. Rio de Janeiro, Lumen Juris, 2006.

PEREIRA, César A. Guimarães. "Discricionariedade e apreciações técnicas da Administração". *RDA* 231/217-267. Rio de Janeiro, janeiro-março/2003.

PEREZ, Marcos Augusto. *Institutos de Participação Popular na Administração*

Pública. Dissertação (Mestrado em Direito Administrativo). São Paulo, Faculdade de Direito da USP, 1999.

QUEIRÓ, Afonso Rodrigues. *Estudos de Direito Público*. vol. 1. Coimbra, Coimbra Editora, 1989.

RENAUD, Lambert. "Na América Latina, governos enfrentam os barões da mídia". *Le Monde Diplomatic Brasil*. Associação Palavra Livre e Instituto Pólis, dezembro/2012.

SÁNCHEZ MORÓN, Miguel. *Discrecionalidad Administrativa y Control Judicial*. Madri, Tecnos, 1994.

SOUTO, Marcos Juruena Villela, e OSÓRIO, Fábio Medina (coords.). *Direito Administrativo: Estudos em Homenagem a Diogo de Figueiredo Moreira Neto*. Rio de Janeiro, Lumen Juris, 2006.

SUNDFELD, Carlos Ari (coord.). *Direito Administrativo Econômico*. 1ª ed., 3ª tir. São Paulo, Malheiros Editores, 2006.

PRINCÍPIOS CONSTITUCIONAIS BRASILEIROS

Luís Roberto Barroso

Nota Prévia. I - Constituição e efetividade: A Constituição como documento jurídico. Conceito de efetividade. Tipologia das normas constitucionais. Normas constitucionais de organização, definidoras de direitos e programáticas. A Constituição como fonte de direitos subjetivos. Os excessos de ambição do constituinte. II - Princípios constitucionais. Conceito. Tipologia. Finalidade: Norma jurídica e valores. Conceito de princípios. Da existência de princípios não escritos. Princípios da supremacia da Constituição, da unidade da Constituição, da continuidade da ordem jurídica, da interpretação conforme a Constituição. Tipologia dos princípios: fundamentais, gerais e setoriais. Finalidade dos princípios. III - Princípios constitucionais na Carta de 1988: Os princípios fundamentais. Os princípios gerais. Os princípios setoriais. Decisões políticas fundamentais: República, Federação e Estado de direito democrático. A separação de Poderes. Fundamentos e objetivos do Estado brasileiro: os princípios inúteis. Princípios regedores das relações internacionais. As questões políticas. A concessão de asilo. IV - Conclusão: IV.1 Síntese das ideias apresentadas; IV.2 Encerramento.

Nota prévia

A vida prega peças. A História flui, por vezes, como um rio subterrâneo, que só se percebe quando irrompe na superfície, caudaloso e irresistível. É preciso olhar para trás, em esforço retrospectivo, para só então captar o encadeamento lógico do que não foi possível prever. As transformações mundiais simbolizadas pela queda do muro de Berlim se enquadram no esquema acima. Em meio aos escombros, existe no Brasil toda uma geração de pessoas engajadas, que sonharam o sonho socialista, que acreditavam estar comprometidas com a causa da humanidade e se supunham passageiras do futuro. Compreensivelmente abalada, esta geração vive uma crise de valores e de referencial.

De fato, onde se sonhou a solidariedade, venceu a competição. Onde se pensou a apropriação coletiva, prevaleceu o lucro. Quem imaginou a progressiva universalização dos países, confronta-se com embates nacionalistas e étnicos. Mais surpreendente que tudo: os que *viveram* o sonho socialista não viam a hora de acordar e livrar-se dele. (Dir-se-á que a ideologia era boa, mas foi mal aplicada. Mas, aqui, o que importa são os modelos reais.). É indiscutível: eles venceram. Não significa, necessariamente, que estivessem certos. Na vida, como no futebol, nem sempre vence o melhor.

Mas os que, embora derrotados, conseguiram sobreviver intelectualmente não perderam certos cacoetes. Um deles é o de não querer ser confundido com eles. *Eles*, no Brasil, não tem um conteúdo puramente ideológico de quem optou pelo modelo privatista. *Eles* traz um estigma: o dos que compactuaram com toda a violência institucional que preparou o caminho do modelo vencedor.

Este trabalho procura sistematizar o estudo dos princípios no direito constitucional brasileiro, propondo a supressão ou a transferência para o preâmbulo de certas proposições constantes do corpo da Constituição. Diversas delas são identificadas como *progressistas*. E, por isto, *eles* são contra, por apego ao *status quo*. No fundo, todavia, muitos desses princípios são desprovidos de qualquer valia jurídica. Por isto – ou seja, por razão inteiramente diversa da *deles* – persegue-se aqui o ideal de extirpar da Constituição a retórica inútil, para poder dar conseqüência às inúmeras disposições avançadas que ela abriga, sem permitir que seu potencial jurídico se dilua na convivência com abstrações implausíveis.

Em meio à avalanche liberal, e à falta de outros sucessos, é boa hora de socializar-se a dogmática jurídica, até aqui apropriada apenas por *eles*.

I - Constituição e efetividade[1]

Embora resulte de um impulso político, que deflagra o poder constituinte originário, a Constituição, uma vez posta em vigência, é um documento jurídico, é um sistema de normas. As normas constitucionais, como espécie do gênero normas jurídicas, conservam os atributos essenciais destas, dentre os quais a imperatividade. De regra, como qualquer outra norma, elas contêm um mandamento, uma prescrição, uma ordem, com força jurídica, e não apenas moral. Logo, a sua inobservância há de deflagrar um mecanismo próprio de coação, de cumprimento forçado, apto a garantir-lhe a imperatividade, inclusive pelo estabelecimento das conseqüências da insubmissão ao seu comando. As disposições constitucionais são não apenas normas jurídicas, como têm um caráter hierarquicamente superior, não obstante a paradoxal equivocidade que longamente campeou nesta matéria, considerando-as prescrições desprovidas de sanção, mero ideário não-jurídico.

Disto resulta que o Direito Constitucional, tanto quanto os demais ramos da ciência jurídica, existe para realizar-se.

1. Para uma ampla análise deste tema, veja-se Luís Roberto Barroso, *O Direito Constitucional e a Efetividade de suas Normas*, Ed. Renovar, Rio de Janeiro, 1990.

Vale dizer: ele almeja à efetividade. Efetividade, já averbamos em outro estudo, designa a atuação prática da norma, fazendo prevalecer, no mundo dos fatos, os valores por ela tutelados. Ela simboliza a aproximação, tão íntima quanto possível, entre o *dever-ser* normativo e o *ser* da realidade social. Ao ângulo subjetivo, efetiva é a norma constitucional que enseja a concretização do direito que nela se substancia, propiciando o desfrute real do bem jurídico assegurado.

É à luz deste conceito básico de efetividade que se desenvolvem as idéias que se seguem.

Ao instituir o Estado, a Constituição (a) organiza o exercício do poder político, (b) define os direitos fundamentais do povo e (c) estabelece princípios e traça fins públicos a serem alcançados. Por via de conseqüência, as normas constitucionais podem ser agrupadas nas seguintes categorias: a) *Normas constitucionais de organização*; b) *Normas constitucionais definidoras de direitos*; c) *Normas constitucionais programáticas*.

As *normas constitucionais de organização* traçam a estrutura do Estado, cuidando, essencialmente, da repartição do poder político e da definição da competência dos órgãos públicos. Na Carta em vigor, são exemplos de normas desta natureza as que instituem as competências do Executivo, Legislativo e Judiciário, bem como da União, Estados e Municípios. Embora não seja sua finalidade precípua, tais normas podem eventualmente gerar situações jurídicas individuais, sob a forma de direito subjetivo.[2]

As *normas constitucionais definidoras de direitos* são as que tipicamente geram direitos subjetivos, investindo o jurisdicionado no poder de exigir do Estado – ou de outro eventual destinatário da norma – prestações positivas ou negativas, que proporcionem o desfrute dos bens jurídicos nelas consagrados. Nesta categoria se incluem todas as normas concernentes aos direitos individuais, coletivos, políticos e sociais previstos na Constituição.

As *normas constitucionais programáticas* veiculam princípios, desde logo observáveis, ou traçam fins sociais a serem alcançados pela atuação futura dos poderes públicos. Por sua natureza, não geram para os jurisdicionados a possibilidade de exigirem comportamentos comissivos, mas investem-nos na faculdade de demandar dos órgãos estatais que se abstenham de quaisquer atos que contravenham as diretrizes traçadas. Vale dizer: não geram direitos subjetivos na sua versão positiva, mas geram-no em sua feição negativa. São desta categoria as regras que preconizam a função social da propriedade (art. 170, III), a redução das desigualdades regionais e sociais (art. 170, VII), o apoio à cultura (art. 215), o fomento às práticas desportivas (art. 217), o incentivo à pesquisa (art. 218), etc.

A ênfase que acima se deu quanto à existência ou não de direito subjetivo não é casual. É que esta é a situação jurídica individual mais consistente, e que enseja a tutela jurisdicional para sua proteção. Por direito subjetivo entende-se o poder de ação, assente no direito objetivo, e destinado à satisfação de certo interesse.[3] Singularizam o direito subjetivo, distinguindo-o de outras posições, a presença,

2. Por exemplo, qualquer indivíduo pode opor-se judicialmente a uma restrição de direito imposta pelo Estado em matéria que a Constituição haja deferido à competência dos Municípios ou da União.

3. V. M. Seabra Fagundes, *O Controle dos Atos Administrativos pelo Poder Judiciário*, Ed. Forense, Rio de Janeiro, 1979, p. 169.

cumulada, das seguintes características: a) a ele corresponde sempre um dever jurídico; b) ele é violável, ou seja, existe a possibilidade de que a parte contrária deixe de cumprir o seu dever; c) a ordem jurídica coloca à disposição de seu titular um meio jurídico – que é a ação judicial – para exigir-lhe o cumprimento, deflagrando os mecanismos coercitivos e sancionatórios do Estado.

Nesta conformidade, das normas constitucionais que geram direitos subjetivos resultam para seus beneficiários – os titulares dos direitos – situações jurídicas imediatamente desfrutáveis, efetivadas por prestações positivas ou negativas, exigíveis do Estado ou de outro eventual destinatário da norma, inclusive por via de ação judicial, quando não entregues espontaneamente.

Para que os conceitos acima possam realmente operar em sua plenitude, existe um pressuposto fundamental: o de que o constituinte não perca o senso de realidade e razoabilidade. O Direito, enquanto sistema de normas, tem limites e possibilidades. O "otimismo juridicizante" de certas normas constitucionais, para utilizar a expressão de Verdú,[4] compromete a força normativa da Constituição ao pretender normatizar o inalcançável. O excesso de ambição, colidindo com as possibilidades reais do Estado e da sociedade, carreia para a Constituição descrédito e desprezo. Dois exemplos ilustram a tese.

O art. 368 do Anteprojeto de Constituição elaborado pela Comissão de Estudos Constitucionais tinha a dicção seguinte:

"É garantido a todos o direito, para si e para sua família, de moradia digna e adequada, que lhe preserve a segurança, a intimidade pessoal e familiar".

Ninguém, em sã consciência, seria contra o fato de todos terem moradia digna. Mas esta não é uma conquista que se possa obter por via de norma jurídica. Por força de uma regra de tal teor, qualquer indivíduo que demonstrasse não possuir moradia nos moldes assegurados no texto teria ação contra o poder público para recebê-la. Isto seria insensato e inviável. Assim, tal norma constitucional não poderia ser cumprida e a Constituição, enquanto documento jurídico, restaria desmoralizada.

Também o constituinte de 1988 não resistiu, muitas vezes, à tentação de salvar o mundo valendo-se de papel e tinta. Veja-se o que fez constar do art. 227 da Carta em vigor:

"É dever da família, da sociedade e do Estado assegurar à criança e ao adolescente, com absoluta prioridade, o direito à vida, à saúde, à alimentação, à educação, ao lazer, à profissionalização, à cultura, à dignidade, ao respeito, à liberdade e à convivência familiar e comunitária, além de colocá-los a salvo de toda forma de negligência, discriminação, exploração, violência, crueldade e opressão".

Passados três anos de vigência da Constituição, multiplica-se o número de crianças e adolescentes entregues à própria sorte, sem qualquer operatividade da regra constitucional. Quem torna efetivos esses direitos? Pode o Judiciário, em ações movidas por menores carentes, determinar, em casos concretos que lhe sejam submetidos, o cumprimento do preceito, ordenando, quem sabe, que os pais de filhos de pais desconhecidos reapareçam para ensejar a prometida convivência familiar? Tragicamente, não. O dispositivo é inútil. Talvez até mesmo em um programa de partido político este texto fosse exage-

4. Pablo Lucas Verdú, *Curso de Derecho Político*, vol. I, Madri, 1976, p. 28.

rado. Se não serve para nada, não deveria estar na Constituição.

Sob esta perspectiva, procede-se agora à sistematização e à análise crítica dos princípios constitucionais.

II - Princípios constitucionais. Conceito. Tipologia. Finalidade

Ao prefaciar seu admirável *Tratado de Direito Privado*, averbou Pontes de Miranda que "os sistemas jurídicos são *sistemas lógicos*, compostos de proposições que se referem a situações da vida, criadas pelos interesses mais diversos".[5] A função social do Direito é dar *valores* a estas situações, interesses e bens, e regular-lhes a distribuição entre os homens.

Na fecunda formulação de sua teoria tridimensional do Direito, demostrou Miguel Reale que a norma jurídica é a síntese resultante de fatos ordenados segundo distintos *valores*. Com efeito, leciona ele, onde quer que haja um fenômeno jurídico, há, sempre e necessariamente, um fato subjacente (fato econômico, geográfico, demográfico, de ordem técnica, etc.); um *valor*, que confere determinada significação a este fato; e, finalmente, uma *regra* ou *norma*[6] que representa a relação ou medida que integra um daqueles elementos ao outro, o fato ao valor.[7]

5. *Tratado de Direito Privado*, t. I, 1954, p. IX.

6. Por impróprio aos fins aqui perseguidos, passa-se ao largo da distinção que diversos autores fazem entre *norma* e *regra jurídica*. Para este propósito, remete-se o leitor ao trabalho de Eros Roberto Grau, *A Ordem Económica na Constituição – Interpretação e Crítica*, Ed. RT, São Paulo, 1990, pp. 122 e ss.

7. *Teoria Tridimensional do Direito*, 1968, e *Lições Preliminares de Direito*, 1973, especialmente pp. 85 e ss.

Pois os princípios constitucionais são, precisamente, a síntese dos *valores* principais da ordem jurídica. A Constituição, como já vimos, é um sistema de normas jurídicas. Ela não é um simples agrupamento de regras que se justapõem ou que se superpõem. A idéia de sistema funda-se na de harmonia, de partes que convivem sem atritos. Em toda ordem jurídica existem valores superiores e diretrizes fundamentais que "costuram" suas diferentes partes. Os princípios constitucionais consubstanciam as premissas básicas de uma dada ordem jurídica, irradiando-se por todo o sistema. Eles indicam o ponto de partida e os caminhos a serem percorridos.

Em passagem que já se tornou clássica, escreveu Celso Antonio Bandeira de Mello:

"Princípio é, por definição, mandamento nuclear de um sistema, verdadeiro alicerce dele, disposição fundamental que se irradia sobre diferentes normas compondo-lhes o espírito e servindo de critério para sua exata compreensão e inteligência, exatamente por definir a lógica e a racionalidade do sistema normativo, no que lhe confere a tônica e lhe dá sentido harmónico (...).

"Violar um princípio é muito mais grave do que transgredir uma norma. A desatenção ao princípio implica ofensa não apenas a um específico mandamento obrigatório, mas a todo o sistema de comandos. É a mais grave forma de ilegalidade ou inconstitucionalidade, conforme o escalão do princípio atingido, porque representa insurgência contra todo o sistema, subversão de seus valores fundamentais (...)".[8]

8. *Elementos de Direito Administrativo*, Ed. RT, São Paulo, 1986, p. 230.

Os grandes princípios de um sistema jurídico são normalmente enunciados em algum texto de direito positivo. Não obstante, e sem pretender enveredar por discussão filosófica acerca de positivismo e jusnaturalismo, tem-se, aqui, como fora de dúvida que estes bens sociais supremos existem fora e acima das regras legais, e nelas não se esgotam, até porque não têm caráter absoluto e se encontram em permanente mutação. No comentário de Jorge Miranda, "o Direito nunca poderia esgotar-se nos diplomas e preceitos constantemente publicados e revogados pelos órgãos do poder".[9] Assinale-se, ainda, que a idéia de princípio não se contrapõe à de norma, mas tão-somente à de preceito. As normas jurídicas é que poderão ser "normas-princípio e normas-disposições".[10]

Aliás, não é difícil identificar diversos princípios que não têm abrigo expresso no texto constitucional e que, no entanto, são cardeais para sua compreensão e aplicação. Confira-se.

Princípio da supremacia da Constituição – Na celebrada imagem de Kelsen para ilustrar a hierarquia das normas jurídicas, a Constituição situa-se no vértice de todo o sistema legal, servindo como fundamento de validade das demais disposições normativas. Toda Constituição escrita e rígida, como é o caso da brasileira, goza de superioridade jurídica em relação às outras leis, que não poderão ter existência legítima se com ela contrastarem.[11]

Princípio da unidade da Constituição – Também referido como princípio da unidade hierárquico-normativa da Constituição. Uma Constituição, apesar da diversidade de seu objeto, jamais apresenta elementos estanques. Isto significa que não é possível analisar-se uma disposição constitucional isoladamente, fora do conjunto harmônico em que situada. De outra parte, as normas constitucionais não guardam entre si relação de hierarquia. Todas têm a mesma dignidade. Por assim ser, as normas constitucionais devem ser interpretadas de modo a evitar conflitos e contradições com outras normas constitucionais.[12]

Princípio da continuidade da ordem jurídica – Ao entrar em vigor, a nova Constituição depara-se com todo um sistema legal preexistente. Dificilmente a ordem constitucional recém-estabelecida importará em um rompimento integral e absoluto com o passado. Por isto, toda a legislação ordinária que não seja incompatível com a nova Constituição conserva sua eficácia, vale dizer, é *recepcionada* pela nova ordem. Se assim não fosse, haveria enorme vácuo legal até que o legislador infraconstitucional pudesse recompor inteiramente todo o domínio coberto pelas normas jurídicas anteriores.[13]

9. *Manual de Direito Constitucional*, t. II, Coimbra, 1983, p. 197. V. também Eros Grau, ob. cit., p. 92. Aparentemente em sentido diverso é o comentário de J. J. Gomes Canotilho, em seu *Direito Constitucional*, Coimbra, 1986, p. 119: "(...). Quer as normas quer os princípios têm recepção positivo-constitucional (não há princípios transcendentes)". Esta afirmação é atenuada por sua admissão de que o princípio não precisa estar consagrado expressamente em qualquer preceito particular, podendo ser deduzido do sistema.

10. Idem, ibidem, p. 198.

11. V. German Bidart Campos, *La Interpretación y el Control Constitucionales en la Jurisdicción Constitucional*, Ediar, Buenos Aires, 1987, p. 38.

12. Na referência de Canotilho (ob. cit., p. 118), o princípio da unidade é igualmente um princípio de interpretação, pois "exige tarefa de concordância prática entre normas aparentemente em conflito ou em tensão".

13. É interessante observar que no Brasil este é um princípio pacificamente acatado, apesar de não-escrito (v. Caio Mário da Silva Pereira,

Princípio da interpretação conforme a Constituição – A verificação da inconstitucionalidade ou não de uma norma não é uma tarefa mecânica. Ela comporta nuances, temperamentos. Salvo exceções, dificilmente uma norma é ostensivamente incompatível com a Constituição. Há áreas cinzentas. Sobretudo, as normas jurídicas, por vezes, comportam mais de uma interpretação razoável. Assim, sempre que houver uma interpretação que conduza à inconstitucionalidade da norma e outra que permita sua aplicação válida, deve o intérprete prestigiar a segunda.[14]

Com os exemplos acima se demonstrou, mesmo sem precisar recorrer à invocação mais polêmica dos chamados princípios gerais do direito, que existem diversos princípios que apesar de não se encontrarem expressos no texto constitucional ou em qualquer outro diploma escrito são de comum observância. A regra, no entanto, é que a própria Constituição enuncie os princípios maiores por ela adotados.

Quanto ao seu objeto, os princípios constitucionais ajustam-se, sem dificuldade, à tipologia das normas constitucionais desenvolvida no item I, acima. Com efeito, existem princípios constitucionais *de organização*, como os que definem a forma de Estado, a forma, o regime e o sistema de governo. Existem também princípios constitucionais cuja finalidade precípua é estabelecer *direitos*, isto é, resguardar situações jurídicas individuais, como os que asseguram o acesso à Justiça, o devido processo legal, a irretroatividade das leis, etc. Por igual, existem princípios de caráter *programático*, que estabelecem certos valores a serem observados – livre iniciativa, função social da propriedade, publicidade dos atos administrativos – ou fins a serem perseguidos, como a justiça social.

É importante, também, identificar os princípios de acordo com o seu grau de importância e abrangência. Embora se tenha afirmado que todas as normas constitucionais têm o mesmo valor hierárquico, elas nem sempre desempenham o mesmo papel.[15] Aos princípios calha a peculiaridade de irradiarem-se pelo sistema normativo, repercutindo sobre outras normas constitucionais. Nem todos os princípios, todavia, possuem o mesmo raio de atuação. Eles variam na amplitude de sua aplicação e mesmo na sua influência. Dividem-se, assim, em princípios fundamentais, princípios gerais e princípios setoriais ou especiais.

Princípios *fundamentais* são aqueles que contêm as decisões políticas estruturais do Estado, no sentido que a elas empresta Carl Schmidt. Constituem, como afirmam Canotilho e Vital Moreira, "síntese ou matriz de todas as restantes normas constitucionais, que àquelas podem ser direta ou indiretamente reconduzidas".[16]

"Direito Constitucional Intertemporal", in *Revista Forense* 304/29). A Constituição portuguesa, todavia, tornou-o expresso no art. 293º, onde se lê: "O direito anterior à entrada em vigor da Constituição mantém-se, desde que não seja contrário à Constituição ou aos princípios nela consagrados".

14. Desde que isto não importe em torcer o sentido da norma, subvertendo a inequívoca intenção do legislador, como já decidiu o Supremo Tribunal Federal na Representação 1.417-DF (*RTJ* 126/48). V. sobre este tópico Gilmar Ferreira Mendes, *Controle de Constitucionalidade*, Ed. Saraiva, São Paulo, 1990, pp. 284 e ss.

15. Embora todos os dispositivos constitucionais tenham a mesma hierarquia *normativa*, não têm eles a mesma hierarquia *axiológica*, como bem observa Diogo de Figueiredo Moreira Neto ("A ordem econômica na Constituição de 1988", in *Revista de Direito da Procuradoria-Geral do Estado do Rio de Janeiro* 42/57-59).

16. *Constituição da República Portuguesa Anotada*, 2ª ed., vol. I, p. 66.

São tipicamente os fundamentos da organização política do Estado, correspondendo ao que chamamos no início de princípios constitucionais de organização. Neles se substancia a opção política entre Estado unitário e federação, república ou monarquia, presidencialismo ou parlamentarismo, regime democrático, etc.

Princípios constitucionais *gerais*, embora não integrem o núcleo da decisão política formadora do Estado, são, normalmente, importantes especificações dos princípios fundamentais. Têm eles menor grau de abstração e ensejam, em muitos casos, a tutela imediata das situações jurídicas que contemplam. São princípios que se irradiam por toda a ordem jurídica, como desdobramentos dos princípios fundamentais, e se aproximam daqueles que identificamos como princípios definidores de direitos. São exemplos o princípio da legalidade, o da isonomia, do juiz natural. Canotilho se refere a eles como princípios-garantia.[17]

E, por fim, os princípios *setoriais* ou *especiais*, que são aqueles que presidem um específico conjunto de normas afetas a um determinado tema, capítulo ou título da Constituição. Eles se irradiam limitadamente, mas no seu âmbito de atuação são supremos. Por vezes são mero detalhamento dos princípios gerais, como os princípios da legalidade tributária ou da legalidade penal. Outras vezes são autônomos, como o princípio da anterioridade em matéria tributária ou o do concurso público em matéria de administração pública.

Após este esforço de sistematização, é preciso destacar o papel prático dos princípios dentro do ordenamento jurídico constitucional, remarcando sua finalidade ou destinação. Cabe-lhes, em primeiro lugar, embasar as decisões políticas fundamentais tomadas pelo constituinte e expressar os valores superiores que inspiraram a criação ou reorganização de um dado Estado. Eles fincam os alicerces e traçam as linhas mestras das instituições, dando-lhes o impulso vital inicial.

Em segundo lugar, aos princípios se reserva a função de ser o fio condutor dos diferentes segmentos do texto constitucional, dando unidade ao sistema normativo. Um documento marcantemente político como a Constituição, fundado em compromissos entre correntes opostas de opinião, abriga normas à primeira vista contraditórias. Compete aos princípios compatibilizá-las, integrando-as à harmonia do sistema.

E, por fim, dirigem-se os princípios ao Executivo, Legislativo e Judiciário, condicionando a atuação dos poderes públicos e pautando a interpretação e aplicação de todas as normas jurídicas vigentes. Exemplo desta utilidade prática do uso dos princípios vem de ser dado por Sergio Ferraz, em instigante estudo que dedicou a temas só recentemente aportados ao mundo jurídico, como doação de órgãos, inseminação artificial, "bebê de proveta" e "útero de aluguel". Diante de aspectos que difusamente se distribuíam por diferentes domínios jurídicos – como os do direito civil, penal, administrativo –, declarou-se ele na contingência de fazer uma opção metodológica por enfocar as perplexidades que a matéria provocava "à vista do exclusivo farol capaz de solvê-las univocamente, para todos os ramos da árvore jurídica: o contraste entre as indagações e os princípios constitucionais da ordem jurídica brasileira. Com isso, a questão por certo não ganha em facilidade e simplificação, quem sabe até mais intrincada se torne. Mas ganha em certeza e segurança, pois somente princípios constitucionais podem ostentar a marca da

17. *Direito Constitucional*, cit., p. 122.

irredutibilidade a outros, num pensamento jurídico coerentemente concatenado".[18]

Assentadas estas noções básicas, resta ver como surte sua aplicação sobre os princípios constitucionais escolhidos pelo constituinte brasileiro de 1988, e que proveito podem elas trazer na revisão constitucional que se avizinha.

III - Princípios constitucionais brasileiros

Antes de percorrer um a um os princípios fundamentais eleitos pelo constituinte de 1988, convém sistematizar, à luz dos conceitos expostos acima, e levando-se em conta o texto constitucional em vigor, o quadro geral dos princípios constitucionais brasileiros. A enunciação está longe de ser exaustiva, mas pretende haver captado os mais destacados princípios, enquadrados na tipologia aqui delineada: *fundamentais*, *gerais* e *setoriais*.

São *princípios fundamentais* os seguintes:

- Princípio republicano (art. 1º, *caput*);

- Princípio federativo (art. 1º, *caput*);

- Princípio do Estado democrático de direito (art. 1º, *caput*);

- Princípio da separação de Poderes (art. 2º);

- Princípio presidencialista (art. 76);

- Princípio da livre iniciativa (art. 1º, IV).

Aí estão as decisões políticas fundamentais do constituinte. Já no *caput* do art. 1º ele explicitou que preferia a forma de governo republicana em lugar da monárquica, a forma federativa de Estado e não a unitária, e que o regime de governo seria o democrático, com todo o poder emanado do povo. Remarcou a idéia de separação de Poderes – tradicional decorrência do princípio democrático no constitucionalismo ocidental –, optou pelo presidencialismo sobre o parlamentarismo e deixou expressa sua profissão de fé capitalista ao consagrar a livre iniciativa.

Se o constituinte de 1988 não tivesse dito mais nada, se a Carta se cifrasse a um único artigo que abrigasse os princípios acima, ainda assim se teria os contornos essenciais do Estado que se pretendeu criar. Se se deixasse tudo o mais para o legislador ordinário, não poderia ele desfigurar o modelo básico que a ele se impôs.

Figuram dentre os *princípios gerais* os que se seguem:

- Princípios da legalidade (art. 5º, II);

- Princípio da isonomia (art. 5º, *caput* e inciso I);

- Princípio da autonomia estadual e municipal (art. 18);

- Princípio do acesso ao Judiciário (art. 5º, XXXV);

- Princípio da irretroatividade das leis (art. 5º, XXXVI);

- Princípio do juiz natural (art. 5º, XXXVII e LIII);

- Princípio do devido processo legal (art. 5º, LIV).

O elenco acima comportaria significativa ampliação, de acordo com o gosto de cada um. Há características peculiares a estes princípios, em contraste com os que se dizem fundamentais. Em primeiro lugar, eles não têm caráter organizatório do Estado, mas sim limitativo de seu poder, resguardando desde logo situações individuais. Seu conteúdo tem menos de decisão política e mais de valoração ética, embora,

18. *Manipulações Biológicas e Princípios Constitucionais: uma Introdução*, Sergio Antonio Fabris, Porto Alegre, 1991, p. 16.

de certa forma, não deixem de ser meros desdobramentos daquelas opções políticas fundamentais. Os princípios gerais, embora se possam encontrar em diferentes passagens da Constituição, concentram-se no capítulo dedicado aos direitos e deveres individuais e coletivos (art. 5º).

Os princípios *setoriais* ou *especiais* distribuem-se por diferentes títulos da Constituição e irradiam-se sobre um número limitado de normas. Sem ser exaustivo, é possível destacar os que vão adiante mencionados, dentro das respectivas áreas de atuação:

I. Administração pública

- Princípio da legalidade administrativa (art. 37, *caput*);

- Princípio da impessoalidade (art. 37, *caput*);

- Princípio da moralidade (art. 37, *caput);*

- Princípio da publicidade (art. 37, *caput*);

- Princípio do concurso público (art. 37, II);

- Princípio da prestação de contas (arts. 70, parágrafo único, 34, VII, *d*, e 35, III).

II. Organização dos Poderes

- Princípio majoritário;

- Princípio proporcional;

- Princípio da publicidade e da motivação das decisões judiciais e administrativas (art. 93, IX e X);

- Princípio da independência e da imparcialidade dos juízes (art. 95 e 96);

- Princípio da subordinação das Forças Armadas ao poder civil (art. 142).

III. Tributação e orçamento

- Princípio da capacidade contributiva (art. 145, III);

- Princípio da legalidade tributária (art. 150, I);

- Princípio da isonomia tributária (art. 150, II);

- Princípio da anterioridade da lei tributária (art. 150, III);

- Princípio da imunidade recíproca das pessoas jurídicas de direito público (art. 150, VI, *a*);

- Princípio da anualidade orçamentária (art. 165, III);

- Princípio da universalidade do orçamento (art. 165, § 5º);

- Princípio da exclusividade da matéria orçamentária (art. 165, § 8º).

IV. Ordem econômica

- Princípio da garantia da propriedade privada (art. 170, II);

- Princípio da função social da propriedade (art. 170, III);

- Princípio da livre concorrência (art. 170, IV);

- Princípio da defesa do consumidor (art. 170, V);

- Princípio da defesa do meio ambiente (art. 170, VI).

V. Ordem social

- Princípio da gratuidade do ensino público (art. 206, IV);

- Princípio da autonomia universitária (art. 207);

- Princípio da autonomia desportiva (art. 217, I).

É bem de ver que muitas vezes a Constituição se refere a *princípio* quando na verdade está significando uma verdadeira finalidade, como ocorre com a "redução das desigualdades regionais e sociais" ou a "busca de pleno emprego", indicadas como "princípios" da ordem econômica no art. 170. Outras vezes, embora empregue o termo *princípios*, a Constituição quer referir-se às regras constitucionais em geral, como se passa nos arts. 25, *caput*, e 29, *caput*, que, ao tratarem do poder de auto-organização de Estados-membros e Municípios, impõem o respeito aos princípios da Constituição. Dentre estes "princípios" inclui-se todo o longo elenco de direitos e deveres dos servidores públicos, típicas normas de preceito, sem qualquer traço de especial abstração ou generalidade.

Após esta visão panorâmica do quadro geral dos princípios no Direito Constitucional brasileiro, passa-se agora à análise dos *princípios fundamentais*, em espécie, tal como coligidos no Título I da Constituição da República, cobrindo os arts. 1º a 4º. Remarque-se que esta análise é feita ao ângulo da efetividade de tais princípios, ou seja, da possibilidade real de eles se traduzirem em instrumentos da tutela judicial de situações jurídicas individuais. Uma norma jurídica que não enseja qualquer tipo de controle judicial é mera contrafação.

Não se vai aqui analisar, de forma didática e minuciosa, cada um dos princípios fundamentais, o que é papel mais próprio para os compêndios de Direito Constitucional. Cabe, todavia, percorrê-los, em comentários breves. No *caput* do art. 1º está o *princípio republicano*, desenvolvido amplamente ao longo do texto, significando a eletividade dos governantes, a periodicidade de seus mandatos e a responsabilidade no exercício do poder.[19] Também o *princípio federativo* permeia todo o texto constitucional, substanciando a descentralização política do poder, repartido verticalmente por diferentes entidades estatais. E, ainda, no *caput* do art. 1º, consagra-se também o *Estado de direito democrático*, a caracterizar um regime de legalidade qualificada, onde se abrigam as ideias básicas de participação popular e justiça social.

Em seguida, no inciso I do art. 1º, arrola a Carta Federal como *fundamento* do Estado brasileiro a soberania. Filosoficamente poder-se-ia percorrer as distinções entre princípio e fundamento, mas esta não é a sede para tal discussão. A rigor, todavia, a soberania não precisava sequer ser mencionada, por isto que é, na verdade, pressuposto de fato da existência do Estado, integrando-lhe o próprio conceito.[20] Ela está presente, portanto, em um momento anterior à Constituição, e independe de reconhecimento expresso. Há, no entanto, certos antecedentes, notadamente em relação à questão da dívida externa, que podem tornar conveniente a explicitação da soberania como fundamento do Estado.

Com efeito, embora não tenha chegado ao conhecimento judicial por omissão do Procurador-Geral da República, na época em que detinha o monopólio da propositura da ação direta de inconstitucionalidade, a preservação da soberania nacional foi o fundamento de postulação da Ordem dos Advogados do Brasil para a invalidação de acordo internacional celebrado pelo Banco Central do Brasil com credores estrangeiros, sob os auspícios do Fundo Monetário Internacional. A impugnação recaía no fato de nele aceitar-se a submissão à arbitragem em foro internacional, mais precisamente em Londres e Nova York.[21]

19. V. sobre o tema, Geraldo Ataliba, *República e Constituição,* Ed. RT, São Paulo, 1985.

20. V. José Afonso da Silva, *Curso de Direito Constitucional Positivo*, Ed. RT, São Paulo, 1990, p. 92: "A *soberania* não precisava ser mencionada, porque ela é fundamento do próprio conceito de Estado".

21. Note-se que a legislação da Grã-Bretanha (*United Kingdom State Immunily Act - 1978*), a dos Estados Unidos (*United States Foreign Sovereign Immunities Act - 1976*) e a do Canadá (*Canada State Immunity Act - 1982*) passaram a excepcionar formalmente o princípio tradicional

De forma redundante, e por isto mesmo desnecessária, a "soberania nacional" volta a ser invocada no inciso I do art. 170 como princípio específico à ordem econômica. A demasia é evidente. Mencione-se que o conteúdo da idéia de "independência nacional", inscrita no inciso I do art. 4º, não é diferente do de soberania, visto que esta traduz, internamente, a supremacia do Estado, ao passo que, externamente, significa a não subordinação de um Estado a outro, isto é, sua independência.

A *cidadania*, lançada no inciso II do art. 1º, não é, naturalmente, um princípio. Tecnicamente ela traduz a titularidade de direitos políticos, que mais modernamente expressam, além da capacidade eleitoral e da capacidade eletiva, um poder de *participação* mais intensa do indivíduo, enquanto membro da sociedade civil, nos processos decisórios dos órgãos públicos. Em um e outro sentidos o exercício da cidadania vem desenvolvido ao longo do texto. Autonomamente, a referência a ela no elenco do art. 1º é de nenhuma valia. Não organiza o Estado, não se presta à tutela de qualquer situação individual, nem tampouco se oferece como vetor de interpretação de outras normas. Uma ociosidade, portanto.[22] Note-se que o exercício da cidadania é componente inarredável do princípio da soberania popular, consagrado no parágrafo único do mesmo art. 1º.

Dignidade da pessoa humana é uma locução tão vaga, tão metafísica, que, embora carregue em si forte carga espiritual, não tem qualquer valia jurídica. Passar fome, dormir ao relento, não conseguir emprego, são, por certo, situações ofensivas à dignidade humana. O princípio, no entanto, não se presta à tutela de nenhuma dessas situações. Por ter significativo valor ético, mas não se prestar à apreensão jurídica, a dignidade da pessoa humana merece referência no preâmbulo, não no corpo da Constituição, onde desempenha papel decorativo, quando não mistificador.

O princípio da *livre iniciativa*, abrigado no inciso III do art. 1º, tem significação relevante, pois expressa a opção do constituinte por um específico modelo econômico: o capitalista. Sem muita necessidade, reproduz-se o mesmo princípio no *caput* do art. 170, que inaugura o título dedicado à ordem econômica e financeira. Quem sofrer ingerência por parte do Estado em seu empreendimento privado, fora das hipóteses autorizadas na Constituição, pode invocar o princípio para, em sede judicial, invalidar e sustar os efeitos da indevida intervenção. A referência, no mesmo inciso, aos *valores sociais do trabalho* tem significação predominantemente simbólica, embora se preste, idealizadamente, a conferir uma face humana e social à opção pelo modelo privatista.

Pluralismo político, acolhido no inciso V do art. 1º, é antes uma expressão da moda, um casuísmo semântico, do que um

da imunidade jurisdicional dos Estados em matérias de natureza comercial, isto é, não diretamente relacionadas a atos de caráter público do Estado estrangeiro. Passaram, assim, a admitir que Estado estrangeiro fosse demandado perante seus tribunais. Sobre o tema, na literatura brasileira, vejam-se José Francisco Rezek, *Direito Internacional Público*, Ed. Saraiva, São Paulo, 1989, pp. 169 e ss., e o excelente artigo de Jacob Dolinger, "A imunidade jurisdicional dos Estados", in *Revista Forense* 277/53.

22. No mesmo sentido é a posição de Celso Ribeiro Bastos *(Curso de Direito Constitucional*, São Paulo, 1990, p. 148): "A cidadania, também fundamento de nosso Estado, é um conceito que deflui do próprio princípio do Estado Democrático de Direito, podendo-se, desta forma, dizer que o legislador constituinte foi pleonástico ao instituí-lo".

princípio. Decorrência natural do princípio democrático, a *diversidade* – seja de partidos políticos, associações privadas, igrejas e cultos religiosos, etc. – é componente inarredável de qualquer sociedade livre. O texto passaria bem sem esta previsão.

O parágrafo único do art. 1º traz a cláusula clássica da *soberania popular*, em dicção ligeiramente atualizada em relação aos textos anteriores: "Todo o poder emana do povo, que o exerce por meio de representantes eleitos ou diretamente, nos termos desta Constituição". A novidade, aí, está na referência a meios de participação popular *direta*. Com efeito, a Constituição encampa institutos como o plebiscito, referendo e iniciativa popular (art. 14), que ensejam a intervenção do cidadão na condução dos negócios públicos, paralelamente à via *indireta* da representação parlamentar.

O art. 2º reedita, também, a regra ancestral da separação dos poderes, que acompanha o constitucionalismo moderno desde o seu batismo doutrinário, com a Declaração dos Direitos do Homem e do Cidadão, de 1789.[23] Por ela se opera a atribuição de cada uma das funções estatais – legislativa, administrativa e jurisdicional – a órgãos constitucionais distintos e independentes. A verdade é que a fórmula tradicional da separação dos poderes encontra-se desgastada pelo tempo, desajustada às novas exigências legislativas e à espera de uma ampla revisão. Esta temática vive uma singular situação que por vezes se verifica no mundo científico, em que há uma clara percepção da inadequação do modelo vigente, sem que tenha sido possível apresentar, ainda, uma formulação alternativa satisfatória.[24]

O art. 3º enuncia os "objetivos fundamentais" da República Federativa do Brasil. O inciso I descreve o primeiro deles: *construir uma sociedade livre, justa e solidária*. Não se está aqui diante de uma norma jurídica, nem mesmo de uma de caráter programático, mas de uma declaração de intenções. Relembre-se que a norma programática, embora invista o jurisdicionado em uma posição menos consistente que as normas definidoras de direito (e mesmo que as normas de organização), tem uma específica utilidade jurídica: ela invalida todo e qualquer ato que lhe contravenha o sentido, isto é, a finalidade explicitada. Em outras palavras: ela não enseja a exigibilidade de prestações positivas, mas pode e deve ser invocada para exigir dos órgãos públicos que se abstenham de determinados comportamentos. A construção de uma sociedade livre, justa e solidária é um relevante desiderato político, que, tal como inscrito no texto constitucional, não se presta à tutela de qualquer situação objetivamente considerada. O lugar próprio para tal declaração é o *Preâmbulo*.

23. Assim dispunha o art. 16 da Declaração francesa: "Toute société dans laquelle la garantie des droits n'est pas assuré, ni la séparation des pouvoirs déterminée, n'a pas de constitution". O princípio da separação de poderes, já sugerido em Aristóteles, deve sua primeira formulação, nos tempos modernos, a John Locke, em sua obra célebre *Two Treatises of Government* (1690). Todavia, seu principal sistematizador foi, sem dúvida, Montesquieu, no Capitulo 6º do Livro XI do seu célebre tratado *De l'Esprit des Lois* (há uma recente edição brasileira da Ed. Saraiva, 1987).

24. Para uma visão crítica do quadro atual da divisão de poderes, vejam-se: Victor Nunes Leal, "A divisão de poderes no quadro da burguesia", in *Cinco Estudos*, 1955; José Alfredo de Oliveira Baracho, *Processo Constitucional*, 1984, pp. 26 e ss.; Paulo Bonavides, *Do Estado Liberal ao Estado Social*, 1961, p. 36: e Carlos Roberto de Siqueira Castro, *O Congresso e as Delegações Legislativas*, 1986, p. 193.

Com efeito, embora não seja de rigor, é próprio das Constituições fazerem-se acompanhar de um preâmbulo. É comum que nele se incluam os antecedentes e o enquadramento histórico da Constituição, bem como sua justificação e seus grandes objetivos.[25] Fruto do mesmo poder constituinte, o preâmbulo integra a Constituição formal, embora o seu texto tenha mais um caráter de proclamação do que sentido normativo. Distingue-se ele do corpo da Constituição precisamente pelo tipo de eficácia que possui. Ele não se destina a normalizar situações jurídicas, mas a situar historicamente a Constituição e apontar diretrizes para o Estado por ela constituído. Ao contrário dos *princípios*, que têm uma dimensão jurídica, *diretrizes* têm uma acepção mais fluida, de conteúdo essencialmente político. Remarque-se: a política não é menos que o Direito. Apenas a função social de cada um deles é distinta.

Ainda quanto ao inciso I do art. 3º, é sintomático observar que mesmo a Constituição portuguesa, freqüentemente adotada como modelo pelo constituinte brasileiro – e que também não escapou, aqui e ali, de um excessivo "otimismo juridicizante" – reservou para o *preâmbulo* o objetivo de "construção de um país mais livre, mais justo e mais fraterno".

Igual crítica é válida, também, em relação aos incisos II e III do art. 3º, que falam em "garantir o desenvolvimento nacional" e em "erradicar a pobreza e a marginalização e reduzir as desigualdades sociais e regionais". Com base nestas prescrições, que pode um Estado menos favorecido da Federação demandar? Nada. Que pode um indivíduo miserável reclamar? Nada. São objetivos juridicamente vazios, embora politicamente meritórios. Se não é possível vertê-los em utilidade jurídica, mas se eles têm valia política, ética ou o que seja, seu lugar não é no corpo da Constituição, mas no preâmbulo.

O inciso IV contém a antiga e valiosa proclamação da igualdade, devendo o Estado "promover o bem de todos, sem preconceito de origem, raça, sexo, cor, idade e quaisquer outras formas de discriminação". O princípio da igualdade ou isonomia vem repetido no *caput* do art. 5º. A regra tem largo alcance prático, ensejando que qualquer indivíduo que seja vítima de discriminação invoque a tutela judicial para fulminar o ato atentatório à isonomia assegurada pela Constituição. É interessante notar que em outros sistemas jurídicos, como o norte-americano e o alemão, o princípio da igualdade é uma das mais fecundas fontes de jurisprudência constitucional. O mesmo não ocorre no Brasil, onde sua invocação é esparsa e, normalmente, versa questões de cunho remuneratório.[26]

É especialmente interessante observar que os "objetivos fundamentas" do art. 3º são tão desimportantes, ao ângulo da dogmática constitucional, que alguns dos principais comentadores da Constituição de 1988, ao tratarem dos seus quatro incisos, não conseguiram despender mais do que meia página.[27]

Resta por fim o art. 4º, que dita os princípios que devem reger o Estado bra-

25. V. Parecer da Comissão de Sistematização da Assembleia Constituinte portuguesa, *apud* Jorge Miranda, ob. cit., p. 208.

26. Sobre o tema, veja-se Luís Roberto Barroso, "A igualdade perante a lei", in *RDP* 78/65.

27. José Afonso da Silva, ob. cit., p. 93: 11 *linhas;* Celso Ribeiro Bastos, ob. cit., p. 149: *9 linhas;* Manoel Gonçalves Ferreira Filho, ob. cit., p. 20: *21 linhas*. Todos eles cuidam do princípio da isonomia ao tratarem dos direitos e garantias (art. 5º) e não ao comentarem os princípios fundamentais.

sileiro nas suas relações internacionais. Inúmeros autores têm-se referido a uma denominada "constitucionalização" do direito internacional, significando a inclusão nas Constituições de princípios e regras que devem incidir sobre as relações internacionais do Estado.[28] Pela Carta brasileira de 1988, estes princípios são os seguintes:

- *I. independência nacional*;
- *II. prevalência dos direitos humanos*;
- *III. auto-determinação dos povos*;
- *IV. não-intervenção*;
- *V. igualdade entre os Estados*;
- *VI. defesa da paz*;
- *VII. solução pacífica dos conflitos*;
- *VIII. repúdio ao terrorismo e ao racismo*;
- *IX. cooperação entre os povos para o progresso da humanidade*;
- *X. concessão de asilo político.*

O parágrafo único do art. 4º, à sua vez, determina que o Brasil "buscará a integração econômica, política, social e cultural dos povos da América Latina, visando à formação de uma comunidade latino-americana de nações".

Diga-se, de plano, que, em sua maioria, estes princípios e propósitos podem ser encontrados, em linguagem idêntica ou similar, na Carta das Nações Unidas, na Carta da OEA ou em outros documentos internacionais multilaterais. De todo modo, sob a inspiração de modelos como o espanhol e o português, pareceu bem ao constituinte enunciá-los, no que contou com o aplauso de internacionalistas ilustres.[29] Sem embargo, também aqui incorreu o constituinte em um dos seus vícios mais constantes: a redação prolixa, redundante, onde os conceitos se repetem ou se superpõem, sem qualquer proveito. *Independência nacional*, *autodeterminação dos povos* e *não-intervenção*, ainda quando não se confundam, são noções extremamente afins para serem desdobradas em normas constitucionais distintas. O mesmo se diga de *defesa da paz e solução pacífica dos conflitos*, bem como *prevalência dos direitos humanos e repúdio ao terrorismo e ao racismo*.[30]

Com uma única exceção, todos estes princípios se apresentam sob a feição de normas programáticas, isto é, aquelas que não ensejam a exigibilidade de comportamentos comissivos. Mais que isto, existe ainda um outro fator a embargar-lhes a efetividade. É que, embora sempre tenhamos sustentado, com veemência, que os tribunais podem invalidar qualquer comportamento do poder público que entre em conflito com algum princípio

28. V. Louis Favoreu, em sua "Présentation" ao "Rapports Français au II Congrès Mondial de l'Association Internationale de Droit Constitutionnel", reunida no volume *Droit Constitutionnel et Droits de l'Homme*, Ed. Económica, 1987, p. 5; J. A. Carillo Salcedo, *El Derecho Internacional en un Mundo en Cambio*, 1984, p. 139; Celso Albuquerque Mello, "Constituição e relações internacionais", in *A Nova Constituição e o Direito Internacional*, Ed. Freitas Bastos, 1987, p. 18.

29. V., por exemplo, Celso Albuquerque Mello, na obra coletiva *Comentários à Constituição,* Ed. Freitas Bastos, Rio de Janeiro, 1990, 1º vol. p. 148.

30. O Ministro José Francisco Rezek, em palestra reproduzida no livro *A Constituição Brasileira de 1988 – Interpretações* (Ed. Forense Universitária, Rio de Janeiro, 1988, p. 14), averbou, a propósito do art. 4º: "Aí há uma redundância terminológica. Poderíamos reduzir os vários elementos dessa lista a apenas três: a independência e a autodeterminação dos povos, a não-intervenção nos assuntos domésticos do Estado e a igualdade de todas as soberanias na cena internacional".

ou finalidade enunciado em norma constitucional programática, a verdade é que em certas situações existem restrições à atuação do Judiciário. O controle judicial dos atos do poder público encontra um limite tradicional e justificável, representado pelas *questões estritamente políticas*.

De fato, é universalmente admitido que existem determinadas áreas de atuação estatal em que a técnica jurídica não é capaz de substituir certos juízos de conveniência e oportunidade que devem caracterizar os atos do governo, por se encontrarem eles fora de uma esfera de previsibilidade objetiva. Nesta área substancialmente discricionária, o papel do Judiciário é limitado, e os mecanismos de controle se transferem para o âmbito político, seja pelo Legislativo, seja pela opinião pública. A teoria das questões políticas tem sido amplamente discutida na doutrina e jurisprudência norte-americanas, pelo menos desde o célebre caso *Marbury* vs. *Madison*,[31] tendo como grande marco a decisão da Suprema Corte no caso *Baker* vs. *Carr*.[32] Algumas características que permitem identificar uma questão como estritamente política são as seguintes: 1) tratar-se de matéria atribuída à competência discricionária de órgão de um dos Poderes; 2) ausência de parâmetros objetivos para aferir a correção do ato praticado; 3) inexistência de lesão a direitos individuais.[33]

Remarque-se o ponto de vista aqui delineado: o poder dos tribunais para rever atos do Executivo e do Legislativo tem como limite intransponível aqueles atos puramente políticos. Cabe aos tribunais a qualificação de tais atos, hipótese em que prudentemente deverão abster-se de sobreporem a sua própria discrição àquela que foi constitucionalmente deferida a algum outro órgão. Note-se, todavia, que o Judiciário pode e deve verificar se a discricionariedade foi exercitada dentro dos limites estabelecidos, limites estes representados pelos princípios e finalidades contidos explícita ou implicitamente no texto constitucional.

Todos estes comentários se fazem a propósito do fato de que, no domínio das relações internacionais, a Constituição deferiu competências predominantemente discricionárias – isto é, *políticas* – ao Executivo e ao Legislativo. Ao Judiciário restaria apenas o papel de verificar, caso alguém pudesse deduzir uma pretensão judicial, se houve inobservância dos princípios constitucionais que devem reger as relações internacionais do país. Esta tarefa não é fácil.

Suponha-se, por exemplo, que o Presidente da República celebre um acordo com a África do Sul, tendo por objeto algum tipo de intercâmbio cultural. Uma associação civil que patrocina os interesses da comunidade negra ingressa em juízo pleiteando a invalidação de tal acordo, por violação ao inciso VIII do art. 4º, de vez que é incontroverso, inclusive por documentos internacionais, que a África do Sul é um país cujas instituições são tidas como racistas. Pode o juiz ou tribunal acolher o pedido e invalidar o acordo?

Imagine-se um segundo exemplo, igualmente polêmico. O Presidente da República decide estabelecer relações formais com a Organização para a Libertação da Palestina (OLP) ou reconhecer o Estado por eles proclamado. Sem ingressar no mérito do tema, é inegável que parcela expressiva da opinião pública associa aquela organização com a prática de atos terroristas. Podem os tribunais, mediante

31. *US. (1 Cranch) 137 (1803)*.

32. *369 U.S. 186 (1962)*.

33. Idem. V., na doutrina brasileira, Rui Barbosa, *Comentários à Constituição Brasileira*, vol. IV, pp. 41-45; M. Seabra Fagundes, ob. cit., p. 161.

provocação adequada, declarar a invalidade do ato presidencial?

Ambas as hipóteses seriam difíceis para qualquer tribunal. Ao ângulo puramente técnico, não haveria qualquer obstáculo para a atuação dos tribunais, de vez que a eles compete a interpretação da Constituição. Mas há que se reconhecer que casos como estes abrigam crises políticas em potencial ou mesmo certos constrangimentos internacionais. Nos dois casos aventados acima, e tendo em vista inexistir violação a direito individual, caberia à *discrição judicial*[34] decidir se um tribunal deveria ou não enfrentar o mérito da questão. Se decidisse afirmativamente e julgasse o pedido, tal comportamento seria legítimo. Se, ao revés, considerasse imprópria ou inconveniente a intervenção judicial, escusar-se-ia de julgar a questão, invocando o seu caráter essencialmente político. Esta flexibilidade permitiria aos tribunais pesarem uma série de circunstâncias objetivas e subjetivas que devem ser levadas em conta quando questões extremamente sensíveis lhes são submetidas.

Evidencia-se, pelo que foi dito acima, que a efetividade dos princípios constitucionais que regem as relações internacionais é, geralmente, muito tênue, dando a eles pouca eficácia prática. Paradoxalmente, deixou o constituinte de editar norma cujo efeito prático é de muito maior relevância: a que estabelecesse a relação entre a norma de direito interno e a de direito internacional. Por exemplo: quando um tratado internacional entra em vigor no Brasil, após percorrer os trâmites internacionais, que ocorre com o direito interno eventualmente com ele conflitante? E, na hipótese inversa, se lei posterior ao tratado dispuser de forma diversa acerca de matéria por ele regida, qual dos dois atos normativos deve prevalecer? A doutrina e a jurisprudência brasileiras têm hesitado na matéria, e a nova Carta desperdiçou a oportunidade de solucionar este problema, a exemplo do que fizeram as Constituições da Alemanha, França, Espanha e Estados Unidos, dentre outras.[35]

O último "princípio" referente às relações internacionais é o que vem inscrito no inciso X do art. 4º: "concessão de asilo político". A eficácia jurídica e social deste dispositivo é diferente da dos demais incisos do artigo. Aqui não se está diante de uma norma programática. A rigor, sequer se trata de um princípio. Cuida-se de uma interessantíssima norma humanitária, de amplo alcance, por via da qual se confere aos estrangeiros perseguidos politicamente o *direito subjetivo* de obterem asilo no Brasil.

34. Sobre o tema da discrição judicial, veja-se o interessantíssimo trabalho do Ministro da Suprema Corte de Israel, A. Barak, intitulado *Judicial Discretion*, recentemente publicado pela *Yale Press* (o autor deste estudo somente teve acesso a uma versão não comercial do trabalho do Min. Barak). Barak designa de *institutional justiciability* a questão atinente à decisão do órgão judicial sobre ser apropriado ou não para um tribunal julgar determinado feito. Para uma ampla discussão desta temática, veja-se seu voto no caso *Ressler* vs. *Minister of Defense*, em julgamento proferido em 12 de junho de 1988.

35. As Cartas da Alemanha (art. 25), da França (art. 55) e da Espanha (art. 96) adotam claramente a posição monista de supremacia da norma internacional sobre a interna. Nos Estados Unidos a interpretação dada pelos tribunais ao art. 6º caracterizou o que se denomina de monismo moderado: se o tratado for posterior à lei, prevalece aquele; se a lei for posterior, é ela que prevalece. No Brasil há decisões do STF que fazem supor a adesão a uma posição dualista, em que o tratado não vigora internamente, a menos que o legislador nacional edite norma expressamente acolhendo a orientação constante do tratado (v., *e.g.*, *RTJ* 83/809 e *RTJ* 88/205).

Asilo é genericamente entendido como a proteção dada por um Estado a refugiado político de outro Estado. Neste sentido, o asilo é sempre político.[36] Compreende ele duas modalidades: *asilo territorial*, que é aquele concedido ao refugiado que escapou do país onde era perseguido e foi formalmente admitido em um outro Estado; e *asilo diplomático*, que é a proteção conferida por um Estado em área inviolável que detenha no território de outro Estado.

A ideia de asilo territorial é substancialmente simétrica à de extradição. Note-se que a Constituição brasileira, além de prever a concessão de asilo, contém norma expressa em relação à extradição, que não será concedida em casos de "crime político e de opinião" (art. 5º, LII). Todos os casos de extradição são processados perante o Supremo Tribunal Federal (art. 102, *g*), a quem compete, portanto, aferir a natureza política ou não da ofensa imputada, como premissa lógica de sua decisão de conceder ou negar a extradição requerida.

Mais complexa é a questão envolvendo o asilo diplomático. Trata-se de instituição revivida e desenvolvida na América Latina, e que não é reconhecida quer na Europa, quer nos Estados Unidos. Seu equacionamento jurídico passa por questões delicadas, como sejam: 1) determinar sua legalidade ou não à luz do direito internacional;[37] 2) determinar a quem compete a qualificação do delito como político ou não.[38] Este não é o local próprio para aprofundar este tema, que já foi objeto de importante caso submetido à Corte Internacional de Justiça, embora a ambigüidade da decisão proferida tenha deixado muitos aspectos em aberto.[39]

De todo modo, o fato é que o Estado Brasileiro reconheceu expressamente o direito de asilo, pelo quê passou a ter o dever de concedê-lo. No tocante ao asilo territorial, inexistem maiores complexidades. Quanto ao asilo diplomático, o inciso X do art. 4º deve ser interpretado em dois sentidos, devendo o Estado brasileiro: 1) reconhecer o asilo que venha a ser concedido por qualquer missão diplomática acreditada em seu território; 2) conceder asilo em suas missões diplomáticas acreditadas em Estados estrangeiros.

A despeito de sua forte conotação política, a concessão ou não de asilo político não é uma *questão política*, na acepção acima desenvolvida, por isto que afeta direitos individuais. Exatamente por isto, o Poder Judiciário pode e deve rever as decisões do Executivo fundadas no inciso X do art. 4º, para qualificar a natureza do crime imputado ao solicitante do asilo. Se concluir pela natureza política da im-

36. Embora fosse religioso nas suas origens (v. Francesco Francioni, *Asilo Diplomático*, Milão, 1973, p. 2), atualmente a ideia de asilo assumiu um significado essencialmente político. Por esta razão, não *é* próprio usar a expressão "asilo político" como sinônimo de asilo territorial, como fazem certos autores (*e.g.*, Eduardo Angel, *El Derecho de Asilo*, Bogotá, 1959, p. 63), porque esta é apenas uma de suas modalidades. Igualmente equivocada seria a interpretação estreita do inciso X do art. 4º, para nele vislumbrar tão-somente o asilo territorial.

37. Existem certas convenções na matéria, como as de Havana (1928), Montevidéu (1933) e Caracas (1954).

38. A efetividade do direito de asilo repousa na observância de três grandes regras: 1) ele se aplica somente aos casos de perseguição política, e não aos crimes comuns; 2) a qualificação da natureza do delito deve ser feita pelo Estado que irá conceder o asilo; 3) o Estado em face do qual se concede o asilo fica obrigado à emissão de salvo-conduto e demais garantias para a saída do refugiado (v. Angel, ob. cit.).

39. "The Colombian-Peruvian Asylum Case", *ICJ Reports*, 1950 e 1951.

putação, poderá ordenar à autoridade sob sua jurisdição que conceda o asilo, se lhe parecer pertinente.

IV - Conclusão

IV.1 - Síntese das idéias apresentadas

Ao término do estudo levado a efeito, é possível compendiar as idéias desenvolvidas em algumas proposições objetivas, como seguem.

1. A Constituição política de um Estado, uma vez posta em vigência, transforma-se em documento jurídico. Nela não se devem incluir quaisquer proposições que não possam ser vertidas em forma e conteúdo de norma jurídica.

2. Os princípios constitucionais sintetizam os principais valores da ordem jurídica instituída, irradiam-se por diferentes normas e asseguram a unidade sistemática da Constituição. Eles se dirigem aos três Poderes e condicionam a interpretação e aplicação de todas as regras jurídicas.

3. Ainda quando se caracterizem por um maior teor de abstração, os princípios constitucionais têm eficácia normativa, e, em muitos casos, tutelam diretamente situações jurídicas individuais.

4. Em todo ordenamento jurídico existem diversos princípios não-escritos que permeiam a atuação dos órgãos públicos e inspiram as decisões judiciais.

5. Somente há sentido em inscrever na Constituição princípios dotados de eficácia jurídica, e aptos a se tornarem efetivos, isto é, a operarem concretamente no mundo dos fatos.

6. Tendo em vista sua relevância e abrangência, os princípios constitucionais dividem-se em fundamentais, gerais e setoriais (ou especiais).

7. Princípios fundamentais são aqueles que contêm as decisões políticas mais importantes do Estado, servindo de fundamento à sua organização. No Estado brasileiro destacam-se, dentre eles: a República, a Federação, o Estado de direito democrático e a liberdade de iniciativa.

8. Princípios gerais, embora não integrem o núcleo das decisões políticas formadoras do Estado, são importantes desdobramentos dos princípios fundamentais, e se irradiam por toda a ordem jurídica. São dignos de nota, nesta categoria, os princípios da legalidade, da isonomia, da autonomia dos Estados e Municípios e o do acesso ao Judiciário.

9. Princípios setoriais ou especiais distribuem-se por segmentos específicos da Constituição, repercutindo tão-somente sobre um título, um capítulo ou um pequeno conjunto de normas. Dentre eles, é possível mencionar os princípios seguintes: da moralidade administrativa, do concurso público, da motivação das decisões judiciais e administrativas, da anterioridade da lei tributária, da universalidade do orçamento, da função social da propriedade e da autonomia universitária, em meio a muitos outros.

10. O constituinte de 1988, ao enunciar os princípios constitucionais, notadamente os de caráter fundamental constantes do Título I da Carta em vigor, foi prolixo em alguns momentos, redundante em outros, bem como deu o rótulo de princípio a proposições vazias de conteúdo jurídico.

IV.2 - Encerramento

Sem embargo das críticas acima desenvolvidas, parece-me inconveniente qualquer alteração da Constituição antes de decorridos os cinco anos previstos no art. 3º do Ato das Disposições Constitucionais Transitórias. É que, embora a Constituição de um país subdesenvolvido, no limiar do século XXI, não possa visar à perenidade,[40] deve-se ter em conta que a cíclica substituição de textos que não se consolidam deprecia o valor jurídico, sociológico e afetivo da Lei Fundamental.

Por certo, seria ingênuo supor que uma sociedade marcada pelo autoritarismo anacrônico das relações políticas e sociais, envolvida em ingente esforço para atingir a contemporaneidade, pudesse ter uma Constituição com foros de definitividade. A verdade, todavia, é que, em irônico paradoxo, mal oposto tem feito a tragédia de nosso constitucionalismo pouco amadurecido: a tentação permanente de reformar a Lei Maior sob a inspiração de fatores contingenciais e efêmeros, aferidos por critérios políticos menores.

É preciso dar à Constituição a oportunidade de ser provada na prática dos poderes públicos e dos cidadãos. O país não necessita, nesta quadra atual, de choques, planos, pacotes, medidas de impacto. Um pouco de criatividade, por certo, ajudaria. Mas a vida institucional não é um *video-clip*. Ela exige continuidade, perseverança e um sério cometimento. Sem isto, a Constituição se transforma em uma mera "folha de papel", para utilizar a expressão de Lassalle. E, lamentavelmente, o papel aceita tudo.

40. Fábio Konder Comparato, *Muda Brasil! Uma Constituição para o Desenvolvimento Democrático*, Ed. Brasiliense, São Paulo, 1987, p. 13.

CONCEITO DE URGÊNCIA NO DIREITO PÚBLICO BRASILEIRO

CÁRMEN LÚCIA ANTUNES ROCHA

I - Introdução. II - Urgência no Direito Constitucional. III - A urgência no Direito Constitucional brasileiro: a) A urgência e o Poder Executivo; b) A urgência no processo legislativo; c) A urgência no exercício da jurisdição. IV - Conclusões.

I - Introdução

Vivemos o tempo da urgência. Tempo de homens urgentes. Tempo de horas urgentes. Tudo parece fazer parte de uma corrida louca contra o tempo certo e normal das horas tranqüilas. A normalidade que o Direito deve realizar pela aplicação das normas postas parece não mais conter os elementos que seriam necessários para que as suas finalidades se cumprissem no prazo previsto e positivado.

Ao contrário da assertiva machadiana de ser o tempo escultor vagaroso que não acaba logo e vai polindo ao passar dos longos dias, mais parece ser o nosso o tempo rato roedor das coisas, a que se referia o bruxo do Cosme Velho. Roedor implacável e ligeiro, que não se contenta na espera de momento próprio e previsto.

E, se o tempo é de urgência, o que dela dizer quando a matéria estudada é o Direito e a norma jurídica mantém em sua palavra a placidez de um tempo sem pressa? Há urgência no Direito? Ou a urgência permite a suspensão da obrigatoriedade do Direito? Alegar urgência basta para que a norma de Direito possa ser subtraída de sua obrigatória aplicação? Quem conceitua, no caso concreto, a urgência no Direito? Quem controla esta conceituação e aplicação?

A constatação da presença do urgente no mundo do Direito revela um muito peculiar momento deste ramo do conhecimento, pois a urgência atropela, por vezes, a lei, cuja aplicação fica a conformar-se à cadência açodada dos fatos acelerados na concretude de um ritmo mais apressado que o previsto na norma a se aplicar. Por vezes, apressado se vê mesmo o aplicador da lei, o realizador da justiça no caso posto a exame e decisão. Por vezes mesmo, o próprio fautor da lei vê-se no afogadilho de situação premente que não se ajusta à normalidade que se antevira para a formulação do direito positivo.

A urgência torna-se às vezes fonte de um especial Direito, às vezes mesmo atalho para a transgressão do Direito.

Às vezes a urgência tem a cor ou o discurso da crise. Às vezes a crise é que toma o contorno ou a voz da urgência. Às vezes a urgência é prevista ou previsível. Às vezes dela não cogitou o legislador. Às vezes o julgador constata a urgência. Às vezes ele a discute. Às vezes ele não se crê em condições de discuti-la.

Afinal, se vivemos num tempo em que tudo parece urgente e se a nossa vida é sempre porejada de tantas urgências, como se conceitua a urgência e qual o papel deste conceito no direito público?

Certamente, esta é tarefa que não se comporta nos estreitos limites de estudo tão modesto e breve quanto o que aqui se faz. Tudo o que pretendo, entretanto, é argüir questões que angustiam o estudioso ou o que tem como ofício a prática do Direito.

Para tanto, cumpre-me buscar o conceito jurídico da urgência, sua caracterização, elementos e natureza, a vinculação entre urgência e exceção no Direito, seu assentamento normativo no direito público brasileiro, a prática que em seu nome ou sob seu fundamento se tem feito, bem como as formas de controle sobre os comportamentos tidos como embasados em razões de urgência que são praticados.

1.1 Urgência é conceito que suscita: *a)* idéia de rapidez além do ordinário e *b)* necessidade a demandar esta celeridade contida na feitura ou desempenho regular da situação de que se cuide.

Urgente é o que não pode esperar sem que prejuízo se tenha pelo vagar ou que benefício se perca pela lentidão do comportamento regular, demasiado lerdo para a precisão que emergiu.

No Direito, o conceito de urgência não refoge a estas idéias que se alocam na definição leiga da palavra. Também o conteúdo jurídico da palavra urgência contém quer o sentido de tempo exíguo e momento imediato, de um lado, quer a idéia de necessidade especial e premente, de outro.

Urgência jurídica é, pois, a situação que ultrapassa a definição normativa regular de desempenho ordinário das funções do Poder Público pela premência de que se reveste e pela imperiosidade de atendimento da hipótese abordada, a demandar, assim, uma conduta especial em relação àquela que se nutre da normalidade aprazada institucionalmente.

A urgência conta, portanto, com dois elementos: o primeiro relativo ao tempo para a prática legislativa, administrativa ou judicial em questão e o segundo a uma necessidade a ser neste prazo suprida.

Em Direito, a urgência corresponde a um açodamento que suplanta e substitui por uma outra a situação prevista para o desempenho regular das funções do Estado. Este desempenho é sempre previsto pelo direito positivo. O mesmo não se pode dizer da urgência. Esta pode ser prevista ou não, podendo mesmo ocorrer que seja imprevisível, consoante se verá abaixo. Nada disto modifica as conseqüências da constatação da urgência, cujos cuidados, tratamento e solução, quando for o caso, serão responsabilidade do Poder Público.

Parece-me certo ser a urgência situação que sempre sobrevém a uma circunstância inicialmente visualizada e cuidada, fazendo com que ao primeiro comando normativo, o qual trata do fluxo normal dos atos de condução dos poderes públicos e respectivas funções, aflore um novo comando. Àquele primeiro que contém a regra de Direito sobre a situação descrita em sua normalidade agrega-se outro, expresso ou não anteriormente, o qual excepcionaliza a aplicação do primeiro quando advier situação de urgência.

Tenho, pois, que, além do elemento tempo, o qual se apressa quanto ao desempenho do Poder Público em relação ao decurso previsto para a normalidade dos provimentos públicos, e do elemento necessidade, que denota o conteúdo da situação concreta sobre a qual o prazo de desempenho da função pública em questão é acelerado, deve caracterizar esta, sempre, a objetiva manifestação no caso concreto, a gravidade nele obviada e a excepcionalidade da circunstância. Quero dizer, pois, que, ao lado da situação regularmente prevista para o que se considera o desenvolvimento ordinário de funções estatais, a urgência impõe uma norma ou um comportamento público que subtrai, extraordinariamente, a aplicação daquela primeira, substituindo-a por outra de maior tensão e força impositiva. Esta substituição somente terá legitimidade quando se manifestar a necessidade que altera a dinâmica temporal para a adoção do comportamento estatal, acelerando-o. Conseqüência imediata desta constatação é que a urgência jurídica é sempre situação transitória, precária, passageira.

Não me parece, pois, que a alegação de urgência no Direito ou em situação normada juridicamente ou submetida aos parâmetros jurídicos possa ser apreciada apenas pelo fator tempo subjetiva e exclusivamente pensado por um agente político ou administrativo. O fator tempo incidindo de forma especial pelo apressamento dos prazos inicialmente pensados e postos nas normas jurídicas em dada hipótese concreta, na qual se projete uma necessidade objetivamente amparada pelo Direito, é que fará existente, ou não, a situação de urgência no Direito.

No direito constitucional, bem como no direito administrativo, a necessidade que pode caracterizar situação de urgência, vale dizer, em que os prazos de comportamentos estatais são abreviados pela demanda concreta, há que ser sempre pública, vale dizer, voltada ao interesse público concreto e demonstrável.

Onde, pois, a Constituição ou a lei determina "em caso de urgência" deve-se ler: "na hipótese de ocorrer situação de necessidade pública que determine comportamento estatal em prazo mais rápido que o previsto para a situação de normalidade". O sentido a se atribuir à rapidez, aqui, será sempre oferecido pela redução do prazo ou tempo antevisto para a situação de normalidade. Se este puder ser cumprido sem o comprometimento do bem público que se pretende – ou que se tem que – proteger e realizar (seja impedindo ou fazendo cessar o prejuízo público identificável, seja prestando o benefício que constitua o interesse público imediato) não se terá situação de urgência no domínio do direito público. Não se terá, então, nem a necessidade pública, nem a condição de sua imperiosa realização pelo encurtamento do prazo previsto para o comportamento estatal legítimo. Assim, a positivação requer, para se fazer uso da figura da urgência no direito constitucional e no direito administrativo, fundamentalmente, que a necessidade pública determinadora de comportamento estatal específico somente possa ser atendida mediante conduta imediata e incomponível com a espera que a observância de prazos regulares imporia em condição de regularidade.

Questão mais difícil é a da natureza da urgência jurídica, aqui considerada aquela que se manifesta em situação dada à solução pelo Direito.

Não obstante encontrar-se no Direito a alegação de urgência, o desenlace de caso constituído ou solucionado segundo o fundamento de sua constatação, tangenciando, pois, direta e marcantemente, a criação e aplicação das normas jurídicas e dos provimentos estatais em geral, tem-se afirmado, com alguma freqüência, cuidar-se a urgência, nesta hipótese, de "conceito político".[1]

Tem-se entendido como conceito político aquele que extrapola os limites do jurídico, como se os dois temas – a Política e o Direito – fossem estanques e inassociáveis.

Para os adeptos desta inteligência, o maior efeito desta distinção estaria em que, incompatíveis os dois conceitos, o conteúdo político de um instituto retirá-lo-ia, incontornavelmente, da área de incidência do controle jurisdicional, por se ter em seu domínio o que afirmava Ruy Barbosa ser "uma região impenetrável à autoridade da justiça: a região política".[2]

O conteúdo da matéria tida como "questão política", entretanto, é tema revestido dos mais intrincados problemas, como se tem acentuado na doutrina e mesmo na jurisprudência, pois os elementos de que se compõe o conceito são indeterminados e, às vezes, de difícil determinação, mesmo nos casos concretos.

Ao abordá-la ensinava Ruy que: "A questão pode ser política (no sentido que nos interessa: no sentido estricto) por três modos: pela natureza do assunto, pela forma que a controvérsia assumir, pelos termos em que a resolverem".[3]

1. Esta a inteligência de Aliomar Baleeiro, que, em votos memoráveis no Supremo Tribunal Federal, debruçou-se sobre o tema e afirmou o seu entendimento sobre a natureza política do conceito de urgência: "Decreto-lei no regime da Constituição de 1967":

"1. a apreciação dos casos de 'urgência' ou de 'interesse público relevante', a que se refere o art. 58 da Constituição de 1967, assume caráter político e está entregue ao discricionarismo dos juízos de oportunidade ou de valor do Presidente da República, ressalvada apreciação contrária e também discricionária do Congresso (...)" (Recurso Extraordinário 62.731-GB, in *RTJ*, vol. 45, p. 559).

No julgamento do caso em epígrafe, afirmava o grande magistrado do Supremo Tribunal do país:

"Não me parece duvidoso que a apreciação de 'urgência' ou do 'interesse público relevante' assume caráter político: é urgente ou relevante o que o Presidente entender como tal, ressalvado que o Congresso pode chegar a julgamento de valor contrário, para rejeitar o decreto-lei. Destarte, não pode haver revisão judicial desses dois aspectos entregues ao discricionarismo do Executivo, que sofrerá apenas correção pelo discricionarismo do Congresso.

"Por aí não há inconstitucionalidade."

Esta posição assumida pelo preclaro Ministro voltou a ser afirmada em outros casos: RE 75.935-SP, rel. Sr. Ministro Aliomar Baleeiro: "A urgência e o interesse público relevante são aspectos políticos entregues ao discricionarismo (e não ao arbítrio) do Presidente da República e do Congresso Nacional".

Em seu relatório enfatizava aquele Ministro:

"Não cabe ao Poder Judiciário examinar os pressupostos de urgência e de relevante interesse público que ditaram tal medida.

"Inaceitável a tese de que 'em finanças públicas' não se inclui a criação ou aumento de tributos" (in *RDA*, vol. 125, p. 89).

Cf., ainda, RE 74.096-SP, rel. Sr. Ministro Oswaldo Trigueiro, in *RTJ*, vol. 62, pp. 819 e ss.

2. Ruy Barbosa, *Comentários à Constituição Brasileira*, São Paulo, Saraiva & Cia., 1933, p. 179.

3. Idem, ibidem.

Afirmados como "poderes políticos" o Legislativo e o Executivo, firmou-se, inicialmente, a idéia de que tudo quanto se relacionasse às suas respectivas competências seria questão política, insuscetível de apreciação pelo Poder Judiciário. Posteriormente, formulou-se novo conteúdo para a expressão, afirmando-se, então, que o que extrapolasse o exercício daquelas competências ou, ainda que nelas se incluísse, mas que respeitasse direitos dos indivíduos ou dos cidadãos seria sindicável na esfera jurisdicional.

Na elaboração desta segunda inteligência sobre o tema, restava certo para os seus adeptos que havia larga esfera de inincidência de controle jurisdicional sobre questões havidas no domínio dos Poderes estatais Legislativo e Executivo, porquanto o campo de competências, cujo exercício era tido como político e não averiguável pelo Poder Judiciário, continuava vasto.

Cuidando a matéria, e embasado, dentre outras, nas lições de Ruy Barbosa, leciona Pedro Lessa que:

"Para se furtar à competência do Poder Judiciário não basta que uma questão ofereça aspectos políticos, ou seja suscetível de efeitos políticos. É necessário que seja simplesmente, puramente, meramente, política.

"Quais são as questões exclusivamente políticas? As que se resolvem com faculdades meramente políticas, por meio de poderes exclusivamente políticos, isto é, que não têm como termos correlativos direitos encarnados nas pessoas, singulares ou coletivas, sobre que tais poderes se exercem."[4]

Para a doutrina assim posta, o limite da questão política seria desenhado pela existência de direitos individualizáveis e que seriam afrontados exatamente pela atuação daqueles Poderes. A existência de tais direitos faria supor a quebra da exclusividade política da questão posta à decisão do Poder Judiciário, que aí sim estaria autorizado constitucionalmente a exercer a sua jurisdição.

Mas existe algum poder do exercício de cuja competência se escape ou o qual não incida, direta ou indiretamente, sobre alguém? Principalmente assentido, como tenho, ser a Constituição uma lei e a constitucionalidade um direito de toda a sociedade estatal e de cada qual dos seus membros, e consabido, como é, ainda, que o exercício das competências constitucionais afirma (ou não) o acatamento da Constituição pelos agentes políticos, pode-se afirmar aquela teoria como válida nos dias atuais?

Ademais, acolhida contemporaneamente a existência de direitos difusos, de direitos que transcendem o indivíduo, e, na esteira desta nova realidade jurídica, de novos modelos de processo, com uma elaboração nova dos efeitos das decisões judiciais, que transcendem as partes apresentadas nos processos, pode-se ainda ter como prevalente aquele entendimento?

Parece-me que o que no início do presente século os grandes pensadores do Direito no Brasil, como, dentre outros, os mestres acima nomeados, podiam acatar como verdadeiro tem que ser pelo menos questionado presentemente. O mundo mudou, o Estado mudou, em seus contornos políticos, jurídicos e sociais, e, evidentemente, o Direito não fugiu a seu destino engajado ao momento vivido pela história do homem. O político, mesmo o que antes era tido como "meramente" ou "exclusivamente" político, espraia-se na sociedade como direito de todos e de cada um dos membros do Estado. Cada cidadão é partícipe direto e interessado no

4. Pedro Lessa, *Do Poder Judiciário*, Rio de Janeiro, Livravia Francisco Alves, 1915, p. 59.

desempenho político do poder público. A expressão constitucional de que o poder emana do povo, que o exerce diretamente ou por meio de representantes eleitos (art. 1º, parágrafo único, da Constituição da República do Brasil), não é despojada de valor próprio, conteúdo específico e aplicabilidade plena. Logo, parece-me não se poder mais cogitar de alguma competência que se exclua do espaço democrático de direitos do povo (de todos e de cada qual dos cidadãos) e de impugnação possível judicialmente em caso de contrariedade pela forma ou conteúdo da atuação do poder público.

Parece-me, pois, que a alegação de um comportamento adotado pelo Poder Público, no exercício de competência atribuída aos órgãos políticos, não poderia ser considerada, singela e abstratamente, "questão política" pela simples alegação de "urgência" pelo autor do cometimento enfocado em determinado caso.

Tenho que pode haver comportamentos estatais, de qualquer dos poderes constitucionalmente definidos, que são predominantemente políticos. Esta predominância é do elemento contido na competência legalmente estabelecida pelo padrão normativo utilizado e que outorga à autoridade ou agente político indicado o parâmetro decisório quanto à criação ou aplicação da norma jurídica no nível inovador da ordem governativa (infralegal), administrativa (infralegal) ou legal (infraconstitucional), sem que se possa alterar esta decisão senão mediante a substituição da determinação constitucional ou legal por outra competência. Como aquela terá sido entregue em caráter de exclusividade ou de combinação com outra competência outorgada a outro agente que não o órgão controlador (e sabendo-se que a competência é sempre vinculada), claro está que não se poderá, validamente, destrinçar e, nos limites de competência alheia e sob o argumento de buscar-se o conhecimento da legalidade intrínseca da decisão questionada, substituir a conduta especificada.

Quando este comportamento ensejar um questionamento (ou uma "questão", na fórmula verbal utilizada doutrinária e jurisprudencialmente) será ele tido como político quando, nos termos da lei, gozar da condição constitucional ou legal de comportamento decisório primário de governo exercido nos limites normativos vinculados da competência definida. Além disto não me parece possível cogitar-se de questão política. Mas saliento que mesmo a questão política pode ser conhecida e julgada pelo Poder Judiciário quanto a seu aspecto de legalidade externa. Afinal, em Estado de Direito todas as condutas, quer dos governantes, quer dos governados, submetem-se à lei, e esta subsunção é passível de cognição e julgamento pelo Poder Judiciário.

Realço, entretanto, a minha descrença em que se possa, ou mesmo se deva, banir da competência do Poder Judiciário a cognição e o julgamento de toda e qualquer matéria política. Nem acredito que dentre as funções dos tribunais, mormente os de nível superior no escalão da organização judiciária, fiquem absolutamente excluídas as questões políticas.

Devo relevar que quem decide o que é, ou não, questão política, no Brasil e nos países que adotam o mesmo modelo constitucional que o nosso, é o próprio Poder Judiciário. Como intérprete e guarda da Constituição e das competências legais, de forma generalizada, a ele compete, de modo insubstituível, definir os limites da questão política e do que dela refoge. Entretanto, não fica a seu arbítrio (palavra que por si denota absoluta antinomia com a expressão e, principalmente, a prática do Estado Democrático de Direito) escusar-se de exercer a sua competência ao argumento de guardar-se de conhecer e julgar questão argumentando a qualidade, e, conseguintemente, intransponibilidade política da argüição posta a seu exame e decisão.[5]

Creio dever, neste passo, observar que considero distinto da questão política o alegado "conceito político", no qual se incluiu, jurisprudencialmente, no Brasil o de urgência.

A questão política torna indisponível para conhecimento e julgamento da hipótese pelo Poder Judiciário o objeto da pendência argüida em sua integralidade. Ela poderia ter como fundamento um conceito tido como político, e, neste caso, estar-se-ia diante de uma hipótese em que o conceito tornaria, naquele tópico específico, insondável judicialmente a matéria (segundo a posição antes exposta e acolhida por alguns). Isto não pode impedir o conhecimento da causa, nem permitir que fique sem decisão o litígio conduzido ao Poder Judiciário. O máximo que seria possível seria excepcionar-se do exame e solução judicial a parte da questão pendente relacionada ao debate do conceito tomado como fonte do comportamento impugnado.[6]

Cabe, aqui, dizer também uma palavra sobre o "conceito político" referido como sendo aquele no qual se enquadrariam, no Direito, o de urgência e o de discricionariedade.

Tanto os julgadores brasileiros como parte da doutrina tem indicado que o conceito político imbrica com o conceito de discricionariedade.[7]

Aqui cabe, certamente, sublinhar a observação segundo a qual a questão política se impermeabilizaria ao crivo jurisdicional, enquanto a discricionariedade não mais se entenderia senão como um dos elementos presentes em determinado ato ou conduta estatal, o qual, entretanto, não ensejaria a sua exclusão da apreciação judicial.[8] Nem há, nem se afirma haver,

5. Segundo Allen Smith, "erro seria, pois, cuidar que a justiça federal perdesse da sua influência alguma coisa com renunciar voluntariamente à pretensão do veto nos casos políticos. Esta espontânea restrição de sua autoridade não faz senão proporcionar-lhe o instrumento conveniente para excluir da sua jurisdição as medidas que não haja por bem condenar, nem aprovar. *Desde que só a esse Tribunal compete decidir quais as questões que são políticas, quais as que o não são, nas suas mãos está o ensanchar ou estreitar o sentido ao qualitificativo de políticas, segundo lhe parecer. Na realidade, a Corte Suprema em si retém o poder de que se figura haver aberto mão voluntariamente* (*apud* Pedro Lessa, ob. cit., p. 56 – grifos do autor).

6. Cf. a propósito o RE 62.731-GB, de que foi Relator o Sr. Ministro Aliomar Baleeiro, quando, tendo definido que "a apreciação dos casos de 'urgência' ou de 'interesse público relevante' (...) assume caráter político e está entregue ao discricionarismo dos juízos de oportunidade ou de valor do Presidente da República (...)", entendeu o eminente Ministro que "o conceito de 'segurança nacional' não é indefinido e vago, nem aberto àquele discricionarismo do Presidente ou do Congresso" (in *RTJ*, vol. 45, pp. 559 e ss.). Neste caso, pois, o Supremo Tribunal Federal conheceu e julgou a questão posta a exame, conquanto entre os fundamentos para a argüição se contivesse o conceito de urgência, considerado, então, político.

7. Cf. a transcrição acima da ementa e parte do voto prolatados no RE 75.935, nota 1.

8. Afirma, em voto, M. Seabra Fagundes que:

"(...) onde se diz competência discricionária não se diz arbítrio.

"A competência discricionária não se exerce acima ou além da lei senão, como toda e qualquer atividade executória, com sujeição a ela; não autoriza, adverte Goodnow, 'tomar medidas arbitrárias, caprichosas, inquisitoriais ou opressivas' (*Les Principes du Droit Administratif des États Unis*, p. 383).

"O que a distingue da competência vinculada é a maior mobilidade que a *lei* enseja ao executor no exercê-la, e não a liberação da lei" (Apel.

"questão discricionária", sequer imaginando-se, hoje, existir um ato totalmente discricionário. O que parte da doutrina e jurisprudência ainda persiste a aceitar é a existência de algum elemento que, compondo um ato administrativo, seja legalmente atribuído à decisão final e concreta do agente público, ao qual compete atuar visando ao cumprimento estrito da finalidade a que se destina o provimento por força da norma que o supedita e que é sempre vinculada e demonstrável na hipótese particularmente apreciada. Não se excepciona do acatamento da lei este comportamento, nem se subtrai da incidência dos instrumentos de controle, inclusive judicial.

Para a análise, pois, da natureza da urgência no direito público, pergunto-me o que significaria considerá-la conceito político ou manifestação da discricionariedade do Poder Público. Na primeira hipótese, como visto na jurisprudência predominante no país, significaria deixar a sua alegação insuscetível de análise e decisão pelo Poder Judiciário. Na segunda, significaria fazê-lo residir na ambiência decisória exclusiva do agente a quem se entregou aquela competência, permitindo-se ao Poder Judiciário apenas a cognição e decisão de sua legalidade extrínseca, indevassável sendo o venerável mérito do ato do agente público autor do provimento.

Não acredito em questão ou conceito inteira ou exclusivamente político, cuja investigação judicial seja absolutamente vedada. Bastaria para amparar esta ilação lembrar-se da matéria constitucional, cuja norma contém o que de mais político se pode cogitar no Estado, sem que o controle da constitucionalidade seja excluído do domínio enquestável pelo Poder Judiciário. Ao contrário, comprovado está, no momento atual, que controle algum é mais necessário ou mais eficaz e garantidor da democracia e dos direitos fundamentais dos indivíduos e dos cidadãos que o exercido judicialmente.

Ademais, cuidando-se a Constituição de norma magna porejada de politicidade em seu conteúdo, fonte e forma, indisputável parece compadecer-se a sua interpretação exatamente com este matiz político, no sentido helênico aqui tomado. E a interpretação definitiva da norma constitucional é entregue exatamente ao Poder Judiciário em países que, como o Brasil, adotam desde os primeiros momentos da República o figurino jurídico norte-americano (art. 102 da Constituição da República do Brasil de 1988). Nem por isso se questiona sobre a pertinência e legitimidade da interpretação constitucional pelo Poder Judiciário.

No exercício desta missão, o Poder Judiciário esbarra, freqüentemente, em conceitos que, ao primeiro olhar, pareceriam dotar-se de natureza política. Nem por isso se poderia ter como válido o afastamento do Poder Judiciário de sua tarefa ao argumento de ter confrontado um limite intransponível havido naquele conceito. É

Cív. 1.422, Trib. de Justiça do Rio Grande do Norte, rel. Sr. Desembargador Seabra Fagundes).

Em escólios a este julgado, prelecionava Victor Nunes Leal: "Não existe, com efeito, ato discricionário; o que existe é poder discricionário (...). Quando se afirma que os atos discricionários escapam à revisão do Poder Judiciário, o que se quer dizer é que o poder discricionário está imune da revisão jurisdicional. (...) *não existe ato algum da Administração que esteja totalmente isento do controle judiciário*".

Do mesmo sentir Orozimbo Nonato, que, em voto exarado no RE 19.720, de que foi Relator, explana: "O reconhecimento da existência de ato discricionário não importa o da existência de uma 'órbita do abuso', de um 'campo de ilimitada expansão, onde a autoridade possa matar a fome do arbítrio ou saciar a sede da violência', como se exprime Nogueira Itagiba (...)" (in *RDA*, vol. 38, p. 354).

de palavras que se fazem as normas; todas elas têm conteúdo próprio, o qual tem que ser buscado, primorosamente, pelo intérprete. Político ou não, o conceito da palavra que se faz lei é definido, em instância derradeira e taxativa, em ordenamentos modelados à maneira do brasileiro, pelo Poder Judiciário. Este conceito tem que ser afirmado, em sua feição definitiva, pelo julgador. A não-dicção judicial deste conceito em hipótese posta à decisão do magistrado configura descumprimento de sua missão constitucional, desacatamento da tarefa que se lhe impõe como imperativo funcional inafastável.

O limite, pois, da atuação do Poder Judiciário na definição de um conceito que se lhe coloque e cuja natureza é de ser por ele reconhecida, é o direito à jurisdição assegurado ao indivíduo constitucionalmente (art. 5º, XXXV, da Constituição da República do Brasil), quer cuidando-se de hipótese em que o direito discutido seja individual, quer tratando-se de espécie na qual se comportem direitos transindividuais.

Também não creio que todas as vezes que se tenha um conceito normativo não definido em linhas herméticas tenha-se um elemento de discricionariedade, a impedir a introdução investigatória sobre o merecimento e correção de sua prática pelo agente público autor do comportamento. A existência de conceitos não determinados expressamente no texto normativo, sobre os quais disserta com pena de ouro, dentre outros autores de renome, García de Enterría,[9] que são determináveis na prática, patenteia tão-somente a existência de componentes conceituais normativos que não ficaram enclausurados em fórmulas verbais definitivamente encerradas nas palavras postas pelo legislador. Entretanto, isto não significa que sejam eles indefiníveis, mas que a sua definição deve ser feita na dinâmica da aplicação do sistema jurídico. A aplicação da norma afirma o conteúdo que a ela se ofereceu em dada hipótese, sendo, então, perfeitamente compreendida na ambiência sindicável judicialmente pelos seus componentes e elementos concretamente constatados e demonstrados na espécie considerada.

Urgência, no e para o Direito, não é, pois, conceito político, sequer elemento discricionário posto ao alcance do agente público. Urgência, no Direito e para o Direito, é conceito jurídico, cujos componentes são positivados expressa ou implicitamente pelo constituinte ou pelo legislador infraconstitucional, e diz respeito à interpretação da norma, de seus fins específicos e da constatação dos elementos que a formam e conformam em situação posta à mão do agente. Por isto, pois, que a necessidade que deflagra a abreviação dos prazos e impõe conduta pública modificadora dos limites ordinários e regulares das competências alarga-as quase sempre e sempre altera-as em seu desempenho, é que a situação tida como urgente tem que ser motivada e comprovada para que se submeta ao controle judicial, político-institucional e social.

A alegação de urgência não pode constituir fórmula mágica possibilitadora de todo e qualquer comportamento pelos agentes públicos, nem recesso sacrossanto intangível à apreciação judicial, tampouco receita dotada de encanto jurídico a inocular matérias da obrigação de estreita vinculação à ordem jurídica posta. Nem pode se transformar em elaboração jurídica que torne facultativo ao Poder Judiciário o que é exercício de um dever: o da prestação jurisdicional.

9. Eduardo García de Enterría, *La Lucha Contra las Inmunidades del Poder*, Madri, Editorial Civitas S/A, 1983.

Ora, no Direito, urgência, muitas vezes, não é fundamento; é pretexto. Este não tem, contudo, o mesmo significado que aquele, nem pode, como aquele outro, ser aceito ou produzir idênticas e válidas consequências jurídicas.

I.II Urgência e crise no Direito – Indagação que merece enfoque, ainda que breve, é a da urgência como situação de exceção da normalidade jurídica (quanto à criação ou aplicação do direito positivo) e da vinculação desta necessidade excepcional, determinante de um aprazamento jurídico especial e célere, com o fenômeno de crise.

Quanto a ser a situação de urgência uma circunstância fora do ordinário, afirmei-o antes. Quanto a este refugar dos caminhos e instrumentos jurídicos ordinários dotar-se de condição de excepcionalidade legítima a demonstrar sinal de crise no Direito, tentarei explicitar agora.

Preliminarmente, há que se explicitar o sentido de "crise" no Direito. O conceito de crise, que interessa ao Direito, parece-me poder tomar um de dois sentidos: ou equivale a uma transformação, pela qual se supera uma fase por outra mais adequada ao momento sociopolítico, e esta passagem acarreta uma ebulição jurídica em que o movimento instabiliza as instituições, as quais somente se firmarão ulteriormente, com a sedimentação do novo modelo; ou traduz uma afronta das instituições, que são convocadas a atuar em toda a sua largueza e vigor para a manutenção da estrutura positiva, circunstância que denota uma instabilidade momentânea e precária, a ser superada pelo retorno às condições de normalidade institucional anteriormente admitidas.

Assim, nem sempre a idéia de crise significa anormalidade para o Direito, pois a transição como lance do movimento transformador próprio da vida, inclusive da vida das instituições, não pode ser considerada como fase de instabilidade anormal ou insalutar. Antes, as construções jurídicas têm que conter a possibilidade das modificações que a sociedade demanda no curso de sua história. Óbice tal somente seria ensaiado em regimes antidemocráticos, em que a vida tenta conter a vida por ferrolhos legais exógenos. Se não é normal nem grave para os efeitos de condução institucional por sendas diversas daquelas inicialmente traçadas para o caminhar institucional, não há, em princípio, crime capaz de fazer-se configurar, neste caso, urgência válida juridicamente.

Na segunda acepção que parece poder comportar a palavra crise, com o seu aproveitamento conceitual no Direito, a anormalidade acomete o ordenamento jurídico e institucional, instabilizando a estrutura sociopolítica e jurídica, que padece de vício a ser saneado em benefício da coletividade. O caráter de precariedade, inconsistência e insegurança que marca esta circunstância anormal pode, certamente, provocar o fundamento da urgência, para a transposição do instante movediço e fluído da sociedade estatal. Para tanto, porém, há que se apurar a existência das características acima apontadas, de cuja constatação e demonstração depende o acolhimento da validade do signo da urgência afirmada.

A urgência de que aqui se cuida, portanto, além de concernir a uma situação anormal e grave, tem que ser atual e específica. Sem a atualidade, a necessidade que embasaria a alegação de urgência perde substância e veracidade sociopolítica. E sem especificidade a sua declinação passa ao terreno móvel das conjecturas evasivas e incontroláveis que revogam as normas e intranqüilizam as comunidades ao talante dos eventuais governantes.

A crise que pode ensejar condutas estatais urgentes e, no rastro desta urgência, fazer sobrepor regras excepcionais àquelas previstas para as condições de normalidade social e política é a que se subtrai do desenvolvimento regular e transformador por que passam as sociedades e que têm que encontrar no Direito os instrumentos que propiciam o seu fluxo saudável e contínuo.

II - O conceito de urgência no direito constitucional

O direito constitucional não desconhece que se têm que prever, no ordenamento jurídico, situações de necessidade que poderiam sobrevir e requerer, então, comportamentos rápidos e especiais para fazer face aos reclamos da sociedade em tais circunstâncias.

Como as competências dos poderes públicos são previstas e a sua natureza vinculante é indubitável, qualquer alteração e, especialmente, qualquer alargamento delas somente podem advir de situação expressamente prevista em seus termos ou em suas condições de aceitabilidade jurídica. Fora isso haverá abuso e não uso de competência legal. Haverá exorbitância da área de atuação regular por parte do agente que se invista em competência sem respaldo normativo ou que a exerça à margem ou além dos limites definidos legalmente para o seu desempenho.

Cabem aqui ressalvas sobre estes dois tópicos importantes na apreciação do tema da urgência: preliminarmente, cumpre examinar-se e explicitar-se se ela acarreta sempre uma ampliação de competências; e, em segundo lugar, é mister verificar-se se a hipótese sobre a qual ela pode incidir tem que ser prevista ou, de menos, previsível nos termos da norma posta.

Sobre a primeira indagação argüida é mister ressaltar que a urgência determina, sempre, uma alteração no exercício de competências normativamente postas, quer quanto à titularidade da competência, quer quanto ao exercício de determinada atribuição, quer, finalmente, quanto à forma deste exercício.

Quanto à alteração da titularidade de dada competência, há que se realçar ter que ser esta modificação expressa, para ser válida, além de ser esta transferência provisória, suficiente e controlável em todos os seus termos e execução. Provisória porque somente prevalecerá enquanto durar a situação de necessidade anormalmente realizável pelo agente público investido na condição excepcional de atuação; suficiente porque, se a transferência de titularidade para o desempenho deste outro agente ou órgão não for bastante a sanear a circunstância acometida de instabilidade extraordinária e nefasta ao interesse público imediato, a transferência não se justifica satisfatoriamente, pelo quê a condição de excepcionalidade não encontra fundamento no ordenamento posto; controlável, por ser a urgência aqui vislumbrada como circunstância excepcional, mas integrante e integradora do sistema jurídico ao qual incumbe aperfeiçoar a idéia de justiça pensada; logo, na perspectiva democrática sob a qual se focam os institutos no Estado submetido ao Direito legitimamente posto e aplicado, não cabe esfera de arbítrio possível e inexpugnável ao toque analítico e decisivo do agente, órgão ou poder controlador.

Exemplo desta hipótese é o que se dá nos casos de intervenção federal nos Estados ou dos Estados nos Municípios, nos quais caiba a nomeação de interventor (art. 36, § 1º, da Constituição da República do Brasil).

No que atina ao exercício de determinada competência, é de se vislumbrar, aqui, a suposição de se manter a titularidade e ampliar-se esta competência, entregando-se o seu exercício concorrente ou alternativamente, sempre em caráter extraordinário, a outro agente, órgão ou poder.

Nesta situação, não há afastamento do titular originário, o qual mantém-se em sua condição. O que há é uma ampliação momentânea e específica dos agentes legitimados a exercerem-na, sendo que o executor extraordinário subsome-se às condições que a natureza da urgência impõe e sobre as quais antes discorremos brevemente.

Isto é o que ocorre, por exemplo, quando a competência para inovar a ordem jurídica por meio da criação de normas genéricas, abstratas e obrigatórias, entregues regularmente à competência dos órgãos componentes do Poder Legislativo, é confiada à atribuição excepcional e precária do titular do Poder Executivo "em casos de urgência".[10]

Finalmente, quanto à terceira interrogação, é de se esclarecer que, eventualmente, não se tem, pela constatação da urgência e deflagração da celeridade comportamental pública que a necessidade específica impõe, uma modificação do titular ou do executor do cometimento público, mas tão-somente uma condição especial em seu processamento ou execução. Esta condição corresponde, exatamente, ao elemento tempo, abreviado em razão da extraordinariedade alegada e demonstrada.

Assim, a urgência neste caso produz eleitos na formalização do processo ou na dinâmica do procedimento adotado pelo agente público competente.

Exemplo deste quadro pode ser encontrado na declaração de urgência que acompanha projeto de lei de iniciativa do titular do Poder Executivo encaminhado ao Poder Legislativo, onde o processo legislativo tem lugar. A solicitação de urgência, no sistema constitucional brasileiro e sob o modelo vislumbrado, determinará a apreciação do projeto pelo Poder Legislativo em prazo mais exíguo e, eventualmente, em caráter preferencial sobre os demais projetos de lei em geral.[11]

Observa-se, pois, que a urgência define uma via ou instrumentalização jurídica diversa para o comportamento estatal de que se cuide em dada espécie. Esta via altera a competência, quer em sua extensão ordinária, quer em sua forma de exercício. Em geral, a urgência amplia a competência. Sempre, modifica-lhe o conteúdo ou a forma.

Referente à questão da urgência prevista ou previsível no sistema constitucional, cabem algumas observações, para o claro equacionamento da situação jurídica por ela determinada.

Inicialmente, há que se registrar que os sistemas jurídicos, e, principalmente, os sistemas constitucionais, referem-se, expressamente, a condições de urgência em algumas passagens.

Nestas, a Constituição cuida de especificar elementos que, acoplados e analisados sistemicamente, conformam o contingente e o continente da urgência apresentada.

Pode, entretanto, ocorrer que não se tenha expressa na norma constitucional a

10. É o que ocorria no sistema brasileiro da Emenda Constitucional 1/69, em cujo art. 55 determinava-se a titularidade excepcional do Presidente da República, "em casos de urgência ou de interesse público relevante", para expedir decretos-leis sobre as matérias arroladas naquele mesmo dispositivo.

Atualmente, e em feição diversa na natureza, procedimento, âmbito de incidência possível e efeitos, tem-se a medida provisória, prevista no art. 62 da Constituição Brasileira de 1988.

11. Art. 64, § 1º, da Constituição da República do Brasil.

situação de urgência. Duas situações podem ocorrer neste particular: ou a situação não foi prevista, embora fosse previsível; ou a situação não foi prevista pela sua absoluta imprevisibilidade nos limites do humano em face dos dados da realidade momentânea de uma sociedade.

No primeiro alvitre, tem-se que, se a situação era previsível, mas sobre ela deixou de expressar-se o constituinte, é de se buscar saber se a ausência de previsão decorreu de eleição livre e denegatória do acolhimento da urgência para a situação, caso em que ela, em princípio, não será admitida juridicamente.

Neste caso, considerar-se-á que a necessidade que deflagraria a redução do prazo procedimental dos poderes públicos ou a modificação do processo de sua condução não foi tida, no sistema, como suficiente para determinar a alteração das competências e a modificação da ordem figurada e posta ao obrigatório e geral acatamento. Na hipótese em epígrafe, os danos provocados pela necessidade não amparada para o célere comportamento estatal, pela inexistência e impossibilidade jurídica do aproveitamento de condição de urgência, serão reparados nos termos da responsabilidade patrimonial extracontratual do Estado, na forma da legislação vigente.

Se a situação era previsível, porém não se debruçou sobre o tema o constituinte, mas a sua ocorrência pode ser admitida e as questões dela surgidas solucionadas pela interpretação ou aplicação principiológica ou analógica dos casos previstos no sistema jurídico, tem-se que a urgência poderá ser alegada e acolhida validamente, desde que a necessidade concretamente demonstrada tenha sido imperiosa, grave, e o interesse público ofendido seja irreparável e comprometedor de todo o sistema sociopolítico e jurídico. A apuração da hipótese, para a sua aceitação e configuração de sua legitimidade jurídica, é, no caso, muito mais rigorosa na extensão e na profundidade das causas, procedimentos e efeitos sociais.

Diverso parece-me ser o caso quando a situação tida como urgente não foi prevista no sistema jurídico, por tangenciar condição ou circunstância absolutamente imponderável nos limites da capacidade humana de antevisão e cogitação.

Há que se obter a solução para a legitimidade jurídica e validade constitucional da urgência pela análise: *a)* do interesse público protegido especificamente, *b)* do cuidado sistêmico com o tratamento da finalidade buscada na hipótese vertida, *c)* da suficiência do procedimento estatal.

A imprevisão e a imprevisibilidade da circunstância avaliada como urgente determinam que ela somente pode ser acolhida validamente no sistema: *a)* se não destoar dos princípios sustentadores da construção jurídica positiva, *b)* se não acarretar outro tipo de malefício ou dano além e de igual relevo daquele que se pretende evitar ou do benefício que se pretende fazer a sociedade auferir, e, especialmente, *c)* se for legítima, vale dizer, consentida e aquiescida pelo povo, por instrumentos de validação popular definidos no ordenamento constitucional.

Sendo os princípios os pilares nos quais se sustém o edifício jurídico-normativo, é certo que *a)* a conduta estatal deflagrada e fundamentada em razões de urgência não se pode converter em um desfazimento ou reforma constitucional, ainda que transitória, do sistema posto, ao argumento de se não poder permitir a tramitação regular e tempestiva de alguma mudança eventualmente tornada necessária. Os princípios têm que ser acatados integralmente mesmo em casos de urgência. O agravo a qualquer deles significa a invalidação do provimento estatal aperfeiçoado por ruptura de todo o sistema em nome da urgência. Ora, gravidade maior não pode haver que o desequilíbrio geral e a falta de qualquer parâmetro para a atuação do Estado.

Também não se pode considerar válida a urgência se *b)* o comportamento que nela se fulcrar não estiver equilibrado, nem for proporcional ao malefício que se busca impedir ou ao benefício que se procura fazer a sociedade haurir. O princípio da razoabilidade impõe-se necessariamente para a apuração da validade da urgência alegada e do comportamento nela fundamentado. Razoabilidade aqui se entende como uma "racional adequação dos fins aos meios", mas sendo a medida desta razão[12] o valor da justiça idealizada e positivada no sistema jurídico. Não basta, de conseguinte, para o acolhimento válido da urgência alegada, a razoabilidade técnica. Faz-se mister a comprovação da razoabilidade jurídica, da razão suficiente de justiça que o ordenamento normativo impõe como a finalidade genérica obrigatória orientadora da positivação e da aplicação do Direito.

A transgressão do princípio da razoabilidade desconecta o comportamento respaldado na argumentada urgência dos fundamentos de Direito, sem os quais não pode subsistir juridicamente qualquer provimento estatal.

Ademais, *c)* a urgência imprevista e imprevisível no sistema constitucional e que venha a ser figurada depende de aprovação posterior inequívoca do povo, sendo este referendo direto ou indireto, conforme o regime político democrático adotado. Infere-se, pois, que, para que o comportamento estatal possa ser tido como urgente e, na esteira desta circunstância, modificador do sistema de competências postas para a normalidade institucional, não basta seja ele legal; antes, impõe-se seja ele legítimo. Se nenhum dos princípios constitucionais pode ser quebrantado, ameaçado ou transgredido, e um dos princípios adotados nos sistemas constitucionais atuais é, exatamente, o democrático – sem o qual ou sem que para a realização do qual não se há falar em Constituição –, não se conceberia como praticável o transtorno institucional integral em nome de salvaguarda de um de seus pontos. É para se guardar o sistema constitucional positivo legítimo, eficaz e aplicável que se adotam medidas urgentes, não para destruí-lo. Se o Direito é legitimamente aceito e aplicado, o transtorno institucional inaceito, ainda que forcejado ao argumento da urgência, opera-se de forma ilegítima e inaceitável juridicamente. Alguém deve definir o que é urgente em determinado Estado: este "alguém" é o titular do Poder, eis que a urgência é um fundamento e dá uma forma própria e especial ao exercício do Poder. Como o povo – como titular soberano e insubstituível do Poder – é quem afirma, juridicamente, pelas suas leis e, basicamente, pela Constituição, como se exerce o Poder, a modificação da forma regular positivada tem que ser por ele definida. E como na hipótese aqui vislumbrada a urgência não foi prevista, nem seria previsível, ela tem que ser referendada para se legitimar.

Finalmente, deve ser esclarecido que, se a urgência não pode ser desculpa para atuações incompatíveis com o sistema posto, é certo que ela determina um comportamento que não pode deixar de ocorrer. Assim, tem-se, de um lado, a obrigação de agir na forma a sanear a necessidade imediata, grave e concreta apurada pelo Estado e, de outro, há o impedimento absoluto de se conduzir sob o

12. Cf. Juan Francisco Linares, *Razonabilidad de las Leyes*, Buenos Aires, Astrea, 1970, pp. 107 e ss.

regime de urgência quando a circunstância não configurar esta especial contingência.

O que é uma responsabilidade gravíssima e incontornável e um dever do poder público é distinguir os casos de urgência – que impõem um comportamento que não pode deixar de ser levado a efeito – e a impossibilidade jurídica absoluta de atuar em nome da urgência e pelas vias por esta determinadas quando inocorrente a hipótese.

O erro de avaliação do caso – a inagir quando a hipótese seria de atuar e a agir quando o caso seria de inércia – determina a responsabilidade constitucional criminosa dos agentes públicos. A dificuldade é tanto maior quando se tem que se em algumas oportunidades é nítida a ocorrência ou a inocorrência da urgência, situações existem em que a distinção faz-se difícil. Nem por isso, contudo, será imune ao controle institucional e popular. Nem por isso, entretanto, escapará o agente público da responsabilidade pelo seu cometimento ou pela sua inércia, deixando em desvalia a situação de urgência reclamadora de seu posicionamento e conseqüente atuar.

E, aqui, enfoco a questão da responsabilidade por declinação de urgência em caso em que ela não existe. Responde, evidentemente, o agente público por crime contra a Constituição se, em matéria constitucional, que é a de que aqui se trata, conduzir-se segundo modelo excepcional embasado em alegação de urgência, a qual vier a ser apurada como inexistente na espécie apreciada. Além de responder política e administrativamente com a perda do cargo ou função e de arrostar as conseqüências constitucionalmente fixadas,[13] o agente público responde civil e penalmente pelos danos que vier a provocar ou pelos benefícios que impedir as pessoas de legalmente angariar como decorrência do comportamento público. É que, se a competência é vinculada e atuou-se contra ou além ou à margem da disposição normativa, claro está que se agiu contrariando a Constituição, o que não se admite em sistemas constitucionais democráticos.

III - A urgência na Constituição brasileira

A Constituição do Brasil de 1988 refere-se, algumas vezes, à urgência, e em todos estes casos cuida de estabelecer as regras especiais que passarão a incidir.

A) Urgência e Poder Executivo

No exercício das funções de governo, o Poder Executivo desempenha tarefas pelas quais se decidem, em caráter primário e básico, os modos e casos em que se conduz a coisa pública, bem como, dentro dos fins estabelecidos constitucionalmente, as finalidades concretas e imediatas buscadas.

No exercício destas funções, o Poder Executivo recebe as atribuições a serem aperfeiçoadas e os instrumentos a serem para tanto usados.

Entretanto, circunstância urgente pode determinar um cometimento diferenciado no exercício destas funções, como antes asseverado, pelo quê podem ser encontradas na Constituição disposições que alteram o conteúdo das funções governamentais inicialmente previstas ou alargam a esfera das competências constitucionais do titular do Poder Executivo, como nos casos em que a ordem pública ou a paz são ameaçadas por "grave e iminente instabilidade institucional ou

13. Art. 85 da Constituição da República do Brasil.

atingidas por calamidades de grandes proporções na natureza", e que autorizam, então, aquele agente a decretar estado de defesa para "preservar ou prontamente restabelecer, em locais restritos", aqueles valores, ou, ainda, nas hipóteses em que as medidas tomadas naquele período são ineficazes, sobrevindo, em razão desta ineficiência, "comoção grave de repercussão nacional" ou fatos que decorram daquela insuficiência de medidas, quando se torna possível àquele agente político solicitar ao Congresso Nacional autorização para decretar o estado de sítio.

Diversa é a hipótese quando a urgência de um cometimento público se configurar ao qual se alie fator de relevância sociopolítica e jurídica, mas depender o seu atendimento de norma inexistente e não se puder, então, aguardar o processo legislativo ordinário ou o extraordinário (o qual se passa no Poder Legislativo, mas com o modelo especial que a urgência lhe impõe).*

A Constituição do Brasil de 1988 prevê, então, a figura da medida provisória. Ato administrativo dotado de força normativa especial e eficácia imediata, mas precário e reversível, a medida provisória veio dotar o Presidente da República de instrumento capaz de surpreender e resolver situações que escapem ao fluxo ordinário da criação normativa.

Não é inédita a previsão constitucional de uma via pela qual o Poder Executivo possa exercer a criação de norma para suprir urgentemente situação posta à solução imediata do governante. Não se tem, neste caso, explícita ou implicitamente, a supressão ou a modificação da competência normativa primária pelo Poder Legislativo. Em primeiro lugar porque a medida provisória tem natureza de ato administrativo normativo primário (cuida-se de medida tomada pelo Poder Executivo no exercício de competência constitucionalmente definida e em hipótese específica e taxativamente clausulada). Entretanto, esta qualidade de que se reveste – a normatividade primária, que os sistemas inserem na seara da criação legal – é de caráter excepcional e decorre da gravidade, excepcionalidade e imediatismo de um efeito que somente o seu advento pode provocar. Como ato administrativo normativo primário, dota-se, em virtude da disposição constitucional expressa, de força específica e vigor obrigatório extraordinário – "com força de lei", diz o texto do art. 62 da Constituição do Brasil de 1988 – e aplica-se imediatamente. A aplicação imediata é que sugere que a urgência configura-se na espécie, pois, se se pudesse adiar a aplicação o mínimo que fosse, bastante para o processo legislativo ordinário ou o extraordinário (caso de urgência solicitada para o projeto de lei pelo Presidente da República), ter-se-ia por certo a inconsistência e desfiguração de um dos pressupostos da medida, qual seja, a urgência constitucionalmente descrita. Ademais, o Congresso Nacional não se exime ou se subtrai de sua competência típica, que é exatamente a de criar o direito no plano infraconstitucional. Ao Poder Legislativo submete-se, impreterível e inadiavelmente, a medida expedida, a qual, enquanto não transformada em lei, somente é aplicada e produz efeitos provisórios, como é óbvio e próprio ao comportamento. Além disso, o processamento da medida provisória no Congresso Nacional para a sua transformação em lei subordina-a à discussão ampla e ilimitada, pelo quê nada do que nela se contém resta impenetrável ao crivo legislativo. Corolário deste processamento obrigatório no Poder Legislativo e do princípio democrático que entrega a este a competência

* Cf. Item *b*, infra.

normativa infraconstitucional primária é o efeito nulificador da rejeição da medida pelo Congresso Nacional. Os efeitos provisórios que a medida do Presidente da República provocou são nulos desde o momento inicial da edição se desaprovada ela for. Isto comprova, definitivamente, que não há duas sendas que podem ser, aleatoriamente, eleitas pelos governantes: a da lei e a da medida provisória. No quadro constitucional brasileiro – como, de resto, acontece em modelos constitucionais alienígenas – não há senão uma vereda a se palmilhar, e esta é a da lei. A medida presidencial, que se adota com feição, objeto e vigor de lei, produz provisórios efeitos, não se transforma pelo seu aparato em lei. O motivo que a informa é a inadiabilidade do provimento estatal por uma relevância pública que tem que ser constatada nas lindes sistêmicas positivas.

Por estas observações pode-se anotar que a medida provisória expedida, exclusivamente, quando houver razão de urgência a determiná-la tem neste elemento um de seus pressupostos constitucionais necessários e incontornáveis. E, por ser pressuposto constitucional, o elemento não pode deixar de ser controlável e, efetivamente, controlado, pena de se ter um simulacro de democracia, pois pela fenda da medida provisória possível ter-se-ia uma evasão de competência legislativa intangível à limitação que é própria ao poder estatal democraticamente exercido. A urgência sem mecanismo de controle judicial, político e social seria falaciosa, indeterminada e incompatível com os princípios que fundamentam o sistema constitucional brasileiro.

Este sistema prevê também a hipótese de urgência quando, ao cuidar da matéria tributária, dota a União de competência para instituir impostos extraordinários "na iminência ou no caso de guerra externa" (art. 154).

Estes tributos têm o sentido exato de necessidade urgente, grave, transitória (tanto que os impostos extraordinários instituídos serão suprimidos, gradativamente, cessadas as causas de sua criação, conforme se verifica do art. 154, *in fine*), e que se determinam numa situação excepcional e para cujo atendimento há de se prover, excepcionalmente, os cofres públicos com recursos imediatamente obtidos. A hipótese de guerra externa ou sua iminência é conhecida na história dos tributos, pois a despesa decorrente dos embates entre Estados sempre acarretou pagas extraordinárias dos cidadãos. Mas, como nas demais situações em que o comportamento público se define pela urgência, a Constituição apura-se na definição do motivo da extraordinária tributação, e que é a iminência ou a deflagração de guerra externa que onere o país em condições excepcionais e impossíveis de serem conduzidas e respondidas sem o correlato angariar de novos recursos tributários além daqueles previstos para as despesas regulares e ordinárias a que tem que fazer face o Estado.

Além dos impostos extraordinários que a União pode instituir em caso de iminência ou de guerra externa, a Constituição prevê a competência desta entidade para, mediante lei complementar, instituir empréstimos compulsórios "para atender a despesas extraordinárias, decorrentes de calamidade pública, de guerra externa ou sua iminência e, no caso de investimento público, de caráter urgente e de relevante interesse nacional", nesta última previsão afirmando o constituinte a imperiosidade de se observar o disposto no art. 150, III, *b*, da Lei Magna.[14]

14. "Art. 150. Sem prejuízo de outras garantias asseguradas ao contribuinte, é vedado à União, aos Estados, ao Distrito Federal e aos

A despeito de se terem casos de urgência, pois as necessidades imperiosas a serem satisfeitas nas hipóteses previstas pela norma em foco podem suscitar demandas imediatas a serem supridas pelo empréstimo compulsório, o dispositivo impõe como forma de sua instituição a "lei complementar", pelo quê, em qualquer dos casos abordados, há obrigação constitucional de se valer a União desta e não de outra via legal. E como, então, a matéria torna-se objeto de projeto a ser examinado, discutido e votado pelo Poder Legislativo, todos os aspectos da matéria o serão, inclusive o fator urgência alegada. Aqui não se tem caso de imprevisão ou imprevidência. A Constituição prevê a figura do empréstimo compulsório e o conforma a pressupostos materiais (itens I e II) e a pressuposto formal inarredável ("mediante lei complementar"). Nota-se, de conseguinte, não se ter na previsão urgência inadiável ou determinadora de conduta inadiável. O processamento do projeto de lei complementar será enviado, debatido e concluída a sua aprovação ou rejeição no Poder Legislativo, ao qual se poderá, é certo, solicitar urgência, nos termos do art. 64, § 1º, da Constituição do Brasil.

Singular, contudo, é a segunda hipótese prevista no art. 148, qual seja, a de instituição de empréstimo compulsório no caso de investimento público de caráter urgente e de relevante interesse nacional. É que se determinou a observância, na espécie, do princípio da anterioridade tributária, como antes referido. Assim, a despeito da urgência expressa no texto, e que constitui pressuposto constitucional de validade constitucional do projeto e da lei em que ele eventualmente se converter, a cobrança do empréstimo somente poderá ocorrer no exercício financeiro subseqüente àquele em que haja sido publicada a lei que o instituiu. Como afirmei ser a urgência composição do elemento tempo imediato ao elemento necessidade, poderia parecer, numa análise mais fugaz e breve, tratar-se de incompatibilidade entre o que antes aqui disse e o que se verifica no art. 148, II, *in fine*. Efetivamente, abalizadas opiniões existem, como, *v.g.*, a de José Afonso da Silva, segundo quem: "Um dos requisitos de legitimidade deste empréstimo [*refere-se ao empréstimo compulsório para investimento*] é a urgência do investimento que financiará, mas a Constituição, incoerentemente, impede sua arrecadação imediata, ao vedar sua cobrança no mesmo exercício de sua instituição".[15] O que me parece, entretanto, é que a abreviação procedimental pública que a urgência impõe e o seu sentido de não se permitir o desenrolar regular e normal do fluxo ordinário das instituições definem em cada situação o que é o abreviar e dar maior rapidez para conformar o significado concreto daquela contingência expressa. Na hipótese em pauta tem-se na Constituição que a instituição do empréstimo compulsório é uma forma de apressar a obtenção de receitas tributárias para fazer face à necessidade do investimento alvitrado.

A urgência pode se configurar e deve se constatar na espécie sem que haja supressão do princípio da anterioridade. Isto parece-me compatível com a urgência tributária e mesmo com o regime que, em qualquer caso, deve ser observado ao cogitar-se de procedimento estatal urgente. É que somente se afasta a aplicação dos princípios constitucionais quando,

Municípios: (...); III – cobrar tributos: (...); c) no mesmo exercício financeiro em que haja sido publicada a lei que os instituiu ou aumentou; (...)."

15. José Afonso da Silva, *Curso de Direito Constitucional Positivo*, São Paulo, 1991, p. 590.

expressamente, a Carta o permitir e se, no caso, for imperativo e justificado este distanciamento excepcional, conforme antes anotado. Aliás, a regra é de manutenção e acatamento dos princípios constitucionais em qualquer hipótese, mesmo de urgência, ressalvando-se apenas as regras que se referem a prazos, e que, nas circunstâncias concretas, forem incompatíveis com o que se busca realizar. Ora, no caso, a obtenção de receita tributária por meio de empréstimo compulsório e a sua utilização para o investimento público podem aguardar o momento aprazado pela Constituição sem que haja, necessariamente, descaracterização da urgência. Até porque o investimento público não se aperfeiçoa em um dia, nem tem o seu acabamento sem as providências, planejamento, enfim, uma série de comportamentos estatais que ensejarão o dispêndio a ser suportado pelos recursos conseguidos através do empréstimo compulsório.

Releve-se, contudo, que se cuida, aqui, de emprego constitucional singular o conceito de urgência posto neste dispositivo, pois em outras passagens em que ele é adotado o imediatismo tolda-lhe o sentido e marca a sua extensão e aplicação.

Como a função administrativa está configurada, constitucionalmente, como atividade típica do Poder Executivo (inobstante seja exercida atípica ou secundariamente pelos demais conjuntos de órgãos conformadores dos Poderes Legislativo e Judiciário), cabe dizer uma palavra sobre a urgência neste que é um comportamento subsuntivo e executivo da lei. Embora se cuide de atividade infralegal, importa este desempenho administrativo no estudo aqui feito, eis que a urgência tem, neste espaço, talvez a sua mais reiterada aplicação e, paralela e infelizmente, o mais fecundo campo de abusos cometidos em nome ou sob a falsa roupagem vocabular da urgência.

Não é incomum os textos legais definidores dós comportamentos administrativos acolherem a urgência como pressuposto de modificação excepcional da conduta e forma de sua adoção para a realização concreta de necessidade constatada.

Assim é que se permite ao titular da competência para decretar a condição constitucional expropriatória alegar e comprovar urgência para que se imita na posse imediata do bem objeto do procedimento, como se confere ao administrador a competência para, demonstrando urgência, dispensar a tramitação do procedimento licitatório nos casos em que, de ordinário, ela seria imprescindível para a validade da contratação subseqüente.

Em qualquer das hipóteses administrativas em que o agente público faça uso da referência à urgência, contudo, deve-se sublinhar que: *a)* a alegação depende da motivação (exposição do motivo) imperiosa e condicionante impreterível da validade do ato administrativo nela embasado; *b)* não se considera imune ao controle judicial quer a afirmativa de urgência, quer o ato ou procedimento nela embasado. Não cabe, aqui, qualquer escape à sujeição do comportamento administrativo ao crivo judicial, nem pode o julgador provocado guardar-se de pronunciamento e decisão com a escusa de cuidar-se de avaliar conveniência e oportunidade postos legalmente à comprovação exclusiva do administrador. O sacrossanto mérito do ato administrativo, em cujo intangível recinto se esconderam os mais terríveis abusos administrativos e a fragilidade, quando não, eventualmente, até mesmo a conivência, dos julgadores, não existe mais fora do alcance da mão do verdadeiro e único titular do bem que nele se contém e cujo interesse por ele se deve realizar. Este titular é o povo, em nome de quem o poder se exerce, e é esta titularidade que exige, na perspectiva que hoje informa a organização e o desempenho das funções estatais, que o toque na coisa pública seja conhecido, explicitado, controlado e legitimado para manter-se validamente.

Note-se que este controle não apenas assegura o cumprimento dos princípios da legalidade e da moralidade administrativa, mas também garante a plenitude da participação popular ampla na gestão da coisa que é, efetivamente, de todos e de cada um dos membros da sociedade estatal.

Ademais, este controle força a eficiência da administração. É que não se admite nem prevalece o cometimento público fulcrado em alegação de urgência "fabricada" pela Administração, por ineficiência ou má-fé. Não era – e, infelizmente, ainda não é – infreqüente verificar-se a alegação de urgência e o conseqüente comportamento público alheio aos parâmetros legais procedimentais ordinários em razão de ação a destempo dos administradores públicos. Assim, por exemplo, não se faz o adequado planejamento para a aquisição dos bens imprescindíveis ao provimento das necessidades públicas. Quando termina o estoque de remédios ou de alimentos para a merenda escolar, etc., o administrador alega urgência e adquire sem o prévio e necessário procedimento licitatório em nome da garantia de atendimento à precisão pública evidentemente demonstrada na espécie. O que ocorre, entretanto, é que a ineficiência, a inoperância e até mesmo a desonestidade conduzem o comportamento, que culmina com uma urgência estampada no caso, mas que não configura a urgência juridicamente válida. Se ela foi criada ou permitida pela inépcia, pela imperícia ou pela negligência do administrador público, é este, e não a sociedade, que responde por ela. O comportamento excepcional adotado pode até ser convalidado, mas, paralelamente, a responsabilização do administrador que levou ao atalho administrativo para suprir a necessidade a que se obriga suprir o Poder Publico impõe-se. A não responsabilização acarreta para o cidadão o direito de ajuizar ação popular para desfazer e reparar a lesividade ao patrimônio público ou assegurar e reparar a afronta à moralidade administrativa.

Todos os comportamentos administrativos, dos mais simples e de menor repercussão social aos mais complexos e que afetam maior número de pessoas, são submetidos aos estritos limites da lei. Qualquer desavença do comportamento ordinário mostra-se vulnerável ao desfazimento se não encontrar na hipótese legal aventada a urgência e na prática a demonstração incontrastável de sua ocorrência e impreterível suprimento pela conduta adotada. Não há urgência administrativa sigilosa, aleatória, incontrolável ou fictícia. Qualquer delas será objeto de desfazimento imprescindível e da conseqüente responsabilização de quem a tiver alegado e com fulcro em tal assertiva atuado.

B) Urgência no processo legislativo

Em sessão de 28 de dezembro de 1903, no atabalhoado das últimas horas da sessão legislativa, requereram vários senadores, cada um por sua vez, fosse concedida urgência para continuação de discussão (sem discussão) e votação de várias matérias pendentes de resolução do Senado.

Por último, requer o senador Belfort Vieira urgência para continuar a discussão do projeto relativo a escolas de aprendizes e marinheiros.

Posto a votos, é aprovado o requerimento.

Rui pede a palavra, pela ordem.

"O Sr. Rui Barbosa (pela ordem) – Sr. Presidente, peço a V. Exa. que se digne mandar proceder à verificação de votação.

"Não acho possível que o Senado esteja concedendo todas essas urgências.

"O Sr. Presidente – Desde que V. Exa. requer, mandarei proceder à verificação.

"Feita a verificação reconhece-se que foi concedida a urgência.

"(...).

"O Sr. Rui Barbosa (pela ordem) – Sr. Presidente, requeiro a V. Exa. urgência geral para todos os projetos existentes na Casa.

"O Sr. Pires Ferreira – Isso é mais patriótico."[16]

O processo legislativo pode ser considerado urgente e ter, então, por força desta consideração, tramitação especial. A urgência do processo legislativo pode ocorrer, nos termos postos na Constituição do Brasil de 1988, por solicitação do Presidente da República (art. 64, § 1º) ou, segundo definição dos Regimentos Internos de cada qual das Casas do Congresso Nacional, pelo requerimento dos congressistas e decisão do Plenário da respectiva Casa.

A previsão constitucional, que é a que guarda interesse neste estudo, é de "solicitação de urgência pelo Presidente da República" para apreciação de projetos de sua iniciativa.

O que pareceria requerimento – em virtude do termo empregado na norma: "solicitação" – encontra, no § 2º do mesmo art. 64, tratamento que altera a inteligência inicialmente vislumbrada para aquele vocábulo. Reza o art. 64, § 2º, da Constituição que, havendo a solicitação prevista no § 1º daquele dispositivo, se a Câmara dos Deputados e o Senado Federal não se manifestarem, sucessivamente, em até 45 dias, sobre a proposição, será esta incluída na ordem do dia, sobrestando-se a deliberação quanto aos demais assuntos, para que se dê a votação.

Por esta disposição pareceria, inicialmente, que o Congresso Nacional não poderia, no exercício de sua competência legislativa, apreciar a solicitação de urgência, que seria conceito político entregue ao crivo exclusivo do Presidente da República.

Entretanto, como antes observado, o processo legislativo insere-se na esfera de competências típicas do Poder Legislativo. Logo, o Congresso Nacional é senhor não apenas do conteúdo do projeto de lei de iniciativa do Presidente da República encaminhado à Casa Congressual, como, ainda, do procedimento, e forma, a ser adotado.

Sendo a alteração da forma a se processar decorrente de alegação de urgência, politicamente concebida e afirmada pela autoridade competente a iniciar o processo legislativo, cabe ao Congresso Nacional, exercendo a sua competência legislativa, pronunciar-se, preliminarmente, sobre a solicitação de urgência. O contrário seria admitir que a tramitação do projeto de lei de iniciativa do Presidente da República teria a forma definida fora do Poder Legislativo, o qual somente acataria a decisão sobre o exercício de sua competência nos moldes fixados sem a sua participação e apreciação. Tal interpretação não se compatibiliza com os princípios informadores da criação jurídico-normativa pelo Poder Legislativo. A competência constitucional do Presidente da República atém-se à iniciativa do projeto de lei e à solicitação formulada e encaminhada ao Congresso Nacional. Quem solicita não obriga, requer. Quem recebe a solicitação não se constrange, decide. Previna-se, contudo,

16. "Contra sucessivos requerimentos de urgência", in *Obras Completas de Rui Barbosa*, Rio de Janeiro, Ministério da Educação e Cultura, 1956, vol. XXX, p. 301.

qualquer demasia do Congresso Nacional. Se a urgência solicitada pelo Presidente da República é motivada e demonstrada, como deve ser, claro fica que não se pode, por interesses pessoais, partidaristas ou de mera e renitente oposição, deixar de acatá-la. Neste caso, o não acatamento de razão constitucional de urgência de interesse público comprovado sujeita-se à apreciação do Poder Judiciário. É que se tem, de uma parte, um conceito constitucional e, de outra, uma situação concreta de aplicação da norma magna e de atendimento a interesse público concreto. Logo, o comportamento dos agentes políticos fica submetido ao crivo institucional, por se cuidar de verificação de dinâmica do sistema constitucional.

A Constituição trata, ainda, da convocação extraordinária do Congresso Nacional pelo Presidente da República, pelos Presidentes da Câmara dos Deputados e do Senado Federal, ou a requerimento da maioria dos membros de ambas as Casas, em caso de urgência ou interesse público relevante.

A urgência diagnosticada e asseverada para a convocação extraordinária do Congresso Nacional, como qualquer das outras hipóteses de urgência traçadas constitucionalmente, depende, para ser válida, de comprovação inequívoca. Até porque o dispêndio público com a sessão legislativa extraordinária não é pequeno. Ademais, sabe-se não ser incomum que a parca reunião dos congressistas para deliberação de projetos de lei longamente adormecidos nos órgãos legislativos e, basicamente, no Congresso Nacional, durante a sessão legislativa ordinária, é que acarreta a "urgência" e determina a realização desta sessão extraordinária. Somente situações surgidas após o final da sessão legislativa ou em seus últimos momentos, quando já não mais seja possível a deliberação em condições de atuação ordinária, é que podem legitimar tal convocação.

Neste, como nos demais campos de ação estatal em que a urgência puder sobrevir e determinar conduta especial e fora do ordinariamente previsto pela Constituição, há que se embasar a alegação em razões verdadeiras e transparentes da excepcionalidade, para que se validem a afirmação e o próprio comportamento. Como nas outras hipóteses constitucionais, o controle da assertiva impõe-se como corolário do princípio democrático e da garantia de participação e respeito ao povo.

C) A urgência no exercício da jurisdição

Finalmente, cabe um aceno, mesmo que brevíssimo, à presença da urgência no exercício da jurisdição.

A Constituição, que garante a prestação jurisdicional como direito fundamental do indivíduo, mas que não adentra a forma e a tramitação do processo judicial, salvo especiais circunstâncias, não deixa de vislumbrar a possibilidade de se ter que prestar a jurisdição mais celeremente do que seria o ordinário.

Às vezes a decisão pode depender, para sua eficaz execução, de uma prestação imediata, ainda que precária.

Por isso, a Constituição do Brasil de 1988 introduziu, no art. 5º, XXXV, a possibilidade de necessária prestação da jurisdição em razão de ameaça a direito. A ameaça é situação que se conjuga com a urgência, surgida de uma condição atual grave e incontornável, a demandar, então, cuidado imediato e apreciação e decisão judicial inadiável.

A ameaça, que no direito brasileiro infraconstitucional fazia permitir as liminares e medidas acauteladoras de forma geral, tomou corpo e forma na nova Constituição.

A medida cautelar que se introduzira na ação direta de inconstitucionalidade pela Emenda Constitucional 7/77 foi novamente acolhida no modelo constitucional de 1988 (art. 102, I, *p*), a demonstrar que algumas medidas judiciais são de necessária e imediata prestação, até mesmo para garantir-se o efeito definitivo das decisões posteriormente prolatadas.

Não apenas a medidas cautelares ou liminares referiu-se a Constituição do Brasil, acatando a possível urgência com a qual se depare na função jurisdicional, como nas demais funções estatais. Também alguns institutos como, *v.g.*, o *habeas corpus*, o mandado de segurança, o mandado de injunção e o *habeas data* representam formas processuais especiais e mais céleres que as que ordinariamente se adotam. A razão do acolhimento destas figuras repousa na constatação da natureza do direito por elas abrigado e que não podem ser submetidos a processos ou procedimentos mais langorosos em sua solução final. Aqui, a urgência a definir ações, processos e procedimentos especiais com tramitação judicial mais rápida que a ordinariamente adotada deve-se à natureza do direito tutelado.

Mais ainda, a Constituição oferece um tratamento especial à execução dos créditos da Fazenda Pública em virtude de sentença judiciária. Embora haja uma forma ordinária de perfazer-se o pagamento destes créditos, a Carta Magna confere situação peculiar e preferencial àqueles que tenham natureza alimentícia e que subvertem a ordem cronológica regular de apresentação e conseqüente pagamento dos precatórios. Na espécie, é a natureza alimentícia, cujo suprimento é urgente, inadiável e preferencial, que dota este crédito do afastamento da regra geral a se observar para a execução. A singular natureza da prestação a ser aperfeiçoada com o crédito a emergenciá-lo em sua execução motiva o tratamento peculiar oferecido constitucionalmente ao tema.

No entanto, o problema da prestação jurisdicional no Brasil longe está de ser o da identificação dos casos de urgência e conseqüente tratamento que a Constituição ou a lei oferece.

IV - Conclusões

Dos carimbos de "urgente" que todos têm à mão, ou que se põem no rosto dos autos, ou, fora do Direito, nas manchetes diárias dos jornais, a urgência parece ser um elemento que faz parte da vida de todo o mundo em todos os momentos.

A tranqüilidade que a palavra da lei deveria passar, e que, pela placidez do previsto e previsível, não se coadunaria com a urgência freqüente que nos contorna, não tem encontrado perfeita aplicação. Nem a urgência é tão infreqüente que permita a alguém do ofício do Direito lembrar-se facilmente de todos os casos de urgência que impõem comportamentos estranhos ao ordinário das previsões normativas.

Pior que isto, porém, é que a nossa geração vicia-se com a urgência e parece viver em função dela, fazendo-a sua regra e sua culpa/desculpa, passando a compor a essência mesma do quanto e como temos vivido.

Nossa geração – da pressa e da urgência – não pode ter sequer a pretensão, própria de todas as gerações que nos antecederam, de querer reformar o mundo. No máximo, a nossa sempre apressada geração sabe que, incoerentemente, tem que tentar uma corrida louca contra o tempo para impedir que o homem se destrua a si mesmo. E digo "incoerentemente" porque uma das formas de destruição é a perda do tempo de sua própria história pelo aceleramento sem freio que se impõe.

Como afirmava Albert Camus, no discurso de recebimento do Prêmio Nobel de Literatura em 1957, "herdeira de uma história corrupta, na qual se misturam revoluções devastadoras, com técnicas mal-aplicadas, deuses mortos com ideologias gastas, em que as forças inferiores podem destruir tudo num momento, embora sejam incapazes de algo conquistar, e a inteligência se curva a servir ao ódio e à opressão, esta geração, partindo apenas das suas próprias negações, teve de restabelecer, tanto dentro como fora de si, um pouco daquilo que constitui a dignidade da vida e da morte. Posta diante de um mundo ameaçado de desintegração, no qual nossos grandes inquisidores podem erguer num momento, defronte dos olhos de todos, o espectro da morte, esta geração sabe que (...) deve reconciliar de novo o trabalho com a cultura e reconstituir com todos os homens uma nova Arca de Noé".

Não basta, contudo, sabemos bem, entregarmo-nos ao apelo da construção de uma nova Arca. É preciso resistir à indiscriminada contingência de uma vida que não tem concedido ao homem tempo para viver o seu tempo dignamente, com a tranqüilidade dos encontros e da vivência com os outros, para que a sociedade cumpra o seu papel de permitir ao ser humano a sua indiscutível vocação para conviver. É mister que o tempo de vida seja o tempo do humano, tempo de mais humanidade e de dignidade, sem o açodamento ou a loucura de um ritmo que contraria todas as normas, inclusive as do relógio físico e emocional do ser humano. Ou a urgência ficará desautorizada em todos os casos; ou o próprio ser humano conduzir-se-á, por uma estrutura socioestatal atabalhoadamente acelerada e impetuosa, à sua perdição, criando para si mesmo, na tempestade permanente de uma pressa impensada e muitas vezes sem razão, um modelo de homem sem tempo para viver. Fico pensando se o homem saberá criar um Direito da urgência, no qual as normas sejam comumente dirigidas ao surpreendente, imediato e imprevisto e o desdobrar ritmado e previsto das situações regulares da vida seja a exceção ou o sentimento perdido de uma vida fustigada pelo advento de um novo, irrefreável e imponderável modelo de vida. Com certeza, se este Direito viesse – ou se tiver que vir –, terá outros contornos que não os que hoje se podem imaginar, pois a própria segurança que com ele se pretende obter, para servir de referencial humano externo certo, será inimaginável.

Ouro Preto, Primavera, 1991.

QUESTÕES FUNDAMENTAIS DE TÉCNICA LEGISLATIVA*

GILMAR FERREIRA MENDES

1 – Introdução: 1.1 Funções das Normas Jurídicas 1.2 Subsidiariedade da Atividade Legislativa 1.3 Vinculação Normativa do Legislador e Controle de Constitucionalidade. 2 – Sistemática da Lei: 2.1 Sistemática Interna 2.2 Sistemática Externa: 2.2.1 Artigo 2.2.2 Parágrafos (§§) 2.2.3 Incisos e Alíneas 2.2.4 Agrupamento de Artigos: a) Das Seções; b) Dos Capítulos; c) Título; d) Livro 2.2.5 Critérios de Sistematização: 1) Classificação segundo os bem tutelados – Parte Especial do Código Penal 2) Classificação Segundo os institutos jurídicos e as relações jurídicas – Código Civil 3) Classificação segundo a ordem cronológica dos procedimentos – Código de Processo Civil. 3 – Requisitos Essenciais que Devem Ser Observados na Formulação de Disposições Legais ou Regulamentares: 3.1 Clareza e Determinação das Normas 3.2 O Princípio da Reserva Legal 3.2.1 Reserva Legal Qualificada 3.2.2 Princípio da Legalidade e da Anterioridade no Âmbito Penal e Tributário 3.2.3 A Reserva Legal e o Princípio da Proporcionalidade 3.2.4 Densidade da Norma 3.2.5 A Lei e o Respeito ao Direito Adquirido, ao Ato Jurídico Perfeito e à Coisa Julgada 3.3 As Remissões Legislativas. 4 – Desenvolvimento de uma Lei: 4.1 Considerações Preliminares 4.2 O Processo Legislativo "Interno": 4.2.1 Identificação e Definição do Problema 4.2.2 Análise da Situação Questionada e de Suas Causas 4.2.3 Definição dos Objetivos Pretendidos 4.2.4 Critica das Propostas 4.2.5 Controle de Resultados. 4.3 Questões que Devem Ser Analisadas na Elaboração de Atos Normativos no Âmbito do Poder Executivo.

* Estas reflexões, desenvolvidas no âmbito da Comissão designada pelo Secretário-Geral da Presidência da República para elaborar o Manual de Redação da Presidência da República, integram a referida obra. Devo agradecer a contribuição de todos os integrantes da Comissão e, em especial, dos Srs. Tarcísio Carlos de Almeida Cunha, Heitor Duprat de Brito Pereira, Nestor

"Legislar é fazer experiências com o destino humano"
(Jahrreiss)

1. Introdução

A moderna doutrina constitucional ressalta que a utilização de fórmulas obscuras ou criptográficas, motivadas por razões políticas ou de outra ordem, contraria princípios básicos do próprio Estado de Direito, como os da segurança jurídica e os postulados de clareza e de precisão da norma jurídica.[1]

O Estado de Direito busca submeter todas as relações ao regime da lei. É da essência do sistema democrático, por outro lado, que as decisões fundamentais para a vida da sociedade sejam tomadas pelo Poder Legislativo, instituição fundamental do regime democrático representativo.

Assim, vê-se o legislador confrontado com ampla e variada demanda por novas normas. A competência legislativa implica responsabilidade e impõe ao legislador a obrigação de empreender as providências essenciais reclamadas. Compete a ele não só a concretização genérica da vontade constitucional. Cumpre-lhe, igualmente, colmatar as lacunas ou corrigir os defeitos identificados na legislação em vigor. O *poder de legislar* converte-se, pois, num *dever de legislar*.

A instituição de mecanismos especiais destinados ao controle judicial da omissão legislativa, tais como o mandado de injunção (CF, art 5º, LXXI) e a ação direta de controle da omissão (CF, art. 103, § 2º), revela que o próprio sistema constitucional passou a reconhecer a existência de pretensão à edição de um ato normativo.[2]

Assinale-se, por outro lado, que as exigências da vida moderna não só impõem ao legislador um *dever de agir*, mas também lhe cobram uma resposta rápida e eficaz aos problemas que se colocam (*dever de agir com a possível presteza e eficácia*). É exatamente a formulação apressada (e, não raras vezes, irrefletida) de atos normativos que acaba ocasionando as suas maiores deficiências: a incompletude, a incompatibilidade com a sistemática vigente, incongruência, inconstitucionalidade, etc.

Nunca é demasiado enfatizar a delicadeza da tarefa confiada ao legislador. A generalidade, a abstração e o efeito vinculante que caracterizam a lei revelam não só a grandeza, mas também a problemática que marcam a atividade legislativa. A despeito dos cuidados tomados na feitura da lei (os estudos minudentes, os prognósticos realizados com base em levantamentos cuidadosos, etc.), não há como deixar de caracterizar o seu afazer como uma *experiência*. Trata-se, porém, da mais difícil das experiências, a *"experiência com o destino humano"*.[3]

Essas peculiaridades do processo de elaboração legislativa foram percebidas

José Forster Junior, Luís Fernando Panelli César, Rui Ribeiro de Araújo e Luiz Augusto da Paz.

1. Cf. sobre o assunto, dentre outros, Degenhart, Christoph, *Staatsrecht*, 3ª ed., Heidelberg, 1987, p. 102.

2. Mandado de Injunção n. 107. Relator Ministro Moreira Alves, in *Diário da Justiça* de 29 de setembro de 1990.

3. Jahrreiss, *Groesse und Not der Gesetzgebung*, 1953, p. 5.

por Victor Nunes Leal, que anotou, a propósito:

"Tal é o poder da lei que a sua elaboração reclama precauções severíssimas. Quem faz a lei é como se estivesse acondicionando materiais explosivos. As conseqüências da imprevisão e da imperícia não serão tão espetaculares, e quase sempre só de modo indireto atingirão o manipulador, mas podem causar danos irreparáveis".[4]

Os riscos envolvidos no afazer legislativo exigem peculiar cautela de todos aqueles que se ocupam do difícil processo de elaboração normativa. Eles estão obrigados a colher variada gama de informações sobre a matéria que deve ser regulada, pesquisa esta que não pode ficar limitada a aspectos estritamente jurídicos. É certo que se faz mister realizar minuciosa investigação no âmbito legislativo, doutrinário e jurisprudencial. Imprescindível revela-se, igualmente, a análise da repercussão econômica, social e política do ato legislativo.

Somente a realização dessa complexa pesquisa, que demanda a utilização de conhecimentos interdisciplinares, poderá fornecer elementos seguros para a escolha dos meios adequados para atingir os fins almejados.

1.1 Funções das Normas Jurídicas

As normas jurídicas cumprem, no Estado de Direito, a nobre tarefa de *concretizar* a Constituição. Elas devem criar os fundamentos de justiça e segurança que assegurem um desenvolvimento social harmônico dentro de um contexto de paz e de liberdade.

Esses complexos objetivos da norma jurídica são expressos nas funções:

– de integração: A lei cumpre uma função de integração ao compensar as diferenças jurídico-políticas no quadro da formação da vontade do Estado (desigualdades sociais, desigualdades regionais, etc.);

– de planificação: A lei é o instrumento básico de organização, definição e distribuição de competências;

– de proteção: A lei cumpre uma função de proteção contra o arbítrio, ao vincular os próprios órgãos do Estado;

– de regulação: A lei cumpre uma função reguladora ao direcionar condutas mediante modelos;

– de inovação: A lei cumpre uma função de inovação na ordem jurídica e no plano social.

1.2 Subsidiariedade da atividade Legislativa

É certo que a lei exerce um papel deveras relevante na ordem jurídica do Estado de Direito. Assinale-se, porém, que os espaços não ocupados pelo legislador não são dominados pelo caos ou pelo arbítrio.

Embora a competência para editar normas, no tocante à matéria, quase não conheça limites (*universalidade da atividade legislativa*), a atividade legislativa é, e deve continuar sendo, uma atividade subsidiária. Significa dizer que o exercício da atividade legislativa está submetido ao *princípio da necessidade*, isto é, que a promulgação de leis supérfluas ou iterativas configura abuso do poder de legislar.[5] É que a *presunção de liberdade*,

4. Cf. Hermann Hill, *Einführung in die Gesetzgebungslehre*, Heidelberg, 1982, p. 22.

5. Sobre o assunto, cf. Christian Pestalozza, "Gesetzgebung in Rechtsstaat", in *Gesetzgebung im Rechtsstaat, Neue Juristische Wochenschrift*, 1981. p. 2082 (2083).

que lastreia o Estado de Direito democrático, pressupõe um *regime legal mínimo*, que não reduza ou restrinja, imotivada ou desnecessariamente, a liberdade de ação no âmbito social. As leis hão de ter, pois, um *fundamento objetivo*,[6] devendo mesmo ser reconhecida a inconstitucionalidade das normas que estabelecem restrições dispensáveis.[7]

1.3 Vinculação Normativa do legislador e controle de constitucionalidade

A atividade legislativa há de ser exercida em conformidade com as normas constitucionais (CF, art. 1º, parágrafo único e art. 5º). Da mesma forma, o poder regulamentar (CF, art. 84, IV) deve ser exercido dentro dos limites estabelecidos pela lei. Isso significa que a ordem jurídica não tolera contradições entre normas jurídicas ainda que situadas em planos diversos.

Nem sempre se logra observar esses limites normativos com o necessário rigor. Fatores políticos ou razões econômico-financeiras ou de outra índole acabam prevalecendo no processo legislativo, dando azo à aprovação de leis manifestamente inconstitucionais ou de regulamentos flagrantemente ilegais. Assinale-se, porém, que a aprovação da lei não garante sequer a sua aplicação, pois é muito provável – sobretudo quando se tratar de matéria concernente a direitos individuais – que as questões controvertidas sejam submetidas ao Judiciário.

A Constituição de 1988 ampliou as possibilidades de questionar-se a constitucionalidade das leis e dos atos normativos do Poder Público. O constituinte preservou íntegro o sistema de controle incidental de normas, permitindo que qualquer Juiz ou Tribunal afaste a aplicação da lei inconstitucional no caso concreto.

A par desse amplo sistema de controle de constitucionalidade *difuso*, houve por bem o constituinte ampliar, de forma significativa, o chamado controle abstrato de normas (Ação Direta de Inconstitucionalidade), que, no modelo anteriormente consagrado, somente podia ser instaurado pelo Procurador-Geral da República. Nos termos da Constituição de 1988, podem porpor a ação direta de inconstitucionalidade os seguintes órgãos ou autoridades:

a) Presidente da República;

b) Mesa do Senado Federal;

c) Mesa da Câmara dos Deputados;

d) Mesa de Assembléia Legislativa;

e) Governador de Estado;

f) Procurador-Geral da República;

g) Conselho Federal da Ordem dos Advogados do Brasil;

h) Partido político com representação no Congresso Nacional;

i) Confederação sindical ou entidade de classe de âmbito nacional.

A amplitude outorgada ao controle abstrato de normas acabou por conferir-lhe quase o significado de uma *ação popular de inconstitucionalidade*, pois permite que qualquer um do povo logre induzir um dos entes legitimados a propor a ação direta de inconstitucionalidade pretendida.

Assinale-se, ainda que, tal como a Constituição de 1967/69 (art. 119, I), a Constituição de 1988 (art. 102, "p") outorgou ao Supremo Tribunal Federal a competência para conceder medida cautelar nas ações diretas de inconstitucionalidade. Assim, o Tribunal poderá suspender, liminarmente, a execução do ato normativo, se considerar presentes

6. Id. Ibid. p. 2082 (2083).

7. Sobre o assunto, cf. as decisões da Corte Constitucional Alemã (*BVerfGE*, 17, 306 (313); 55, 159(165)).

os pressupostos relativos à plausibilidade jurídica da argüição (*fumus boni juris*) e à possibilidade de que a aplicação da lei venha acarretar danos irreparáveis ou de difícil reparação (*periculum in mora*).

Todo esse complexo *instumentarium* de controle de constitucionalidade está a recomendar a todos os partícipes do processo de elaboração de leis especial cautela no exame da constitucionalidade das proposições normativas. Mesmo aqueles que se orientam por parâmetros de índole marcadamente pragmática devem estar advertidos de que, já do prisma estritamente prático, eventual ofensa à Constituição não deverá trazer qualquer utilidade, pois é muito provável que se suspenda a eficácia do dispositivo questionado antes mesmo de sua aplicação.

2. Sistemática da Lei

As leis destinam-se a disciplinar uma variedade imensa de situações. Daí parecer recomendável que o legislador redija as leis dentro de um espírito de sistema, tendo em vista não só a coerência e harmonia interna de suas disposições, mas também a sua adequada inserção no sistema jurídico como um todo.[8]

Essa classificação e sistematização expressam não só uma característica da cientificidade do Direito, mas correspondem também às exigências mínimas de segurança jurídica, na medida em que impedem uma ruptura arbitrária com a sistemática consagrada na aplicação do direito.[9]

8. Cf. Victor Nunes Leal, "Técnica Legislativa", in *Estudos de direito público*, Rio de Janeiro, 1960. p. 7 (19).

9. Hermann Hill, *Einführung in die Gesetzgebungslehne*, Heidelberg, 1982. p. 98.

Costuma-se distinguir a sistemática da lei em *sistemática interna* (compatibilidade teleológica e ausência de contradição lógica) e *sistemática externa* (estrutura da lei).

2.1 Sistemática interna

Como mencionado, a existência de um sistema interno deve, sempre que possível, evitar a configuração de contradições lógicas, teleológicas, ou valorativas. Tem-se uma contradição lógica se, *v.g.*, a conduta autorizada pela norma "A" é proibida pela norma "B". Verifica-se uma contradição valorativa se se identificam incongruências de conteúdo axiológico dentro do sistema. É o que resulta, *v.g.*, da consagração de normas discriminatórias dentro de um sistema que estabelece a igualdade como princípio basilar. Constata-se uma contradição teleológica se há uma contradição entre os objetivos perseguidos por disposições diversas, de modo que a observância de um preceito importa na nulificação dos objetivos visados pela outra.[10]

2.2 Sistemática externa

O exame da estrutura básica de uma lei talvez constitua a forma mais adequada de apreender aspectos relevantes de sua sistemática externa. Tomemos como exemplo a estrutura da Constituição de 1988:

Constituição Federal de 1988:

Preâmbulo

Título I – Dos Princípios Fundamentais (arts. 1º a 4º).

10. Hermann Hill, id. ibid., p. 98. Peter Noll, *Gesetzgebungslehre*, Reimbek bei Hamburg, 1973, p. 207 s.

Título II – Dos Direitos e Garantias Fundamentais:

Capítulo I – Dos Direitos e Deveres Individuais e Coletivos (art. 5º); Capítulo II – Dos Direitos Sociais (arts. 6º a 11); Capítulo III – Da Nacionalidade (arts. 12 e 13); Capítulo IV – Dos Direitos Políticos (arts. 14 a 16); Capítulo V – Dos Partidos Políticos (art. 17).

Título III – Da Organização do Estado: Capítulo I – Da Organização Político-Administrativa (arts. 18 e 19); Capítulo II – Da União (arts. 20 a 24); Capítulo III – Dos Estados Federados (arts. 25 a 28); Capítulo IV – Dos Municípios (arts. 29 a 31); Capítulo V – Do Distrito Federal e dos Territórios: Seção I – Do Distrito Federal (art. 32), Seção II – Dos Territórios (art. 33); Capítulo VI – Da Intervenção (arts. 34 a 36); Capítulo VII – Da Administração Pública: Seção I – Disposições Gerais (arts. 37 e 38), Seção II – Dos Servidores Públicos Civis (arts. 39 a 41), Seção III – Dos Servidores Públicos Militares (art. 42), Seção IV – Das Regiões (art. 43).

(...)

A sistematização das leis mais complexas observa, entre nós, o seguinte esquema básico: Livros, Títulos, Capítulos, Seções, Subseções e Artigos.

2.2.1 Artigo

Artigo é a unidade básica para apresentação, divisão ou agrupamento de assuntos num texto normativo. No tocante à numeração, consagrou-se a práxis de até o artigo nono (Art. 9º) adotar a numeração ordinal. A partir do de número 10, emprega-se o algarismo arábico correspondente, seguido de ponto-final (Art. 10.). Os artigos serão designados pela abreviatura "Art." sem traço antes do início do texto. Os textos dos artigos serão iniciados com letra maiúscula e encerrados com ponto-final, exceto quando tiverem incisos, caso em que serão encerrados por dois-pontos (v. Apêndice I "O Padrão Imprensa Nacional").

Os artigos podem desdobrar-se, por sua vez, em *parágrafos* e *incisos*; e estes, em *alíneas*.[11]

2.2.2 Parágrafos (§§)

Os parágrafos constituem, na técnica legislativa, a imediata divisão de um artigo, ou, como anotado por Arthur Marinho, "(...) *parágrafo* sempre foi, numa lei, disposição secundária de um artigo em que se explica ou modifica a disposição principal".

O parágrafo é representado pelo sinal gráfico §.

Também em relação ao parágrafo, consagra-se a prática da numeração ordinal até o nono (§ 9º) e cardinal a partir do parágrafo dez (§ 10). No caso de haver apenas um parágrafo, adota-se a grafia Parágrafo único (e não § único). Os textos dos parágrafos serão iniciados com letra maiúscula e encerrados com ponto-final.

2.2.3 Incisos e alíneas

Os incisos são utilizados como elementos discriminativos de artigo se o assunto nele tratado não puder ser condensado no próprio artigo ou não se mostrar adequado a constituir parágrafo.[12] Os incisos são indicados por algarismos romanos e as alíneas por letras.[13]

11. Arthur de Sousa Marinho, "Sentença de 29 de setembro de 1944", in *Revista de direito administrativo*, vol. I, p. 227 (229). Cf. também Hesio Fernandes Pinheiro, *Técnica legislativa*, 1962, p. 100.

12. Hesio Fernandes Pinheiro, *Técnica legislativa*, 1962, p. 100.

13. Id. ibid. pp. 104-105.

As alíneas ou letras constituem desdobramentos dos incisos e dos parágrafos. A alínea ou letra será grafada em minúsculo e seguida de parêntese: a); b); c); etc. O desdobramento das alíneas faz-se com números cardinais, seguidos de ponto (*v.g.* 1.; 2.; etc.).

Por exemplo, art. 5º da Constituição:

"Art. 5º Todos são iguais perante a lei, sem distinção de qualquer natureza, garantindo-se aos brasileiros e aos estrangeiros residentes no País a inviolabilidade do direito à vida, à liberdade, à igualdade, à segurança e à propriedade, nos termos seguintes:

(...)

LXXI – conceder-se-á mandado de injunção sempre que a falta de norma regulamentadora torne inviável o exercício dos direitos e liberdades constitucionais e das prerrogativas inerentes à nacionalidade, à soberania e à cidadania;

LXXII – conceder-se-á *habeas data*:

a) para assegurar o conhecimento de informações relativas à pessoa do impetrante, constantes de registros ou bancos de dados de entidades governamentais ou de caráter público;

b) para a retificação de dados, quando não se prefira fazê-lo por processo sigiloso, judicial ou administrativo;

(...).

§ 1º As normas definidoras dos direitos e garantias fundamentais têm aplicação imediata.

§ 2º Os direitos e garantias expressos nesta Constituição não excluem outros decorrentes do regime e dos princípios por ela adotados, ou dos tratados internacionais em que a República Federativa do Brasil seja parte."

Na elaboração dos artigos devem ser observadas algumas regras básicas, tal como recomendado por Hesio Fernandes Pinheiro.[14]

a) cada artigo deve tratar de um único assunto;

b) o artigo conterá, exclusivamente, a norma geral, o princípio. As medidas complementares e as exceções deverão ser expressas em parágrafos;

c) quando o assunto requerer discriminações, o enunciado comporá o artigo, e os elementos de discriminação serão apresentados sob a forma de incisos;

d) as expressões devem ser usadas em seu sentido vulgar, salvo se se tratar de assunto técnico, quando então será preferida a nomenclatura técnica, peculiar ao setor de atividades sobre o qual se pretende legislar;

e) as frases devem ser concisas;

f) nos atos extensos, os primeiros artigos devem ser reservados à definição dos objetivos perseguidos pelo legislador e à limitação de seu campo de aplicação.

2.2.4 Agrupamento de artigos

a) Das Seções

A Seção é o conjunto de artigos que versam sobre o mesmo tema. As seções são indicadas por algarismos romanos (*v.g.*: Seção I; Seção II; etc.). Eventualmente, as Seções subdividem-se em Subseções.

b) Dos Capítulos

O Capítulo é formado por um agrupamento de Seções.

c) Título

O Título engloba um conjunto de Capítulos.

14. Id. ibid. pp. 84 s.

d) Livro

Nas leis mais extensas – normalmente, na legislação codificada –, os conjuntos de Títulos são reunidos em Livros.

2.2.5 Critérios de sistematização

Embora o legislador disponha de uma margem relativamente ampla de discricionariedade para eleger os critérios de sistematização da lei, não pode subsistir dúvida de que esses critérios devem guardar adequação com a matéria regulada. Não é concebível, por exemplo, que o legislador sistematize a Parte Geral do Código Penal segundo as penas previstas.[15] Algumas regras básicas podem ser enunciadas, a propósito:

a) as matérias que guardem afinidade objetiva devem ser tratadas em um mesmo contexto;

b) procedimentos devem ser disciplinados segundo uma ordem cronológica;

c) a sistemática da lei deve ser concebida de modo a permitir que ela forneça resposta à questão jurídica a ser disciplinada e não a qualquer outra indagação;

d) deve-se guardar fidelidade básica com o sistema escolhido, evitando a constante mistura de critérios;

e) institutos diversos devem ser tratados separadamente.

A natureza e as peculiaridades de cada disciplina jurídica têm influência decisiva sobre o modelo de sistematização a ser adotado, como se pode depreender de alguns exemplos:

(1) Classificação segundo os bens tutelados – Parte Especial do Código Penal:

Parte Especial

Título I – Dos crimes contra a pessoa

Título II – Dos crimes contra o patrimônio

Título III – Dos crimes contra a propriedade imaterial

Título IV – Dos crimes contra a organização do trabalho

Título V – Dos crimes contra o sentimento religioso e contra o respeito aos mortos

Título VI – Dos crimes contra os costumes

Título VII – Dos crimes contra a família

Título VIII – Dos crimes contra a incolumidade pública

Título IX – Dos crimes contra a paz pública

Título X – Dos crimes contra a fé pública

Título XI – Dos crimes contra a administração pública

(2) Classificação segundo os institutos jurídicos e as relações jurídicas – Código Civil:

Parte Especial

Livro I – Do Direito de Família

Título I – Do casamento

Título II – Dos efeitos jurídicos do casamento

Título III – Do regime dos bens entre os cônjuges

Título IV – Da dissolução da sociedade conjugal e da proteção da pessoa dos filhos

Título V – Das relações de parentesco

(3) Classificação segundo a ordem cronológica dos procedimentos – Código de Processo Civil:

Título VIII

Capítulo I – Da petição inicial

Capítulo II – Da resposta do réu (...)

Capítulo VI – Das provas (...)

Capítulo VIII – Da sentença e da coisa julgada (...)

Título X – Dos recursos

15. Peter Noll, *Gesetzgebungslehre*, Reimbeck bei Hamburg, 1973. p. 223.

3. *Requisitos essenciais que devem ser observados na formulação de disposições legais ou regulamentares*

Alguns princípios constitucionais balizam a formulação das disposições legais. Do princípio do Estado de Direito e de alguns postulados dele derivados podem-se inferir alguns requisitos que devem nortear a elaboração de atos normativos.

O princípio do Estado de Direito exige que as normas jurídicas sejam dotadas de alguns atributos, tais como *precisão ou determinabilidade, clareza, densidade suficiente*[16] para permitir a definição das posições juridicamente protegidas e o controle de legalidade da ação administrativa.

3.1 Clareza e determinação das normas

O princípio da segurança jurídica, elemento fundamental do Estado de Direito, exige que as normas sejam pautadas pela precisão e clareza, permitindo que o destinatário das disposições possa identificar a nova situação jurídica e as conseqüências que dela decorrem. Devem ser evitadas, assim, as formulações obscuras, imprecisas, confusas ou contraditórias.

3.2 O princípio da reserva legal

A Constituição consagra, no art. 37, a idéia de que a administração pública está submetida, entre outros princípios, ao da legalidade, que abrange postulados de supremacia da lei e o princípio da reserva legal.

Supremacia da lei expressa a vinculação da Administração do Direito, o postulado de que o ato administrativo que contraria norma legal é inválido. O princípio da reserva legal exige que qualquer intervenção na esfera individual (restrições ao direito de liberdade ou ao direito de propriedade) seja autorizada por lei.

Esse princípio está sintetizado, na Constituição (art. 5º, II), pela seguinte fórmula:

"Ninguém será obrigado a fazer ou deixar de fazer alguma coisa senão em virtude de lei".

Os postulados do Estado de Direito, da Democracia (art. 1º) e o princípio da reserva legal (Cf. art. 5º, II) impõem que as *decisões normativas fundamentais* sejam tomadas diretamente pelo legislador.

Assinale-se, a propósito, que a utilização de fórmulas legais exageradamente genéricas e a outorga de competência para sua concretização a órgãos administrativos, mediante expedição de atos regulamentares (regulamentos, instruções, portarias), podem configurar ofensa ao princípio estrito da legalidade, caracterizando, ademais, ilegítima *delegação* legislativa.

A doutrina assinala, majoritariamente, que há delegação indevida quando se permite ao regulamento inovar inicialmente na ordem jurídica, atribuindo-se-lhe a definição de requisitos necessários ao surgimento de direto, dever, obrigação ou restrição. Explicitando esse entendimento, sustenta Celso Antonio Bandeira de Mello que "inovar quer dizer introduzir algo cuja preexistência não se pode conclusivamente deduzir da lei regulamentada". Verifica-se a inovação proibida toda vez que não seja possível "afirmar-se que aquele específico direito, dever, obrigação, limitação incidentes sobre alguém não

16. Cf. sobre o assunto J. J. Gomes Canotilho, *Direito constitucional*, Coimbra, 1986. p. 310.

estavam instituídos e identificados na lei regulamentada".[17]

É verdade que a identificação de uma delegação legislativa indevida, em virtude da adoção de cláusulas de *conteúdo abdicatório ou demissório*, há de ser feita em cada caso. A jurisprudência do Supremo Tribunal Federal fornece, todavia, elementos para que se estabeleça uma orientação mais ou menos segura sobre o assunto.

Embora considerasse nulas as autorizações legislativas incondicionadas ou de *caráter demissório*, a doutrina dominante sempre entendeu legítimas as autorizações fundadas no enunciado da lei formal, desde que do ato legislativo constassem os *standards*, isto é, "os princípios jurídicos inerentes à espécie legislativa."[18] Esforçando-se por sistematizar esse entendimento, afirma Carlos Maximiliano que seriam inconstitucionais as leis cujo conteúdo se cingisse ao seguinte enunciado:

"O Poder Executivo é autorizado a reorganizar o Tribunal de Contas".

Aceitam-se, porém, como legítimas fórmulas que enunciem, *v.g.*:

"Fica o Poder Executivo autorizado a reorganizar o Ensino Superior, sobre as seguintes bases: 1) só obtêm matrícula os bacharéis em letras diplomados por ginásios oficiais; 2) (...)".[19]

Na elaboração da lei devem ser evitadas as autorizações legislativas puras ou incondicionadas, de nítido e inconfundível caráter renunciativo. Elas representam inequívoca deserção da obrigação de deliberar politicamente e podem caracterizar afronta ao *princípio da reserva legal*.

Assim, os órgãos incumbidos de elaborar projetos de lei, bem como aqueles competentes para exercer o controle de juridicidade dessas disposições, devem verificar se as proposições formuladas contêm os elementos essenciais que permitam identificar não só a sua finalidade, mas também o próprio conteúdo da decisão para o caso concreto.

3.2.1 Reserva legal qualificada

Além do princípio genérico da legalidade, consagrado no art. 5º, II, da Constituição, exige o Texto Constitucional, de forma expressa, que algumas providências sejam precedidas de específica autorização legislativa, vinculada a determinada situação ou destinada a atingir determinado objetivo (reserva legal qualificada).

Assim, estabelece-se, no art. 5º, XIII, da Constituição Federal, ser "livre o exercício de qualquer trabalho, ofício ou profissão, atendidas as qualificações profissionais que a lei estabelecer". Da mesma forma, consagra-se no art. 5º, XXIII, que "a propriedade atenderá a sua função social". Eventuais restrições à liberdade de exercício profissional somente podem ser levadas a efeito no tocante às qualificações profissionais. As restrições ao direito de propriedade somente se legitimam, igualmente, se tiverem por escopo assegurar a sua função social.

3.2.2 Princípio da legalidade e da anterioridade no âmbito penal e tributário

A Constituição consagra, no art. 5º, XXXIX, expressa exigência de previsão

17. Celso Antonio Bandeira de Mello, *Ato administrativo e direito dos administrados*, São Paulo, Ed. RT, 1981, p. 98.

18. Mandado de Segurança 17.145. Relator: Ministro Gonçalves de Oliveira, in *Revista Trimestral de Jurisprudência* 50/572. Recurso Extraordinário 76.729. Relator Ministro Aliomar Baleeiro, in *Revista Trimestral de Jurisprudência* 71/477.

19. Carlos Maximiliano, *Comentários à Constituição brasileira de 1946*, Rio de Janeiro, 1954, vol. I, p. 411.

legal para a definição de crime e a cominação de pena, e proíbe a retroatividade da lei penal (art. 5º, XL). Exige, pois, que o crime seja previsto em lei escrita, sendo vedada a utilização de analogia em relação às normas incriminadoras, e defeso o emprego de fórmulas vagas ou indeterminadas. Como acentua Soler, "a só existência de lei prévia não basta; esta lei deve reunir certos caracteres: deve ser concretamente definitória de uma ação, deve traçar uma figura cerrada em si mesma, por força da qual se conheça não somente qual é a conduta compreendida, senão também qual é a não compreendida"[20] (Cf. também infra: 3.2.4, "Densidade da norma").

Da mesma forma, a instituição ou elevação de tributos somente pode ser levada a efeito mediante lei formal (CF, art. 150, I – princípio da legalidade). É vedada, ademais, a cobrança de tributos no mesmo exercício financeiro em que haja sido publicada a lei que os houver instituído ou aumentado (CF, art. 150, III, "b" – princípio da anterioridade). Finalmente, proíbe a Constituição a cobrança de tributos em relação a fato gerador ocorrido antes do início da vigência das leis que os houverem instituído ou aumentado (CF, art. 150, III, "a" – princípio da irretroatividade).[21]

3.2.3 A reserva legal e o princípio da proporcionalidade

A simples existência de lei não se afigura suficiente para legitimar a intervenção no âmbito dos direitos e liberdades individuais. Faz-se mister, ainda, que as restrições sejam proporcionais, isto é, que sejam "adequadas e justificadas pelo interesse público" e atendam "ao critério de razoabilidade".[22] Em outros termos, tendo em vista a observância do princípio da proporcionalidade, cabe analisar não só a legitimidade dos objetivos perseguidos pelo legislador, mas também a adequação dos meios empregados, a necessidade de sua utilização, bem como a razoabilidade, isto é, a ponderação entre a restrição a ser imposta aos cidadãos e os objetivos pretendidos.[23]

3.2.4 Densidade da Norma

A generalidade e a abstração constituem apanágio da lei. Esses atributos concorrem para uma maior inteligibilidade da lei, facilitando a sua aplicação a uma universalidade de situações ou de pessoas. O princípio da reserva legal exige não só expressa autorização legislativa para intervenção no âmbito dos direitos individuais, mas pressupõe também que a previsão legal contenha uma disciplina suficientemente concreta (*densa, determinada*).[24] E essa *densidade* suficiente que, de um lado, há de definir as posições juridicamente protegidas e, de outro, pautar a ação do Estado.

20. ap. Heleno Fragoso, *Lições de direito penal*, Rio de Janeiro, 1985. p. 96.

21. Cf. Sacha Calmon Navarro Coêlho, *Comentários à Constituição de 1988*, 2ª ed.. Rio de Janeiro, 1990. p. 279 s.

22. "Representação n. 930". Relator Ministro Rodrigues Alckmin, in *Diário da Justiça* de 2 de setembro de 1977.

23. Cf. sobre o assunto. Gilmar Ferreira Mendes, *Controle de constitucionalidade: Aspectos jurídicos e políticos*, São Paulo, 1990, p. 48 s. V. também Carlos Roberto Siqueira Castro, *O devido processo legal e a razoabilidade das leis na nova Constituição do Brasil*, Rio de Janeiro, 1989, p. 153 s.

24. Cf., sobre o assunto José Joaquim Gomes Canotilho, *Direito constitucional*, 4ª ed. Coimbra, 1986, p. 310.

A exigência relativa a uma adequada densidade da norma assume peculiar relevo no âmbito do Direito Penal, porquanto eventual incriminação vaga ou imprecisa de certos fatos poderia reduzir a segurança jurídica, nulificando a garantia que se pretende alcançar com o princípio da reserva legal.

3.2.5 A Lei e o respeito ao Direito Adquirido, ao Ato Jurídico Perfeito e à Coisa Julgada

A Constituição Federal de 1988 reproduz no art. 5º, XXXVI, fórmula já tradicional do Direito Constitucional brasileiro, segundo a qual "a lei não prejudicará o direito adquirido, o ato jurídico perfeito e a coisa julgada". Trata-se de postulado fundamental de segurança jurídica, pedra angular do Estado de Direito.

Com a consagração dessa fórmula, impõe o constituinte que o legislador não só respeite as situações jurídicas individuais consolidadas, mas que também preserve os efeitos que hão de se protrair. Da mesma forma, exige-se que lei respeite a coisa julgada, abrangida tanto a coisa julgada formal, que impede a discussão da questão decidida no mesmo processo, quanto a coisa julgada material, que obsta à discussão da questão decidida em outro processo.[25]

3.3 As remissões legislativas

A remissão constitui técnica legislativa conhecida. Enquanto a remissão à norma de um mesmo texto legislativo não se afigura problemática (*remissão interna*), as remissões a outros textos legislativos (*remissão externa*) são passíveis de sofrer objeções de índole constitucional, pois podem afetar a clareza e precisão da norma jurídica.[26] Particularmente problemáticas afiguram-se as , isto é, a remissão a dispositivos que, por sua vez, remetem a outras proposições.

A remissão pura e simples a disposições constantes de outra lei pode preparar dificuldades adicionais, uma vez que, em caso de revogação ou alteração do texto a que se fez referência, subsistirá, quase inevitavelmente, a dúvida sobre o efetivo conteúdo da norma.[27]

Recomenda-se, por isso, que, se as remissões forem inevitáveis, sejam elas formuladas de tal modo que permitam ao intérprete apreender o seu sentido sem ter de compulsar o texto referido.

Acentue-se, ademais, que a remissão a atos secundários, como regulamentos ou portarias, pode configurar afronta aos princípios da reserva legal e da independência entre os poderes.

4. Desenvolvimento de uma Lei[28]

4.1 Considerações preliminares

A atividade legislativa não constitui um sistema linear e unidimensional no qual os atores procedem de forma previ-

25. Cf. Pontes de Miranda, *Comentários à Constituição de 1967, com a emenda n. 1, de 1969*, Rio de Janeiro, 1987, tomo V. pp. 101 s. Celso Ribeiro Bastos, *Curso de direito constitucional*, 13ª ed., 1990, pp. 199 s.

26. Cf., sobre o assunto, Hermann Hill, *Einführung in die Gesetzgebungslehre*, Heidelberg, 1982. p. 115. Rafael Bielsa, *Los conceptos jurídicos y su terminología*, Buenos Aires, 1987. p. 223.

27. Rafael Bielsa, ob. cit. p. 223.

28. Veja sobre o assunto também o apêndice em anexo.

sível ou planejada. Ao revés, a atividade legislativa é formada por um conjunto de interesses diferenciados e relações de força no complexo campo político.[29] Embora os procedimentos atinentes à formação da lei estejam previstos de modo mais ou menos detalhado na Constituição, não subsiste dúvida de que a metodologia empregada na elaboração das leis não observa, necessariamente, um programa previamente definido. É possível, todavia, fixar planos para a elaboração legislativa, como ocorre, normalmente, nos Planos de Governo, nos quais se estabelecem as diretrizes para a legislatura vindoura.

Não obstante, muitas iniciativas, no plano legislativo, são determinadas por circunstâncias ou eventos imprevistos ou imprevisíveis, que exigem uma pronta ação do legislador. Assim, a despeito de toda a boa vontade e organização, não se afigura possível planejar, de forma absolutamente satisfatória, a ação legislativa.

Deve-se concluir, pois, que a impossibilidade de um planejamento rigoroso da atividade legislativa acaba por fazer com que o desenvolvimento da lei dependa, não raras vezes, de *impulsos* isolados.

Cumpre diferençar os *impulsos* de índole jurídica daqueles de caráter marcadamente político. Os primeiros decorrem, normalmente, de uma exigência expressamente estabelecida na Constituição, isto é, de um *dever constitucional de legislar*. Alguns exemplos de inequívocos deveres impostos ao legislador podem ser mencionados:

a) CF, art. 5º, XXIX: "a lei assegurará aos autores de inventos industriais privilégio temporário para sua utilização, bem como proteção às criações industriais, à propriedade das marcas, aos nomes de empresas e a outros signos distintivos, tendo em vista o interesse social e o desenvolvimento tecnológico e econômico do país";

b) CF, art. 5º, XXXII: "o Estado promoverá, na forma da lei, a defesa do consumidor";

c) CF, art. 7º "São direitos dos trabalhadores urbanos e rurais, além de outros que visem à melhoria de sua condição social:

I – relação de emprego protegida contra despedida arbitrária ou sem justa causa, nos termos de lei complementar, que preverá indenização compensatória, dentre outros direitos;

(...)

IV – salário mínimo, fixado em lei, nacionalmente unificado, capaz de atender a suas necessidades vitais básicas e às de sua família, com moradia, alimentação, educação, saúde, lazer, vestuário, higiene, transporte e previdência social, com reajustes periódicos que lhe preservem o poder aquisitivo, sendo vedada sua vinculação para qualquer fim;

(...)

XI – participação nos lucros, ou resultados, desvinculada da remuneração, e, excepcionalmente, participação na gestão da empresa, conforme definido em lei".

Às vezes, pode-se derivar um dever constitucional de legislar de princípios gerais consagrados na Constituição, como os postulados da Democracia, do Estado de Direito e Social e da dignidade da pessoa humana. Outras vezes esse dever tornase manifesto em virtude de uma decisão judicial proferida pelo Supremo Tribunal Federal nos processos de mandado de injunção ou na ação direta de controle da omissão (CF, artigos 5º, LXXI, e 103, § 2º).

29. Cf. sobre o assunto: Hermann Hill, *Einführung in die Gesetzgebungslehre*, Heidelberg, 1982. p. 53.

A decisão política de deflagrar o processo legislativo decorre, muitas vezes, de iniciativas de órgãos da sociedade civil, tais como:

– as resoluções aprovadas nas convenções partidárias;

– as propostas formuladas por associações, órgãos de classe, sindicatos, igrejas, etc.

– a discussão nos órgãos de opinião pública.

4.2 O Processo Legislativo "interno"

Além do processo legislativo disciplinado na Constituição (processo legislativo "externo"), identifica a doutrina o chamado processo legislativo "interno", que se refere ao *modus faciendi* adotado para a tomada da decisão legislativa.

Não se pode negar que, a despeito de sua relativa informalidade, o processo legislativo "interno" traduz um esforço de racionalização dos procedimentos de decisão, que configura uma exigência do próprio Estado de Direito. A doutrina esforça-se por identificar o roteiro básico observado na definição de uma decisão legislativa.

4.2.1 Identificação e Definição do Problema

Antes de decidir sobre as providências a serem empreendidas, cumpre identificar o problema a ser enfrentado. Realizada a identificação do problema, em virtude de impulsos externos (manifestações de órgãos de opinião pública, críticas de segmentos especializados) ou graças à atuação dos mecanismos próprios de controle, cumpre delimitá-lo, de forma precisa. A reunião de informações exatas sobre uma situação considerada inaceitável ou problemática é imprescindível tanto para evitar a *construção de falsos problemas*,[30] quanto para afastar o perigo de uma avaliação errônea (superestimação ou subestimação).

4.2.2 Análise da situação questionada e de suas causas

A complexidade do processo de elaboração de lei e as sérias conseqüências que podem advir do ato legislativo exigem que a instauração do processo de elaboração legislativa seja precedido de rigorosa análise dos *fatos relevantes* (apontar as distorções existentes, suas eventuais causas), do exame de todo o complexo normativo em questão (análise de julgados, pareceres, críticas doutrinárias, etc.), bem como de acurado levantamento de dados sobre a questão (audiência de entidades representativas e dos atingidos ou afetados pelo problema, etc.).[31]

A análise da situação questionada deve contemplar as causas ou complexo de causas que eventualmente determinaram ou contribuíram para o seu desenvolvimento. Essas causas podem originar-se de influências diversas, tais como condutas humanas, desenvolvimentos sociais ou econômicos, influências da política nacional ou internacional, conseqüências de novos problemas técnicos, efeitos de leis antigas, mudanças de concepção, etc.[32]

4.2.3 Definição dos Objetivos Pretendidos

Para verificar a adequação dos meios a serem utilizados deve-se proceder a

30. Hermann Hill, *Einführung in die Gesetzgebungslehre*, Heidelberg, 1982. p. 62 s.

31. Peter Noll, *Gesetzgebungslehre*, Reimbeck bei Hamburg, 1971, p. 83.

32. Hermann Hill, ob. cit., p. 69.

uma análise dos objetivos que devem ser atingidos com a aprovação da proposta. A ação do legislador, nesse âmbito, não difere, fundamentalmente, da atuação do homem comum, caracterizando-se mais por saber extamente o que não quer, sem precisar o que efetivamente pretende.[33]

A avaliação emocional dos problemas, a crítica generalizada e, às vezes, irrefletida sobre o estado de coisas dominante acabam por permitir que predominem as *soluções negativistas*, que têm, fundamentalmente, por escopo suprimir a situação questionada sem contemplar, de forma detida e racional, outras possíveis alternativas ou as causas determinantes desse estado de coisas negativo. Outras vezes deixa-se orientar por sentimento inverso, buscando, pura e simplesmente, a preservação do *status quo*.

Essas duas posições podem levar, nos seus extremos, a uma imprecisa definição dos objetivos a serem alcançados. A definição da decisão legislativa deve ser precedida de uma rigorosa avaliação das alternativas existentes, seus prós e contras. A existência de alternativas diversas para a solução do problema não só amplia a liberdade do legislador, como também permite a melhoria da qualidade da decisão legislativa.[34]

4.2.4 Crítica das propostas

Antes de decidir sobre a alternativa a ser positivada, devem-se avaliar e contrapor as alternativas existentes sob dois pontos de vista:

a) de uma perspectiva puramente objetiva, cumpre verificar se a análise sobre os dados fáticos e prognósticos se mostra consistente;

b) de uma perspectiva axiológica, impõe-se aferir, com a utilização de critérios de probabilidade (prognósticos), se os meios a serem empregados se mostram adequados a produzir as conseqüências desejadas. Deve-se contemplar, igualmente, as suas deficiências e eventuais efeitos colaterais negativos.[35]

A crítica das proposições formuladas deve indagar se as medidas a implementar são compatíveis com o princípio da proporcionalidade, que exige que a intervenção no âmbito do direito individual seja não só indispensável, mas também adequada e razoável.[36] É exatamente a observância do princípio da proporcionalidade que recomenda que, no conjunto de alternativas existentes, seja eleita aquela que, embora tenha a mesma efetividade, afete de forma menos intensa a situação individual.

Na avaliação das alternativas, não se devem perder de vista aspectos relevantes relativos à aplicação e à execução da lei (análises das repercussões econômico-financeiras; exame da relação custo-benefício; testes e experimentos relacionados com as possíveis conseqüências que poderão advir da aplicação do novo modelo legal; etc.).

Na comparação das alternativas, deve-se dar preferência àquelas que se mostrem compatíveis com todo o sistema jurídico (harmonia com o sistema jurídico).[37]

33. Peter Noll, *Gesetzgebungslehre*, Reimbeck bei Hamburg, 1971, p. 83.

34. Peter Noll, ob. cit., p. 107.

35. Peter Noll, ob. cit. p. 120. Hermann Hill, *Einführung in die Gesetzgebungslehre*, Heidelberg, 1982. p. 74.

36. Sobre o assunto v. "3.2.3: Reserva Legal e o Princípio da Proporcionalidade".

37. Hermann Hill, *Einführung in die Gesetzgebungslehre*, Heidelberg, 1982. p. 77.

Finalmente, compete avaliar o grau de aceitabilidade pelos cidadãos das medidas propostas e de sua factibilidade ou exeqüibilidade. Tanto a possibilidade de resistência séria contra a aplicação de determinada norma por parte dos eventuais atingidos, quanto a probabilidade de que ela venha a ser objeto de impugnações judiciais fundadas, hão de ser levadas em conta na formulação das proposições normativas.

4.2.5 Controle de resultados

A metodologia empregada para obtenção da decisão legislativa estaria incompleta se entendêssemos que a tarefa do legislador se encerra com a edição do ato normativo. Uma planificação mais rigorosa do processo de elaboração legislativa exige um cuidadoso controle das diversas conseqüências produzidas pelo novo ato normativo.

Mencionem-se algumas formas de controle *a posteriori* dos resultados da lei:

a) afirma-se, ordinariamente, que o legislador está submetido não só ao dever de legislar, mas também a um *dever geral de aferição e de adequação* dos atos legislativos já em vigor. Esse dever de adequação manifesta-se, especialmente, naquelas decisões legislativas tomadas com base em prognósticos ou em juízos de probabilidade, tal como ocorre com os Planos Econômicos e com as leis que disciplinam realidades técnico-científicas;[38]

b) outra forma convencional de controle são os chamados "relatórios de experiências", elaborados com a finalidade de avaliar e sistematizar os resultados e experiências colhidos com a aplicação da lei. No tocante à execução orçamentária, houve por bem o próprio constituinte estabelecer exigência de elaboração e publicação de relatório circunstanciado (CF, art. 165, § 3º). A elaboração desses relatórios pode ser prevista, igualmente, em lei ou ser requerida por iniciativa parlamentar (CF, art. 58, III);

c) a análise das decisões judiciais, proferidas no âmbito do controle judicial da constitucionalidade das leis e da legitimidade dos atos administrativos, permite, igualmente, aferir os resultados obtidos na aplicação e execução da lei;

d) outras modalidades de controle devem ser contempladas, tais como as críticas científicas, as manifestações dos cidadãos, através de órgãos de representação ou isoladamente, críticas de órgãos de imprensa, etc.

A falta de um efetivo controle de resultados pode ensejar a configuração de inconstitucionalidade por omissão, uma vez que o legislador está obrigado a proceder a permanente atualização e adequação das normas.

4.3 Questões que devem ser analisadas na elaboração de Atos Normativos no âmbito do Poder Executivo

Devem ser examinadas sobretudo as seguintes questões:

1. Deve ser tomada alguma providência?

2. Quais as alternativas disponíveis?

3. Deve a União tomar alguma providência? Dispõe ela de competência constitucional ou legal para fazê-lo?

4. Deve ser proposta uma lei?

5. Deve ser tomada alguma providência neste momento?

6. A densidade que se pretende conferir ao ato normativo é a apropriada?

38. Hermann Hill, ob. cit., p. 80.

7. Deve a lei ter prazo de vigência limitado?

8. O ato normativo corresponde às expectativas dos cidadãos e é inteligível para todos?

9. O ato normativo é exeqüível?

10. Existe uma relação equilibrada entre custos e benefícios?

Na análise de cada uma das questões que compõem o referido decálogo deve ser observado o seguinte roteiro:

1. Deve ser tomada alguma providência?

1.1. Qual o objetivo pretendido?

1.2. Quais as razões que determinaram a iniciativa?

1.3. Neste momento, como se apresenta a situação no plano fático e no plano jurídico?

1.4. Que falhas ou distorções foram identificadas?

1.5. Que repercussões tem o problema que se apresenta no âmbito da economia, ciência, técnica e jurisprudência?

1.6. Qual é o número de atingidos pelo problema, e qual o número de casos a resolver?

1.7. O que poderá acontecer se nada for feito? (*e.g.* O problema tornar-se-á mais grave? Permanecerá estável? Poderá ser superado pela própria dinâmica social, sem a intervenção do Estado? Com que conseqüências?)

2. Quais as alternativas disponíveis?

2.1. Qual foi o resultado da análise do problema? Onde se situam as causas do problema? Sobre quais causas pode incidir a ação que se pretende?

2.2. Quais os instrumentos de ação que parecem adequados para alcançar os objetivos pretendidos, no todo ou em parte? (*e.g.* Medidas destinadas à aplicação e execução de dispositivos já existentes; trabalhos junto à opinião pública; amplo entendimento; acordos; investimentos; programas de incentivo; auxílio para que os próprios atingidos pelo problema envidem esforços que contribuam para sua resolução; instauração de processo judicial com vistas à resolução do problema).

2.3. Quais os instrumentos de ação que parecem adequados considerando-se os seguintes aspectos:

a) desgaste e encargos para os cidadãos e a economia;

b) eficácia (precisão, grau de probabilidade de consecução do objetivo pretendido);

c) custos e despesas para o orçamento público;

d) efeitos sobre o ordenamento jurídico e sobre metas já estabelecidas;

e) efeitos colaterais e outras conseqüências;

f) entendimento e aceitação por parte dos interessados e dos responsáveis pela execução;

g) possibilidade de impugnação no Judiciário.

3. Deve a União tomar alguma providência? Dispõe ela de competência constitucional ou legal para fazê-lo?

3.1. Poderia a ação ser empreendida pelos Estados ou Municípios com os recursos de que dispõem?

3.2. Por que a União deve agir? Qual o fundamento constitucional para a iniciativa?

3.3. Em que medida deve a competência da União ser esgotada?

4. Deve ser proposta uma lei?

4.1. A matéria a ser regulada está submetida ao princípio da reserva legal?

4.2. Por que deve a matéria ser regulada pelo Congresso Nacional?

4.3. Se não for o caso de se propor uma lei: deve a matéria ser disciplinada por um regulamento? Por que não seriam suficientes simples portarias?

4.4. Existe fundamento legal suficiente para a edição de ato normativo secundário? Qual?

5. Deve ser tomada alguma providência neste momento?

5.1. Quais as situações-problema e os outros contextos correlatos que devem ainda ser considerados e pesquisados? Por que, então, deve ser tomada alguma providência neste momento?

5.2. Por que não podem ser aguardadas outras alterações necessárias, que se possam prever, para que sejam contempladas em um mesmo ato normativo?

6. A densidade que se pretende conferir ao ato normativo é a apropriada?

6.1. O projeto de ato normativo está isento de disposições programáticas?

6.2. Pode a densidade da norma (a diferenciação e o detalhamento) ser limitada por fórmulas genéricas (tipificação e utilização de conceitos amplos e de cláusulas gerais ou atribuição de competência discricionária)?

6.3. Podem os detalhes ou eventuais alterações ser confiados ao poder regulamentador do Estado ou da União?

6.4. Não teria a matéria já sido regulada em outras disposições de hierarquia superior (regras redundantes que poderiam ser evitadas)? Por exemplo, em:

– tratado devidamente aprovado pelo Congresso Nacional;

– lei federal (em relação a regulamento);

– regulamento (em relação a portaria).

6.5. Quais as regras já existentes que serão afetadas pela disposição pretendida? São essas regras dispensáveis?

7. Deve a lei ter prazo de vigência limitado?

7.1. É a lei necessária apenas por período limitado?

7.2. Não seria o caso de editar-se uma *lei temporária*, submetida a um período probatório?

8. O ato normativo corresponde às expectativas dos cidadãos e é inteligível para todos?

8.1. O novo ato normativo será entendido e aceito pelos cidadãos?

8.2. As limitações à liberdade individual e demais restrições impostas são indispensáveis? Por exemplo:

– proibições, necessidade de autorizações;

– comparecimento obrigatório perante autoridade;

– indispensabilidade de requerimento;

– dever de prestar informações;

– imposição de multas e penas;

– outras sanções.

Podem as medidas restritivas ser substituídas por outras?

8.3. Em que medida os requisitos necessários à formulação de pedidos perante autoridades poderia ser reduzido a um mínimo aceitável?

8.4 Podem os atingidos pela regra entender o vocabulário utilizado, a organização frasal, a extensão das frases e das disposições, a sistemática, a lógica e a abstração?

9. O ato normativo é exeqüível?

9.1. Por que não se renuncia a um novo sistema de controle por parte da administração?

9.2. As disposições podem ser aplicadas diretamente?

9.3. Podem as disposições administrativas, que estabelecem normas de conduta ou proíbem determinadas práticas, ser aplicadas com os meios existentes?

9.4. É necessário incluir disposições sobre proteção jurídica? Por que as disposições gerais não são suficientes?

9.5. Por que não podem ser dispensadas:

a) as regras sobre competência e organização?

b) criação de novos órgãos e comissões consultivas?

c) a intervenção da autoridade?

d) exigências relativas à elaboração de relatórios?

e) outras exigências burocráticas?

9.6. Quais os órgãos ou instituições que devem assumir a responsabilidade pela execução das medidas?

9.7. Com que conflitos de interesse pode-se prever que o executor das medidas ver-se-á confrontado?

9.8. Dispõe o executor das medidas da necessária discricionariedade?

9.9. Qual é a opinião das autoridades incumbidas de executar as medidas quanto à clareza dos objetivos pretendidos e à possibilidade de sua execução?

9.10. A regra pretendida foi submetida a testes sobre a possibilidade de sua execução com a participação das autoridades encarregadas de aplicá-la? Por que não? A que conclusão se chegou?

10. Existe uma relação equilibrada entre custos e benefícios?

10.1. Qual o ônus a ser imposto aos atingidos pela norma? (Calcular ou, ao menos, avaliar a dimensão desses custos.)

10.2. Podem os atingidos pela norma, em particular as pequenas e médias empresas, suportar esses custos adicionais?

10.3. As medidas pretendidas impõem despesas adicionais ao orçamento da União, dos Estados e dos Muncípios? Quais as possibilidades existentes para enfrentarem esses custos adicionais?

10.4. Procedeu-se a uma análise da relação custo-benefício? A que conclusão se chegou?

10.5. De que forma serão avaliados a eficácia, o desgaste e eventuais efeitos colaterais do novo ato normativo após sua entrada em vigor?

O questionário baseou-se na Resolução de 11 de dezembro de 1984, do Governo da República Federal da Alemanha.

GRÁFICA PAYM
Tel. (11) 4392-3344
paym@terra.com.br

REVISTA TRIMESTRAL DE
DIREITO PÚBLICO

DOUTRINA: LÍMITES A LA CONCESIÓN DE ACTIVIDADES PÚBLICAS – AUGUSTO DURÁN MARTÍNEZ • FÓRMULAS DE COLABORACIÓN PÚBLICO-PRIVADA CONTRACTUAL Y CRISIS FINANCIERA DEL SECTOR PÚBLICO – LUIS MIGUEZ MACHO • COMPETÊNCIAS PÚBLICO-ADMINISTRATIVAS: CONCEITO, CONTEÚDO (DIREITOS, PODERES ADMINISTRATIVOS, DEVERES E SUJEIÇÕES) E CARACTERÍSTICAS – ANDRÉ LUIZ FREIRE • DISCRICIONARIEDADE ADMINISTRATIVA – CELSO ANTÔNIO BANDEIRA DE MELLO • A COMPETÊNCIA SANCIONADORA DAS AGÊNCIAS REGULADORAS NO DIREITO BRASILEIRO: BREVES COMENTÁRIOS – HERALDO GARCIA VITTA • A DITADURA DE 1964 – BREVE CONTRIBUIÇÃO À SUA HISTÓRIA CONSTITUCIONAL – SÉRGIO SÉRVULO DA CUNHA • O CONTROLE DE CONVENCIONALIDADE COMO PARTE DE UM CONSTITUCIONALISMO TRANSNACIONAL FUNDADO NA PESSOA HUMANA – LUIZ GUILHERME ARCARO CONCI • ***PARECERES***: ATOS ADMINISTRATIVOS INCONSTITUCIONAIS – CADUCABILIDADE DE A ADMINISTRAÇÃO E O PODER JUDICIÁRIO DECLARAREM SUA INVALIDADE – HIPÓTESES – NOTÁRIOS E REGISTRADORES INVESTIDOS, SEM CONCURSO, NA TITULARIDADE DE SERVENTIAS EXTRAJUDICIAIS – INEXISTÊNCIA DE MÁ-FÉ PRESUMIDA – ALMIRO DO COUTO E SILVA • OMISSÃO NA PRESTAÇÃO DE CONTAS POR ENTIDADE DA SOCIEDADE CIVIL ORGANIZADA E PROCEDIMENTOS PARA A CONTRATAÇÃO DE TERCEIROS – GIOVANI DA SILVA CORRALO • ***ESTUDOS E COMENTÁRIOS***: A LICITAÇÃO E A PRESENÇA DE APENAS UM LICITANTE – ANIELLO DOS REIS PARZIALE • A PARTICIPAÇÃO DO ADMINISTRADO COMO LIMITE À DISCRICIONARIEDADE DAS AGÊNCIAS REGULADORAS – MARINA CENTURION DARDANI • ***MEMÓRIA RTDP***: PRINCÍPIOS CONSTITUCIONAIS BRASILEIROS (*publicado na RTDP*, vol. 1) – LUÍS ROBERTO BARROSO • CONCEITO DE URGÊNCIA NO DIREITO PÚBLICO BRASILEIRO (*publicado na RTDP*, vol. 1) – CÁRMEN LÚCIA ANTUNES ROCHA • QUESTÕES FUNDAMENTAIS DE TÉCNICA LEGISLATIVA (*publicado na RTDP*, vol. 1) – GILMAR FERREIRA MENDES

MALHEIROS EDITORES

ISSN
2237-1796